JN440908

강경태

익산남성고등학교 졸업
전북대학교 경영학과 졸업
공인회계사, 세무사
우리경영아카데미 세법개론 · 세무회계 강사
지암회계법인
국세청 인트라넷 세법 교수
국세청 인트라넷 세무회계 교수

국무총리실 리베로 프로그램 세법 강사
국세공무원교육원 세법 고급연구과정 교수
여천시청 감사위원
(주)영화조세통람사 세법 강사
한화그룹 재무전문가과정 세법 강사

수상이력 2020년 기획재정부장관상

저 서 세법개론(샘앤북스)
세무회계연습(샘앤북스)
세무회계리뷰(샘앤북스)
세법 들어가기(샘앤북스)
세법강의 SUMMARY(샘앤북스)

| 2026 |

세법강의 SUMMARY II - 법인세법 · 국세기본법 -

발 행 일 | 2026. 1. 21. 1쇄 발행
2026. 2. 19. 2쇄 발행
2026. 3. 13. 3쇄 발행

저 자 | 강 경 태
발 행 인 | 이 낙 규
발 행 처 | 주식회사 샘앤북스
등록번호 | 신고 제 2013-000086 호
주 소 | 서울특별시 영등포구 양평로22길 21, 선유도코오롱디지털타워 310호
전 화 | 02-323-6763 **팩 스** | 02-323-6764
이 메 일 | wisdom6763@hanmail.net

편집 및 디자인 홍수기 · 김용재 · 김은서 | **도서관리** 김보영

정가 25,000원

ISBN 979-11-5626-589-4 94320
ISBN 979-11-5626-587-0 94320(전 2권)

2026 세법강의 SUMMARY

Ⅱ

법인세법

국세기본법

머리말

SUMMARY · 세법개론 · 세무회계 교재 및 강의에 보내 주신 분에 넘치는 큰 사랑에 머리 숙여 감사드립니다. 처음 강의를 시작할 때의 마음으로 최고의 "수험서"로서의 기능을 계속 유지하고, 수험생 여러분의 합격에 도움이 되는 강의가 되도록 혼신의 노력을 기울이겠습니다.

개정세법을 반영한 2026년판의 특징은 다음과 같습니다.

1. 법인세율 상향 조정, 소득세 비과세 금액 조정 등 개정된 세법을 충실하게 반영하였습니다.

2. 항목별로 내용을 보완하면서 다음과 같은 기존 교재의 장점을 유지하였습니다.
   ① 어려운 내용은 "그림"과 "정리"로 이해할 수 있도록 하였고, 시험에 자주 출제되는 중요한 주제에는 계산 사례로 정리할 수 있도록 하였습니다.
   ② 말 문제 정리가 필요한 파트에는 주제별로 기출문제의 옳고 그름을 판단하는 "기출사례"로 출제경향을 파악하도록 하였습니다.
   ③ 계산 문제 정리가 필요한 파트에는 단계적인 접근방법을 제시하여 빠르고 정확하게 풀이할 수 있도록 하였습니다.

최선을 다했으나 혹시 미처 발견하지 못한 오류는 없는지 두려움과 함께 좀 더 좋은 책을 만들 수 있지 않았는가에 대한 아쉬움이 남습니다. 부족한 부분은 계속해서 보완해 나가도록 하겠습니다.

교재의 출간 작업에 수고해 주신 ㈜샘앤북스의 이낙규 사장님, 홍수기 과장, 김보영 대리, 김용재 대리, 김은서 사원 등 출판사 직원 여러분께 감사드립니다.

한결같은 사랑으로 저의 삶을 가득 넘치게 해 주는 사랑하는 아내 경숙과 두 아들 호진과 성진, 그리고 부모님께 사랑을 전합니다.

SUMMARY를 사랑하는 독자 여러분께 이 책을 바치며, 여러분의 합격과 성공을 진심으로 응원합니다.

항상 감사하는 마음으로 최선을 다하겠습니다.

저자 강경태 올림

본서 출간 이후 추가적인 세법개정 및 행정해석 변경 등으로 수정사항이 발생하면 그때 그때 추록으로 올리겠습니다('www.uricpa.com → 정보센터 → 추록' 참조).

차 례

법인세

국세기본법

PART 01

▶ 법인세법

국세기본법

TAX LAW LECTURE SUMMARY

※ 법인세 비교 정리사항

1. 각종 신고·신청 및 제출 기한 등

법인은 다음 기간 이내에 납세지 관할세무서장에게 신고·신청 및 제출 등을 하여야 한다.

구 분	내 용
법인세 신고·납부기한 (p4－8)	① 각사업연도소득, 토지등 양도소득, 미환류소득에 대한 법인세 : 각 사업연도 종료일이 속하는 달의 말일부터 3개월(성실신고확인서를 제출하는 경우에는 4개월) 이내에 신고·납부 ② 청산소득에 대한 법인세 : 잔여재산가액확정일이 속하는 달의 말일부터 3개월 이내에 신고·납부하는 것이 원칙
사업연도 관련 (p4－11, 12)	① 사업연도 변경 : 직전 사업연도 종료일부터 3개월 이내에 신고 ② 외국법인의 사업연도 신고기한 ㉠ 국내사업장이 있는 외국법인 : 국내사업장 설치신고 또는 사업자등록과 함께 신고 ㉡ 국내사업장이 없는 외국법인으로서 국내원천 부동산소득 또는 국내원천 부동산등 양도소득이 있는 법인의 사업연도 신고기한 : 그 소득이 최초로 발생한 날부터 1개월 이내에 신고
납세지 관련 (p4－15)	① 납세지 지정통지 : 관할지방국세청장이나 국세청장이 사업연도 종료일로부터 45일 이내에 지정통지 → [비교] 「소득세법」 : 신청에 의한 지정은 다음 연도 2월 말일까지 지정여부 통지, 직권에 의한 지정은 해당 과세기간의 과세표준확정신고·납부기간 개시일 전에 통지 ② 납세지 변경 : 변경일로부터 15일 이내에 변경 후 납세지 관할세무서장에 신고
재고자산·유가증권 평가방법 (p4－137, 144)	① 최초 신고기한 : 설립일이 속하는 사업연도(제1기)의 법인세과세표준의 신고기한까지 신고(수익사업을 개시한 비영리내국법인은 수익사업개시일이 속하는 사업연도의 법인세과세표준 신고기한까지 신고) ② 변경신고기한 : 변경할 평가방법을 적용하고자 하는 사업연도의 종료일 이전 3개월이 되는 날까지 평가방법 변경신고 → 납세지 관할세무서장의 승인 불필요
감가상각방법 변경 (p4－181)	변경할 상각방법을 적용하고자 하는 최초 사업연도 종료일까지 신청 → 납세지 관할세무서장의 승인 필요

세액공제 절차	① 외국납부세액공제 : 법인세 과세표준신고와 함께 외국납부세액공제세액계산서를 제출(p4-314) ② 재해손실세액공제 : 다음의 기한까지 재해손실세액공제신청서를 제출(p4-316) ㉠ 재해발생일 현재 과세표준신고기한이 지나지 않은 법인세의 경우 : 그 신고기한. 단, 재해발생일부터 신고기한까지의 기간이 3개월 미만인 경우에는 재해발생일로부터 3개월 ㉡ 재해발생일 현재 미납된 법인세와 납부해야 할 법인세의 경우 : 재해발생일로부터 3개월
기납부세액 관련	① 원천징수세액 : 징수일이 속하는 달의 다음 달 10일까지 납부. 단, 반기납부 승인을 얻은 자는 반기의 마지막 달의 다음 달 10일까지 납부 가능(p4-321) ② 중간예납세액 : 중간예납기간(해당 사업연도의 개시일부터 6개월이 되는 날까지의 기간)이 지난 날부터 2개월 이내에 납부(p4-323)
분납 (p4-335)	납부할 세액(가산세와 감면분 추가납부세액 제외)이 1천만원을 초과하는 경우 납부기한이 지난 날부터 1개월(중소기업은 2개월) 이내에 분납 가능(승인 불필요)
연결법인신고·납부 (p4-369)	연결모법인은 각 연결사업연도 종료일 속하는 달의 말일부터 4개월 이내에 연결사업연도소득에 대한 법인세 과세표준과 세액을 신고·납부
법인 설립 신고 (p4-383)	내국법인은 설립등기일(사업의 실질적 관리장소를 두게 되는 경우에는 그 실질적 관리장소를 두게 된 날을 말하며, 법인과세 신탁재산의 경우에는 설립일을 말한다)부터 2개월 이내에 설립신고
수탁자 변경신고 (p4-383)	법인과세 신탁재산에 새로운 수탁자('신수탁자')가 선임된 경우 신수탁자는 선임일 이후 2개월 이내에 신고서에 신수탁자로 선임된 사실을 증명하는 서류 등을 첨부하여 신고
청산소득 관련 (p4-387)	① 확정신고·납부기한 : 해산의 경우에는 잔여재산확정일이 속하는 달의 말일부터 3개월 이내, 사업계속의 경우에는 계속등기일이 속하는 달의 말일부터 3개월 이내 ② 중간신고·납부기한 : 다음의 날이 속하는 달의 말일부터 1개월 이내 ㉠ 잔여재산가액이 확정되기 전에 그 일부를 주주에게 분배한 경우 : 그 분배한 날 ㉡ 해산등기일부터 1년 이내에 잔여재산 미확정시 : 그 1년이 되는 날

2. 주식 관련 규정 비교정리

구 분	내 용
'2년' 요건을 적용하는 규정	① 자기주식소각이익의 자본전입으로 받는 무상주 : 소각일로부터 2년 이내이면 의제배당('p4-152. 2' 내용) ② 감자로 인한 의제배당액 계산시 단기소각주식 : 감자 전 2년 이내에 의제배당으로 과세되지 않은 무상주('p4-163. *' 내용) ③ 합병포합주식에 대한 금전교부의제액 : 합병등기일 전 2년 이내에 취득한 피합병법인의 주식이 있는 경우의 특례('p4-357. *' 내용) ④ 청산소득금액 계산시 해산등기일 전 2년 이내 자본전입한 잉여금이 있는 경우의 특례(p4-385. *1. ②)
주식의 평가방법	총평균법 · 이동평균법 중 선택('p4-143. 2' 내용)하는 것이 원칙이나, 다음과 같은 예외가 있다. ① 내국법인의 수입배당금 익금불산입액 계산상 출자비율 계산시 동일 종목의 주식을 일부 양도한 경우 : 선입선출법('p4-70. *' 내용) ② 감자로 인한 의제배당액 계산시 단기소각주식이 있는 경우 : 단기소각주식부터 소각한 것으로 봄('p4-163. (2)' 내용)

3. 'p4-216. 6'의 요건을 갖춘 부동산임대업을 주업으로 하는 법인에 대한 「법인세법」상 제재 ⇢ 「소득세법」에는 없는 규정

구 분	내 용
업무용승용차 관련	① 운행기록이 없는 경우 업무사용비율을 계산할 때 1,500만원 기준이 아닌 500만원을 기준으로 계산(p4-101) ② '업무사용 감가상각비 한도초과액 계산시 기준금액'과 '처분손실 한도'를 800만원이 아닌 400만원 적용 계산(p4-102, 103)
기업업무추진비 한도액 (p4-213)	일반기업업무추진비 한도액의 50%만 인정
결손금 소급공제 (p4-291)	「조세특례제한법」상 중소기업이 될 수 없으므로 결손금소급공제 적용 불가
세율 (p4-296)	성실신고확인대상 사업자에 해당하는 법인은 과세표준 200억원 이하분에 대하여 일률적으로 20% 적용 [비교] 일반법인은 2억원 이하분은 10%, 2억원 초과 200억원 이하분은 20% 적용
기타(p4-336)	성실신고확인제도 적용대상이 됨(제외 대상 있음)

4. 사유별로 적용 가능한 이월결손금

구 분	내 용	성 격
15년 이내분*1 이월결손금을 적용하는 경우	① 기부금 한도액(p4－228), 고유목적사업준비금 한도액(p4－270) 계산시 공제하는 이월결손금	강제사항
	② 법인세 과세표준계산시 공제하는 이월결손금*4(p4－289)	강제사항*2
발생연도 제한없는 이월결손금을 적용하는 경우	① 자산수증익 · 채무면제익으로 보전에 충당할 수 있는 이월결손금*4 (p4－53)	선택사항*3
	② 청산소득금액계산시 자기자본에서 공제하는 이월결손금(p4－385)	강제사항

*1 2020. 1. 1. 이후 개시하는 사업연도에 발생한 결손금부터 15년간 이월공제하며, 2020. 1. 1. 전에 개시하는 사업연도에 발생한 결손금은 종전 규정에 따라 10년간 이월공제한다.

*2 여기서 '강제사항'이란 공제기한 이내의 이월결손금이 있는 경우 당기 과세표준 계산시 반드시 공제하여야 하며, 당기에 공제하지 않고 차기에 공제할 수 없음을 말한다.

*3 여기서 '선택사항'이란 자산수증이익 · 채무면제이익이 있는 경우 그 금액을 이월결손금 보전에 충당할 수도 있고, 충당하지 않고 과세표준 계산시 이월결손금으로 공제할 수도 있음을 말한다.

*4 합병 · 분할시 승계한 이월결손금은 과세표준 계산시 공제하는 이월결손금에는 포함되나, 자산수증익 · 채무면제익으로 보전에 충당할 수 있는 이월결손금에는 포함되지 않는다.

5. 이월 규정

구 분	내 용
재고자산 (p4-140)	• 한국채택국제회계기준(K-IFRS) 적용 내국법인이 K-IFRS를 최초로 적용하는 사업연도에 재고자산 평가방법을 후입선출법에서 다른 재고자산 평가방법으로 변경신고하면서 익금불산입한 금액 : K-IFRS를 최초로 적용하는 사업연도의 다음 사업연도 개시일부터 5년간 균등하게 나누어 익금산입한다.
기부금 (p4-229)	• 특례기부금 및 일반기부금 한도초과 손금불산입액 : 다음 사업연도 개시일부터 10년간 이월하여 그 이월된 사업연도의 특례기부금 및 일반기부금 각각의 손금산입한도액의 범위에서 손금산입한다.
결손금 (p4-289)	• 결손금 이월공제 기간 : 15년(2020. 1. 1. 전에 개시하는 사업연도에 발생한 결손금은 종전 규정에 따라 10년)간 과세표준계산시 이월하여 공제한다. ⋯→ [비교] 결손금 소급공제 : 중소기업에 한하여 직전 사업에서 소급공제할 수 있음
외국납부세액공제 (p4-313)	• 외국납부세액공제 한도초과액 : 해당 사업연도의 다음 사업연도 개시일부터 10년간 이월하여 한도 내에서 공제받을 수 있다. 단, 이월공제기간 내에 공제받지 못한 경우 그 공제받지 못한 외국법인세액은 이월공제기간의 종료일 다음 날이 속하는 사업연도의 소득금액을 계산할 때 손금에 산입할 수 있다.
사실과 다른 회계처리 경정 세액공제(p4-316)	분식회계로 과다납부한 세액 중 각 사업연도별로 공제하는 금액은 과다 납부한 세액의 20%를 한도로 하고, 공제 후 남아 있는 과다 납부한 세액은 이후 사업연도에 이월하여 공제한다.
조특법상 세액공제 (p4-309)	• 「조세특례제한법」상 세액공제(법령으로 정한 것은 제외) : 공제할 세액 중 당기에 납부할 세액이 없거나 최저한세액에 미달하여 공제받지 못한 금액은 당기의 다음 과세연도 개시일부터 10년간 이월하여 공제한다.

MEMO

check list ☑

제 1 장
총 설

1 법인세 일반

1. 법인세의 종류

(1) 개요

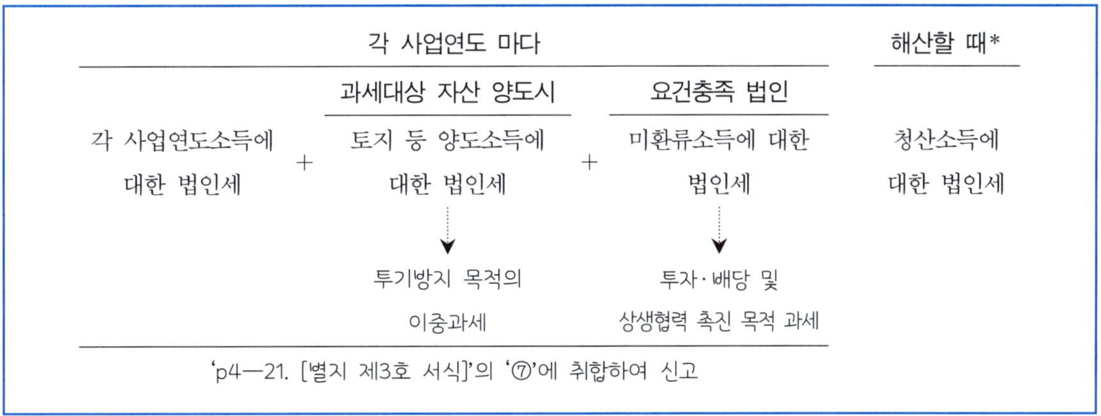

* 제30기에 해산할 때 청산소득에 대한 법인세를 과세하는 이유

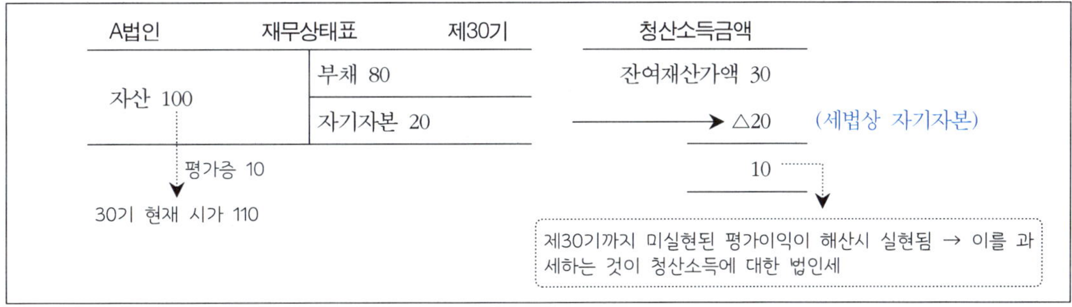

(2) 내용

구 분	각 사업연도소득에 대한 법인세	토지 등 양도소득에 대한 법인세	미환류소득에 대한 법인세*1	청산소득에 대한 법인세
과세대상	각 사업연도의 소득	다음 자산의 양도소득 ① 법령으로 정하는 주택 및 별장 ② 비사업용토지 ③ 주택을 취득할 수 있는 권리로서 조합원입주권 및 분양권	미환류소득	해산으로 인한 소멸시 청산소득
세 율	과세표준 / 일반 법인 / 'p4-336. ①' 법인*2 2억원 이하 / 10% / 20% (2억원 이하 및 2억원 초과 200억원 이하분) 2억원 초과 200억원 이하분 / 20% 200억 초과 3,000억원 이하분 / 22% / 22% 3,000억원 초과분 / 25% / 25% 개정 구간별로 세율을 1%씩 상향함	① 주택 및 별장 : 20%(미등기자산은 40%) ② 비사업용토지 : 10%(미등기자산은 40%) ③ 조합원입주권 및 분양권 : 20%	20%	각 사업연도소득에 대한 법인세와 동일
신고·납부 기한	각 사업연도 종료일이 속하는 달의 말일부터 3개월(성실신고확인서를 제출하는 경우에는 4개월) 이내 납세지 관할세무서장에게 신고			잔여재산가액확정일이 속하는 달의 말일부터 3개월 이내 납세지 관할세무서장에게 신고

*1 이 교재에서 미환류소득에 대한 법인세란 「조세특례제한법」 제100조의32에 규정된 투자·배당 및 상생협력 촉진을 위한 과세특례 규정에 따른 미환류소득에 대한 법인세를 말한다. → 적용기한 : 2028. 12. 31.이 속하는 사업연도 개정 (밑줄 부분)

*2 성실신고확인 대상 법인 중 부동산임대업을 주된 사업으로 하는 법인 등 법령으로 정한 내국법인을 말한다.

2. 목적

「법인세법」은 법인세의 과세 요건과 절차를 규정함으로써 법인세를 공정하게 과세하고, 납세의무의 적절한 이행을 확보하며, 재정수입의 원활한 조달에 이바지함을 목적으로 한다.

3. 법인세 납세의무자

구분기준	법인의 종류	납세의무 범위
본점 · 주사무소 또는 사업의 실질적 관리장소의 소재장소	① 국내에 있으면 내국법인*1	국내외 모든 소득 ⇢ 무제한 납세의무자
	② 외국에 있으면 외국법인*2	열거된 국내원천소득 ⇢ 제한 납세의무자
영리목적유무	① 영리목적 있으면 영리법인	모든 소득
	② 학술 · 종교 · 자선 등 비영리목적으로 설립되었으면 비영리법인*3	열거된 수익사업에서 생기는 소득*4

*1 본점 · 주사무소가 외국에 있더라도 사업의 실질적 관리장소[1]가 국내에 있으면 내국법인으로 보아 무제한 납세의무를 진다. ⇢ 본점 · 주사무소 또는 사업의 실질적 관리장소 중 어느 하나가 국내에 있는 법인이면 내국법인임(본점은 영리법인의 본거지를, 주사무소는 비영리법인의 본거지를 말함)

*2 외국법인 : 본점 · 주사무소가 외국에 있는 단체(사업의 실질적 관리장소가 국내에 있지 않은 경우만 해당한다)로서 다음 중 어느 하나에 해당하는 단체를 말한다.

① 설립된 국가의 법에 따라 법인격이 부여된 단체

② 구성원이 유한책임사원으로만 구성된 단체

③ 그 밖에 해당 외국단체와 동종 또는 유사한 단체가 「상법」 등 국내의 법률에 따른 법인인 경우의 그 외국단체

*3 비영리내국법인 : 내국법인 중 다음 중 어느 하나에 해당하는 법인을 말한다.

① 「민법」(제32조)에 따라 설립된 법인

② 「사립학교법」이나 그 밖의 특별법에 따라 설립된 법인으로서 「민법」(제32조)에 규정된 목적과 유사한 목적을 가진 법인(농업협동조합법인 등 법령으로 정한 조합 · 새마을금고 등이 아닌 법인으로서 그 주주 · 사원 또는 출자자에게 이익을 배당할 수 있는 법인은 제외한다)*

* 비영리법인도 수익사업을 할 수 있으나, 그로 인한 이익을 구성원에게 분배할 수 없는 것이 원칙이다. 단, 농업협동조합 등 조합법인 · 새마을금고 등 법에 정한 법인은 이익을 배당해도 비영리법인으로 본다.

---

[1] 사업의 실질적 관리장소를 고려하는 이유 : 아래 그림과 같이 조세천국(Tax heaven) 지역에 형식적 본점을 두고 한국에 실질적 관리장소를 둔 경우 한국에 본점이 없다하여 외국법인으로 취급하여 국내원천소득만 과세하면 다국적기업의 국외원천소득을 합산과세할 수 없게 된다. 이를 보완하기 위하여 한국에 실질적 관리장소를 둔 경우 내국법인으로 보아 한국에서 전세계 모든 소득을 합산과세한다.

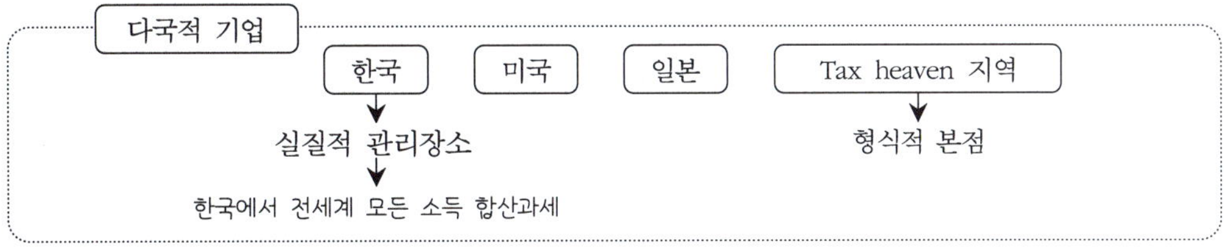

*4 열거된 수익사업에서 생기는 소득의 범위

① 제조업 · 건설업 · 도매 및 소매업 등의 수익사업으로서 법령으로 정하는 것(축산업, 선급검사용역을 공급하는 사업, 교육서비스업, 장애인복지시설 · 중증장애인생산품 생산시설 · 장애인활동지원기관 · 건강가족지원센터 · 가족센터 등의 사회복지시설에 제공하는 사회복지사업 개정 등 법령으로 정한 것은 제외)

② 이자소득, 배당소득

③ 주식 · 신주인수권 또는 출자지분의 양도소득

④ 유형자산 · 무형자산의 처분 수입. 단, ㉠처분일 현재 3년 이상 계속하여 고유목적사업에 직접 사용한 경우 해당 자산의 처분으로 인한 수입 또는 ㉡10년 이상 고유목적사업에 직접 사용한 경우(처분일 현재 고유목적에 직접 사용하고 있지 않는 경우를 포함한다) 법령으로 정한 처분수입(㉠과 ㉡에 모두 해당하는 경우에는 둘 중 큰 수입)은 과세대상에서 제외한다.

⑤ 「소득세법」상 부동산에 관한 권리, 기타자산의 양도로 인한 수입

⑥ 채권 · 증권(그 이자소득에 대하여 법인세가 비과세되는 것은 제외)을 매도함에 따른 매매익(매각익에서 매각손을 차감한 금액). 단, 법령으로 정한 것은 제외한다.

4. 법인의 종류별 납세의무

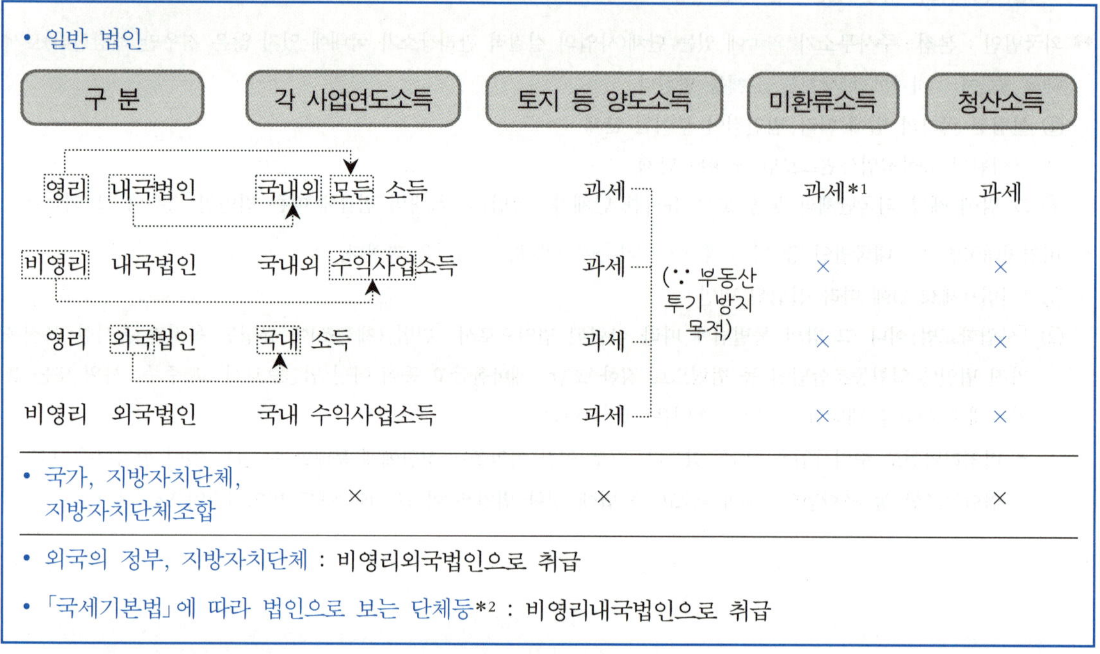

• 일반 법인

구 분	각 사업연도소득	토지 등 양도소득	미환류소득	청산소득
영리 내국법인	국내외 모든 소득	과세	과세*1	과세
비영리 내국법인	국내외 수익사업소득	과세	×	×
영리 외국법인	국내 소득	과세	×	×
비영리 외국법인	국내 수익사업소득	과세	×	×
• 국가, 지방자치단체, 지방자치단체조합	×	×		×

(토지 등 양도소득 과세: ∵ 부동산 투기 방지 목적)

• 외국의 정부, 지방자치단체 : 비영리외국법인으로 취급

• 「국세기본법」에 따라 법인으로 보는 단체등*2 : 비영리내국법인으로 취급

*1 미환류소득에 대한 법인세(투자 · 배당 및 상생협력 촉진을 위한 과세특례를 적용하여 계산한 법인세액) 적용대상법인 : 각 사업연도 종료일 현재 상호출자제한기업집단에 속하는 내국법인만 적용대상이다.

*2 각 인격별 소득에 대한 적용 법률

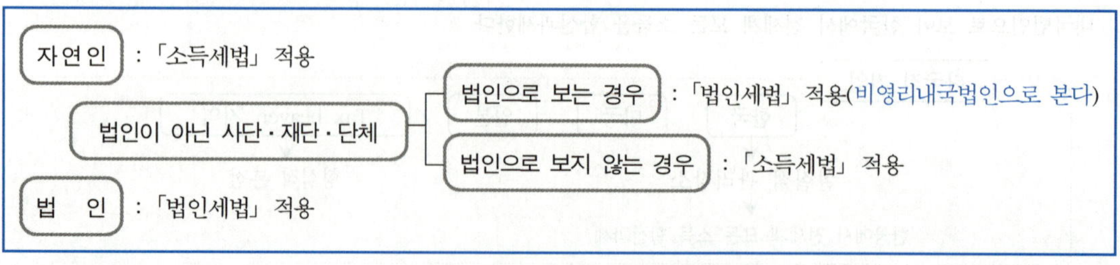

■ 연결법인의 납세의무

연결법인은 각 연결사업연도의 소득에 대한 법인세[각 연결법인의 토지 등 양도소득에 대한 법인세와 미환류소득에 대한 법인세(투자 · 배당 및 상생협력 촉진을 위한 과세특례를 적용하여 계산한 법인세액) 포함]를 연대하여 납부할 의무가 있다.

2 사업연도

1. 일반

구 분	내 용	
사업연도의 결정	〈1순위〉	법령 · 정관상 1회계기간(1년 초과 못함)
	〈2순위〉	〈1순위〉가 없는 경우 설립신고(외국법인은 국내사업장 설치신고) · 사업자등록과 함께 신고한 기간
	〈3순위〉	〈2순위〉의 신고도 없는 경우 : 1. 1.~12. 31.
최초사업연도(1기)의 개시일	원 칙	① 내국법인 : 설립등기일 ② 외국법인*1 : 국내사업장을 가지게 된 날(국내사업장이 없는 경우 국내원천 부동산소득 또는 국내원천 부동산등 양도소득이 최초로 발생한 날)
	특 례*2	손익의 최초 발생일
사업연도의 변경	변경절차	① 직전 사업연도 종료일부터 3개월 이내~~(종료일 이전 3개월 이내)~~에 납세지 관할세무서장에게 신고하여야 한다*3(승인 불필요). → 직전 사업연도 종료일 이전에 신고한 것도 기간 이내 신고이므로 인정한다. ② 관련 법령의 개정에 따라 사업연도가 변경된 경우 : 변경신고를 하지 않은 경우에도 해당 법령의 개정내용과 같이 사업연도가 변경된 것으로 본다.
	사업연도 구 분	사업연도가 변경된 경우에는 '종전 사업연도 개시일부터 변경된 사업연도 개시일 전날까지의 기간'을 1사업연도로 한다. 단, 그 기간이 1개월 미만인 경우에는 변경된~~(변경 전)~~ 사업연도에 포함한다.*4 → 이 경우에만 사업연도가 1년 초과가능

*1 외국법인에 대한 과세방법

(1) 다음 중 어느 하나에 해당하는 경우에는 외국법인의 각사업연도소득을 법인세 계산구조에 종합하여 과세한다.

① 국내사업장을 가진 경우*

② 국내원천 부동산소득이 있는 경우**

(2) 위 '(1)' 외의 법인은 원천징수 분리과세하되, 국내원천 부동산등 양도소득이 있는 경우**에는 원천징수 후 별도로 신고 · 납부하여야 한다.

* 국내사업장이 있는 외국법인의 사업연도 신고기한 : 국내사업장 설치신고 또는 사업자등록과 함께 납세지 관할 세무서장에게 신고하여야 한다.

** 국내사업장이 없는 외국법인으로서 국내원천 부동산소득 또는 국내원천 부동산등 양도소득이 있는 법인의 사업연도 신고기한 : 그 소득이 최초로 발생한 날부터 1개월 이내에 납세지 관할세무서장에게 신고하여야 한다.

*2 여기서 '특례'란 최초 사업연도 개시일 전에 생긴 손익을 조세포탈 우려가 없어 최초 사업연도가 1년을 초과하지 않는 범위 내에서 최초 사업연도 손익에 산입한 경우를 말하며, 이 경우 최초 사업연도 개시일은 법인에게 귀속시킨 손익이 최초로 발생한 날이다.

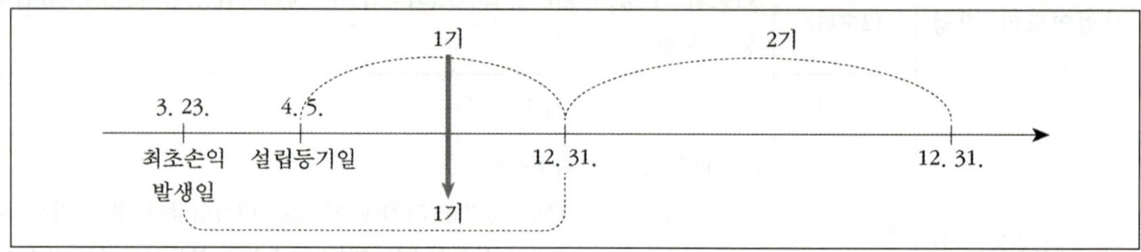

*3 (if) 변경신고기한이 지난 후 변경신고서를 제출한 경우 : 해당 사업연도에는 사업연도가 변경되지 않고 그 다음 사업연도부터 사업연도가 변경된다.

사례 사업연도를 1. 1.~12. 31.에서 7. 1.~6. 30.로 변경하려고 2026. 4. 1.에 변경신고한 경우

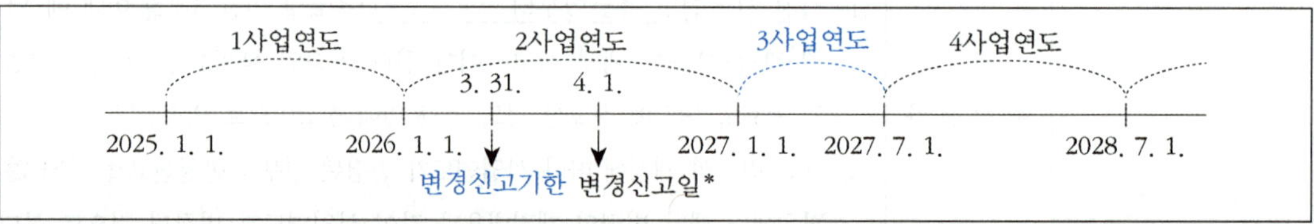

* 4. 1. 변경신고하면 변경신고기한을 지나서 변경신고하였으므로 2026년에는 변경되지 않고 2027년부터 변경된다.

*4 사례 다음과 같이 2026년부터 7. 1.~6. 30.을 사업연도로 변경한 경우 2사업연도는 '2026. 1. 1.~2026. 6. 30.'로 6개월이다.

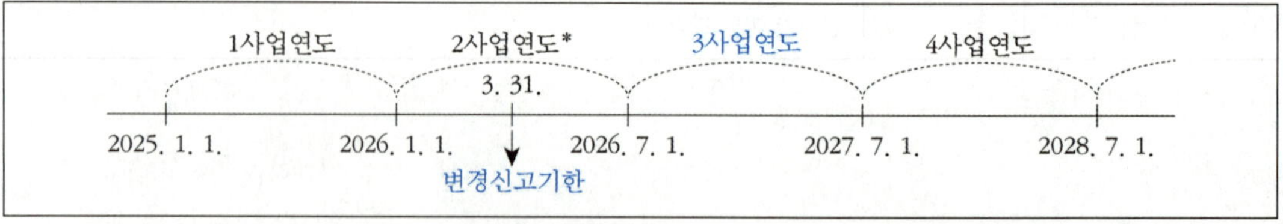

* (if) 2사업연도 기간이 1개월 미만이면 변경된 사업연도인 위 그림상 3사업연도에 포함한다.

2. 사업연도의 의제

정상적인 사업연도 중에 특별한 일이 발생하면 그 날을 기준으로 사업연도를 구분한다.

구 분		의제 사업연도
(1) 해산한 경우	① 합병 · 분할(분할합병 포함)에 따른 해산의 경우	그 사업연도 개시일 ~ 합병등기일 · 분할등기일*1
	② 위 외의 해산(아래 '(4)'의 조직변경은 제외한다)의 경우*2	다음을 각각 1사업연도로 본다. ① 그 사업연도 개시일 ~ 해산등기일*3 ② 해산등기일 다음 날 ~ 그 사업연도 종료일
(2) 청산 중인 내국법인의 경우	① 잔여재산가액이 사업연도 중에 확정된 경우*2	그 사업연도 개시일 ~ 잔여재산가액확정일
	② 「상법」에 따라 사업을 계속하는 경우*2	① 그 사업연도 개시일 ~ 계속등기일(미등기시 사실상 사업계속일) ② 계속등기일 다음 날 ~ 그 사업연도 종료일
(3) 연결납세방식을 적용 받게 된 경우		그 사업연도 개시일 ~ 연결사업연도 개시일 전날*4
(4) 「상법」 등에 따른 조직변경을 한 경우		사업연도 의제 규정 적용 안함 (조직변경 전의 사업연도가 계속되는 것으로 본다)
(5) 기 타	① 외국법인이 국내사업장을 가지지 않게 된 경우*5	그 사업연도 개시일 ~ 국내사업장을 가지지 않게 된 날(국내에 다른 사업장을 계속 가지고 있는 경우는 의제규정 적용 안함)
	② 설립무효 · 설립취소 판결을 받는 경우	그 사업연도 개시일 ~ 확정판결일

*1 합병등기일 · 분할등기일 :

합병등기일	분할등기일
• 합병 후 존속하는 법인은 변경등기일 • 합병으로 설립되는 법인은 설립등기일	• 분할 후 존속하는 법인은 변경등기일 • 분할로 설립되는 법인은 설립등기일

*2 사례

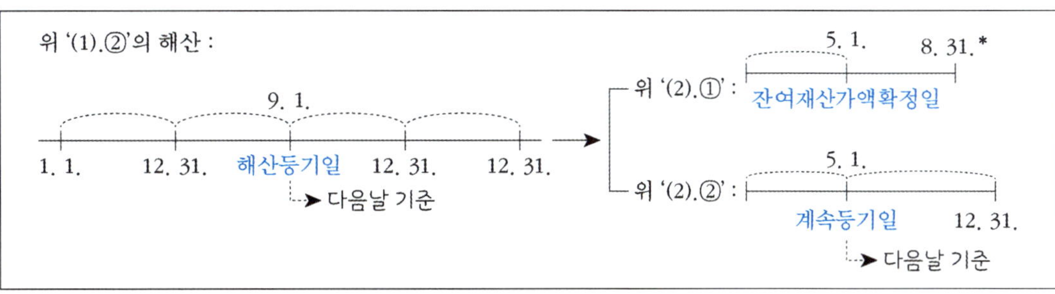

* 청산소득에 대한 법인세 신고 · 납부기한 : 잔여재산가액확정일이 속하는 달의 말일(5. 31.)부터 3개월 이내

*3 해산등기일 : 파산으로 인한 해산의 경우에는 파산등기일, 법인으로 보는 단체의 경우에는 해산일

*4 사례 연결모법인의 사업연도는 1. 1.~12. 31., 연결자법인의 사업연도는 7. 1.~6. 30. 인 경우 연결납세방식 적용에 따른 연결자법인의 사업연도 → 연결모법인의 사업연도인 1. 1.~12. 31.로 일치시킴

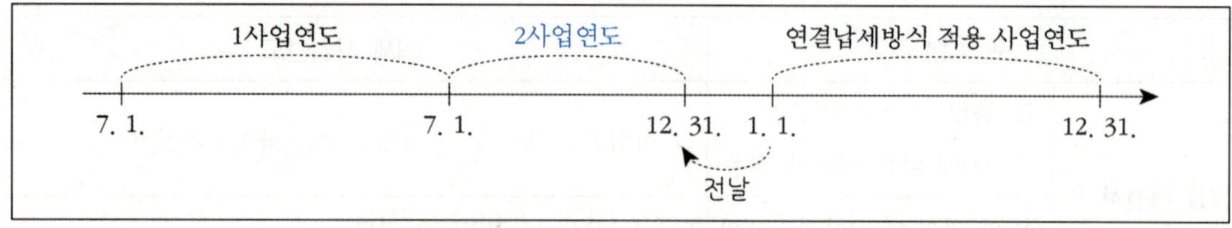

*5 국내사업장이 없는 외국법인이 국내원천 부동산소득 또는 국내원천 부동산등양도소득이 발생하지 않게 되어 납세지 관할 세무서장에게 그 사실을 신고한 경우 : 그 사업연도 개시일부터 신고일까지의 기간을 1사업연도로 본다.

사례 기출문제

① 사업연도의 변경이 아닌 경우에 법인의 사업연도는 원칙적으로 1년을 초과하지 못하나 정당한 사유가 있어 관할세무서장의 승인을 받으면 초과도 가능하다. : 틀린 문장(∵ 사업연도 변경의 경우에만 1년 초과 가능)

② 사업연도가 1. 1.~12. 31.인 (주)갑이 제26기 사업연도를 2026. 10. 1.~2027. 9. 30.로 변경하기 위하여 2026. 4. 5.에 사업연도 변경신고서를 제출한 경우 변경 후 최초 사업연도는 2027. 1. 1.~2027. 9. 30.이다. : 옳은 문장(∵ 변경신고기한인 2026. 3. 31.을 지난 후 변경신고하였으므로 2026년에는 변경되지 않고 2027년부터 변경됨. 따라서 2027. 1. 1.~2027. 9. 30.이 변경 후 최초사업연도이며, 그 후부터 사업연도는 10. 1.~9. 30.이 됨)

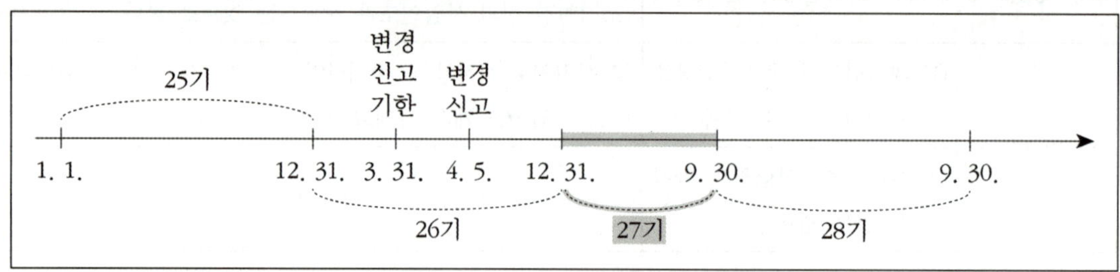

③ 국내사업장이 없는 외국법인으로서 국내원천 토지등 양도소득이 있는 경우 법인의 최초 사업연도 개시일은 국내원천 토지등 양도소득이 최초로 발생한 날이다. : 옳은 문장

④ (주)을(사업연도 1. 1.~12. 31.)이 합병(합병등기일 5월 4일)에 의하여 해산하는 경우에는 1월 1일부터 5월 4일까지를 1사업연도로 본다. : 옳은 문장

3 납세지

1. 원칙적 납세지

구 분	납 세 지
내 국 법 인	등기부상의 본점 · 주사무소 소재지(국내에 본점 · 주사무소가 소재하지 않는 경우에는 사업의 실질적 관리장소 소재지)*1
외 국 법 인	① 국내사업장이 있는 경우 : 주된 국내사업장 소재지*2 ② 국내사업장이 없는 경우로서 국내원천 부동산소득 또는 국내원천 부동산등양도소득이 있는 경우 : 그 자산의 소재지(2이상의 자산이 있는 경우에는 신고한 장소)

*1 법인으로 보는 단체의 납세지 : 사업장 소재지로 하되, 주된 소득이 부동산임대소득인 단체는 그 부동산 소재지. 이 경우 2이상의 사업장 또는 부동산을 가지고 있는 단체의 경우에는 주된 사업장 또는 주된 부동산의 소재지로 하고, 사업장이 없는 단체의 경우에는 당해 단체의 정관 등에 기재된 주사무소 소재지(정관 등에 주사무소에 관한 규정이 없는 단체의 경우에는 그 대표자 또는 관리인의 주소지)로 한다.

*2 주된 국내사업장의 판정기준 : 직전 사업연도의 사업수입금액(~~자산~~)이 가장 많은 사업장

2. 납세지의 지정과 변경

구 분		내 용
납 세 지 의 지 정	① 지정 사유	원칙적 납세지가 납세지로 부적당하다고 인정되는 사유(예 본점 등의 소재지가 등기된 주소지와 동일하지 아니한 경우 등)가 있는 경우 관할지방국세청장(새로이 지정될 납세지가 관할을 달리할 때에는 국세청장)이 납세지 지정 가능 ⇢ 관할세무서장이 지정하는 것이 아님
	② 지정 통지	사업연도 종료일로부터 45일 이내에 지정통지해야 한다. 이 기한 내 미통지 시 종전 납세지를 납세지로 한다.
납 세 지 의 변 경*	변경일로부터 15일 이내에 변경 후(~~전~~) 납세지 관할세무서장에 신고	미신고시 → 종전 납세지를 납세지로 한다. 기한 경과 후 신고시 → 신고한 날부터 변경된 납세지를 납세지로 한다. ⇢ 즉, 신고의 효력 인정

* 「부가가치세법」에 따른 사업자등록정정신고를 한 경우에는 「법인세법」에 따른 납세지 변경신고를 한 것으로 본다.

3. 원천징수한 법인세 · 소득세 납세지 ⋯→ 원천징수의무자(지급자)의 사업장 소재지를 원칙으로 한다.

원천징수의무자		원천징수한 법인세의 납세지
개 인	거주자인 경우	① 원칙 : 그 거주자의 주된 사업장 소재지. 단, 주된 사업장 외의 사업장에서 원천징수하는 경우에는 그 사업장 소재지 ② 사업장이 없는 경우 : 거주자의 주소지 · 거소지
	비거주자인 경우	① 원칙 : 그 비거주자의 주된 국내사업장 소재지. 단, 주된 국내사업장 외의 국내사업장에서 원천징수하는 경우에는 그 국내사업장 소재지 ② 국내사업장이 없는 경우 : 비거주자의 거류지 · 체류지
법인인 경우		① 원칙 : 본점 · 주사무소 또는 국내에 본점 · 주사무소가 소재하지 않는 경우에는 사업의 실질적 관리장소의 소재지*1 ② 법인의 지점 · 영업소 그 밖의 사업장이 독립채산제에 의하여 독자적으로 회계사무를 처리하는 경우 : 그 사업장소재지*2(그 사업장 소재지가 국외에 있는 경우를 제외한다)

*1 단, 법인으로 보는 단체의 경우에는 위 '1. *1'의 소재지로, 외국법인의 경우에는 해당 법인의 주된 국내사업장의 소재지로 한다.

*2 단, 다음의 경우에는 위 '②'에도 불구하고 해당 법인의 본점 · 주사무소의 소재지를 법인세 원천징수세액의 납세지로 한다.

㉠ 지점 등에서 지급하는 소득에 대한 원천징수세액을 본점 등에서 전자계산조직 등에 의하여 일괄 계산하는 경우로서 본점 등의 관할세무서장에게 신고하는 경우 ⋯→ 국세청장 승인 불필요(「소득세법」에서도 승인 불필요)

㉡ 「부가가치세법」에 따라 사업자단위로 관할세무서장에게 등록한 경우

정 리 원천징수세액의 납세지 등 (법인세법=소득세법)

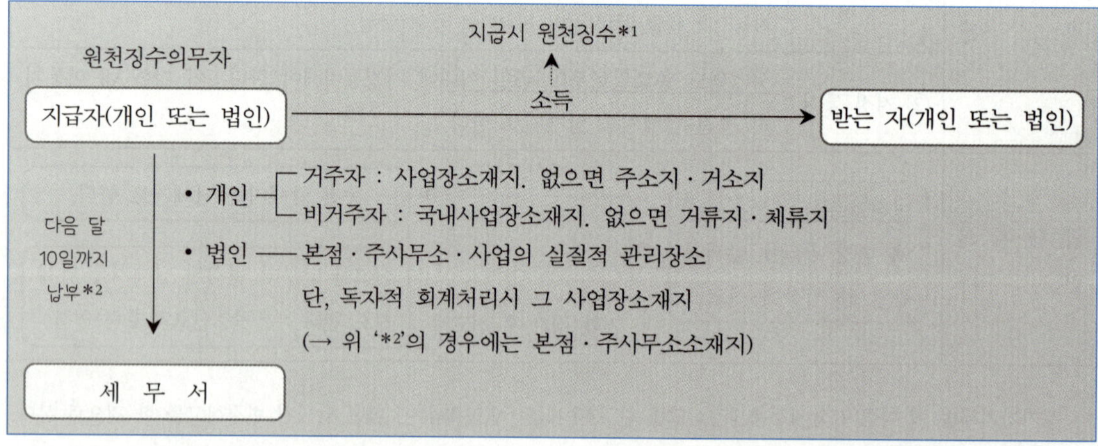

*1 ① 받는 자가 개인이면 「소득세법」, 법인이면 「법인세법」 규정에 따라 원천징수한다.

② 「국세기본법」상 원천징수한 소득세 · 법인세의 납세의무 성립시기(=확정시기) : 소득금액 또는 수입금액을 지급하는 때

2 의무불이행시 원천징수등납부지연가산세 : 최소 3%부터 최고 50%(고지일까지의 기간은 10%) 범위에서 1일 $\frac{22}{100,000}$의 가산세 부과 ⇢ 일률적으로 10%를 부과하는 것이 아님

* 2026. 7. 1. 이후 지정납부기한이 경과한 경우에는 최소 3%에서 최고 50%한도[납부고지일(고지일 전에 납부한 경우에는 납부일) 전일까지의 기간은 10% 한도]에서 1일 $\frac{22}{100,000}$, 지정납부기한의 다음 날부터는 1개월마다 $\frac{67}{10,000}$을 적용한 가산세 부과 개정

사 례 기출문제

① 납세지 관할세무서장은 내국법인의 본점 소재지가 등기된 주소와 동일하지 아니한 경우 납세지를 지정할 수 있다. : 틀린 문장(∵ 납세지 지정은 관할지방국세청장(새로이 지정될 납세지가 관할을 달리 할 때에는 국세청장이 함)

② 내국법인의 납세지는 그 법인의 등기부에 따른 본점이나 주사무소의 소재지로 한다. 다만, 법인으로 보는 단체의 경우에는 해당 단체가 신고하는 장소로 한다. : 틀린 문장(∵ 법인으로 보는 단체의 납세지는 사업장 소재지로 하되, 주된 소득이 부동산임대소득이면 그 부동산 소재지로 함)

③ 법인은 납세지가 변경된 경우에는 그 변경된 날부터 15일 이내에 변경 후의 납세지 관할세무서장에게 신고하여야 한다. : 옳은 문장

4 신탁소득

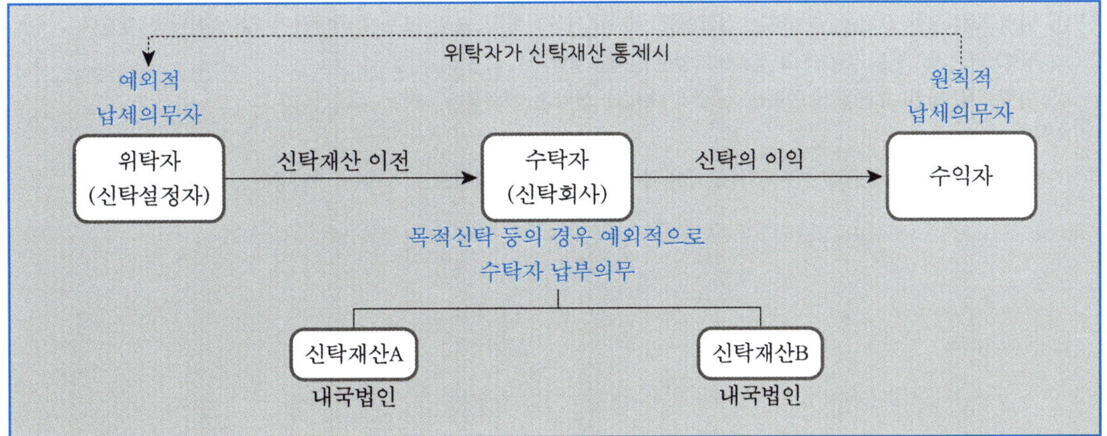

1. 원칙 : 수익자 과세

신탁재산에 귀속되는 소득에 대해서는 그 신탁의 이익을 받을 수익자가 그 신탁재산을 가진 것으로 보고 「법인세법」을 적용한다.

2. 예외

구 분	내 용
(1) 위탁자 과세	위탁자가 신탁재산을 실질적으로 통제하는 등 법령으로 정하는 요건을 충족하는 신탁*1의 경우에는 신탁재산에 귀속되는 소득에 대하여 그 신탁의 위탁자가 법인세를 납부할 의무가 있다.
(2) 수탁자 과세 : 신탁재산 법인세 과세방식 ⋯→ '제21절' 내용	「신탁법」에 따른 목적신탁, 수익증권발행신탁, 유한책임신탁, 그 밖에 이와 유사한 신탁으로서 법령으로 정하는 요건을 충족하는 신탁*2의 경우에는 신탁재산에 귀속되는 소득에 대하여 그 신탁의 수탁자(내국법인 또는 거주자인 경우에 한정한다)가 법인세를 납부할 의무가 있다. 이 경우 신탁재산별로 각각을 하나의 내국법인으로 본다.[2]

*1 법령으로 정하는 요건을 충족하는 신탁이란 다음 중 어느 하나에 해당하는 신탁을 말한다.

① 위탁자가 신탁을 해지할 수 있는 권리, 수익자를 지정하거나 변경할 수 있는 권리, 신탁 종료 후 잔여재산을 귀속 받을 권리를 보유하는 등 신탁재산을 실질적으로 지배 · 통제할 것

② 신탁재산 원본을 받을 권리에 대한 수익자는 위탁자로, 수익을 받을 권리에 대한 수익자는 위탁자의 지배주주등의 배우자 또는 같은 주소 또는 거소에서 생계를 같이 하는 직계존비속(배우자의 직계존비속을 포함한다)으로 설정했을 것

*2 ① 법령으로 정한 요건을 충족하는 신탁이란 위 '*1'의 각 항의 요건 모두에 해당하지 않는 신탁을 말한다. ⋯→ 즉, 위탁자가 신탁재산을 실질적으로 통제하지 않는 신탁을 말함

② 법령으로 정한 요건을 충족하는 신탁에 다음의 신탁은 제외한다.

㉠ 투자신탁

㉡ 금전이 아닌 재산의 신탁계약에 의한 수익권이 표시된 법령으로 정하는 수익증권이 발행된 신탁

---

2) 목적신탁 등에 대해 수탁자 과세를 하는 이유

목적신탁은 특정한 사람의 이익이 아닌 특정한 목적(공익사업 등)을 달성하기 위하여 설정하는 신탁이다. 따라서 수익자가 없거나 불분명하여 과세 공백이 발생할 수 있으므로 신탁재산 관리자인 수탁자를 납세의무자로 한다.

제 1 절

계산구조

구 분	계산구조	내 용
1. 각사업연도소득 금액의 계산	결산서상 당기순이익 (+) 익금산입 및 손금불산입 (−) 손금산입 및 익금불산입 차가감소득금액 (+) 기부금한도초과액 (−) 기부금한도초과이월액의 손금산입 각사업연도소득금액	(익금산입 및 손금불산입, 손금산입 및 익금불산입) ➤ 소득금액조정합계표에 기재 ○ (기부금한도초과액, 기부금한도초과이월액의 손금산입) ➤ 소득금액조정합계표에 기재 ×
2. 과세표준의 계산	각사업연도소득금액 (−) 이월결손금 (−) 비과세소득 (−) 소득공제 과세표준	(이월결손금) ➤ 15년* 이내 발생한 세법상 이월결손금
3. 산출세액의 계산	과세표준 (×) 세율 산출세액	
4. 차감납부세액의 계산	산출세액 (−) 감면·공제세액 (+) 가산세 (+) 감면분추가납부세액 총부담세액 (−) 기납부세액 차감납부할세액	(기납부세액) ➤ 중간예납세액·원천징수세액·수시부과세액

* 2020. 1. 1. 이후 개시하는 사업연도에 발생한 결손금부터 15년간 이월공제하며, 2020. 1. 1. 전에 개시하는 사업연도에 발생한 결손금은 종전 규정에 따라 10년간 이월공제한다.

[계산문제 적용방법] 당기가 제26기(2026. 1. 1.~12. 31.)인 경우 공제가능한 이월결손금의 범위 : 10년 이내분

→ ∴ 제26기에 공제가능한 이월결손금은 제16기(2016년)부터 제25기(2025년)에 발생한 결손금임

실무에서 세무조정내역과 소득처분을 기재하는 서식으로 모든 세무조정이 이 표에 기재되나, 기부금한도초과액에 대한 손금불산입액과 기부금한도초과이월액의 손금산입액은 소득금액조정합계표에는 기재되지 아니함에 유의할 것

【별지 제15호 서식】

사업 연도	~	소 득 금 액 조 정 합 계 표	법인명	
			사업자등록번호	

익금산입 및 손금불산입				손금산입 및 익금불산입			
① 과 목	② 금 액	③ 소득처분		④ 과 목	⑤ 금 액	⑥ 소득처분	
		처분	코드			처분	코드
합 계				합 계			

↳ 다음 page (102)란에 이기함

↳ 다음 page (103)란에 이기함

실무에서 세무서에 신고하는 법인세계산서 양식으로 'p4－19'의 법인세계산구조는 아래 서식을 요약한 것임

【별지 제3호 서식】

사 업 연 도	법인세과세표준 및 세액조정계산서	법 인 명
사업자등록번호		법인등록번호

구분		항목	코드	금액
① 각사업연도소득계산		⑩ 결산서상당기순손익	01	
	소득조정 금액	⑩ 익금산입	02	
		⑩ 손금산입	03	
		⑩ 차가감소득금액 (⑩＋⑩－⑩)	04	
		⑩ 기부금한도초과액	05	
		⑩ 기부금한도초과이월액손금산입	54	
		⑩ 각사업연도소득금액 (⑩＋⑩－⑩)	06	
② 과세표준계산		⑩ 각사업연도소득금액 (⑩＝⑩)		
		⑩ 이월결손금	07	
		⑩ 비과세소득	08	
		⑪ 소득공제	09	
		⑪ 과세표준 (⑩－⑩－⑩－⑪)	10	
		⑮ 선박표준이익	55	
③ 산출세액계산		⑪ 과세표준 (⑪＝⑪)		
		⑪ 세율	11	
		⑪ 산출세액	12	
		⑪ 시섬유보소득(법제96조)	13	
		⑪ 세율	14	
		⑪ 산출세액	15	
		⑪ 합계(⑪＋⑪)	16	
④ 납부할세액계산		⑫ 산출세액 (⑫＝⑪)		
		⑫ 최저한세 적용대상 공제감면세액	17	
		⑫ 차감세액	18	
		⑫ 최저한세 적용제외 공제감면세액	19	
		⑫ 가산세액	20	
		⑫ 가감계 (⑫－⑫＋⑫)	21	
	기납부세액 / 기한내납부세액	⑫ 중간예납세액	22	
		⑫ 수시부과세액	23	
		⑫ 원천납부세액	24	
		⑫ 간접투자회사등의 외국납부세액	25	
		⑬ 소계 (⑫＋⑫＋⑫＋⑫)	26	
	기납부세액	⑬ 신고납부전가산세액	27	
		⑬ 합계(⑬＋⑬)	28	
		⑬ 감면분추가납부세액	29	
		⑬ 차감납부할세액 (⑫－⑬＋⑬)	30	
⑤ 토지등 양도소득에 대한 법인세 계산	양도차익	⑬ 등기자산	31	
		⑬ 미등기자산	32	
		⑬ 비과세소득	33	
		⑬ 과세표준 (⑬＋⑬－⑬)	34	
		⑬ 세율	35	
		⑭ 산출세액	36	
		⑭ 감면세액	37	
		⑭ 차감세액 (⑭－⑭)	38	
		⑭ 공제세액	39	
		⑭ 동업기업 법인세 배분액 (가산세 제외)	58	
		⑭ 가산세액 (동업기업 배분액 포함)	40	
		⑭ 가감계 (⑭－⑭＋⑭＋⑭)	41	
	기납부세액	⑭ 수시부과세액	42	
		⑭ (　) 세액	43	
		⑭ 계 (⑭＋⑭)	44	
		⑮ 차감납부할세액 (⑭－⑭)	45	
⑥ 미환류소득법인세		⑯ 과세대상 미환류소득	59	
		⑯ 세율	60	
		⑯ 산출세액	61	
		⑯ 가산세액	62	
		⑯ 이자상당액	63	
		⑯ 납부할세액 (⑯＋⑯＋⑯)	64	
⑦ 세액계		⑮ 차감납부할세액계 (⑬＋⑮＋⑯)	46	
		⑮ 사실과 다른 회계처리 경정세액공제	57	
		⑮ 분납세액계산범위액 (⑮－⑫－⑬－⑭－⑮＋⑬)	47	
		분납할세액	48	
		차감납부세액	49	

소득금액조정합계표상 ③과 ⑥의 처분이 유보 또는 △유보로 되는 사항을 사후관리하는 서식임

【별지 제50호 서식(을)】

사 업 연 도		자본금과적립금조정명세서(을)	법인명	

※ 표란은 납세자가 기입하지 마십시오.

※ 관리번호 □□-□□

사업자등록번호 □□□-□□-□□□□□

세무조정유보소득계산

① 과목 또는 사 항	② 기 초 잔 액	당 기 중 증 감		⑤ 기 말 잔 액 (익기초현재)	비 고
		③ 감소	④ 증 가		
계					

다음 page '7'에 이기함

- 세법상 자본을 계산하는 서식임
- 세법상 자본(아래 '11') = 회계상 자본(아래 '6') ± 유보금(아래 '7') − 손익미계상 법인세 등(아래 '10')

【별지 제50호 서식(갑)】

사업연도	. . . ~ . . .	자본금과적립금조정명세서(갑)	법 인 명	
			사업자등록번호	

Ⅰ. 자본금과 적립금명세서

① 과목 또는 사항			코드	② 기초잔액	당기중증감 ③ 감소	당기중증감 ④ 증가	⑤ 기말잔액	비고
자본금및잉여금등의계산	1. 자본금		01					
	2. 자본잉여금		02					
	3. 자본조정		15					
	4. 기타포괄손익누계액		18					
	5. 이익잉여금		14					
			17					
	6. 계		20					
7.	자본금과적립금명세서(을)+(병)계		21					
손익미계상법인세등	8.	법인세	22					
	9.	지방소득세	23					
	10.	계(8+9)	30					
11.	차가감계(6+7−10)		31					

Ⅱ. 결손금(이월결손금 및 당기 결손금) 계산서

1. 결손금 발생 및 증감내역

⑥ 사업연도	결손금 발생액 ⑦ 계	⑧ 일반결손금	⑨ 배분한도초과결손금	⑩ 소급공제	⑪ 차감계	감소내역 ⑫ 기공제액	⑬ 당기공제액	⑭ 보전	⑮ 계	잔액 ⑯ 기한내	⑰ 기한경과	⑱ 계
계												

2. 법인세 신고 사업연도의 결손금에 동업기업으로부터 배분한도를 초과하여 배분받은 결손금(배분한도 초과결손금)이 포함되어 있는 경우 사업연도별 이월결손금 구분 내역

기재 생략

Ⅲ. 회계기준 변경에 따른 자본금과 적립금 기초잔액 수정

기재 생략

제 2 절 과세소득

1 과세소득의 범위

학 설	개 념	과세소득 규정방법	우리나라 세법
소득원천설	일정한 원천에서 계속적 · 경상적으로 발생한 소득만 과세	열거주의	「소득세법」에서 채택(단, 이자 · 배당 · 사업 소득은 포괄주의)
순자산증가설	순자산을 증가시키는 소득은 모두 과세 → ∴ 일시적 · 우발적 소득도 과세	포괄주의	「법인세법」에서 채택(단, 비영리법인은 소득원천설과 열거주의)

* 납세의무자의 세부담 효과 : 일시적 · 우발적 손실이 발생하는 경우에는 순자산증가설이 소득원천설보다 납세의무자에게 유리 → ∴ 항상 순자산증가설이 소득원천설보다 납세의무자에게 불리한 것은 아니다.

2 세무조정

1. 의의

당기순이익(회계상 소득)을 각사업연도소득금액(세법상 소득)으로 조정하는 과정

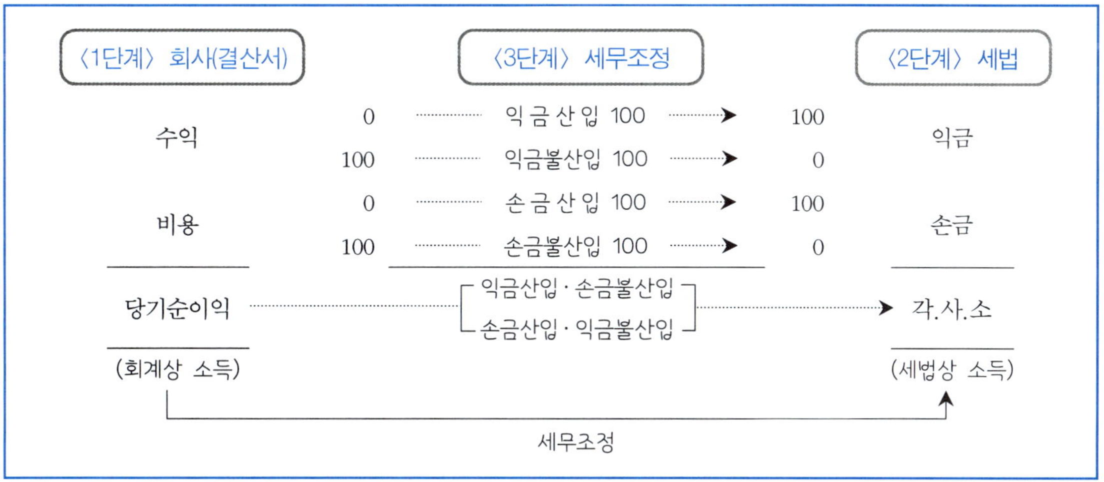

2. 세무조정 유형 : 결산조정과 신고조정

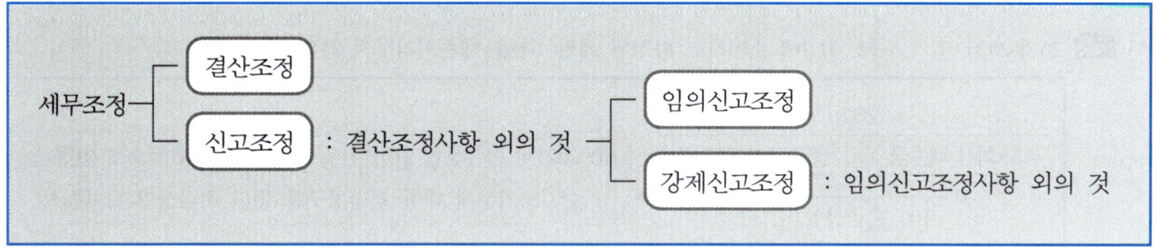

(1) 유형

세무조정은 성격에 따라 결산조정과 신고조정으로 구분된다.

회계		세법		세 무 조 정
수익	>	익금		익금불산입으로 신고조정
수익	<	익금		익금산입으로 신고조정
비용	>	손금		손금불산입으로 신고조정
비용	<	손금	⇒	Q 결산조정 사항인가? —YES→ 세무조정 × (∵ 결산서에 반영되어 있지 않음) —NO→ 손금산입으로 신고조정

(2) 비교

구 분	결산조정	신고조정
개 념	결산서에 손비로 계상한 경우에 한해 손금으로 인정되는 항목	결산서에 계상여부와 무관하게 손금 · 익금으로 인정되는 항목
대 상	아래 '(3)'의 항목 (충당금 · 감가상각비 등 내부적인 계상항목)	결산조정 이외의 항목
성 격	임의계상항목(손금산입여부에 대해 법인에게 선택권 부여된 항목 → 손금인정받고 싶으면 결산서에 계상하면 됨)	강제계상항목(일부 임의계상항목 있음)
손익귀속시기	결산서에 계상한 사업연도 → ∴ 귀속시기 조절 가능	세법에 규정된 사업연도 → ∴ 귀속시기 선택 불가*1
경 정 청 구	불가(∵ 이미 마감된 결산서를 추후 수정할 수 없음)	가 능
누락시 손금 인정 방법	당기의 결산서에 손비계상하지 않은 경우 ① 당기에는 손금산입 세무조정 불가 ② 차기 이후 그 금액을 손비계상하는 연도의 손금으로 인정	당기의 결산서에 계상하지 않은 경우 ① 당기에 세무조정해야 함*2 ② 만약 당기에 세무조정하지 못한 경우 차기 이후에 당기분을 바로 잡기 위해 경정청구 가능

*1 사례 26기(2026. 1. 1.~12. 31.)에 소멸시효 완성된 채권 100을 대손처리하지 않은 경우

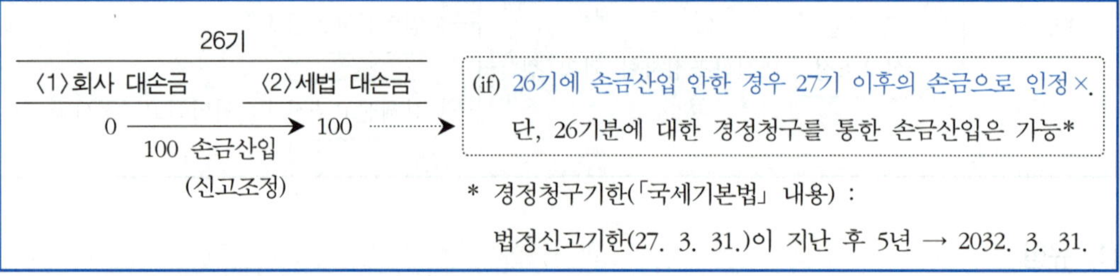

*2 손비 관련 신고조정사항을 손금으로 인정받는 방법 : 다음 둘 중 선택

	<1> 회사 비용		<2> 세법 손금
〈방법 1〉 결산서에 비용으로 계상하는 방법 :	100	그대로 손금 인정 →	100
〈방법 2〉 세무조정으로 손금산입하는 방법 :	0	100 손금산입 →	100

(3) 결산조정사항

구 분	결산조정	비 교
충 당 금*1	① 대손충당금	
	② 퇴직급여충당금	퇴직연금충당금은 강제신고조정사항
	③ 구상채권상각충당금	구상채권상각충당금은 이익처분에 의한 임의신고조정 가능(한국채택국제회계기준 적용법인에 한함)
	④ 일시상각충당금(비상각자산은 압축기장충당금)	일시상각충당금 · 압축기장충당금은 임의신고조정 가능
준 비 금*1	「조세특례제한법」상 준비금 「법인세법」상 준비금	다음은 이익처분에 의한 임의신고조정 가능 ① 「조세특례제한법」상 준비금 ② 회계감사를 받는 비영리법인의 고유목적사업준비금 ③ 비상위험준비금(한국채택국제회계기준 적용 보험사업을 하는 법인에 한함) ④ 보험회사의 해약환급금준비금
감가상각비	감가상각비 (소액자산 · 소액수선비 등 포함)	• 강제신고조정사항 ① 업무용승용차의 감가상각비 ② 세액감면을 받는 경우의 감가상각의제액 ③ 특수관계인으로부터 양수한 자산에 대한 감가상각비 손금산입 특례 • 임의신고조정사항 ① 감가상각자산 중 유형자산과 법에 정한 무형자산에 대한 감가상각비(한국채택국제회계기준 적용법인에 한함) ② 2026. 1. 1.부터 2028. 12. 31.까지 취득하는 중소기업 스마트공장 사업용 유형자산의 감가상각비 손금산입 특례 개정 (신설) ③ [세부사항] 2024. 12. 31.까지 취득한 에너지절약시설의 감가상각비 손금산입 특례 ④ [세부사항] 「조세특례제한법」에 따라 2021. 12. 31.까지 취득한 설비투자자산의 감가상각비

대 손 금	거래처 파산 등 법에 정한 사유로 인한 대손금	소멸시효완성 등 법에 정한 사유로 인한 대손금은 강제 신고조정사항(제11절에서 설명함)
자산의 평가 손 실 등*2	① 법령으로 정한 사유로 인한 유형자산, 재고자산, 유가증권평가손실 ② 시설개체 · 기술낙후로 인한 생산설비의 폐기손실(1,000원 제외) ③ 사업의 폐지 또는 사업장의 이전으로 임대차계약에 따라 임차한 사업장의 원상회복을 위하여 시설물을 철거하는 경우 폐기손실(1,000원 제외)	

*1 충당금 · 준비금 설정액에 대한 세법의 처리방법

① 원칙 : 손금으로 인정 ×(∵ 미확정)

② 예외 : 세법에 열거된 것에 한하여 결산서에 계상하면 손금 인정. 단, 위 표 우측의 '비교'란의 충당금 및 준비금은 신고조정에 의한 손금산입 강제 또는 가능

*2 다른 결산조정사항과 달리 자산의 평가손실 등은 감액사유가 발생한 사업연도에 비용계상한 경우에 한하여 손금인정한다. ⟶ 특별한 결산조정사항

비교사례 25기에 파산한 A사에 대한 매출채권과 주식에 대하여 26기에 다음과 같이 회계처리한 경우 세법상 처리

26기에 비용처리	26기의 세법상 처리
(차) 대 손 금 100 (대) 매출채권 100	계상연도인 26기의 손금으로 인정 ⟶ 결산조정의 원칙
(차) 평가손실 100 (대) 주 식 100	감액사유(파산)가 발생한 25기의 손금으로 계상하지 않았으므로 26기에는 손금불산입함 ⟶ 특별한 결산조정 사항

(4) 신고조정사항 : 결산조정사항 외의 것

1) 임의신고조정사항

신고조정에 의한 손금산입여부를 회사가 선택할 수 있는 사항(취지 : 기업회계에서 비용처리를 인정하지 않는 항목에 대해 손금산입할 수 있는 길을 열어주기 위함) ⟶ '세부담을 최소화한다'는 가정이 있는 문제의 경우 임의신고조정사항을 비용처리하지 않았다면 이를 신고조정으로 손금산입해야 한다.

대상법인	임의신고조정	이익처분 적립여부
일반 법인에게 적용	① 일시상각충당금(비상각자산은 압축기장충당금)	×
	② 2026. 1. 1.부터 2028. 12. 31.까지 취득하는 중소기업 스마트공장 사업용 유형자산의 감가상각비 손금산입 특례 개정 (신설)	
	③ [세부사항] 2024. 12. 31.까지 취득한 에너지절약시설의 감가상각비 손금산입 특례	
	④ [세부사항] 「조세특례제한법」에 따라 2021. 12. 31.까지 취득한 설비투자자산의 감가상각비 손금산입 특례	
특정법인에게 적용	⑤ 「조세특례제한법」상 준비금(손실보전준비금 등)	○*1 [암기 Tip] 구비고조해
보험회사에게 적용	⑥ 해약환급금준비금	
회계감사를 받는 비영리법인에게만 적용	⑦ 고유목적사업준비금	
한국채택국제회계기준 적용 법인에게만 적용 [암기 Tip] 국제구비유무	⑧ 보험사업을 하는 법인의 비상위험준비금 ⑨ 신용보증기금 등의 구상채권상각충당금*2	
	⑩ 감가상각자산 중 유형자산과 법에 정한 무형자산의 감가상각비 손금산입 특례	×

1 '⑤ ~ ⑨'는 이익(잉여금)처분에 의하여 해당 준비금·충당금을 적립한 경우에 한하여 신고조정에 의한 손금산입을 허용한다. → 취지 : 준비금 등을 환입할 때까지 배당 등을 하지 않도록 함(항목은 법령으로 정하기 나름)

* '이익처분에 의한 신고조정'의 법 표현 : 해당 준비금·충당금을 세무조정계산서에 계상하고 그 금액 상당액을 해당 사업연도의 이익처분을 할 때 해당 준비금·충당금으로 적립한 경우에는 세법상 한도액의 범위에서 그 금액을 결산을 확정할 때 손비에 계상한 것으로 본다.

사례 회계감사를 받는 비영리법인이 고유목적사업준비금을 신고조정으로 손금산입하는 경우

구 분	내 용			
회계처리	(차) 이월이익잉여금	100	(대) 고유목적사업준비금	100
세무조정	〈손금산입〉 고유목적사업준비금 100(△유보)*			

* △유보로 처분하는 이유 : 세법에서는 준비금을 부채로 취급하기 때문

*2 구상채권상각충당금에 대하여 이익처분에 의한 신고조정을 할 수 있는 법인은 한국채택국제회계기준 적용 법인 중 대통령령으로 정하는 법인이다.

2) 강제신고조정사항

회사와 세법간에 차이가 있는 경우 반드시 그 차이를 조정하여야 하는 사항(결산조정사항과 임의신고조정사항을 제외한 나머지 사항)

3 소득처분

1. 구조

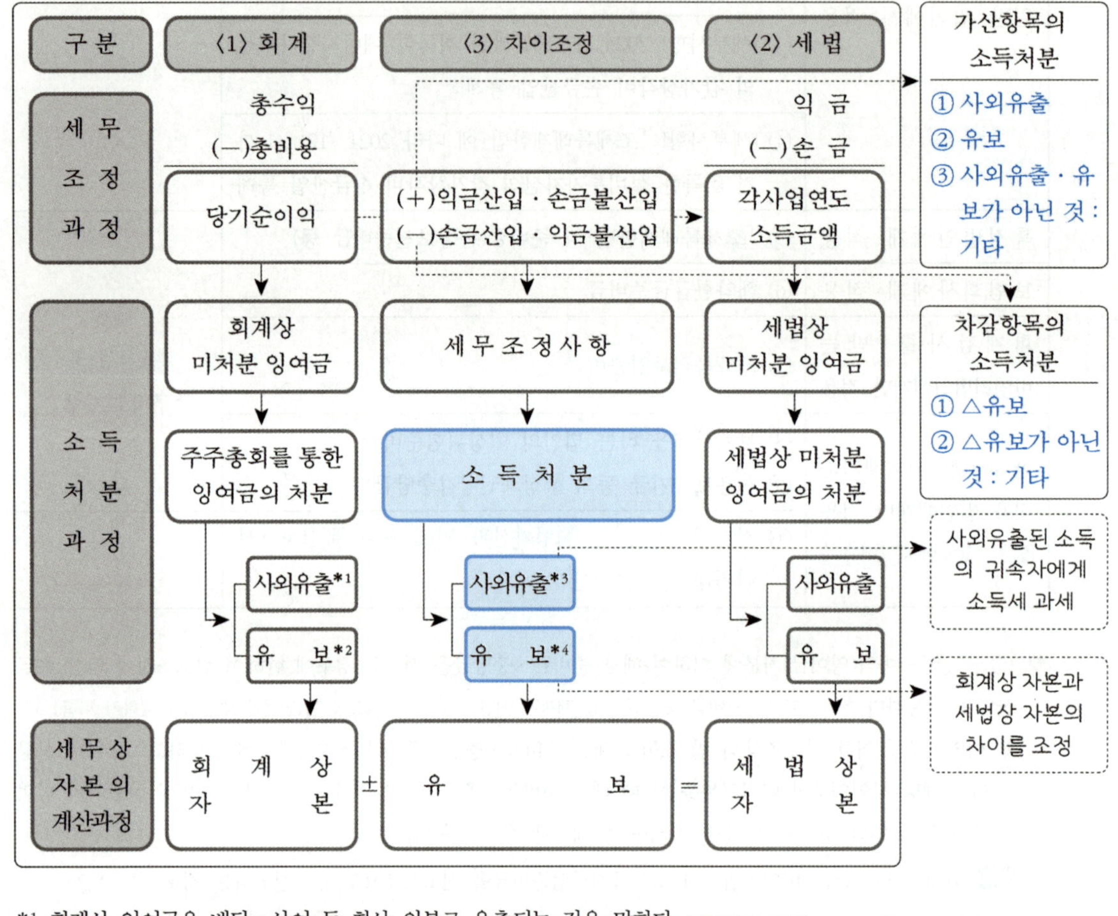

*1 회계상 잉여금을 배당 · 상여 등 회사 외부로 유출되는 것을 말한다.
*2 회계상 잉여금을 이익잉여금 등으로 회사 내부에 유보(적립)되는 것을 말한다.
→ 이익(잉여금) 처분에 따른 배당 · 상여 등

*3 세무조정에 대하여 배당 · 상여 등으로 소득처분하는 것을 말한다.
*4 세무조정에 대하여 유보로 소득처분하는 것을 말한다.
→ 소득처분에 따른 배당 · 상여 등

2. 소득처분 유형

(1) 사외유출

익금산입 · 손금불산입한 금액(업무용승용차 관련비용으로서 업무사용금액에 해당하지 않아 손금불산입한 금액 포함)은 다음과 같이 처분한다.

1) 귀속자가 분명한 경우

귀속자	처분*1	귀속자에 대한 소득세		법인의 원천징수	
		과세 여부	귀속시기*5	여부	원천징수시기 특례(지급시기의제일)
주주*2	배당	○(인정배당 → 배당소득)	결산확정일	○	① 자진신고시 : 법인세 신고일 또는 수정신고일 ② 경정시 : 소득금액변동통지서 수령일
임원 · 직원*3	상여	○(인정상여 → 근로소득)	근로제공일	○	
타법인 · 개인사업자*4, 국가 · 지방자치단체	기타사외유출	×(사후관리 ×)	–	×	
위 외의 자	기타소득	○(기타소득)	결산확정일	○	

*1 소득처분을 구분하는 이유 : 어떤 소득으로 구분되느냐에 따라 귀속자의 소득세부담 및 귀속시기가 달라진다.

*2 귀속자가 주주인 경우 소득처분 ⟶ 주주가 다른 항목에 해당되면 다른 항목으로 처분함

① 출자임원 · 출자직원의 경우 : 상여

② 주주인 내국법인 · 개인사업자의 사업소득을 구성하는 경우 : 기타사외유출

③ 위 외의 경우 : 배당

*3 귀속자가 임원 · 직원인 개인사업자인 경우 : 기타사외유출(예 전무이사가 운영하는 개인사업체에게 귀속되는 경우)

*4 귀속자가 법인 · 개인사업자인 경우 소득처분

귀속자	처 분
내국법인 · 거주자	기타사외유출[3](국내 · 국외사업장 소득 구성여부 불문)
외국법인 · 비거주자	① 「국제조세조정에 관한 법률」 적용대상인 경우 : 「국제조세조정에 관한 법률」에 따른다.* ② 위 외의 경우 : 「법인세법」에 따라 다음과 같이 처리 • 국내사업장 소득 구성시 : 기타사외유출 • 국외사업장 소득 구성시 : ~~기타사외유출,~~ (주주면) 배당, (주주 아니면) 기타소득

[3] 내국법인 · 거주자에게 귀속되는 경우 기타사외유출로 처분하는 이유
A법인이 내국법인인 B법인에게 업무와 무관한 가지급금(대여금)을 대여한 경우 세법상 받아야 하는 적정이자는 300인데, 100의 이자만 받은 경우 A법인은 차액 200을 익금산입한다. 이 경우 B법인 입장에서는 300이 아닌 100을 비용처리함에 따라 차액 200만큼 소득금액이 증가되어 그 금액에 대한 법인세를 이미 부담한 상태인데, A법인의 익금산입액을 또 다시 B법인의 소득으로 보아 법인세를 과세하면 이중과세 문제가 발생한다. 따라서 추가적인 과세를 하지 않기 위하여 기타사외유출로 처분한다.

* [세부사항] 「국제조세조정에 관한 법률」 중 이전가격세제로 인한 익금산입액의 소득처분 : 내국법인에게 반환여부 확인 전까지는 임시유보로 처분하고, 반환이 확인되지 않은 금액은 다음과 같이 처분한다.

국제거래의 상대방인 국외특수관계인	소득처분
내국법인의 주주	배 당(∵ 주주에게 배당준 것으로 봄)
내국법인이 출자한 법인	유 보(∵ 출자의 증가로 봄)
위 외의 자	배 당

*5 소득처분별 귀속자의 「소득세법」상 수입시기 비교정리

구 분	「소득세법」상 수입시기	사례 (if) 법인의 사업연도가 2026. 1. 1.~2026. 12. 31.인 경우 귀속자의 수입시기
인 정 배 당	법인의 사업연도 결산확정일	2027년의 배당소득
인정기타소득		2027년의 기타소득
인 정 상 여	해당 사업연도 중 근로를 제공한 날	2026년의 근로소득

2) 귀속자가 불분명한 경우

구 분	처 분
원 칙	대표자(대표자가 2인 이상인 경우에는 사실상의 대표자) 상여로 처분(∵ 귀속불분명 책임을 대표자에게 전가)
예 외	「국세기본법」상 수정신고기한 내에 부당하게 사외유출된 금액을 회수하고 세무조정으로 익금산입하여 신고하는 경우 : 유보*(∵ 수정신고를 통한 자진정정 유도). 다만, 세무조사의 통지를 받거나 세무조사에 착수한 것을 아는 등 경정이 있을 것을 미리 알고 사외유출된 금액을 익금산입하는 경우에는 대표자 상여로 처분(∵ 자진정정이 아님)

* 사례 25기에 증빙불비경비를 잡비로 처리하고 25기에는 이에 대한 세무조정하지 않고, 26기에 현금을 회수하면서 25기분에 대해 수정신고한 경우 세무조정

구 분	25기분에 대한 수정신고	26기
회 사	(차) 잡 비 100 (대) 현 금 100	(차) 현 금 100 (대) 잡 이 익 100
세 법	(차) ~~사외유출~~ 대여금*1 100 (대) 현 금 100	(차) 현 금 100 (대) 대 여 금 100*1
세무조정	〈손금불산입〉 대여금 100(유 보)*2	〈익금불산입〉 대여금 100(△유보)*2

*1 세법에서는 25기에 대여한 후 26기에 회수한 거래로 취급한다.

*2 경정이 있을 것을 미리 알고 수정신고하는 경우 25기에는 상여로 처분한다(26기에는 기타로 처분).

■ 대표자 상여 처분 방법

사업연도 중에 대표자가 변경된 경우 대표자 각인에게 귀속되는 것이 분명한 금액은 이를 대표자 각인에게 구분하여 처분하고, 귀속이 분명하지 아니한 경우에는 재직기간의 일수에 따라 구분계산하여 이를 대표자 각인에게 상여로 처분한다.

3) 추계의 경우

익금산입액* = 추계로 결정된 과세표준 − 결산서상 법인세비용 차감 전 순이익

* 장부불비의 책임을 대표자에게 묻기 위해 대표자 상여로 처분. 단, 다음의 경우에는 기타사외유출로 처분

① 천재지변 등으로 부득이하게 장부·증명서류가 멸실되어 추계하는 경우

② 외국법인에 대한 과세표준을 추계하는 경우(법기통 67−106…15)

4) 무조건 기타사외유출로 처분하는 경우 : 사후관리 불필요

취 지	무조건 기타사외유출로 처분하는 것
실지귀속을 밝히기 어려운 경우	① 50%한도기부금(특례기부금)·30%한도기부금(우리사주조합기부금)·10%(사회적기업은 30% 개정)한도기부금(일반기부금)의 손금산입 한도초과액*1 ② 기업업무추진비 한도초과액*1 및 한 차례에 3만원(경조금은 20만원) 초과 기업업무추진비로서 적격증명서류 미수령액의 손금불산입액 ⋯→ (기출) 한 차례의 기업업무추진비가 3만원(경조금 20만원)을 초과하는 것으로서 증명서류를 수취하지 않은 것의 손금불산입액은 기타사외유출로 소득처분한다. : 틀린 문장(∵ 증명서류가 없는 것은 대표자 상여로 처분함. 증명서류는 있되, 적격증명서류가 아닌 경우 기타사외유출로 처분함)
	③ 업무무관자산 등에 대한 지급이자 손금불산입액*1 ④ 간주임대료 익금산입액*1(추계의 경우는 예외)
국가 등에 귀속되는 경우	⑤ 채권자불분명사채이자 및 비실명 채권·증권의 이자의 손금불산입액 중 원천징수세액에 상당하는 금액
실무적인 관행의 인정	⑥ 다음의 경우 그 처분에 따른 소득세 등을 법인이 대납하고 ⓐ손비로 계상하거나 ⓑ그 대표자와의 특수관계가 소멸될 때까지 회수하지 아니함에 따라 익금에 산입한 금액*2 ㉠ 사외유출되었으나 귀속이 불분명하여 대표자에 대한 상여로 소득처분한 경우 ㉡ 추계결정에 의한 익금산입액을 대표자상여로 처분한 경우
이중과세방지	⑦ 자본거래로 인하여 법인이 특수관계인에게 이익을 분여한 경우에 부당행위계산의 부인으로 익금에 산입한 금액으로서 귀속자에게 「상속세 및 증여세법」에 의하여 증여세가 과세되는 금액 ⋯→ 취지 : 증여세가 과세된 소득에 대하여 다시 소득세를 과세하지 않기 위함 ⑧ • 외국법인의 국내사업장의 법인세의 과세표준을 신고하거나 결정·경정시 익금에 산입한 금액이 그 외국법인 등에 귀속되는 소득 ⋯→ 취지 : 국내사업장에서 과세된 소득에 대하여 외국법인 본점 등에 다시 과세하지 않기 위함

	• 「국제조세조정에 관한 법률」상 정상가격 · 정상원가분담액등에 따른 과세조정, 체약상대국의 과세조정에 대한 대응조정, 사전승인 방법의 준수 등 규정에 따라 익금에 산입한 금액이 국외특수관계인으로부터 반환되지 아니한 금액
기 타	⑨ '업무용승용차별 임차료 중 감가상각비 상당액' 중 800만원(400만원) 초과에 따른 손금불산입액 및 '업무용승용차 처분손실' 중 800만원(400만원) 초과에 따른 손금불산입액 ⟶ 취지 : 법인 소유 자산에 대한 세무조정이 아니므로 유보로 처분×

*1 자산 · 부채와 관련된 각종 한도초과액(예 퇴직급여충당금 · 대손충당금 한도초과액)은 유보로 처분하나, 자산 · 부채와 무관한 각종 한도초과액(예 기부금 · 기업업무추진비 한도초과액)과 산식에 따라 계산하는 익금산입 · 손금불산입액은 기타사외유출로 처분한다.

*2 사례 위 '⑥, ㉠'의 사례

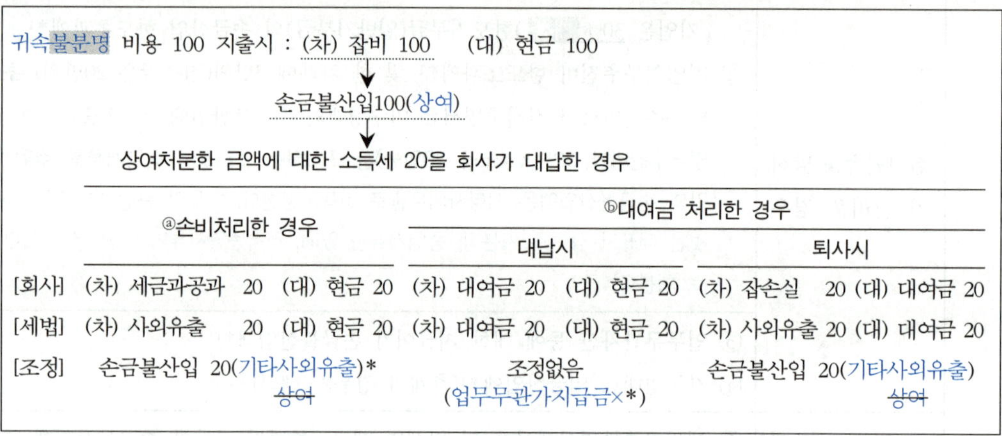

귀속불분명 비용 100 지출시 : (차) 잡비 100 (대) 현금 100

↓

손금불산입100(상여)

↓

상여처분한 금액에 대한 소득세 20을 회사가 대납한 경우

	ⓐ손비처리한 경우	ⓑ대여금 처리한 경우 - 대납시	ⓑ대여금 처리한 경우 - 퇴사시
[회사]	(차) 세금과공과 20 (대) 현금 20	(차) 대여금 20 (대) 현금 20	(차) 잡손실 20 (대) 대여금 20
[세법]	(차) 사외유출 20 (대) 현금 20	(차) 대여금 20 (대) 현금 20	(차) 사외유출 20 (대) 대여금 20
[조정]	손금불산입 20(기타사외유출)* ~~상여~~	조정없음 (업무무관가지급금×*)	손금불산입 20(기타사외유출) ~~상여~~

* 비교 대표자에게 귀속된 것이 분명하여 상여로 처분한 금액에 대한 소득세를 법인이 대납한 경우 세법상 처리방법

① 손비처리한 경우 : 손금불산입하고 상여로 처분

② 대여금 처리한 경우 : 업무무관가지급금으로 본다. ⟶ ∴ 인정이자 익금산입(제13절 내용) 및 업무무관자산에 대한 지급이자 손금불산입(제9절 내용) 조정 행함

■ 임원 · 직원에게 부과된 벌금 등 대납액에 대한 소득처분

• 법인이 임원 · 직원에게 부과된 벌금 · 과료 · 과태료 또는 교통사고벌과금을 대신 부담한 경우에도 그 벌금 등의 부과대상이 된 행위가 법인의 업무수행과 관련된 것인 때에는 해당 법인에게 귀속되는 것으로 보아 손금불산입하고 기타사외유출로 처분한다.

• 단, 내부규정에 의하여 원인유발자에게 변상조치하기로 되어 있는 경우에는 그 원인유발자에 대한 상여로 처분한다.

(2) 유보 · △유보

1) 개념

유보 · △유보의 성격은 다음과 같다.

> ① 세무조정 중 회사와 세법상 자산계정 또는 부채계정에 차이가 나는 것은 유보(△유보)로 처분한다.
> ② 당기 이후 반대의 세무조정과 소득처분으로 소멸(추인)된다. → ∴ 추인될 때까지 사후관리목적으로 「자본금과적립금조정명세서(을)」표 작성

• 자본금과 적립금조정명세서(을)

① 과목	② 기초잔액	당 기 중 증 감		⑤ 기말잔액
		③ 감소	④ 증가	
세무조정 과목기재	전기말 '⑤'란의 금액을 이기	기초잔액 중 당기에 소멸되는 금액 기재*1	당기 중 새로 발생한 유보금 기재*2	당기말 현재의 유보금*3 (②−③+④)

*1 이 때 ②와 ③의 부호는 일치되어야 한다(②의 유보금액 'xxx'는 ③에 'xxx'로, ②의 △유보금액 '△xxx'는 ③에 '△xxx'로 기재하여 소멸시킨다).

*2 이 때 △유보금액의 증가는 금액 앞에 '△'표시를 한다.

*3 당기말 현재 회사와 세법상의 자산 · 부채차이, 즉, 자본의 차이금액을 의미한다.

2) 유보(△유보)의 추인유형 → 세법 초보자는 그냥 넘어갈 것

구 분	사 례
다음 연도에 자동 추인되는 경우	• 재고자산평가손익(∵ 당기의 기말재고는 차기의 기초재고가 되므로 손익에 반대 영향. p4−139. 각주) • 대손충당금 한도초과액(∵ 총액법 논리. p4−249. 사례) • 부도발생으로 대손처리한 어음, 수표, 중소기업의 외상매출금 중 부도후 6개월 이상 지나지 않아 손금불산입한 금액(∵ 차기에는 6개월 지남. p4−252. *4)
수정회계처리하는 경우	• 전기에 토지에 대한 취득세 납부시 비용계상한 후 당기에 토지원가로 수정회계처리한 경우*(∵ 수정회계처리하면 회사와 세법의 자산 · 부채 차이가 소멸됨)
일정 요건 충족시 추인되는 경우의 사례	• 자산을 처분하는 경우* 추인금액 = 유보잔액 × 처분비율 • 감가상각부인액은 시인부족액 발생시, 법률에 의한 평가증시 추인

* 추인과정의 이해

	전기 (토지를 100에 취득하면서 취득세 10 납부시)	당기	
		〈경우1〉 수정회계처리시	〈경우2〉 토지를 150에 처분시
회사	(차) 세금과공과 10 (대) 현금 10	(차) 토지 10 (대) 전기오류수정이익 10 (영업외수익)	(차) 현금 150 (대) 토 지 100 처분이익 50
세법	(차) 토 지 10 (대) 현금 10	–	(차) 현금 150 (대) 토 지 110 처분이익 40
세무조정	〈손금불산입〉 토지 10(유보)	〈익금불산입〉 토지 10(△유보)	〈익금불산입〉 토지 10(△유보)

수정회계처리를 통한 추인

처분시 '유보잔액(10) × 처분비율(100%)'만큼 추인

3) 회계상 자본과 세법상 자본과의 관계

회계상 자본 ± 유보잔액*2 − 손익미계상법인세등*3 = 세법상 자본*1

*1 세법상 자본을 계산하는 실무서식 : 자본금과적립금조정명세서(갑)

*2 유보금을 관리하는 서식인 자본금과적립금조정명세서(을)표상 기말잔액의 합계금액을 적는다.

*3 [2차 시험용] 손익미계상법인세등

① 계산방법 : 세법상 법인세등 − 회계상 법인세비용
= (법인세 총부담세액+법인 지방소득세+법인세에 대한 농어촌특별세) − 손익계산서상 법인세비용

② 세법상 자본 계산시 가감여부

- '세법상 법인세 등 > 회계상 법인세비용' 인 경우
회계상 미지급법인세(부채)가 과소계상되어 있음 → ∴ (부채 ↑→ 순자산 ↓) 필요 → ∴ 회계상 자본에 차감
- '세법상 법인세 등 < 회계상 법인세비용' 인 경우
차액을 손익미계상법인세등으로 기재하지 않고 세무조정시 유보처분하여 자본금과적립금조정명세서(을)에 추가로 적는다. ⤏ ∴ 결국은 회계상 자본에 가산하는 결과가 된다.

4) **사례** : 제1기의 매출액을 회사가 제2기의 매출로 계상한 경우

<table>
<tr><th colspan="2">구 분</th><th colspan="6">제1기</th><th colspan="6">제2기</th></tr>
<tr><td rowspan="3">세무 조정</td><td>회사</td><td colspan="6">–</td><td colspan="6">(차) 매출채권 100 (대) 매출 100</td></tr>
<tr><td>세법</td><td colspan="6">(차) 매출채권 100 (대) 매출 100</td><td colspan="6">–</td></tr>
<tr><td>세무조정</td><td colspan="6">〈익금산입〉 매출채권 100(유보)</td><td colspan="6">〈익금불산입〉 매출채권 100(△유보)</td></tr>
<tr><td colspan="2" rowspan="3">소득금액 조정합계표</td><td colspan="3">익금산입 · 손금불산입</td><td colspan="3">손금산입 · 익금불산입</td><td colspan="3">익금산입 · 손금불산입</td><td colspan="3">손금산입 · 익금불산입</td></tr>
<tr><td>과목</td><td>금액</td><td>처분</td><td>과목</td><td>금액</td><td>처분</td><td>과목</td><td>금액</td><td>처분</td><td>과목</td><td>금액</td><td>처분</td></tr>
<tr><td>매출채권</td><td>100</td><td>유보</td><td></td><td></td><td></td><td></td><td></td><td></td><td>매출채권</td><td>100</td><td>△유보</td></tr>
<tr><td colspan="2" rowspan="3">자본금과 적립금조정 명세서(을)</td><td rowspan="2">과목</td><td rowspan="2">기초잔액</td><td colspan="2">당기중 증감</td><td colspan="2" rowspan="2">기말잔액</td><td rowspan="2">과목</td><td rowspan="2">기초잔액</td><td colspan="2">당기중 증감</td><td colspan="2" rowspan="2">기말잔액</td></tr>
<tr><td>감소</td><td>증가</td><td>감소</td><td>증가</td></tr>
<tr><td>매출채권</td><td>0</td><td>0</td><td>100</td><td colspan="2">100</td><td>매출채권</td><td>100</td><td>100</td><td>0</td><td colspan="2">0</td></tr>
<tr><td colspan="2">자본과 적립금조정 명세서(갑)</td><td colspan="6">세법상 자본 = 5,000가정(회계상 자본) + 100(유보잔액*) = 5,100</td><td colspan="6">세법상 자본 = 7,000가정(회계상 자본) + 0(유보잔액*) = 7,000</td></tr>
</table>

* 다른 유보잔액은 없다고 가정

(3) **'기타'로 처분하는 것** : 사후관리 불필요

① 익금산입 · 손금불산입 항목 중 사외유출도 유보도 아닌 것

② 손금산입 · 익금불산입 항목 중 △유보가 아닌 것

정리 소득처분방법

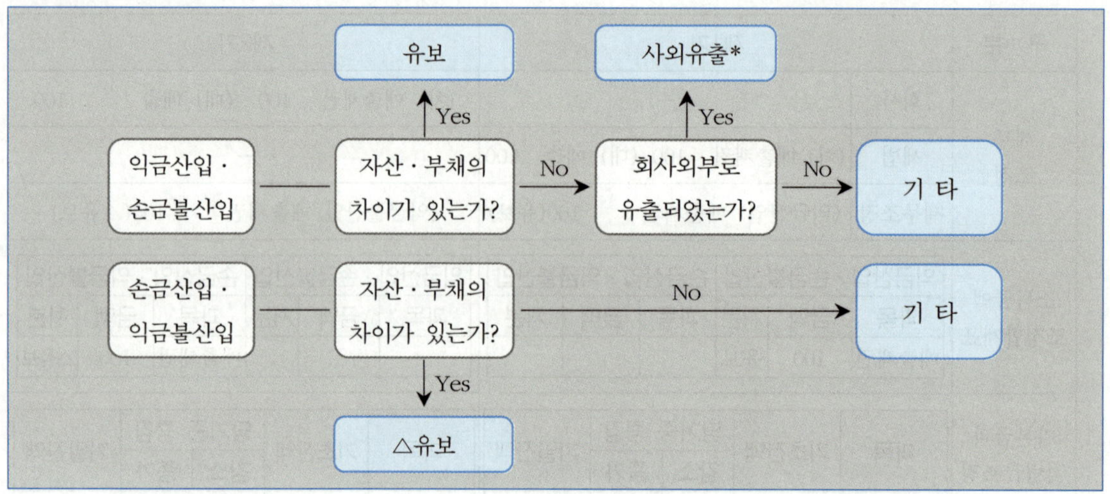

* 손금산입 · 익금불산입항목(차감항목)에는 사외유출이 있을 수 없다.

정리 일반적인 세무조정 방법

(1) 일반적인 경우

1) 회사와 세법상의 자산 · 부채 차이가 없는 경우

회사와 세법상의 손익차이가

① 있는 경우 : 익금산입 또는 손금산입한 후 소득처분 행함

② 없는 경우 : 세무조정 불필요

2) 회사와 세법상의 자산 · 부채 차이가 있는 경우

〈1단계〉 회사와 세법상의 자산 · 부채의 차이를 조정하기 위한 세무조정을 행한다.*

① 자산증액 또는 부채감액시 : 순자산 증가 → ∴ 익금산입(유보)

② 자산감액 또는 부채증액시 : 순자산 감소 → ∴ 손금산입(△유보)

〈2단계〉 '〈1단계〉'의 세무조정 후 회사와 세법상 손익의 차이가

① 있는 경우 : 그 차이를 조정하기 위한 추가 세무조정 행한다.

② 없는 경우 : 추가 세무조정 불필요

* 순자산을 증가시키면 익금산입(유보), 감소시키면 손금산입(△유보)하면 된다.

(2) **특례** : 회사가 잉여금계정(자본조정, 기타포괄손익누계액 등 포함)의 증감으로 회계처리한 경우 ⟶ 연계정리 : p4—42. 5

구 분	잉여금계정의 차변에 계상한 경우	잉여금계정의 대변에 계상한 경우
〈1단계〉	순자산이 감소하므로 손실로 대체하기 위하여 '손금산입(기타)'하고 시작	순자산이 증가하므로 이익으로 대체하기 위하여 '익금산입(기타)'하고 시작
〈2단계〉	〈1단계〉에서 손금산입한 금액이 실제 세법상 손금인지 여부 판단 ① 실제 세법상 손금인 경우 〈1단계〉에서 이미 손금산입했으므로 추가 세무조정은 불필요 ② 실제 세법상 손금이 아닌 경우 〈1단계〉에서 손금산입한 금액을 상계시키기 위해 추가로 '손금불산입'하고 관련 소득처분을 행한다.	〈1단계〉에서 익금산입한 금액이 실제 세법상 익금인지 여부 판단 ① 실제 세법상 익금인 경우 〈1단계〉에서 이미 익금산입했으므로 추가 세무조정은 불필요 ② 실제 세법상 익금이 아닌 경우 〈1단계〉에서 익금산입한 금액을 상계시키기 위해 추가로 '익금불산입'하고 관련 소득처분을 행한다.

Ⅰ. 유형별 세무조정 및 소득처분 방법

1. 기업업무추진비를 수선비로 처리한 경우 'p4—42. [정리]. 1'과 연계

회 사	(차) 수 선 비 100	(대) 현 금 100
세 법	(차) 기업업무추진비 100	(대) 현 금 100
수 정*	(차) 기업업무추진비 100	(대) 수 선 비 100
세무조정	없음(단, 기업업무추진비 한도계산시 기업업무추진비에 수선비로 계상된 금액 100을 포함해야 함)	

* [정리] 수정분개가 '(차) 손익 ××× (대) 손익 ×××'인 경우 세무조정은 없다. 즉, 손익계정만의 차이는 세무조정 없다.

2. 토지 취득세를 비용으로 처리한 경우 'p4—42. [정리]. 2'와 연계

회 사	(차) 비 용 100	(대) 현 금 100
세 법	(차) 토 지 100	(대) 현 금 100
수 정*	(차) 토 지 100 자산↑→ 유보 ◄------------	(대) 비 용 100 ------------ 손금불산입
세무조정	〈손금불산입〉토 지 100(유 보)	

* [정리] 수정분개가 '(차) 자산 · 부채 ××× (대) 손익 ×××' 또는 '(차) 손익 ××× (대) 자산 · 부채 ×××'인 경우 세무조정은 하나이다. ⋯→ 회사와 세법간의 손익의 차이는 세무조정(익금산입 또는 손금산입 등)으로 기재하며, 자산 · 부채 및 자본의 차이는 소득처분으로 기재한다.

3. 건설본부직원에 대한 현금결제형 주식매수선택권 주식보상비용을 자산원가로 계상한 경우 'p4—42. [정리]. 3'과 연계

회 사	(차) 건설중인 자산 100	(대) 장기미지급비용 100
세 법	— (∵ 권리의무확정주의에 따라 권리행사로 지급일이 속하는 사업연도의 손금)	
수 정*	(차) 장기미지급비용 100 부채↓→ 유보 → 익금산입	(대) 건설중인 자산 100 자산↓→ △유보 → 손금산입
세무조정	〈손금산입〉건설중인 자산 100(△유보) 〈익금산입〉장기미지급비용 100(유 보)	

* [정리] 수정분개가 '(차) 자산 · 부채 ××× (대) 자산 · 부채 ×××'인 경우 세무조정은 두개이다. ⇢ 각각의 자산·부채 차이를 유보로 처분하여 자본금과적립금조정명세서(을) 표에 적어 사후관리한다. 간편하게 수정분개 차변의 자산·부채는 익금산입(유보), 대변의 자산·부채는 손금산입(△유보)하면 된다.

4. 사외유출과 관련된 세무조정 유형

(1) 대표이사 개인용도 경비를 비용으로 계상한 경우 'p4—42. 정리. 4. (1)'과 연계

회　사	(차) 비　　　용	100	(대) 현　　　금	100
세　법	(차) 사 외 유 출*1	100	(대) 현　　　금	100
수　정*2	(차) 사 외 유 출 대표자에 대한 상여로 처분 ◀---------------	100	(대) 비　　　용 손금불산입	100
세무조정	〈손금불산입〉개 인 용 도 경 비	100(상　여)		

*1 손금으로 인정되지 않는 부당하게 사외유출한 금액의 귀속자에게 소득세를 부과하기 위하여 사외유출(배당, 상여, 기타소득, 기타사외유출)로 소득처분한다.

*2 [정리] 수정분개가 '(차) 사외유출 ××× (대) 비용 ×××'인 경우 세무조정은 손금불산입(상여 등 사외유출) 하나이다.

(2) 차입금을 차입하고 계상누락한 경우(대응자산은 불분명) 'p4—42. 정리. 4. (2)'와 연계

회　사	—			
세　법	~~(차) 현　　　금~~ (차) 사 외 유 출	~~100~~*1 100	(대) 차　입　금 ~~(대) 현　　　금~~	100 ~~100~~*1
수　정*2	(차) 사 외 유 출 대표자에 대한 상여처분 → 익금산입	100	(대) 차　입　금 부채↑ → △유보 → 손금산입	100
세무조정	〈손금산입〉차　입　금 〈익금산입〉귀 속 불 분 명 액	100(△유보) 100(상　여)		

*1 세법은 차입으로 유입된 현금을 대표자에게 준 것으로 본다.

*2 [정리] 수정분개가 '(차) 사외유출 ××× (대) 자산 · 부채 ×××'인 경우 세무조정은 두개이다(자산 · 부채를 조정하는 세무조정과 사외유출에 대하여 귀속자에 대한 소득세 과세를 위한 세무조정).

정리 위 I. 1번 ~ 4번의 세무조정 요약

	1	2	3	4. (1)	4. (2)
당기순이익*	△100	△100	0	△100	0
익금산입 · 손금불산입	−	100 → 자산 차이 조정 : 유보	100 → 부채 차이 조정 : 유보	100 → • 자산·부채 차이 : 없음 • 사외유출 : 상여	100 → 사외유출 : 상여
손금산입 · 익금불산입	−	−	△100 → 자산 차이 조정 : △유보	−	△100 → 부채 차이 조정 : △유보
각사업연도소득금액*	△100	0	0	0	0

* 각각 당기의 손익에 영향을 미치는 금액을 적는 것임

5. 회사가 잉여금계정의 증감으로 회계처리한 경우

(1) 세법상 인정되지 않는 유가증권평가손실을 기타포괄손익으로 계상한 경우

회 사	(차) 기타포괄손익 (잉여금) 100 (대) 주 식 100
세 법	− (주식의 임의평가손실을 인정 안함)
세무조정	[방법 1] 'p4−39. (2)'에 따르는 방법* 〈1단계〉 잉여금 차변에 계상하였으므로 순자산이 감소하므로 손실로 대체하기 위하여 손금산입하고 기타로 처분한다. 〈2단계〉 '〈1단계〉'에서 손금산입한 금액이 실제 세법상 손금항목이 아니므로 다시 손금불산입하고, 자산계정의 차이를 조정하기 위하여 유보로 처분한다.
	[방법 2] 수정분개를 통한 세무조정 방법 〈수정〉 (차) 주 식 100 (대) 기타포괄손익 (잉여금) 100 자산↑ → 익금산입(유보) ------➤ 실제 익금이 아니므로 익금불산입(기타)

* '[방법 1]' 세무조정 과정의 이해

당기순이익		0*
익금산입 · 손금불산입	<2단계> 실제 당기의 손금이 아니므로 다시 손금불산입	100 → 자산차이 조정 : 유보
손금산입 · 익금불산입	<1단계> 일단 손실로 대체하기 위해 손금산입	△100 (기타)
각사업연도소득금액		0*

* 당기순이익과 각사업연도소득금액에 미치는 영향은 각각 '0'이나, 자산 · 부채의 차이가 나는 것은 유보로 처분하여 사후관리하여야 하므로 이에 대한 세무조정이 필요하다. 이 경우 '[방법 2] 수정분개를 통한 세무조정'을 해도 되나, 숙달되면 '[방법 1]'과 같은 관행적 접근방법이 간편하다.

(2) 토지의 임의평가증으로 인한 평가차익을 자본조정으로 계상한 경우

<table>
<tr><td>회 사</td><td>(차) 토 지 100 (대) 자 본 조 정 100</td></tr>
<tr><td>세 법</td><td>— (임의평가증을 인정 안함)</td></tr>
<tr><td rowspan="2">세무조정</td><td>[방법 1] 'p4−39. (2)'에 따르는 방법*
〈1단계〉 자본조정(잉여금) 대변에 계상하였으므로 <u>순자산이 증가하므로 이익으로 대체하기 위하여</u> 익금산입하고 기타로 처분한다.
〈2단계〉 '〈1단계〉'에서 익금산입한 금액이 실제 세법상 익금항목이 아니므로 다시 익금불산입하고, 자산계정의 차이를 조정하기 위하여 △유보로 처분한다.</td></tr>
<tr><td>[방법 2] 수정분개를 통한 세무조정 방법
〈수정〉 (차) 자 본 조 정 100 (대) 토 지 100
실제 손금이 아니므로 손금불산입(기타) ◀------ 자산↓ → 손금산입(△유보)</td></tr>
</table>

* '[방법 1]' 세무조정 과정의 이해

당 기 순 이 익		0	
익금산입 · 손금불산입	<1단계> 일단 이익으로 대체하기 위해 익금산입	100	(기타)
손금산입 · 익금불산입	<2단계> 실제 당기의 익금이 아니므로 다시 익금불산입	△100	(△유보)
각사업연도소득금액		0	

(3) 유상증자시 주식발행초과금을 계상한 경우

<table>
<tr><td>회 사</td><td>(차) 현 금 120 (대) 자 본 금 100
주식발행초과금 20</td></tr>
<tr><td>세 법</td><td>(차) 현 금 120 (대) 자 본 금 100
주식발행초과금 20</td></tr>
<tr><td rowspan="2">세무조정</td><td>[방법 1] 'p4−39. (2)'에 따르는 방법
〈1단계〉 주식발행초과금(잉여금) 대변에 계상하였으므로 이익으로 대체하기 위하여 익금산입하고 기타로 처분한다.
〈2단계〉 '〈1단계〉'에서 익금산입한 금액이 실제 세법상 익금항목이 아니므로 다시 익금불산입하고, 자산 · 부채의 차이가 나지 않으므로 기타로 처분한다.</td></tr>
<tr><td>[방법 2] 수정분개를 통한 세무조정 방법
수정분개 없음 → ∴ 세무조정 없음*</td></tr>
</table>

* [정리] 자본조정, 기타포괄손익, 이월이익잉여금으로 회계처리한 경우에는 'p4－39. (2)'와 같이 2단계로 조정하는 것이 일반적이나, 모든 잉여금을 그와 같이 처리할 필요는 없다. 위 사례와 같은 주식발행초과금, 주식할인발행차금, 감자차익, 감자차손 등 일반적인 자본잉여금 및 이익잉여금은 회사와 세법간에 차이로 인한 수정분개가 없는 한(즉, 자산·부채의 차이 및 사외유출과 관련되지 않는 한) 세무조정을 하지 않는 것이 간편하다.

[이해]

당 기 순 이 익		0	
익금산입·손금불산입	<1단계> 일단 이익으로 대체하기 위해 익금산입	20	(기타)*
손금산입·익금불산입	<2단계> 실제 익금이 아니므로 다시 익금불산입	△20	(기타)*
각사업연도소득금액		0	

* '기타'는 사후관리가 불필요하므로 각각의 세무조정을 생략하는 것이 간편하다.

II. 응용사례

정 리 세무조정방법(간편법)

'p4－39. (2)'와 같이 잉여금계정의 증감으로 회계처리한 경우가 아니면 다음과 같이 조정하는 것이 간편하다.

〈1단계〉 회계와 세법상에 자산·부채의 차이가 있으면 그 차이를 조정하는 세무조정(소득처분은 유보·△유보)을 먼저 행한다.

〈2단계〉 사외유출된 것에 대한 세무조정(소득처분은 배당·상여·기타사외유출·기타소득)을 한다.

〈3단계〉 위의 세무조정 후에도 회계상 당기순이익과 세법상 각사업연도소득금액의 차이가
㉠ 존재하면 그 차이를 조정하는 세무조정(소득처분은 기타)을 한다.
㉡ 존재하지 않으면 추가 조정은 불필요하다.

1. 부가가치세 과세대상 제품의 매출계상을 누락한 경우

구 분	매출채권 계상누락	현금매출누락(사유불분명)
회 사	－	－
세 법	(차) 매출채권 110 (대) 매 출 100 VAT예수금 10	~~(차) 현 금 110~~ (대) 매 출 100 VAT예수금 10 (차) 사외유출 110 ~~(대) 현 금 110~~ (대표자상여)

세무조정	〈익금산입〉매 출 채 권 110(유 보) 〈손금산입〉VAT예수금 10(△유보)	〈손금산입〉VAT예수금 10(△유보) 〈익금산입〉귀속불분명 110(상 여)

정 리		매출채권계상누락	현금매출누락
	당 기 순 이 익	0	0
	익금산입 · 손금불산입	110 → ① 자산 차이 조정 : 유보	110 → ② 사외유출 : 상여
	손금산입 · 익금불산입	△10 → ② 부채 차이 조정 : △유보	△10 → ① 부채 차이 조정 : △유보
	각사업연도소득금액 (손익에 미치는 영향)	100	100

2. 가공자산(장부상 계상되어 있으나 실제로는 없는 자산)의 처리방법

(1) 외상매출금 · 대여금 등 채권 : 장부가액을 손금산입(△유보)하고 그 장부가액을 익금산입(상여)한다. ⟶ 채권을 장부가액을 받고 회수하여 대표자에게 준 것으로 봄

(2) 토지 등 유형자산 : 장부가액을 손금산입(△유보)하고 시가를 익금산입(상여)한다. ⟶ 토지 등을 시가를 받고 양도하여 대표자에게 준 것으로 봄

(3) 사례 : 대여금의 장부가액은 100, 토지의 장부가액은 100(시가는 120)이라고 가정

구 분	대여금	토 지
회 사	—	
세 법	~~(차) 현 금 100~~ (대) 대 여 금 100 (차) 사 외 유 출 100 ~~(대) 현 금 100~~ (대표자상여)	~~(차) 현 금 120~~ (대) 토 지 100 처 분 이 익 20 (차) 사 외 유 출 120 ~~(대) 현 금 120~~ (대표자상여)
세무조정	〈손금산입〉대 여 금 100(△유보) 〈익금산입〉귀속불분명 100(상 여)	〈손금산입〉토 지 100(△유보) 〈익금산입〉귀속불분명 120(상 여)

정 리		대여금	토 지
	당 기 순 이 익	0	0
	익금산입 · 손금불산입	100 → ② 사외유출 : 상여	120 → ② 사외유출 : 상여
	손금산입 · 익금불산입	100 → ① 자산 차이 조정 : △유보	100 → ① 자산 차이 조정 : △유보
	각사업연도소득금액 (손익에 미치는 영향)	0	20

정리 전기로부터 이월된 한도초과액이 있는 경우 손금산입하는 유형

1. 한도미달액 발생시 둘 중 적은 금액을 손금산입하는 경우

감가상각비에서 한도미달액이 발생('p4-172. 1' 내용)하거나, 업무용승용차 업무사용분 감가상각비가 한도[800만원(400만원)]에 미달하는 경우['p4-102. 2)' 내용] 다음과 같이 접근할 것

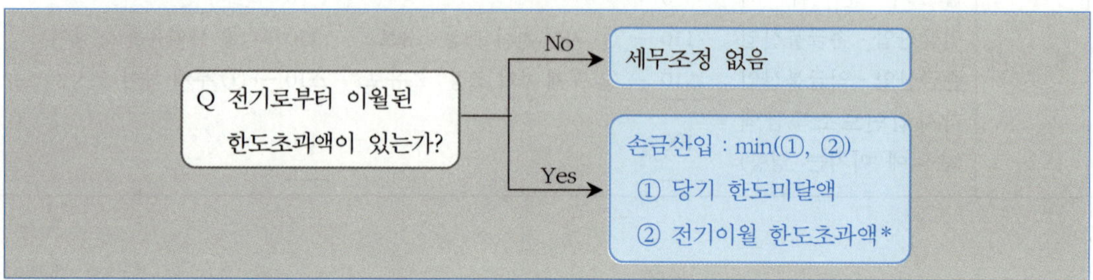

* 이월기간 : 기간제한 없음(∵ 자산관련 유보)

2. 50%한도기부금(특례기부금) · 10%(30%)한도기부금(일반기부금) 한도초과 이월액이 있는 경우

각각의 기부금 한도액의 범위에서 이월액*을 당기에 지출한 기부금보다 먼저 손금에 산입한다. 이 경우 이월액은 먼저 발생한 이월액부터 먼저 손금에 산입한다.

* 이월기간 : 10년간 이월하여 손금산입한다.

사례 사업연도가 제26기(2026. 1. 1.~12. 31.)인 경우 제26기에 손금산입 가능한 기부금 한도초과 이월액 : 10년 이내분인 제16기(2016년)부터 제25기(2025년)까지 발생분

사례 제26기(2026년) 특례기부금 지출액은 60, 한도액은 70이다. 제26기로 이월된 특례기부금 한도초과액으로 2015년 발생분 30과 2016년 발생분 20이 있는 경우 제26기 특례기부금 세무조정

기부금		한도		한도초과
60		70		10 손금불산입
	이월액	△20*	손금산입(기타)	(기타사외유출)
		50		

* 10년 이내분인 2016년 발생분

비교정리

- 과세표준 계산시 공제하는 이월결손금의 이월기간 : 15년*

* 2020. 1. 1. 이후 개시하는 사업연도에 발생한 결손금부터 15년간 이월공제하며, 2020. 1. 1. 전에 개시하는 사업연도에 발생한 결손금은 종전 규정에 따라 10년간 이월공제한다.

사례 사업연도가 제26기(2026. 1. 1.~12. 31.)인 경우 과세표준 계산시 공제가능한 이월결손금의 범위 : 10년 이내분인 제16기(2016년)부터 제25기(2025년)에 발생한 결손금

제 3 절
익금과 익금불산입

1 익 금

1. 개 념

법인의 순자산을 증가시키는 거래에서 발생하는 이익 또는 수입(이하 '수익'이라 한다)의 금액*1. 단, 다음은 제외

① 자본 또는 출자의 납입*2
② 익금불산입 항목으로 열거된 것('p4－62. 2' 내용)*3

*1 익금이란 다음의 세무조정 단계 중 '〈2단계〉 세법상 익금 항목'을 말한다.

〈1단계〉 회사		〈3단계〉	〈2단계〉 세법	
수 익	0	⟶ 100익금산입*	익 금	100
비 용			손 금	
당기순이익			각사업연도소득금액	

* 〈2단계〉의 익금항목을 〈1단계〉에서 회사가 수익계상하였으면 〈3단계〉의 세무조정은 불필요하나, 회사가 수익계상하지 않았으면 익금산입으로 세무조정한다.

*2 유상증자를 하는 경우 다음과 같이 회계처리한다. 이 경우 자본금(자본 또는 출자의 납입)은 원본(씨앗)성격이므로 이를 과세하면 자본잠식이 발생한다. 따라서 익금불산입으로 보아 과세하지 않는다.

(차) 현 금 100 (대) 자 본 금 100

*3 위법소득이라도 익금불산입 항목으로 열거되지 않고 순자산을 증가시키는 수익이라면 익금에 해당한다.

2. 익금의 범위

구 분	내 용
일반적인 익금	① 사업수입금액*1 ② 자산의 양도금액, 자기주식*2의 양도금액 ③ 자산의 임대료 ④ 법령으로 정한 자산의 평가이익 ⑤ 자산수증익 및 채무면제익 ⑥ 손금에 산입한 금액 중 환입된 금액 ⑦ 자본거래로 인하여 특수관계인으로부터 분여받은 이익 ⑧ 「보험업법」에 따른 보험회사가 적립한 책임준비금의 감소액(할인률의 변동에 따른 책임준비금 평가액의 감소분은 제외한다)으로서 보험감독회계기준에 따라 수익으로 계상된 금액 ⑨ 주택도시보증공사가 「주택도시기금법 시행령」에 따라 적립한 책임준비금의 감소액(할인율의 변동에 따른 책임준비금 평가액의 감소분은 제외한다)으로서 보험감독회계기준에 따라 수익으로 계상된 금액
간주익금	① 특수관계 있는 개인으로부터 저가매입한 유가증권의 시가와 매입가액과의 차액 ② 간접외국납부세액으로서 외국납부세액공제 대상이 되는 금액(제16절에서 설명) ③ 간접투자회사 등으로부터 지급받은 소득에 대한 외국납부세액공제 대상이 되는 금액 개정 (신설) ④ 동업기업소득금액 배분규정에 따라 배분받은 소득금액 ⑤ 임대보증금 등의 간주익금 ⑥ 의제배당(제7절에서 설명)
그 밖의 수익으로 법인에 귀속되었거나 귀속될 금액	

*1 내국법인이 생산·공급하는 재화 또는 용역을 해당 내국법인의 임원 또는 직원에게 시가보다 낮은 가액으로 판매 또는 제공하는 경우에는 그 판매 또는 제공가액과 시가와의 차액은 사업수입금액에 포함한다. → 'p4—90. 5.2—3'에서 일괄 설명

*2 합병법인이 합병에 따라 피합병법인이 보유하던 합병법인의 주식을 취득하게 된 경우를 포함한다.

3. 주요 익금항목

3.1 사업수입금액(매출액)

> 사업수입금액(매출액) = 매출액 − 매출에누리 − 매출환입 − 매출할인*

* 매출할인의 차감시기 : 상대방과의 약정에 의한 지급기일(지급기일이 정해지지 않은 경우에는 지급한 날)이 속하는 사업연도

사례 2026. 12. 31. 매출 100, 판매조건 : 2/10, n/30(30일 이내에 갚으면 되는데, 10일 이내 갚으면 2% 할인해 주는 조건)인 경우 : 매출할인 2(2%)는 약정에 의한 지급일이 속하는 2027년의 매출액에서 차감해야 한다. ⋯→ ∴ (if) 회사가 매출시 순액법으로 2026년의 매출액에서 차감한 경우 2026년에는 익금산입(유보)으로 세무조정한다.

3.2 자산의 양도금액

(1) 일반자산의 양도

구 분	내 용
세법상 처리	자산을 양도한 경우 다음과 같이 처리한다(총액법 논리).*1 ① 양도가액을 익금 ② 장부가액을 손금 ⋯→ 세법상 장부가액 = 회계상 장부가액 ± 유보
세무조정 여부*2	결산서상 당기순이익과 세법상 소득간에 순액으로 차이가 있는 경우에만 세무조정

*1 [주의] 1차 시험 말 문제에서 세법상 익금항목을 물을 때 양도가액은 익금항목이며, 세법상 손금항목을 물을 때 양도한 자산의 장부가액은 손금항목이다.

*2 **사례** 25기에 2,000에 취득한 건물(25기의 회사 상각비는 300, 세법상 상각비는 200)을 26기에 2,500에 양도한 경우

25기		26기 〈1〉회사(순액법)		26기 〈2〉세법(총액법)	
① 회사 상각비 :	300	수익	800*	익금 : 양도가액	2,500
② 세법 상각비 :	200	비용	−	손금 : 장부가액	1,800**
손不(유보)	100	이익	800	⋯→ 각사업연도소득금액	700

처분시 추인*** → 익금불산입(△유보) 100

* 회계상 처분이익 계상액 : 2,500(양도가액) − (2,000−300)(회계상 장부가액) = 800

** 세법상 장부가액 : 2,000(취득가액) − [300−100(25기 부인액)](세법상 감가상각누계액) = (2,000−300)(회계상 장부가액) + 100(유보)

*** 자산관련 유보금액은 처분시 '유보잔액 × 처분비율'만큼 추인된다(∵ 회계와 세법간의 처분손익이 유보잔액만큼 차이가 나기 때문).

(2) 자기주식의 양도

구 분		취득단계	처분단계	소각단계
자 기 주 식	기업회계	미발행주식으로 봄 → ∴ 자본항목에서 차감 → 자본조정계정	자 본 거 래	
	세 법	자산(유가증권)의 취득으로 봄	자산의 처분 → ∴ 손익거래*1	자기가 발행한 주식의 내부소각 → ∴ 자본거래*2

*1 자기주식의 양도가액을 익금, 자기주식의 장부가액을 손금으로 처리하므로 결과적으로 자기주식처분이익은 익금, 자기주식처분손실은 손금 항목이다.

* • 여기서 자기주식에는 합병법인이 합병에 따라 피합병법인이 보유하던 합병법인의 주식을 취득하게 된 경우를 포함한다.

• [세부사항] 'p4-83. ㉒' 각 항 외의 본문에 따른 주식매수선택권의 행사에 따라 주식을 양도하는 경우에는 주식매수선택권 행사 당시의 시가를 양도금액으로 한다.

*2 자기주식소각이익은 익금불산입, 자기주식소각손실은 손금불산입 항목이다.

■ 기업회계기준에 따라 회계처리한 경우 자기주식에 대한 세무조정

구 분	취득단계	처분단계	소각단계
회사처리	① 자본조정 80 ∣ 현 금 80	현 금 80 ∣ 자본조정 60① 자본잉여금 20 (처분이익)	자본금 30 ∣ 자본조정 20① 감자차익 10 (소각이익)
세법처리	② 자기주식 80 ∣ 현 금 80 (자산)	현 금 80 ∣ 자기주식 60② 익 금 20③	자본금 30 ∣ 자기주식 20② 익금불산입 10
세무조정 ['p4-39. (2)' 적용]	① 손금산입 80(기타) ② 익금산입 80(유보)	① 익금산입 60(기타) ② 익금불산입 60(△유보) ③ 익금산입 20(기타)	① 익금산입 20(기타) ② 익금불산입 20(△유보)

처분·소각시 추인

비교 [세부사항] 자기사채처분손익의 처리(법기통 19-19…38. ①, ②)

① 주간회사와 인수단이 발행총액을 인수하여 매출하는 조건으로 회사채를 발행한 법인이 주간회사 등이 매출하지 못한 회사채를 발행가액으로 취득한 후, 동 사채를 시가에 의하여 매각함에 따라 발생하는 처분손익은 각 사업연도의 익금 또는 손금으로 한다.

② 매입소각하거나 상환일까지 보유할 목적으로 자기사채를 취득하는 경우 자기사채의 발행가액과 취득가액과의 차액(사채할인발행차금 미상각액을 포함한다)을 취득일이 속하는 사업연도의 손익에 산입한다.

3.3 자산의 평가손익에 대한 세법의 처리 → 외화평가손익은 'p4—147', 가상자산은 'p4—150'에서 별도 설명

(1) 원칙 : 미실현손익이므로 인정 ×

(2) 예외

1) 평가이익을 익금으로 인정하는 경우

「보험업법」이나 그 밖의 법률에 따른 유형자산 및 무형자산 등의 평가(장부가액을 증액한 경우에만 해당한다)로 인한 평가이익(취지 : 다른 법률과 세법의 충돌을 방지하기 위함)

→ ∴ 다음은 세법에서 인정 ×

① 기업회계기준에 따른 재평가모형을 적용한 평가이익 : 법률에 의한 평가이익이 아니므로 인정 ×

② 법률에 따른 유형자산·무형자산 등의 평가손실 : 장부가액을 증액한 경우만 해당하므로 평가손실은 인정 ×

사례 토지 100을 시가 110으로 평가증하고 10을 자본조정으로 계상한 경우 세무조정

구 분	〈경우1〉 법률에 의한 평가증인 경우	〈경우2〉 이사회결의에 의한 평가증인 경우
회 사	(차) 토지 10 (대) 자본조정 10	(차) 토지 10 (대) 자본조정 10
세 법	(차) 토지 10 (대) 익 금 10	– (∵ 임의평가증)
세무조정*	〈익금산입〉 자본조정 10 (기타)	〈익 금 산 입〉 자본조정 10 (기 타) 〈익금불산입〉 토지 10 (△유보)

* 'p4—39. (2)'에 따른 세무조정

2) 평가손실을 손금으로 인정하는 경우

구 분	원 칙	평가손실을 손금으로 인정하는 특례*[1] → 손실이 외관상 명백한 경우
유형자산	원가평가	천재지변, 화재, 법령에 의한 수용, 채굴예정량의 채진으로 인한 폐광으로 계상한 평가손실
재고자산	원가법과 저가법 중 선택	파손·부패 등의 사유로 정상가격으로 판매할 수 없는 경우 계상한 평가손실 → 원가법을 선택했더라도 인정
유가증권	원가법만 인정 (투자회사, 보험회사는 예외 있음)	다음의 경우 계상한 평가손실(1,000원은 제외)*[2] ① 주식을 발행한 법인이 파산한 경우 → 상장·비상장 불문 ② 다음의 주식을 발행한 법인이 부도발생한 경우 또는 회생계획인가의 결정을 받았거나 부실징후기업이 된 경우 • 상장법인이 발행한 주식 • 특수관계 없는 비상장법인이 발행한 주식*[3] • 중소기업창업투자회사·신기술사업금융업자가 보유하는 주식 중 각각 창업자·신기술사업자가 발행한 것

*[1] 손금인정 받으려면 평가손실을 반드시 감액사유가 발생하는 사업연도(유형자산의 경우에는 파손 또는 멸실이 확정된 사업연도를 포함한다)의 손비로 계상해야 하는 특별한 결산조정사항이다. → ∴ 25기에 파산한 A사 주식 1,000,000을 26기에 평가손실로 계상한 경우에는 1,000,000을 손금불산입한다.

*[2] 평가손실 : 각 사업연도 종료일 현재의 시가(주식 발행법인별로 보유주식 총액을 시가로 평가한 가액이 1,000원 이하인 경우에는 1,000원으로 한다)로 평가함에 따라 계상한 평가손실을 말한다.

사례 보유하고 있는 A사 주식(장부가액 10,000,000원)을 상장법인인 A사가 파산함에 따라 다음과 같이 평가손실을 계상한 경우 각 경우별 세무조정을 하시오.

〈경우1〉 10,000,000원 전액을 비용처리한 경우 : 1,000원 손금불산입(유보)

〈경우2〉 시가가 20,000원이어서 9,980,000원을 비용처리한 경우 : 세무조정 없음(∵ 시가가 1,000원 이하가 아님)

*[3] 비상장법인의 주식을 5% 이하 소유하면서 취득가액이 10억원 이하인 경우에는 소액주주로 보아 특수관계 있는 지를 판단한다.

정 리 소액주주의 범위

본래 주주는 해당 법인의 특수관계인이나, 주주 중 소액주주는 특수관계인이 아니다. 이 경우 소액주주의 판정은 다음에 따른다.

구 분	소액주주
① 일반적인 경우	1% 미만의 주식을 소유한 주주
② 위 표 '②'의 유가증권 평가시 '특수관계 없는 비상장법인'을 판단하는 경우	비상장주식을 5% 이하 소유하면서 취득가액이 10억원 이하인 주주

정 리 감가상각자산인 유형자산에 대한 평가손실을 계상한 경우 세법상 처리방법

① 천재지변 등 위 표에 열거된 사유로 인한 경우 : 전액 손금인정한다.

② 진부화, 물리적 손상 등에 따라 시장가치가 급격히 하락하여 기업회계기준에 따라 손상차손을 계상한 경우 : 그 금액을 즉시 상각한 것으로 보아 감가상각 시부인계산한다('p4-175. 1)' 내용). 다만, 천재지변 등 위 표에 열거된 사유로 인한 것은 전액 손금인정한다.

③ 그 밖의 경우 : 임의평가손실이므로 전액 손금불산입한다.

3.4 자산수증이익과 채무면제이익

(1) 개념

구 분	의 미	회계처리
자산수증이익	무상으로 자산을 받으면서 발생한 이익	(차) 자 산 ×××* (대) 자산수증이익 ×××
채무면제이익	채무를 면제받으면서 발생한 이익	(차) 부 채 ××× (대) 채무면제이익 ×××

* 세법에서는 증여로 취득한 자산을 시가로 평가한다.

(2) 세법상 처리

- 원칙 : 익금(∵ 순자산 증가)
- 이월결손금 보전에 충당한 금액[주] : 익금불산입(∵ 결손금을 없앰으로써 자본 충실화를 도모하기 위함). 이 경우 'p4-265'에 따라 일시상각충당금(비상각자산은 압축기장충당금)을 설정할 수 있는 국고보조금등은 결손보전시 익금불산입하는 자산수증이익의 범위에서 제외한다*(∵ 국고보조금등이 기업의 재무구조 개선보다는 국가사업 수행을 위하여 지원된다는 점을 고려).

* [세부사항] 단, 2010. 1. 1. 전에 개시한 사업연도에서 발생한 결손금에 대해서는 국고보조금등으로 결손보전에 충당할 수 있다(∵ 법인 부담 일부 완화).

[주] 보전 대상 이월결손금의 범위

① 발생연도 제한 없는 세법상 이월결손금(합병 · 분할시 승계받는 결손금 제외)으로서 공제되지 않고 당기로 이월된 결손금 → [비교] 과세표준 계산시 공제하는 이월결손금은 15년(2020. 1. 1. 전에 개시하는 사업연도에 발생한 결손금은 종전 규정에 따라 10년) 이내분

〈Tip〉 법인세 계산상 사유별로 적용 가능한 이월결손금의 범위는 'p4-4. 4'로 일괄 정리할 것

② 신고하지 않았더라도 보전 대상 이월결손금으로 인정하는 것

- 회생계획인가의 결정을 받은 법인의 결손금으로서 법원이 확인한 것
- 기업개선계획의 이행을 위한 약정이 체결된 법인으로서 금융채권자협의회가 의결한 결손금

(3) 익금불산입 효과

이월결손금을 자산수증이익·채무면제이익으로 보전에 충당할 수도 있고, 충당하지 않고 과세표준 계산시 이월결손금으로 공제할 수도 있는데, 이월결손금 중 자산수증이익·채무면제이익으로 충당된 금액(익금불산입한 금액)은 소멸한다. → ∴ 이와 같이 소멸한 금액은 과세표준 계산시 다시 공제할 수 없음

이 해 자산수증이익을 이월결손금 보전에 충당하는 방법을 선택한 경우 법인세 계산에 미치는 영향

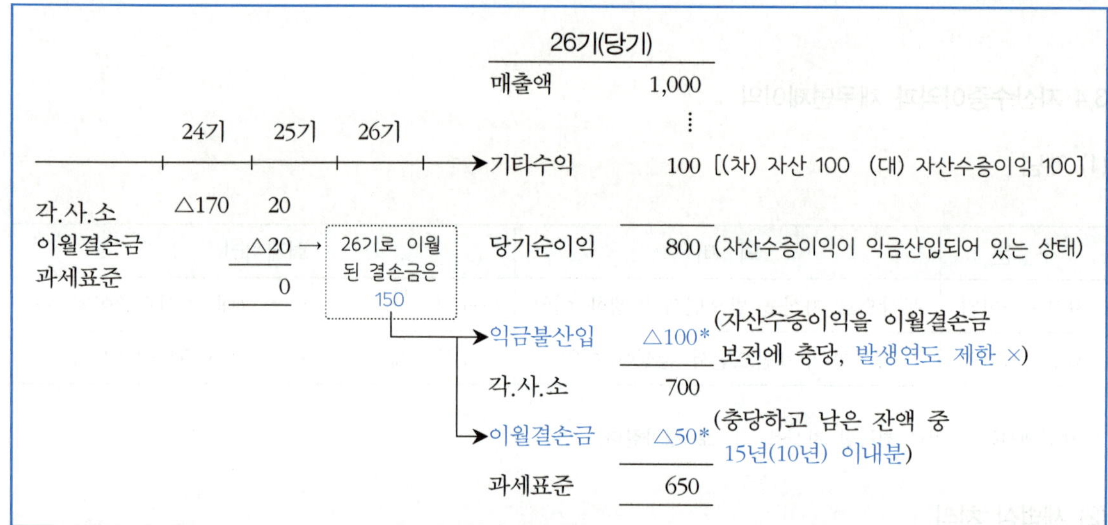

* ① 익금불산입액 : min(자산수증이익 100, 이월결손금잔액 150) = 100 → 의미 : 이월결손금 150을 자산수증이익 100의 범위에서 익금불산입함

② 과세표준계산시 공제액 : 25기로 이월된 결손금 150 중 자산수증이익으로 보전에 충당된 100은 소멸되었으므로 잔액 50만 공제한다.

정 리 [2차 시험용] 자산수증이익에 제시된 문제의 접근 방법

〈1단계〉 평가의 적정성 확인 : 수증받은 자산을 시가로 평가하였는지 확인하여, 차이가 나면 이에 따른 세무조정(소득처분은 유보·△유보)을 한다.

〈2단계〉 이월결손금이 있는지 확인 : 있으면 다음과 같이 처리한다.

① 소득금액 최소화 가정 또는 15년(10년) 전에 발생한 이월결손금이 있는 경우 : 'min(자산수증이익, 이월결손금)'을 익금불산입(기타)한다.

② 위 외의 경우 : 이월결손금 보전에 충당(익금불산입)하는 방법과 충당하지 않고 과세표준 계산시 공제하는 방법[비중소기업의 경우 'p4-289. (2)' 규정에 따라 각사업연도소득금액의 80% 한도 고려] 중 세부담을 최소화하는 방법을 선택한다.

3.5 각종 환입액(환급금)의 처리

당기 전 비용계상시		당기 환입시(환급시)*1	사 례*2
손금인정된 경우	→	익금	재산세 · 종합부동산세 환급금
손금불산입된 경우	→	익금불산입	법인세 환급금

*1 비교 세금의 환급시 받는 환급금 이자(국세는 국세환급가산금, 지방세는 지방세환급가산금이라 함)는 무조건 익금불산입(∵ 보상성격)

[세부사항] 퇴직급여충당금을 환입하는 경우에는 〈1순위〉 손금부인액 → 〈2순위〉 손금인정액 순으로 환입한 것으로 본다.

사례 퇴직급여충당금 4(3은 전기부인액) 중 2를 환입하고 수익으로 처리한 경우 : 익금불산입 2(△유보)

*2 사례 ① 전기 이전에 납부한 법인세 중 당기 환급금 100과 환급가산금 5를 모두 수익계상한 경우 세무조정

〈익금불산입〉 환급금 및 환급가산금 105(기타)

② 전기 이전에 납부한 재산세 중 당기 환급금 100과 환급가산금 5를 모두 전기오류수정이익(이월이익잉여금)으로 회계처리한 경우 세무조정 → 'p4-39. (2)' 적용

〈익금산입〉 이월이익잉여금 105(기타)* 〈익금불산입〉 환급가산금 5(기타)*

* 각각 기타로 처분하여 사후관리가 불필요하므로 순액으로 100을 익금산입(기타)해도 된다.

3.6 자산을 시가보다 저가로 매입한 경우 세법의 처리

구 분	내 용	자산의 취득원가
원칙	그대로 인정 → ∴ 세무조정 불필요	취득에 소요된 금액
특례	다음을 모두 충족하면 「시가 − 매입가액」을 익금으로 간주함[4)] ① 유가증권 ~~(토지 · 건물)~~을 ② 특수관계 있는 개인~~(법인)~~으로부터 ③ 시가보다 저가로 매입한 경우	시 가

---

4) 취지

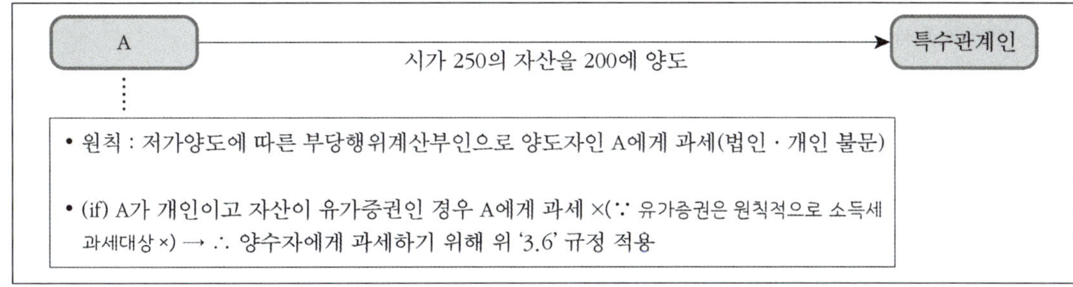

사례 특수관계 있는 개인으로부터 주식을 25기에 200(시가는 250)에 취득하여 26기에 300에 매각

구 분	25기		26기	
회 사	주 식 200	현 금 200	현 금 300	주 식 200 처 분 익 100*
세 법	주 식 250 (시가)	현 금 200 익 금 50*	현 금 300	주 식 250 처 분 익 50*
조 정	〈익금산입〉 주식 50(유보)		〈익금불산입〉 주식 50(△유보)	

처분시 '유보잔액 × 처분비율' 만큼 추인

* 회사가 26기에 100으로 이익계상한 금액을 세법에서는 50은 25기에, 50은 26기에 과세함 → 과세시점을 당기는 효과

비교 [세부사항] 감자목적으로 특수관계 있는 개인으로부터 자기주식을 저가로 매입하는 경우 시가와 매입가액의 차액은 익금에 산입되지 않는다(법기준 15-0-3). → ∵ 나중에 감자할 때 발생할 자기주식소각이익은 'p4—50. (2)'에 따라 익금이 아니므로 과세시점을 당길 필요 없음

3.7 동업기업과세특례를 적용받는 동업기업으로부터 배분받은 소득금액 또는 결손금의 처리

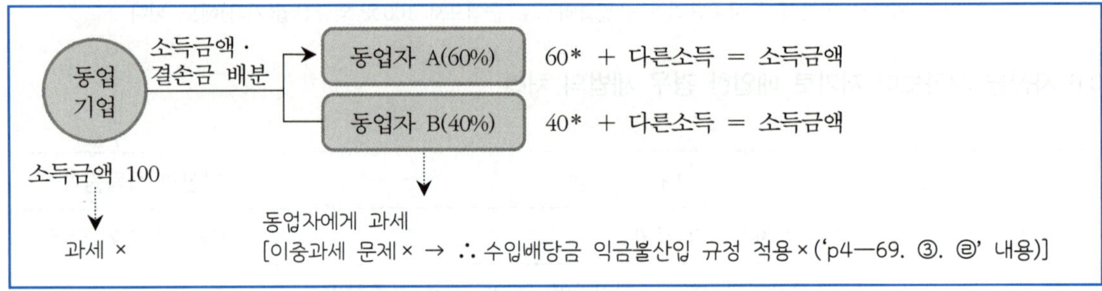

* 법인이 동업기업으로부터 각 과세연도 종료일에 손익배분비율에 따라 배분받은 소득금액은 익금으로, 배분받은 결손금은 손금으로 간주한다.

사례

동업기업과세특례를 적용받는 동업기업의 2026년 소득금액은 100이며, 갑법인이 동업기업으로부터 2027. 2. 5.에 손익분배비율(20%)에 해당하는 소득금액 20을 받고 2027년의 수익으로 계상한 경우 갑법인의 제26기(2026. 1. 1.~12. 31.) 세무조정은?

구 분	제26기
회사	–
세법*	(차) 지분가액 20 (대) 배분소득(익금) 20*
세무조정	〈익금산입〉 배분소득 20(유보)

* 각 과세연도 종료일이 수입시기이므로 익금산입하고 지분가액을 증가시킨다. ⟶ 지분법과 유사한 처리

3.8 간주임대료

(1) 규정 요약

구 분	일반적인 경우	추계의 경우
취 지	임대보증금을 받으면 '(차) 현 금 100 (대) 부 채 100'으로 순자산 변동이 없으나, 보증금을 이용한 부동산투기방지목적으로 간주임대료를 익금으로 과세	
계산대상 법 인	다음 요건을 모두 충족한 법인 ① 부동산 임대업을 주업*1으로 하는 영리내국법인일 것 ② 차입금이 자기자본의 2배 초과할 것(차입금과 자기자본은 적수로 계산) ⟶ ∴ 무차입법인은 추계가 아니라면 간주임대료 계산 대상 아님	모든 법인
계산 제외 보 증 금	① 부동산과 부동산에 관한 권리 외의 자산(예 : 기계)을 대여하고 받은 보증금 ② 주택과 그 부수토지*2를 임대하고 받은 보증금	① 左同 ② 주택과 그 부수토지를 임대하고 받은 보증금도 간주임대료 계산대상임
계산방법	① 일반적인 경우 : (보증금 적수－건설비 적수) × 정기예금이자율 × $\frac{1}{365}\left(\frac{1}{366}\right)$ － 금융수익 ② 추계의 경우 : 보증금 적수 × 정기예금이자율 × $\frac{1}{365}\left(\frac{1}{366}\right)$	
계산단위	2개 이상의 부동산을 임대하는 경우 임대부동산을 합하여 간주임대료 계산 ⟶ 법인단위 계산	
세무조정	익금산입(기타사외유출)	간주임대료(추계수입금액)를 기초로 결정한 과세표준과 법인세차감 전 순이익과의 차이를 익금산입하고 대표자 상여로 처분*3

*1 주업의 판단기준 : 당기말 현재 임대사업에 사용된 자산가액(~~수입금액~~)이 전체 자산 중 50% 이상인 법인(「소득세법」상 기준시가로 계산한다)

*2 부수토지 : max[주택의 연면적, 주택정착면적 × 5배(도시지역 밖은 10배)] 이내의 토지

*3 단, 천재지변 등의 사유로 인한 추계시에는 기타사외유출로 처분

(2) 일반적인 경우의 간주임대료 계산방법

계산 : (보증금적수－건설비적수) × 정기예금이자율*5 × $\frac{1}{365}\left(\frac{1}{366}\right)$ － 금융수익

보증금적수
- 주택보증금 제외 (추계시에는 포함)
- 적수계산 : 수령여부와 무관하게 임대개시일부터 기산*1

건설비적수
- 토지가액은 제외
- 건축물 취득가액 + 자본적지출 (평가차익 가산×, 감가상각누계액 차감×)
- 건축물의 일부만 임대한 경우에는 면적기준으로 안분계산*2
- 적수계산*3 :
  ① 취득가액 : 임대개시일부터 기산
  ② 자본적지출 : 임대개시일 이전에 지출한 것은 임대개시일부터, 후에 지출한 것은 지출일부터 기산

금융수익
- 금융수익의 범위

법인세	소득세
① 수입이자 · 할인료	○
② 수입배당금	○
③ 신주인수권처분익	×
④ 유가증권 처분익*4	×

- 발생주의(~~권리의무확정주의~~)에 따라 계산 → ∴ 정기예금 등 미수이자 계상액도 포함*6

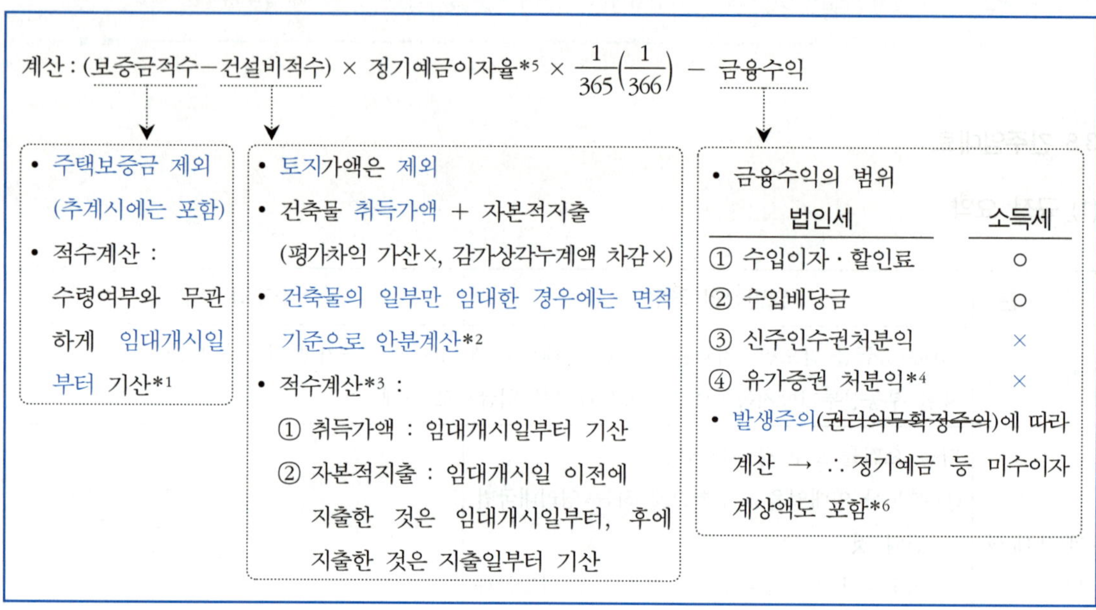

*1 적수(매일 매일 24시 현재의 잔액 합계액을 말함)의 계산방법

구 분	계 산	사 례
일반적인 경우	초일산입 · 말일불산입 (∵ 초일 24시에는 있으나, 말일 24시에는 없음)	1. 1. 취득한 토지 100을 12. 31.에 처분하는 경우 토지의 적수 : 100 × 364 ＝ 36,400
간주임대료	초일산입 · 말일산입* (∵ 말일 24시까지 임대계약 유지)	1. 1.～12. 31. 임대계약 체결하고 받은 보증금 100의 적수 : 100 × 365 ＝ 36,500

* 간주임대료도 다른 적수처럼 초일산입 · 말일불산입해야 한다는 다른 의견도 있다.

*2 건설비적수

$$\text{건설비총액 적수} \times \frac{\text{임대면적 적수}}{\text{건물연면적 적수}}$$

*3 계산문제에서 '(보증금적수－건설비적수)' 계산방법

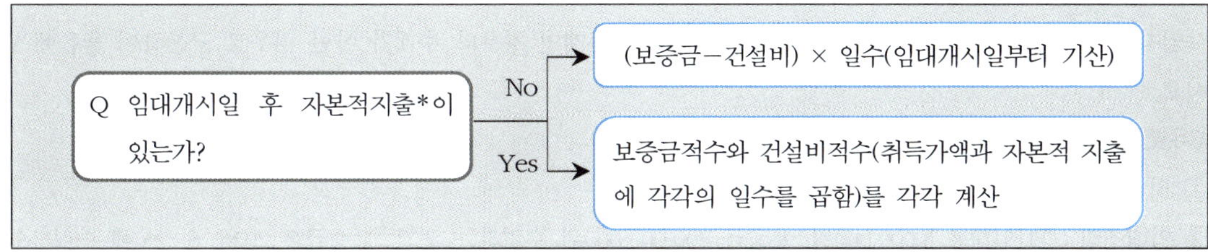

* [2차 시험용] 만약 건물에 대한 자본적 지출을 비용처리하였다면 중요성요건을 판단하여 즉시상각의제로 감가상각시부인대상에 포함한다.

*4 유가증권처분익과 처분손이 함께 있으면 차감한 순액으로 하되, △금액은 0으로 본다.

사례 이자수익 110(선수이자 10포함, 정기예금 미수이자 20 포함), 유형자산처분익 60, 유가증권처분익 40, 유가증권처분손 50이 있는 경우 금융수익 : (110－10) ＋ ~~(40－50)~~ ＝ 100 ⇢ 유가증권처분익은 유가증권처분손과만 상계함

*5 금융회사의 정기예금이자율을 고려하여 재정경제부령으로 정하는 이자율. 사업연도 중에 변경되더라도 사업연도종료일 현재를 기준으로 적용함(법인 46012－2603)

*6 [세부사항] 임대사업에서 발생한 금융수익의 범위

① 수입이자 · 할인료

- 포함대상 : 정기예금 등의 미수이자 계상액*
- 제외대상 : 선수이자, 보증금을 특수관계인에 대여하고 부당행위계산의 부인규정에 따라 익금에 산입한 인정이자

* 간주임대료 계산문제에서 정기예금미수이자 계상액 100이 나온 경우 접근방법

〈1〉 미수이자 계상액을 익금불산입(△유보)으로 세무조정 → 〈2〉 미수이자도 금융수익에 포함

② 수입배당금 : 주식보유기간과 무관하게 잉여금처분결의일에 발생된 것으로 본다. ⇢ [2차 시험용] 세무조정문제에서 수입배당금이 제시되면 수입배당금에 대한 이중과세조정 대상인지 확인하여 대상이면 익금불산입 세무조정을 함

정 리 「법인세법」상 간주임대료 계산문제의 접근방법

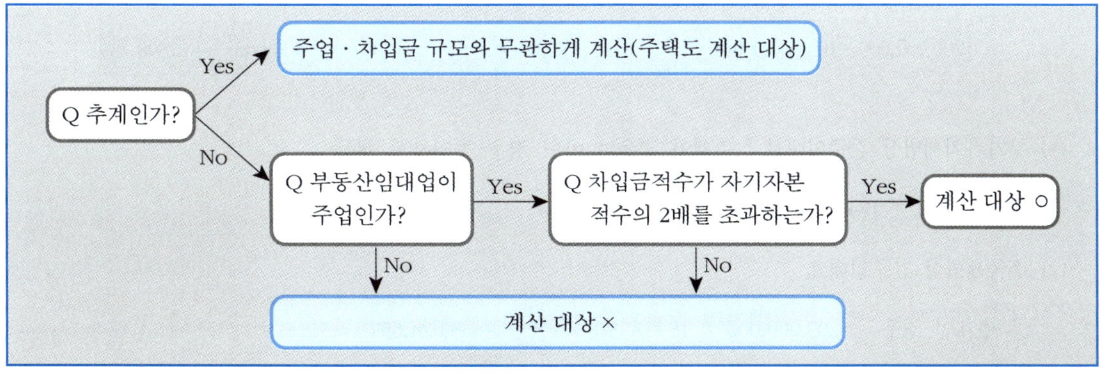

사례

사업자 甲이 다음과 같이 부동산(상가)을 임대한 경우 추계인 경우와 추계가 아닌 경우로 구분하여 물음에 답하시오.

〈자료〉

① 임대기간 : 2026. 7. 1.~2027. 6. 30.

② 임대조건 : 월 임대료 3,000,000원, 보증금 200,000,000원 수령하는 조건. 보증금은 2026. 6. 25.에 수령하였다.

③ 부동산 취득가액 : 120,000,000원(토지가액 20,000,000원 포함)

④ 보증금 운용수익 : 이자수익 300,000원, 유가증권처분이익 400,000원

⑤ 정기예금이자율은 3%라고 가정

〈물음〉

1. 甲이 법인인 경우 제26기(2026. 1. 1.~12. 31.)의 「법인세법」에 따른 간주임대료를 계산하시오. 단, 甲의 당기말 자산가액 비율은 제조업 50%, 임대업 50%이며, 차입금적수는 자기자본적수의 2.5배이다.
2. 甲이 개인인 경우 2026년도의 「부가가치세법」과 「소득세법」에 따른 간주임대료를 계산하시오. 단, 간주임대료 계산요건은 충족하였다고 가정한다. ⋯→ 세법 초보자는 일단 건너 뛸 것

〈풀이〉

1. 법인세법상 간주임대료

(1) 추계인 경우 : $200{,}000{,}000 \times 184 \times 3\% \times \frac{1}{365} = 3{,}024{,}657$

(2) 추계가 아닌 경우 :

① 요건 판단 : Q 부동산임대업 주업? $\xrightarrow{\text{Yes}}$ 차입금적수가 자기자본적수의 2배 초과? $\xrightarrow{\text{Yes}}$ ∴ 계산 ○

② 계산* : $(200{,}000{,}000-100{,}000{,}000) \times 184 \times 3\% \times \frac{1}{365} - (300{,}000+400{,}000) = 812{,}328$

* (if) 위의 부동산이 상가가 아닌 1층 상가($120m^2$), 2층 주택($130m^2$)이고 위 '〈자료〉. ②'이 상가임대계약에 따른 임대료와 보증금인 경우 법인세법상 간주임대료는? 단, 추계가 아니라고 가정한다.

$\left(200{,}000{,}000-100{,}000{,}000\times\frac{120m^2}{250m^2}\right) \times 184 \times 3\% \times \frac{1}{365} - (300{,}000+400{,}000) = 1{,}598{,}739$

2. (1) 부가가치세법상 간주임대료 : 추계인 경우와 아닌 경우 동일하게 계산

$200{,}000{,}000 \times 184 \times 3\% \times \frac{1}{365} = 3{,}024{,}657$

(2) 소득세법상 간주임대료

① 추계인 경우 : $200{,}000{,}000 \times 184 \times 3\% \times \frac{1}{365} = 3{,}024{,}657$

② 추계가 아닌 경우 : $(200{,}000{,}000-100{,}000{,}000) \times 184 \times 3\% \times \frac{1}{365} - 300{,}000 = 1{,}212{,}328$

정 리 세법별 간주임대료 계산방법

구 분		간주임대료
부가가치세법		(보증금적수－~~건설비적수~~*1) × 이자율 × $\frac{1}{365}\left(\frac{1}{366}\right)$
법인세법	① 추계 ○	보증금적수 × 이자율 × $\frac{1}{365}\left(\frac{1}{366}\right)$
	② 추계 ×	(보증금적수－건설비적수) × 이자율 × $\frac{1}{365}\left(\frac{1}{366}\right)$ － 금융수익*2
소득세법	(1) 주택 외 ① 추계 ○	보증금적수 × 이자율 × $\frac{1}{365}\left(\frac{1}{366}\right)$
	② 추계 ×	(보증금적수－건설비적수) × 이자율 × $\frac{1}{365}\left(\frac{1}{366}\right)$ － 금융수익*2
	(2) 주택 ① 추계 ○	(보증금－3억원)적수 × 60% × 이자율 × $\frac{1}{365}\left(\frac{1}{366}\right)$
	② 추계 ×	(보증금－3억원)적수 × 60% × 이자율 × $\frac{1}{365}\left(\frac{1}{366}\right)$ － 금융수익*2

*1 「부가가치세법」에서는 건설비적수는 차감하지 않는 것이 원칙이며, 국가·지방자치단체의 소유로 귀속되는 법령으로 정한 지하도건설비적수만 차감한다.

*2 금융수익의 범위

구 분	수입이자·할인료	수입배당금	신주인수권처분익	유가증권처분익
부가가치세법	×	×	×	×
법인세법	○	○	○	○
소득세법	○	○	×	×

3.9 그 밖의 수익으로서 법인에 귀속되었거나 귀속될 금액

자본금 및 익금불산입 항목으로 열거된 것을 제외한 순자산을 증가시키는 거래에서 발생하는 수익은 익금항목이다.

예 ① 이자수익, 배당금수익, 손해배상금 수령액

② 국고보조금과 공사부담금

③ 해외에서 무상으로 수입하는 물품의 통관시 관세의 과세표준금액이 되는 감정가액(관세 및 부대비용은 취득가액에 합산하므로 익금 아님)

④ 손해배상청구권 또는 손실보상청구권에 의하여 받는 보상금 등

⑤ 골프장을 경영하는 법인이 회원으로부터 수입한 가입회비(정관 · 규약 등에서 회원의 탈퇴시 반환할 것을 규정하고 있는 경우 제외)*

* 제외하는 이유 : 반환약정이 있는 회비는 예수금(부채)이므로 순자산을 증가시키지 않기 때문
[(차) 현금 100 (대) 예수금 100]

2 익금불산입

1. 익금불산입 항목

익금불산입취지		익금불산입항목
(1) 자본충실화목적 · 자본의 환급성격		① 주식발행액면초과액 ② 주식의 포괄적 교환차익 · 포괄적 이전차익, 감자차익 ③ 합병차익 · 분할차익 ④ 자산수증익[일시상각충당금(비상각자산은 압축기장충당금)을 설정할 수 있는 국고보조금등은 제외]과 채무면제이익 중 이월결손금의 보전에 충당된 금액 ⑤ 「상법」 제461조의 2에 따라 자본준비금을 감액하여 받는 배당. 단, 의제배당으로 과세되는 자본준비금의 배당은 제외
(2) 미실현소득에 대한 과세방지목적		⑥ 자산의 평가이익(법에 정한 평가이익은 익금)
(3) 이중과세방지 및 조세정책적 목적		⑦ 각 사업연도의 소득으로 이미 과세된 소득(이월익금) ⑧ 지출시 손금으로 인정받지 못한 조세의 환급금
		⑨ 이중과세조정을 위한 수입배당금의 익금불산입 ㉠ 내국법인의 수입배당금액 중 일정액(30%, 80%, 100%. 단, 2026년까지 지주회사가 자회사로부터 받는 수입배당금액은 80%, 90%, 100%) ㉡ 외국자회사 수입배당금액 중 일정액(95%)
(4) 기 타	보상성격	⑩ 국세 또는 지방세의 과오납금의 환급금에 대한 이자
	부채성격 등	⑪ 부가가치세 매출세액
		⑫ 연결모법인이 연결자법인으로부터 지급받았거나 지급받을 연결법인세액

[세부사항] 감염병 예방조치에 따른 소상공인 손실보상금에 대한 과세특례(조특법 99의13)

「소상공인 보호 및 지원에 관한 법률」 제12조의2에 따라 받은 손실보상금은 익금에 산입하지 않는다.

2. 주요 익금불산입항목

2.1 자본항목에 대한 세법의 처리

기업회계 및 「상법」상 자본항목	익금여부	취 지
자본금, 주식발행액면초과액*1	×	원본(씨앗)
감자차익*2(자기주식소각익 포함)	×	원본(씨앗)
주식의 포괄적 교환차익*3, 포괄적 이전차익	×	주식발행액면초과액 성격
자기주식처분이익	○	자산의 처분이익

*1 무액면주식의 경우에는 발행가액 중 자본금으로 계상한 금액을 초과하는 금액을 말한다.

*2 감자차익 회계처리 : (차) 자본금 100 (대) 현 금 80
감자차익 20*

* 주주입장에서는 100을 감자당하면서 80만 받으므로 20은 주주가 추가로 불입한 자본 성격 → ∴ 익금불산입

*3 주식의 포괄적 교환차익의 이해

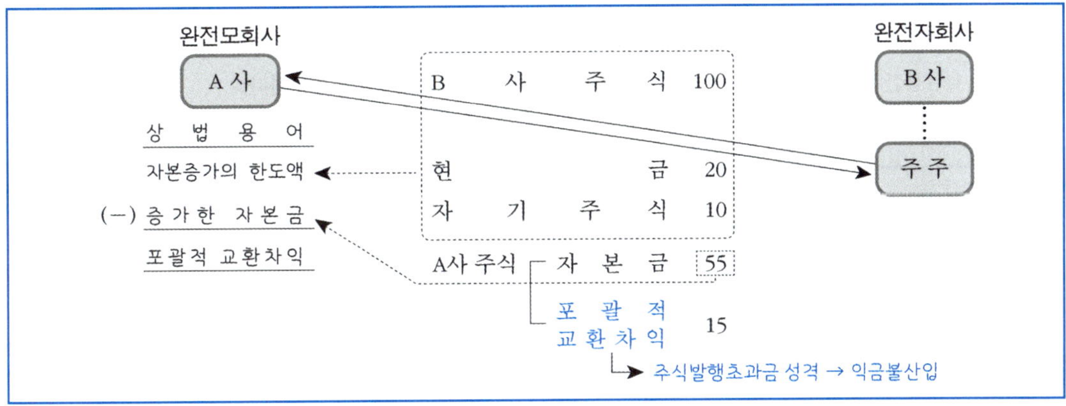

사례 A사가 주식의 포괄적 교환으로 순자산가액 100인 B사의 완전모회사가 됨. 이로 인하여 A사는 B사의 주주로부터 시가 100의 주식을 이전받고, B사 주주에게 현금 20, A사가 보유하던 자기주식 10, 신주 70(액면가액 55)을 배정한 후 다음과 같이 회계처리한 경우 세무조정

회 사	세 법	세무조정
(차) B 사 주 식 100 (대) 현 금 20 자 기 주 식 10 자 본 금 55 영 업 외 수 익 15	(차) B 사 주 식 100 (대) 현 금 20 자 기 주 식 10 자 본 금 55 포괄적교환차익 15	〈익금불산입〉 포괄적 교환차익 15(기타)

2.2 자본준비금을 감액하여 받는 배당 : '제7절. p4−166. [2]'에서 설명함

2.3 주식발행액면초과액(주식발행초과금)

구 분	내 용
일반적인 경우	주식발행초과금(익금불산입 항목) = 발행가액 − 액면가액
채무의 출자전환의 경우	① '발행가액 − 시가(시가가 액면가액에 미달하면 액면가액) = 채무면제이익(익금 항목)' → 이월결손금 보전에 충당 가능(익금불산입) → 요건충족법인*1의 경우 채무면제이익 중 이월결손금 보전에 충당 후 남은 잔액을 익금불산입으로 세무조정 가능*2 ② 시가 − 액면가액 = 주식발행초과금(익금불산입 항목)

*1 요건충족 법인

① 채무의 출자전환 내용이 포함된 회생계획인가의 결정을 받은 법인

② 채무의 출자전환 내용이 포함된 기업개선계획의 이행을 위한 약정을 체결한 부실징후기업

③ 법인에 대한 채권을 보유하고 있는 금융회사 등과 채무의 출자전환 내용이 포함된 경영정상화계획의 이행을 위한 협약을 체결한 법인

④ 「기업 활력 제고를 위한 특별법」에 따른 사업재편계획승인을 받은 법인

*2 이렇게 익금불산입한 금액은 차기 이후 사업연도에서 발생한 결손금보전에 충당한다.

이 해

채무를 출자로 전환하면서 발행가액 100, 시가 80, 액면가액 50의 주식 발행한 경우 세부담 최소화 가정하의 세무조정(전기로부터 이월된 결손금 5가 있다)

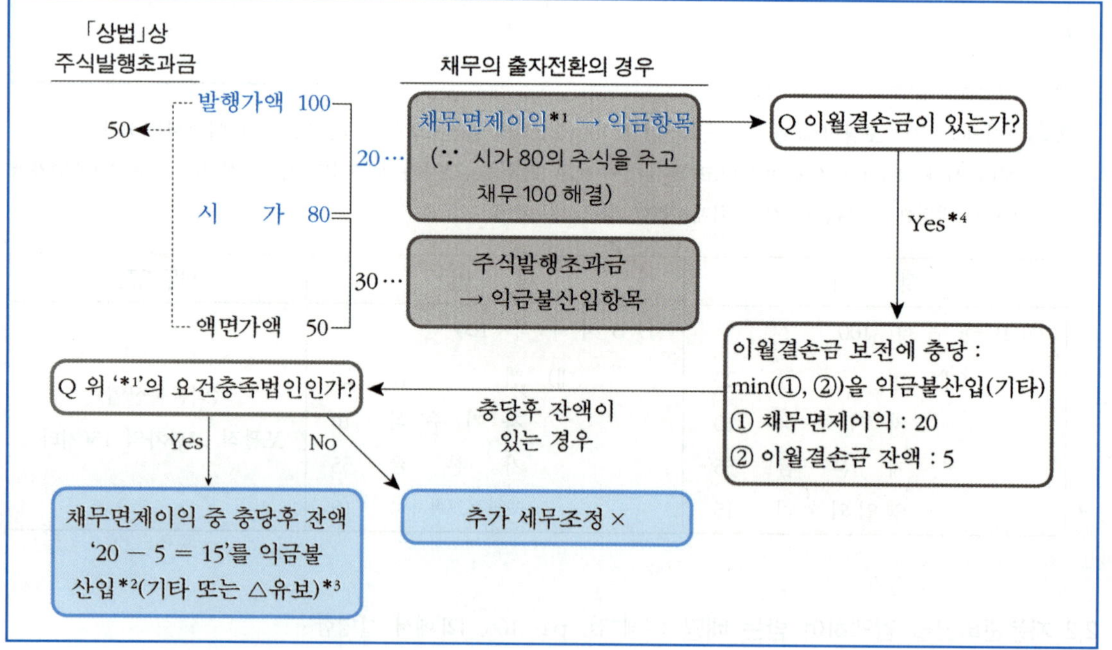

*1 시가가 액면가액보다 작으면 발행가액과 액면가액과의 차액을 채무면제이익으로 본다(예 위 박스의 경우 시가가 40이면 채무면제이익은 100 − 50 = 50이 되며, 이 경우 주식발행초과금은 없다). ⋯→ ∵ 'p4−47. 1. ①'에 따라 자본금을 구성하는 액면가액 50은 익금이 될 수 없기 때문

정리

경 우	출자전환 채무면제이익	주식발행초과금
'시가 > 액면가액'인 경우	발행가액 − 시가	시가 − 액면가액
'시가 < 액면가액'인 경우	발행가액 − 액면가액	0

*2 ① 익금불산입한 15는 차기 이후 결손발생시 결손금 보전에 충당한다. ⋯→ 즉, 차기 이후 결손발생시 익금산입(기타 또는 유보)

당기		차기이후에 미치는 효과	
채무면제익이월액		차기에 발생한 결손금	△20
15 익금불산입	⟶	익금산입(채무면제익이월액)	15
			△5*

* 이 금액 5를 15년간 이월공제한다. 즉, 차기 이후에 발생한 결손금 20 중 출자전환채무면제익으로 보전에 충당(익금산입)한 15는 소멸되므로 그 후 과세기간으로 이월되지 않는다('p4−289. 표 안 ④' 내용).

② 익금불산입한 15를 위 '*2. ①'과 같이 결손금 보전에 충당하기 전에 사업을 폐지하거나 해산하는 경우에는 그 사유 발생일이 속하는 사업연도에 결손금 보전에 충당하지 않은 금액 전액을 익금에 산입한다.

*3 자산 · 부채의 차이가 발생하지 않으므로 기타로 처분하는 것이 타당하나, 사후관리목적으로 유보로 처분해야 한다는 의견도 있다.

*4 (if) 이월결손금이 없다면 이월결손금 보전에 충당할 금액이 없으므로 요건충족법인이라면 채무면제이익 20 전액을 익금불산입한다.

사례 채무를 출자전환하면서 발행가액 100, 시가 80, 액면가 50의 주식을 발행하였으며, 전기로부터 이월된 결손금 5가 있는 경우 당기 세부담 최소화 가정하의 세무조정

회사의 회계처리	일반적인 법인	요건충족 법인
(차) 채 무 100 (대) 자 본 금 50 주식발행초과금 30 채 무 면 제 이 익 20 (영 업 외 수 익)	익금항목인 채무면제이익을 회사가 수익으로 계상하였으므로 그에 대한 세무조정은 불필요하나, 이월결손금 보전에 충당하는 금액은 익금불산입한다. 〈익금불산입〉 채무면제이익 5(기타)	① 이월결손금 보전에 충당한 금액은 일반적인 법인과 동일하게 세무조정한다. 〈익금불산입〉 채무면제이익 5(기타) ② 이월결손금보전에 충당하고 남은 잔액도 익금불산입할 수 있다. 〈익금불산입〉 채무면제이익 15(기타 또는 △유보)

※ [연계정리] 무상주 의제배당과의 관계(p4-156. *1 내용)

출자전환으로 생긴 주식발행초과금을 나중에 자본에 전입하는 경우 무상주를 받는 주주의 의제배당 여부는 다음과 같다.

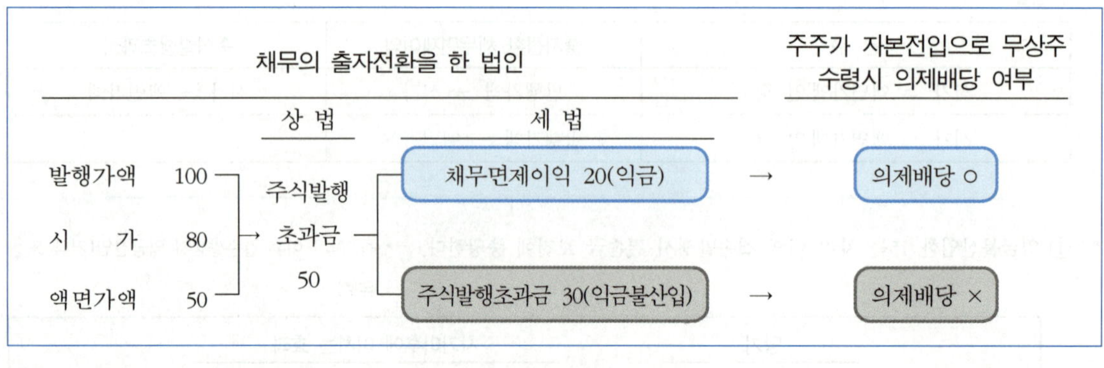

2.4 각 사업연도의 소득으로 이미 과세된 소득(비과세되거나 면제되는 소득 포함)

과거에 각 사업연도소득(비과세 · 면제된 소득 포함)으로 법인세가 과세된 소득을 당기에 다시 수익으로 계상한 금액은 익금에 산입하지 않는다. → ∵ 이중과세 방지. '( )' 규정은 과거의 비과세 · 면제 효과를 당기까지 유지시키기 위함

사례 ① 세법상 1기 매출액 100을 2기의 수익으로 계상한 경우

	수 익	익 금	세무조정
1기	0	100	100 익금산입
2기	100	0(∵ 1기에 이미 과세된 소득)	100 익금불산입

② 전기에 손금부인된 퇴직급여충당금을 당기에 환입하는 경우

2.5 수입배당금에 대한 이중과세조정

2.5-1 내국법인 수입배당금의 익금불산입

(1) 구조

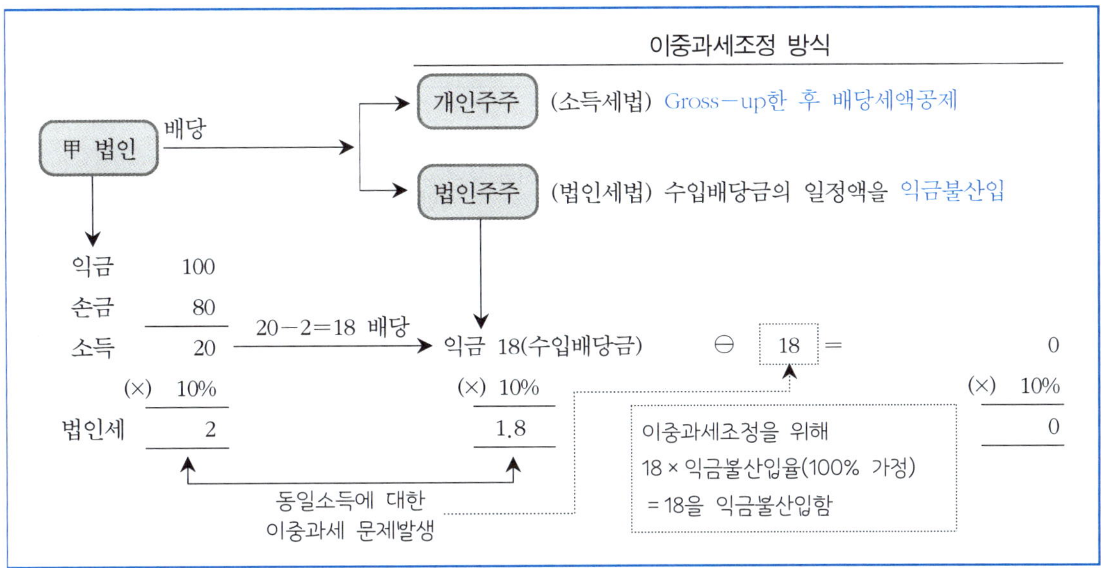

[참고] 2026. 12. 31.까지 받는 수입배당금에 대한 지주회사 수입배당금의 익금불산입 특례규정

「법인세법」 제18조의 3에 따른 지주회사가 자회사로부터 받는 수입배당금에 대한 익금불산입 특례 종전 규정의 적용 기한은 2026년까지입니다. 교재에서는 이러한 익금불산입 특례규정을 아래와 같이 간략하게 설명하였고, 다음 면부터는 일반 내국법인이 받는 현행 규정에 따른 수입배당금에 대한 익금불산입 규정을 설명하였습니다.

지주회사가 법령으로 정한 요건을 갖춘 자회사*로부터 2026. 12. 31.까지 받는 수입배당금에 대하여는 현행 규정에 따른 익금불산입 규정과 다음의 종전 규정에 따른 익금불산입률 특례규정을 회사별로 선택할 수 있다. → 지주회사가 상장법인인 자회사로부터 배당금을 받는 경우에는 종전 규정을 적용하는 것이 세부담을 최소화함

[종전 규정에 따른 익금불산입률]

자회사가 비상장법인인 경우		자회사가 상장법인인 경우	
자회사에 대한 출자비율	익금불산입률	자회사에 대한 출자비율	익금불산입률
① 40%(벤처기업은 20%) 이상 50% 미만	80%	① 20% 이상 30% 미만	80%
② 50% 이상 80% 미만	90%	② 30% 이상 40% 미만	90%
③ 80% 이상	100%	③ 40% 이상	100%

* 법령으로 정한 요건을 갖춘 자회사 : 다음 요건을 모두 갖춘 내국법인을 말한다.

① 업종요건 : 지주회사가 금융지주회사인 경우에는 자회사도 금융회사이고, 지주회사가 비금융회사인 경우에는 자회사도 비금융회사일 것

② 지분율 요건 : 지주회사가 자회사 주식을 배당기준 현재 3개월 이상 40%(상장법인·벤처기업인 경우는 20%) 이상 보유할 것

(2) 내국법인 수입배당금의 익금불산입

구 분	내 용
대 상 법 인	다른 내국법인(~~외국법인~~)으로부터 수입배당금을 받은 내국법인. 단, 고유목적사업준비금을 손금에 산입하는 비영리내국법인은 제외[5]
익금불산입액의 계산방법	익금불산입대상액 − 익금불산입배제액[6] $= 수입배당금 \times 익금불산입률 - 지급이자 \times \frac{세법상\ 주식적수}{기말\ 재무상태표상\ 자산적수} \times 익금불산입률$ $= \left(수입배당금 - 지급이자^{①} \times \frac{세법상\ 주식적수^{③}}{기말\ 재무상태표상\ 자산적수^{7)}}\right) \times 익금불산입률^{②}$
계 산 단 위	각 법인별로 계산(법인별로 △가 나오면 0으로 본다)
세 무 조 정	익금불산입(기타 ⇢ ∵ 자산·부채의 차이 ×)

---

5) 고유목적사업준비금을 손금에 산입하는 비영리내국법인을 제외하는 이유
비영리내국법인은 'p4−270. *1' 규정에 따라 배당소득금액의 100%를 준비금으로 손금산입할 수 있다. 이에 따라 손금산입한 경우에는 이중혜택을 방지하기 위해 수입배당금 익금불산입 규정을 중복하여 적용하지 않는다.

6) 지급이자 상당액을 익금불산입배제액으로 차감하는 이유

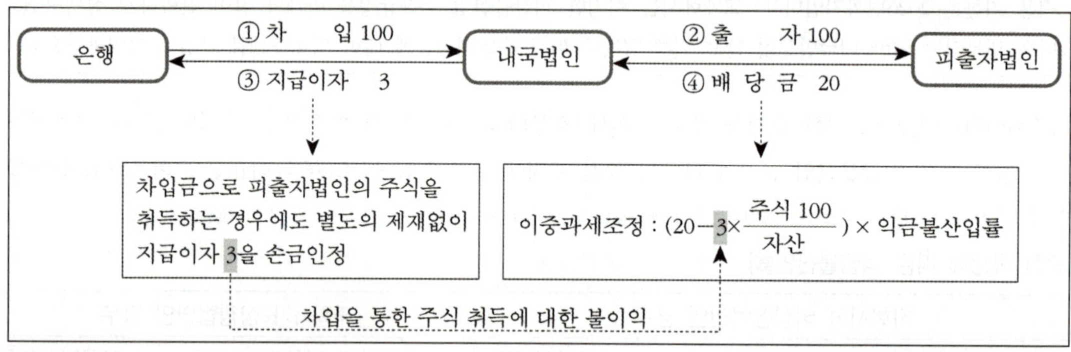

7) '$\frac{주식적수}{차입금적수}$'가 아닌 '$\frac{주식적수}{자산적수}$'로 계산하는 이유 : 차입금을 주식과 다른 자산 취득에 평균적으로 사용했다고 전제함.

비교

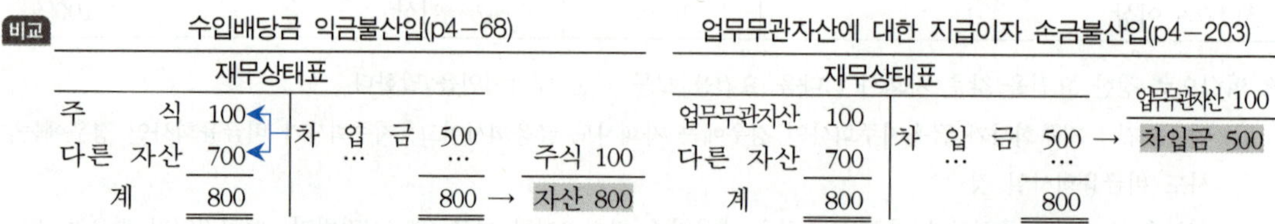

적 용 배 제	다음의 수입배당금액에 대하여는 내국법인 수입배당금 익금불산입규정을 적용하지 않는다. ① 외국법인으로부터 받은 수입배당금 ② 배당기준일 전 3개월 이내에 취득한 주식을 보유함으로써 발생하는 수입배당금[4] ③ 다음의 법인으로부터 받은 수입배당금 ㉠ 「법인세법」상 소득공제를 받는 유동화전문회사 · 선박투자회사 등 명목회사, 「조세특례제한법」상 소득공제를 적용받는 프로젝트금융투자회사(명목회사) ㉡ 지급한 배당에 대하여 소득공제를 적용받는 법인과세 신탁재산 ㉢ 다음의 세액감면을 적용받는 법인(감면율이 100%인 사업연도에 한함) • 수도권 밖으로 본사를 이전하는 법인에 대한 법인세감면 • 제주첨단과학기술단지입주기업에 대한 법인세 등의 감면, 제주투자진흥지구 또는 제주자유무역지역입주기업에 대한 법인세 등의 감면 ㉣ 동업기업과세특례를 적용받는 법인 ④ 「자산재평가법」을 위반하여 3% 재평가세율이 적용된 재평가적립금을 감액하여 받은 수입배당금 ···→ 연계정리 : p4—166. *2 ⑤ 적격합병차익 및 적격분할차익 중 3% 재평가세율이 적용된 재평가적립금을 감액하여 받은 수입배당금 ···→ 연계정리 : p4—166. *2 ⑥ 피출자법인의 소득에 법인세가 과세되지 아니한 수입배당금으로서 자본의 감소로 인하여 주주등인 내국법인이 취득한 재산가액이 당초 주식등의 취득가액을 초과하는 금액 ···→ 연계정리 : 'p4—160. 2. *1' 사례 ⑦ 법인이 자기주식을 보유한 상태에서 의제배당을 구성하지 않는 자본잉여금의 자본전입시 자본전입법인 외의 주주인 내국법인의 지분비율이 증가한 경우 증가한 비율에 상당하는 주식가액 ···→ 연계정리 : p4—153. 3

[1] 지급이자 : 지급이자란 다음의 이자를 제외한 이자를 말한다.

> ① 'p4−197. 제9절'에 따른 지급이자손금불산입규정에 의하여 손금불산입된 지급이자(채권자불분명사채이자, 비실명채권등이자, 건설자금이자, 업무무관자산에 대한 지급이자) ···→ ∴ 수입배당금 이중과세조정은 지급이자손금불산입에 대한 세무조정을 마친 후에 함
>
> ② 현재가치할인차금상각비, 연지급수입이자(제외이유 : 세무처리에 선택권이 부여되어 있다)

비교 'p4−203. 3'의 업무무관자산에 대한 지급이자 손금불산입 계산시 지급이자범위에서 제외하는 기업구매자금 대출이자는 수입배당금 이중과세조정시 지급이자 범위에는 포함한다(재법인46012−80). ···→ 기업구매자금 대출이자 관련 사항은 'p4—204. 각주' 참고

2 익금불산입률 : 피출자법인에 대한 출자비율에 따라 다음의 률을 적용한다.

피출자법인에 대한 출자비율*	익금불산입률
20% 미만	30%
20% 이상 50% 미만	80%
50% 이상	100%

* • 출자비율은 배당기준일 현재 3개월 이상 계속하여 보유하고 있는 주식을 기준으로 계산한다.
  • [세부사항] 보유주식 수를 계산할 때 동일 종목의 주식의 일부를 양도한 경우에는 먼저 취득한 주식을 먼저 양도한 것으로 본다. ⇢ 「법인세법」상 주식의 평가는 평균법(총평균법과 이동평균법 중 선택, 'p4—143. 2' 내용)에 따르나, 수입배당금 이중과세조정시에는 선입선출법에 따름

〈Tip〉 주식 관련 규정의 비교정리는 'p4—3. 2'로 일괄 정리할 것

사례 2024. 8. 1.에 60,000주 매입, 2025. 11. 1.에 10,000주 매입한 후 2025. 12. 10.에 5,000주 처분하여 배당기준일인 2025. 12. 31. 현재 65,000주를 보유하고 있는 경우 배당기준일인 2025. 12. 31.을 기준으로 이중과세조정 대상 여부의 판단 및 익금불산입액

〈1단계〉 계산대상 주식 판단

취득일	매입		처분		보유주식	
2024. 8. 1.	60,000주	−	5,000주(선입선출)	=	55,000주	(3개월 이상 보유 ○ → ∴ 이중과세조정 대상 ○)
2025. 11. 1.	10,000주				10,000주	(3개월 이상 보유 × → ∴ 이중과세조정 대상 ×)
	70,000주				65,000주	

〈2단계〉 익금불산입액 계산

출자비율 : $\frac{55,000주^*}{총발행주식수}$

$$\left(수입배당금 \times \frac{55,000주^*}{65,000주} - 지급이자 \times \frac{24.\ 8.\ 1.\ 취득가액 \times \frac{55,000주^*}{60,000주}}{자산} 적수\right) \times 익금불산입률$$

* 모두 배당기준일 현재 3개월 이상 보유한 주식을 기준으로 계산한다.

3 주식적수 : 주식적수계산시 국가 · 지방자치단체로부터 현물출자받은 주식은 제외한다. ⇢ ∵ 국가등으로부터 현물출자받은 주식은 차입금을 이용한 취득이 아님

[정리] (2차 시험용) 문제 자료에 국가 · 지방자치단체로부터 현물출자받은 주식('Ⓐ'라고 한다)이 제시된 경우 익금불산입액 계산식에 미치는 영향

① 수입배당금 : Ⓐ에서 받은 수입배당금도 포함하여 계산
② 주식적수 : Ⓐ는 제외 ⇢ 주식적수 계산시에만 제외함
③ 익금불산입률 계산에 필요한 출자비율 : Ⓐ도 포함하여 계산

4 배당기준일과 수입배당금 이중과세조정 사례

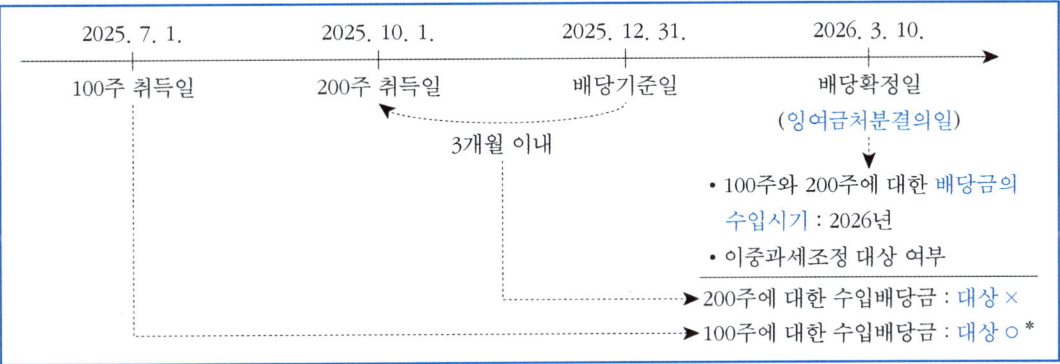

* 수입배당금 익금불산입액 계산식상 수입배당금, 주식적수, 익금불산입률 계산에 필요한 출자비율을 계산할 때 100주에 대한 것만 포함한다.

정리 계산문제의 접근방법

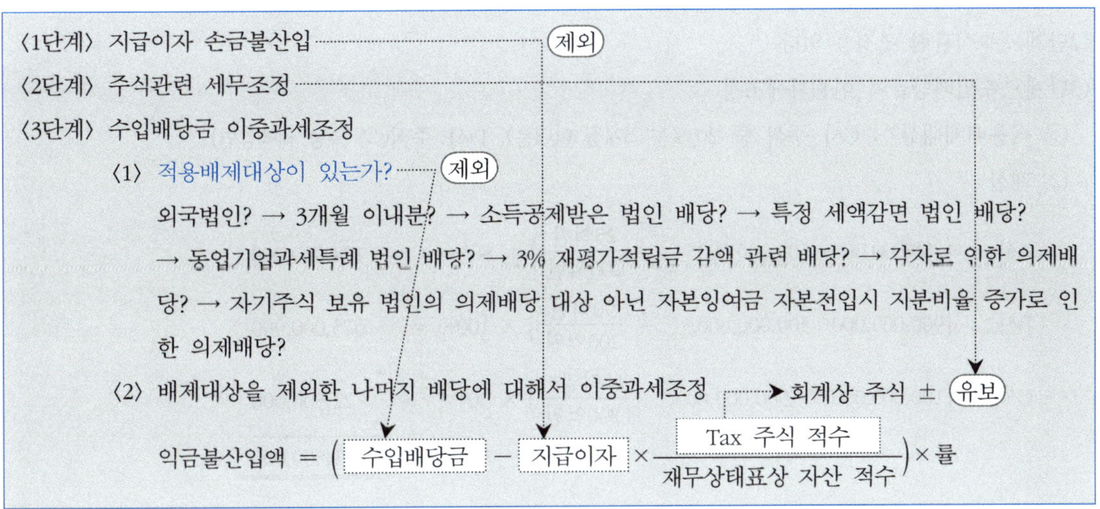

사례 내국법인의 수입배당금액에 대한 익금불산입

甲법인의 세부담 최소화 가정에 따른 제26기(2026. 1. 1.~12. 31.)의 세무조정. 다만, 수입배당금 이중과세조정에 대한 세무조정은 합계액을 기준하되, 계산근거는 회사별로 제시하기로 한다.

〈자료〉

1. 甲법인의 현황
   ① 사업연도종료일 현재의 자산총액 : 200억원
   ② 해당 사업연도의 차입금(전기말에 차입)은 60억원, 그에 대한 지급이자는 6억원(이 중 ₩80,000,000은 채권자불분명사채이며, ₩20,000,000은 현재가치할인차금상각비임)

2. 甲법인이 출자한 자회사의 출자 및 배당 등의 내역(배당기준일은 모두 2025. 12. 31.이며, C사 주식을 제외하고는 모두 2025. 1. 10.부터 출자하고 있음)

자회사	업종	자회사 출자내역		자회사의 甲법인에 대한 배당금
		출자금액	출자비율	
A사(주권상장법인)	제조업	₩2,500,000,000	25%	₩280,000,000
B사(비상장법인)	은행업	9,000,000,000	85%	900,000,000
C사(비상장법인)	도매업	3,000,000,000	30%*1	300,000,000
D사(주권상장법인)*2	제조업	3,000,000,000	50%	100,000,000

*1 30% 중 10%는 2025. 5. 1.에 취득하였고 20%는 2025. 11. 5.에 취득하였다.

*2 D사는 수도권 밖으로 본사를 이전하면서 100% 법인세 감면을 받은 법인이다.

〈해답〉

〈1단계〉 지급이자 손금불산입 : 〈손금불산입〉 채권자 불분명사채이자 80,000,000(상여)

〈2단계〉 주식관련 조정 : 없다

〈3단계〉 수입배당금액 이중과세조정

① 적용배제대상? : C사 주식 중 20%(∵ 3개월 이내분), D사 주식(∵ 특정 세액감면)

② 계산

A사 : $\left(280,000,000 - 500,000,000^{*1} \times \frac{25억원}{200억원}\right) \times 80\% =$ 174,000,000

B사 : $\left(900,000,000 - 500,000,000 \times \frac{90억원}{200억원}\right) \times 100\% =$ 675,000,000

C사 : $\left(100,000,000^{*2} - 500,000,000 \times \frac{10억원^{*3}}{200억원}\right) \times 30\%^{*4} =$ 22,500,000

871,500,000

*1 지급이자 : 600,000,000 − 80,000,000 − 20,000,000 = 500,000,000

*2 $300,000,000 \times \frac{10\%}{30\%} = 100,000,000$

*3 $30억원 \times \frac{10\%}{30\%} = 10억원$

*4 출자비율이 '30% − 20% = 10%'이므로 30% 익금불산입률을 적용한다.

③ 세무조정 : 〈익금불산입〉 수입배당금 871,500,000(기타)

2.5-2 외국자회사 수입배당금의 익금불산입

(1) 일반적인 배당

1) 개요(계산문제의 접근방법)

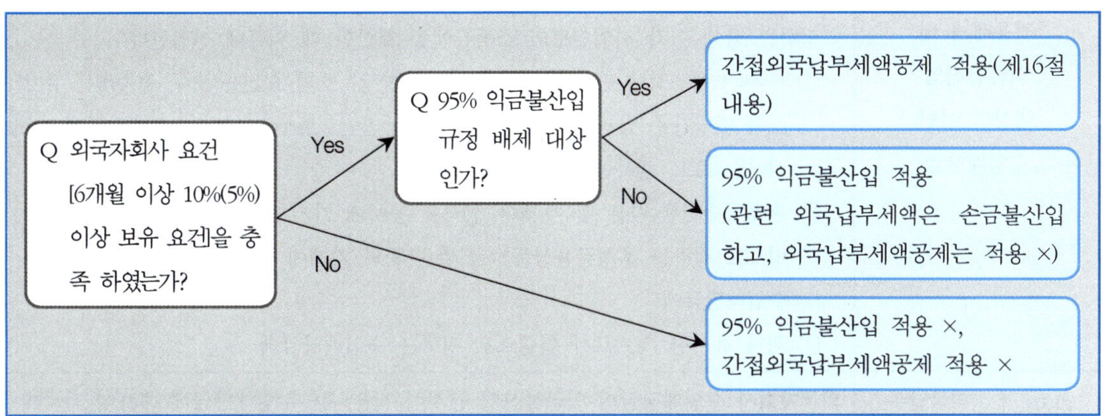

2) 내용정리

구 분	내 용
대상법인	요건을 갖춘 외국자회사로부터 배당금을 받은 내국법인(법령으로 정한 간접투자회사등은 제외한다)
외국자회사 요건	내국법인이 직접 외국법인의 의결권 있는 발행주식총수 또는 출자총액의 10%(해외자원개발사업을 하는 외국법인의 경우에는 5%) 이상을 배당기준일 현재 6개월 이상 계속하여 보유*하고 있는 외국법인 * [세부사항] 내국법인이 적격합병, 적격분할, 적격물적분할, 적격현물출자에 따라 다른 내국법인이 보유하고 있던 외국자회사의 주식등을 승계받은 때에는 그 승계 전 다른 내국법인이 외국자회사의 주식등을 취득할 때부터 해당 주식등을 보유한 것으로 본다.
익금불산입 대상 수입배당금의 범위	이익의 배당금, 잉여금의 분배금, 의제배당
익금불산입액	수입배당금 × 95% → 소득처분 : 기타 또는 △유보*1

적용배제 및 익금불산입 대상이 아닌 수입배당금		• 「국제조세조정에 관한 법률」에 따라 특정외국법인의 유보소득에 대하여 내국법인이 배당받은 것으로 보는 금액 및 해당 유보소득이 실제 배당된 경우의 수입배당금액에 대해서는 외국자회사 수입배당금의 익금불산입 규정을 적용하지 아니한다.
		• 외국자회사 수입배당금의 익금불산입 규정에도 불구하고 다음 중 어느 하나에 해당하는 금액은 각 사업연도의 소득금액을 계산할 때 익금에 산입한다. ① 「국제조세조정에 관한 법률」 제27조제1항 각 호의 요건을 모두 충족하는 유보소득 배당간주 규정을 적용받는 특정외국법인으로부터 받은 수입배당금액으로서 법령으로 정하는 수입배당금액*2 ② 혼성금융상품(자본 및 부채의 성격을 동시에 가지고 있는 금융상품으로서 법령으로 정하는 혼성금융상품*3을 말한다)의 거래에 따라 내국법인이 지급받는 수입배당금액 ③ 위와 유사한 것으로서 법령으로 정하는 수입배당금액
다른 조정에 미치는 영향	외국납부 세액의 처리	외국자회사 수입배당금의 익금불산입 규정이 적용되는 수입배당금에 대하여 외국에서 납부한 세액은 손금불산입한다.*4
	외국납부세액공제 적용배제	외국자회사 수입배당금의 익금불산입 규정의 적용대상이 되는 수입배당금에 대해서는 외국납부세액공제 규정을 적용하지 아니한다. → 제16절 내용
추계시 적용배제		법인세 과세표준과 세액을 추계하는 경우에는 외국자회사의 수입배당금 익금불산입 규정을 적용하지 않는다. 단, 천재지변 등으로 장부나 그 밖의 증명서류가 멸실되어 추계하는 경우에는 그러하지 아니한다.

*1 소득처분 : 소득처분은 기타로 하되, 10%(해외자원개발사업을 하는 외국법인의 경우에는 5%) 이상을 최초로 보유하게 된 날의 직전일 기준 이익잉여금을 재원으로 한 수입배당금의 경우에는 'p4-126. ②'의 규정에 따라 △유보로 한다.[8)]

2 법령으로 정하는 수입배당금액 : 유보소득 배당간주 규정을 적용받는 특정외국법인 중 실제 부담세액이 실제 발생소득의 15% 이하인 특정외국법인의 해당 사업연도에 대한 이익잉여금 처분액 중 이익의 배당금(중간배당 포함), 잉여금의 분배금, 의제배당액을 말한다.

* [세부사항] 단, 해외자원개발사업자가 해외자원개발을 위해 「조세특례제한법」상 해외자원개발투자에 대한 과세특례규정에 따라 외국법인에 출자하거나 외국자회사에 투자하는 경우에는 그 외국법인 또는 외국자회사의 해당 사업연도에 대한 배당금액은 제외한다. → 의미 : 특정외국법인인 외국자회사를 통해 해외자원개발사업에 투자한 내국법인이 외국자회사로부터 받은 수입배당금은 익금불산입대상임

---

8) △유보로 처분하는 이유
최초로 10%(5%) 요건을 충족하기 전에 발생한 이익까지 고려하여 당초 주식의 취득가액을 결정하였을 것이므로, 취득가액에 이미 반영된 이익을 배당받을 때 익금불산입하고 기타로 처분하게 되면 그 배당이 사실상 주식 취득원가의 회수 성격임에도 불구하고 사후관리가 되지 않아 영구적인 비과세 혜택을 주는 불합리가 발생한다. 따라서 주식의 취득가액을 줄여 미래에 처분시 과세하도록 △유보로 처분한다.

*3 법령으로 정하는 혼성금융상품 : 다음 구분에 따른 요건을 모두 갖춘 금융상품을 말한다. → 외국국가는 부채(지급자의 이자비용)로, 우리나라는 자본(받는 자의 배당소득)으로 취급하는 금융상품

① 우리나라의 경우 : 우리나라의 세법에 따라 해당 금융상품을 자본으로 보아 내국법인이 해당 금융상품의 거래에 따라 거래상대방인 외국자회사로부터 지급받는 이자 및 할인료를 배당소득으로 취급할 것

② 외국자회사가 소재한 국가의 경우 : 그 국가의 세법에 따라 해당 금융상품을 부채로 보아 외국자회사가 해당 금융상품의 거래에 따라 거래상대방인 내국법인에게 지급하는 이자 및 할인료를 이자비용으로 취급할 것

*4 **사례** 외국납부세액 손금불산입과 외국자회사 수입배당금 익금불산입 세무조정의 이해

(1) 회사의 회계처리 : (차) 현　　금　80　　(대) 배 당 금 수 익　100
세 금 과 공 과　20*
* 외국에서 배당금지급시 원천징수한 세액

(2) 계산구조

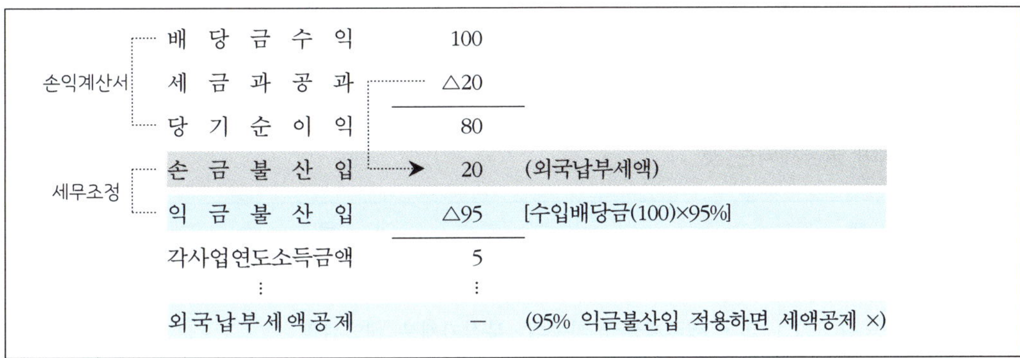

(2) 자본준비금을 감액하여 받는 배당

구 분	내 용
특례규정	내국법인이 출자한 외국법인(외국자회사는 제외한다)으로부터 자본준비금을 감액하여 받는 배당으로서 익금에 산입되지 아니하는 배당에 준하는 성격의 수입배당금액을 받는 경우에는 그 금액의 95%에 해당하는 금액을 익금에 산입하지 아니한다. → 즉, 자본준비금을 감액하여 받는 배당은 '(1)'의 외국자회사 요건(지분율요건과 보유기간요건)과 무관하게 95%를 익금불산입함
다른 조정에 미치는 영향	위 '(1)'과 동일

정 리 외국법인으로부터 자본준비금을 감액하여 받는 배당금의 세무처리

① 'p4-166. 1'에 규정된 우리나라 「상법」에 따른 감액이 아니기 때문에 익금에 산입한다(법인세제과-993).

② 외국자회사 요건(지분율요건과 보유기간요건)과 무관하게 95%를 익금불산입한다.

2.6 부가가치세 매출세액과 매입세액

(1) 부가가치세 계산구조

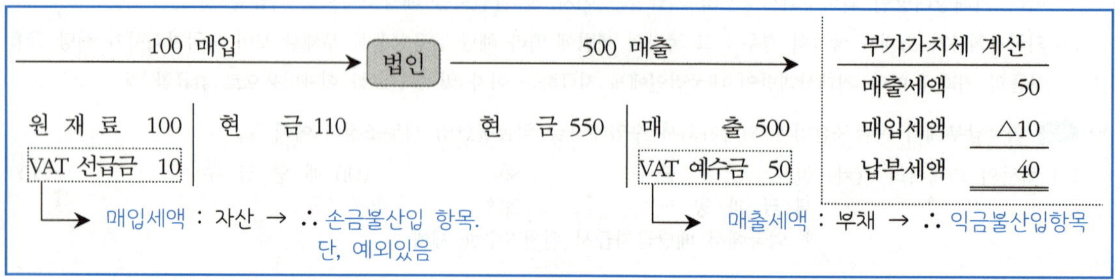

(2) 매입세액의 구체적인 처리방법

1) 매입세액이 공제되는 것 : 손금불산입(∵ 자산인 선급금에 해당)

2) 매입세액이 불공제되는 것

구 분	내 용	
손금으로도 산입되지 않는 항목*1 [암기 Tip] 사세등	① 사업과 관련 없는 매입세액 ② • 세금계산서 미수취 · 부실기재분 매입세액 • 매입처별세금계산서합계표 미제출 · 부실기재분 매입세액 ③ 등록 전 매입세액	
손금으로는 산입되는 항목*2	소구분	세무상처리
	④ 기업업무추진비 관련 매입세액	기업업무추진비로 보아 한도계산
	⑤ 비영업용소형승용자동차*3의 구입 · 임차 · 유지관련 매입세액	회사의 지출내역에 따라 다음과 같이 처리한다. ㉠ 자본적 지출 : 취득원가에 가산한 후 감가상각 · 처분과정을 거쳐 손금으로 인정 ㉡ 기타 : 지출한 사업연도의 손금으로 인정. 단, 비용배분원칙에 따름
	⑥ 면세사업 등 관련 매입세액	
	⑦ 토지조성 관련 매입세액	
	⑧ 영수증을 교부받은 매입세액	
	⑨ 간주임대료에 대한 부가가치세*4	임차인 또는 임대인 중 부담한 자의 손금

*1 취지 : 부당한 매입에 대하여 법인에게 귀책사유가 있으므로 손금불산입한다.

*2 취지 : 법인에게 귀책사유가 없는 업무수행상 지출이므로 손금에 산입한다.

*3 여기서 '비영업용소형승용차'란 「부가가치세법」상 영업 목적 외의 용도로 사용하는 개별소비세 과세대상 자동차를 말한다(부가가치세 SUMMARY 'p1-39. (2)' 참고).

*4 간주임대료는 세금계산서 발급의무가 면제되므로 매입세액을 공제받을 수 없다.

정 리 매입세액자료가 제시된 문제의 접근방법

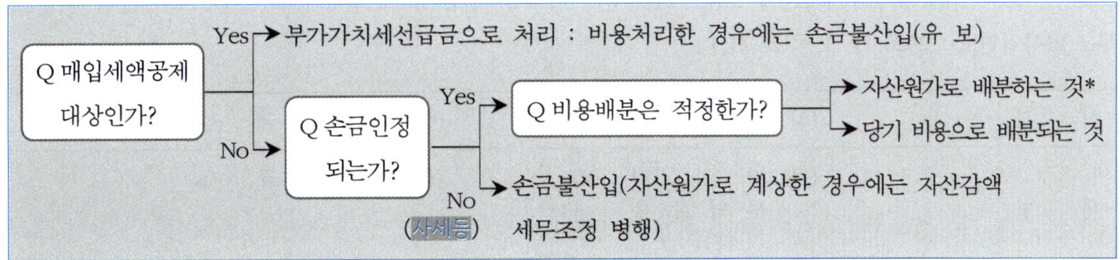

* 자산원가로 배분할 것을 당기의 비용으로 회계처리한 경우 세무조정

① 비상각자산인 경우 : 손금불산입(유보)

② 상각자산인 경우 : 자본적지출을 비용처리했으므로 즉시상각의제로 보아 감가상각시부인계산한다.

사 례 매입세액 관련 세무조정

아래 표안의 '①'과 '②'의 매입세액을 손익계산서상 세금과공과 계정으로 처리한 경우 세무조정

구 분	① 과세사업용 건물 취득시 부담한 매입세액	② 세금계산서 부실기재로 인한 매입세액불공제액
회 사	(차) 세금과공과 100 (대) 현 금 100	(차) 세금과공과 100 (대) 현 금 100
세 법	(차) VAT선급금 100*[1] (대) 현 금 100	(차) 사외유출*[2] 100 (대) 현 금 100 (손금 ×)
수 정	(차) VAT선급금 100 (대) 세금과공과 100 유보 ◀······ 손금불산입	(차) 사외유출 100 (대) 세금과공과 100 기타사외유출 ◀······ 손금불산입
세무조정	〈손금불산입〉 VAT선급금 100(유보)	〈손금불산입〉 부가가치세 100(기타사외유출)

*[1] Q 매입세액공제 대상인가? —Yes→ VAT선급금으로 처리

*[2] Q 매입세액공제 대상인가? —No→ Q 손금인정되는가? —No→ 손금불산입

사례 [2차 시험용] 손금불산입항목에 해당하는 매입세액을 자산계상한 경우 세무조정

2026. 7. 15. 기계를 330(부가가치세 포함, 세금계산서 미수령)에 취득하고 취득가액을 330으로 계상한 경우 세무조정(사업연도 : 2026. 1. 1.~12. 31.)

구분	내용
회　사	(차) 기　　계 330　　(대) 현　　금 330
세　법	(차) 기　　계 300　　(대) 현　　금 330 사 외 유 출 30*1 (손금×)
수　정	(차) 사 외 유 출 30　　(대) 기　　계 30 익금산입(기타사외유출)　　손금산입(△유보)
세무조정	〈손금산입〉 기　　계　30(△유보)*2 〈손금불산입〉 매 입 세 액　30(기타사외유출)

*1 Q 매입세액공제 대상인가? —No→ Q 손금인정되는가? —No→ 손금불산입(→ 자산원가 구성 못함)

*2 만약 위 기계의 감가상각비 계상액이 66인 경우 추가 세무조정(내용연수 10년, 정액법) → <접근방법> 'p4—218. (4). ②' 참고

〈손금불산입〉감액분 상각비(직부인)　　6* (유　보)

〈손금불산입〉상각부인액　　45**(유　보)

$$* \ 66 \times \frac{30}{330} = 6$$

** 회사상각비 : 66 − 6 = 60

상각범위액 : $300 \times \frac{1}{10} \times \frac{6}{12} =$ 15

45

3) 의제매입세액 : 'p4—135. 4'에서 설명

제 4 절 손금과 손금불산입

1 손 금

1. 개념

법인의 순자산을 감소시키는 손실 또는 비용(이하 '손비'라 한다)의 금액. 단, 다음은 제외

① 자본 또는 출자의 환급 → 비교 : 자본 또는 출자의 납입은 익금불산입
② 손금불산입항목으로 열거된 것
③ 잉여금의 처분*

* 손금으로 인정하지 않는 이유

익금
(−)손금
소득 → 잉여금 구성 → 이러한 잉여금처분에 의한 상여 · 배당 · 법인세(국가에 대한 배당)는 손금이 될 수 없음(∵ 잉여금은 모든 손금을 차감한 후의 금액)

2. 비용배분의 원칙

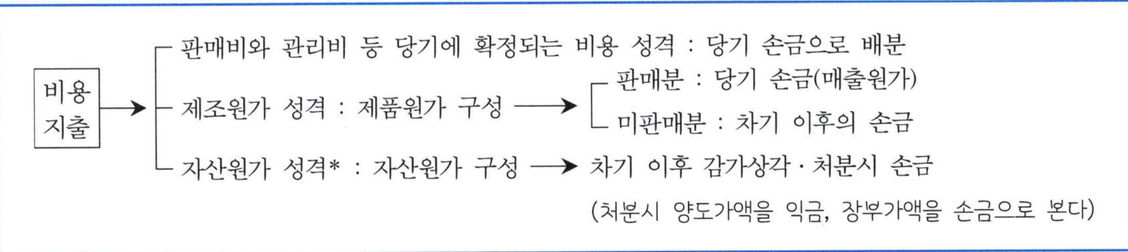

* 사례 본사건물 건설에 종사하는 임직원의 건물 완공시까지의 인건비에 대한 회계처리별 세무조정

구 분	당기말 현재 건설이 진행중인 경우	당기말 현재 완공된 경우
회 사	(차) 인 건 비 100 (대) 현 금 100	(차) 인 건 비 100 (대) 현 금 100
세 법	(차) 건설중인자산 100 (대) 현 금 100	(차) 건 물 100 (대) 현 금 100 감가상각비 ××× 건 물 ×××
조 정	손금불산입 100(유보)	인건비 100을 즉시상각의제(감가상각비)로 보아 감가상각 시부인계산

정리 손금불산입항목을 자산으로 계상한 경우 세무조정

손금으로 인정되지 않는 금액은 세법상 자산원가를 구성하지 못한다. 회사가 이를 자산계상한 경우 다음과 같이 세무조정한다.

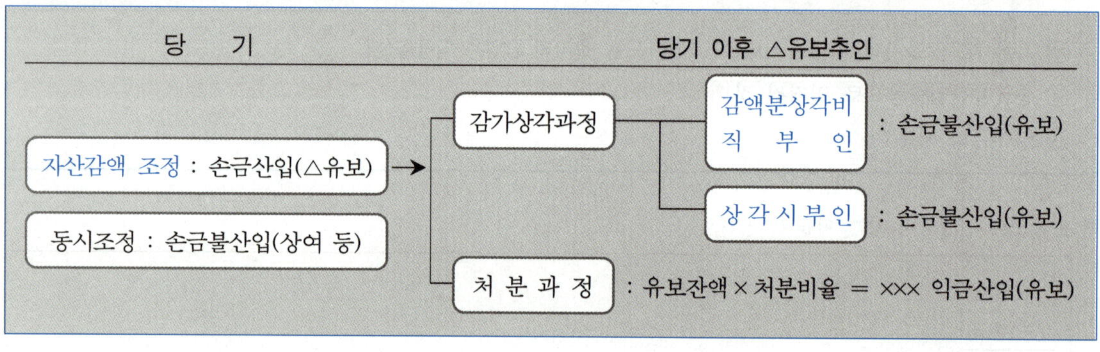

사례 1기에 토지 100을 취득하면서 지방자치단체에 납부한 가산세 5를 토지원가로 계상한 후, 2기에 그 토지를 120에 양도한 경우 세무조정

구 분	제 1 기	제 2 기
회 사	(차) 토 지 105 (대) 현 금 105	(차) 현 금 120 (대) 토 지 105 처분이익 15
세 법	(차) 토 지 100 (대) 현 금 105 사외유출(손금×) 5	(차) 현 금 120 (대) 토 지 100 처분이익 20
조 정	① 〈손금산입〉 토지 5(△유보) ② 〈손금불산입〉 가산세 5(기타사외유출)	〈익금산입〉 토지 5(유보)

3. 증명서류 미수령과 관련된 제재

- 지출한 금액에 대하여 손금인정 받으려면 증명서류를 받아 법인세 신고기한~~(과세기간 종료일)~~으로부터 5년간 보관해야 한다.
- 증명서류를 수령하지 않은 경우 : 가공경비로 보아 손금불산입(상여 · 배당 등)
- 적격증명서류* 외의 증명서류를 수령한 경우

구 분	손금인정여부	증명서류 수취 불성실가산세
① 한 차례의 기업업무추진비지출액이 3만원(경조금은 20만원)을 초과하는 경우	손금불산입 (기타사외유출)	적용배제
② 사업자로부터 공급받은 재화 · 용역의 건당 거래금액(부가가치세 포함)이 3만원을 초과하는 경우	손금인정 (매입거래 인정)	적용함 (적격증명서류를 받지 않거나 사실과 다르게 받은 금액으로 손금에 산입하는 것이 인정되는 금액 × 2%)
위 외의 경우	손금인정	적용배제

* 적격증명서류 : 신용카드 · 직불카드 · 외국에서 발행된 신용카드 · 기명식선불카드, 직불전자지급수단, 기명식선불전자지급수단 또는 기명식전자화폐, 「조세특례제한법」에 따른 현금영수증, 계산서 · 세금계산서, 매입자발행세금계산서 또는 매입자발행계산서, 원천징수영수증(「소득세법」에 따라 사업자등록을 하지 아니한 자로부터 용역을 제공받고 교부하는 원천징수영수증을 말한다)

4. 손금의 범위

손 금 항 목 의 　예 시
① 판매한 상품·제품에 대한 원료의 매입가액과 그 부대비용 ↔ 사업수입금액(매출액)은 익금
② 양도한 자산의 양도 당시의 장부가액 ↔ 양도가액은 익금
③ 인건비 ③의 2 임원 또는 직원의 출산 또는 양육 지원을 위해 해당 임원 또는 직원에게 공통적으로 적용되는 지급기준에 따라 지급하는 금액 ③의 3 'p4-90. 5.2-3'의 임직원 할인액
④ 유형자산의 수선비
⑤ 유형자산 및 무형자산에 대한 감가상각비
⑥ 특수관계인으로부터 자산의 저가양수시 시가(또는 취득가액)와 기업회계기준에 따라 장부에 계상한 가액과의 차액에 대한 감가상각비
⑦ 자산의 임차료
⑧ 차입금 이자
⑨ 대손사유를 충족한 대손금(회수할 수 없는 부가가치세매출세액 미수금으로서 대손세액공제를 받지 아니한 것 포함)
⑩ 법령으로 정한 자산의 평가손실
⑪ 제세공과금(외국자회사의 수입배당금의 익금불산입과 외국납부세액공제를 모두 적용받지 않는 경우의 외국법인세액을 포함한다)
⑫ 영업자가 조직한 단체로서 법인이거나 주무관청에 등록된 조합·협회에 지급한 회비
⑬ 광업의 탐광비(탐광을 위한 개발비 포함)
⑭ 보건복지부장관이 정하는 무료진료권에 의하여 행한 무료진료 가액
⑮ 「식품등 기부 활성화에 관한 법률」제2조에 따른 식품 및 생활용품(이하 이 호에서 '식품등'이라 한다)의 제조업·도매업 또는 소매업을 영위하는 내국법인이 해당 사업에서 발생한 잉여식품등을 「식품등 기부 활성화에 관한 법률」 제2조에 따른 제공자 또는 제공자가 지정하는 자에게 무상으로 기증하는 경우 그 기증한 잉여식품등의 장부가액(이 경우 그 금액은 기부금에 포함하지 아니한다)
⑯ 업무와 관련있는 해외시찰·훈련비
⑰ 우리사주조합에 출연하는 자사주의 장부가액 또는 금품
⑱ 장식·환경미화 등의 목적으로 사무실·복도 등 여러 사람이 볼 수 있는 공간에 항상 전시하는 미술품의 취득가액을 그 취득한 날이 속하는 사업연도에 손비계상한 경우의 그 취득가액(취득가액이 거래단위별로 1,000만원 이하인 것에 한함)
⑲ 근로청소년을 위한 특별학급 또는 산업체부설 중·고등학교 운영비, 교육기관과의 계약에 의하여 채용을 조건으로 설치·운영하는 직업교육훈련과정·학과 등의 운영비, 현장실습 또는 현장실습수업에 참여하는 학생들에게 지급하는 수당

⑳ 광고선전목적으로 기증한 물품의 구입내용[특정인에게 기증한 물품(개당 3만원 이하의 물품은 제외함)의 경우에는 연간 5만원 이내의 금액에 한정함]

㉑ 임직원이 다음 중 어느 하나에 해당하는 주식매수선택권을 행사하거나 주식기준보상을 지급받는 경우 해당 주식매수선택권 또는 재정경제부령으로 정하는 주식기준보상(이하 '주식기준보상'이라 하고, 주식매수선택권과 합하여 '주식매수선택권등'이라 한다)을 부여한 법인에게 그 행사 또는 지급비용으로서 보전하는 금액

㉠ 금융지주회사로부터 부여 또는 지급된 주식매수선택권등(주식매수선택권은 「상법」 제542조의3에 따라 부여된 경우에 한정한다)

㉡ 해외모법인으로부터 부여 또는 지급된 주식매수선택권등으로서 재정경제부령으로 정하는 것

㉒ 「상법」 제340조의2 및 제542조의3, 「벤처기업육성에 관한 특별조치법」 제16조의3, 「소재 · 부품 · 장비산업 경쟁력 강화를 위한 특별조치법」 제56조에 따른 주식매수선택권(「상법」 제542조의3에 따른 주식매수선택권은 해당 법인의 임직원에게 주식매수선택권을 부여하는 것으로 한정한다), 「근로복지기본법」 제39조에 따른 우리사주매수선택권이나 금전을 부여받거나 지급받은 자에 대한 다음 각 항목의 금액. 단, 해당 법인의 발행주식총수의 10%의 범위에서 부여하거나 지급한 경우로 한정한다.[개]

㉠ 주식매수선택권 또는 우리사주매수선택권을 부여받은 경우로서 다음 중 어느 하나에 해당하는 경우 해당 금액

ⓐ 약정된 주식매수시기에 약정된 주식의 매수가액과 시가의 차액을 금전 또는 해당 법인의 주식으로 지급하는 경우 해당 금액

ⓑ 약정된 주식매수시기에 주식매수선택권 또는 우리사주매수선택권 행사에 따라 주식을 시가보다 낮게 발행하는 경우 그 주식의 실제 매수가액과 시가의 차액

㉡ 주식기준보상으로 금전을 지급하는 경우 해당 금액

㉓ 동업기업결손금 배분규정에 따라 배분받은 결손금

㉔ 중소기업 또는 중견기업이 부담하는 핵심인력성과보상기금 기여금

㉕ 임원 또는 직원(지배주주 등인 자는 제외)의 사망 이후 유족에게 학자금 등으로 일시적으로 지급하는 금액으로서 사망 전에 정관 · 주주총회 · 사원총회 또는 이사회결의에 의하여 결정되어 임원 또는 직원에게 공통적으로 적용되는 지급기준에 따라 지급되는 것

㉖ 다음 각 기금에 출연하는 금품

㉠ 해당 내국법인이 설립한 사내근로복지기금, 해당 내국법인과 다른 내국법인 간에 공동으로 설립한 공동근로복지기금

㉡ 해당 내국법인의 협력중소기업이 설립한 사내근로복지기금, 해당 내국법인의 협력중소기업 간에 공동으로 설립한 공동근로복지기금

㉗ 보험회사가 「보험업법」에 따라 적립한 책임준비금의 증가액(할인률의 변동에 따른 책임준비금 평가액의 증가분은 제외한다)으로서 보험감독회계기준에 따라 비용으로 계상된 금액

㉘ 주택도시보증공사가 「주택도시기금법 시행령」에 따라 적립한 책임준비금의 증가액(할인율의 변동에 따른 책임준비금 평가액의 증가분은 제외한다)으로서 보험감독회계기준에 따라 비용으로 계상한 금액

㉙ 그 밖의 손비로서 그 법인에 귀속되었거나 귀속될 금액

주 위 '㉒' 내용과 관련된 세무처리

(1) 현금결제형 주식매수선택권의 처리방법

구 분	기업회계기준에 따른 회계처리	세법상 처리	세 무 조 정*
부여시점	없 음	없 음	없 음
각 회계기간 말 (권리행사 전)	(차) 주식보상비용 100 (대) 장기미지급비용 100 (발생주의)	없 음 (권리의무확정주의)	〈손금불산입〉 장기미지급비용 100(유 보)
권리행사 시 점	(차) 장기미지급비용 100 (대) 현 금 100	(차) 주식보상비용 100 (대) 현 금 100	〈손 금 산 입〉 장기미지급비용 100(△유보)

* 권리행사 전 비용계상시 손금불산입한 금액을 주식매수선택권의 행사로 지급하는 날이 속하는 사업연도의 손금에 산입한다.

(2) [2차 시험용] 주식결제형 주식기준보상거래의 처리방법

구 분		기업회계기준에 따른 회계처리	세법상 처리	세 무 조 정
부여시점		없 음	없 음	없 음
각 회계기간 말 (권리행사 전)		(차) 주식보상비용 50 (대) 주식선택권(자본조정) 50	없 음	〈손금불산입〉 주 식 선 택 권 50(기 타)
권리 행사 시점	신주 교부형	시가 150(액면가액 50), 행사가액 70인 경우 (차) 현 금 70 주식선택권(자본조정) 50 (대) 자 본 금 50 주식발행초과금 70	(차) 현 금 70 주식보상비용 80*1 (대) 자 본 금 50 주식발행초과금 100	〈손 금 산 입〉 주 식 선 택 권 80(기 타)
	자기주식 교부형	시가 150(자기주식 과거 취득가액 50), 행사가액 70인 경우 (차) 현 금 70 주식선택권(자본조정) 50 (대) 자 기 주 식 50 처분이익(자본잉여금) 70	(차) 현 금 70 주식보상비용 80*2 (대) 자 기 주 식 50 처 분 이 익 100*2	〈손 금 산 입〉 주 식 선 택 권 80(기 타)*3 〈익 금 산 입〉 처 분 이 익 100(기 타)*3

*1 신주교부형 : 주식을 시가보다 낮게 발행하는 경우 주식의 시가와 행사가액과의 차액(150−70=80)을 손금으로 한다.

*2 자기주식교부형

① 주식의 시가와 행사가액과의 차액(150−70=80)을 주식보상비용(손금)으로 한다.

② 주식의 시가*와 취득가액과의 차액(150−50=100)을 자기주식처분손익(손금 또는 익금)으로 한다.

* 주식매수선택권 행사에 따라 주식을 양도하는 경우에는 'p4−50. *1. [세부사항]'에 따라 행사 당시의 시가를 양도가액으로 한다.

*3 소득처분이 기타로 사후관리가 불필요하므로 순액으로 20을 익금산입(기타)해도 된다.

정리 [2차 시험용] 주식기준보상거래 등의 세무조정방법(간편법)

구 분	현금결제형	주식결제형	
		신주교부형	자기주식교부형
권리행사 전에 비용처리한 경우	손금불산입(유보)	손금불산입(기타)	'p4-84. (2). *2, *3' 과 같이 처리
권리행사한 경우	장기미지급비용 상계액을 손금산입(△유보)	시가와 행사가액과의 차액을 손금산입(기타)	

5. 주요 손금항목

5.1 판매한 상품·제품에 대한 원료의 매입가액과 그 부대비용

구 분	손 금
원료의 매입가액	매입액 - 매입에누리 - 매입환출 - 매입할인 - 의제매입세액*1
판매부대비용	판매한 상품·제품의 보관료, 포장비, 운반비, 판매장려금 및 판매수당 등*2

*1 의제매입세액은 원재료의 취득가액에서 공제한다(∵ 부가가치세선급금 성격, 'p4-135. 4'에서 설명).

*2 판매장려금 및 판매수당의 경우 사전약정 없이 지급하는 경우도 기업업무추진비로 보지 않고 전액 손금으로 인정한다.

정리 판매장려금의 세법상 처리방법

1. 지급한 판매장려금

구 분	처리방법
부가가치세법	과세표준에서 공제하지 않는다(∵ 판매비 성격으로 취급).
법인세법 소득세법	매출액계산시 공제하지 않고 전액 손금인정한다(∵ 판매비 성격으로 취급).

2. 지급받은 장려금

구 분	처리방법
부가가치세법	과세표준에 포함하지 않는다(∵ 나의 공급과는 무관하게 받은 금액).
법인세법	익금(∵ 별도 규정없으나 받은 만큼 순자산이 증가되기 때문)
소득세법	총수입금액에 산입한다는 명문규정이 있다.

5.2 인건비 : 손금불산입으로 규정된 것을 제외하고 나머지는 손금

(1) 보수(인건비의 총칭) ⇢ 법을 위반하여 지급하는 근로시간면제자 급여는 업무무관비용으로 보아 손금불산입(기타소득)함['p4—99. (3)' 내용]

구 분	세법상 처리
원 칙	손 금*1
예외적으로 손금 불산입되는 것	① 합명회사 · 합자회사의 노무출자사원에게 지급하는 보수(∵ 출자의 대가) ⇢ 비교 신용출자사원 · 금전출자사원 · 현물출자사원에게 지급하는 보수(인건비)는 손금인정함 ② 지배주주*2 및 그와 특수관계에 있는 임원 · 직원*3에게 정당한 사유없이 동일 직위에 있는 지배주주 등 외의 임원 · 직원에게 지급하는 금액을 초과하여 보수를 지급하는 경우 그 초과금액 ③ 비상근임원에게 지급하는 보수 중 부당행위계산부인 해당액*4

*1 손금산입하는 인건비에는 다음 금액을 포함한다.

- 해외현지법인에 파견된 임직원 인건비 : 다음 요건을 모두 갖춘 인건비를 말한다. ⇢ 파견된 임직원이 해당 내국법인의 업무에 종사하는 경우에는 손금인정한다. 만약 해외현지법인의 업무에 종사하는 경우에는 손금불산입하는 것이 원칙이나, 다음 요건을 모두 충족한 경우에는 손금인정한다.

  ① 내국법인이 지급할 것 ⇢ 중소기업 · 중견기업 해당 여부와 무관

  ② 해당 내국법인이 발행주식 총수 또는 출자지분의 100%를 직접 또는 간접 출자한 해외현지법인에 파견된 임원 또는 직원에게 지급할 것

  ③ 해당 내국법인이 지급한 인건비가 해당 내국법인 및 해외출자법인이 지급한 인건비 합계의 50% 미만일 것

  ④ 「소득세법」에 따라 근로소득세가 원천징수된 인건비일 것

*2 지배주주 : 지분율 1% 이상의 주식을 소유한 주주(국가 · 지방자치단체 제외)로서 그와 특수관계에 있는 자와의 소유주식합계가 해당 법인의 주주 중 가장 많은 경우의 해당 주주를 말한다.

*3 ① 임원 : 법인의 회장 · 사장 · 부사장 · 이사장 · 대표이사 · 전무이사 · 상무이사 등 이사회의 구성원 전원과 청산인, 합명회사 · 합자회사 및 유한회사의 업무집행사원 또는 이사, 유한책임회사의 업무집행자, 감사, 그 밖에 위에 준하는 직무에 종사하는 자를 말한다.

② 직원 : 임원 외의 자

*4 부당한 행위 또는 계산으로 보아 부인하기 위해서는 다음 요건을 모두 충족하여야 한다(제13절 내용).

① 특수관계인과의 거래일 것

② 법인의 조세부담을 부당하게 감소시킬 것

(2) 상여금

1) 일반 상여

① 직원 : 손금 ⋯→ 급여지급기준 초과여부와 무관하게 손금

② 모든 임원 : 손금. 단, 정관·주주총회·사원총회·이사회결의로 결정된 급여지급기준 초과금액은 손금불산입 ⋯→ ∴ 급여(상여금) 지급기준이 없는 경우 지급한 임원 상여금은 전액 손금불산입

2) 잉여금처분에 의한 상여

임원·직원 불문하고 손금불산입 ⋯→ ∵ 모든 손금을 차감한 후의 금액인 잉여금을 처분한 것이기 때문

(3) 퇴직급여

1) 현실적 퇴직으로 퇴직급여를 지급한 경우 세법상 처리

구 분	세법상 처리
직 원	손금
모든 임원	손금. 단, 다음의 한도액을 초과하는 금액은 손금불산입 〈1순위〉 정관 또는 위임 규정에 정해진 금액 ⋯→ 없으면 '<2순위>'적용 〈2순위〉 퇴직 직전 1년간 총급여액*1 $\times \frac{1}{10} \times$ 근속연수*2

*1 총급여액의 범위 : 「소득세법」상 근로소득의 범위 중 다음 금액을 제외한 금액을 말한다.[9)]

① 「소득세법」상 비과세 근로소득

② 손금불산입되는 인건비 ⋯→ ∴ 계산문제 풀이시 먼저 퇴직급여 외의 인건비 관련 세무조정을 한 후, 관련 손금불산입액을 총급여액에서 제외할 것

③ 인정상여(제외 이유 : 익금산입·손금불산입으로 법인의 비용으로 인정받지 못한 금액)

④ 퇴직으로 인하여 받는 소득으로서 퇴직소득에 속하지 아니하는 소득

⑤ 직무발명보상금 ⋯→ ∴ 「소득세법」상 비과세금액과 무관하게 전액을 총급여액 계산시 제외함(∵ 퇴직급여와는 무관한 급여)

⑥ 임원등 할인액

*2 1개월 미만은 절사 ⋯→ 사례 : 근속연수가 4년 6개월 25일이면 4년 6개월로 계산

---

9) 위 '*1'의 ① ~ ⑥을 총급여액에서 제외하는 이유

① : 비과세소득은 이미 소득세 비과세 혜택을 받은 소득이므로 이중 혜택 방지 목적

②, ③ : 법인의 비용으로 인정받지 못한 금액이기 때문

④, ⑤, ⑥ : 퇴직급여를 지급하기 위한 재원될 수 없기 때문

정 리 임원퇴직급여 한도관련 계산문제 풀이 방법

〈1단계〉 임원상여금 한도초과액 손금불산입 등 퇴직급여 외의 인건비 관련 세무조정을 먼저 함 : 손금불산입(상여)

〈2단계〉 임원퇴직급여 한도초과액을 다음 순서로 계산한다.

① 정관 또는 위임 규정 있으면 그에 따라 한도 계산 → (if) 임원 퇴직급여 규정에 없는 퇴직위로금 등을 지급하면 손금불산입

② 정관 또는 위임 규정 없으면 「법인세법」 산식에 따라 한도계산 : (총급여 − 손금불산입액)* × $\frac{1}{10}$ × 근속연수

* [2차 시험용] 임원 퇴직급여 한도 계산문제 출제 유형별 주의사항(당기는 2026. 1. 1.~12. 31.이라고 가정)

〈유형 1〉 당기 말인 2026. 12. 31.에 퇴직한 경우 : 당기(2026. 1. 1.~12. 31.)의 총급여액에서 그 안에 포함된 손금불산입액을 계산하여 뺀다.

〈유형 2〉 당기 중에 퇴직한 경우(예를 들면 2026. 6. 30. 퇴직) : 퇴직 직전 1년은 2025. 7. 1.~2026. 6. 30.이므로 전기(2025) 7. 1.~12. 31.과 당기(2026) 1. 1.~6. 30.의 총급여액에서 각각의 금액에 포함된 손금불산입액을 계산하여 뺀다.

사 례 인건비 관련 세무조정

다음 자료를 이용한 갑법인의 제26기(2026. 1. 1.~12. 31.)의 세무조정

〈자료〉

1. 포괄손익계산서상 인건비내역(일부)

구분	급여	상여금	직무발명보상금	퇴직급여
대표이사	₩25,000,000	₩13,000,000	₩8,000,000	₩18,000,000
영업과장	15,000,000	9,000,000	4,000,000	14,000,000

2. 급여지급기준에 따르면 상여금은 급여의 40% 지급하도록 규정
3. 「소득세법」에 따르면 직무발명보상금은 연 700만원까지 비과세
4. 대표이사와 영업과장은 모두 2026. 12. 31. 퇴사(근속연수는 각각 4년 6개월 20일)

〈해답〉

1. 임원 상여금 : 13,000,000 − 25,000,000 × 40% = 3,000,000 손금불산입(상여)

2. 임원 퇴직급여 : 18,000,000 − (25,000,000+13,000,000−3,000,000)* × $\frac{1}{10}$ × $4\frac{6}{12}$
= 2,250,000 손금불산입(상여)

* ① 직무발명보상금은 「소득세법」상 비과세금액과 무관하게 전액 포함 ×

② (if) 퇴직일이 2026. 6. 30.인 경우 퇴직 직전 1년간 총급여액은 '[(2025. 7. 1.~12. 31. 총급여액−그 기간의 손금불산입액)+(2026. 1. 1.~6. 30. 총급여액−그 기간의 손금불산입액)]'으로 계산한다.

2) 비현실적 퇴직*으로 퇴직급여 지급한 경우 세법상 처리

구 분	내 용
회 사	(차) 퇴 직 급 여 100 (대) 현 금 100
세 법	(차) 업무무관가지급금 100 (대) 현 금 100
세무조정	손금불산입 100(유보) 〈Tip〉 [2차 시험용] 문제 자료에 비현실적 퇴직급여가 제시되면 업무무관가지급금에 해당하므로 추가로 업무무관자산에 대한 지급이자손금불산입(p4－203. 3), 인정이자 익금산입(p4－281. 4) 세무조정을 하여야 한다.

* 현실적 퇴직과 비현실적 퇴직의 구분

현실적인 퇴직으로 보는 경우	현실적인 퇴직으로 보지 않는 경우
① 직원이 해당 법인의 임원으로 취임한 때 ② 상근임원이 비상근임원으로 된 경우	① 임원이 연임된 경우 ② 대주주변동으로 인하여 계산의 편의, 기타 사유로 전직원에게 퇴직급여를 지급한 경우
③ 임원 또는 직원이 그 법인의 「상법」상 조직변경·합병·분할 또는 사업양도에 의하여 퇴직한 때	③ 외국법인의 국내지점 종업원이 본점(본국)으로 전출하는 경우
④ 「근로자퇴직급여 보장법」에 따라 퇴직급여를 중간정산*하여 지급한 때	④ 정부투자기관 등이 민영화됨에 따라 전종업원의 사표를 일단 수리한 후 재채용한 경우
⑤ 정관 또는 정관에서 위임된 퇴직급여지급규정에 따라 법령으로 정한 사유로 그 때까지의 퇴직급여를 중간정산하여 임원에게 지급한 때	⑤ 「근로자퇴직급여 보장법」의 규정에 의하여 퇴직급여를 중간정산하기로 하였으나 이를 실제로 지급하지 아니한 경우

* 여기서 '중간정산'이란 종전에 퇴직급여를 중간정산하여 지급한 적이 있는 경우에는 직전 중간정산 대상기간이 종료한 다음 날부터 기산하여 퇴직급여를 중간정산하는 것을 말한다.

(4) 복리후생비

① 사회통념상 타당한 것* : 임원 또는 직원(파견근로자 포함) 불문하고 손금인정

② 위 외의 것 : 손금불산입

* 범위 : 직장체육비, 직장문화비, 직장회식비, 우리사주조합의 운영비, 법에 따라 사용자로서 부담하는 국민건강보험료, 노인장기요양보험료, 고용보험료(법에 의한 사용자부담 국민연금부담금도 공과금으로 손금에 산입함), 직장보육시설의 운영비, 그 밖의 사회통념상 타당한 범위안의 경조사비 등

정리 경조사비에 대한 세무처리

① 해당 법인의 임직원에 대한 경조사비 : 사회통념상 타당하면 복리후생비로 손금 인정

② 거래처 임직원 등에 대한 경조사비 : 기업업무추진비에 해당함. 따라서 20만원 이내인 경우 기업업무추진비 한도에서 손금 인정하나, 20만원을 초과하는 경우로서 적격증명서류 미수령시 전액 손금불산입(기타사외유출)함('p4－212. 주' 내용).

5.2-2 임원 · 직원의 출산 · 양육 지원비

임원 또는 직원의 출산 또는 양육 지원을 위해 해당 임원 또는 직원에게 공통으로 적용되는 지급기준에 따라 지급하는 금액은 손금인정한다.

5.2-3 「소득세법」상 근로소득으로 보는 임직원 할인액

소득세 SUMMARY 'p2-98. ⑥' 및 'p2-98. *2. ① ~ ④'에 따른 지원을 함으로써 해당 임원 또는 직원이 얻는 이익에 상당하는 금액은 손금으로 인정한다.

사례 시가 100의 제품을 임직원에게 80으로 제공한 경우(할인액은 20)

익 금	: 80(매출액) + 20(할인액. 'p4-48. *1' 규정에 따름) =	100
손 금	: 위 '5.2-3' 규정에 따름	△20
각사업연도소득금액		80

5.3 세금과 공과금

(1) 세금

1) 손금 인정 여부 : 손금불산입으로 규정된 것을 제외하고 나머지는 손금

구분	내 용
손금불산입 항목	• 이익처분적 성격인 것 법인세, 법인지방소득세, 법인세에 대한 농어촌특별세*1 • 간접세로서 선급금 성격인 것 ① 부가가치세 매입세액['p4-76. (2)' 내용] ② 반출하였으나 판매하지 않은 제품에 대한 개별소비세, 주세 미납액(단, 제품가격에 그 세액에 상당하는 금액을 가산한 경우에는 예외로 한다)*2
위 외의 것	손금 ⟶ 취득단계에서 부담한 취득세 등은 비용배분원칙에 따라 일단 취득원가로 배분한 후 감가상각 · 처분시 손금

*1 ① 법인세(㉠외국자회사의 수입배당금 익금불산입 규정의 적용 대상이 되는 수입배당금에 대하여 외국에 납부한 세액, ㉡외국납부세액공제를 적용하는 경우의 외국법인세액 포함)[10] 및 법인지방소득세 ⟶ ∵ 법인의 과세소득(잉여금)을 국가 · 지자체에 배당(납부)하는 성격의 세금이므로 손금불산입함

---

10) 위 '*1. ①'에서 '( )'를 포함하여 손금불산입하는 이유

㉠ 'p4-75. *4'에 따라 95% 익금불산입 대상이 되는 수입배당금에 대한 외국납부세액은 손금불산입한다.

㉡ 위 '㉠' 외에 직접외국납부세액이 있는 경우에는 다음 방법 중 하나를 선택할 수 있다.

ⓐ 손금에 산입하는 방법 ⟶ [세무조정] (if) 회사가 비용처리한 경우에는 세무조정 없이 손금 인정

ⓑ 외국납부세액공제를 적용하는 방법 ⟶ 위 본문의 '㉡'은 세액공제를 적용하는 외국납부세액은 손금으로 인정하지 않는다는 규정임(∵ 이중공제 방지). [세무조정] (if) 회사가 비용처리한 경우에는 손금불산입하고 외국납부세액공제 적용

② 법인세에 대한 농어촌특별세 : 특정 법인세 감면세액의 20% → ∵ 본세인 법인세를 손금불산입하므로 부가세인 농어촌특별세도 손금불산입(종물은 주물의 성격에 따름)

〈Tip〉 세무조정문제에서 법인세비용차감 후 당기순이익이 제시된 경우 법인세비용을 손금불산입하여야 하나, '법인세비용차감 전 순이익'이 제시된 경우에는 법인세비용이 차감되지 않았으므로 세무조정하면 안됨

③ 연결자법인이 연결모법인에게 지급하였거나 지급할 연결법인세액

*2 **사례** '반출하였으나 판매하지 않은 제품에 대한 개별소비세등 미납액'을 당기에 '(차) 세금과 공과 100 (대) 미지급조세 100'으로 비용처리한 경우에는 손금불산입(유보)하나, 당기에 비용처리하지 않고 '(차) 제품 100 (대) 미지급조세 100'으로 처리한 경우에는 세무조정 불필요하다.

2) 업무무관자산(비업무용자산) 관련 취득세 등에 대한 세법의 처리

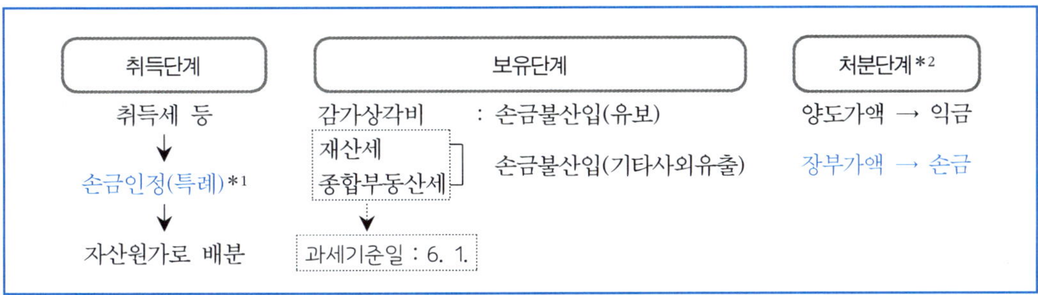

*1 손금으로 인정하는 이유 : 업무무관자산도 자산의 취득은 인정하므로 취득세를 자산원가로 배분해야 하는데, 손금인정 안된 금액은 자산원가를 구성할 수 없기 때문

*2 ① 처분단계에서 처분한 자산의 '유보잔액 × 처분비율'에 해당하는 유보잔액을 추인한다.

사례 업무무관자산 관련 세무조정

구 분	취득세 부담시	감가상각비 계상시	50% 처분시
회 사	(차) 세금과공과 100 (대) 현금 100	(차) 감가상각비 150 (대) 감가상각누계액 150	〈손금산입〉 건물 125(△유보)*2
세 법	(차) 건 물 100 (대) 현금 100	–	
세무조정	〈손금불산입〉 건물 100(유보)*1	〈손금불산입〉 건물 150(유보)	

*1 업무무관자산의 취득세는 손금항목이나 당기 손금이 아닌 자산원가로 배분하므로 손금불산입(유보)한다.

*2 유보잔액 × 처분비율 = (100+150) × 50% = 125

② (기출) ㉠ 업무무관자산에 대한 취득세는 손금으로 인정하지 않는다. : 틀린 문장(∵ 손금인정하되, 당기의 손금이 아닌 자산원가로 배분)

㉡ 비업무용자산을 처분한 경우 그 자산의 장부가액은 손금으로 인정한다. : 옳은 문장[∵ 처분시 양도가액을 익금, 장부가액을 손금으로 인정하는 총액논리. 순액논리로 처분손실을 손금인정한다는 표현도 옳은 문장임(단, 유보잔액만큼 차이발생)]

3) 세부사항

① 과점주주가 됨에 따라 부담한 취득세* : 주식 취득 부대비용으로 보아 주식의 취득원가에 가산 ⇢ [세무조정] (if) 회사가 비용처리한 경우에는 손금불산입(유보)함

* 법인(유가증권시장에 상장한 법인 제외)의 주식을 취득함으로써 과점주주(50% 초과하는 주주)가 된 때에는 그 법인 소유의 취득세 과세대상 자산을 과점주주가 지분율만큼 다시 취득한 것으로 보아 다음의 취득세 납세의무를 진다(단, 법인설립시에 발행한 주식 또는 지분을 취득함으로써 과점주주가 된 경우는 납세의무를 지지 않는다).

• 취득세 $= \left(\text{취득세 과세대상 자산총액} \times \dfrac{\text{과점주주가 취득한 주식수}}{\text{법인의 주식총수}}\right) \times \text{취득세율}$

② 지출성격별 등록면허세의 처리방법

등록면허세 지출 성격	세법상 처리방법
법인 증자 등기	손금불산입(∵ 증자관련 등록면허세는 신주발행비로 주식할인발행차금에 해당)
법인 설립 등기	손금(∵ 창업비에 해당)
저당권 설정 등기, 임원 변경 등기	손금

③ • 관세 : 수입시 부담한 관세는 손금인정하되, 취득부대비용으로 취득원가로 배분한다.

• 관세환급금 : 수입한 원자재로 생산한 제품을 수출하는 경우 수입시 부담한 관세를 환급받는데, 이러한 관세환급금은 익금에 해당된다.*

* 귀속시기 : 수출과 동시에 환급받는 관세가 확정되는 경우에는 그 수출 완료일

(2) 공과금

구 분	내 용
원 칙	손금(예 폐기물처리부담금, 교통유발부담금)
예 외	다음은 손금불산입 ① 법령에 따라 의무적으로 납부하는 것이 아닌 것 ② 법령에 따른 의무의 불이행 또는 금지·제한 등의 위반을 이유로 부과되는 것[11] (예 장애인고용부담금, 폐수배출부담금)

---

11) [참고] 2024년까지는 '의무의 불이행 또는 금지·제한 등의 위반에 대한 제재로서 부과되는 것'이라고 규정하였으나, 행정해석과 법원판례 간의 충돌*을 피하고 과세형평을 제고하기 위하여 '의무불이행 또는 금지·제한의 위반을 이유로 부과되는 것'이라면 제재 성격 유무와 무관하게 손금불산입하도록 하기 위하여 2025년 세법개정시 개정 전 규정의 '제재로서'를 삭제하였다.

* 예를 들면 장애인고용부담금에 대하여 행정해석은 손금불산입, 법원판례에서는 '의무의 불이행'은 맞지만 '제재로서 부과되는 공과금'은 아니라고 보아 손금산입하도록 하는 충돌이 발생했었음

5.4 영업자가 조직한 조합 · 협회에 대한 회비

영업자가 조직한 단체로서 법인이거나 주무관청에 등록된 조합 · 협회에 지급한 회비*는 손금인정한다.

* 여기서 '회비'란 조합 · 협회가 법령 또는 정관이 정하는 바에 따른 정상적인 회비징수방식에 의하여 경상경비 충당 등을 목적으로 조합원 또는 회원에게 부과하는 회비를 말한다. → 행정해석에 따르면 상공회의소 특별회비 등 특별회비 등의 경우라도 정상적인 회비징수방식에 의하여 경상경비 충당 등을 목적으로 회원에게 부과하는 것은 손금에 해당함(서면 - 2018 - 법령해석법인 1291)

5.5 임직원 손해배상금 지출액

임원 · 직원이 타인에게 손해를 끼침으로써 법인이 손해배상금을 지출한 경우 다음 요건을 모두 충족하면 손금인정한다.

① 업무관련성이 있을 것

② 임원 · 직원의 고의 · 중과실로 인한 것이 아닐 것

5.6 기부금 성격이지만 전액 손금인정하는 특례

① 식품 및 생활용품(이하 '식품등'이라 한다)의 제조업 · 도매업 · 소매업을 영위하는 법인이 해당 사업에서 발생한 잉여식품등을 「식품등 기부 활성화에 관한 법률」에 따른 제공자 또는 제공자가 지정하는 자에게 무상으로 기증하는 경우 기증한 잉여식품등의 장부가액(이 경우 그 금액은 기부금에 포함하지 아니한다)

② 우리사주조합에 출연[12]하는 자사주의 장부가액 또는 금품

③ 보건복지부장관이 정하는 무료진료권에 따라 행한 무료진료의 가액 **개정** (종전의 '새마을진료권'을 삭제함)

④ 다음 각 기금에 출연하는 금품

㉠ 해당 내국법인이 설립한 사내근로복지기금, 해당 내국법인과 다른 내국법인 간에 공동으로 설립한 공동근로복지기금

㉡ 해당 내국법인의 협력중소기업이 설립한 사내근로복지기금, 해당 내국법인의 협력중소기업 간에 공동으로 설립한 공동근로복지기금

5.7 미술품 취득비용의 처리

구 분	세법상 처리
원 칙	미술품 취득원가로 계상
예 외	장식 · 환경미화 등 목적으로 사무실 · 복도 등에 항상 전시하는 미술품의 취득가액은 취득가액이 거래단위별로 1,000만원 이하인 것은 취득일이 속하는 사업연도에 손비계상하면 손금으로 인정함 → [세무조정] 1,000만원 초과하는 것을 손비계상한 경우에는 전액을 손금불산입(유보)한다.

---

12) 출연과 출자의 차이 : 출연은 대가 없는 증여 성격(비영리목적으로 반대급부 없이 기부하는 것으로, 지분 또는 소유권이 없음)이나, 출자는 대가를 기대하는 투자 행위(영리를 목적으로 반대급부로 주식 · 지분을 가짐)라는 차이가 있다.

2 손금불산입

1. 손금불산입항목

구 분	손금불산입항목
(1) 이익처분 및 자본거래	① 결산을 확정할 때 잉여금의 처분을 손비로 계상한 금액 ② 주식할인발행차금
(2) 제세공과금 중 일정한 것	③ 법령으로 정한 조세 및 의무불이행으로 납부하였거나 납부할 세액(가산세 포함) ④ 벌금 · 과료 · 과태료 · 가산금 및 강제징수비 ⑤ 법령으로 정한 공과금
(3) 징벌적성격의 손해배상금	손해배상금 중 실제 발생한 손해를 초과하여 지급하는 금액으로서 법령으로 정하는 금액
(4) 미실현손실	⑥ 'p4-52. 2)' 등에 따라 손금인정되는 것을 제외한 자산의 평가손실
(5) 각종 한도초과액	⑦ 감가상각비 · 기업업무추진비 · 기부금 · 충당금 · 준비금 한도초과액 및 비지정기부금
(6) 과다경비 등	⑧ 법령으로 정한 인건비 ⑨ 임원 · 직원이 아닌 지배주주(특수관계인 포함)에게 지급한 여비 · 교육 훈련비 ⑩ 공동경비 중 법정기준을 초과하여 지출한 금액
(7) 업무무관비용	⑪ 업무와 관련 없는 비용
(8) 승용차 관련 비용 특례	⑫ 업무용승용차 관련 비용의 손금불산입 등 특례
(9) 지급이자 중 일정한 것	⑬ 법령으로 정한 지급이자(제9절에서 설명할 내용)

2. 주요 손금불산입항목

2.1 자본거래

다음의 자본거래로 인한 순자산감소액은 손금불산입항목

① 결산을 확정할 때 잉여금의 처분을 손비로 계상한 금액

② 주식할인발행차금* : 액면미달의 가액으로 신주를 발행하는 경우 그 미달하는 금액과 신주발행비의 합계액을 말한다. → 비교 주식발행초과금 : 익금불산입항목

③ 감자차손 → 비교 감자차익 : 익금불산입항목

2.2 벌금 · 과료 · 과태료

손금불산입항목	손금항목
국가(외국국가 포함)가 법령위반에 대해 법령에 근거하여 부과하는 것	지체상금이나 연체이자 성격의 것
① 임원 · 직원이 「관세법」을 위반하고 지급한 벌과금 ② 교통사고벌과금(업무관련 여부 불문 ⇢ 업무관련성이 있어도 손금불산입) ③ 산업재해보상보험료의 가산금 ④ 외국의 법률에 의하여 납부하는 벌과금 ⑤ 「한국은행법」에 의하여 금융기관이 한국은행에 납부하는 과태금 ⑥ 국민건강보험법(제80조)에 따라 징수하는 연체금	① 사계약상의 의무불이행으로 인하여 과하는 지체상금* ⇢ ∵ 국가가 부과한 것이 아님 ② 보세구역에 장치되어 있는 수출용 원자재가 「관세법」상의 장치기간 경과로 국고귀속이 확정된 자산의 가액 ⇢ ∵ 손실 성격 ③ 사계약에 따른 연체료 ⇢ ∵ 자금부족으로 인한 연체 ㉠ 철도화차사용료의 미납액에 대하여 가산되는 연체이자 ㉡ 산업재해보상보험료의 연체금 ㉢ 국유지사용료의 납부지연으로 인한 연체료 ㉣ 전기요금의 납부지연으로 인한 연체가산금

* 정부와 납품계약으로 인한 지체상금을 포함하며, 구상권행사가 가능한 지체상금을 제외한다.

2.3 의무불이행으로 인한 납부세액, 가산세, 강제징수비

사 례 법인세 미납관련 신고 및 징수절차

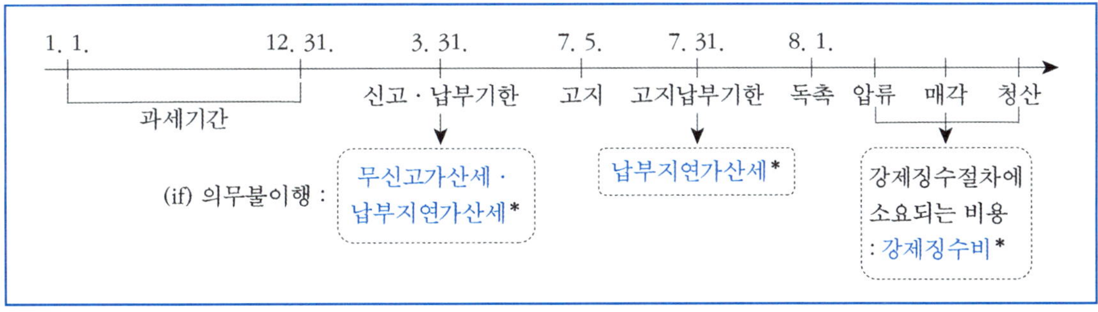

* 가산세와 강제징수비는 모두 손금불산입 항목 ⇢ ∵ 의무불이행에 대한 제재

2.4 징벌적 목적의 손해배상금

법인이 지급하는 손해배상금에 대한 처리방법은 다음과 같다.

<table>
<tr><th>구 분</th><th>세법상 처리</th></tr>
<tr><td>원 칙</td><td>손금</td></tr>
<tr><td>징벌적 목적의 손해배상금</td><td>(1) 손금불산입 대상 손해배상금
내국법인이 지급한 손해배상금 중 실제 발생한 손해를 초과하여 지급하는 금액으로서 다음 중 어느 하나에 해당하는 금액(이하 '손금불산입 대상 손해배상금'이라 한다)은 손금불산입한다.
① 법령으로 정한 법률*1 중 어느 하나에 해당하는 법률의 규정에 따라 지급한 손해배상액 중 실제 발생한 손해액을 초과하는 금액
② 외국의 법령에 따라 지급한 손해배상금 중 실제 발생한 손해액을 초과하여 손해배상금을 지급하는 경우 실제 손해액을 초과하는 금액

(2) 실제 발생한 손해액이 분명하지 않은 경우 : 다음 금액을 손금불산입 대상 손해배상금으로 한다*2.
$$\text{지급한 손해배상액} \times \frac{\text{손해배상액의 상한이 되는 배수} - 1}{\text{손해배상액의 상한이 되는 배수}}$$</td></tr>
</table>

*1 법령으로 정한 법률(「법인세법 시행령」 별표 1) : 「가맹사업거래의 공정화에 관한 법률」, 「개인정보 보호법」, 「공익신고자 보호법」, 「기간제 및 단시간근로자 보호 등에 관한 법률」, 「남녀고용평등과 일·가정 양립 지원에 관한 법률」, 「농수산물 품질관리법」, 「대규모유통업에서의 거래 공정화에 관한 법률」, 「대리점거래의 공정화에 관한 법률」, 「대·중소기업 상생협력 촉진에 관한 법률」, 「독점규제 및 공정거래에 관한 법률」, 「디자인보호법」, 「부정경쟁방지 및 영업비밀보호에 관한 법률」, 「산업기술의 유출방지 및 보호에 관한 법률」, 「상표법」, 「식물신품종 보호법」, 「신용정보의 이용 및 보호에 관한 법률」, 「실용신안법」, 「자동차관리법」, 「제조물 책임법」, 「중대재해 처벌 등에 관한 법률」, 「축산계열화사업에 관한 법률」, 「특허법」, 「파견근로자 보호 등에 관한 법률」, 「하도급거래 공정화에 관한 법률」, 「환경보건법」

*2 사례 「가맹사업거래의 공정화에 관한 법률」에 따라 실제 발생한 손해액을 초과하여 손해배상금 100을 지급하고 비용처리한 경우 세무조정은? 단, 실제 발생한 손해액은 분명하지 않으며, 실제 발생한 손해배상액의 상한이 되는 배수는 5라고 가정한다.

- 세무조정 : 〈손금불산입〉 손해배상금 80*(기타사외유출)

$$* \ 100 \times \frac{5 - 1}{5} = 80$$

2.5 여비 · 교육훈련비에 대한 처리

구 분	세법상 처리
원 칙	손금
예 외	임원 · 직원이 아닌 지배주주(그 특수관계인 포함)에게 지급한 것만 손금불산입

2.6 공동경비 중 법정기준을 초과하는 금액

공동경비* 중 다음의 분담기준금액을 초과하는 것은 손금불산입한다.

* 공동경비 : 법인이 해당 법인 외의 자와 동일한 조직, 사업, 자산 등을 공동으로 운영하거나 영위함에 따라 발생되거나 지출된 손비를 말한다.

(1) 개요 : 분담기준 결정방법

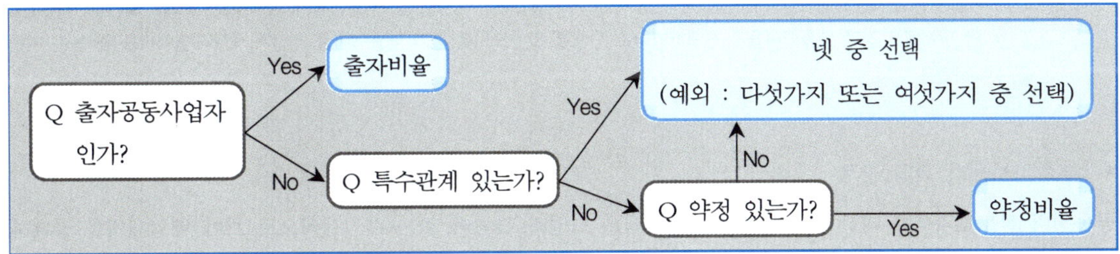

(2) 내용정리

구 분		분담기준금액
출자공동사업자		출자비율
비출자공동사업자등	특수관계 있는 경우	1) 원칙 : 전기 또는 당기 매출액비율과 총자산가액*1비율 중 선택(즉, 4가지 중 선택)하되, 다음 규정을 적용한다. ① 선택하지 않은 경우에는 전기 매출액비율을 선택한 것으로 보며, 선택한 사업연도부터 연속하여 5개 사업연도 동안 적용하여야 한다. ② 비출자공동사업자 전부 또는 일부가 직전 사업연도 매출액이 없는 경우에는 해당 사업연도의 매출액 총액 또는 총자산가액 총액 중 선택하여야 하며, 선택하지 아니하면 해당 사업연도의 매출액 총액을 선택한 것으로 본다. 2) 예외 : 다음의 공동경비에 대하여는 해당 비율에 따를 수 있다. → 전기 매출액비율, 당기 매출액비율, 전기 총자산가액비율, 당기 총자산가액비율, 아래 해당 비율 중 선택 가능 ① 공동행사비 등 참석인원수에 비례하여 지출되는 손비 : 참석인원수비율 ② 공동구매비 등 구매금액에 비례하여 지출되는 손비 : 구매금액비율 ③ 공동광고선전비 ㉠ 국내 공동광고선전비 : 국내매출액비율*2 ㉡ 국외 공동광고선전비 : 수출액비율 ④ 공동연구개발비 : 기업회계기준에 따른 매출액 중 공동연구개발과 관련된 사업에서 발생한 매출액비율 ⑤ 유형자산(토지와 건축물은 제외한다)의 공동사용료 : 다음 비율 선택 가능 ㉠ 고정비 : 해당 유형자산의 소유지분비율 ㉡ 고정비 외의 비용 : 해당 유형자산의 사용비율 ⑥ 무형자산의 공동사용료 : 해당 사업연도 개시일의 기업회계기준에 따른 자본의 총합계액비율
	특수관계 없는 경우	① 비출자공동사업자등 사이에 약정이 있는 경우 : 약정에 따른 분담비율 ② 약정이 없는 경우 : 위의 '특수관계 있는 경우'의 비율

*1 총자산가액 계산시 한 공동사업자가 다른 공동사업자의 지분을 보유하고 있는 경우 그 주식의 장부가액은 제외한다.

*2 사례 특수관계인인 A와 B의 공동국내광고비 20 중 A가 15를 부담한 경우 A의 세부담 최소화 가정에 따른 세무조정은? (단, 전기 매출액비율을 선택하였으며, A : B의 전기 매출액비율은 5 : 5, 그 중 국내매출액비율은 6 : 4임)
A의 손금불산입액 : 15 − 20 × max(매출액비율 : 50%, 국내매출액비율 : 60%) = 3 ⋯→ 6가지(전기 매출액 비율, 당기 매출액 비율, 전기 총자산가액비율, 당기 총자산가액비율, 전기 국내매출액비율, 당기 국내매출액비율) 중 선택가능하나, '( )' 안 단서에서 전기 매출액비율을 선택하였다고 단서를 달았으므로 전기 매출액비율과 전기 국내매출액비율 중 높은 비율을 선택하였음

■ 「부가가치세법」과의 관계

공동경비 한도초과액에 대한 부가가치세 매입세액은 사업과 관련이 없는 매입세액으로 보아 매입세액을 공제하지 않는다('p1−128. ㉢' 내용).

사 례

구 분	S그룹 공동 광고비	(세법) 분담기준금액		한도초과액
A사	600*	(50%)	500	100*손금불산입
B사	400	(50%)	500	△100 → 0
	1,000		1,000	

* 'A사가 부담한 매입세액 : 600 × 10% = 60' 중 '한도초과액에 대한 매입세액 : 100 × 10% = 10'은 매출세액에서 공제할 수 없다.

2.7 주요 업무와 관련없는 지출

(1) 사택 유지비 · 관리비 · 사용료 등

① 출자임원(1% 미만의 소액주주 제외)과 그 친족이 사용하고 있는 사택에 대한 것 : 손금불산입
⋯→ 사택관련 불이익은 출자임원(소액주주 제외)에게만 적용 ⋯→ 비교 임원상여금 · 임원퇴직급여 한도초과액 손금불산입 계산대상 임원은 모든 임원

② 위 외의 임원 · 직원이 사용하고 있는 사택에 대한 것 : 손금

③ 법인이 직접 사용하지 않고 위 외의 다른 사람이 주로 사용하고 있는 장소 · 건축물 · 물건의 유지비 · 관리비 · 사용료 등 : 손금불산입항목

(2) 뇌물 등

법인이 공여한 「형법」상 뇌물 또는 「국제상거래에 있어서 외국공무원에 대한 뇌물방지법」상 뇌물에 해당하는 금전 및 금전 외의 자산과 경제적이익의 합계액은 손금불산입항목

(3) 법을 위반하여 지급하는 근로시간면제자 급여

「노동조합 및 노동관계 조정법」을 위반하여 노조업무에 종사하는 근로시간면제자에게 근로시간면제 한도를 초과하여 지급하는 급여는 손금불산입항목(기타소득으로 처분)*

* 「소득세법」에서도 사업소득금액 계산시 필요경비불산입하며, 귀속자의 기타소득으로 소득세를 과세한다. ⟶ 상여가 아닌 기타소득으로 처분하는 이유 : 귀속자의 소득세부담액을 증가시키기 위함(근로소득이면 근로소득공제액을 차감하나, 기타소득이면 입증된 것 외에는 필요경비로 차감하지 못함)

2.8 업무용승용차 관련비용의 손금불산입 등 특례

(1) 업무용승용차의 범위와 감가상각 의무화

구 분	내 용
업무용승용차의 범위	「개별소비세법」 제1조 제2항 제3호에 따른 승용자동차로서 다음 중 어느 하나에 해당하는 것을 제외한 승용자동차를 말한다. ⟶ ∴ 「개별소비세법」 제1조 제2항 제3호에 따른 승용자동차 외의 자동차(예를 들면 9인승 밴)를 취득하는 경우에는 '2.8'에서 설명하는 특례를 적용하지 않는다. ① 운수업, 자동차판매업, 자동차임대업, 운전학원업, 기계경비업무를 하는 기계경비업(출동차량에 한정하여 적용) 또는 시설대여업에서 사업상 수익을 얻기 위하여 직접 사용하는 승용자동차 ② 한국표준산업분류표 중 장례식장 및 장의관련 서비스업을 영위하는 법인이 소유하거나 임차한 운구용 승용차 ③ 연구개발을 목적으로 사용하는 승용차로서 국토교통부장관의 임시운행허가를 받은 자율주행자동차
감가상각 의무화	업무용승용차에 대한 감가상각비의 경우 다음을 적용하여 계산한 감가상각비를 손금에 산입하여야 한다. ⟶ 강제상각 ① 상각방법 : 정액법 ② 내용연수 : 5년

(2) 업무용승용차 관련비용 중 업무사용금액이 아닌 금액의 손금불산입

구 분	내 용
법 규정	업무용승용차를 취득하거나 임차하여 손금에 산입하거나 지출한 업무용승용차관련비용1) 중 업무사용금액2)에 해당하지 아니하는 금액은 손금불산입한다.
1) 업무용승용차 관련비용의 범위	업무용승용차에 대한 감가상각비, 임차료, 유류비, 보험료, 수선비, 자동차세, 통행료, 금융리스부채에 대한 이자비용 등 업무용승용차의 취득·유지를 위하여 지출한 비용을 말한다.
2) 업무사용금액의 계산방법	다음 금액으로 하되, 국토교통부장관이 정하는 바에 따라 법인업무용 자동차등록번호판을 부착하여야 하는 업무용승용차*1가 해당 자동차등록번호판을 부착하지 않은 경우에는 영(0)원으로 한다. ⇢ ∴ 업무용승용차관련비용을 전액 손금불산입함 ① 업무전용자동차보험[1]에 가입한 경우 업무사용금액*2 = 업무용승용차 관련비용 × 업무사용비율[2] ② 업무전용자동차보험에 가입하지 않은 경우 : 영(0)원 ⇢ ∴ 업무용승용차관련비용을 전액 손금불산입함
3) 소득처분	손금불산입액은 소득처분의 일반원칙에 따라 소득처분. 즉, 귀속자에 따라 배당, 상여, 기타소득 등으로 처분

*1 2024. 1. 1. 이후 신규등록(변경등록)하는 법인 명의의 승용차(리스 및 1년 이상 장기렌트 차량은 임차인이 법인인 경우)의 차량가액이 8,000만원(신규등록의 경우 세금계산서상 공급가액 기준) 이상인 업무용승용차를 말한다.

*2 [세부사항] 해당 사업연도 전체기간(임차한 승용차의 경우 해당 사업연도 중에 임차한 기간) 중 일부기간만 업무전용자동차보험에 가입한 경우 업무사용금액은 다음과 같이 계산한다.

$$\text{업무용승용차 관련비용} \times \text{업무사용비율} \times \frac{\text{당기에 실제로 업무전용 자동차보험에 가입한 일수}}{\text{당기에 업무전용자동차보험에 의무적으로 가입하여야 할 일수}}$$

1 업무전용자동차보험

- 개념 : 해당 사업연도 전체 기간(임차한 승용차의 경우 해당 사업연도 중에 임차한 기간) 동안 해당 법인의 임원 · 직원, 계약에 따라 해당 법인의 업무를 위하여 운전하는 사람, 해당 법인의 업무를 위하여 필요하다고 인정되는 경우로서 재정경제부령으로 정하는 사람이 운전하는 경우만 보상하는 자동차보험을 말한다.
- 재정경제부령으로 정하는 임차승용차*로서 해당 법인의 임원 · 직원, 계약에 따라 해당 법인의 업무를 위하여 운전하는 사람 중 어느 하나에 해당하는 사람을 운전자로 한정하는 임대차 특약을 체결한 경우에는 업무전용자동차보험에 가입한 것으로 본다.

  * 재정경제부령으로 정하는 임차승용차 : 「여신전문금융업법」에 따라 등록한 시설대여업자 외의 자동차대여사업자로부터 임차한 승용차로서 임차계약기간이 30일 이내인 승용차(해당 사업연도에 임차계약기간의 합계일이 30일을 초과하는 승용차는 제외한다)를 말한다.

2 업무사용비율

구 분	내 용
계산방법	$\frac{\text{업무용사용거리}^{*1}}{\text{총주행거리}}$
입증책임	업무사용비율을 적용받으려는 법인은 업무용승용차별로 운행기록 등을 작성 · 비치하여야 하며, 납세지 관할세무서장이 요구할 경우 이를 즉시 제출하여야 한다.
운행기록 등을 작성 · 비치하지 않은 경우 업무사용비율 계산방법	해당 사업연도의 업무용승용차 관련비용이 ① 1,500만원(500만원)*2 이하인 경우 : 100% ② 1,500만원(500만원)*2을 초과하는 경우 : $\frac{\text{1,500만원(500만원)}^{*2}}{\text{업무용승용차 관련비용}}$

*1 업무용사용거리 : 제조 · 판매시설 등 해당 법인의 사업장 방문, 거래처 · 대리점 방문, 회의 참석, 판촉 활동, 출 · 퇴근 등 직무와 관련된 업무수행을 위하여 주행한 거리를 말한다.

*2 ① 부동산임대업을 주업으로 하는 'p4-216. 6'의 내국법인의 경우에는 500만원으로 한다.

② 사업연도 중 일부 기간동안 보유하거나 임차한 경우에는 '$\text{1,500만원(500만원)} \times \frac{\text{보유기간 · 임차기간 월수}^{*}}{12}$'로 한다.

* 이 경우 월수는 역에 따라 계산하되, 1개월 미만의 일수는 1개월로 한다(이하 업무용승용차 관련 월수 계산 시 같다).

(3) 감가상각비 한도초과액과 그 한도초과액의 이월

구 분	내 용
법 규정	위 '(2)'의 규정을 적용할 때 업무사용금액 중 다음의 구분에 해당하는 비용이 해당 사업연도에 각각 800만원(400만원)*1을 초과하는 경우 아래 '1)'과 같이 계산한 감가상각비 한도초과액은 해당 사업연도의 손금에 산입하지 아니하고 아래 '2)'의 방법에 따라 이월하여 손금에 산입한다. ① 업무용승용차별 감가상각비 ② 업무용승용차별 임차료 중 감가상각비상당액
1) 감가상각비 한도초과액의 계산방법	위의 각 항목별로 감가상각비 한도초과액은 다음과 같이 계산한다. ① 업무용승용차별 감가상각비 × 업무사용비율 − 800만원(400만원)*1 = 손금불산입(유보) ② 업무용승용차별 임차료 중 감가상각비상당액*2 × 업무사용비율 − 800만원(400만원)*1 = 손금불산입(기타사외유출)
2) 이월방법	감가상각비 한도초과액은 다음 각 방법에 따라 산정한 금액을 한도로 이월하여 손금에 산입한다. ① 감가상각비 이월액 : 해당 사업연도의 다음 사업연도부터 업무용승용차의 업무사용금액 중 감가상각비가 800만원(400만원)*1에 미달하는 경우 그 미달하는 금액을 한도로 하여 손금으로 추인한다. ⇢ ∴ 다음 사업연도 이후 800만원(400만원) 미달액이 발생하면 min [당기 한도미달액, 전기이월 800만원(400만원) 한도초과액]을 손금산입(△유보)함 ② 임차료 중 감가상각비상당액 이월액 : 해당 사업연도의 다음 사업연도부터 업무용승용차의 업무사용금액 중 감가상각비상당액이 800만원(400만원)*1에 미달하는 경우 그 미달하는 금액을 한도로 손금에 산입한다.

*1 ① 부동산임대업을 주업으로 하는 'p4−216. 6'의 내국법인의 경우에는 400만원으로 한다.

② 사업연도 중 일부 기간 동안 보유하거나 임차한 경우에는 '800만원(400만원)×$\frac{\text{보유기간 · 임차기간 월수}}{12}$'로 한다.

*2 업무용승용차별 임차료 중 감가상각비상당액 : 다음의 구분에 따른 금액을 말한다.

구 분	임차료 중 감가상각비상당액
① 「여신전문금융업법」에 따라 등록한 시설대여업자로부터 임차한 승용차 ⇢ 리스	임차료 − 임차료에 포함된 보험료 · 자동차세 · 수선유지비*
② 위의 시설대여업자 외의 자동차대여사업자로부터 임차한 승용차 ⇢ 렌탈	임차료 × 70%

* 수선유지비를 별도로 구분하기 어려운 경우에는 임차료(보험료와 자동차세를 차감한 금액을 말한다)의 7%를 수선유지비로 할 수 있다.

(4) 업무용승용차 처분손실의 이월

> 업무용승용차 처분손실로서 업무용승용차별로 800만원(400만원)*을 초과하는 금액(손금불산입하고 기타사외유출로 처분함)은 다음과 같이 이월하여 손금에 산입한다.
> ① 원칙 : 해당 사업연도의 다음 사업연도부터 800만원(400만원)*을 균등하게 손금에 산입한다.
> ② 남은 금액이 800만원(400만원)*[1] 미만인 사업연도 : 남은 금액을 모두 손금에 산입한다.

* ① 부동산임대업을 주업으로 하는 'p4-216. 6'의 내국법인의 경우에는 400만원으로 한다.

② 해당 사업연도가 1년 미만인 경우에는 '$800만원(400만원) \times \frac{해당\ 사업연도\ 월수(보유월수)}{12}$'로 한다.

사 례 업무용승용차 처분관련 세무조정

1기 감가상각	2기초 처분시*	3기	4기
〈손금불산입〉 상각비한도초과 12,000,000(유보)	〈1단계〉 유보잔액 추인 〈손금산입〉 전기 상각비한도초과 12,000,000(△유보) 〈2단계〉 세법상 처분손실 계산(회사계상 처분손실 10,000,000 가정) : △10,000,000 + △12,000,000(유보추인액) = △22,000,000 〈3단계〉 처분손실 한도초과액 계산 $22,000,000 - 8,000,000 \times \frac{사업연도월수}{12}$ = 14,000,000 〈손금불산입〉 처분손실 14,000,000(기타사외유출)	〈손금산입〉 이월액 8,000,000(기타)	〈손금산입〉 이월액 6,000,000(기타)

* 2기 세무조정의 이해(단위 : 1,000,000원) : 취득가액 500, 감가상각누계액 400, 1기말 상각비한도초과액 12인 업무용승용차를 2기초에 90에 처분하는 경우

① 회사의 회계처리 : (차) 현금 90 (대) 차량운반구 500
감가상각누계액 400
처분손실 10

② 처분손실
㉠ 회계 : 90 − (500−400) = △10
㉡ 세법 : 90 − (500−400+12) = △22 → [간편법] △10(회계상 처분손실) + △12(유보 추인액) = △22
(12 : 유보)
㉢ 손금산입(유보 추인) 12

[간편법] 전기말 유보추인하고, 세법상 처분손실을 '회계상 처분손실 + 유보추인액'으로 계산한 후, 처분손실 중 연 800만원 초과액을 손금불산입(기타사외유출)한다.

(5) 명세서 제출의무

- 업무용승용차 관련비용 또는 처분손실을 손금에 산입한 법인은 법인세 과세표준 신고와 함께 업무용승용차 관련비용 명세서를 첨부하여 납세지 관할세무서장에게 제출하여야 한다.
- 명세서를 제출하지 않거나 사실과 다르게 제출한 경우 업무용승용차 관련비용 명세서 제출 불성실 가산세(1%)를 부과한다.

(6) 해산하는 경우 손금산입

내국법인이 해산(합병 · 분할 또는 분할합병에 따른 해산을 포함한다)한 경우에는 업무용승용차별 임차료 중 감가상각비상당액 이월액 및 업무용승용차 처분손실로서 800만원(400만원) 초과 이월액 중 남은 금액을 해산등기일(합병 · 분할 또는 분할합병에 따라 해산한 경우에는 합병등기일 또는 분할등기일을 말한다)이 속하는 사업연도에 모두 손금에 산입한다.

정 리 업무용승용차 관련 세무조정의 접근방법

〈1단계〉 감가상각비 시부인계산

〈2단계〉 다음의 업무미사용액을 손금불산입(상여 등으로 소득처분) 단, 법인업무용 자동차등록번호판을 부착하지 않은 경우에는 전액 손금불산입

① 업무전용자동차보험에 가입하지 않은 경우 : 전액 손금불산입

② 업무전용자동차보험에 가입한 경우 : 업무용승용차 관련비용* × (1−업무사용비율)

〈3단계〉 다음의 상각비한도초과액을 손금불산입(유 보)

$$\text{업무사용금액 중 감가상각비(상당액)} - \text{800만원(400만원)} \times \frac{\text{보유기간 · 임차기간 월수}}{12}$$

$$* \ \text{업무용승용차 관련비용} = \text{'〈1단계〉'에서 손금인정한 감가상각비} + \text{그 밖의 승용차 취득 · 유지 관련 비용}$$

사 례

〈자　료〉

① 제조업을 영위하는 ㈜한국은 제26기(2026. 1. 1.～12. 31.) 4월 1일에 업무용승용차를 ₩110,000,000(부가가치세 ₩10,000,000 포함)에 구입하고 감가상각비 ₩12,000,000을 계상하였다[신고한 상각방법은 정률법, 신고내용연수는 4년(정률법 상각률 : 0.528)].

② 업무용승용차는 전무이사가 사용하고 있으며, 업무전용자동차보험에 가입하였다(법인업무용 자동차등록번호판은 부착하였음). 위 감가상각비 외에 승용차 관련 비용으로 ₩11,000,000(부가가치세 ₩800,000 포함)을 비용계상하였다. 당기 중 운행일지에 따른 총주행거리는 15,000km이며, 이 중 업무용사용거리는 9,000km이다. 제26기의 세무조정을 하시오.

〈세무조정〉

〈1단계〉 감가상각시부인

① 회사상각비 : 12,000,000

② 상각범위액 : $110,000,000^{*1} \times \frac{1}{5} \times \frac{9}{12} =$ $16,500,000^{*2}$

△4,500,000 손금산입(△유보)

*1 매입세액 공제가 되지 않는 비영업용소형승용차 취득관련 부가가치세 매입세액은 자산원가로 배분한다('p4-76. ⑤' 참고).

*2 정액법, 내용연수 5년으로 강제상각

〈2단계〉 업무미사용액

$(16,500,000+11,000,000^{*}) \times \left(1-\frac{9,000}{15,000}\right) = 11,000,000$ 손금불산입(상여)

* 매입세액공제가 되지 않는 비영업용소형승용차 유지관련 부가가치세 매입세액은 당기의 비용(손금)으로 배분한다.

〈3단계〉 상각비한도초과액

$16,500,000 \times 60\% - 8,000,000 \times \frac{9}{12} = 3,900,000$ 손금불산입(유보)

- 추가정리

〈경우1〉 업무전용자동차보험에 가입하지 않았거나 법인업무용 자동차등록번호판을 부착하지 않은 경우

〈1단계〉 감가상각시부인 : 위 해답과 동일하게 4,500,000을 손금산입(△유보)

〈2단계〉 업무미사용액 : 16,500,000 + 11,000,000 = 27,500,000 전액을 손금불산입(상여)

〈3단계〉 상각비한도초과액 : '〈2단계〉'에서 전액을 손금불산입했으므로 계산불필요

〈경우2〉 운행일지를 작성하지 않은 경우(업무전용자동차보험은 가입)

〈1단계〉 감가상각시부인 : 4,500,000을 손금산입(△유보)

〈2단계〉 업무미사용액 : $(16,500,000+11,000,000) \times \left(1-\frac{15,000,000\times\frac{9}{12}}{27,500,000}\right) = 16,250,000$ 손금불산입(상여)

〈3단계〉 상각비한도초과액 : $16,500,000 \times \frac{15,000,000\times\frac{9}{12}}{27,500,000} - 8,000,000 \times \frac{9}{12} = 750,000$ 손금불산입(유보)

사 례

도매업을 영위하는 ㈜갑의 제26기(2026. 1. 1.~12. 31.)의 다음 자료를 이용하여 세무조정을 하시오.

〈자 료〉

회사는 업무용승용차를 2026. 7. 1.부터 시설대여업자(리스회사)로부터 운용리스로 임차하여 사용하고 있다. 이 승용차는 대표이사가 사용하고 있으며 업무전용자동차보험에 가입하고 있다(법인업무용 자동차등록번호판은 부착하였음). 승용차에 대한 임차료는 ₩30,000,000[보험료 ₩4,000,000, 자동차세 ₩2,000,000, 수선유지비(별도로 구분하기 어려움)가 포함된 금액]이며, 통행료, 유류비 등 차량유지비는 ₩5,000,000이다. 당기중 운행일지에 따른 총주행거리는 10,000km이며 이 중 업무용사용거리는 9,000km이다.

〈풀 이〉

〈1단계〉 감가상각시부인 : 계산대상 ×(∵ 법인 소유 자동차가 아님)

〈2단계〉 업무미사용액

$$(30{,}000{,}000+5{,}000{,}000) \times \left(1-\frac{9{,}000}{10{,}000}\right) = 3{,}500{,}000$$ 손금불산입(상여)

〈3단계〉 상각비한도초과액

① 감가상각비 상당액 : 30,000,000 − 4,000,000 − 2,000,000 − 1,680,000* = 22,320,000

② $22{,}320{,}000 \times 90\% - 8{,}000{,}000 \times \frac{6}{12} = 16{,}088{,}000$ 손금불산입(기타사외유출)

* 수선유지비 : (30,000,000−4,000,000−2,000,000) × 7% = 1,680,000 → 수선유지비를 별도로 구분하기 어려운 경우에는 임차료(보험료와 자동차세를 차감한 금액을 말한다)의 7%를 수선유지비로 할 수 있다.

제 5 절 손익귀속시기

1 개 요

- 기업회계는 발생주의에 따라 손익인식하나, 세법은 권리의무확정주의에 따른다.
- 법인의 소득금액계산시 손익귀속시기와 자산·부채의 취득·평가시 세법을 우선적으로 적용하되, 세법에 규정이 없는 경우에는 기업회계기준·관행* 적용

* 기업회계기준·관행이란 한국채택국제회계기준, 한국회계기준원이 정한 회계처리기준, 증권선물위원회가 정한 업종별 회계처리준칙, 공기업·준정부기관 회계규칙, 「상법 시행령에 따른 회계기준」, 그 밖에 법령에 의하여 제정된 회계처리기준으로서 재정경제부장관의 승인을 얻은 것 및 해당 회계기준에 배치되지 않는 관행을 말한다.

2 자산의 판매손익

1. 일반적인 판매의 경우

구 분	세법상 귀속시기	
원 칙 (인도기준)	① 재고자산	인도일*1(부동산인 재고자산은 '②' 적용). 단, 반환조건부·동의조건부·그 밖의 조건부 판매 및 기한부 판매의 경우에는 그 조건이 성취되거나 기한이 지나 판매가 확정되는 날로 한다. 개정 [시행일(공포일) 이후 개시하는 사업연도에 판매하는 경우부터 적용한다]
	② 재고자산 외의 자산	대금청산일*2·(형식적) 소유권 이전 등기일(등록일)·인도일·(실질적) 사용수익일 중 빠른 날*3
시용판매	상대방이 구입의사 표시를 한 날	
위탁판매	수탁자가 위탁자산을 매매한 날	
증권시장에서 증권시장업무규정에 따라 보통거래방식으로 한 유가증권의 매매 : 매매계약을 체결한 날(~~인도일~~)		

*1 (1) 인도일

① 납품계약·수탁가공계약에 의하여 물품을 납품하거나 가공하는 경우 : 해당 물품을 계약상 인도하여야 할 장소에 보관한 날. 단, 계약에 따라 검사를 거쳐 인수 및 인도가 확정되는 물품의 경우에는 당해 검사가 완료된 날

② 물품을 수출하는 경우 : 수출물품을 계약상 인도하여야 할 장소에 보관한 날(계약상 별단의 명시가 없는 한 선적을 완료한 날)

③ 상품권을 발행하는 경우 : 그 상품권과 교환으로 제품 등을 인도한 날

(2) (기출) 2026. 12. 20.에 대금을 선수령(제품 인도일 : 2027. 1. 10.)하고 세금계산서(T.I)를 발급한 공급가액 10이 손익계산서상 매출액에 포함되어 있는 경우 2026년 세무조정 및 미치는 영향

① 세무조정 : 10 익금불산입(△유보) → ∵ 「부가가치세법」에서는 돈받고 T.I 발급하면 발급시기를 공급시기로 보나, 기업회계기준·「법인세법」·「소득세법」에는 이러한 규정 없으므로 인도일이 귀속시기임

② 영향 : 10을 기업업무추진비 한도액 계산상 수입금액('p4-213. 1' 내용) 계산시 매출액에서 차감한다.

*2 대금청산일에 어음을 받은 때에는 그 어음이 실제로 결제된 날을 대금청산일로 본다.

*3 [세부사항] 프로젝트금융투자회사가 「택지개발촉진법」에 따른 택지개발사업 등 재정경제부령으로 정하는 토지개발사업을 하는 경우로서 해당 사업을 완료하기 전에 그 사업의 대상이 되는 토지의 일부를 양도하는 경우에는 위 표 안 '②' 규정에도 불구하고 그 양도 대금을 해당 사업의 작업진행률에 따라 각 사업연도의 익금에 산입할 수 있다.

■ 매출할인의 차감시기

약정에 의한 지급기일(지급기일이 정해지지 않은 경우에는 지급한 날)이 속하는 사업연도의 매출액에서 차감한다. → 관련 사례는 'p4—49. 3.1' 참고

2. 자산의 할부판매

(1) 기업회계(참고목적)

구 분	단기할부	장기할부	
		원 칙	비상장중소기업
판매손익귀속시기	인 도 일	인 도 일	회수기일도래기준(회수약정일기준) 선택 가능
채권의 평가방법	명목가액	현재가치	명목가액 선택 가능

(2) 세법

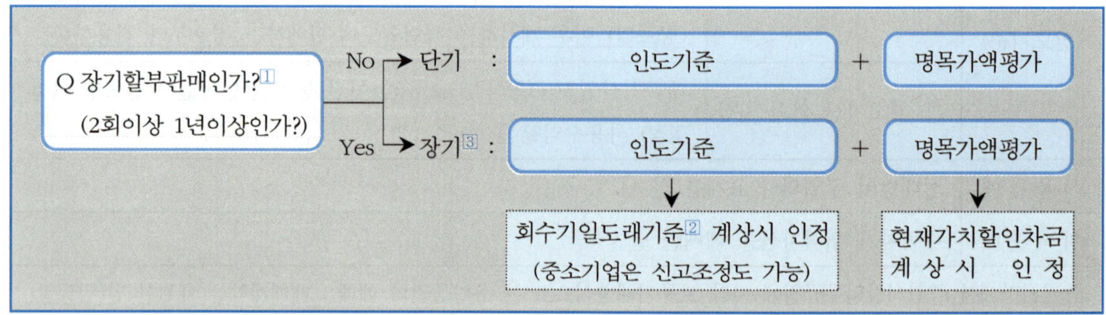

1 장기할부판매 : 다음 요건을 모두 갖춘 것

① 2회 이상 분할하여 대가 수령할 것
② 인도기준*의 다음 날 ~ 최종할부금 지급기일 : 1년 이상일 것

* 재고자산 : 인도일, 재고자산 외 자산 : 소유권이전등기일, 인도일, 사용수익일 중 빠른 날

2 회수기일도래기준*(회수약정일기준)을 적용하는 경우 다음과 같이 처리 ⟶ 'p4—110. **사례 2**'와 연계정리

① 인도일 이전에 회수한 금액 : 선수금으로 보며, 인도일에 회수한 것으로 본다.
② 회수기일도래 전에 회수한 금액 : 선수금으로 본다.
③ 할부회수기간 중 폐업한 경우 : 폐업일의 익금으로 본다(∵ 세금 내고 문 닫아라).

* • 법령 규정 : 장기할부조건에 따라 각 사업연도에 회수하였거나 회수할 금액과 이에 대응하는 비용을 각각 해당 사업연도의 익금과 손금에 산입한다. ⟶ 교재에서는 이를 '회수기일도래기준'이라 칭하기로 한다.
• (기출) 중소기업이 장기할부조건으로 자산을 판매하는 경우에는 그 장기할부조건에 따라 각 사업연도에 회수하였거나 회수할 금액과 이에 대응하는 비용을 각각 해당 사업연도의 익금과 손금에 산입할 수 있다. : 옳은 문장(∵ 중소기업은 회수기일도래기준으로 신고조정 가능)

3 장기할부판매의 경우 손익귀속시기 및 채권의 평가방법

① 손익귀속시기는 인도기준을 원칙으로 하되, 회수기일도래기준에 따라 결산서에 계상하면 이를 인정한다. 단, 중소기업은 계상하지 않았더라도 회수기일도래기준으로 신고조정할 수 있다[13]. ⟶ ∴ 이익이 발생하는 경우 '당기 세부담최소화가정'이 있으면 중소기업은 결산상 인도기준으로 계상했더라도 회수기일도래기준으로 신고조정해야 한다(아래 **사례 1**'과 연계정리).
② 채권의 평가는 명목가액을 원칙으로 하되, 중소기업 · 비중소기업을 불문하고 현재가치할인차금을 계상하면 이를 인정한다.* ⟶ 계상하지 않았을 때에는 신고조정 불가능

* 법령 규정 : 장기할부조건에 의하여 자산을 판매하거나 양도함으로써 발생한 채권에 대해서 기업회계기준이 정하는 바에 따라 현재가치로 평가하여 현재가치할인차금을 계상한 경우 해당 현재가치할인차금상당액은 해당 채권의 회수기간 동안 기업회계기준이 정하는 바에 따라 환입하였거나 환입할 금액을 각 사업연도의 익금에 산입한다. ⟶ 즉, 현재가치할인차금 계상여부는 선택이나, 계상했으면 환입은 강제

---

13) 위 '3. ①'과 같이 규정한 취지

• 이익이 발생하는 경우 인도기준과 회수기일도래기준 중 회수기일도래기준이 세부담을 최소화한다(∵ 인도기준은 인도할 때에 바로 손익을 인식하나, 회수기일도래기준은 회수기일에 도래할 때마다 손익을 인식하기 때문).

사례 제1기에 제품을 200에 판매(인도)하고 대금을 제1기말에 100, 제2기말에 100 받기로 한 경우

	제1기 익금	제2기 익금
인도기준	200	0
회수기일도래기준	100*	100

* 회수기일도래기준을 선택하는 것이 제1기 세부담 최소화에 부합한다.

• 기업회계에서 비상장중소기업에 대해서 회수기일도래기준을 인정하고 있으므로 회수기일도래기준에 따라 결산서에 계상하면 세법에서도 이를 인정한다. 다만, 상장중소기업은 한국채택국제회계기준을 적용하기 때문에 회수기일도래기준으로 계상할 수 없는데, 이렇게 되면 같은 중소기업이라도 상장여부에 따라 회수기일도래기준 인정여부가 달라지게 된다. 이러한 문제를 해결하기 위하여 중소기업은 상장여부와 무관하게 회수기일도래기준으로 신고조정할 수 있도록 하였다.

사 례 1

제26기(2026년) 1. 1.에 제품을 300에 판매함. 대금은 매년 12. 31.에 100씩 3년간 회수하기로 약정하고 300 전액을 제26기의 수익으로 계상한 경우 제26기 세부담 최소화 가정하의 제26기의 세무조정

구 분	〈1〉 회사 수익	〈2〉 세법상 익금	〈3〉 세무조정
비중소기업	300 (인도기준)	300(인도기준)	조정 ×
중소기업		100(회수기일도래기준)	200 익금불산입

사 례 2

장기할부판매하고 회수기준으로 수익을 인식한 경우 ⋯→ 회수기일도래기준과의 차이를 세무조정함

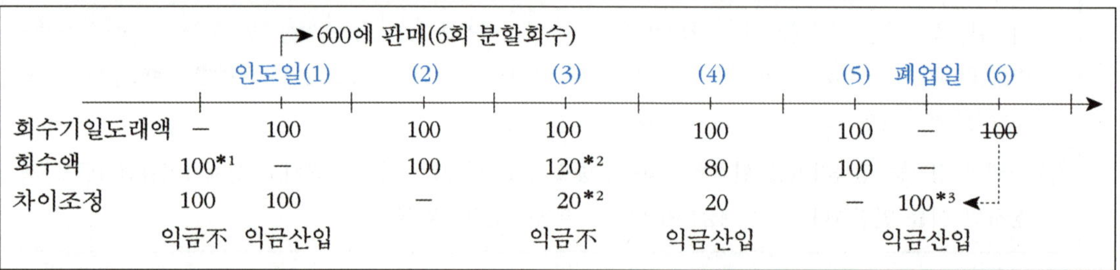

*1 인도일 이전에 회수한 금액은 인도일에 회수한 것으로 보므로 인도일까지 익금불산입

*2 회수기일도래 전에 회수한 금액을 선수금으로 보아 익금불산입

*3 회수기간 중에 폐업하면 폐업일의 익금 → ∴ 6회차 회수기일도래액을 폐업일에 익금산입한다.

사 례 3

제26기(2026. 1. 1.~12. 31.) 초에 제품을 200에 판매(매년말 100씩 2년간 회수 조건), 채권의 현재가치는 180이고, 현재가치할인차금 상각액은 제26기에 12, 제27기에 8인 경우 각 경우별 제26기의 회사의 회계처리에 따른 세무조정. 단, 회사는 중소기업이 아니며, 매출원가는 고려하지 않기로 한다.

회사 회계처리(회수액 회계처리는 생략)		세무조정
인도기준 (명목가액)	(차) 매출채권 200 (대) 매출 200	〈1〉회사 수익 → 〈2〉세법 익금 매출 200 → (조정×) 200
인도기준 (현재가치)	(차) 매출채권 200 (대) 매 출 180 현.할.차 20 (차) 현.할.차 12 (대) 이자수익 12	매출 180 → (조정×) 180 이자수익 12 → (조정×) 12
회수기일 도래기준*	(차) 매출채권 100 (대) 매 출 100	매출 100 → (조정×) 100
회수기준(90만 회수했다고 가정)	(차) 현 금 90 (대) 매 출 90	매출 90 (회수기준) → 10 익금산입(유보) → 100 (회수기일도래기준)

* 회수기일도래기준 적용시 명목가액으로 평가

정 리 장기할부판매손익 수입시기의 세법별 차이

구 분	부가가치세법	법인세법	소득세법
원 칙	대가의 각 부분을 받기로 한 때	인도기준을 원칙으로 하되, 결산서에 계상하면 회수기일도래기준 인정	左 同
중소기업특례		중소기업은 계상하지 않더라도 회수기일도래기준으로 신고조정 가능	없음*

* 「소득세법」에서는 중소기업도 회수기일도래기준으로 계상하지 않으면 회수기일도래기준으로 신고조정 불가

3 용역의 제공

1. 기업회계(참고목적)

장·단기 불문하고 진행기준. 단, 비상장중소기업은 단기에 대해 인도기준(완성기준) 적용 가능

2. 세 법

(1) 처리방법

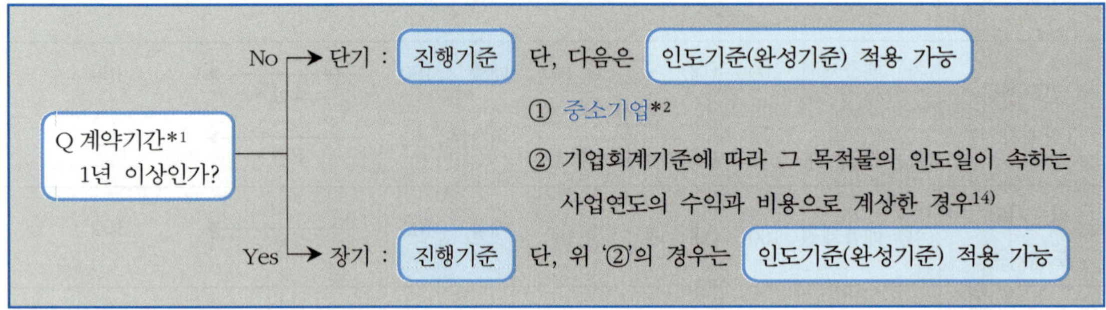

*1 계약기간 : 목적물의 건설 등의 착수일부터 그 목적물의 인도일(용역제공 완료일)까지의 기간을 말한다.

*2 중소기업의 경우 : 장·단기 불문하고 진행기준을 원칙으로 하되, 단기의 경우 인도기준으로 결산조정, 신고조정 모두 가능[15] ⋯→ ∴ 이익이 발생하는 경우 '당기 세부담최소화가정'이 있으면 중소기업은 단기의 경우 결산상 진행기준으로 계상했더라도 인도기준으로 신고조정해야 한다(아래 '사례'와 연계정리).

---

[14] 위 '②'와 같이 규정한 취지

한국채택국제회계기준에서는 아파트·상가를 건설하여 분양하는 자영공사(분양공사, 예약매출) 등에 대하여 IFRS 1115호. 문단35 요건*을 충족하면 진행기준, 충족하지 못하면 인도기준(완성기준)을 적용하도록 하고 있다. 이러한 한국채택국제회계기준을 수용하여 용역매출에 대하여 문단35의 요건을 충족하지 못하여 인도기준으로 계상하면 세법에서도 이를 인정하도록 하였다.

* [참고] 분양공사의 경우 문단35의 '①' 또는 '②'은 일반적으로 충족하기 어렵고, 주로 문단 '③' 요건의 충족 여부가 수익 인식 방법을 결정한다. 여기서 '③' 요건은 '기업이 수행하여 만든 자산이 기업 자체에 대체 용도가 없고, 지금까지 수행을 완료한 부분에 대해 집행 가능한 지급청구권이 기업에 있는 경우'를 말한다.

[15] 위 '*2'와 같이 규정한 취지

- 이익이 발생하는 경우 진행기준과 인도기준(완성기준) 중 인도기준이 세부담을 최소화한다(∵ 진행기준은 진행될 때마다 손익을 인식하나, 인도기준은 진행중에는 인식하지 않고 인도(완성)시 손익을 인식하기 때문).

  사례 건물을 도급공사로 건설하고 100을 받기로 한 경우(도급금액 100, 제1기 진행률 60%, 제2기 진행률 40%)

	제1기 익금	제2기 익금
인도기준	0*	100
진행기준	60	40

  * 인도기준을 선택하는 것이 제1기 세부담 최소화에 부합한다.

- 비상장중소기업의 단기도급공사의 경우 기업회계에서 인도기준을 인정하고 있으므로 인도기준에 따라 결산서에 계상하면 세법에서도 인정한다. 다만, 상장중소기업은 한국채택국제회계기준을 적용하기 때문에 인도기준으로 계상할 수 없는데, 이렇게 되면 같은 중소기업이라도 상장여부에 따라 인도기준 인정여부가 달라지게 된다. 이러한 문제를 해결하기 위하여 단기도급공사의 경우 중소기업은 상장여부와 무관하게 인도기준으로 신고조정할 수 있도록 하였다.

사 례 단기 건설공사 세무조정

계약기간이 2026. 10. 1.~2027. 5. 10.인 도급공사계약(도급금액 1,000, 제26기 공사원가발생액은 400, 총공사예정원가는 800)을 체결한 후 회사가 진행기준으로 회계처리한 경우 제26기(2026. 1. 1.~12. 31.)의 세부담 최소화 가정하의 제26기 세무조정

	비중소기업			중소기업		
	〈1〉 회사	〈2〉 세법	〈3〉 세무조정	〈1〉 회사	〈2〉 세법	〈3〉 세무조정
수익	$1,000 \times \frac{400}{800} = 500$	500	–	500	–	500 익금불산입
비용	400	400	–	400	–	400 손금불산입

정 리 중소기업인 법인이 신고조정할 수 있는 매출손익

① 장기할부판매손익 : 인도기준 원칙이나, 회수기일도래기준으로 신고조정 가능*

② 계약기간 1년 미만의 단기 용역매출손익 : 진행기준 원칙이나, 인도기준(완성기준)으로 신고조정 가능*

* 이익이 발생하는 경우 세부담최소화가정이 있는 경우 반드시 신고조정하여야 한다.

(2) 인도기준 적용을 강제하는 경우

장부불비 · 기장미비로 당기말까지의 공사비누적액을 확인할 수 없어 작업진행률을 계산할 수 없는 경우에는 위 '(1)'과 무관하게 인도기준(완성기준)을 적용한다.

정 리 용역 매출손익 수입시기의 세법별 차이

• 「부가가치세법」 : 「부가가치세법」에서 정하는 공급시기를 따른다(완성도기준지급조건부 공급의 경우 대가의 각 부분을 받기로 한 때).

• 「법인세법」 · 「소득세법」

구 분	「법인세법」	「소득세법」
단 기	• 원칙 : 진행기준 • 특례 : 중소기업은 인도기준으로 결산조정, 신고조정 가능	• 원칙 : 인도기준 • 특례 : 결산상 진행기준으로 계상하면 진행기준 인정
장 기	진행기준	진행기준

* 추가 차이 : 「법인세법」에서는 '기업회계기준에 따라 그 목적물의 인도일이 속하는 사업연도의 수익과 비용으로 계상하는 경우에는 인도기준 적용이 가능'하도록 규정하고 있으나, 「소득세법」에는 이러한 규정 없다(∵ 개인사업자는 한국채택국제회계기준 적용대상이 아님).

3. 세법상 진행기준의 적용방법

① 진행률의 계산 : 다음의 원가기준법은 물론 투입량기준법 · 산출량기준법도 인정

• 원가기준 진행률 $= \dfrac{\text{당기말까지 공사비누적액}}{\text{총공사예정비*}}$

* 기업회계기준을 적용하여 계약 당시 추정한 공사원가에 해당 사업연도말까지의 변동사항을 반영하여 합리적으로 추정한 공사원가를 말함~~(수입금액×세법상 기준경비율)~~

② 당기의 익금

• 당기의 익금 = 도급금액 × 진행률 − 전기말까지의 공사수익 누계액

③ 작업진행률에 의한 익금 또는 손금이 공사계약의 해약으로 인하여 수입금액으로 확정된 금액과 차액이 발생하는 경우에는 그 차액을 해약일이 속하는 사업연도의 익금 또는 손금에 산입한다.

사 례 도급금액 100의 도로공사

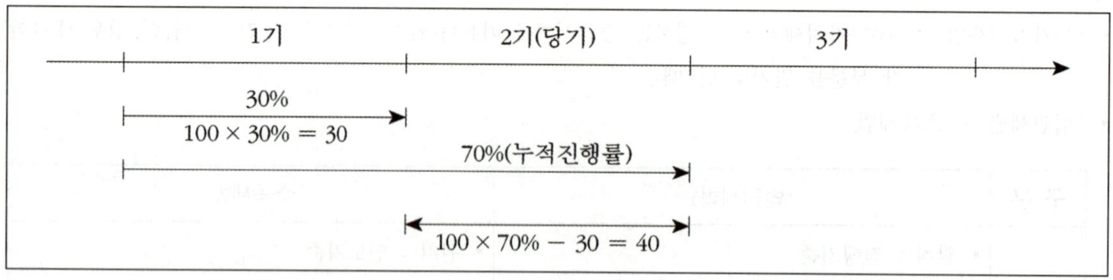

정리 진행기준을 적용하는 계산문제의 단계적 접근방법

〈1단계〉 공사원가의 적정성 확인 ······ 진행률 계산에 영향*

〈2단계〉 당기말까지의 진행률 계산 : $\dfrac{\text{전기까지의 공사비} + \text{당기 공사비}}{\text{총공사예정비}}$

〈3단계〉 공사수익 조정 : ① 익금 : 도급금액 × (당기말 진행률－전기말 진행률)

② 차이 : 회사 수익계상액 － 익금

* 공사원가에 해당하는 것이 판매비와 관리비로 계상된 경우에는 당기 공사비에 가산하고, 공사원가를 구성할 수 없는 것이 당기 공사비에 포함되어 있는 경우에는 차감한다.

사례 장기건설공사 세무조정

다음의 도급공사 자료에 따른 제26기(2026. 1. 1.~12. 31.)의 세무조정(단위 : ₩1,000,000)

〈자료〉

1. 공사내용

도급금액	계약기간	총공사원가추정액	손익계산서 공사수익	손익계산서 공사원가
4,800	25. 5. 1.~27. 10. 31.	4,000	2,600	2,000*

* 공사현장 종사 근로자 인건비 중 100이 제외된 금액(판매비와 관리비로 계상)

2. 위 공사의 제25기 공사원가는 1,500, 제25기의 총공사원가추정액은 4,500이며, 전기까지의 세무조정은 적정하게 이행되었다.

〈해답〉

	〈1〉 회사 손익	〈2〉 세법 손익 (장기 → ∴ 중소기업·비중소기업 모두 진행기준)	〈3〉 조정
수익	2,600	$4{,}800 \times \left(\dfrac{1{,}500 + (2{,}000+100)}{4{,}000} - \dfrac{1{,}500}{4{,}500}\right) = 2{,}720$ (당기말 진행률: 전기 1,500, 당기 2,000+100 / 전기말 진행률: 1,500/4,500)	120 익금산입(유보)
비용	(공사원가) 2,000	(공사원가) 2,000	－
	(판매비와 관리비) 100	(공사원가) 100	－*

* 비용계정과목의 차이이므로 세무조정 불필요

※ [추가정리] 공사손실충당금 · 하자보수충당금을 계상한 경우

회 사	(차) 공사원가 100 (대) 공사손실충당금 (하자보수충당금) 100
세 법	– (미열거 충당금이므로 인정안됨)
세무조정	〈손금불산입〉 공사손실충당금(하자보수충당금) 100(유보)
진행률 계산에 미치는 영향	진행률은 기업회계기준에 따라 계산하므로 다음과 같이 계산한다. ① 공사손실충당금전입액 : 진행률 계산시 총공사예정원가에서 제외 ② 하자보수비 ㉠ 일반기업회계기준 : 진행률 계산시 총공사예정원가에 포함하고 공사완성연도에 공사원가로 처리한다.* ㉡ K–IFRS : 진행률 계산시 포함하지 않는 것이 일반 해석(요건 충족시에는 포함 가능)

* 이 경우 하자보수충당금은 미열거충당금이므로 손금불산입하되, 총공사예정원가에는 포함한다.

4. 자영공사(아파트, 상가 등의 건설 · 분양)의 경우

(1) 기업회계(참고목적)

① 한국채택국제회계기준 : K–IFRS 1115. 문단35 요건을 충족하면 진행기준, 충족못하면 인도기준(완성기준)
② 일반기업회계기준 : 진행기준. 다만, 비상장중소기업은 단기의 경우 인도기준(완성기준) 선택 가능

(2) 세법

구 분	세법상 처리
분양분	예약매출 → 용역제공에 해당 → ∴ 위 '2. 세법'의 처리방법에 따름
미분양분	예약매출 아님 → 일반적인 부동산(재고자산) 등의 판매손익 귀속시기 규정에 따름 → ∴대금청산일 · 등기일 · 인도일 · 사용수익일 중 빠른 날에 손익인식 → ∴ 당기에는 손익인식 불가

사례 공사원가 100억원에 상가를 건설하여 분양한 경우(1층은 미분양, 2층은 분양)

분 양 60억원	→ 도급공사와 동일하게 손익인식 → 진행기준의 경우 분양분에 대해서 진행률만 추가 고려*
미분양 40억원	→ 당기에는 손익인식하면 안됨 → 재고자산으로 계상

* 세무조정 방법

	〈1〉 회사	〈2〉 세법	〈3〉 차이
수익	xxx	총분양예정가액 × 분양률 × (당기말 진행률–전기말 진행률) = xxx	xxx
비용	xxx	당기 공사원가 × 분양률 = xxx	xxx

4 이자소득과 배당소득

1. 이자소득의 수입시기

구 분	기업회계	세 법	
		원 칙	특 례
수입이자 · 할인료	발생주의	「소득세법」상 이자소득의 수입시기에 따름. 단, 금융 및 보험업 영위법인은 현금주의(선수이자는 제외)	이미 경과한 기간에 대응하는 이자(미수이자) 계상하면 인정(단, 원천징수대상은 미수이자 계상해도 인정 안됨)
지급이자 · 할인료	발생주의	「소득세법」상 이자소득의 수입시기에 따름	이미 경과한 기간에 대응하는 이자(미지급이자) 계상하면 인정* (원천징수대상도 포함)

* 단, 차입일로부터 이자지급일이 1년을 초과하는 특수관계인과의 거래에 따른 이자 및 할인액은 제외한다.

■ 「소득세법」상 이자소득의 수입시기 주요 사례

① 예금의 이자는 실제로 이자를 지급받은 날 → 현금주의
② 채권의 이자는 약성에 의한 이자지급일(무기명 채권은 실제 수령일)
③ 비영업대금의 이익은 약정에 의한 이자지급일. 단, 약정이 없거나 약정에 의한 이자지급일 전에 이자를 지급받는 경우에는 그 이자지급일 → 즉, 약정에 의한 이자지급일과 실제 이자지급일 중 빠른 날

이 해

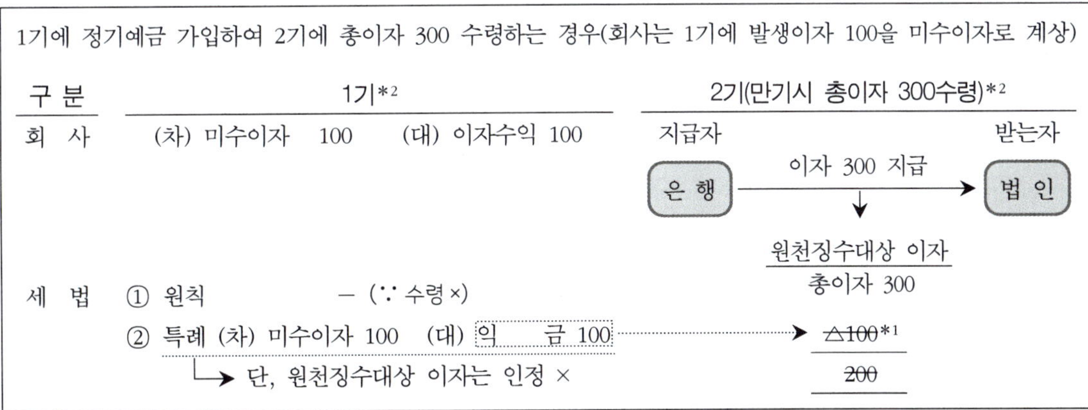

*1 만약 1기에 익금으로 법인세가 과세되었다고 가정하는 경우 2기에 이 금액에 대해 또 다시 원천징수하면 이중과세가 되므로 원천징수대상에서 100을 제외해야 하는데, 이렇게 처리하려면 은행 입장에서 이자를 지급할 때마다 일일이 법인에게 1기에 얼마를 미수이자로 계상했는지를 확인해야 한다. → 현실적으로 불가능 → ∴ 미수이자계상액은 1기의 익금으로 인정하지 않음으로써 2기 지급시 총액에 대해 원천징수하도록 한다.

비교 지급자입장에서는 미지급이자를 계상하여도 이자지급시 총액에 대하여 원천징수하면 된다(∵이자는 받는 자의 소득이지 지급자의 소득이 아니므로 이중과세문제 없음). → ∴ 미지급이자계상액은 원천징수대상도 손금인정

*2 각 기별 세무조정

구분	1기	2기
회사	(차) 미수이자 100 (대) 이자수익 100	(차) 현금 300 (대) 미수이자 100 이자수익 200
세법	―	(차) 현금 300 (대) 이자수익 300
세무조정	〈익금불산입〉 미수이자 100(△유보)	〈익금산입〉 미수이자 100(유보)

이자수령시 유보 추인

정리 「법인세법」상 수입이자 · 지급이자 귀속시기 문제의 접근방법

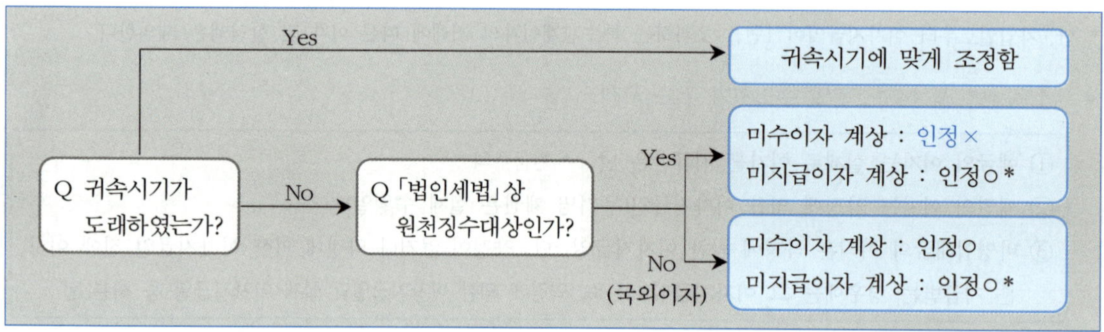

* 단, 차입일로부터 이자지급일이 1년을 초과하는 특수관계인과의 거래에 따른 이자 및 할인액은 미지급이자를 계상해도 인정하지 않는다.

사례 도매업을 영위하는 법인이 차입일로부터 이자지급일이 1년을 초과하는 차입금에 대한 당기 이미 경과한 기간에 대응하는 미지급이자 100을 이자비용으로 계상한 경우 세무조정

① 대여자가 특수관계인이 아닌 경우 : 세무조정×

② 대여자가 특수관계인인 경우 : 〈손금불산입〉미지급이자 100(유보)

사례 기출문제(제조업 영위법인이라고 가정)

① 특수관계인이 아닌 자에 대한 이미 경과한 기간에 대응하는 이자 500,000원을 당기의 비용으로 계상한 경우 그 이자는 「법인세법」에 따라 원천징수되는 이자에 해당하지 않는 경우에만 당기의 손금으로 한다. : 틀린 문장(∵ 미지급이자는 원천징수대상 여부와 무관하게 계상시 손금인정)

② 이미 경과한 기간에 대한 원천징수대상 정기예금 미수이자 100만원을 이자수익으로 계상한 경우에는 이를 익금불산입한다. : 옳은 문장

■ [세부사항 : 2차 시험용] 금융기관에서 차입한 차입금에 대한 이자

금융기관에서 차입한 차입금에 대한 이자는 선지급약정이 있더라도 차입기간 미경과분은 선급비용으로 보아 당기의 손금에 산입하지 않는다.

사 례 [2차 시험용] 위 '[세부사항]'의 사례

A회사가 2026. 11. 1.에 은행에서 1,000을 차입(6개월에 6%씩 이자를 선급하는 조건)하고 차입일에 6개월분 이자 60을 선지급한 경우

구 분	A사		은행	
회 사	(차) 이자비용 60	(대) 현 금 60	(차) 현 금 60	(대) 이자수익 60
세 법	(차) { 이자비용 20 선급비용 40*2	(대) 현 금 60	(차) 현 금 60	(대) { 이자수익 20 선수이자 40*1
조 정	〈손금불산입〉 40(유보)		〈익금불산입〉 40(△유보)	

*1 금융기관의 수입이자 귀속시기는 현금을 수령할 때로 하되, 선수이자는 제외한다.

*2 선지급약정이 있는 경우 약정에 따라 선지급한 금액은 귀속시기가 도래하였으므로 당기의 지급이자로 보는 것이 원칙이다. 단, '금융기관'에서 차입한 차입금 이자의 경우에는 차입기간 미경과분을 선급비용으로 보아 당기에 손금에 산입하지 않는다(∵ 상대방 금융기관이 선수이자로 보아 당기의 익금에 산입하지 않기 때문).

2. 배당소득의 수입시기

「소득세법」상 배당소득의 수입시기가 속하는 사업연도의 배당으로 한다. 단, 금융회사 등이 금융채무등불이행자의 신용회복지원과 채권의 공동추심을 위하여 공동으로 출자하여 설립한 유동화전문회사로부터 수입하는 배당금은 실제로 지급받은 날이 속하는 사업연도의 익금으로 한다(∵ 실제 배당금이 들어오지 않았는데 세금부터 내는 상황을 방지하여 금융회사의 자금유동성 확보 목적).

■ 「소득세법」상 배당소득의 수입시기 중 주요내용

① 잉여금처분에 의한 배당 : 잉여금처분결의일*
② 무기명주식의 배당 : 그 지급을 받은 날
③ 잉여금의 자본전입으로 인한 무상주 의제배당 : 자본전입결의일

* **사례** 제5기 사업연도(2025. 1. 1.~12. 31.) 실적에 대한 배당 100(배당결의일은 2026. 3. 10.)을 제6기말까지 배당받지 못하여 아무런 회계처리를 하지 않은 경우 제6기의 세무조정은?

회 사	–			
세 법	(차) 미수배당금	100	(대) 배당금수익	100
세무조정	〈익금산입〉 미수배당금 100(유보)			

5 그 밖의 손익

1. 임대손익

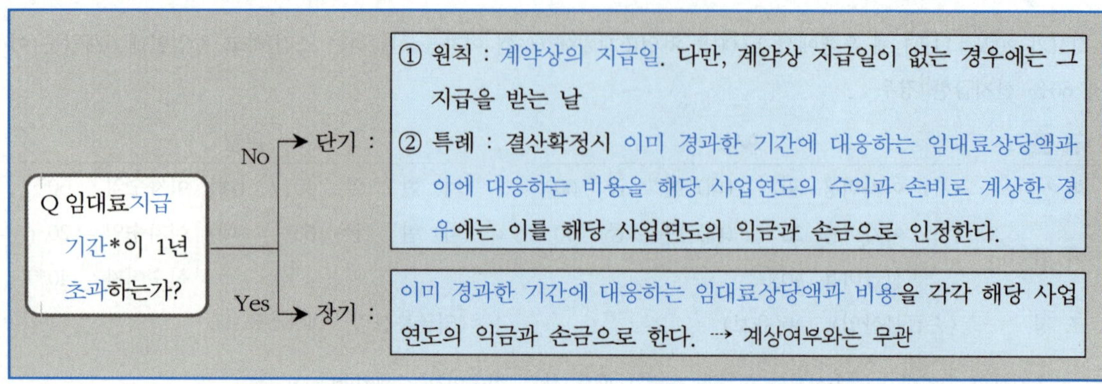

* 임대료지급기간이란 임대료지급대상기간을 말한다. 예를 들어 2년의 임대계약을 체결하고

① 매월 또는 1년마다 임대료를 지급받기로 한 경우 : 단기임대료에 해당

② 임대기간 초 또는 말에 일시에 지급받기로 한 경우 : 장기임대료에 해당

〈Tip〉 「부가가치세법」 및 「소득세법」과 달리 「법인세법」에는 선세금에 대한 월할 안분규정이 없으므로 선세금을 포함한 임대손익은 위 규정에 따라 손익을 인식한다.

사 례

1. 임대계약(26. 10. 1.~27. 9. 30.)을 체결하고 임대료를 매월별로 다음 달 5일에 100씩 받기로 하고 다음 경우와 같이 수익 계상한 경우 제26기의 세무조정(사업연도 : 26. 1. 1.~26. 12. 31.)

	〈1〉 회사수익	〈2〉 익금	〈3〉 세무조정
〈경우 1〉	100	200(∵ 10월분 : 11. 5., 11월분 : 12.5., ~~12월분 : 27. 1. 5.~~)	100 익금산입(유보)
〈경우 2〉	300	300(∵ 12월분 기간경과분을 수익계상했으므로 익금으로 인정)	조정 ×

2. 제26기(26. 1. 1. ~ 26. 12. 31.)에 임대계약(26. 10. 1. ~ 28. 9. 30.)을 체결하고 총임대료 1,000을 26. 10. 1.에 전부 받아 수익계상한 경우 각 기별 세무조정(단, 월할계산한다고 가정)

	〈1〉 회사수익	〈2〉 익금	〈3〉 세무조정
26기	1,000	$1{,}000 \times \frac{3}{24} = 125$	875 익금불산입(△유보)
27기	0	$1{,}000 \times \frac{12}{24} = 500$	500 익금산입(유보)
28기	0	$1{,}000 \times \frac{9}{24} = 375$	375 익금산입(유보)

유보의 추인

2. 환불(충당)부채, 계약부채

환불부채, 계약부채 등은 세법상 인정되지 않는 미확정부채(미열거충당금)이므로 기업회계기준에 따라 계상하더라도 이를 인정하지 않는다.

사 례 환불부채

구 분	제품 판매시
회 사	(차) 수취채권 100 (대) 매 출 80 환불부채 20
세 법	(차) 수취채권 100 (대) 매 출 100
세무조정	〈익금산입〉 환불부채 20(유보)*

* 계약조건 완성 시점에 계약조건 충족 여부와 무관하게 익금불산입(△유보)으로 추인한다.

3. 기타

구 분	손익귀속시기
(1) 사채할인발행차금	기업회계기준에 따른 상각방법(유효이자율법)에 따라 손금에 산입한다.*1 ⋯→ 강제상각
(2) 매출채권 · 받을어음을 배서양도하는 경우 등	다음의 경우에는 기업회계기준에 의한 손익인식방법에 따라 관련 손익의 귀속연도를 정한다. ① 「자산유동화에 관한 법률」(제13조)에 따른 방법에 의하여 보유자산을 양도하는 경우 ② 매출채권 또는 받을어음을 배서양도하는 경우*2
(3) 금전등록기 사용시	① 일반 업종 : 위에서 설명한 손익귀속시기에 따른다. ② 소매업 등 영수증 교부가능 업종 : 물품대금과 용역대가는 그 금액이 실지로 수입된 사업연도(현금주의)로 할 수 있다. ⋯→ 임의규정
(4) 차액만 정산하는 파생상품의 거래	계약의 목적물을 인도하지 않고 그 목적물의 가액 변동에 따른 차액을 금전으로 정산하는 파생상품의 거래로 인한 손익은 그 거래에서 정하는 대금결제일이 속하는 사업연도의 익금과 손금으로 한다.

(5) 금융 및 보험업 영위법인이 수입하는 보험료 · 부금 · 보증료 · 수수료*3	• 그 보험료 등이 실제로 수입된 날을 수입시기로 하되, 선수입보험료 등은 제외한다. • 단, 결산 확정시 이미 경과한 기간에 대응하는 보험료 등을 수익 계상하면 계상한 사업연도의 익금으로 하고, 투자매매업자 · 투자중개업자가 정형화된 거래방식으로 증권을 매매하는 경우 그 수수료의 귀속사업연도는 매매계약이 체결된 날이 속하는 사업연도로 한다.
(6) 투자회사등의 이자와 배당	투자회사등이 결산을 확정할 때 증권 등의 투자와 관련된 수익 중 이미 경과한 기간에 대응하는 이자 및 할인액과 배당소득을 해당 사업연도의 수익으로 계상한 경우에는 위 '4 이자소득과 배당소득' 규정에 불구하고 그 계상한 사업연도의 익금으로 한다.
(7) 리스료	• 리스이용자가 리스로 인하여 수입하거나 지급하는 리스료(리스개설직접원가를 제외한다)의 익금과 손금의 귀속사업연도는 기업회계기준으로 정하는 바에 따른다. • 단, 한국채택국제회계기준을 적용하는 법인의 금융리스 외의 리스자산에 대한 리스료의 경우에는 리스기간에 걸쳐 정액기준으로 손금에 산입한다.
(8) 조세환급금 및 그 이자	취소결정이 확정된 날(통지를 요하는 경우에는 통지를 받은 날)
(9) 관세환급금	수출과 동시에 환급받을 관세가 확정되면 수출완료일, 확정되지 않으면 환급금결정통지일과 환급일 중 빠른 날
(10) 인지세	과세문서에 종이문서용 전자수입인지를 첩용한 날(법기통 40-71…18) → 비교 「국세기본법」상 인지세의 납세의무 성립일 · 확정일 : 과세문서를 작성한 때

*1 사채할인발행차금 = 상환할 사채금액 − 사채발행가액(사채발행수수료와 사채발행을 위하여 직접 필수적으로 지출된 금액을 차감한 후의 가액)

〈Tip〉 [2차 시험용] 회사가 사채할인발행차금상각비를 유효이자율법에 의한 상각비보다 미상각 · 과소상각한 경우 다른 세무조정에 미치는 효과는 다음과 같다.

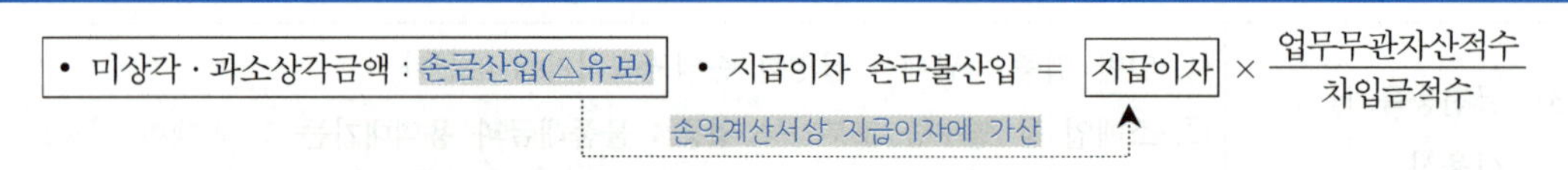

*2 매출채권 또는 받을어음을 배서양도하는 경우 다음과 같은 기업회계기준에 따른 처리를 세법도 인정한다.

① 양도자가 자산보유에 따른 위험과 보상을 양수자에게 이전하는 경우 : 매각거래로 본다.

② 위 외의 경우 : 자산을 담보로 맡기고 자금을 빌리는 차입거래로 본다.

*3 [세부사항] 위 '(5)' 규정과 '4. 1. 이자소득의 수입시기' 규정에도 불구하고 다음 각 항목은 보험감독회계기준에 따라 수익 또는 손비로 계상한 사업연도의 익금 또는 손금으로 한다.

① 보험회사(또는 주택도시보증공사)가 보험계약과 관련하여 수입하거나 지급하는 이자 · 할인액 및 보험료등으로서 「보험업법」에 따른 책임준비금의 산출에 반영되는 항목

② 주택도시보증공사가 신용보증계약과 관련하여 수입하거나 지급하는 이자 · 할인액 및 보험료 등으로서 책임준비금의 산출에 반영되는 항목

■ [세부사항] 전환사채 및 신주인수권부사채에 대한 세무조정

전환사채 및 신주인수권부사채를 발행하면서 기업회계기준에 따라 전환권조정 · 신주인수권조정, 사채상환할증금을 계상한 경우 세법에서는 이를 인정하지 않으므로 상계하는 세무조정을 해야 한다.

사 례 [2차 시험용] 전환사채 발행에 대한 세무조정

구 분	처 리 방 법
회 사	(차) 현 금 100 (대) 전 환 사 채 100 전 환 권 조 정 18 사 채 상 환 할 증 금 10 전 환 권 대 가 8 (기타자본잉여금)
세 법	(차) 현 금 100 (대) 전 환 사 채 100
조 정	① 〈손금산입〉 전 환 권 조 정 18 (△유보) ···→ 매기말 이자비용계상시, 전환시 추인* ② 〈익금산입〉 사채상환할증금 10 (유 보) ···→ 전환시, 상환시 추인* ③ 〈익금산입〉 전 환 권 대 가 8 (기 타)

* 유보 발생 및 추인과정 정리

	(26. 1. 1.) 발행시	(26. 12. 31.) 이자비용 계상시	(27. 1. 1.) 60%전환시
전환권 조정	: 18 손.산(△유보)	3 손.불(유보) 가정치	(18−3) × 60% = 9 익.산(유보)
사채상환할증금	: 10 익.산(유보)		10 × 60% = 6 손.산(유보)
전환권대가	: 8 익.산(기타)		차이조정 : 9 − 6 = 3 손.산(기타)

제 6 절 자산의 취득가액 및 자산 · 부채평가

1 취득가액 계산의 일반원칙

구 분	세법상 취득가액
1. 매입 · 자가제조	취득에 소요된 금액과 취득세(농어촌특별세와 지방교육세 포함), 등록면허세, 그 밖의 부대비용의 합계액[1]
2. 단기금융자산 등*1	매입가액 (+ ~~부대비용~~)
3. 교환[2] · 증여	교환 · 증여로 취득한 자산의 취득당시 시가
4. 합병 · 분할 · 현물출자에 따라 취득한 자산[3]	① 적격합병 · 적격인적분할의 경우 : 장부가액*2 ② 위 외의 경우(비적격합병 · 비적격인적분할, 물적분할, 현물출자의 경우) : 해당 자산의 시가
5. 주식[2] (1) 물적분할로 분할법인이 취득한 주식	물적분할한 순자산의 시가
5. 주식[2] (2) 현물출자로 출자법인이 취득한 주식	① 출자법인이 현물출자로 인하여 피출자법인을 새로 설립하면서 그 대가로 주식만 취득하는 경우 : 현물출자한 순자산의 시가 ② 위 외의 현물출자의 경우 : 주식의 시가
5. 주식[2] (3) 합병 · 인적분할로 취득한 주식[4]	종전의 장부가액 + 불공정자본거래로 분여받은 이익 + 합병 · 분할로 인한 의제배당액 − 합병 · 분할 교부금
6. 자산 취득시 매입한 채권[5]	유형자산 취득시 국 · 공채를 불가피하게 매입하는 경우 ① 원 칙 : 국 · 공채를 명목가액으로 평가 ② 예 외 : 국 · 공채를 현재가치로 평가하고, 매입가액과 현재가치의 차액을 유형자산의 취득가액으로 계상하면 인정한다. ⤏ 기업회계 수용
7. 채무의 출자전환으로 채권자가 취득한 주식[6]	① 일반적인 경우 : 취득한 주식의 취득당시 시가 ② 'p4−64. *1'의 요건을 갖춘 채무의 출자전환의 경우 • 원 칙 : 출자전환된 채권의 장부가액 • 대손불능채권의 경우 : 취득한 주식의 취득당시 시가

8. 공익법인 등이 기부받은 자산	「상속세 및 증여세법」상 과세가액불산입대상인 공익법인이 특수관계인 외의 자로부터 기부받은 10%(30%)한도기부금(일반기부금)에 해당하는 자산 : 기부한 자의 기부 당시 장부가액. 단, 그 후에 과세요인이 발생하여 과세가액불산입된 출연재산에 대하여 증여세 전액이 부과되는 경우에는 기부 당시의 시가
9. 「온실가스 배출권의 할당 및 거래에 관한 법률」 및 「대기관리권역의 대기환경개선에 관한 특별법」에 따라 정부로부터 무상으로 할당받은 배출권 및 배출허용총량 : 영(0)원 ··· ∵ 무상으로 할당받았기 때문	
10. 위 외의 방법으로 취득한 자산 : 취득당시의 시가	

*1 단기금융자산 등 : 기업회계기준에 따라 단기매매항목으로 분류된 금융자산 및 파생상품을 말한다.

사례 법인이 당기손익인식금융자산에 해당하는 주식을 취득하면서 부담한 거래수수료 100을 주식의 취득원가로 회계처리한 경우 세무조정은?

〈손금산입〉 금융자산 100(△유보) ··· (if) 기타포괄손익인식금융자산이라면 세무조정 없음

*2 여기서 '장부가액'이란 시가에서 자산조정계정을 뺀 금액을 말한다.

1 특별한 경우별 취득가액 계산방법

① 토지와 건축물을 함께 취득하여 토지가액과 건축물가액의 구분이 불분명한 경우 : 부당행위계산의 부인여부 판단시 적용하는 시가[시가가 불분명한 경우 감정가액 → 「상속세 및 증여세법」상 보충적 평가액(토지는 개별공시지가, 건물은 국세청장 고시가액) 순서로 계산]에 비례하여 안분계산한다.

사례 [2차 시험용] 토지와 건물을 1,000(공급가액)에 일괄 취득하고 전부 건물원가로 계상한 경우 세무조정은? 단, 감정가액은 토지 300, 건물 500이다.

회 사	(차) 건 물	1,000	(대) 현 금	1,000
세 법	(차) 건 물 토 지	625* 375	(대) 현 금	1,000
세무조정	〈손금산입〉 건물 375(△유보), 〈익금산입〉 토지 375(유보)			

$$* \ 1{,}000 \times \frac{500}{300 + 500} = 625$$

② [세부사항] 내국법인이 외국자회사를 인수하여 취득한 주식등으로서 그 주식등의 취득에 따라 내국법인이 외국자회사로부터 받은 수입배당금이 법령으로 정한 요건*을 모두 갖춘 경우에 해당하는 주식등의 장부가액 ⟶ 취지는 'p4—74. 각주' 참고

주식등 매입가액 − 법령으로 정한 요건*을 모두 갖춘 수입배당금

* 법령으로 정한 요건

㉠ 내국법인이 외국자회사의 의결권 있는 발행주식총수 또는 출자총액의 10%(해외자원개발사업을 하는 경우에는 5%) 이상을 최초로 보유하게 된 날의 직전일 기준 이익잉여금을 재원으로 한 수입배당금액일 것

㉡ 'p4—73. 2.5—2. 외국자회사의 수입배당금의 익금불산입' 규정에 따라 익금에 산입되지 않았을 것

③ 자본준비금 감액배당시 주식의 장부가액 ⟶ 감액배당 받은 금액만큼 투자자금을 환급받은 것으로 보기 때문에 주식의 장부가액에서 차감함('p4—166. 이해 참고)

보유한 종전 주식의 장부가액 − 감액배당 받은 금액(보유한 종전 주식의 장부가액 한도)

④ [세부사항] 동일한 내국법인이 발행주식총수 또는 출자총액을 소유하고 있는 서로 다른 법인간에 합병하는 경우로서 합병법인으로부터 합병법인이 취득하는 주식등이 없는 경우 주식의 장부가액

종전 주식의 취득가액 + 피합병법인 주식의 취득가액 − 주식이 아닌 합병대가가 있는 경우 그 합병대가의 금액

2 교환

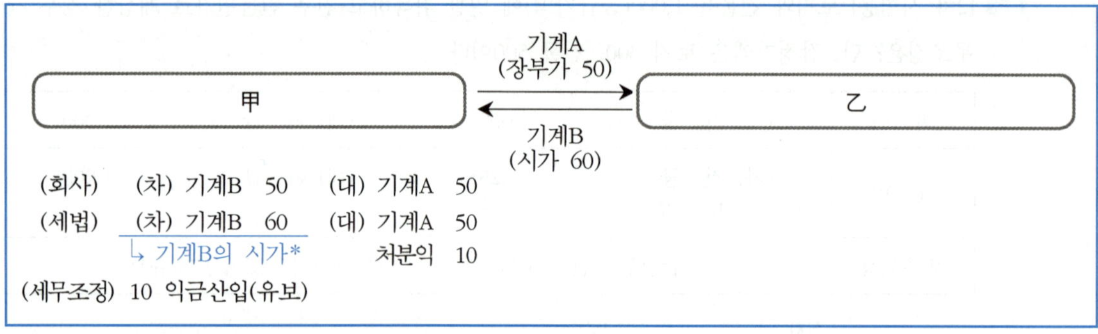

* 교환거래는 자산을 다른 자산을 받고 처분한 처분거래 성격이므로 정확한 처분손익을 계산하기 위하여 취득한 자산의 시가로 평가한다.

③ 현물출자 및 분할

(1) 현물출자

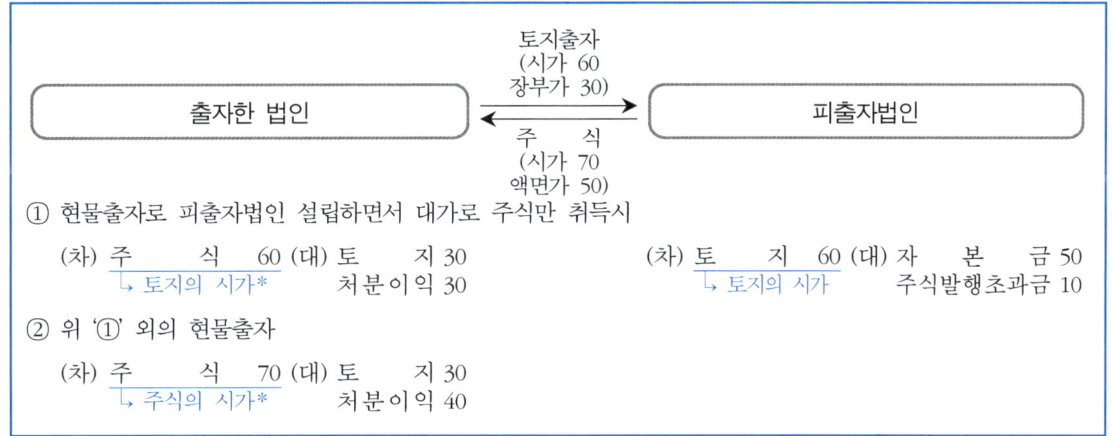

* 현물출자는 자산을 주식받고 처분한 처분거래 성격이므로 정확한 처분손익을 계산하기 위하여 위 '②'와 같이 취득한 주식의 시가로 평가하는 것이 원칙이나, '①'의 경우 주식의 시가가 제대로 형성되지 않았으므로 현물출자한 순자산의 시가로 평가한다.

(2) 분할

1) 분할의 유형

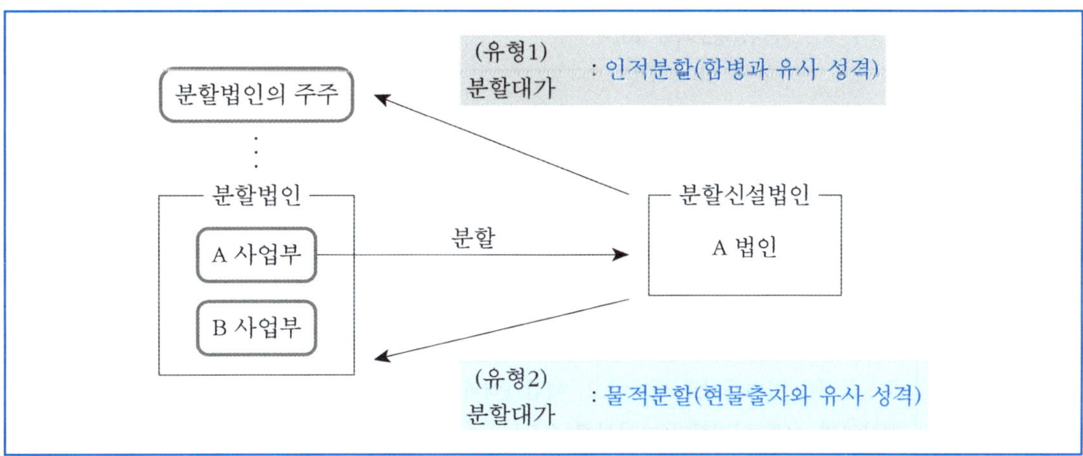

2) 취득가액의 계산

① 인적분할시 : 인적분할은 합병과 유사한 성격이므로 취득가액 계산도 적격 · 비적격으로 구분하여 'p4-124. 4. ①, ②, 5. (3)'과 같이 동일하게 계산한다.

② 물적분할시 : 물적분할은 현물출자와 유사한 성격이므로 취득가액 계산도 적격 · 비적격을 불문하고 'p4-124. 4. ②, 5. (1). (2)'과 같이 동일 또는 유사하게 계산한다.

4 합병 ⋯→ 초보자는 '제19절 합병·분할 등' 학습 후 정리할 것

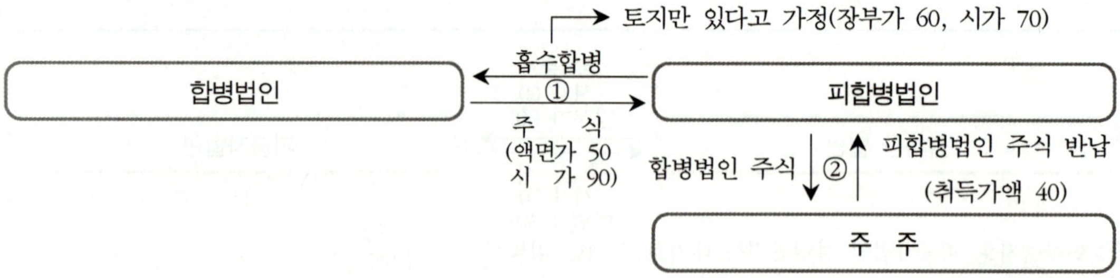

① 적격합병의 경우

(차) 토 지 70 (대) 자산조정계정 10
↳ 장부가액*
자 본 금 50
주식발행초과금 10

* 시가 − 자산조정계정 = 70 − 10
= 60(장부가액)

(차) 주 식 ×××
↳ 대변금액의 합계액
(대) 주 식 40*1
분여받은 이익 ×××*2
의 제 배 당 ×××*3

*1 피합병법인 주식의 장부가(취득가)

*2 불공정합병으로 주주가 특수관계인으로부터 분여받은 이익 : 익금산입(유보)

*3 합병대가가 당초 피합병법인 주식의 취득가액을 초과함에 따른 의제배당 : 익금산입(유보)

② 비적격합병의 경우

(차) 토 지 70 (대) 자 본 금 50
↳ 토지의 시가
주식발행초과금 20

5 유형자산취득시 불가피하게 매입한 국·공채 등 채권

구 분	자산의 취득가액
① 원 칙	국·공채를 명목가액으로 평가한다.
② 특 례	국·공채를 현재가치로 평가하고, 매입가액과 현재가치의 차액을 유형자산의 취득가액으로 계상하면 이를 인정한다(기업회계 수용). ⋯→ 재고자산은 현재가치평가 인정 ×

사례 건물 100을 취득하면서 국채 10(현재가치 8)를 구입하는 경우 다음의 처리를 모두 인정한다.

원 칙	예외 : 계상한 경우에 한함
(차) 건 물 100 (대) 현 금 110 채 권 10	(차) 건 물 102 (대) 현 금 110 채 권 8

6 채무의 출자전환 ···→ 채권자입장 : 채권을 주식받고 처분한 처분거래 성격이므로 취득한 주식의 시가 평가 원칙

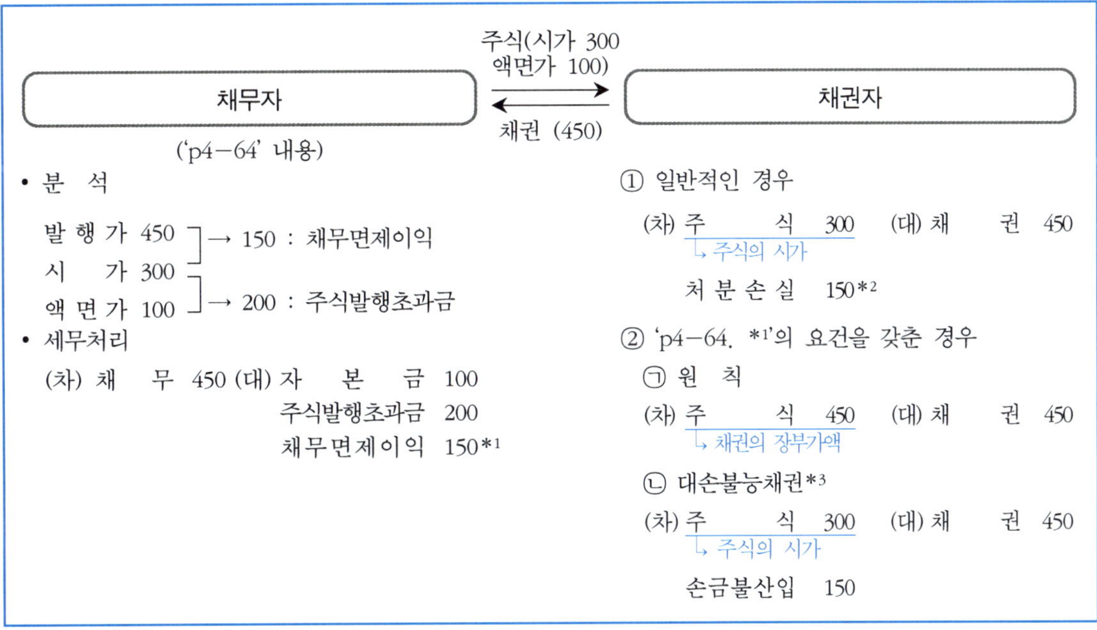

*1 채무면제이익의 세법상 처리방법(이월결손금은 없다고 가정)

① 일반법인 : 익금항목

② 요건충족법인 : 익금항목. 단, 과세이연 목적으로 익금불산입 가능

*2 [2차 시험용] 출자전환으로 취득한 주식의 시가와 채권의 장부가액과의 차이에 대한 세법상 처리

① '주식의 시가 > 채권의 장부가액'인 경우 : 채권의 처분익(익금)으로 본다.

② '주식의 시가 < 채권의 장부가액'인 경우 : 그 차액을 채권 포기액으로 보아 다음과 같이 처리

- 〈경우 1〉 업무관련성 ○ : 기업업무추진비
- 〈경우 2〉 업무관련성 × : 기부금
- 〈경우 3〉 특수관계인 ○ ⊕ 조세부담 부당감소 목적 ○ : 부당행위계산의 부인(손금불산입)
- 〈경우 4〉 특수관계인 × ⊕ 정당한 사유 ○ : 손금

*3 대손불능채권에 해당하는 다음 채권의 경우 그 채권과 관련된 대손금과 처분손실을 손금으로 인정하지 않는다.

① 채무보증(「독점거래 및 공정거래에 관한 법률」에 따른 채무보증, 금융회사 등 및 신용보증사업 영위 법인이 행한 채무보증 등 법령으로 정한 채무보증은 제외) 대위변제로 인한 구상채권[16)]

② 특수관계인에 대한 업무무관가지급금

---

16) 일반적인 경우의 채무보증 대위변제로 인한 구상채권 관련 회계처리

구상채권의 개념	타인의 빚을 대신 갚아준 사람이 원래 빚 주인에게 그 돈을 돌려달라고 요구할 수 있는 권리를 말한다.
회계처리	① 보증인이 채권자에게 채무자 대신 변제할 때 (차) 구상채권(대여금) ××× (대) 현 금 ××× ② 결산 시점 : 회수가능성을 평가 결과 가치 하락시 (차) 대손상각비 ××× (대) 대손충당금 ×××

정리 [2차 시험용] 교환거래 등의 경우 세무조정 방법(간편법)

1. 다음 자산의 경우 아래 '2.'에 따라 세무조정한다.
   → 모두 자산·주식을 받고 기존 자산을 처분한 '처분거래' 성격

   ① 교환으로 취득한 자산
   ② 현물출자로 취득한 주식
   ③ 채무자의 채무의 출자전환으로 채권자가 채권 대신 취득한 주식

2. 세무조정 방법

   〈1단계〉 기존 자산에 대한 유보잔액 추인
   〈2단계〉 취득한 자산·주식의 평가의 적정성 확인 → 차이나면 그 차이 조정*

* (1) (if) 감가상각자산을 감액하는 손금산입(△유보) 조정을 하는 경우 추가 세무조정 :

① 자산 감액분에 대한 상각비 직부인
② 상각시부인 계산

(2) [세부사항] (if) 현물출자로 주식을 취득한 문제에서 그 현물출자가 적격현물출자에 해당하고 세부담 최소화를 가정한 경우 추가 세무조정 : 현물출자한 자산의 세법상 처분이익 상당액에 대하여 압축기장충당금을 설정(손금산입·△유보)함(∵ 과세시점을 이연시키기 위함)

사례 [2차 시험용]

2026. 7. 1.에 장부가액 100인 A기계(상각부인액 5 있음)를 시가 80인 B기계와 교환하고 B기계의 취득가액을 100으로 계상한 경우 세무조정(사업연도 : 2026. 1. 1.~12. 31.)

구분	내용
회 사	(차) B 기 계 100 (대) A 기 계 100
세 법	(차) B 기 계 80 (대) A 기 계 105(=100+5 상각부인액) 처분손실 25
수 정 (이해목적)	(차) 처분손실 25 (대) A 기 계 5 / 5손금산입(△유보) B 기 계 20 / 20손금산입(△유보)
세무조정 (간편법)	〈1단계〉 유보잔액 추인 : 5 손금산입(△유보) 〈2단계〉 취득한 자산의 평가의 적정성 확인 세법 : 시가 80 − 회계상 취득가 100 = 자산차이 20 → 세무조정 20 손금산입(△유보)*

* 만약 B기계의 감가상각비계상액이 10인 경우 추가세무조정(n=10년, 정액법)

〈3단계〉 감액분 상각비 직부인 : $10 \times \frac{20}{100} = 2$ 손금불산입(유보)

〈4단계〉 상각시부인계산

회사 상각비 : 10 − 2 = 8
상각범위액 : $80 \times \frac{1}{10} \times \frac{6}{12} =$ 4
4 손금불산입(유보)

2 특별한 경우의 취득가액 계산

1. 무상취득 · 저가매입 · 고가매입

(1) 무상 취득의 경우 : 그 자산의 시가를 자산수증이익으로 익금에 산입한다.

(2) 저가매입의 경우 ⇢ 'p4—55. 3.6'에서 정리한 내용

① 원칙 : 그대로 인정 ⇢ ∴ 별도의 조정 불필요

② '특수관계있는 개인'으로부터 '유가증권'을 시가보다 저가로 매입한 경우 : 시가와 매입가액의 차이를 익금에 산입한다. ⇢ 이 경우 자산의 취득가액은 시가

(3) 고가매입(저가양도)의 경우 ⇢ 자산의 종류와 무관하게 적용

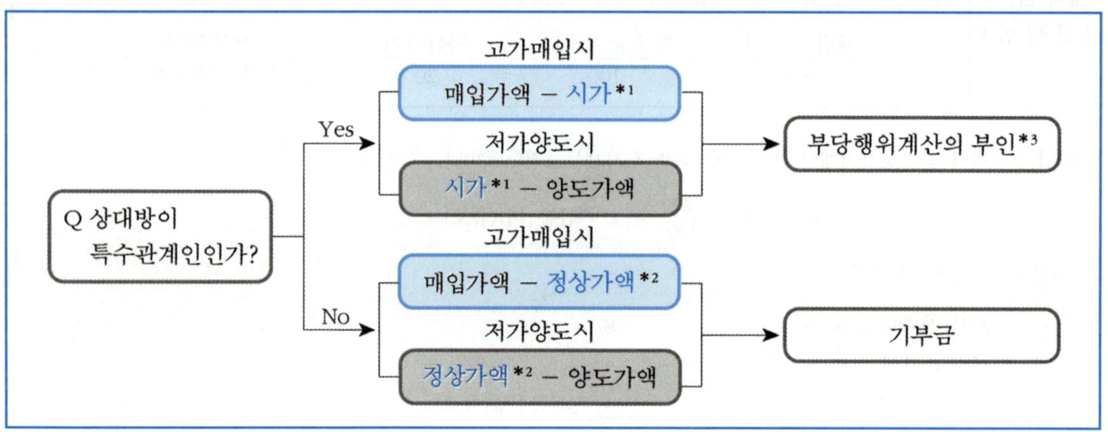

*1 시가가 불분명한 경우 시가의 계산방법

① 주식 및 가상자산 : 「상속세 및 증여세법」상 보충적 평가액 ⇢ 주식 및 가상자산은 감정가액을 인정 ×

② 위 외의 자산 : 감정평가업자의 감정가액(2 이상인 경우에는 평균액) → 「상속세 및 증여세법」상 보충적 평가액 (토지는 개별공시지가, 건물은 국세청장 고시가액, 주택은 개별주택가격 및 공동주택가격) 순서로 계산

*2 정상가액 : 시가 ± 30%의 금액 → • 고가매입의 경우 : 시가 × 130%
• 저가양도의 경우 : 시가 × 70%

*3 중요성 판단 : 시가와의 차액이 min(3억원, 시가×5%) 이상인가?(상장주식을 거래한 경우에는 시가가 명확하므로 시가와 다른 가격으로 거래시 중요성요건을 판단하지 않고 부당행위계산 부인 규정 적용)

① 이상이면 중요하므로 부당행위계산의 부인으로 본다.

② 이상이 아니면 중요하지 않으므로 거래를 그대로 인정한다. → ∴ 조정 불필요

사 례 시가 10억원의 토지를 14억원에 구입하는 경우 세무조정

구 분	특수관계인인 경우	특수관계인이 아닌 경우
회사	(차) 토　　지 14억원　　(대) 현　금 14억원	(차) 토　　지 14억원　　(대) 현　금 14억원
세법	(차) 토　　지 10억원(시 가) (대) 현　금 14억원 사외유출　4억원	(차) 토　　지 13억원(정상가액) (대) 현　금 14억원 비지정기부금　1억원
조정	① 토지4억원 감액 → 손금산입(△유보) ② 4억원 손금불산입(배당 등)	① 토지1억원 감액 → 손금산입(△유보) ② 비지정기부금 : 1억원 손금불산입(기타사외유출 등)

2. 채권 · 채무에 대한 현재가치평가 여부

구　분	기업회계	세 법 : 명목가액 평가원칙
장기할부매매거래	현재가치 평가원칙	현재가치할인차금 계상하면 인정 ○[1]
장기금전대차거래[2]		현재가치평가해도 인정 ×
채권의 재조정[3]		현재가치평가하면 인정 ○
채무의 재조정[3]		현재가치평가해도 인정 ×

[1] 장기할부매매거래

장기할부조건 매입시 계상한 현재가치할인차금은 유효이자율법에 따라 상각해야 하며, 그 상각액을 손금인정하되, 다음과 같이 처리한다. ⇢ 현재가치할인차금의 계상 여부는 선택사항이나, 일단 계상했으면 상각은 강제

① 수입배당금 이중과세조정액과 지급이자 손금불산입액 계산상 지급이자에서 제외

② 원천징수대상 × → ∴ 지급명세서 제출 ×

사 례 건물(내용연수 : 10년)을 1. 1.에 장기할부조건으로 300(현재가치평가액은 240)에 구입

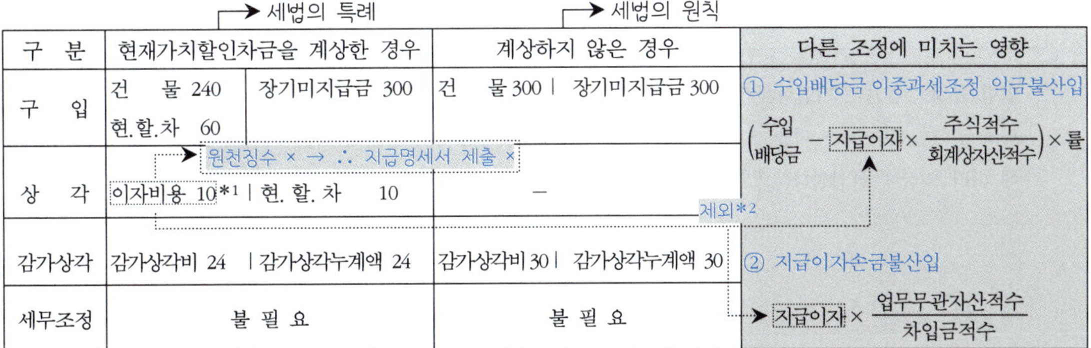

구　분	현재가치할인차금을 계상한 경우 (→ 세법의 특례)		계상하지 않은 경우 (→ 세법의 원칙)		다른 조정에 미치는 영향
구　입	건　물 240 현.할.차 60	장기미지급금 300	건　물 300	장기미지급금 300	① 수입배당금 이중과세조정 익금불산입 (수입배당금 − 지급이자 × 주식적수/회계상자산적수) × 률
상　각	이자비용 10*1 (→ 원천징수 × → ∴ 지급명세서 제출 ×)	현. 할. 차　10	−		(→ 제외*2)
감가상각	감가상각비 24	감가상각누계액 24	감가상각비 30	감가상각누계액 30	② 지급이자손금불산입
세무조정	불 필 요		불 필 요		지급이자 × 업무무관자산적수/차입금적수

*1 현재가치할인차금의 계상여부는 선택사항이나, 일단 계상하면 상각은 강제(유효이자율법 적용)

*2 제외 이유 : 만약 포함하면 현재가치할인차금 계상여부에 따라 위 '①과 '②' 금액의 영구적 차이가 발생하게 된다.

[2] 장기금전대차거래

사례 5년 후 상환조건으로 100(현재가치는 80)을 무이자로 대여한 경우 회사의 회계처리에 대한 세무조정(당기 상각액은 10)

구분	대여자	차입자
대여 (차입)	(차) 장기대여금 100*3 (대) 현 금 100 기 부 금 20 현.할.차 20 → 20손금불산입(유보)*1	(차) 현 금 100 (대) 장기차입금 100 현.할.차 20 채무면제익 20 20익금불산입(△유보)*2 ←
상각	(차) 현. 할. 차 10 (대) 이자수익 10 10익금불산입(△유보) ←	(차) 이자비용 10 (대) 현. 할. 차 10 → 10손금불산입(유보)

*1 현재가치평가를 인정하지 않으므로 현재가치할인차금 비용계상액을 손금불산입(유보)한 후, 상각시 익금불산입(△유보)으로 추인한다.

*2 현재가치평가를 인정하지 않으므로 현재가치할인차금 수익계상액을 익금불산입(△유보)한 후, 상각시 손금불산입(유보)으로 추인한다.

*3 〈Tip〉 [2차 시험용] 만약 장기대여금이 특수관계인에 대한 업무무관가지급금인 경우 추가 세무조정 : 업무무관자산에 대한 지급이자 손금불산입(p4-203. 4) 및 인정이자 관련 세무조정(p4-281. 4)을 하여야 한다.

[3] 채권의 재조정과 채무의 재조정

사례 이자율 완화로 조정된 채권의 장부가액이 1,000, 현재가치가 900인 경우 그 차액 100 관련 회사의 다음 회계처리에 대한 세무조정

채권자	채무자
(차) 대손상각비 100 (대) 대손충당금 100 → 손금인정*	(차) 현재가치할인차금 100 (대) 채무면제이익 100 → 현재가치평가를 인정안하므로 채무조정익아님 → ∴ 익금불산입(△유보)

* 법령 규정 : 법인이 기업회계기준에 따른 채권의 재조정에 따라 채권의 장부가액과 현재가치의 차액을 대손금으로 계상한 경우에는 이를 손금에 산입하며, 이와 같이 손금에 산입한 금액은 기업회계기준에 따른 환입방법에 따라 익금에 산입한다(법령 19의2 ⑤).

3. 자산취득 관련 지급이자

구 분	세법상 처리
연지급수입이자*1	① 원칙 : 자산의 취득원가로 계상*2 ⇢ [분개] (차) 원재료 100 (대) 현금 100 ② 예외 : 기업회계를 수용하여 지급이자로 계상하면 세법도 인정*2 ⇢ [분개] (차) 지급이자 100*3 (대) 현금 100
건설자금이자 ⇢ 9절에서 정리	① 사업용 유형자산 및 무형자산에 대한 것 : 자산의 취득원가로 계상 ② 위 외의 자산(재고자산, 투자부동산)에 대한 것 : 지급이자(당기 손금)

*1 개념 : 외상수입시 자금을 융자해 수입대금을 결제할 때 부담하는 이자를 말한다. 신용제공방식에 따라 D/A이자, Shipper's Usance 이자, Banker's Usance 이자 등이 있다.

*2 원자재구입에 따른 지급이자의 처리(법기통 19−19…15) : 원자재의 구입을 위하여 금융지원을 받았을 경우에 동 자금에 대한 지급이자는 해당 사업연도의 손금으로 본다. 단, 연지급수입의 경우에 취득가액과 구분하여 지급이자로 계상한 금액을 제외하고 D/A 수입이자에 대한 이자 및 유산스이자는 해당 수입자재의 매입부대비용으로 한다. ⇢ 위 표 내용은 단서 내용을 요약정리한 것임

*3 지급이자로 계상한 금액을 당기의 손금으로 인정하되, 다음과 같이 처리한다. ⇢ 장기할부조건 매입시 지급이자로 계상한 현재가치할인차금 상각비와 동일하게 처리한다('p4−133. 하단. 사례'와 연계 정리)

① 수입배당금 이중과세조정액과 지급이자 손금불산입액 계산상 지급이자에서 제외

② 원천징수대상 × → ∴ 지급명세서 세출 ×

4. 부가가치세 계산시 의제매입세액공제를 받는 경우

그 의제매입세액을 원재료의 취득가액에서 공제한다 ⇢ ∵ 매입세액공제되므로 부가가치세선급금으로 처리해야 하기 때문

사 례

의제매입세액공제대상 원재료를 104에 구입하였는데, 그 중 60%는 판매되었고 40%는 기말재고로 남아 있는 경우 회사의 회계처리에 따른 세무조정을 하시오(의제매입세액공제율은 $\frac{4}{104}$ 라고 가정).

구 분	회 사	세 법	세무조정*
구입시	(차) 재고자산 104 (대) 현 금 104	(차) 재 고 자 산 100 (대) 현금 104 부가가치세선급금 4	① 재 고 자 산 4↓: 손금산입(△유보) ② 부가가치세선급금 4↑: 익금산입(유 보)
매출원가 대체시	(차) 매출원가 62.4 (대) 재고자산 62.4	(차) 매출원가 60 (대) 재고자산 60	③ 재고자산 2.4 : 손금불산입(유보)

* [간편법] 총액으로 각각 조정하라는 언급이 없다면 위 ① ~ ③의 세무조정을 아래 '[정리]'와 같이 순액 조정하면 간단하다.

〈1단계〉 부가가치세선급금 4 : 익금산입(유보) ⋯→ 위 '②'

〈2단계〉 재고자산(4×40%) 1.6 : 손금산입(△유보) ⋯→ 위 '①'과 '③'의 순액

정리 [2차 시험용] 의제매입세액을 재고자산의 취득원가로 계상한 경우 순액법 세무조정 방법(간편법)

〈1단계〉 의제매입세액만큼 부가가치세선급금을 증액하는 세무조정을 한다. → 익금산입 · 유보

〈2단계〉 의제매입세액 중 기말재고로 남아 있는 부분(=의제매입세액×기말재고 배부율)만큼 재고자산을 감액하는 세무조정을 한다. → 손금산입 · △유보

(if) 총액으로 각각 조정하라는 언급이 있다면 'p4-135. 사례'와 같이 세무조정해야 한다.

5. [세부사항] 무환수입상품

해외에서 물품을 무환(무상)으로 수입하는 경우 '물품 통관시 관세의 과세표준이 되는 감정가액'을 익금에 산입한다. ⋯→ ∵ 순자산을 증가시키며 익금불산입 항목이 아니기 때문

3 재고자산의 평가

1. 범위*1

① 제품 · 상품(유가증권 제외)*2 ② 반제품 · 재공품 ③ 원재료 ④ 저장품

*1 재고자산은 위의 4가지 종류별, 영업종목별, 영업장별로 각각 달리 평가 가능하다. ⋯→ ∴ 제품은 후입선출법, 상품은 선입선출법 가능(∵ 종류는 '①'으로 같으나, 제조업과 도매업으로 영업종목이 다르기 때문)

*2 제외 이유 : 증권회사가 보유한 재고자산인 유가증권은 '3'에서 설명할 재고자산평가 규정이 아닌 '4'에서 설명할 유가증권 평가규정을 적용하기 위해서다.

2. 평가방법

기업회계	세 법	
	원 칙	예 외
저가법(강제)	원가법*1과 저가법*2 중 선택 ⋯→ 시가법은 인정 ×	원가법을 선택했더라도 파손 · 부패의 경우 감액 가능 → 선택권 부여 → ∴ 결산조정사항*3

*1 원가법 : 개별법 · 선입선출법 · 후입선출법 · 총평균법 · 이동평균법 · 매출가격환원법(6가지 중 선택)

*2 ① 저가법 : 원가법과 기업회계기준이 정하는 바에 따라 시가로 평가한 가액 중 낮은 편의 가액을 평가액으로 하는 방법
② 재고자산 평가방법을 저가법으로 신고하는 경우에는 시가와 비교되는 원가법을 함께 신고하여야 한다.

*3 ① 감액사유가 발생한 연도에 계상한 경우에 한해 인정되는 특별한 결산조정사항이며, 회사의 내부규정에 의하여 관리종업원에게 변상책임이 있는 경우에도 감액 계상하면 손금에 산입한다.
② 원가법을 선택한 경우에는 파손 · 부패와 같이 외관상 명백한 경우가 아닌 유행의 경과로 인한 평가손실은 손실로 계상하여도 손금에 산입하지 않는다.

■ 재고자산감모손실의 세무처리

도난 · 증발 · 분실된 재고자산을 손금으로 계상하는 경우에는 그 사실이 객관적으로 입증될 수 있는 증거를 갖추었으면 그 재고자산의 장부가액을 손금으로 인정한다(법인 22601－8588).

3. 평가방법의 신고 및 변경신고

구 분	신고기한		신고기한 경과 후 신고한 경우 평가방법
최초신고기한	① 신설법인	설립일이 속하는 사업연도(제1기)의 법인세과세표준의 신고기한	신고일이 속하는 사업연도까지는 무신고로 보아 무신고시 평가방법[1]을 적용하고, 그 후 사업연도부터 법인이 신고한 평가방법을 적용*
	② 수익사업을 개시한 비영리내국법인	수익사업개시일이 속하는 사업연도의 법인세과세표준 신고기한	
변경신고기한	변경할 평가방법을 적용하고자 하는 사업연도의 종료일 이전 3개월이 되는 날까지 평가방법 변경신고		변경신고일이 속하는 사업연도까지는 임의변경시 평가방법[2]을 적용하고, 그 후 사업연도부터 변경신고한 평가방법을 적용

* 단, 최초 신고를 사업연도종료일 이전 3개월이 되는 날까지 한 경우 이를 변경신고로 보아 그 적용받고자 하는 사업연도부터 새로운 방법을 적용한다.

(기출) 재고자산의 평가방법을 신고하지 아니하여 무신고시 평가방법을 적용받는 경우에 그 평가방법을 변경하려고 변경할 평가방법을 적용하려는 사업연도 종료일 이전 3개월이 되는 날까지 변경신고하여도 그 사업연도에는 변경되지 아니한다. : 틀린 문장(∵ 적법한 변경신고로 보아 변경됨)

1 무신고시 평가방법 : 선입선출법[17] (매매목적용 부동산은 개별법)

2 임의변경시* 평가방법 : max(①, ②)

① 무신고시 평가방법 : 선입선출법(매매목적용 부동산은 개별법)

② 당초 적법하게 신고한 평가방법

* 임의변경이란 변경신고 없이 평가방법을 변경하거나 변경신고기한 경과 후 변경신고한 경우 등을 말한다.

이해

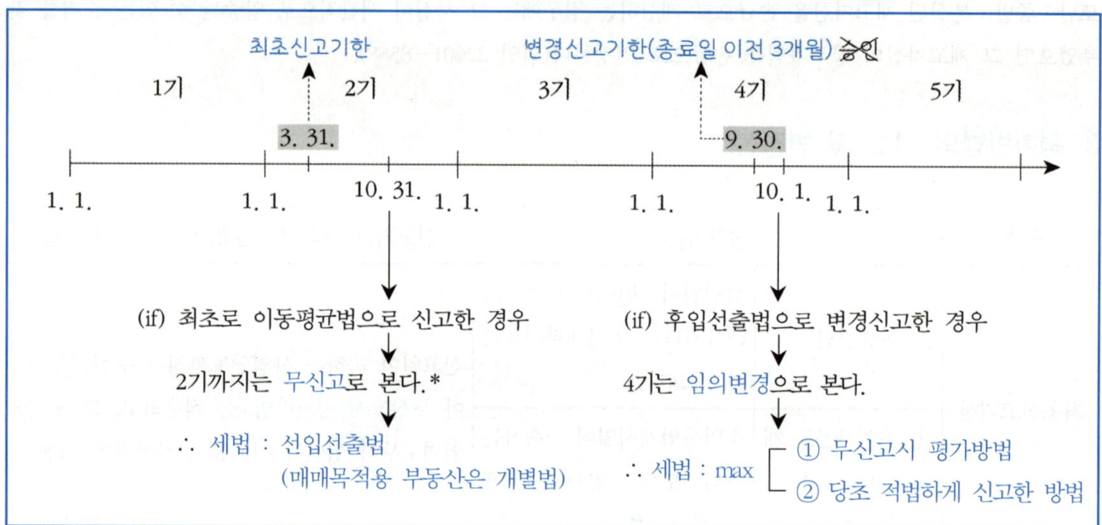

* (if) 2기 9. 30.(종료일 이전 3개월이 되는 날)까지 최초로 신고한 경우에는 2기부터 신고한 방법을 적용한다(∵ 앞 페이지의 '3. *2'에 따라 적법한 변경신고로 보기 때문). ⟶ 결과적으로 2기 9. 30.까지 이동평균법으로 최초 신고하면 2기부터 이동평균법을 적용하고, 2기 10. 1.~12. 31.까지 신고한 경우에는 2기까지는 무신고로 본다.

4. 재고자산 관련 세무조정

(1) 세무조정 기본구조

다음과 같이 전기 유보금액을 추인한 후, 당기말 차이를 조정한다.

---

17) 무신고시 선입선출법(매매목적용 부동산은 개별법)을 적용하는 이유
무신고에 대한 제재 목적으로 선입선출법을 적용하며(∵ 물가는 상승하므로 선입선출법을 적용하면 다른 방법에 비해 기말재고자산이 커짐 → ∴ 이익 커짐 → 무겁게 과세), 매매목적용 부동산은 금액이 크므로 개별적으로 평가한다.

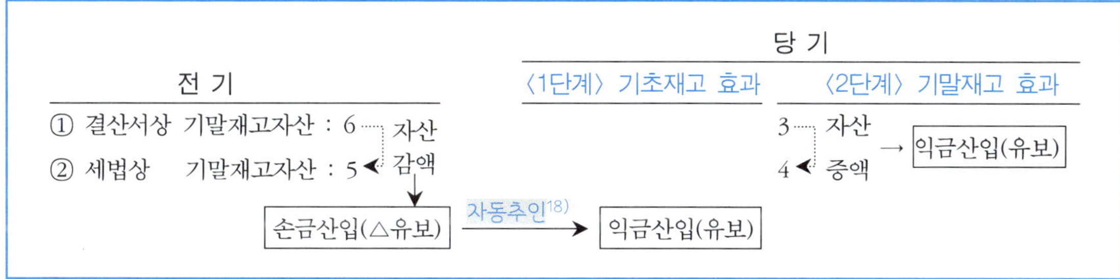

사 례 재고자산의 세무조정

甲법인의 제26기(2026. 1. 1.~12. 31.)의 기말 재고자산 평가자료를 이용한 제26기와 제27기의 세무조정

〈자료〉

(단위 : 원)

구 분	결산상 평가방법	신고한 평가방법	평가방법에 따른 평가액		
			총평균법	이동평균법	선입선출법
제 품	총 평 균 법	무 신 고	2,000,000	2,500,000	3,000,000
원 재 료 *1	총 평 균 법	총 평 균 법	6,000,000	5,000,000	5,500,000
저 장 품 *2	이 동 평 균 법	?	1,300,000	1,500,000	1,200,000
상 품	선 입 선 출 법*3	선 입 선 출 법	4,000,000	4,200,000	4,500,000

*1 원재료는 제25기까지는 이동평균법으로 평가하였으나, 제26기에는 2026. 10. 1.에 총평균법으로 평가방법변경신고를 한 후 총평균법으로 평가하였다.

*2 저장품은 제25기까지는 이동평균법으로 평가하였으나, 제26기에는 2026. 9. 30.에 총평균법으로 평가방법변경신고를 한 후 이동평균법으로 평가하였다.

*3 선입선출법에 의한 평가액은 ₩4,500,000이나, 계산의 오류로 ₩4,400,000으로 평가하였다.

18) 자동추인하는 이유

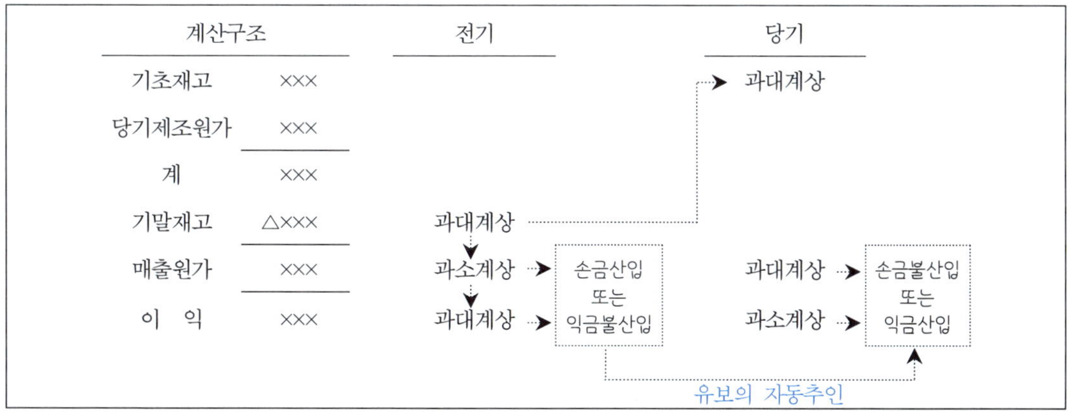

[간편법] 과대계상된 자산의 감액은 손금산입(△유보), 과소계상된 자산의 증액은 익금산입(유보)한 후, 다음연도 자동추인한다.

〈해답〉

재고자산 세무조정 접근방법 : 〈1단계〉 신고(최초신고, 변경신고)의 적정성 확인
〈2단계〉 평가의 적정성 확인

구분	회사	세법	차이	세무조정 제26기	세무조정 제27기
제 품	2,000,000	(무신고 → 선입선출법) : 3,000,000	1,000,000	익금산입	손금산입
원재료	6,000,000	(임의변경) max[선입선출법 : 5,500,000, 적정신고(이동평균법) : 5,000,000] = 5,500,000	500,000	손금산입	익금산입
저장품	1,500,000	(임의변경) max[선입선출법 : 1,200,000, 적정신고(총평균법) : 1,300,000] = 1,300,000	200,000	손금산입	익금산입
상 품	4,400,000	4,500,000	100,000*	익금산입	손금산입

* 신고한 방법을 적용하였으나 계산상 오류가 발생한 경우 차액만 조정(임의변경으로 보지 않음)

(2) 한국채택국제회계기준(K-IFRS) 적용 내국법인에 대한 재고자산평가차익 익금불산입 ⋯→ 과세이연 규정

구 분	내 용
K-IFRS를 최초로 적용하는 사업연도	후입선출법에서 다른 재고자산 평가방법으로 변경신고한 경우 다음 금액을 익금불산입 할 수 있다.[19] • 익금불산입 할 수 있는 재고자산평가차익 : ① − ② ① K-IFRS를 최초로 적용하는 사업연도의 기초 재고자산 평가액 ② K-IFRS를 최초로 적용하기 직전 사업연도의 기말 재고자산 평가액
↓ 그 후 사업연도	① 위와 같이 익금불산입한 금액은 K-IFRS를 최초로 적용하는 사업연도의 다음 사업연도 개시일부터 5년간 균등하게 나누어 익금산입한다. • 익금산입액 : 재고자산평가차익 × $\frac{\text{해당 사업연도 월수*}}{\text{60개월}}$ ② 해산(적격합병·적격분할로 인한 해산은 제외)하는 경우 : 익금에 산입하고 남은 금액을 해산등기일이 속하는 사업연도에 익금산입한다.

* 태양력에 따라 계산하되 1개월 미만은 1개월로 한다(사업연도개시일이 속한 월을 계산에 포함한 경우에는 사업연도 개시일부터 5년이 되는 날이 속한 월은 제외).

---

19) 위 본문과 같이 익금불산입할 수 있도록 규정한 이유
K-IFRS에서는 재고자산 평가방법으로 후입선출법을 인정하지 않기 때문에 후입선출법을 적용하던 법인은 K-IFRS를 최초로 적용하는 사업연도부터는 후입선출법을 다른 방법으로 변경하여야 한다. 물가는 상승하므로 후입선출법을 선입선출법 등 다른 방법으로 변경하게 되면 평가방법의 차이로 기초재고자산의 증가가 발생하게 될 것이고, 이를 바로 익금으로 과세하면 세부담이 급격하게 증가하게 되는 문제가 발생하게 된다. 이를 해소하기 위하여 당기에는 익금불산입하고 그 다음 기부터 5년간 익금산입할 수 있도록 과세이연 규정을 두고 있다.

사례 K-IFRS 적용 법인의 과세이연

2026년에 K-IFRS 최초적용법인이 후입선출법을 선입선출법으로 변경하면서 기초재고자산의 평가차이 100을 다음과 같이 계상한 경우 세무조정(세부담 최소화가정)

구 분	2026년	2027년	2028년(해산)
회 사	(차)제 품 100 (대)이월이익잉여금 100	–	–
세 법	~~(차)제 품 100 (대)익 금 100~~ ~~(차)익 금 100 (대)제 품 100~~	(차)제 품 20 (대)익 금 20*2	(차)제 품 80 (대)익 금 80*3
세무조정	① 〈익금산입〉 이월이익잉여금 100(기 타) ② 〈익금불산입〉 제 품 100(△유보)*1	〈익금산입〉 제 품 20(유 보)	〈익금산입〉 제 품 80(유 보)

*1 다음 기부터 5년간 균등 익금산입하되, 해산시 남은 잔액을 익금산입한다.

*2 $100 \times \frac{12}{60} = 20$

*3 $100 - 20 = 80$

(3) 추가 정리사항

① 임직원 가사용으로 사용한 원가 4(시가 6)인 상품을 감모손실로 계상한 경우 세무조정

구 분	차변		대변	
회 사	(차) 감 모 손 실	4	(대) 상 품	4
세 법*1	~~(차) 현 금~~	~~6~~	(대) 상 품 처 분 이 익	4 2
	(차) 사 외 유 출	6	~~(대) 현 금~~	~~6~~
수 정	(차) 사 외 유 출 6 익금산입(상 여)*2	6	(대) 감 모 손 실 처 분 이 익	4 2

*1 세법에서는 시가로 상품을 처분한 후 그 금액을 가사용으로 사용한 것으로 본다(이중거래).

*2 • 위의 수정분개에 따른 세무조정을 손익에 미치는 영향으로 세무조정하면 다음과 같다. ⋯→ 어느 방법이든 세무조정결과는 동일함

〈1〉회사 손실 4 —6익금산입(상여)→ 〈2〉 세법 익금 2

〈Tip〉 임직원에게 가사용으로 재고자산을 제공하고 원가를 감모손실로 계상한 경우 세무조정 : 시가를 익금산입(상여)한다.

• [2차 시험용] 상품이 부가가치세 과세대상인 경우 세무조정

① 부가가치세예수금(시가 6×10%=0.6)을 증액시키는 세무조정 → 0.6 손금산입 · △유보
② 시가와 부가가치세의 합계액을 사외유출로 처리 → 6.6 익금산입 · 상여

② 매출가격환원법 적용시 판매예정차손이 발생하는 경우에는 판매예정가액을 기말재고자산가액으로 한다. 즉, 원가율이 100%를 초과하는 경우 100%를 원가율로 한다.

사례

기말상품	〈경우1〉	〈경우2〉	
판매예정가액	100	100	판매예정가액을 기말재고자산가액으로 함
매가환원법 원가율	80%	~~110%~~ → 100%	
원가	80	~~110~~ → 100	
판매예정이익	20	~~△10~~ → 0	

(기출) 매출가격환원법을 적용하는 경우 판매예정차익이 발생되는 때에는 판매예정가액에서 판매예정이익을 공제하여 취득가액을 계산하나, 판매예정차손이 발생되는 때에는 판매예정가액으로 취득가액을 계산한다. : 옳은 문장(∵ 기말 취득가액은 위 '<경우1>'은 '100−20=80'이며, '<경우2>'는 '100'임)

③ 평가방법 변경신고를 하지 아니하고 신고한 평가방법과 달리 재고자산을 평가한 경우에는 신고한 재고자산 종류별로 합계액을 기준으로 평가하며, 재고자산 종류별로 여러 품목이 있더라도 품목별로 평가하는 것이 아니다. → 제품에 A품목, B품목이 있더라도 합계액 기준으로 평가한다.

④ 새로운 업종을 추가하고 그 업종 개시일이 속하는 사업연도의 법인세 신고기한까지 재고자산 평가방법을 신고한 경우 새로운 업종을 개시한 사업연도부터 신고한 평가방법에 따라 평가한다.

사례 소비성서비스업을 영위하던 갑법인이 제6기(2026. 1. 1.~12. 31.)에 제조업을 개시하면서 2027. 3. 31.까지 재고자산 평가방법을 총평균법으로 신고한 경우 제6기부터 총평균법을 적용한다.

⑤ 회사가 재고자산에 대한 평가충당금을 설정한 경우 이는 세법상 인정되지 않는 미열거충당금이므로 손금불산입(유보)한다.

사례

기말 재무상태표			회계처리	세무조정
제품	500			
평가충당금	△100	:	(차) 평가손실 100 (대) 평가충당금 100	100 손금불산입(유보)*
	400			

* [다른 조정에 미치는 영향 : 2차 시험용] 만약 회사가 제품(부동산 아님)의 평가방법을 임의로 변경하였다면 기말 평가 관련 조정은 다음과 같이 한다.

회사 기말 제품	세법상 기말 제품	차 이
500(~~400~~) (∵ 100을 손금불산입함에 따라 기말 제품은 500이 됨)	max [선입선출법, 당초 적법하게 신고한 방법]	×××

4 유가증권

1. 범위

① 주식, 출자지분 ② 채권 ③ 「간접투자자산운용업법」에 따른 유가증권

2. 평가방법

기업회계에서는 유가증권의 종류별로 원가법, 시가법 등을 적용하나, 세법은 다음과 같이 평가한다. ⟶ 아래 '원칙'에 따라 최초 취득한 원가를 증감할 수 없으나(이하 '원가법'이라 함), 아래 '예외'의 경우에는 시가로 감액 가능함(1,000원은 제외)

구 분	세법상 평가방법
원 칙	① 일반적인 경우 : 다음 방법 중 선택 ⟶ 원가법 원칙 • 주식 : 총평균법 · 이동평균법 • 채권 : 개별법 · 총평균법 · 이동평균법 ② 투자회사 등이 보유한 집합투자자산 : 시가법 ③ 보험회사의 특별계정에 속하는 자산 : 개별법(채권에 한함), 총평균법, 이동평균법, 시가법 중 보험회사가 신고한 방법[그 방법을 이후 사업연도에도 계속 적용해야 한다. 단, 보험회사가 평가방법이 다른 보험회사를 합병한 경우에는 합병등기일이 속하는 사업연도 종료일부터 3년 이내에 납세지 관할세무서장에게 신고하고 평가방법을 한번만 변경할 수 있다. 개정 (단서 신설)]
예 외	다음의 경우 평가손실을 계상하면 시가로 감액가능. 단, 1,000원은 제외. → 선택권 부여 → ∴ 결산조정사항*1 ① 주식을 발행한 법인이 파산한 경우 ⟶ 상장 · 비상장 불문 ② 다음의 주식을 발행한 법인이 부도발생한 경우 또는 회생계획인가의 결정*3을 받았거나 부실징후기업이 된 경우 • 상장법인이 발행한 주식 • 특수관계 없는 비상장법인이 발행한 주식*2 • 중소기업창업투자회사 · 신기술사업금융업자가 보유하는 주식 중 각각 창업자 · 신기술사업자가 발행한 것

*1 ① 감액사유가 발생한 연도에 계상한 경우에 한하여 인정되는 특별한 결산조정 사항이다.

② 시가가 1,000원 이하이면 1,000원을 시가로 하므로 사유 충족으로 주식 전액을 평가손실로 계상한 경우 1,000원을 손금불산입한다('p4-52. *2' 참고).

*2 비상장법인의 주식을 5% 이하 소유하면서 취득가액이 10억원 이하인 경우에는 소액주주로 보아 특수관계 있는지 판단한다('p4-52. 정리' 참고).

*3 [2차 시험용] 주식을 발행한 상장법인 등이 회생계획인가의 결정을 받은 경우 주식을 보유한 법인이 그 주식에 대한 평가손실을 계상하면 1,000원을 제외하고 손금인정하는 것이 원칙이다. 다만, 회생계획인가의 결정으로 채권이 출자전환됨에 따라 법인이 취득한 주식('p4-129. 6. 박스 안 ②. ㉠'의 경우)에 대해서는 해당 사유로 인한 평가손실을 손금으로 인정하지 않는다.

사 례

① 10기에 파산한 A사 주식 1,000,000을 11기의 손익계산서상 평가손실로 계상한 경우 : 손금불산입 1,000,000(유보)

② 특수관계 없는 비상장법인인 B사의 회생계획인가 결정으로 B사 주식 2,000,000을

〈경우1〉 전액 손익계산서상 평가손실로 계상한 경우 : 손금불산입 1,000(유보)

〈경우2〉 시가가 10,000원이어서 1,990,000을 손익계산서상 평가손실로 계상한 경우 : 세무조정없다(시가가 1,000원 이하가 아니기 때문).

③ 특수관계 있는 비상장법인인 C사의 부도발생으로 C사 주식 3,000,000을 손익계산서상 평가손실로 계상한 경우 : 손금불산입 3,000,000(유보) → ∵ 특수관계 없는 비상장법인이 아님

④ 상장법인인 C사의 파산으로 C사 주식 4,000,000을 '(차)기타포괄손익누계액 4,000,000, (대)금융자산 4,000,000'으로 계상한 경우 세무조정 :

〈손 금 산 입〉 기타포괄손익누계액 4,000,000 (기타)
〈손금불산입〉 금융자산 1,000 (유보)

3. 평가방법의 신고 및 변경신고

(1) 신고기한 및 신고기한 경과 후 신고한 경우 평가방법

재고자산 규정을 준용한다('p4-137. 3' 내용).

(2) 무신고시와 임의변경시 평가방법

• 일반법인

구 분	평가방법
무신고시	총평균법
임의변경시	max(① 무신고시 평가방법 : 총평균법, ② 당초 적법하게 신고한 평가방법)

• 투자회사 등이 보유한 집합투자증권, 보험회사의 특별계정에 속하는 자산 : 앞 페이지 표 안 '원칙'의 '②, ③' 규정 적용

4. 유가증권 관련 세무조정

(1) **주식** : 회사가 임의로 주식의 평가손익을 계상한 경우 다음과 같이 세무조정한다.

구 분	평가이익	평가손실
회사가 당기손익으로 처리한 경우	익금불산입(△유보)	손금불산입(유보)
회사가 기타포괄손익누계액으로 처리한 경우 ('p4-39. (2)' 참고)	〈1〉 익금산입(기타) 〈2〉 익금불산입(△유보)	〈1〉 손금산입(기타) 〈2〉 손금불산입(유보)

■ 지분법에 따라 회계처리한 경우

구 분	당기순이익 보고시점	배당금 수령시점
회 사*	(차) 주 식 10 (대) 지분법이익 10	(차) 현 금 10 (대) 주 식 10
세 법	-(∵ 원가법)	(차) 현 금 10 (대) 배당금수익 10
조 정	〈익금불산입〉 주식 10(△유보)	〈익금산입〉 주식 10(유보)

* 지분법 회계처리에 따르면 피투자회사가 당기순이익을 보고할 때 지분법이익을 계상하면서 주식의 장부가액을 증액하고, 배당금을 수령할 때 주식의 장부가액을 감액한다.

(2) **채권** : 액면가액 100의 사채를 7월 1일 95에 발행(이자 지급약정일은 차기 6월 30일)한 경우

구 분	채권 구입자	채권 발행자
발행시	(차) 기타포괄손익인식금융자산 95 (대) 현 금 95	(차) 현 금 95 (대) 사 채 100 사채할인발행차금 5
기말 ① 발생이자	(차) 미 수 이 자 3 (대) 이 자 수 익 3 익금불산입(△유보)*1 ↵	(차) 이 자 비 용 3 (대) 미 지 급 이 자 3 ↳ 손금 인정*1
② 상각	(차) 기타포괄손익인식금융자산 1 (대) 이 자 수 익 1 익금불산입(△유보)*2 ↵	(차) 이 자 비 용 1 (대) 사채할인발행차금 1 ↳ 손금 인정*3
③ 평가	(차) 기타포괄손익인식금융자산 2 (대) 기타포괄손익 2 익금산입(기타), ↵ 익금불산입(△유보)	-

*1 이유(p4-118. 정리) : 귀속시기 미도래 → 원천징수대상 → ∴ 미수이자계상은 인정 ×, 미지급이자계상은 인정 ○

*2 이유 : 유가증권은 원가법만 인정하므로 상각에 의한 채권가액의 증액 불가

*3 이유[p4-121. (1)] : 사채할인발행차금 상각은 강제상각

→ 다른 세무조정에 미치는 영향 : 지급이자 손금불산입 = 지급이자(포함) × $\frac{\text{업무무관자산적수}}{\text{차입금적수}}$

(3) 그 밖의 정리사항

1) 자전거래 등을 이용한 평가손익 불인정

경쟁제한적 시장상황에서의 자전거래나 공정가액으로 거래하였다고 보기 어려운 경우 발생하는 유가증권의 처분손익은 그 실질을 평가손익으로 보아 익금 또는 손금으로 인정하지 않는다.

사 례

취득가 100의 주식을 특수관계인에게 80에 처분한 후, 바로 그 주식을 80에 구입한 경우

① 처분시 : (차) 현 금 80 (대) 주 식 100
처분손실 20 ········► 손금불산입(유보)*

② 구입시 : (차) 주 식 80 (대) 현 금 80

* ∵ 처분손실의 탈을 쓴 평가손실에 해당

정 리 [2차 시험용] 세무조정

1. 기타포괄손익인식금융자산을 처분하고 한국채택국제회계기준에 따라 회계처리한 경우 세무조정 방법

〈1단계〉 유보잔액 추인(추인액 : 유보잔액×처분비율)
〈2단계〉 저가양도인지 여부 확인 → 해당되면 의제기부금 또는 부당행위계산 부인에 관한 조정 행함
〈3단계〉 기타포괄손익으로 계상한 금융자산평가이익을 다른 자본항목으로 대체했는지 여부에 따른 세무조정 행함

2. 보유한 주식(45,000,000원)을 발행한 회사가 전기에 파산하여 전액 손실처리한 후, 당기에 60,000,000원의 잔여재산분배를 받고 수익으로 회계처리한 경우 당기의 세무조정

전기 비용처리시	당기 수익계상시
[회사] (차)평가손실 45,000,000 (대)주식 45,000,000	〈1단계〉 유보잔액 1,000원 추인 : 손금산입 · △유보 〈2단계〉 의제배당액에 대한 이중과세 조정 : 익금불산입* · 기타
[세법] (차)평가손실 44,999,000 (대)주식 44,999,000	
[조정] 〈손금불산입〉 1,000	

* 익금불산입액 : 의제배당액(잔여재산분배액 − 당초 취득가액) × 익금불산입률
= (60,000,000 − 45,000,000 = 15,000,000) × 익금불산입률

5 외화자산 · 부채의 평가

1. 기말 외화자산 · 부채의 평가(환산)

구 분		세법상 처리
은행 등 특정금융회사*1	화폐성 외화자산 · 부채*2	사업연도 종료일 현재의 매매기준율 또는 재정된 매매기준율로 평가한다[강제평가].
	통화선도 · 통화스왑 · 환변동보험	아래 '*3'과 같이 둘 중 선택하여 신고한 방법에 따라 평가한다.*4
일반법인 (은행 등 특정금융회사 외의 법인)	화폐성 외화자산 · 부채*2	아래 '*3'과 같이 둘 중 선택하여 신고한 방법에 따라 평가한다.*5
	환위험 회피용 통화선도 · 통화스왑 · 환변동보험	

*1 은행 등 특정금융회사 : 「은행법」에 의한 은행, 한국산업은행, 중소기업은행, 한국수출입은행, 한국정책금융공사, 농업협동조합중앙회 및 농협은행, 수산업협동조합중앙회를 말한다.

*2 • 화폐성 외화자산 · 부채

① 의미 : 화폐가치의 변동과 상관없이 자산 · 부채의 금액이 계약 등에 의하여 일정액의 화폐로 고정되어 있는 자산 · 부채

② 사례 : 현금 및 현금성 자산, 매출채권, 대여금, 미수금, 미지급금, 차입금, 사채 등[20)]

비교 외화평가대상이 아닌 비화폐성 항목의 사례 : 재고자산, 유형자산, 선급금, 선수금 등[20)]

• [세부사항] 일반법인의 평가대상이 되는 화폐성 외화자산 · 부채의 범위에서 「보험업법」에 따른 보험회사의 책임준비금은 제외한다.

*3 평가방법 : 다음 둘 중 납세지 관할세무서장에게 신고한 방법으로 평가한다. 다만, 최초로 '②'의 방법을 신고하여 적용하기 이전 사업연도의 경우에는 '①'의 방법을 적용한다. → ∴ 미신고시 외화평가손익을 인식할 수 없다.

① 평가하지 않는 방법 : 외화자산 · 부채의 취득일 또는 발생일(통화선도 · 통화스왑 · 환변동보험의 경우에는 계약체결일) 현재의 매매기준율 또는 재정된 매매기준율로 평가하는 방법

② 평가하는 방법 : 외화자산 · 부채를 사업연도 종료일 현재의 매매기준율 또는 재정된 매매기준율로 평가하는 방법

---

20) 화폐성 자산 · 부채를 평가대상으로 하고 비화폐성 자산 · 부채를 평가대상으로 하지 않는 이유

① 화폐성 자산 사례 : 기초에 $100의 외화(또는 외화예금)는 기말에도 $100로 고정되어 있으므로, 환율이나 물가가 변동하면 기초에 외화 $100로 살수 있는 물건을 기말에는 살 수 없게 되어 구매력 손익이 발생하게 된다. 따라서 외화평가대상이다.

② 비화폐성 자산 사례 : 기초에 $100의 상품을 팔아 살 수 있는 물건을 기말에도 기말 가치로 상품을 팔아 살 수 있으므로 구매력 손익이 발생하지 않는다. 따라서 외화평가대상이 아니다.

*4 은행 등 특정금융회사의 경우 신고한 평가방법은 그 후 사업연도에도 계속하여 적용하여야 한다.

*5 일반법인의 경우 신고한 평가방법은 그 후 사업연도에도 계속하여 적용하되, 신고한 평가방법을 적용한 사업연도를 포함하여 5개 사업연도가 지난 후에는 다른 방법으로 신고를 하여 변경된 평가방법을 적용할 수 있다.

2. 외화자산 · 부채의 상환손익 : 실현된 손익이므로 해당 사업연도의 익금 또는 손금에 산입한다.

사 례 1기에 외화차입금 $1,000을 차입하여 2기에 상환한 경우

(1기 차입시) $ 1,000 × ₩ 1,000/$ = ₩1,000,000

(1기 기말) $ 1,000 × ₩ 1,400/$ = ₩1,400,000

(2기 상환시) $ 1,000 × ₩ 1,300/$ = ₩1,300,000

구간	기업회계	세법: 일반법인	세법: 은행 등
손실 400,000	당기 손익	당기 손익(선택)	당기 손익(강제)
이익 100,000	당기 손익	당기 손익(강제)*1	당기 손익(강제)*2

*1 상환시 2기의 세법상 익금 또는 손금 인정액

① 1기에 평가손실 400,000을 손금 인정한 경우 : 1,300,000 − 1,400,000 = 100,000(익금인정액)

② 1기에 평가손실 400,000을 손금 인정하지 않은 경우 : 1,300,000 − 1,000,000 = 300,000(손금인정액)

*2 상환시 2기의 세법상 익금액 : 1,300,000 − 1,400,000 = 100,000(∵ 은행 등은 강제평가하므로 1기에 400,000을 손금 인정했음)

정 리 외화 자산 · 부채 평가 등과 관련된 세무조정 방법

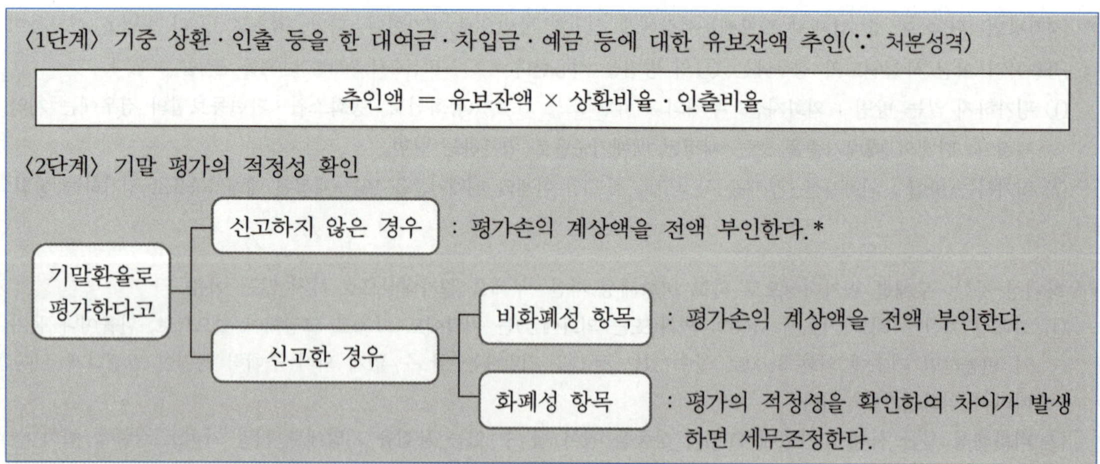

* 단, 은행 등 특정금융회사의 경우에는 화폐성 외화자산·부채를 강제평가하여야 한다. 따라서 위 그림의 '기말환율로 평가한다고 신고한 경우'와 동일한 세무조정을 행한다.

사 례

다음 자료를 이용한 제조업을 영위하는 갑법인의 제26기(2026. 1. 1.~12. 31.)의 세무조정

〈자료〉

1. 전기말 유보금에는 '외화 외상매출금 5,000,000(유보)'가 있으며, 그 외화 외상매출금은 전액 당기에 상환받았다.
2. 당기 외화평가자료는 다음과 같다. 회사는 외화평가방법으로 기말환율로 평가한다고 신고하였다(제26기말 매매기준율 : 1$당 1,000원).

구분	외화	평가전 회계상 장부가액	평가손익(△ : 손실)*
외화예금	$100	120,000원	△20,000원
외화선급금(제품관련)	$200	180,000원	20,000원
외화차입금	$300	270,000원	30,000원

* 당기 손익으로 계상함

〈해답〉

〈1단계〉 기중 상환분 유보 추인 : 〈손금산입〉 전기 외화 외상매출금 5,000,000(△유보)[21]

〈2단계〉 기말 평가

Q 기말 환율로 평가한다고 신고하였는가? : Yes

(1) 비화폐성 항목 : 〈익금불산입〉 외화선급금 20,000(△유보)

(2) 화폐성 항목 : 평가의 적정성 확인

---

21) 상환받을 때 추인하는 이유

만약 제25기말 외화 외상매출금이 $60,000(회계상 장부가액은 66,000,000원, 이에 대한 전기말 유보금은 5,000,000원)이고 제26기 7월 1일 상환받을 때 환율이 1$당 ₩1,000인 경우 상환 관련 세무조정

구분	차변	금액	대변	금액
회 사	(차) 현 금 상환손실	60,000,000*1 6,000,000	(대) 외상매출금	66,000,000
세 법	(차) 현 금 상환손실	60,000,000 11,000,000	(대) 외상매출금	71,000,000*2
세무조정	〈손금산입〉 외화 외상매출금 5,000,000(△유보)			

*1 $60,000 × 1,000 = 60,000,000

*2 66,000,000(회계상 장부가액) + 5,000,000(유보) = 71,000,000

구분	회사 손익	세법 손익			세무조정
		기말 평가액	세법상 장부가액	손익	
외화예금	△20,000	$100 × 1,000 −	120,000	= △20,000	−
외화차입금	30,000	$300 × 1,000 −	270,000	= △30,000*	60,000손금산입(△유보)

* 차입금이 증가하였으므로 손실임

※ 추가정리 [2차 시험용]

제25기에 외화예금한 금액 $150[이에 대한 전기 세무조정 : ₩30,000 익금산입(유보)] 중 제26기에 $50를 인출하고 제26기말에 $100의 잔액이 있는 경우 제26기의 외화예금 관련 세무조정은? (다른 자료는 위 '사례'와 동일하다고 가정)

〈1단계〉 기중 인출분 유보 추인 : 〈손금산입〉 전기 외화예금 10,000*(△유보)

* $30,000 \times \frac{\$50}{\$150}$(상환비율) = 10,000

〈2단계〉 기말 평가 : 화폐성 항목이므로 평가의 적정성 확인

회사손익	세법 손익		세무조정
	기말 평가액	평가 전 세법상 장부가액	
△20,000	$100 × 1,000	− [120,000 (회계상 장부가액) + (30,000 − 10,000)* (유보 잔액)] = △40,000	20,000손금산입(△유보)

* 전기말 유보금 30,000 중 당기 인출로 추인된 10,000을 제외한 금액 20,000이 당기말 유보잔액이다.

6 가상자산

가상자산은 선입선출법(2027. 1. 1. 이후 거래하는 분부터는 총평균법 개정)에 따라 평가해야 한다.

제 7 절 의제배당 및 자본준비금 감액 배당

[1] 의제배당

1 〈유형1〉 잉여금의 자본전입에 따라 받는 무상주

1. 개요

(1) 법규정

법인의 잉여금의 전부 또는 일부를 자본이나 출자에 전입함으로써 주주인 내국법인이 취득하는 주식의 가액은 주주인 내국법인이 이익을 배당받았거나 잉여금을 분배받은 것으로 본다. 단, 익금불산입 항목인 자본잉여금에 해당하는 금액을 자본에 전입하는 경우는 제외한다.

(2) 과세체계

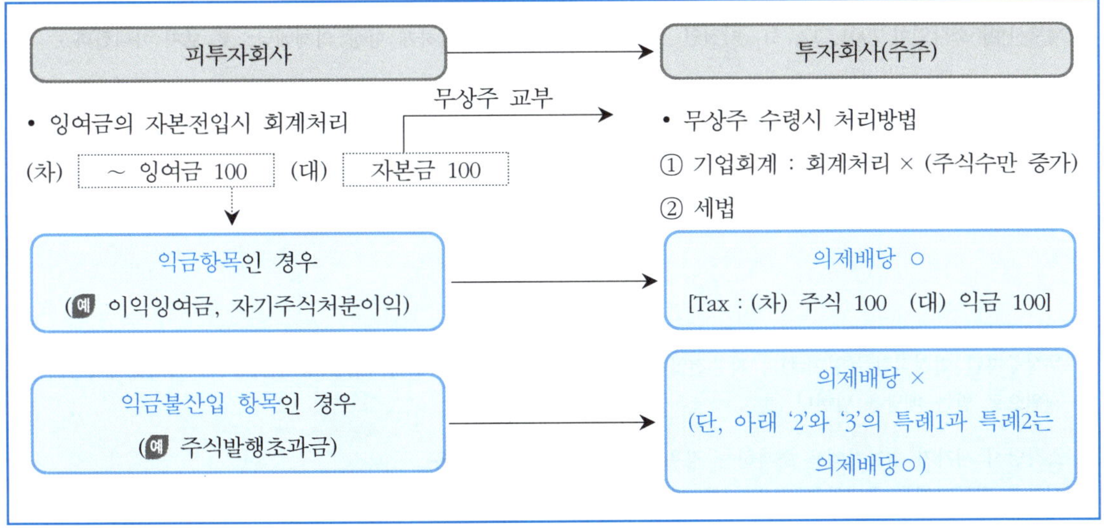

(3) '〈유형1〉'의 의제배당액의 계산과 귀속시기

구 분	내 용
의 제 배 당 액	의제배당 주식수×액면가액*1(주식배당[22]의 경우는 발행가액)*2
귀 속 시 기	잉여금의 자본전입을 결의한 날*3(~~무상주를 받은 날~~)

*1 ① 무액면주식의 가액은 다음과 같이 평가한다.

$$\text{무액면주식의 가액} = \text{의제배당일에} \frac{\text{자본금에 전입한 금액}}{\text{자본금 전입에 따라 신규로 발행한 주식수}}$$

② [세부사항] 투자회사 등이 취득한 주식의 경우에는 영(0)으로 한다.

*2 [세부사항] 투자회사 등이 받는 주식배당의 경우에는 영(0)으로 한다.

*3 [세부사항] 이사회의 결의에 의하는 경우에는 「상법」 제461조 제3항에서 정한 날로 한다.

2. 특례1 자기주식소각이익(익금불산입 항목)의 자본전입으로 받는 무상주

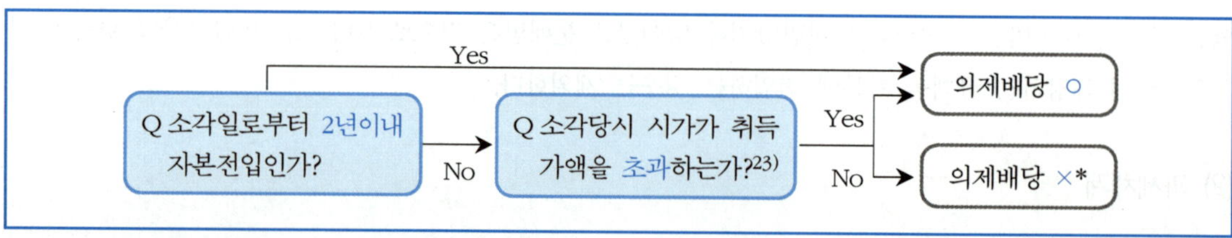

* [세부사항] 소각일이 2001. 12. 31. 이전인 경우에는 위 규정과 무관하게 항상 의제배당으로 보지 아니한다.

〈Tip〉 법인세 계산상 주식 관련 제재로서 '2년' 요건을 적용하는 규정은 : 'p4-3. 2'로 일괄 정리할 것

---

22) 무상증자란 법정적립금(잉여금)의 자본전입을 말하며, 주식배당이란 법정적립금(잉여금) 외의 미처분이익잉여금을 재원으로 받는 배당을 말한다.

23) 소각당시 시가가 취득가액을 초과하는 경우 의제배당으로 보는 이유
시가가 취득가액을 초과하는 경우 이를 처분하면 자기주식처분익(익금)이 발생하며, 이러한 자기주식처분익의 자본전입으로 주주가 받는 무상주는 기간과 무관하게 의제배당으로 본다. 이를 회피하기 위해 처분하지 않고 소각하는 행위를 방지하기 위하여, 소각당시 시가가 취득가액을 초과하여 발생한 자기주식소각이익의 자본전입으로 인한 무상주는 2년 이내 자본전입 여부와 무관하게 자기주식처분이익의 자본전입으로 인한 무상주와 동일하게 취급하여 의제배당으로 본다.

3. 특례2 자기주식을 보유한 상태에서 자본전입으로 다른 주주의 지분비율이 증가하는 경우

익금불산입항목인 자본잉여금의 자본전입으로 받은 무상주라도 다음 요건을 모두 충족한 경우에는 증가한 지분비율에 해당하는 주식가액을 지분비율이 증가한 주주의 의제배당으로 본다.

① 무상증자하는 법인이 자기주식을 보유하고 있을 것

② 그 자기주식에 대한 무상주를 무상증자하는 법인이 배정받지 아니함에 따라 다른 주주의 지분비율이 증가할 것

사례1 개념정리 사례 : 甲법인이 주식발행초과금의 자본전입으로 무상주를 교부하는 경우

	甲법인 주주	증자 전	무상주 지분율	무상주 추가	증자 후	의제배당 주식수 (증자후 − 증자전)
〈경우1〉	A법인	80주	80주	20주	180주	$200주 \times \left(\frac{180주}{200주} - \frac{80주}{100주}\right) = 20주$
재배정○	甲법인	20주	~~20주~~ (→ 추가)		20주	
		100주			200주	
〈경우2〉	A법인	80주	80주	−	160주	$180주 \times \left(\frac{160주}{180주} - \frac{80주}{100주}\right) = 16주$
재배정×	甲법인	20주	~~20주~~	−	20주	
		100주			180주	

* 증가된 지분비율에 해당하는 주식수 : 증자후 총주식수 × (증자후 지분율−증자전 지분율)

사례2 실전에서 풀이방법

① 甲법인이 주식발행초과금 70,000과 이익준비금 30,000의 자본전입으로 무상주 교부

② 다음 자료를 기초로 한 A법인의 의제배당액은? (1주당 액면가액은 10)

주주	무상증자 전		무상주
	보유주식수	지분율	
A법인	3,500주	35%	4,375주*
甲법인	2,000주	20%	−
기타주주	4,500주	45%	5,625주
계	10,000주	100%	10,000주

* 甲법인 자기주식분 '10,000주 × 20% = 2,000주'를 다른 주주의 지분율에 따라 재배정하였다면 A법인이 받을 무상주는 '10,000주 × (35%+20%×$\frac{35\%}{80\%}$=43.75%) = 4,375주'

〈해답〉

Q 'p4-69'의 적용배제대상이 있는가?

〈1단계〉 A법인의 의제배당액 : ① + ② = 19,250 ⋯→ '①'은 받은 주식 총수를 기준으로 의제배당 구성분(30%) 의제배당액을 계산하고, '②'는 지분율 초과분 주식수를 기준으로 의제배당 미구성분(70%) 의제배당액을 계산하는 방식

① 구성분 : 받은 주식 총수 × $\frac{\text{구성분 잉여금*1}}{\text{총자본전입액}}$ × 액면가액 = 4,375주 × $\frac{30,000}{100,000}$(30%) × 10 = 13,125

② 미구성분 : $\left(\text{받은 주식 총수} - \text{지분율에 따른 주식수}\right)$ × $\frac{\text{미구성분 잉여금*1}}{\text{총자본전입액}}$ × 액면가액
(지분율 초과분 주식수)

= (4,375주−10,000주*2×35%) × $\frac{70,000}{100,000}$(70%) × 10 = 6,125

〈2단계〉 수입배당금 익금불산입액[연계정리 : 'p4-68. (2)']

구성분 의제배당액 × 익금불산입률 = 13,125*3 × 80%*4 = 10,500

*1 (1) 구성분 잉여금 : 다음의 잉여금을 말한다.

① 익금항목
② 자기주식소각이익 중 자본전입시 의제배당에 해당되는 것 ⋯→ '특례 1'을 말함

(2) 미구성분 잉여금 : 위 '(1) 구성분 잉여금'을 제외한 잉여금을 말한다.

*2 실제 발행주식수로 계산하되, 발행주식수가 제시되지 않은 경우에는 다음과 같이 계산한다.

• 발행주식수 : $\frac{\text{자본전입 총액}}{\text{1주당 액면가액}} = \frac{70,000 + 30,000}{10}$ = 10,000주

*3 'p4-69. ⑦'에 따라 위 산식의 '② 미구성분 6,125'는 이중과세조정 대상이 아니다.

*4 무상증자 전 지분율*이 20% 이상 50% 미만이므로 80%의 익금불산입률을 적용한다.

* 무상증자 전 지분율 : 무상증자 전 $\frac{\text{나의 보유주식 총수}}{\text{발행주식 총수} - \text{자기주식 총수}} = \frac{3,500주}{10,000주 - 2,000주}$ = 43.75%

이 해

구 분	총자본전입액	비율			이중과세조정
구성분	30,000	30%	4,375주 × 30% × 10 = 13,125		13,125 × 80% = 10,500
미구성분	70,000	70%	의제배당 아님	875주 × 70% × 10 = 6,125	조정대상 ×
	100,000	100%	지분에 따른 주식수 10,000주 × 35% = 3,500주	추가 배정 주식수 875주	
			받은 주식 총수 4,375주		

정 리 '〈유형1〉 의제배당'의 세무조정방법

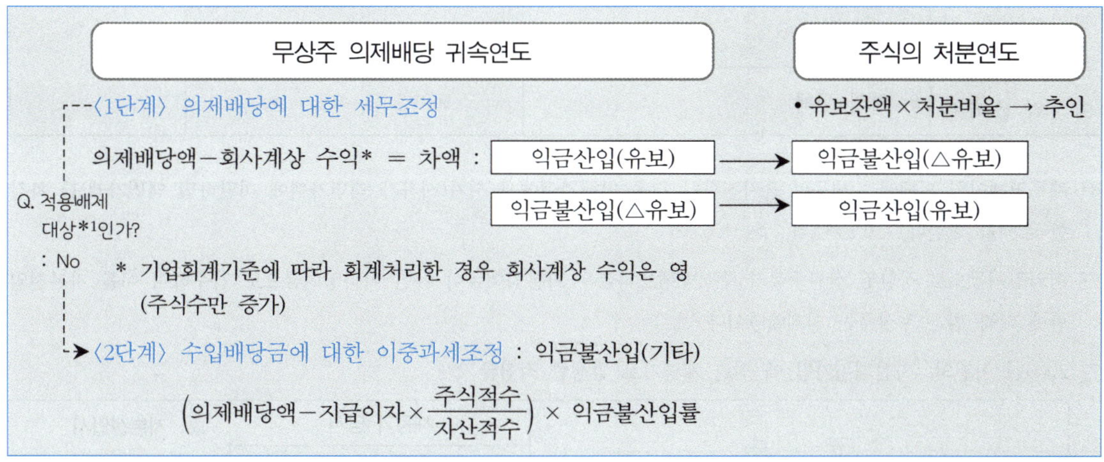

*1 'p4−69' 표 안의 '적용배제' 대상을 말한다.

4. 무상주 의제배당 종합정리

자본에 전입하는 잉여금			발생시 익금여부	의제배당여부: 지분율 해당분	의제배당여부: 지분율 초과분 (특례2)
주식발행초과금	일반적인 주식발행초과금		×	×	○ (재원과 무관하게 의제배당에 해당함)
	채무면제이익 의제액*1		○	○	
	이익잉여금으로 상환된 상환에 관한 종류주식(상환주식)의 주식발행초과금*2		× (또는 ○)	○	
주식의 포괄적 교환차익 · 이전차익			×	×	
감자차익	일반 감자차익		×	×	
	자기주식 소각이익	2년내 자본전입분	×	○ (특례1)	
		'2년후 자본전입' and '소각당시 시가>취득가'			
		위 외	×	×	
자기주식처분이익(기타자본잉여금)			○	○	
재평가적립금*3	1% 세율 적용분(토지)		○	○	
	3% 세율 적용분(건물 등)		×	×	

이익잉여금(이익준비금 · 기타 적립금 · 기타 잉여금)		○	○	
적격요건을 갖춘 경우 합병차익 · 분할차익	의제배당대상*4	○	○	
	위 외의 금액	×	×	

*1 채무면제이익 의제액 : 채무의 출자전환의 경우 발행가액에서 시가(시가가 액면가액에 미달하면 액면가액)를 차감한 금액을 말한다. → 연계정리 : p4—66. ※

*2 이익잉여금으로 상환된 상환주식의 주식발행초과금은 자본잉여금이 아닌 이익잉여금으로 간주하여 이를 자본전입함에 따라 받은 무상주는 의제배당이다.[24)]

*3 2000년 이전의 「자산재평가법」에 의한 재평가로 발생한 적립금

구 분		재평가 당시		자본전입시
		재평가세율	익금여부	의제배당여부*
토지분	① 원칙	1%	○ →	○
	② [세부사항] 1983. 12. 31. 이전에 취득한 토지	3%	× →	×
건물 · 기계 등		3%	× →	×

* 재평가적립금의 일부를 자본에 전입하는 경우에는 토지분과 건물 · 기계 등의 금액의 비율에 따라 각각 전입한 것으로 본다.

사례 [2차 시험용] A법인이 B법인의 지분을 30% 보유하고 있는 상태에서 B법인이 재평가적립금(건물분 400, 1% 재평가세율이 적용된 토지분 600) 중 200을 자본에 전입하여 A법인이 무상주를 받은 경우 의제배당액은?

$$200 \times \frac{600}{400 + 600} \times 30\%(\text{지분율}) = 36$$

---

24) 회계처리를 통한 이해

구 분	발행법인	주주
① 상환주식 발행시	(차) 현 금 80 (대) 자 본 금 50 (액면가액) 주식발행초과금 30	(차) 주 식 80 (대) 현 금 80
② 상환주식 상환시	(차) 이 익 잉 여 금 100*1 (대) 현 금 100	(차) 현 금 100 (대) 주 식 80 배당금수익 20
③ 상환주식의 주식발행초과금 자본전입시	(차) 주식발행초과금 30 (대) 자 본 금 30	(차) 주 식 30 (대) 배당금수익 30*2

*1 상환기간동안 이익이 100 발생하였고, 「상법」에 따르면 이를 재원으로 상환주식의 주식발행초과금을 소각함 → 이에 따르면 장부상 주식발행초과금은 남아 있게 된다.

*2 청색선(—)의 상계를 고려하면 실질성격이 이익잉여금의 자본전입으로 인한 것이므로 의제배당으로 본다.

*4 [세부사항] 의제배당대상 ⋯→ 초보자는 '제19절 합병 · 분할 등' 학습 후 정리할 것

합병 · 분할에 따라 승계한 잉여금을 2019. 2. 12. 이후 자본에 전입하는 분부터는 다음 규정을 적용한다.

합병차익 중 의제배당대상**	분할차익 중 의제배당대상**
적격합병을 한 경우 다음 금액의 합계액(합병차익을 한도로 한다) ① 합병평가차익(승계가액−장부가액)* ② 피합병법인의 자본잉여금 중 의제배당 대상 자본잉여금 상당액 ③ 피합병법인의 이익잉여금 상당액	적격분할을 한 경우 다음 금액의 합계액(분할차익을 한도로 한다) ① 분할평가차익(승계가액−장부가액)* ② min(㉠, ㉡) ㉠ 분할에 따른 분할법인의 자본금 및 의제배당대상 자본잉여금 외의 자본잉여금의 감소액이 분할한 사업부문의 분할등기일 현재 순자산 장부가액에 미달하는 경우 그 미달하는 금액 ㉡ 한도 : 분할법인의 분할등기일 현재의 분할 전 이익잉여금 및 의제배당대상 자본잉여금의 합계액
• 자본전입순서 : 합병차익 또는 분할차익의 일부를 자본에 전입하는 경우에는 각각 위 의제배당대상 외의 금액을 먼저 전입하는 것으로 한다 ⋯→ 즉, 의제배당대상 외 합병차익 · 분할차익 → 의제배당대상 합병차익 · 분할차익 순으로 전입한 것으로 봄	

* 합병등기일(분할등기일) 현재 합병법인(분할신설법인등)이 승계한 재산의 가액이 피합병법인(분할법인)의 회계상 장부가액(승계한 세무조정사항이 있는 경우에는 세무상 장부가액에서 그 세무조정사항 중 익금불산입액은 더하고 손금불산입액을 뺀 가액으로 한다. '*4'에서 같다)을 초과하는 경우 그 금액을 말한다.

** 의제배당으로 과세하는 [취지] : 피합병법인 · 분할법인이 합병 · 분할하기 전에 자본에 전입하였다면 의제배당으로 과세될 잉여금을 합병법인 · 분할신설법인이 적격합병 · 적격분할 후 자본에 전입하였다고 의제배당으로 과세하지 않게 되면 자본전입 시점에 따라 과세여부가 달라진다는 문제점이 발생하여 이를 해소하기 위해서다.

정리 계산문제에 주식 관련 자료가 제시된 경우 고려사항

취득단계	보유단계	처분단계
고가매입 또는 저가매입 해당 여부 검토하여 그에 따른 세무조정 ('p4－132. 1' 참고)	(1) 수입배당금 관련 세무조정 〈1단계〉 현금배당 · 의제배당에 대한 세무조정 ↓ Q 적용배제대상인가? : No 〈2단계〉 이중과세조정을 위한 수입배당금의 익금불산입 세무조정 ⇢ 'p4－67. 2.5' 내용 ① 내국법인으로부터의 수입배당금 : 30%, 80%, 100% 익금불산입(지주회사의 경우 2026년까지 특례 규정 적용) ② 외국자회사로부터의 수입배당금 : 요건충족시 95% 익금불산입 또는 간접외국납부세액공제 (2) 주식의 평가손익에 대한 세무조정 일반법인의 경우 세법상 유가증권은 원가법을 적용하므로 파산 등 'p4－143. 2. 예외'의 경우를 제외하고는 평가손익을 인정하지 아니한다.	〈1〉 유보잔액 추인 유보잔액 × 처분비율 〈2〉 저가 양도인가?

사 례

제조업을 영위하는 ㈜우리의 제25기(2025. 1. 1.~12. 31.)와 제26기(2026. 1. 1.~12. 31.)의 세무조정

〈자료〉

1. 2025년 1월 초에 상무이사로부터 시가 ₩600,000의 비상장법인인 ㈜갑 주식을 ₩500,000에 취득(지분율 10%)하고 당기손익인식금융자산으로 기록하였다.
2. 2025년 12월 초에 ㈜갑이 이익준비금의 자본전입으로 인하여 주주들에게 교부한 주식 중 10주(1주당 액면가액 ₩5,000, 시가 ₩6,000)를 수령하였으며, 이 무상주와 관련된 회계처리를 기업회계기준에 따라 적절하게 하였다(배당기준일은 2025. 12. 1.)
3. 2025년 말 재무상태표에는 ㈜갑 주식을 공정가액인 ₩800,000으로 기록하였으며, 2025년의 세무조정은 적절하게 이루어졌다.
4. ㈜갑 주식 중 50%를 2026년 말에 처분하고 기업회계기준에 따라 적절하게 회계처리하였다.

〈해답〉

제25기			제26기
취득	수입배당금	평가	처분
특수관계인인 개인으로부터 저가매입 〈익금산입〉 주식 100,000*(유보) * 600,000 − 500,000	〈1단계〉 의제배당 조정 〈익금산입〉 주식 50,000*(유보) * 10주 × 5,000 Q 적용배제? : No(3개월 경과) ➤〈2단계〉 이중과세조정 〈익금불산입〉 수입배당금 15,000*(기타) * 50,000 × 30% = 15,000	〈익금불산입〉 주식 300,000*(△유보) * 800,000 − 500,000	〈1단계〉 유보잔액 추인 〈익금산입〉 주식 75,000*(유보) (100,000+50,000+△300,000) × 50% = 75,000 〈2단계〉 저가양도인가? 자료없음

2 〈유형2〉 감자 등으로 받는 금액이 주식의 취득가액을 초과하는 경우

1. 개요

아래 '2. ①~④'에 한정하여 주식의 처분이익을 주식에서 받은 배당으로 보아 과세하는 특별한 유형의 의제배당

사례 피투자회사가 해산하면서 주주가 해산대가를 받는 경우 주주의 세무처리

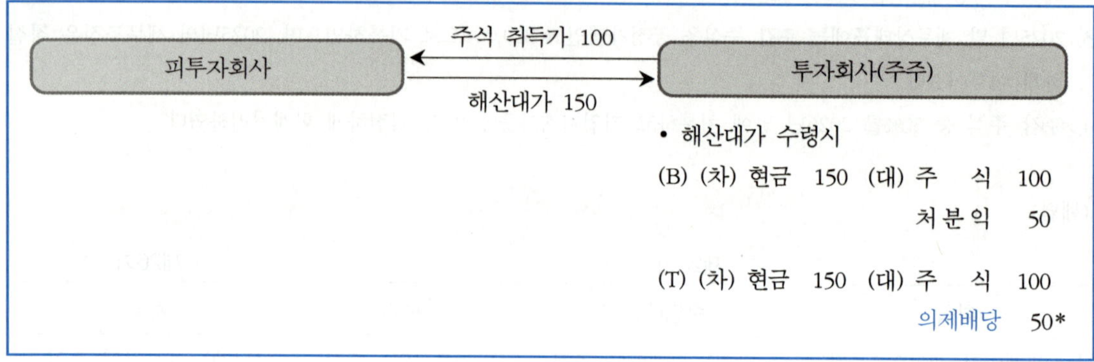

* 처분익이면 익금으로 전액 과세하나, 의제배당이면 요건충족시 수입배당금의 이중과세조정으로 일부 금액을 익금불산입할 수 있다.

2. 의제배당액의 계산과 귀속시기

다음 박스안의 ①~④ 중 어느 하나의 사유로 인하여 주주인 내국법인이 취득하는 금전과 그 밖의 재산가액의 합계액이 해당 주식을 취득하기 위하여 사용한 금액을 초과하는 금액은 다른 법인으로부터 이익을 배당받거나 잉여금을 분배받은 것으로 본다.

귀속시기		의제배당액의 계산	
감자결의일*4, 퇴사·탈퇴일	←	① 주식 소각, 자본(출자) 감소, 퇴사·탈퇴*1	대가(1)－주식의 취득가액(2)
잔여재산가액확정일~~(해산등기일)~~	←	② 해 산	
합병등기일	←	③ 합 병*2	
분할등기일	←	④ 분 할*3	

*1 사례 자본의 감소(또는 출자의 감소)로 인한 의제배당 사례 : 갑법인이 상장법인인 A사 주식 10,000주를 1주당 5,000원에 취득(지분율 40%)하여 보유하고 있던 중 A사가 주식의 20%를 감자함에 따라 1주당 6,000원을 지급받았다. 이 경우 의제배당액은?

- 의제배당액 : $\underbrace{10{,}000주 \times 20\% \times 6{,}000}_{감자대가} - \underbrace{10{,}000주 \times 20\% \times 5{,}000}_{주식\ 취득가} = 2{,}000{,}000$

→ 피출자법인의 소득에 법인세가 과세되지 아니한 수입배당금으로서 자본 또는 출자의 감소로 인한 의제배당은 수입배당금 이중과세조정 대상 아님[25](p4－69. ⑥)

*2 합병의 경우 '합병대가'란 합병법인 또는 합병법인의 모회사*의 주식 등의 가액과 금전 그 밖의 재산가액의 합계액을 말한다.

* 합병법인의 모회사 : 합병등기일 현재 합병법인의 발행주식총수 또는 출자총액을 소유하고 있는 법인을 말한다. 개정 (밑줄 부분. 종전 '내국법인'을 '법인'으로 개정. 개정이유 : 완전모회사인 외국법인 주식도 포함함. 아래 '*3'의 분할도 동일)

*3 분할의 경우 '분할대가'란 분할신설법인 또는 분할합병의 상대방 법인으로부터 취득하는 주식의 가액*과 금전 그 밖의 재산가액의 합계액을 말한다.

* 주식의 가액에는 분할합병의 경우 분할등기일 현재 분할합병의 상대방 법인의 발행주식 총수 또는 출자총액을 소유하고 있는 법인 개정 의 주식을 포함한다.

*4 [세부사항] 이사회의 결의에 의하는 경우에는 「상법」 제461조 제3항에 정한 날을 말한다. 단, 감자결의일의 주주와 「상법」 제354조에 따른 기준일의 주주가 다른 경우에는 같은 조에 따른 기준일로 한다.

(1) 대가의 평가방법

구 분	내 용
원 칙	받은 자산의 시가로 평가(∵ 정확한 처분익 계산)
특 례	• 적격합병 · 적격분할 요건*을 갖춘 경우 교부받은 주식 ① 대가를 주식으로만 받는 경우 : 주식의 종전의 장부가액(∵ 과세시점의 이연) ② 대가로 합병교부금을 일부 받는 경우 : min(시가, 주식의 종전의 장부가액)

25) 피출자법인의 소득에 법인세가 과세되지 아니한 수입배당금으로서 자본 또는 출자의 감소로 인한 의제배당을 수입배당금 이중과세 조정 대상으로 보지 않는 이유

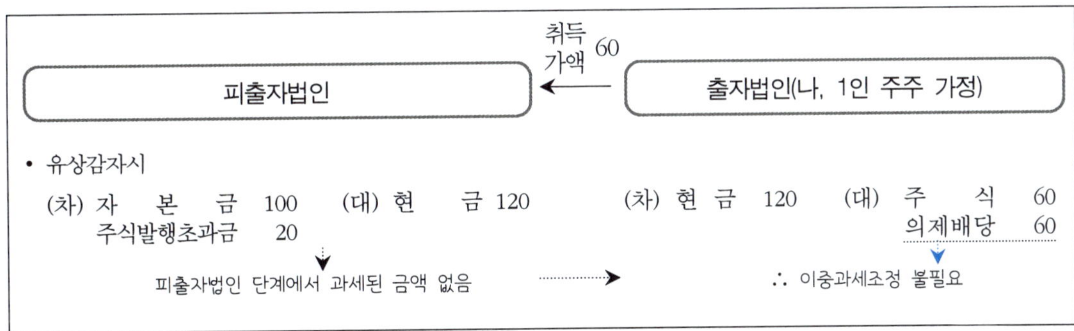

[행정해석] 내국법인이 피출자법인으로부터 '법인세가 과세된 이익잉여금'을 재원으로 하여 수령하는 유상감자 대가가 해당 내국법인이 보유한 당초 주식 등의 취득가액을 초과하여 의제배당에 해당하는 금액은 자본감소로 인한 익금불산입 배제규정이 적용되지 않는 것임(서면−2024−법규법인−0701)

* 의제배당액을 계산할 때 '적격합병 · 적격분할 요건'이란 '제19절. 합병 · 분할'편에서 설명할 적격합병 · 적격분할 요건 중 다음 요건을 말한다. ⇢ 이 내용은 '제19절. 합병 · 분할 등' 학습 후 정리할 것(아래 표에 'p4—345. 3'에 있는 지분의 연속성 중 '③' 요건, 사업의 계속성 요건, 고용의 승계 · 유지 요건이 제외된 이유 : 의제배당액은 합병등기일 · 분할등기일을 기준으로 계산하기 때문)

구 분	합 병	분 할
사업목적성	합병등기일 현재 1년 이상 계속 사업하던 내국법인간의 합병일 것	분할등기일 현재 5년(분할합병 1년) 이상 계속 사업하던 내국법인이 분할할 것
지분의 연속성	다음의 요건을 모두 갖출 것 ① 합병대가의 80% 이상이 주식일 것*1 ② 특정지배주주에게 다음 금액 이상의 주식을 각각 배정할 것 • 합병교부주식 × 특정지배주주의 피합병법인에 대한 지분비율	다음 요건을 모두 갖출 것 ① 분할대가의 전액이 주식일 것*2 ② 특정지배주주에게 다음 금액 이상의 주식을 각각 배정할 것 • 분할교부주식 × 특정지배주주의 분할법인등에 대한 지분비율

*1 ① 합병대가 중 합병법인의 주식가액이 80% 이상이거나 합병법인의 모회사(합병등기일 현재 합병법인의 발행주식총수 또는 출자총액을 소유하고 있는 내국법인을 말한다)의 주식이 80% 이상인 경우를 말한다.

② 80% 이상 여부 판단시 주식가액 비율 계산방법 : $\frac{\text{주식수} \times \text{시가}}{\text{주식수} \times \text{시가} + \text{합병교부금 등}}$

*2 분할합병의 경우에는 분할대가의 80% 이상이 분할신설법인등의 주식인 경우 또는 분할대가의 80% 이상이 분할합병의 상대방법인의 발행주식 총수 또는 출자총액을 소유하고 있는 내국법인의 주식일 것

사례 합병시 의제배당액 계산

피합병법인의 주주인 갑법인이 합병대가로 합병법인으로부터 받은 합병교부금은 15, 주식의 시가는 120인 경우 각 경우별 의제배당액은? 단, 종전 주식(피합병법인 주식)의 장부가액(취득가액)은 110이다.

구분	합병대가: 돈		합병대가: 주식		주식의 취득가		의제배당
〈경우1〉 비적격합병인 경우	(15	+	120)	−	110	=	25
〈경우2〉 적격합병인 경우	15	+	min[120, 110]	−	110	=	15
(if) 주식의 시가가 100인 경우	15	+	min[100, 110]	−	110	=	5
(if) 돈을 받지 않고 주식만 받은 경우			110	−	110	=	0

(2) 주식의 취득가액

구 분	내 용
원 칙	세법상 취득가액 = 회계상 취득가액 ± 주식관련 유보금액
단기소각 주식특례	• 감자(주식의 소각)로 인한 의제배당 계산시 주식의 취득가액 계산방법 Q 단기소각주식*이 있는가? No → 평균법에 따라 취득가액 계산 Yes → • 다음의 순서로 소각된 것으로 봄 〈1〉 단기소각주식[취득가액 : 0] 〈2〉 위 외의 주식[취득가액 : 평균법적용]

* 단기소각주식이란 감자 전 2년 이내 취득한 무상주 중 수령시 의제배당으로 과세되지 않은 무상주를 말한다.

〈Tip〉 법인세 계산상 주식 관련 규정(2년 요건, 평가방법)의 비교정리는 'p4-3. 2'로 일괄 정리할 것

사 례 300주의 감자로 주주가 받은 대가가 3,000,000인 경우 각 경우별 의제배당

(1) 주식의 취득가액 계산

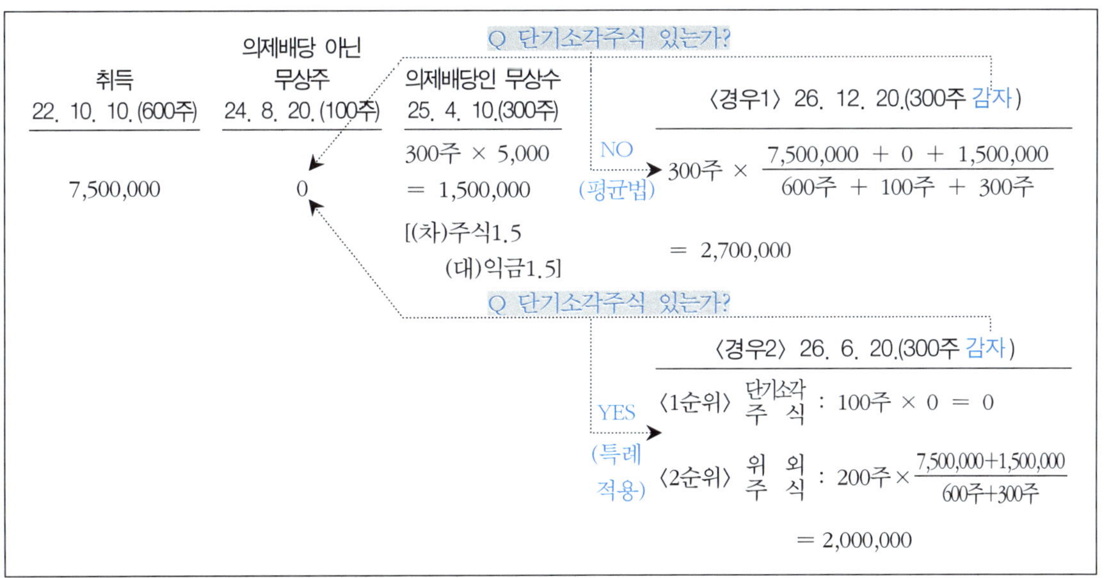

(2) 의제배당액

〈경우1〉 감자대가 − 주식 취득가액 = 3,000,000 − 2,700,000 = 300,000

〈경우2〉 3,000,000 − 2,000,000 = 1,000,000

[세부사항] (if) 25. 12. 1.에 당초 주식 1,000주 중 200주(20%) 처분 후 26. 6. 20.에 180주 소각하는 경우 주식의 취득가액 계산방법

① 주식의 취득가액 : 단기소각주식이 있으므로 다음과 같이 계산한다.

소각순서	당초주식	−	처분주식 (평균법 적용)	=	잔여주식	→	감자주식수 (특례 적용)	취득가액		
〈1〉 단기소각주식	100주		20주*1		80주		80주*2	80주×0	=	0
〈2〉 기타 주식	900주		180주		720주		100주	100주×10,000*3	=	1,000,000
	1,000주		200주		800주		180주			1,000,000

*1 $200주 \times \frac{100주}{1,000주}$ = 20주(처분주식은 단기소각주식과 기타주식이 평균적으로 처분된 것으로 본다)

*2 감자주식은 단기소각주식부터 소각된 것으로 본다.

*3 평균법에 따라 계산한 $\frac{(7,500,000+1,500,000)\ \cancel{\times 80\%}}{(600주+300주)\ \cancel{\times 80\%}}$ = 10,000

② 의제배당액 : 3,000,000 − 1,000,000 = 2,000,000

정 리 [2차 시험용] 감자시 단기소각주식 유무에 따른 유보잔액의 추인 여부

(1) 세법상 의제배당 : 감자대가 − 소각된 주식의 세법상 취득가액
(2) 회계상 처분이익 : 감자대가 − 소각된 주식의 회계상 취득가액
(3) 세무조정 : 차이 조정

〈경우1〉 단기소각주식특례가 적용되지 않는 경우

평균법에 따른 회계상 취득가액과 세법상 취득가액의 차이는 '유보잔액 × 소각비율'과 동일할 것이므로 간편하게 '유보잔액 × 소각비율'만큼 유보를 추인하는 조정을 하면 된다.

〈경우2〉 단기소각주식특례를 적용하는 경우

회사가 계산한 평균법에 따른 취득가액과 세법상 단기소각주식특례규정에 따른 취득가액의 차이는 '유보잔액 × 소각비율'과 동일하지 않다. 따라서 단순하게 '유보잔액 × 소각비율'만큼 유보를 추인하는 조정을 하면 안되고 위 박스와 같이 계산하여야 한다.

정 리 '〈유형2〉 의제배당'의 세무조정방법

Q. 적용배제 대상*인가? : No

〈1단계〉 의제배당액에 대한 세무조정

의제배당액 − 회사계상 수익 = 차액 : 익금산입(주식차이가 있으면 유보) 또는 익금불산입(주식차이가 있으면 △유보)

〈2단계〉 수입배당금에 대한 이중과세조정 : 익금불산입(기타)

$$\left(\text{의제배당액} - \text{지급이자} \times \frac{\text{주식적수}}{\text{자산적수}}\right) \times \text{익금불산입률}$$

* 'p4−69' 표 안의 '적용배제' 대상을 말한다.

[2] 자본준비금을 감액하여 받는 배당

1. 원칙

「상법」 제461조의 2*에 따라 자본준비금을 감액하여 받는 배당(내국법인이 보유한 주식의 장부가액을 한도로 한다)은 익금에 산입하지 않는다. ⟶ ∵ 실질 성격이 자본의 환급에 해당하기 때문

* [참고] 「상법」 제461조의 2[준비금의 감소] : 회사는 적립된 자본준비금 및 이익준비금의 총액이 자본금의 1.5배를 초과하는 경우에 주주총회의 결의에 따라 그 초과한 금액 범위에서 자본준비금과 이익준비금을 감액할 수 있다.

2. 예외

다음 중 어느 하나에 해당하는 자본준비금을 감액하여 받는 배당은 익금으로 과세한다. ⟶ ∵ 실질 성격이 이익처분에 의한 배당과 동일하기 때문

① 의제배당으로 과세되는 자본준비금[예 주식발행초과금 중 채무의 출자전환시 채무면제익 상당액, 이익잉여금으로 상환된 상환주식의 주식발행초과금, 자기주식소각익 중 의제배당 해당액, 적격합병차익 중 익금항목분 및 적격분할차익 중 익금항목분(1% 재평가세율이 적용된 재평가적립금 포함)]*1

② 3% 재평가세율이 적용된 재평가적립금*2 ⟶ ∵ 재평가적립금은 자본준비금이라기 보다는 평가차익 성격(실제로는 현행법상 배당 불가능)

③ 적격합병차익 및 적격분할차익 중 3% 재평가세율이 적용된 재평가적립금*2(법령으로 정한 금액을 한도로 한다)

*1 위 '①'의 감액으로 받는 배당은 익금이며, 수입배당금 이중과세조정 대상이다.

*2 위 '②'와 '③'의 감액으로 받는 배당은 익금이지만, 수입배당금 이중과세 조정 대상이 아니다('p4-69. ④, ⑤' 내용).
⟶ ∵ 3% 재평가세율 적용분은 발생시 익금불산입항목이므로 감액하는 법인에게 법인세가 과세되지 않았음

이해 A법인의 주주가 B법인 하나라고 가정

B법인이 보유한 A법인 주식의 장부가액은 80이라고 가정(수입배당금 이중과세조정은 고려하지 않음)

A법인	B법인 주주의 세무조정
(차) 자본준비금 100 (대) 현 금 100	[회 사] (차) 현 금 100 (대) 배당금수익 100
위 '1. 원칙'에 해당하는 자본준비금인 경우	[세 법] (차) 현 금 100 (대) 주 식 80* 익 금 20 [세무조정] 〈익금불산입〉 주 식 80(△유보)*
위 '2. 예외'에 해당하는 자본준비금인 경우	[세 법] (차) 현 금 100 (대) 익 금 100 [세무조정] 없음

* 자본의 환급으로 보아 세법상 주식의 장부가액을 감소시키므로 △유보로 처분한다(주식의 장부가액 80 한도).

정 리 재평가적립금을 재원으로 한 배당에 대한 세법상 처리방법

재원	피출자법인의 2000년 이전 발생시 익금 여부*1	출자법인(주주)의 2026년 수령시 세무처리			
		잉여금 자본전입으로 인한 무상주 수령시		자본준비금 감액으로 배당금 수령시	
		배당*1	이중과세조정	배당	이중과세조정
1% 재평가세율 적용 재평가적립금	익금 ○	○	○*2	○	○*2
3% 재평가세율 적용 재평가적립금	익금 ×	×	×	○ (위 '2. ②')	×*3

*1 'p4−156. *3' 내용

*2 'p4−69' 표 안 '적용배제' 대상이 아니기 때문에 이중과세조정 대상이다.

*3 'p4−69' 표 안 '적용배제'란의 '④, ⑤' 규정에 따라 이중과세조정 대상이 아니다.

사 례 3% 재평가세율 적용분 재평가적립금 관련 세무조정

甲법인이 당기말에 乙법인(피출자법인)으로부터 받은 배당에 대한 다음 각 경우별 세무조정. 단, 乙법인 주식은 전기초에 취득하였고 지분율은 15%이며, 乙법인 주식의 1주당 액면가액은 5,000원, 시가는 10,000원이다.

〈경우1〉 건물 재평가적립금의 자본전입으로 무상주 100주를 받고 회계처리하지 않은 경우

① 수입배당금 : 3% 재평가세율 적용분 재평가적립금의 자본전입으로 받은 무상주이므로 의제배당 아님

② 이중과세조정 : 의제배당이 아니므로 계산 불필요

비교 (if) 1% 재평가세율이 적용된 토지 재평가적립금 자본전입으로 받은 무상주인 경우

① 의제배당 : 100주 × 5,000(액면가액) = 500,000익금산입(유보)

② 이중과세조정 : Q 적용배제 대상인가? $\xrightarrow{\text{No}}$ ∴ 적용. 500,000 × 30% = 150,000익금불산입(기타)

〈경우2〉 건물 재평가적립금의 감액으로 10,000,000원을 받고 수익계상한 경우. 단, 乙법인 주식의 취득가액은 9,000,000원이다.

① 수입배당금 : 3% 재평가세율 적용분 재평가적립금의 감액으로 받은 배당도 익금에 해당함. 회사도 수익계상하였으므로 세무조정은 불필요

② 이중과세조정 : Q 적용배제 대상인가? $\xrightarrow{\text{Yes}}$ 계산불필요

■ [추가정리] 외국법인으로부터 자본준비금을 감액하여 받는 배당금의 세무처리 'p4−75. **정 리**' 참고

제 8 절 감가상각비

1 개 요

구 분	내 용
특 징	• 기업회계 : 내용연수와 잔존가액을 추정하여 계속적으로 감가상각비를 계상하여 상각 • 세법 (1) 원칙 : 매기 최고한도액(상각범위액)의 범위에서 상각여부는 법인의 선택사항 → 임의상각 → ∴ 결산조정(선택의 의사표시를 결산서에 해야 한다) (2) 특례 : 다음의 경우는 신고조정 허용 또는 강제 1) 강제신고조정 ① 업무용승용차의 감가상각비 ② 세액감면을 받는 경우의 감가상각의제 ③ 특수관계인으로부터 자산양수를 하면서 기업회계기준에 따라 장부에 계상한 자산의 가액이 시가에 미달하는 경우 감가상각비 손금산입 특례 2) 임의신고조정 ① 한국채택국제회계기준 도입법인의 경우 유형자산과 법에 정한 무형자산의 감가상각비 ② [세부사항] 2026. 1. 1.부터 2028. 12. 31.까지 취득하는 중소기업 스마트공장 사업용 유형자산의 감가상각비 손금산입 특례 개정 (신설) ③ [세부사항] 2024. 12. 31.까지 취득한 에너지절약시설의 감가상각비 손금산입 특례 ④ [세부사항] 「조세특례제한법」에 따라 2021. 12. 31.까지 취득한 설비투자자산의 감가상각비
감가상각 대상자산	• 다음의 유형자산 및 무형자산 ⋯→ 건설회사의 미분양 아파트 등 재고자산은 대상이 아님 ① 유형자산(동물 · 식물 포함) ② 무형자산[개발비 등㊟, 특허권, 영업권(합병 · 분할로 인하여 합병법인 등이 계상한 영업권은 제외) 등 법령으로 열거된 것과 "그 밖에 법령으로 열거된 무형자산과 유사한 무형자산(이하 정리의 편의상 '유사 무형자산'이라 한다)"]
	• 상각 대상 자산에 포함하는 것 ① 장기할부조건 매입 감가상각자산 : 자산가액 전액을 자산계상하고 사업에 사용하면 대상자산에 해당(대금청산 · 소유권등기여부 무관) ② 금융리스자산은 리스이용자의 상각자산, 운용리스자산은 리스회사의 상각자산

	• 상각 대상 자산에 포함하지 않는 것 ① 사업에 사용하지 않는 자산(예 취득 후 사용하지 않고 보관중인 자산, 사용 중 철거하여 사용하지 않는 자산) ⋯→ 사용 중 일시적인 조업중단에 따른 유휴설비는 상각대상자산이다. ② 건설중인 자산, 토지 · 서화 · 골동품

주 개발비 · 사용수익기부자산가액 · 주파수이용권 · 공항시설관리권 · 항만시설관리권 및 유사 무형자산 ⋯→ 특별한 무형자산

구 분	의 의	상각방법(월할상각)	
		신고시	무신고시
개 발 비	상업적인 생산 또는 사용 전에 재료 · 장치 · 제품 · 공정 · 시스템 또는 용역을 창출하거나 현저히 개선하기 위한 계획 또는 설계를 위하여 연구결과 또는 관련지식을 적용하는데 발생하는 비용으로서 기업회계기준에 따른 개발비 요건을 갖춘 것*1	관련 제품의 판매 또는 사용가능 시점부터 20년의 범위에서 연단위로 신고한 내용연수에 따라 상각	판매 또는 사용가능 시점부터 5년 동안 매년 균등액 상각
사용수익 기부자산 가 액	국가, 지방자치단체, 50%한도기부금(특례기부금), 10%(30%)한도기부금(일반기부금) 대상단체에 금전 외의 자산을 일정기간 사용 · 수익하는 조건으로 기부한 경우 그 자산의 장부가액*2	• 다음 기간동안 상각 〈1순위〉 사용수익 특약기간 〈2순위〉 특약 없으면 신고내용연수 • 위 기간 도중에 멸실 또는 계약 해지시 : 미상각잔액을 해당 연도에 전액 상각	
주파수이용권 · 공항시설관리권 · 항만시설관리권		고시 · 등록한 기간 내에서 사용기간에 따라 균등액 상각	
유사 무형자산		연단위로 신고한 기업회계기준에 따른 내용연수에 따라 매 사업연도별 경과월수에 비례하여 상각	5년동안 매년 균등액을 상각

1 ① 기업회계기준에 따른 개발비 요건을 충족한 경우에는 감가상각대상이 되는 개발비에 해당하며, 이를 즉시 비용계상한 경우에는 즉시상각의제로 보아 시부인계산하는 것이 타당하다.

* 판단 근거 : 과거 「법인세법 시행령」에서는 '개발비로 계상한 것'을 무형자산으로 보므로 회사가 개발비로 계상하지 않고 즉시 비용처리한 경우에는 당기 손금으로 인정한다는 대법원 판례가 있었으나, 그 후 시행령 개정으로 계상여부와 무관하게 '기업회계기준에 따른 개발비 요건을 갖춘 것'이면 무형자산으로 보아 감가상각하도록 하였기 때문이다.

② 연구비는 자산계상이 불가능하며 손비처리하여야 한다.

③ 개발비로 계상하였으나 해당 제품의 판매 · 사용 가능시점 도래 전에 개발을 취소한 경우에는 다음 요건을 모두 충족하는 날이 속하는 사업연도의 손금에 산입한다.

㉠ 해당 개발로부터 상업적 생산 · 사용을 위한 해당 재료 · 장치 · 제품 · 공정 · 시스템 · 용역을 개선한 결과를 식별할 수 없을 것

㉡ 해당 개발비를 전액 손비로 계상하였을 것

*2 (1) 특례기부금 · 일반기부금 대상 단체에 건물을 기부한 경우 사용수익조건 유무에 따른 세법상 처리방법

사용수익조건이 없는 경우	사용수익조건이 있는 경우
(차) 기　부　금 ×××* (대) 건　물 100 감가상각누계액 20	(차) 사용수익기부자산가액 80** (대) 건　물 100 감가상각누계액 20

* 기부금을 세법상 현물기부금 평가규정에 따라 평가하여 기부금 한도 계산을 행한다.

** 기부한 자산의 세법상 장부가액으로 평가하여 감가상각시부인 계산을 행한다(장부가액으로 평가하는 이유 : 건물을 기부하고 사용수익권리를 취득한 거래에서 처분손익을 인식하지 않기 위해서다).

(2) 비지정기부금 대상 단체에 대한 것은 무형자산으로 보지 않는다.*

* [2차 시험용]

① 법인이 특수관계 없는 다른 법인이 소유하고 있는 토지 위에 건물을 신축하여 건물 및 건물의 부속토지를 일정기간 사용하는 조건으로 소유권을 무상으로 이전하는 경우 건물의 신축비용은 선급임차료에 해당하며 사용수익기간 동안 균등하게 안분하여 손금산입한다(재법인 46012-86, 2001. 5. 3.).

② 일정기간 사용 후에 소유권을 무상양도할 것을 조건으로 타인의 토지 위에 건축물을 신축하는 경우에는 그 건축물의 취득가액은 사용계약기간에 안분하여 손금에 산입한다. 다만, 사용기간을 연장할 수 있거나 사용기간이 정하여지지 아니한 경우에는 해당 건축물의 신고내용연수를 사용기간으로 한다(법기통 19-19…12).

사례 1 개발비

1. 기본사례

제26기(2026. 1. 1.~12. 31.) 7. 5.에 기업회계기준에 따른 개발비 요건을 갖춘 개발비 1억원을 무형자산으로 계상하고 상각비를 다음 각 경우와 같이 비용처리한 경우 세무조정은? 단, 관련 제품의 판매가능 시점은 2026. 10. 20.이며, 상각방법은 신고하지 않았다.

구 분	경우 1		경우 2	
① 회사 상각비	8,000,000		4,000,000	
② 상각범위액 : $100{,}000{,}000 \times \frac{1}{5}^{*1} \times \frac{3}{12}^{*2} =$	△5,000,000		△5,000,000	
	3,000,000	손금불산입(유보)	△1,000,000	조정 ×(∵결산조정)

*1 무신고시 5년 동안 상각

*2 판매가능시점부터 월할상각(월할상각 방법은 'p4-186. *1'에 따라 시작월을 한달로 계산)

2. 응용사례

(1) 자료

제26기(2026. 1. 1.~12. 31.)에 무형자산으로 계상한 개발비 200,000,000원에 지급규정 없는 개발부서 임원상여금 60,000,000원과 신제품 광고선전비 40,000,000원이 포함되어 있는 경우 제26기의 세무조정은? 2026. 7. 10.에 판매가 시작되었고, 신고내용연수는 10년, 개발비상각비 비용계상액은 10,000,000원이다.

(2) 세무조정

(단위 : 1,000,000원)

<table>
<tr><th>구 분</th><th>자산감액</th><th>직부인*3</th><th>시부인*3</th></tr>
<tr><td>회사</td><td>(차) 개 발 비 200 (대) 현금 200</td><td rowspan="3">회사계상 상각비 × $\frac{\text{△유보금액}}{\text{회계상 자산가액}}$
$= 10 \times \frac{100}{200}$
= 5 손금불산입(유보)</td><td rowspan="3">회사 : 10−5=5
세법 : $(200-100) \times \frac{1}{10} \times \frac{6}{12}$
= 5
차이 : 0</td></tr>
<tr><td>세법</td><td>(차) 개 발 비 100 (대) 현금 200
사 외 유 출 60*1
광고선전비 40*2</td></tr>
<tr><td>세무조정</td><td>〈손 금 산 입〉개발비 100(△유보)
〈손금불산입〉임원상여금 60(상 여)</td></tr>
</table>

*1 지급규정 없는 임원상여금은 손금인정되지 않으며, 손금인정되지 않는 금액은 세법상 자산원가를 구성할 수 없다.

*2 광고선전비는 즉시 손금인정하므로 자산원가를 구성할 수 없다.

*3 감가상각자산을 감액하면 자산감액분 상각비 직부인계산과 시부인계산을 한다. ⟶ 'p4—218. ②' 내용

사례 2 사용수익기부자산가액

1. 사료

제26기(2026. 1. 1.~12. 31.) 4. 10.에 건물(장부가액 100,000,000원, 시가 150,000,000원, 신고내용연수는 8년)을 10년간 사용하는 조건으로 국가에 기부하고 무형자산 상각비로 제26기에 20,000,000원, 제27기(화재로 건물이 멸실됨)에 80,000,000원을 비용계상하였다.

2. 각 기별 세무조정

(단위 : 1,000,000원)

구 분	제26기	제27기
회사	20	80
세법	$100(\text{장부가액}) \times \frac{1}{10} \times \frac{9}{12} = 7.5$	100 − 7.5 = 92.5*1
차이	12.5	△12.5*2
세무조정	〈손금불산입〉 12.5(유보)	〈손 금 산 입〉 12.5(△유보)

*1 멸실한 사업연도에 세법상 미상각잔액(장부가액)을 전액 상각한다.

*2 시인부족액이 발생하였으므로 Q 전기 이월 상각부인액이 있는가? —Yes→ 'min(당기 시인부족액 : 12.5, 전기 이월 상각부인액 : 12.5) = 12.5'를 손금산입(△유보)한다.

2 감가상각 시부인계산 구조

1. 원칙적 시부인계산 방법

구 분	계산방법	세무조정
〈1단계〉 〈2단계〉	회사 감가상각비 ××× 상 각 범 위 액 ×××	
〈3단계〉	상 각 부 인 액 ×××	손금불산입(유보)
	시 인 부 족 액 △×××	Q 전기이월 상각부인액이 있는가? No → 조정× ('p4−168. (2)'는 예외) Yes → min(①, ②)을 손금산입* ① 당기 시인부족액 ② 전기이월 상각부인액

* 전기 이전에 과대계상하여 손금불산입한 금액을 당기 시인부족액 발생시 손금추인함으로써 처분 전이라도 손금인정 받을 수 있도록 하였다.

2. 시부인계산 단위 및 손비계상방법

구 분	내 용
시부인계산 단위	개별 자산별로 시부인 ⟶ ∴ A자산의 상각부인액을 B자산의 시인부족액과 상계 불가
손비계상방법	다음 중 선택 ① 자산의 장부가액을 직접 감액하는 방법(직접상각법) ⟶ (차) 감가상각비 10 (대) 건물 10 ② 감가상각누계액으로 계상하는 방법(간접상각법) ⟶ (차) 감가상각비 10 (대) 감가상각누계액 10

사 례

1기 1. 1. 건물을 취득(취득가액 300, 내용연수 3년, 정액법)하였으며, 상각범위액(매기 인정가능한 최고금액)은 $100\left(=300\times\frac{1}{3}\right)$인 경우 세무조정

〈경우1〉

	1기	2기	3기	4기	5기	6기
회사	–	150	–	40	110	–
세법	100	100	100	100	100	10
차이	△100	50	△100	△60	10	△10
조정	×	손금不50(유보)	$\min\begin{bmatrix}100\\50\end{bmatrix}=50$ 손금산입(△유보)	$\min\begin{bmatrix}60\\0\end{bmatrix}=0$	손금不10(유보)	$\min\begin{bmatrix}10\\10\end{bmatrix}=10$ 손금산입(△유보)

• 6기까지 손금인정된 금액 : (1기)0 + (2기)100 + (3기)50 + (4기)40 + (5기)100 + (6기)10 = 300

〈경우2〉

	1기	2기	……	101기	102기	103기
회사	–	–	–	300	–	–
세법	100	100	100	100	100	100*
차이	△100	△100	△100	200	△100	△100
조정	×	×	×	손금不200(유보)	손금산입100(△유보)	손금산입100(△유보)
					$\min\begin{bmatrix}100\\200\end{bmatrix}=100$	$\min\begin{bmatrix}100\\100\end{bmatrix}=100$

* 'p4-180. 1.3'의 비망가액은 고려하지 않은 금액

• 103기까지 손금인정된 금액 : (101기)100 + (102기)100 + (103기)100 = 300

3 〈1단계〉 회사 감가상각비의 계산

① 손익계산서 및 제조경비 계상 감가상각비 + ② 전기오류수정손실 + ③ 자산계상액* + ④ 즉시상각의제

* 개발활동과 관련된 자산의 감가상각비를 개발비(무형자산)로 계상한 경우 그 금액도 시부인대상에 포함한다.

■ 간접상각법(감가상각누계액을 계상하는 방법)에 의한 경우 각 경우별 회계처리

	차변	금액	대변	금액	
①	(차) 감 가 상 각 비	×××	(대) 감가상각누계액	×××	감가상각누계액이 증가됨
②	(차) 전기오류수정손실	×××	(대) 감가상각누계액	×××	감가상각누계액이 증가됨
③	(차) 자 산	×××	(대) 감가상각누계액	×××	감가상각누계액이 증가됨
④	(차) 수 선 비	×××	(대) 현 금	×××	

(1) 전기오류수정손실

전기에 과소계상한 감가상각비를 당기에 다음과 같이 계상한 경우 세무조정 방법

〈Tip〉 세무조정 문제에서 전기오류수정손익이 제시되면 '당기 손익 계상'과 '이월이익잉여금 계상' 중 어떤 방법으로 회계처리하였는지부터 확인한 후 그에 따른 세무조정을 한다.

〈경우1〉 당기의 비용으로 계상한 경우 : 결산서에 계상한 당기의 감가상각비에 해당 → ∴ 감가상각 시부인대상에 포함

〈경우2〉 전기이월이익잉여금의 감소로 계상한 경우

구 분	본사건물분 상각비(관리비 구성분)	기계분 상각비(제조원가 구성분)
회 사	(차) 전기이월이익잉여금 100 (대) 감가상각누계액 100	
세 법	(차) 감가상각비 100 (대)감가상각누계액 100 (관리비)	(차) ~~감가상각비~~ ~~100~~ (대) 감가상각누계액 100 (제조원가) (차) 제 품 60* (대) ~~감 가 상 각 비 100~~ 매출원가 40* * 제조원가의 배분율 : 재고자산 60%, 매출원가 40% 가정
세무조정 ↓	〈손금산입〉 이월이익잉여금 100(기타)	〈손금산입〉 이월이익잉여금 100(기타) 〈손금불산입〉 제 품 60(유보)
시 부 인	100을 회사 감가상각비에 포함하여 시부인 계산	

(2) 즉시상각의제

감가상각자산에 대한 취득가액과 자본적 지출액*을 취득가액에 가산하지 않고 비용처리(계정과목 불문)한 경우 세법상 처리방법은 다음과 같다.

* 자본적 지출이란 감가상각자산의 내용연수를 연장시키거나 그 자산의 가치를 현실적으로 증가시키는 수선비를 말하며, 수익적 지출이란 감가상각자산의 원상회복이나 능력유지 등을 위하여 지출한 수선비를 말한다.

사례

자본적 지출*1	수익적 지출*2
① 본래의 용도를 변경하기 위한 개조 ② 엘리베이터 또는 냉난방장치의 설치 ③ 빌딩에 있어서 피난시설 등의 설치	① 건물 또는 벽의 도장 ② 각종 소모품의 대체 : 파손된 유리나 기와의 대체, 기계의 소모된 부분품 또는 벨트의 대체, 자동차 타이어의 대체 등
④ 재해 등으로 인하여 멸실 또는 훼손되어 해당 자산의 본래의 용도에 이용할 가치가 없는 건축물 · 기계 · 설비 등의 복구	③ 재해를 입은 자산에 대한 외장의 복구 · 도장 및 유리의 삽입
⑤ 그 밖에 개량 · 확장 · 증설 등 위와 유사한 성질의 것	④ 그 밖에 조업가능한 상태의 유지 등 위와 유사한 성질의 것

*1 이러한 자본적 지출액은 취득원가에 가산하여야 하며, 이를 비용처리한 경우에는 즉시상각의제 규정을 적용한다.

*2 이러한 수익적 지출액은 지출한 연도의 비용으로 처리하여야 하며, 이를 자산의 취득가액으로 계상한 경우에는 손금산입(△유보)하여야 한다.

1) 원칙

- 비용처리한 금액을 즉시상각한 것으로 의제하여 감가상각시부인계산을 한다.

사례 기계 6,000,000원(n=5년, 정액법)을 7. 1.에 취득하고 수선비로 계상한 경우 세무조정 (사업연도 : 1. 1.~12. 31.)

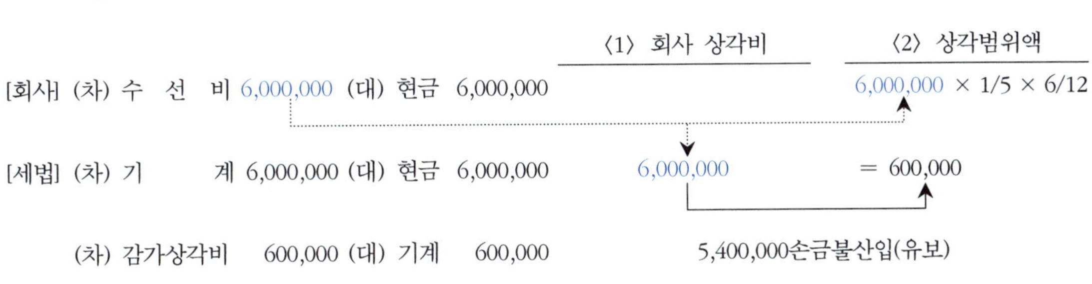

- 진부화, 물리적 손상 등에 따라 시장가치가 급격히 하락하여 기업회계기준에 따라 손상차손을 계상한 경우에도 그 금액을 즉시상각한 것으로 보아 시부인계산한다(단, 천재지변 등 'p4-52. 2)' 표 안 '유형자산'에 열거된 사유로 인한 것은 전액 손금인정하므로 제외).

2) 특례

구 분	손비로 계상한 경우 시부인계산을 생략하고 전액 손금인정하는 경우
취득단계	다음의 자산은 사업에 사용한 날이 속하는 사업연도의 손비로 계상한 것에 한정하여 손금에 산입한다. • 취득가액이 거래단위별로 100만원 이하인 자산[비교 장식·환경미화 등 목적의 미술품 : 1,000만원 이하('p4−93. 5.7' 내용)]. 단, 다음의 자산은 시부인계산을 하여야 한다. ① 고유업무의 성질상 대량으로 보유하는 자산 ② 사업의 개시·확장을 위하여 취득한 자산 • 전화기(휴대용 전화기 포함), 개인용 컴퓨터(그 주변기기 포함), 어구(어선용구 포함), 영화필름·공구·가구·전기기구·가스기기·가정용 기구 및 비품·시계·시험기기·측정기기 및 간판 → 금액과 무관하게 그 사업에 사용한 날이 속하는 사업연도에 손비계상한 것에 한정하여 손금산입 • 대여사업용 비디오테이프 및 음악용 콤팩트디스크로서 개별자산의 취득가액이 30만원 미만인 것
보유단계	• 개별자산별로 수선비지출액이 다음 둘 중 큰 금액 미만인 경우* ① 600만원, ② 전기말 재무상태표상 장부가액×5% • 3년 미만의 기간마다 주기적인 수선을 위하여 지출하는 경우
폐기단계	다음 중 어느 하나에 해당하는 경우에는 장부가액에서 1,000원을 뺀 금액을 폐기일이 속하는 사업연도의 손금에 산입할 수 있다. → 선택권이 부여되어 있으므로 결산조정사항 ① 시설의 개체·기술의 낙후로 인하여 생산설비의 일부를 폐기한 경우 ② 사업의 폐지 또는 사업장의 이전으로 임대차계약에 따라 임차한 사업장의 원상회복을 위하여 시설물을 철거하는 경우

* 구체적인 처리방법

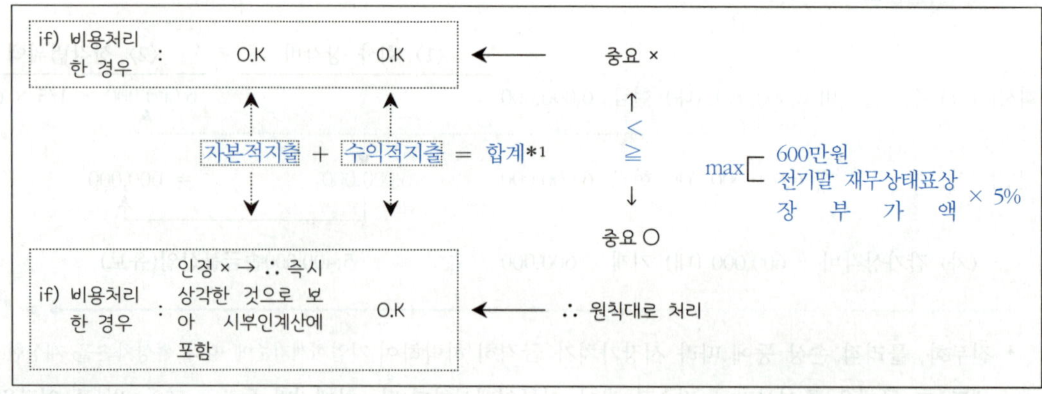

*1 [간편법] 합계액이 600만원 미만이면 중요하지 않고, 600만원 이상이면 다음과 같이 접근한다.

〈1단계〉 전기말 회계상 취득가액의 5% 이상이면 중요함(∵ 취득가액의 5% 이상이면 당연히 장부가액의 5% 이상임). 이상이 아니면 〈2단계〉로 진행

〈2단계〉 전기말 회계상 장부가액의 5% 이상이면 중요함

사 례

손익계산서상 건물 상각비 15,000,000 수선비계정에 건물 자본적지출 8,000,000 수익적지출 1,000,000 있음, 전기말 건물 회계상 장부가액이 100,000,000인 경우 시부인대상이 되는 회사 상각비는?

① 판단 : 8,000,000 + 1,000,000 = 9,000,000 ≧ max(6,000,000, 100,000,000×5%=5,000,000) → ∴ 중요 → ∴ 8,000,000은 즉시상각의제

② 회사상각비 : 15,000,000 + 8,000,000 = 23,000,000

4 〈2단계〉 상각범위액의 계산

1. 계산요소 : 취득가액, 내용연수, 잔존가액

1.1 취득가액

구 분	세법상 취득가액 ⋯→ 제6절에서 정리한 내용
원 칙	매입가액 · 제작원가 + 부대비용 + 자본적지출액*
고 가 매 입 시	① 특수관계자로부터 고가매입시 부당행위계산부인에 해당되는 경우 : 시가 ② 특수관계 없는 자로부터 고가매입시 : 정상가액(=시가×130%)
저 가 매 입 시	매입가액
장기할부조건 매 입 시	① 현재가치할인차금을 계상한 경우 : 현재가치할인차금을 차감한 금액 ② 현재가치할인차금을 계상하지 않는 경우 : 현재가치할인차금을 포함한 금액(명목가액)
평 가 증 시	법에 의한 평가차익은 취득가액에 포함, 임의평가차익은 제외

* 사업용 유형자산 및 무형자산에 대한 건설자금이자를 포함한다.

1.2 내용연수 → 상각범위액 계산시 몇 년의 상각률을 적용할 것인지를 결정하는 역할을 한다.

(1) 시험연구용 자산(별표2)과 무형자산(별표3, 법령26)

- 원칙 : 내용연수 선택이 불가능하며, 세법에서 정한 내용연수를 적용한다. → 세부담 최소화 가정이 제시되어도 선택할 수 없음에 유의할 것
- 예외 : 개발비는 20년 이내에서 선택 가능(무신고시 5년), 유사 무형자산은 신고한 기업회계기준에 따른 내용연수(무신고시 5년)

(2) 건축물 등(별표 5), 기계 등 업종별 자산(별표 6)

1) 원칙 : 다음과 같이 기준내용연수의 ± 25% 범위에서 선택가능

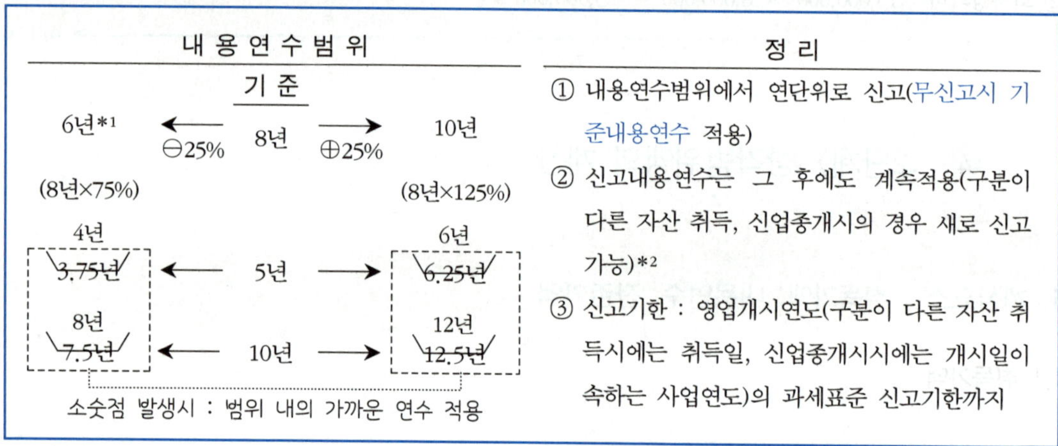

*1 세부담 최소화 가정이 제시된 경우 내용연수 범위에서 가장 짧은 내용연수 선택

*2 사례 1기에 봉제의복기계를 7년으로 신고했으면 2기에 취득한 봉제의복기계도 7년 적용. 3기에 출판기계취득시 기준내용연수의 25% 범위 내에서 다시 선택가능

2) 특례

특례1 내용연수의 특례 및 변경

법정 요건을 충족하고 관할 지방국세청장의 승인을 받는 경우 특례내용연수(기준내용연수의 50%*를 가감한 범위)를 적용하거나 적용하던 내용연수 변경가능

특례내용연수범위			정 리
	내용연수범위		① 법령으로 정한 단축 사유 또는 연장 사유를 충족한 경우에 한하여 특례내용연수 적용 가능
4년 (8년×50%)	6년 ~ 8년 ~ 10년 (기준)	12년 (8년×150%)	② 한번 변경(재변경 포함)하면 변경한 내용연수를 최초로 적용한 사업연도 종료일부터 3년이 지나야 다시 변경 가능
			③ 신청기한 ㉠ 신설법인 : 영업개시일(구분이 다른자산 취득일, 신업종개시일)부터 3개월 ㉡ 변경시 : 변경연도 종료일

* 한국채택국제회계기준을 최초로 적용하는 사업연도에 결산내용연수를 변경한 경우 또는 기준내용연수가 변경된 경우 등 특정사유에 해당하는 경우에는 25%

특례2 중고자산 취득(합병 · 분할에 의하여 자산을 승계한 경우 포함)의 내용연수 수정

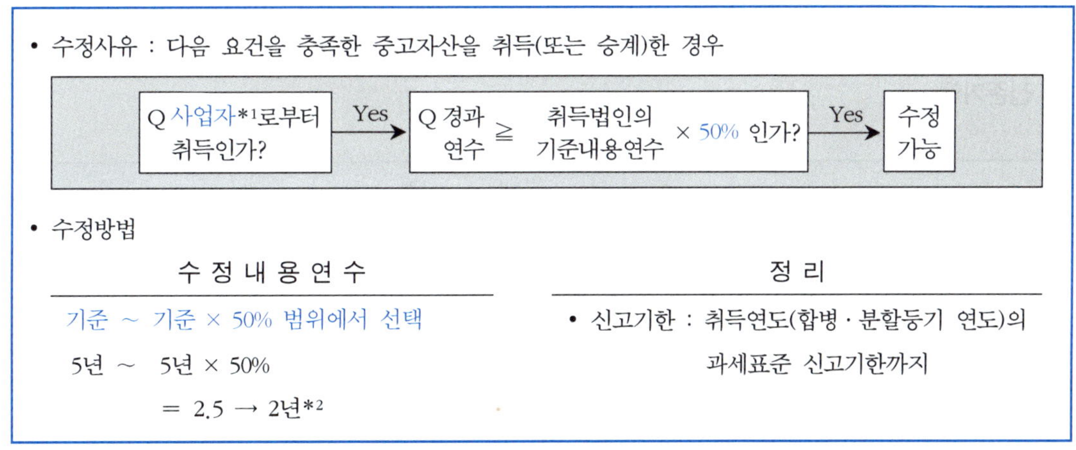

*1 여기서 사업자란 법인 또는 사업소득이 있는 거주자를 말한다.

*2 1년 미만은 없는 것으로 본다.

■ [세부사항] 중소기업 스마트공장 사업용 유형자산의 감가상각비 손금산입 특례(조특법 28조의 5) 개정 (신설. 2026. 1. 1. 이후 취득하는 분부터 적용)

중소기업이 스마트공장의 구축 및 운영에 필요한 기계장치 등 법령으로 정한 사업용 유형자산*을 2028. 12. 31.까지 취득하는 경우 기준내용연수에 그 기준내용연수의 50%를 더하거나 뺀 범위(1년 미만은 없는 것으로 한다)에서 선택하여 신고한 내용연수를 적용(신고한 내용연수는 이후 과세연도에 계속 적용)하며, 임의신고조정도 가능하다. → 최저한세 대상임

* 유형자산으로서 스마트공장의 구축 및 운영에 필요한 자산을 말한다. 단, 건물(부속설비 포함) 및 구축물, 차량 및 운반구, 선박 및 항공기, 동물 및 식물은 제외한다.

■ [세부사항] 에너지절약시설의 감가상각비 손금산입 특례(조특법 28조의 4)

→ 2024년까지 취득분에 대하여 적용(2025년 이후 취득분부터는 적용×)

내국법인이 에너지절약시설을 2024. 12. 31.까지 취득하는 경우 기준내용연수에 그 기준내용연수의 50%(중소기업·중견기업은 75%)를 더하거나 뺀 범위(1년 미만은 없는 것으로 한다)에서 선택하여 신고한 내용연수를 적용하며, 임의신고조정도 가능하다. → 최저한세 대상 아님

■ [세부사항] 설비투자자산의 감가상각비 손금산입 특례(조특법 28조의 3)

→ 2021년까지 취득분에 대하여 적용(2022년 이후 취득분부터는 적용×)

내국법인이 설비투자자산(중소·중견기업은 대통령령으로 정하는 사업용 유형자산, 그 외의 기업은 혁신성장투자자산을 말한다)을 2021. 12. 31.까지 취득하는 경우 기준내용연수의 50%(중소기업·중견기업이 취득하는 사업용 유형자산은 75%)를 가감한 범위에서 신고한 내용연수를 적용하며, 임의신고조정도 가능하다. → 최저한세 대상임

1.3 잔존가액

구 분	내 용
잔존가액	① 원칙 : 영(0)(유형·무형자산 불문) ② 정률법을 적용하는 경우 : 취득가액의 5%* → ∵ 상각률을 $1-\sqrt[n]{\frac{잔존가액}{취득가액}}$ 로 계산
비망가액	상각이 종료되는 자산은 min(① 취득가액×5%, 1,000원)을 자산의 장부가액으로 한다. → 처분시 손금산입

* 취득가액의 5%는 그 자산에 대한 미상각잔액이 최초로 취득가액의 5% 이하가 되는 사업연도의 상각범위액에 가산한다.

2. 자산별 감가상각방법 및 변경

2.1 자산별 감가상각방법

구 분	다음 중 신고한 방법*1	무신고시
건축물, 일반 무형자산*2	정액법	정액법
광업권*3, 폐기물매립시설	정액법 또는 생산량비례법	생산량비례법
광업용 유형자산	정액법 · 정률법 또는 생산량비례법	생산량비례법
위 외의 유형자산	정액법 또는 정률법	정률법
개발비 · 사용수익기부자산가액 등	'p4－169. 주' 참고	

*1 ① 신고기한 : 영업개시연도(구분이 다른 자산 취득시에는 취득연도)의 법인세 과세표준 신고기한까지 납세지 관할 세무서장에게 신고 → 신고한 상각방법(신고하지 않은 경우에는 무신고시 상각방법)은 그 후 사업연도에도 계속 적용

② 상각방법을 신고하려는 때에는 위 표와 'p4－169. 주'의 각 구분에 따른 자산별로 하나의 방법을 선택하여 신고하여야 한다.

*2 일반 무형자산 : 'p4－169. 주'의 개발비 · 사용수익기부자산가액 · 주파수이용권 · 공항시설관리권 · 항만시설관리권 및 유사 무형자산을 제외한 무형자산을 말한다.

*3 「해저광물자원 개발법」에 의한 채취권 포함

2.2 감가상각방법의 변경

구 분	내 용
변경가능 사유	① 상각방법이 서로 다른 법인이 합병(분할합병 포함)한 경우 ② 상각방법이 서로 다른 사업자의 사업을 인수 또는 승계한 경우 ③ 외국투자자가 내국법인의 주식을 20% 이상 인수 또는 보유하게 된 경우 ④ 해외시장의 경기변동 또는 경제적 여건의 변동으로 인하여 종전의 상각방법을 변경할 필요가 있는 경우 ⑤ 회계정책의 변경에 따라 결산상각방법이 변경된 경우(변경한 결산상각방법과 같은 방법으로 변경한 경우만 해당함)
변경신청 기한	변경할 상각방법을 적용하고자 하는 최초 사업연도 종료일까지 신청 → 납세지 관할세무서장의 승인 필요

정리 감가상각방법과 재고자산 평가방법 변경의 비교

구 분	변경신청(신고)기한	승인여부	변경사유
감가상각방법 변경	종료일	신청 → 승인필요	충족해야 함
재고자산 평가방법 변경	종료일 이전 3개월	신고만 하면 됨	없음

3. 상각범위액의 계산

(1) 일반적인 경우

1) 정액법과 정률법

구 분	상각범위액
사례	**기초가액**: 기초 회계상 취득가 1,000 / 기초 회계상 감가상각누계액 300 **자본적지출을 취득원가로 계상한 금액**: (차) 기계 200 (대) 현금 200 **자본적지출을 비용처리한 금액** — 당기: (차) 수선비 150 (대) 현금 150 / 전기: (차) 수선비 80* (대) 현금 80 * 전기의 시부인대상 감가상각비는 즉시상각의제액 80이 유일하다고 가정한다.
정액법	[기초가액: 기 초 취득가*1 + 기중 자본적지출액: 자본적지출을 취득원가로 계상한 금액 + 즉시상각의제액*4 (누계액)] × 상각률*5 [1,000 + 200 + (150+80)] × 상각률
정률법	[기초가액: (기 초 취득가*2 − 기 초 감.누 ± 유보*3) ↳ 기초 세법상 장부가액 + 자본적지출을 취득원가로 계상한 금액 + 즉시상각의제액*4 (당기분)] × 상각률*5 [1,000 − 300 + (80 − 전기상각범위액)] + 200 + 150] × 상각률

*1 즉시상각의제액을 제외한 기초 세법상 취득가액*을 말한다(세법에서는 정률법의 경우를 제외하고는 잔존가액을 0으로 보므로 잔존가액은 고려 불필요).

* 여기서 '기초 세법상 취득가액'이란 상각부인액 등 감가상각누계액 관련 유보를 제외한 고가매입 등 취득가액 관련 유보를 반영한 기초 세법상 취득가액을 말한다.

↕ 비교

*2 기초 회계상 취득가액을 말한다.

*3 여기서 '유보'란 상각부인액 등 감가상각누계액 관련 유보를 포함한 자산 관련 모든 유보를 반영한 금액을 말한다.

사례 전기로부터 이월된 상각부인액(유보)이 있으면 다음과 같이 회계상 장부가액에 가산하여 세법상 장부가액을 계산한다.

	회 계		세 법
기 초 취 득 가 액	1,000		1,000
기초감가상각누계액	△300	(이 중 전기이월 상각부인액은 40이라고 가정)	△260
기 초 장 부 가 액	700	⊕ 전기이월상각부인액 40 =	740

*4 즉시상각의제액이란 자본적지출을 비용처리한 금액으로서 중요성 요건을 충족한 금액을 말한다.

① 정액법 : 취득가액을 기초로 상각범위액을 계산하므로 당기분 즉시상각의제액은 물론 전기 이전분 즉시상각의제액도 고려하여야 한다.

② 정률법 : 전기 이전의 즉시상각의제액의 효과는 이미 전기로부터 이월된 유보금액에 반영되어 있으므로 당기분 즉시상각의제액만 고려하면 된다.

③ 손상차손 계상액이 있는 경우 시부인계산에 미치는 영향

> ㉠ 회사상각비 : 즉시상각의제로 보아 회사 감가상각비에 포함한다('p4-175. 1)' 내용).
>
> ㉡ 상각범위액 : 위 상각범위액 산식의 '즉시상각의제액'에는 포함하지 않는다(∵ 손상차손은 추가적인 자본적지출액이 아닌 기존 자산을 감액하는 성격이기 때문).
>
> ㉢ [2차 시험용] 감액분 상각비 직부인 : 회사상각비 × $\frac{\text{자산감액분(△유보금액)}}{\text{자산가액}}$
>
> ↳ 손상차손 포함(∵ 손상차손은 회사가 계상한 자산가액 중 일부를 비용으로 계상한 것이기 때문)

*5 당기에 신규로 취득한 자산인 경우에는 사용 후 월수를 고려하여 월할 상각

정 리 감가상각시부인계산 문제의 접근방법

1)-1. 정률법

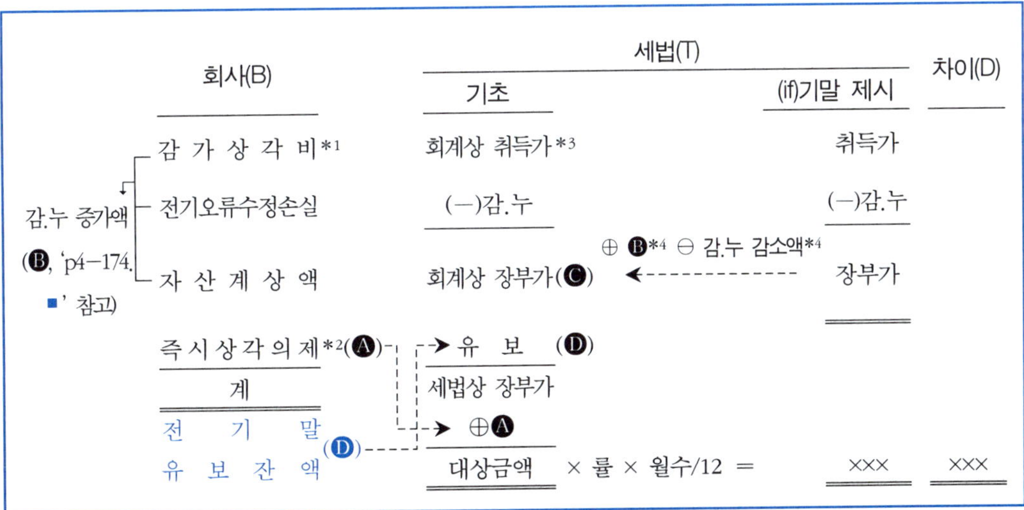

*1 손익계산서 또는 제조원가명세서의 감가상각비계정에 계상된 금액을 말한다.

*2 보유단계의 중요성 판단방법

> Q '수선비 지출액(자본적지출과 수익적 지출 합계액) ≥ max(600만원, 전기말 회계상 장부가액×5%)'인가?

*3 만약 당기 중 자본적 지출액을 자산원가로 계상한 금액이 있으면 그 금액을 더한 금액(즉, 기말 회계상 취득가)을 취득가로 한다.

*4 **사례** 당기말 재무상태표상 취득가액은 1,000, 감가상각누계액은 400이며, 당기 중 감가상각누계액의 증감내역은 다음과 같다고 가정한다.

① 감가상각누계액의 증가 : (차) 감 가 상 각 비 120 (대) 감가상각누계액 120

② 감가상각누계액의 감소 : (차) 감가상각누계액 20 (대) 이월이익잉여금 20

이 경우 기말 회계상 장부가액을 기준으로 기초 회계상 장부가액을 계산하는 방법은 다음과 같다.

기 초			기 말	
취득가	1,000		취득가	1,000
감 · 누	300	→ ⊕120⊖20	감 · 누	400
장부가	700	← ⊕120⊖20	장부가	600

1)−2. 정액법

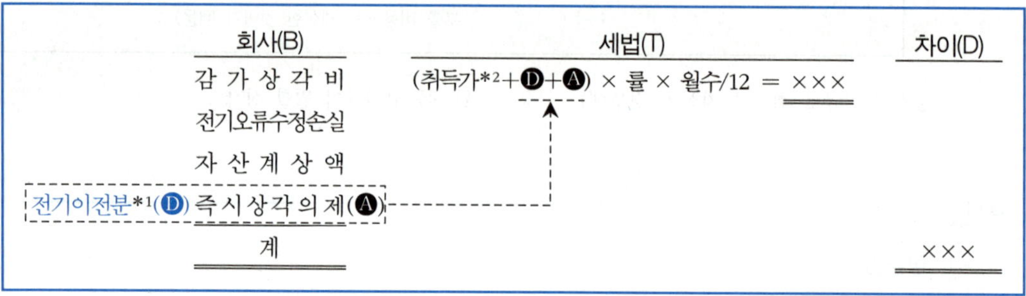

*1 정액법에서는 즉시상각의제액을 누계액으로 하므로 전기 이전분도 적어 놓는다.

*2 만약 당기 중 자본적 지출액을 자산원가로 계상한 금액이 있으면 그 금액을 더한 금액(즉, 기말 취득가)을 취득가로 한다.

2) 생산량비례법 : 다음 중 어느 하나의 금액을 상각범위액으로 하는 상각방법 개정 (밑줄 부분)

① $\left(\text{기초장부가액} + \text{자본적 지출을 취득원가로 계상한 금액} + \text{즉시상각의제액(누계액)}\right) \times \dfrac{\text{당기 중 그 광구에서 채굴한 양}}{\text{광구의 잔존채굴예정량*}}$

② $\left(\text{기초취득가} + \text{자본적 지출을 취득원가로 계상한 금액} + \text{즉시상각의제액(누계액)}\right) \times \dfrac{\text{당기 중 폐기물매립시설에 매립한 양}}{\text{폐기물매립시설의 매립예정량}}$

* 잔존채권예정량 : 총채굴예정량에서 직전 사업연도까지의 누적채굴량을 뺀 채굴예정량을 말한다.

정 리 감가상각 시부인 계산문제 접근방법

〈1단계〉 자료 분석

① 자본적지출액의 비용계상 자료가 제시되면 자료 분석 과정에서 중요성요건 충족여부를 판단하여 충족하면 즉시상각의제액을 계산해 놓는다.

② 전기오류수정손실(이월이익잉여금으로 계상) 등 직접적 세무조정이 필요한 것은 세무조정한다.

〈2단계〉 감가상각시부인 계산

① 회사 상각비 : 구성 항목 네가지를 먼저 떠올리면서 역으로 자료를 찾아 계산한다.

② 상각범위액 : 상각방법, 상각률, 월할상각여부를 검토해 계산한다.

③ 세무조정 : 상각부인액은 손금불산입(유보)하고, 시인부족액은 전기로부터 이월된 상각부인액 유무를 확인하여 조정한다.

사 례

다음 자료를 이용한 정액법, 정률법에 따른 시부인계산(단위 : 1,000,000원)

〈자료〉

① 기계 : 당기말 취득가 320, 당기말 회계상 감가상각누계액 160, 전기이월 상각부인액 14, 당기 감가상각비 계상액 30

② 당기 수선비 계정에 기계에 대한 자본적 지출 36, 수익적지출 7 있음

③ 전기 수선비 계정에 기계에 대한 자본적 지출 30 있음(중요성요건 구비)

④ 내용연수 6년(정액법 상각률 : 0.166, 정률법 상각률 : 0.394)

〈해답〉

1. 수선비의 중요성요건 판단 : '36 + 7 = 43' ≧ 'max[6, (320－160+30) × 5%=9.5]'

∴ 즉시상각의제 ← 중요

2. 시부인계산

(1) 정액법

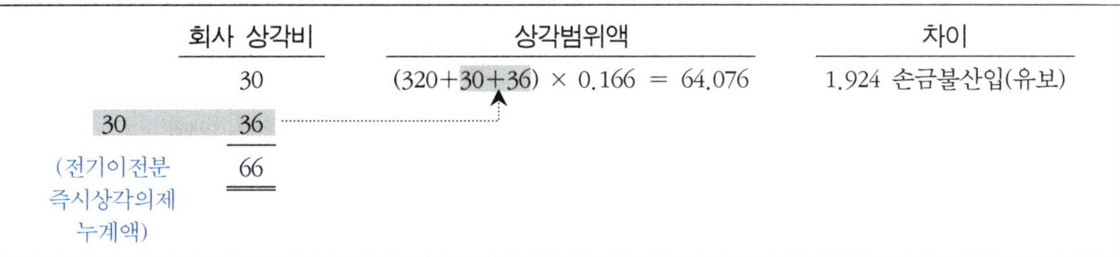

	회사 상각비	상각범위액	차이
	30	(320+30+36) × 0.166 = 64.076	1.924 손금불산입(유보)
30	36		
(전기이전분 즉시상각의제 누계액)	66		

(2) 정률법

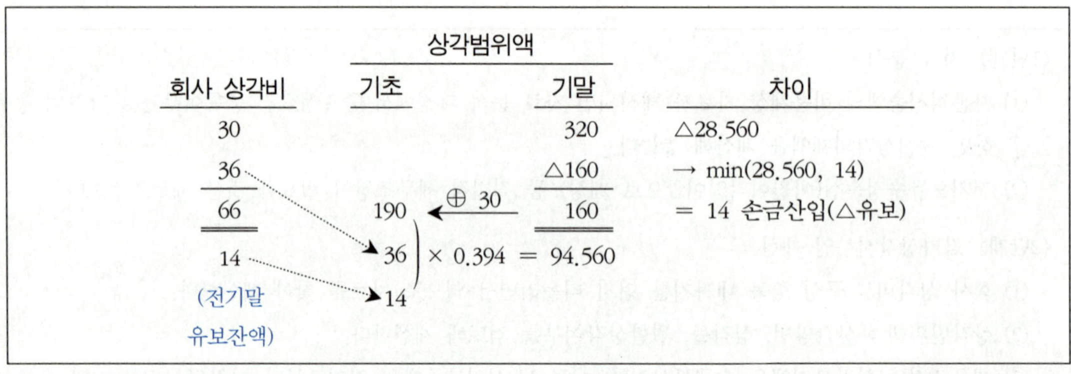

(2) 특별한 경우 상각범위액

구 분	상각범위액	
1) 신규 취득 자산의 경우	• 상각대상액 × 상각률 × $\frac{\text{사용월수}}{12}$ ········➤ 월할상각 • 사용월수 : 사업에 사용한 날 ~ 당기말의 월수(초일산입하되, 1개월 미만은 1개월로 한다)*1 비교 사업연도 중에 양도한 자산은 시부인계산하지 않는다(∵ 해 봤자 처분즉시 추인).	
2) 사업연도가 1년 미만인 경우	정상적인 사업연도가 1년 미만인 경우 상각대상액 × 환산내용연수*2에 따른 상각률	일시적으로 1년 미만이 된 경우*3 상각대상액 × 본래의 내용연수에 따른 상각률 × $\frac{\text{월수}}{12}$
3) 상각방법을 변경한 경우 ㈜	• '정률법 · 생산량비례법 → 정액법' : 세법상 장부가액 × 상각률*4 • '정액법 · 생산량비례법 → 정률법' : 세법상 장부가액 × 상각률*4 • '정률법 · 정액법 → 생산량비례법' : 세법상 장부가액 × 생산량비례법에 따른 상각률	

*1 사례 제26기(1. 1.~12. 31.) 6. 30.에 취득한 경우 상각범위액 계산상 월수 : $\frac{7}{12}$ → [간편법] 사용개시월을 한달로 계산

		∴ 7개월		
	6개월이 되는 날		2일 → 1개월미만은 1개월	
6. 30. (초일산입)	········➤	12. 29.	········➤	12. 31.

*2 환산내용연수 = 본래의 내용연수 × $\frac{12}{\text{사업연도 월수*}}$

* 1개월 미만은 1개월로 한다.

사례 사업연도 월수 : 6개월, 내용연수 : 5년인 경우 환산내용연수 : 5년 × 12/6 = 10년

*3 정상적인 사업연도는 1년이지만 일시적으로 1년 미만이 되는 경우에 해당되는 사례

① 사업연도의 변경으로 한 사업연도가 1년 미만이 된 경우

② 사업연도의 의제규정에 따라 한 사업연도가 1년 미만이 된 경우

*4 변경 후 상각률 적용시 주의사항

① 변경 후 상각방법에 따른 상각률을 적용한다.

② 당초 신고한 내용연수(무신고시 기준내용연수)에 따른 상각률을 적용한다. → 이미 경과한 연수를 차감한 후의 잔존연수에 의한 상각률을 적용하는 것이 아님에 유의할 것

주 [세부사항] 상각방법변경으로 인한 누적효과를 이월이익잉여금으로 처리한 경우 세무조정

구분	정액법 → 정률법	정률법 → 정액법
회사	(차) 이월이익잉여금 25* (대) 감가상각누계액 25	(차) 감가상각누계액 25 (대) 이월이익잉여금 25
세법	(차) 감가상각비 25 (대) 감가상각누계액 25 ↳ 계상한 연도의 상각비(∵ 결산조정)	
(조정)	〈1〉 이월이익잉여금 차변 → ∴ 무조건 손금산입 25(기타) 〈2〉 회사상각비에 포함하여 시부인계산('p4—174. (1)'의 전기오류수정손실과 동일하게 취급하면 됨)	〈1〉 이월이익잉여금 대변 → ∴ 무조건 익금산입 25(기타) 〈2〉 실제 익금인가? → 익금인정하면 감가상각누계액의 감액 → 장부가액의 증액. 즉, 자산의 임의평가증을 인정하게 됨 → ∴ 인정안함 → 익금불산입 25(△유보)

* 변경 후 상각방법을 전기 이전부터 적용했다고 가정한 경우 변경전 상각방법에 의한 감가상각비의 차액이 25이라고 가정하였다. → 한국채택국제회계기준에서는 감가상각방법의 변경을 회계추정의 변경으로 보나, 위의 경우 회사가 감가상각비의 차액에 대해 소급법을 적용하여 전기로부터 이월된 이월이익잉여금의 증감으로 처리했다고 가정하였다.

5 상각부인액의 손금추인 유형

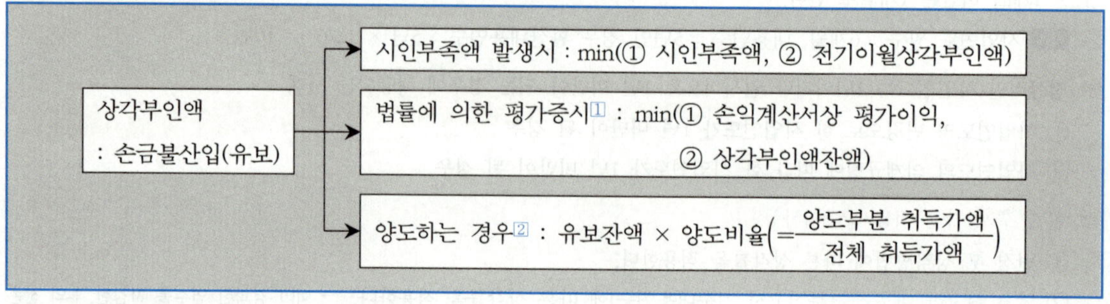

이해 법률에 의한 평가증시, 양도시 추인하는 이유

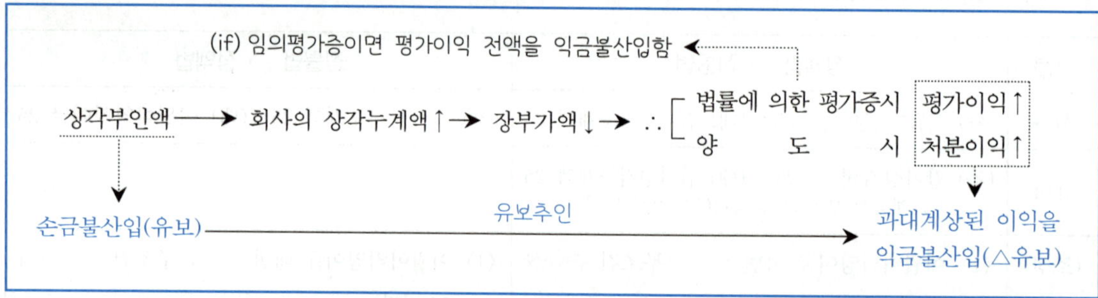

[1] 법률에 의한 평가증

① 감가상각과 법률에 의한 평가증을 병행하는 경우 적용순서

〈1단계〉 감가상각 시부인(평가증하기 전 자산가액을 기초로 상각범위액을 계산함)
〈2단계〉 법률에 의한 평가증

② 상각부인액 잔액을 전부 손금추인하지 않고 'min(① 손익계산서상 평가이익, ② 상각부인액잔액)'을 추인하는 이유 : 법률에 의한 유형자산 및 무형자산 등의 평가증은 익금으로 인정하나, 법률에 의한 유형자산 및 무형자산의 평가감은 손금으로 인정하지 않기 때문이다.

사례 회계상 장부가액 100인 건물을 「보험업법」에 따라 130으로 평가증하고 평가차익 30을 수익으로 계상한 경우 세무조정은? 단, 평가 전 상각부인액으로 32이 있다.

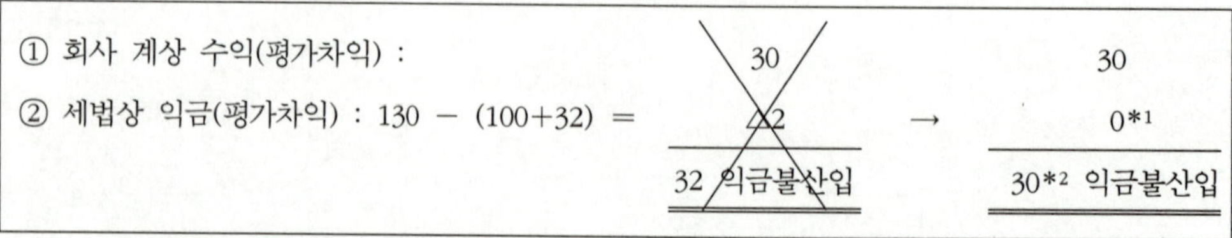

*1 법률에 의한 평가감은 인정안되기 때문('p4－51. 1)' 내용)

*2 [간편법] 'min(손익계산서상 평가이익 : 30, 상각부인액 잔액 : 32) ＝ 30'을 손금산입하는 것이 간편하다.

비교 양도시에는 처분손실도 손금인정되므로 '상각부인액 전액'을 손금산입한다. 단, 일부 양도시에는 양도비율을 곱한 금액을 손금산입한다.

2 감가상각자산을 일부만 양도하는 경우 세무조정방법

〈1단계〉 유보잔액 추인 : 유보잔액 × 양도비율$\left(\frac{\text{양도부분 취득가액}}{\text{전체 취득가액}}\right)$ ＝ 손금산입(△유보)

〈2단계〉 저가양도인가?

〈3단계〉 양도하고 남은 자산에 대한 상각시부인 ⇢ 양도부분은 시부인대상 아님

① 회사상각비 : 회사 감가상각비 계상액 － 양도부분분 감가상각비

② 상각범위액 : 전체 자산 대상가액 × (1－양도비율) × 상각률

6 감가상각의 의제

구 분	내 용
의 의	• 각 사업연도 소득에 대하여 법인세를 면제받거나 감면받은 경우에는 개별자산에 대한 감가상각비가 상각범위액이 되도록 감가상각비를 손금에 산입하여야 한다*1(강제상각). ⇢ ∴ 결손발생·감면요건 미비 등으로 실제로 감면받지 못한 경우에는 의제 규정 적용×*2 • 추계결정·경정을 하는 경우에는 감가상각자산에 대한 감가상각비를 손금에 산입한 것으로 본다.
계 산	감가상각의제액 ＝ 상각범위액 － (회사 상각비 계상액＋전기이월 상각부인액의 추인액*3)

*1 단, 한국채택국제회계기준을 적용하는 법인은 한국채택국제회계기준 도입 법인의 신고조정 특례규정에 따라 개별자산에 대한 감가상각비를 추가로 손금에 산입할 수 있다.

*2 [세부사항] 감가상각의제 규정 적용대상 여부 예시

감가상각의제규정 적용 대상법인 예시	감가상각의제규정 적용 제외법인 예시
다음의 규정에 따라 법인세를 감면받는 법인 ① 농업회사법인에 대한 법인세의 면제 ② 창업중소기업 등에 대한 세액감면 ③ 중소기업에 대한 특별세액감면 ④ 수도권 밖으로 공장을 이전하는 기업에 대한 세액감면	다음의 규정에 따라 법인세를 감면받는 법인 • 기술이전 및 기술대여 소득에 대한 세액감면

*3 전기로부터 이월된 상각부인액의 당기 손금산입액도 당기에 손금으로 계상된 금액으로 본다.

사 례

중소기업 특별세액감면을 적용받는 법인이 10기 1월 100,000,000에 취득한 기계에 대한 상각시부인 계산(상각방법 : 무신고, 정액법상각률 : 0.100, 정률법상각률 : 0.259). 단, 회사가 계상한 감가상각비는 제10기 30,000,000, 제11기 0, 제12기 18,000,000이며, 제11기에 자본적지출을 수선비로 계상한 금액 10,000,000 있다.

〈풀이〉

(단위 : 1,000,000원)

제10기			제11기			제12기		
B	T	D	B	T	D	B	T	D
30	100 × 0.259 = 25.9	4.1 손.不	0	100	△11.7819[*2] 손.산	18	100	1.859613 손.不
			10[*1]	△30			△30	
			10	4.1			△7.6819[*3]	
				(74.1+10[*1]) × 0.259 = 21.7819			62.3181 × 0.259 = 16.140387	

[*1] 중요성요건을 충족한 즉시상각의제액

[*2]

- [참고] 11.7819의 성격별 구분
  - ① 전기 부인액의 추인 : 4.1
  - ② 감가상각의제액 : 21.7819(상각범위액) − (10(회사 상각비) + 4.1(추인액)) = 7.6819
- (if) 세액감면을 적용받지 않는 경우 제11기 세무조정

  시인부족액 11.7819 발생 ⟶ Q 전기이월 상각부인액 있는가? ⟶(Yes) min(당기시인부족액 : 11.7819, 전기이월 상각부인액 : 4.1) = 4.1을 손금산입(△유보)

[*3] 유보잔액 : 4.1 + △11.7819 = △7.6819

7 한국채택국제회계기준(K-IFRS) 도입 기업에 대한 감가상각비 신고조정 특례

1. 취지

매년 감가상각방법 및 내용연수의 적정성을 재검토하는 한국채택국제회계기준을 도입함에 따라 한국채택국제회계기준 도입 전에 비해 감가상각비가 감소될 수 있다. 이로 인한 세부담 증가를 완화하기 위하여 신고조정에 의한 손금산입을 허용한다(임의신고조정).

2. 신고조정 허용 대상 자산

한국채택국제회계기준 도입 법인이 보유한 감가상각자산 중 유형자산과 법령으로 정한 무형자산*

* 법에 정한 무형자산 : 다음 중 하나에 해당하는 무형자산

① 감가상각비를 손비로 계상할 때 적용하는 결산내용연수를 확정할 수 없는 것으로서 법령으로 정한 요건을 갖춘 무형자산

② 한국채택국제회계기준을 최초로 적용하는 사업연도 전에 취득한 영업권

3. 신고조정 방법

(1) 2013년 12월 31일 이전에 취득한 감가상각자산

다음과 같이 계산한 종전감가상각비가 상각범위액의 범위에서 손금인정된 금액보다 큰 경우 그 차액을 신고조정으로 손금산입 가능하다.

1) 종전감가상각비

기준연도의 결산상각방법	종전감가상각비*[1]
정액법인 경우	취득가액 × 기준상각률*[2]
정률법인 경우	미상각잔액 × 기준상각률*[2]

*[1] ① 적용대상 자산 : 2013. 12. 31. 이전에 취득한 감가상각자산으로서 기준연도*이전에 취득한 기존보유자산 및 동종자산**을 말한다.

* 기준연도 : 한국채택국제회계기준을 최초로 적용한 사업연도의 직전 사업연도를 말한다.

** 동종자산 : 기존보유자산과 동일종류의 자산으로서 기존보유자산과 동일한 업종에 사용되는 것을 말한다(이하 같다).

② 종전 감가상각비란 한국채택국제회계기준을 적용하지 않고 종전 방식에 따라 감가상각비를 손비로 계상한 경우 상각범위액의 범위에서 손금으로 인정될 감가상각비 상당액을 말한다.

*2 기준상각률 : 기준연도 및 그 이전 2개 사업연도에 대해 각 사업연도별로 다음에 따른 비율을 구하여 이를 평균하여 계산한다.

① 정액법인 경우 : $\dfrac{\text{동종자산의 감가상각비 손금산입합계액}}{\text{동종자산의 취득가액 합계액}}$

② 정률법인 경우 : $\dfrac{\text{동종자산의 감가상각비 손금산입합계액}}{\text{동종자산의 미상각잔액 합계액}}$

2) 신고조정에 의한 손금산입액

- 손금산입액 : min(①, ②)
  - ① 종전감가상각비의 범위에서 개별 자산에 대한 신고조정에 의한 손금산입액을 동종자산별로 합한 금액
  - ② 동종자산의 감가상각비 한도*1

*1 동종자산의 감가상각비 한도는 다음과 같이 계산

기준연도의 결산상각방법	동종자산의 감가상각비 한도
정액법인 경우	(해당 사업연도에 감가상각비를 손금에 산입한 동종자산의 취득가액 합계액 × 기준상각률) − 신고조정 전 손금인정액의 합계*
정률법인 경우	(해당 사업연도에 감가상각비를 손금에 산입한 동종자산의 미상각잔액 합계액 × 기준상각률) − 신고조정 전 손금인정액의 합계*

* '신고조정 전 손금인정액의 합계'란 해당 사업연도에 동종자산에 대하여 상각범위액의 범위에서 손금에 산입한 감가상각비의 합계액을 말한다(이하 같다).

정리 세부담 최소화 가정이 있는 경우 시부인 계산방법

〈1단계〉 [암기 Tip] BTD 인종(기)신

다음과 같이 B, T, D, 인, 종(2014. 1. 1. 이후 취득 자산은 기), 신 계산구조를 적어놓고 해당 금액을 계산한다.

	회사상각비 (B)	상각범위액 (T)	차이 (D)	손금 인정액	종전감가상각비 (2014. 1. 1. 이후 취득분은 기준감가상각비)	신고조정에 의한 손금산입액
〈경우1〉	100	80	20 손금불산입	80	110	30*
〈경우2〉	70	80	—	70	110	40*

〈2단계〉

위와 같이 계산한 손금산입액을 동종자산별로 합한 금액을 법령에 정한 감가상각비 한도 내에서 신고조정으로 손금산입한다.

(2) 2014년 1월 1일 이후에 취득한 감가상각자산

다음과 같이 계산한 개별자산의 기준감가상각비가 상각범위액의 범위에서 손금인정된 금액보다 큰 경우 그 차액을 신고조정으로 손금산입 가능하다.

1) 개별자산의 기준감가상각비

- 개별자산의 기준감가상각비* : 해당 사업연도의 결산상각방법과 기준내용연수를 적용하여 계산한 금액

* 적용대상 자산 : 2014년 1월 1일 이후에 취득한 감가상각자산으로서 기존보유자산 및 동종자산을 대상으로 한다.

2) 신고조정에 의한 손금산입액

- 손금산입액 : min [①, min(②, ③)+④]
  ① 개별자산의 기준감가상각비의 범위에서 개별자산에 대한 신고조정에 의한 손금산입액을 동종자산별로 합한 금액(Ⓐ)
  ② 기준감가상각비를 고려한 동종자산의 감가상각비 한도*1(Ⓑ)
  ③ 종전감가상각비를 고려한 동종자산의 감가상각비 한도*2(Ⓒ)
  ④ 추가 손금산입 한도*3

*1 기준감가상각비를 고려한 동종자산의 감가상각비 한도 : 다음의 금액을 말하며, 0보다 작은 경우에는 0으로 본다.

해당사업연도에 동종자산에 대하여 해당 사업연도의 결산상각 방법과 기준내용연수를 적용하여 계산한 감가상각비 합계액	−	신고조정 전 손금인정액의 합계

*2 종전감가상각비를 고려한 동종자산의 감가상각비 한도 : 다음 금액(0보다 작은 경우에는 0으로 본다)을 말한다.

기준연도의 결산상각방법	동종자산의 종전감가상각비 합계액
정액법인 경우	(해당사업연도에 감가상각비를 손금에 산입한 동종자산의 취득가액 합계액 × 기준 상각률) − 신고조정 전 손금인정액의 합계
정률법인 경우	(해당사업연도에 감가상각비를 손금에 산입한 동종자산의 미상각잔액 합계액 × 기준 상각률) − 신고조정 전 손금인정액의 합계

*3 '❸ × 25%'의 금액이 '❷'보다 큰 경우에는 개별자산에 대한 신고조정에 의한 손금산입액을 동종자산별로 합한 금액이 '❸ × 25%'를 초과하지 아니하는 범위에서 추가로 손금에 산입 가능하다.

사례 한국채택국제회계기준 도입에 따라 정률법에서 정액법으로 변경함에 따라 ❶와 ❷가 100, ❸가 500이 나온 경우 손금산입액 계산

- 손금산입액 : min [❶ : 100, 한도 : min(❷ : 100, ❸ : 500) + 25* = 125] = 100
  - * Q. '500(❸) × 25% > 100(❷)인가?' —Yes→ '125(❸×25%) − 100(❷)' = 25
  - [결론] '❸ × 25%'가 '❷'보다 크면 '❸ × 25%'가 한도가 됨

8 [2차 시험용] 특수관계인으로부터 자산양수시 감가상각비 손금산입 특례

1. 세법의 규정

특수관계인으로부터 자산양수를 하면서 기업회계기준에 따라 장부에 계상한 자산의 가액이 시가*에 미달하는 경우 감가상각비규정을 준용하여 계산한 감가상각비 상당액을 손금에 산입한다(강제상각).

* 부당행위계산의 부인시 적용하는 시가를 말한다. 즉, 일반시가 → 감정가액 → 「상속세 및 증여세법」을 준용한 평가액

2. 규정의 의미

<학습방법> 내용이 복잡하므로 아래의 사례와 연계하여 정리하도록 한다.

구 분	내 용
기업회계 기준 해석	① 구입시 회계처리 (차) 자 산 ×××(Ⓑ)*1 (대) 현 금 ×××(Ⓐ) 자본잉여금등 ×××*2 ② 감가상각 : Ⓑ금액을 기준으로 감가상각
세 법	① 구입시 처리 (차) 자 산 ×××(Ⓒ)*3 (대) 현 금 ×××(Ⓐ) 사 외 유 출 ×××*4 (부당행위부인) ② 감가상각 • 감가상각시부인 계산 : 회사상각비 − 상각범위액*5 = 손금불산입(유보) • 신고조정에 의한 손금산입 : (Ⓒ−Ⓑ) × 상각률 × $\frac{월수}{12}$ = 손금산입(△유보)

*1 Ⓑ의 평가액 : 양도한 법인(지배회사)의 장부가액

*2 Ⓐ와의 차액을 자본잉여금, 이익잉여금 순으로 감액

*3 Ⓒ의 평가액 : 'Ⓐ>시가'인 경우 시가, 'Ⓐ<시가'인 경우 Ⓐ

*4 Ⓐ와 시가와의 차이 ⋯→ 'Ⓐ > 시가'인 경우에만 발생함

*5 Ⓑ × 상각률 × $\frac{월수}{12}$

사 례

종속회사가 지배회사로부터 건물(장부가 : 400, 시가 : 550, n : 10년)을 1. 1.에 구입, 회사계상 감가상각비는 50인 경우 종속회사의 세무조정

구분	사례 1 : 650에 취득시	사례 2 : 450에 취득시
회사	(차) 건물 400 (대) 현금 650 자본잉여금 250	(차) 건물 400 (대) 현금 450 자본잉여금 50
세법	(차) 건물 550 (대) 현금 650 사외유출 100	(차) 건물 450 (대) 현금 450
수정	(차) 건물 150 (대) 자본잉여금 250 익금산입 150 손금산입 250 사외유출 100 익금산입 100	(차) 건물 50 (대) 자본잉여금 50 익금산입 50 손금산입 50
세무조정	• 시가와 장부가와의 차이에 대한 세무조정 〈익금산입〉 건물 150(유보)*1 〈익금산입〉 부당행위계산부인 100(기타사외유출) 〈손금산입〉 자본잉여금 250(기타) • 감가상각비에 대한 세무조정*1 〈손금불산입〉 상각부인액 10(유보) 〈손금산입〉 감가상각비 15(△유보)	• 취득가와 장부가와의 차이에 대한 세무조정 〈익금산입〉 건물 50(유보)*2 〈손금산입〉 자본잉여금 50(기타) • 감가상각비에 대한 세무조정*2 〈손금불산입〉 상각부인액 10(유보) 〈손금산입〉 감가상각비 5(△유보)

*1 세무조정방법

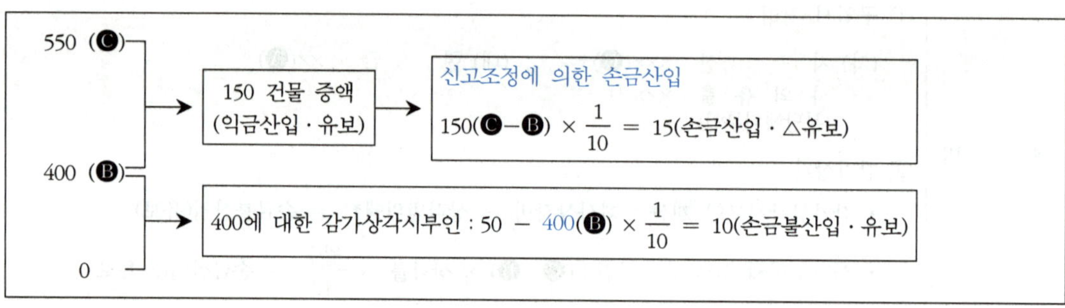

*2 세무조정방법

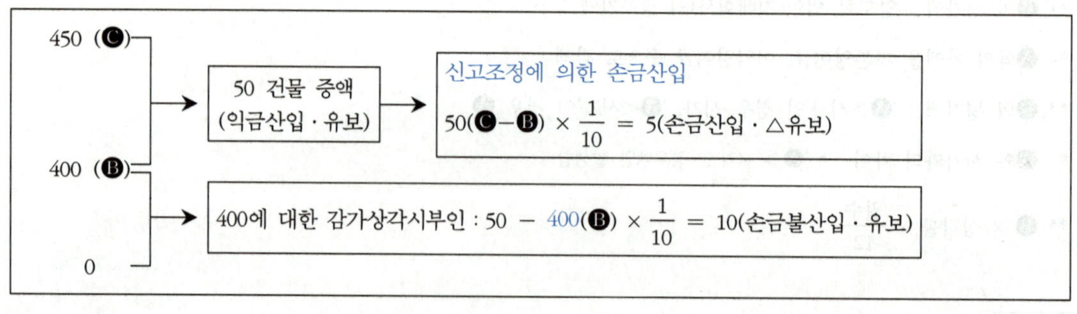

제 9 절
지급이자 손금불산입

1 지급이자에 대한 세법의 처리

구 분	처리방법
원 칙	손금인정
예 외	다음의 지급이자는 손금불산입(「법인세법」 규정)* 〈1순위〉 채권자불분명사채이자(∵ 귀속 불분명) 〈2순위〉 비실명채권 · 증권 이자(∵ 귀속 불분명) 〈3순위〉 건설자금이자(∵ 자산원가를 비용처리) 〈4순위〉 업무무관자산에 대한 이자(∵ 업무무관자산 보유에 대한 제재)

* 법률간 지급이자 손금불산입 규정의 우선관계 : 「국제조세조정에 관한 법률」에 따른 출자금액 대비 과다차입금 지급이자 손금불산입액(국조법 22), 소득 대비 과다 지급이자 손금불산입(국조법 24), 혼성금융상품 거래에 따른 지급이자 손금불산입(국조법 25)이 있으면 위의 「법인세법」상 지급이자손금불산입보다 우선하여 적용한다(국조법 26).

2 적용 순서별 지급이자 손금불산입

1. 〈1순위〉, 〈2순위〉

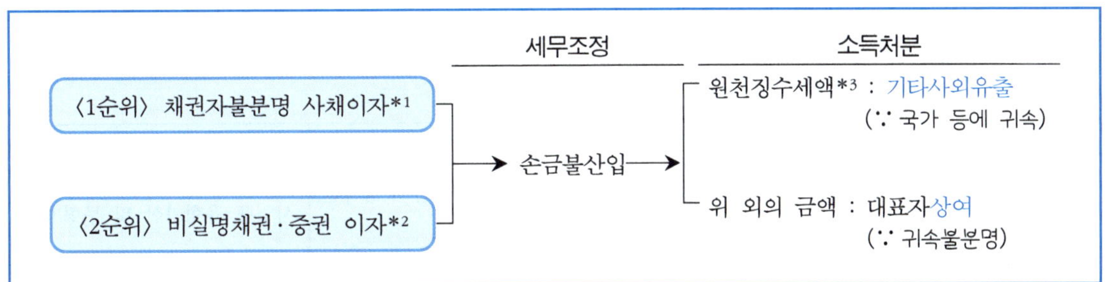

*1 범위

① 해당 사채를 차입하고 지급하는 알선수수료 · 사례금 등도 포함한다.

② 거래일 현재 주민등록표에 의하여 거주사실 등이 확인된 채권자가 차입금을 변제받은 후 소재불명이 된 경우에 그 이자는 제외한다.

*2 개념 : 채권 · 증권의 발행법인이 채권 · 증권의 이자 · 할인액을 금융기관을 통하지 않고 직접 지급하는 경우에 그 지급사실이 객관적으로 인정되지 않는 채권 · 증권의 이자를 말한다.

*3 실제로 원천징수한 세액을 말한다.

2. 〈3순위〉 건설자금이자

(1) 개요

① 의미 : 자산의 매입 · 제작 · 건설(이하 '건설 등' 이라 함)에 소요된 차입금에 대하여 그 자산의 건설 등의 과정에서 발생한 이자 및 이와 유사한 지출금(예 차입금을 차입할 때 지급하는 지급보증료)

② 세법상 처리 : 사업용 유형자산 및 무형자산(~~투자부동산, 재고자산~~)의 건설 등에 소요된 차입금에 대한 건설자금이자를 다음과 같이 처리한다.

- 건설 등에 소요된 것이 분명한 차입금에 대한 이자(특정차입금이자) : 자산 원가에 가산 ⋯→ 자본화 강제
- 위 외의 차입금에 대한 이자(일반차입금이자) : 자산원가 가산과 당기 손비 계상 중 선택 ⋯→ 자본화 선택

(2) 정리

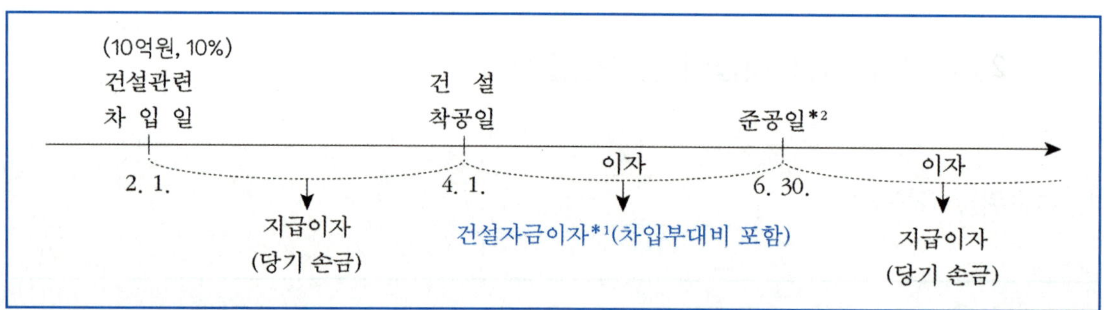

*1 건설자금이자에 대한 처리

구 분		한국채택국제회계기준	법인세법
자본화대상 자산		요건 갖춘 재고자산, 유형자산, 무형자산, 투자부동산	사업용 유형자산 및 무형자산
자본화여부	특정차입금 이자	자본화 강제*	자본화 강제
	일반차입금 이자		자본화 선택

* 일반기업회계기준에서는 자본화 여부 선택 가능

*2 준공일

① 토지 : 대금청산일과 사용개시일(건설착공일 또는 업무사용일) 중 빠른 날

② 건축물 : 「소득세법」상 취득일*과 사용개시일 중 빠른 날

③ 위 외 : 사용개시일

* [세부사항] 「소득세법」상 취득일의 예시 : 대금청산일과 등기접수일 중 빠른 날. 자가건설 건축물은 사용승인서 교부일 · 사실상 사용일 · 임시사용승인일 중 빠른 날

(3) 사례를 통한 건설자금이자 계산방법

건설착공일은 4월 1일이며, 2월 1일 차입한 특정차입금 10억원 중 3억원은 5월부터 6월까지 운영자금으로 전용하고 2억원은 6월에 은행에 12% 이자율로 예금한 경우(월할 계산한다고 가정)

계산방법	계산사례		
건설기간 중 이자* :	10억원 × 10% × $\frac{3}{12}$ =	25,000,000	
(−) 운영자금 전용분 이자 :	3억원 × 10% × $\frac{2}{12}$ =	△ 5,000,000	(∵ 지급이자)
(−) 일시예금 수입이자 :	2억원 × 12% × $\frac{1}{12}$ =	△ 2,000,000	(∵ 자본적 지출에서 차감)
건 설 자 금 이 자		18,000,000	

* 건설차입금에 대한 연체이자의 처리방법 : 특정차입금의 연체로 생긴 이자를 원본에 가산한 경우 그 가산한 금액은 해당 사업연도의 자본적 지출로 하고, 그 원본에 가산한 금액에 대한 지급이자는 이를 손금으로 한다.

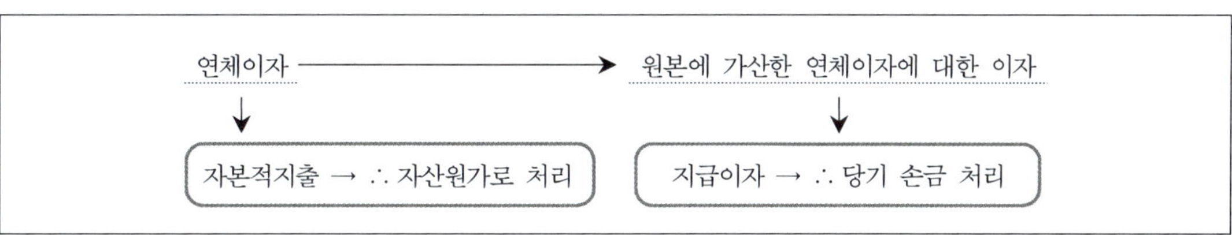

사례 건설차입금 1,000억원(이자율 10%)에 대한 연체이자 20억원을 바로 상환하기가 벅차 차입금원본에 가산하여 원본이 1,020억원이 된 경우 그 이자 102억원의 처리방법

① 1,000억원 × 10% = 100억원(건설차입금에 대한 이자이므로 건설자금이자)

② 20억원 × 10% = 2억원(이자를 상환하기 위한 차입금성격의 금액에 대한 이자이므로 건설자금이자가 아니다)

(4) 자본화 선택이 가능한 일반차입금이자의 계산방법

- 일반차입금이자 : min(①, ②)
  ① 건설기간 동안에 실제로 발생한 일반차입금의 지급이자
  ② 한도* : 일반차입금 이자 × $\frac{\text{건설비 적수} - \text{특정차입금 적수}}{\text{일반차입금 적수}}$

* 한도 산식의 의미 : 일반차입금(분모) 중 건설에 사용된 일반차입금 금액(분자산식 : 건설비에서 특정차입금으로 조달된 금액을 뺀 금액)이 차지하는 비율만큼의 일반차입금 이자를 자본화 가능한 이자로 본다.

(5) 세무조정

1) 특정차입금에 대한 건설자금이자를 지급이자로 처리한 경우 ⋯→ <Tip> 아래의 처리방법은 자산원가를 비용처리한 모든 경우에 적용한다.

구 분	당 기	차기 이후
• 비상각자산	[회사] (차) 지 급 이 자 100 (대) 현 금 100 ↓ 손금불산입(유보) ⟶ [세법] (차) 토 지 100 (대) 현 금 100	처분시, 법에 따른 평가증시 손금산입(△유보)
• 상각자산 ① 당기말 현재 진행중인 경우	[회사] (차) 지 급 이 자 100 (대) 현 금 100 ↓ 손금불산입(유보) ⟶ [세법] (차) 건설중인자산 100 (대) 현 금 100	손금불산입액을 상각부인액으로 본다.* → ∴ 추후 시인부족액발생시, 처분시, 법에 따른 평가증시 추인
② 당기말 현재 완성된 경우	[회사] (차) 지 급 이 자 100 (대) 현 금 100 [세법] (차) 건 물 100 (대) 현 금 100 (차) 감가상각비 xxx (대) 건 물 xxx ↳ 상각범위액만큼 인정 [조정] 지급이자계상액을 즉시상각의제로 보아 감가상각시부인 계산한다. (∵ 자본적지출을 비용으로 처리했음)	–

* 상각부인액으로 보는 이유 : 일단 건설중인 자산으로 처리하고 완성된 후 감가상각과정을 거쳐 비용처리해야 할 금액을 지급이자로 즉시 비용처리하였으므로 즉시상각의제로 보아 전액 손금불산입하였기 때문

2) 건설자금이자를 과대계상한 경우

과대계상시	→	건설완료 후 상각시부인과정 · 처분과정
자산과대계상액 감액 → ∴ 손금산입(△유보)		손금불산입(유보)

정리 건설자금이자 문제의 접근방법

〈1〉 사업연도 및 계산대상기간의 확인*1 → 〈2〉 정확한 건설자금이자의 계산*2 → 〈3〉 세무조정*3

*1 고려 이유 : 사업연도가 1. 1.~12. 31., 3. 1.~2. 28.인지 여부에 따라 건설자금이자의 계산 및 감가상각시부인 계산시 적용 월수가 달라진다.

*2 **사례** 사업연도 26기(26. 1. 1.~12. 31.), 26. 5. 1.에 건물 건설착공하여 27. 9. 30.에 준공, 26. 4. 1.에 건설 특정차입금 1억원을 연 6%로 차입하고 26기에 이자 4,500,000을 비용처리한 경우 26기 세무조정은?(월할계산 가정)

〈1단계〉 26기 중 계산대상기간의 확인 : 착공일과 차입일 중 늦은 날인 26. 5. 1.~~(26. 4. 1.)~~ ~ 26. 12. 31. → 8개월

〈2단계〉 정확한 건설자금이자 : 1억원 × 6% × $\frac{8}{12}$ = 4,000,000

〈3단계〉 세무조정 : 손금불산입 4,000,000(유보) ⟶ ∵ 자산원가를 비용처리하였음

*3 위 '(5)'에 따른다.

사 례

25기에 건설착공하여 26기 4월에 완성한 건물(회계상 취득가액 100,000,000, 내용연수 : 20년)에 대해 25기에 6,000,000, 26기에 4,000,000의 특정차입금에 대한 건설자금이자를 이자비용으로 처리한 경우 제25기와 제26기 세무조정은? 단, 26기의 감가상각비 계상액은 100,000이다.

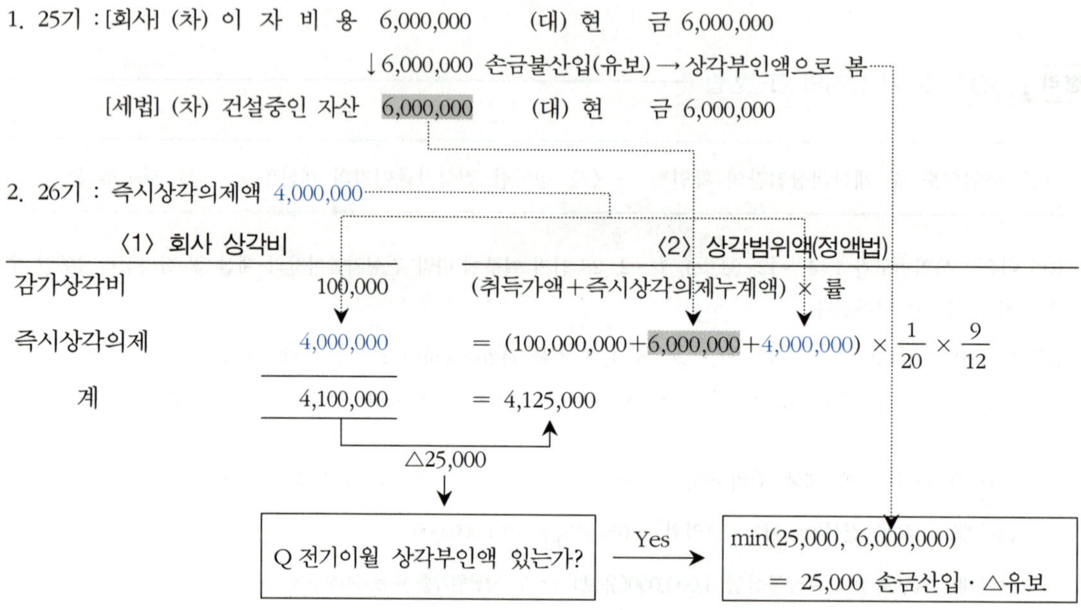

[간편법]

	회사 상각비	상각범위액	차이
	100,000	$(100{,}000{,}000+6{,}000{,}000+4{,}000{,}000) \times \frac{1}{20} \times \frac{9}{12}$	△25,000
6,000,000	4,000,000	= 4,125,000	→ min(25,000, 6,000,000)
	4,100,000		= 25,000 손금산입(△유보)

3. 〈4순위〉 업무무관자산에 대한 이자

- 특수관계인에 대한 것만 적용대상임
- 동일인에 대한 가지급금 · 가수금이 있는 경우
  ① 원칙 : 상계한 순액
  ② 예외 : 각각 상환기간 · 이자율에 대한 약정이 있으면 상계불가

- 업무무관가지급금으로 보지 않는 것
  ① 직원에 대한 월정급여 범위에서 일시적인 급료의 가불금, 경조사비 대여액, 학자금 대여액(자녀에 대한 것 포함)
  ② 원천징수시기특례규정(지급시기의제규정)에 따른 미지급 배당 · 상여에 대한 소득세대납액*4
  ③ 우리사주조합 · 조합원에 대한 해당 우리사주조합이 설립된 회사의 주식 취득자금 대여액
  ④ 귀속불분명에 대한 대표자상여 처분분 소득세 대납액 ⇢ 대납시 처리방법은 'p4—34. *2' 참고
  ⑤ 중소기업에 근무하는 직원(지배주주등인 직원은 제외)에 대한 주택구입 · 전세자금 대여금 ⇢ 이 것외의 주택 구입·전세자금 대여금은 업무무관가지급금임
  ⑥ 기타*5

- 취득가액으로 평가
- 단, 부당행위부인으로 인한 시가 초과액을 포함함*3

$$\text{• 손금불산입액 (기타사외유출)} : \text{지급이자} \times \frac{\min\left[\left(\text{업무무관 동산·부동산 적수} + \text{특수관계인에 대한 업무무관가지급금 적수}\right),\ \text{차입금 적수}\right]}{\text{차입금 적수}}$$

- 〈1순위〉~〈3순위〉에서 손금불산입한 금액을 차감한 후의 금액으로 계산

- 지급이자의 범위

포함되는 것		제외되는 것
금융어음할인료*2	↔	상업어음할인료(매각거래인 경우)*1
사채할인차금상각비	↔	현재가치할인차금 상각비 · 연지급수입이자
미지급이자 손금인정액	↔	선급이자 손금부인액
금융리스료 중 이자성격	↔	운용리스료
社債 및 私債 이자	↔	기업구매자금 대출이자[26)] 차입금의 조기상환시 지급하는 조기상환수수료

- 차입금 적수가 제시되지 않은 경우 계산방법

$$\text{차입금적수(X)} \times \text{연이자율} \times \frac{1}{365}\left(\frac{1}{366}\right) = \text{지급이자}$$

$$\therefore X = \frac{\text{지급이자}}{\text{연이자율}} \times 365(\text{윤년은 } 366)$$

⇢ 사례 : $\frac{10{,}000{,}000}{20\%} \times 365(366)$

= 18,250,000,000

*1

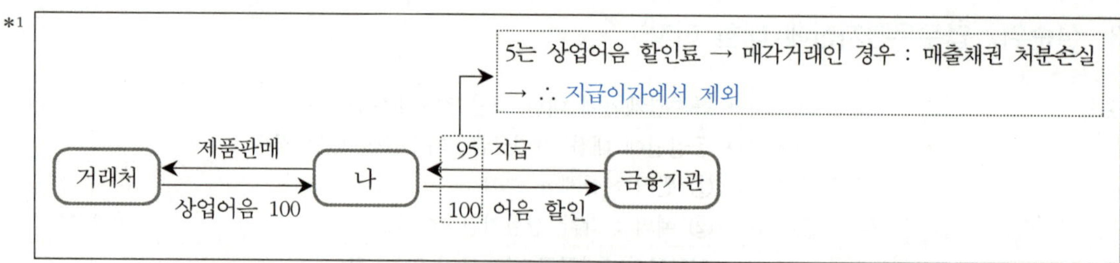

*2

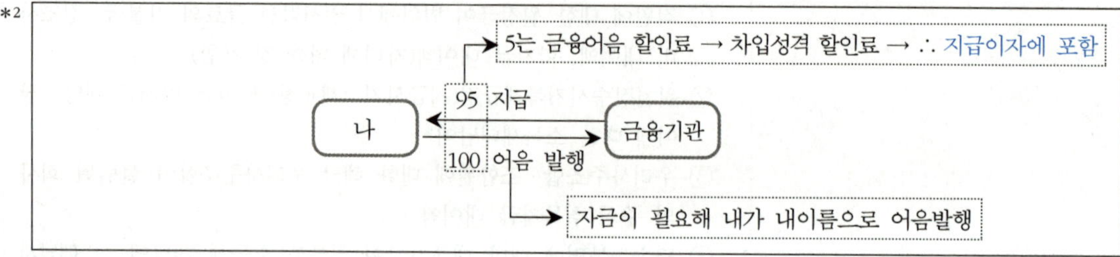

*3 사례 특수관계인으로부터 시가 5억원의 업무무관토지를 7억원에 구입한 경우

	회 계 처 리	세 무 조 정	영 향
[회사]	(차) 토 지 7억원 (대) 현 금 7억원	① 토지 2억원 : 손금산입(△유보) ② 부당행위부인 2억원 : 익금산입	지급이자손금불산입액 계산시 업무무관토지를 7억원으로 보고 계산
[세법]	(차) 토 지 5억원 사외유출 2억원* (부당행위) (대) 현 금 7억원		

* 중요성 요건 판단 : 2억원이 'min(3억원, 5억원×5%=25,000,000)' 이상이므로 요건 충족('p4-132. *3' 내용)

*4

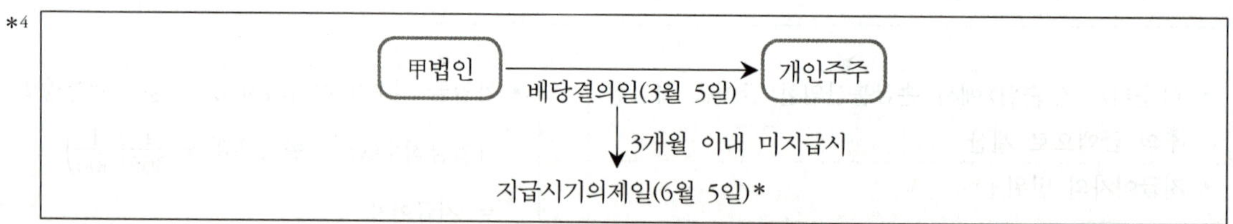

* 미지급하였더라도 <u>잉여금처분결의일부터 3개월이 되는 날</u>인 6월 5일[<u>(if)처분결의일이 11. 1.부터 12. 31.인 경우에는 다음 연도 2월 말일</u>] 지급한 것으로 보아 원천징수세액을 7월 10일까지 납부해야 한다. → 법인이 대납하더라도 가지급금 ×

---

26) 기업구매자금 대출이자를 제외하는 이유

'기업구매자금 대출'이란 구매기업이 판매기업에게 구입대금을 지급하기 위하여 금융기관으로부터 받는 대출을 말한다. 구매대금의 현금 결제 활성화를 유도하고 어음발행으로 인한 연쇄 도산의 위험을 줄이기 위한 정책적 배려로 기업구매자금 대출이자를 위 '<4순위>' 지급이자손금불산입 대상 지급이자에서 제외한다. → 비교 수입배당금 익금불산입 계산상 지급이자와 인정이자 계산상 가중평균차입이자율 계산시에는 포함한다(p4-69. [1], p4-282. [정리])

*5 [세부사항] 위 외에 업무무관가지급금으로 보지 않는 것

- 국외에 자본을 투자한 내국법인이 해당 국외투자법인에 종사하거나 종사할 자의 여비 · 급료 기타 비용을 대신 부담하고 이를 가지급금 등으로 계상한 금액(그 금액을 실지로 환부받을 때까지의 기간에 상당하는 금액에 한한다)
- 「국민연금법」에 따라 근로자가 지급받은 것으로 보는 퇴직금전환금
- 한국자산관리공사가 출자총액의 전액을 출자하여 설립한 법인에 대여한 금액
- 내국법인이 해외현지법인의 시설 및 운영자금을 대여한 경우에 그 자금의 대여가 사실상 내국법인의 영업활동과 관련된 것인 때에는 이를 업무무관가지급금으로 보지 아니한다(집행기준 28-53-2⑤).

사 례

자료를 이용한 중소기업인 갑법인의 제26기(2026. 1. 1.~12. 31.)의 지급이자 손금불산입 세무조정

〈자료〉

1. 포괄손익계산서상 지급이자의 내역

구 분	이자율	이자비용	비고
사채이자	20%	3,000,000원	채권자불분명사채이자로 동 이자와 관련하여 원천징수하여 납부한 세액은 1,260,000원이다.
연지급수입이자	6%	3,000,000원	–
은행차입금	10%	14,000,000원	기업구매자금 대출이자 4,000,000원과 운영자금으로 차입한 금액에 대한 이자 10,000,000원

2. 재무상태표상 대여금 5,000,000원은 2026. 7. 1. 회사의 영업부 과장에 대한 대여금이며, 이 중 2,500,000원은 주택전세자금 대여액이다.
3. 재무상태표상 전기에 특수관계인으로부터 취득하여 보유하고 있는 업무무관자산(취득가액 : 20,000,000원, 취득당시 시가 : 12,000,000원)에 대한 전기 세무조정은 정확하게 이루어졌고 취득 이후 변동내역은 없다.

〈해답〉

1. 채권자불분명사채이자 ┌ 1,260,000 손금불산입(기타사외유출)
   └ 1,740,000 손금불산입(상여)

2. 업무무관자산 이자 : $(14{,}000{,}000-4{,}000{,}000)^{*1} \times \dfrac{\min(7{,}760{,}000{,}000^{*3},\ 36{,}500{,}000{,}000)}{36{,}500{,}000{,}000^{*2}}$

   = 2,126,027 손금불산입(기타사외유출)

*1 선순위에서 손금불산입한 채권자불분명사채이자, 연지급수입이자 및 기업구매자금 대출이자는 제외한다.

*2 차입금 적수 : $\dfrac{10{,}000{,}000}{0.1} \times 365 = 36{,}500{,}000{,}000$

*3 $\underbrace{(5{,}000{,}000-2{,}500{,}000) \times 184}_{\text{업무무관가지급금 적수}} + \underbrace{20{,}000{,}000(\text{시가초과액 포함}) \times 365}_{\text{업무무관자산 적수}} = 7{,}760{,}000{,}000$

제 10 절 기업업무추진비와 기부금

1 기업업무추진비

1. 범위

(1) 개념

① 기업업무추진비란 접대, 교제, 사례 또는 그 밖에 어떠한 명목이든 상관없이 이와 유사한 목적으로 지출한 비용으로서 직접·간접적으로 업무와 관련있는 자와 업무를 원활하게 진행하기 위하여 지출한 금액을 말한다. → 세법상 처리 : 한도 내에서 손금인정, 한도초과액은 손금불산입(기타사외유출)

비교 판매장려금·판매수당 등 판매부대비 : 사전 약정 유무와 무관하게 판매비로 보아 전액 손금인정한다.

② 기업업무추진비와 비교되는 개념

구 분	기업업무추진비	광고선전비*	기부금
업무관련성	○	○	×
특정인에 대한 것	○*	×	○
한도계산	○	×(전액 손금, 업종불문)	○(비지정은 손금불산입)

* 광고선전목적으로 기증한 물품에 대한 처리

① 불특정다수인에 대한 것 : 광고선전비로 전액 손금인정
② 특정인에 대한 것
- 기증한 물품의 구입비용이 거래처당 연간 5만원(3만원 이하의 물품을 제외하고 계산한 금액) 이하인 경우 : 광고선전비로 전액 손금 인정
- 연간 5만원을 초과하는 경우 : 전액을 기업업무추진비로 보아 한도 계산

사례 ① 특정거래처 A에 연중 총 80,000원(1건 50,000원+1건 30,000원)의 물품을 제공한 경우 : 건당 30,000원 이하의 물품을 제외한 물품이 50,000원 이하이므로 80,000원 전액을 손금인정

② 위 '①'의 80,000원이 1건 51,000원, 1건 29,000원의 합계인 경우 : 건당 30,000원 이하의 물품을 제외한 물품이 50,000원 이하가 아니므로 51,000원을 기업업무추진비로 보아 한도계산

(2) 의제기업업무추진비 : 계정명칭과 무관하게 실질에 따라 판단한다.

① 직원 조직 조합·단체 에 대한 복리시설비

법인인 경우	:	기업업무추진비*
법인이 아닌 경우	:	경리의 일부로 봄* (자산 또는 비용)

* 법인의 종업원으로 구성된 노동조합지부에 지출한 보조금도 위와 동일하게 처리한다(법기통 19-19…41).

② 채권포기액 : 채권 100 중 60 포기하고 40만 회수한 경우 채권포기액 60의 처리방법

- 업무관련성 ○ : 기업업무추진비*1 → 한도 내 손금
- 업무관련성 × : 기부금 → 한도 내 손금(비지정기부금은 손금불산입)
- 상대방이 특수관계인이면서 조세부담 부당감소 목적 : 부당행위계산 부인 → 손금불산입
- 상대방이 특수관계인 외의 자이면서 정당한 사유*2가 있는 경우 : 손금인정

*1 (if) 회사가 이러한 기업업무추진비 60을 대손상각비로 처리한 경우 세무조정에 미치는 영향(손익계산서상 기업업무추진비계정상 기업업무추진비는 3,000이라고 가정)

구분	세무조정	기업업무추진비 한도초과
회사	(차) 대손상각비 60 (대) 채 권 60	1. 기업업무추진비 : 3,000 + 60 = 3,060 2. 한도 : 2,000(가정치)
세법	(차) 기업업무추진비 60 (대) 채 권 60	
세무조정	없다(∵ 손비항목간의 차이)	3. 한도초과액 : 1,060 손금불산입(기타사외유출)

*2 정당한 사유 : 채무자의 부도발생 등으로 장래에 회수가 불확실한 어음·수표 상의 채권 등을 조기에 회수하기 위하여 해당 채권의 일부를 불가피하게 포기하는 경우로서 그 행위에 객관적으로 정당한 사유가 있는 때를 말한다.

③ 회의비 : 손금. 단, 통상적인 회의비 초과액과 유흥비는 기업업무추진비로 본다.

④ 기업업무추진비 관련 부가가치세 매입세액, 현물로 지급한 기업업무추진비 관련 부가가치세 매출세액(간주공급 매출세액) : 기업업무추진비로 본다.

2. 기업업무추진비의 귀속시기와 현물기업업무추진비의 평가

구　분	내　　용
귀속시기[1]	지급의무가 확정된 사업연도의 손금* ⇢ 넓은 의미에서 발생주의라는 표현을 쓰기도 한다.
현물 기업업무추진비[2]	장부가액과 시가 중 큰 금액으로 평가[27]

* ① 기업업무추진비를 지출한 사업연도의 손비로 계상하지 않고 이연처리한 경우에는 지급의무가 확정된 지출한 사업연도의 기업업무추진비로 본다.

② 당기에 거래처에 주연을 베풀거나 신용카드 등을 사용하고 미지급비용으로 계상한 경우 접대한 날(기업업무추진행위가 발생한 날)에 지급의무가 확정되므로 당기의 기업업무추진비로 본다.

[1] 귀속시기 관련 사례

① 선급기업업무추진비 : 1기에 기업업무추진비를 지출하고 2기의 비용으로 처리한 경우

구 분	1기	2기
회 사	(차) 선 급 비 용 10 (대) 현 금 10	(차) 기업업무추진비 10 (대) 선급비용 10
세 법	(차) 기업업무추진비 10 (대) 현 금 10	–
조 정	• 손금산입 10(△유보) • 기업업무추진비계정에 10 가산	• 손금불산입 10(유보) • 기업업무추진비계정에서 10 차감

② 미지급기업업무추진비 : 1기에 접대행위(기업업무추진행위) 발생하고 2기에 기업업무추진비 지출시

구　분	1기	2기
회 사	–	(차) 기업업무추진비 10 (대) 현 금 10
세 법	(차) 기업업무추진비 10 (대) 미지급비용 10	(차) 미 지 급 비 용 10 (대) 현 금 10
조 정	• 손금산입 10(△유보) • 기업업무추진비계정에 10 가산	• 손금불산입 10(유보) • 기업업무추진비계정에서 10 차감

---

27) 시가와 장부가액 중 큰 금액으로 평가하는 이유
시가 100, 장부가액 150인 제품을 기업업무추진비로 지급한 경우를 사례로 들어 설명하면 다음과 같다.

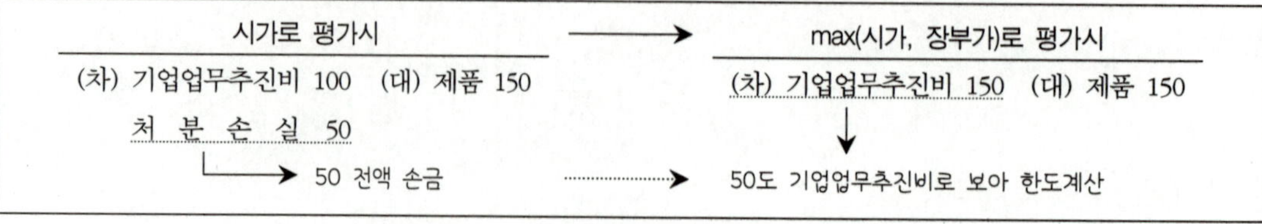

2 현물기업업무추진비 관련 사례

제품(시가 7,000, 장부가 6,000)을 현물 기업업무추진비로 지급한 경우 각 회계처리별 세무조정

구 분	경우 1	경우 2
회 사	(차) 기업업무추진비 6,700 (대) 제 품 6,000 VAT예수금 700	(차) 기업업무추진비 7,700 (대) 매 출 7,000 VAT예수금 700 매 출 원 가 6,000 제 품 6,000
세 법	(차) 기업업무추진비 7,700 (대) 제 품 6,000 VAT예수금 700 처 분 익 1,000* * 세법은 제품을 시가대로 처분한 후, 그 금액으로 기업업무추진비를 지급한 것으로 본다(이중거래).	
수 정	(차) 기업업무추진비 1,000 (대) 처 분 이 익 1,000 손익계정의 차이 : 조정×*	(차) 매 출 7,000 (대) 매 출 원 가 6,000 처 분 이 익 1,000 손익계정의 차이 : 조정×
손익효과	〈1〉회사 / 〈2〉세법 수익: − / 1,000 비용: △6,700 / △7,700 손익: △6,700 → 조정× → △6,700	〈1〉회사 / 〈2〉세법 수익: 7,000 / 1,000 비용: △7,700 / △7,700 △6,000 / − 손익: △6,700 → 조정× → △6,700
영 향	• 기업업무추진비계정에 기업업무추진비차액 1,000 가산	• 기업업무추진비 차이 없으므로 기업업무추진비계정에 가산할 금액 없음 • 매출액에서 7,000차감(∵ 기업회계기준상 매출액 아님) → 한도액 계산에 영향

* 기업업무추진비 1,000을 손금산입(기타), 처분이익 1,000을 익금산입(기타)으로 각각 조정해도 되나, 순액으로 손익에 미치는 영향이 없고 사후관리도 불필요하므로 세무조정을 생략하는 것이 간편하다.

정리 현물기업업무추진비 관련 문제의 접근방법

〈1단계〉 회사와 세법간의 손익차이에 대한 직접적 세무조정 → 위의 사례에서 보듯이 일반적으로 손익차이 없으므로 조정 없다. 단, 부가가치세 과세대상 제품을 기업업무추진비로 지급하고 부가가치세예수금을 계상하지 않는 등 회사와 세법상 자산·부채 차이가 있는 경우에는 이를 바로 잡는 세무조정을 한다.

〈2단계〉 다음의 현물기업업무추진비의 차액을 회계상 기업업무추진비계정에 가산

• 차액 = [max(시가, 장부가액)+부가가치세*] − 기업업무추진비계정 계상액
(세법상 기업업무추진비 = [max(시가, 장부가액)+부가가치세*])

〈3단계〉 만약 회사가 매출액으로 계상하였다면 그 금액을 손익계산서상 매출액에서 차감

* 현물로 기업업무추진비를 지급함으로 인한 간주공급시 부가가치세의 계산방법

① 비상각자산 : 시가 × 10%

② 감가상각자산 : [취득가액 × (1−감가율*[1]×경과된 과세기간 수)] × 10%

*[1] 감가율 : 건물·구축물 : 5%, 그 밖의 자산 : 25%

3. 기업업무추진비 세무조정 구조

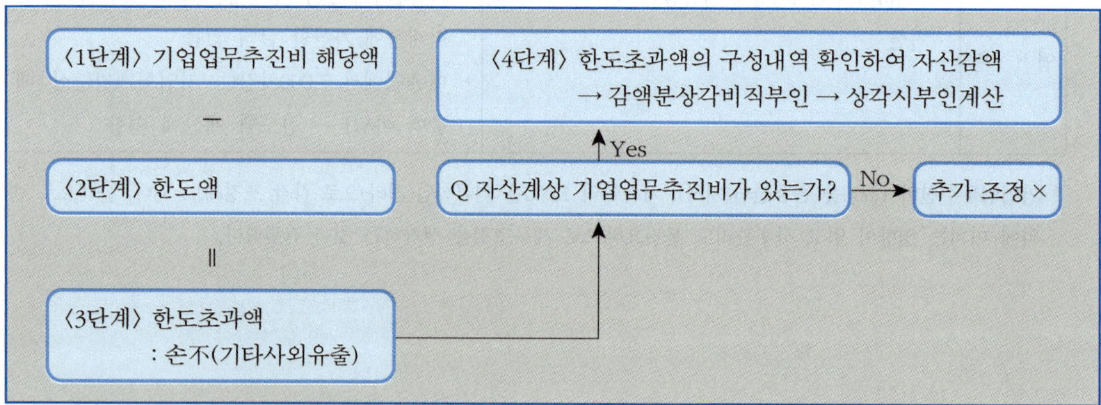

(1) 기업업무추진비 해당액의 계산

세무조정이 필요한 것은 직접적인 세무조정을 해가며 다음과 같이 기업업무추진비계정에 관련금액을 가감한다.

	기업업무추진비 해당액	←	세무조정
① 기업업무추진비계정(손익계산서+제조원가)	×××		—
② 기업업무추진비계정 중 기업업무추진비에 해당되지 않는 것을 차감(아래는 사례)			
㉠ 기밀비 등 증빙불비분	△×××	←	손금불산입(상여 등)
㉡ 한 차례의 기업업무추진비로 지출한 금액 중 3만원(경조사비는 20만원) 초과액으로서 적격증명서류 미수령액[주]	△×××	←	손금불산입(기타사외유출)
③ 현물기업업무추진비의 평가가 잘못된 경우 차액을 조정	×××	←	필요한 경우 세무 조정 이행
④ 기업업무추진비계정 외의 계정에 기업업무추진비해당액이 있는 경우 가산(아래는 사례)			
㉠ 광고선전비계정에 특정인에 대한 업무관련 지출금액이 포함된 경우[기증한 물품의 구입비용이 거래처당 연간 5만원(개당 3만원 이하의 물품을 제외하고 계산한 금액) 이하인 경우는 제외]	×××		—
㉡ 거래처와의 약정에 의한 채권포기액	×××		—
㉢ 기업업무추진행위가 발생하여 지출한 금액을 선급비용으로 계상한 경우	×××	←	손금산입(△유보)
㉣ 자산으로 계상한 기업업무추진비가 포함된 경우 이를 가산	×××		—
⑤ 기업업무추진비 해당액	×××		

주 한 차례의 기업업무추진비로 지출한 금액 중 3만원(경조금은 20만원) 초과 기업업무추진비로서 적격증명서류 미수령액의 손금불산입

구 분	내 용
적격증명서류의 범위	• 신용카드 · 직불카드 · 외국에서 발행된 신용카드 · 기명식선불카드, 직불전자지급수단, 기명식선불전자지급수단 또는 기명식전자화폐, 「조세특례제한법」에 따른 현금영수증 • 계산서 · 세금계산서의 수령, 매입자발행세금계산서 또는 매입자발행계산서, 원천징수영수증(사업자등록을 하지 아니한 자로부터 용역을 제공받고 교부하는 원천징수영수증을 말함)을 발행하는 경우 해당 증빙
미수령액에 대한 처리*2	• 기업업무추진비에 대해 적격증명서류를 수령하지 않은 경우*1 Q 한 차례에 3만원(경조금은 20만원)을 초과하는가? Yes → 전액을 손금불산입(기타사외유출) No → 기업업무추진비로 보아 한도계산
적격증명서류 사용대상에서 제외하는 것	성격상 적격증명서류 수령이 불가능한 다음의 기업업무추진비는 미수령하더라도 기업업무추진비로 보아 한도계산 ① 국외지역 중 기업업무추진비가 지출된 국외지역의 장소 또는 인근지역 안의 유사한 장소에서 현금 외에 다른 지출수단이 없어 적격증명서류를 구비하기 어려운 경우 그 국외지역 기업업무추진비 ② 법인이 생산한 제품 등으로 거래처에 제공하는 현물기업업무추진비 ③ 거래처와 약정에 의한 매출채권의 포기액 ④ 농어민(법인은 제외)으로부터 직접 재화를 공급받는 경우의 지출로서 그 대가를 금융회사 등을 통하여 지급한 지출(과세표준 신고시 송금명세서를 첨부하여 제출한 경우에 한정) → 영농조합법인으로부터 구입한 것은 은행을 통해 지급해도 적격증명으로 보지 않음 비교 거래처 경조금은 성격상 적격증명서류 수령이 불가능하지만 20만원 초과시 적격증명서류 미수령액을 전액 손금불산입한다.

*1 다음의 신용카드 등 사용액도 적격증명서류 미수령액으로 본다.

① 임직원 명의로 발급받은 신용카드 사용액

② 매출전표 등에 기재된 상호 및 사업장소재지가 재화 · 용역을 공급하는 신용카드 등의 가맹점의 상호 및 사업장소재지와 다른 경우 그 신용카드 등 사용액

*2 적격증명서류 미수령액에 대한 제재 : 'p4－81. 3' 참고

정리 임직원 명의 신용카드 사용에 대한 행정해석

구 분	내 용
부가가치세	법인 · 개인사업자가 임직원 명의 신용카드 사용시 업무와 관련되고 부가가치세가 구분된다면 매입세액공제 가능(서삼 46015-12066, 서삼-288)
법 인 세	① 기업업무추진비 : 적격증명서류로 인정 × → ∴ 3만원 초과시 : 손금불산입(기타사외유출) ② 기업업무추진비 외 : 적격증명서류로 인정 ○ → ∴ 증명서류 수취 불성실가산세 부과 × (서면 2팀-1090)
소 득 세	기업업무추진비도 적격증명서류로 인정 ○

(2) 기업업무추진비 한도액의 계산

- 기업업무추진비 한도액 : (1) + (2) + (3)
  - (1) 일반 : ① + ② + ③[부동산임대업을 주업으로 하는 법인 등 법에서 정하는 내국법인의 경우[6]는 '(①+②+③)×50%']
    - ① 기본한도 : 12,000,000원(중소기업은 36,000,000원) × $\frac{\text{사업연도월수*}}{12}$
    - ② 일반수입금액 한도 : 일반수입금액[1] × 적용률[2]
    - ③ 특정수입금액 한도 : 특정수입금액[3] × 적용률 × 10%
  - (2) 문화 : min(①, ②)
    - ① 문화기업업무추진비[4]
    - ② 위 '(1)'의 일반 한도액 × 20%
  - (3) 전통시장 : min(①, ②)
    - ① 전통시장 · 지역사랑상품권 **개정** 기업업무추진비[5]
    - ② 위 '(1)'의 일반 한도액 × 20% **개정**

* 월수는 역에 따라 계산하되, 1개월 미만의 일수는 1개월로 한다.

[1] 수입금액

① 범위 : 기업회계기준에 따라 계산한 매출액(영업수익, ~~영업외수익~~)을 말한다.

㉠ 중단사업부문의 매출액도 포함하며, 파생결합증권 및 파생상품거래의 경우 거래 손익을 통산한 순이익(0보다 작은 경우 0)을 말한다.

㉡ 매출에누리 · 매출환입 · 매출할인은 매출액 차감항목

㉢ 부산물매각대 등은 영업부수수익으로 매출액에 포함한다.

㉣ 다음은 기업회계기준에 의한 매출액이 아니므로 포함하지 않는다.

- 「부가가치세법」상 간주공급
- 간주임대료 익금산입액
- 회사계상 매출액이 세법상 매출액과 차이가 있어 익금에 산입하였으나, 회사계상 매출액이 기업회계기준에 의한 매출액과 동일한 경우 그 익금산입액

사례 세법상 매출액은 120, 회사가 계상한 기업회계기준에 따른 매출액은 100인 경우

① 세무조정 : 20익금산입

② 기업업무추진비 한도계산상 수입금액 : 100(~~120~~)

- [세부사항] 재고자산을 특수관계인에게 시가보다 저가로 판매하여 시가와의 차액을 부당행위계산의 부인으로 익금산입한 금액

② 출제유형별 수입금액의 계산방법

〈유형1〉 손익계산서상 매출액이 제시된 경우 : 손익계산서상 매출액 ± 가감조정
= 기업회계상 매출액

〈유형2〉 부가가치세 과세표준이 제시된 경우 : 부가가치세 과세표준 ± 가감조정
= 기업회계상 매출액*

* 계산 사례

부가가치세 과세표준	−	선세금계산서 발급 공급가액*1	−	유형·무형자산 공급가액*2	−	사업상증여 등 간주공급 공급가액*3	=	기업회계상 매출액

*1 부가가치세 계산시에는 인도하기 전이라도 대가를 받고 세금계산서를 발급할 때는 발급시기를 공급시기로 본다. 「법인세법」이나 기업회계기준은 그러한 규정이 없으므로 제외한다.

사례 'p4−108. 상단. (2)' 참고

*2 부가가치세 계산시에는 건물·기계장치 등을 공급하면 과세하나, 이는 기업회계기준상 매출액이 아니므로 제외한다.

*3 간주공급은 기업회계기준상 매출액이 아니므로 제외한다.

2 적용률

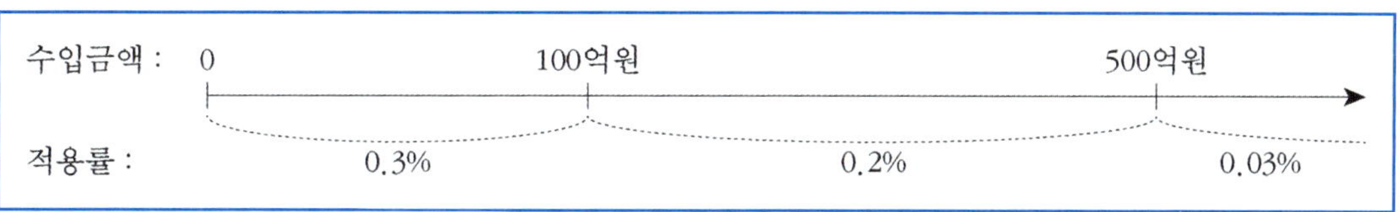

사례 800억원 : 100억원 × 0.3% ＋ (500억원－100억원) × 0.2% ＋ (800억원－500억원) × 0.03%

3 특정수입금액

① 의미 : 특수관계인에 대한 매출액을 말한다.

② 일반수입금액과 특정수입금액이 같이 있는 경우 구성사례(일반이 80억원, 특정수입금액이 30억원)

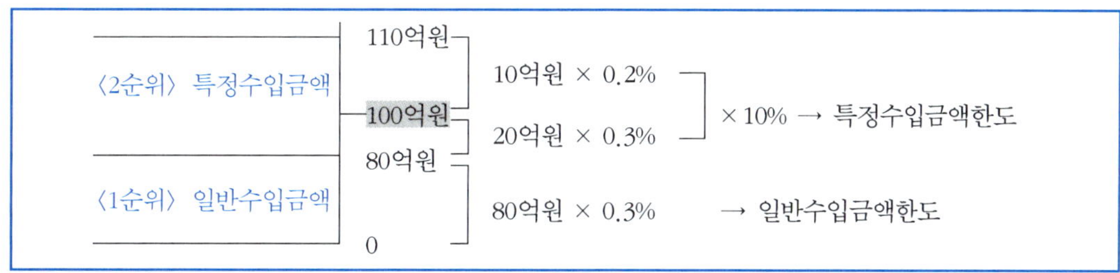

4 문화기업업무추진비 : 2028. 12. 31. 개정 이전에 지출한 국내문화관련 지출액*을 말한다.

* 문화예술 공연이나 전시회 · 박물관의 입장권 구입, 체육활동 관람을 위한 입장권 구입, 비디오 · 음반 및 음악영상물 · 간행물의 구입 비용, 문화관광축제의 관람 또는 체험을 위한 입장권 · 이용권의 구입, 관광공연장 입장권의 구입, 재정경제부령으로 정하는 박람회의 입장권 구입, 지정문화재 및 등록문화재의 관람을 위한 입장권 구입 비용, 문화예술 관련 강연의 입장권의 구입 및 초빙강사에 대한 강연료 등, 자체시설 또는 외부임대시설을 활용해 해당 내국인이 직접 개최하는 공연 등 문화예술행사비, 문화체육관광부의 후원을 받아 진행하는 문화예술, 체육행사에 지출하는 경비, 미술품 구입비용(취득가액이 거래단위별로 100만원 이하인 것으로 한정한다), 종합유원시설업 또는 일반유원시설업의 허가를 받은 자가 설치한 유기시설 또는 유기기구의 이용을 위한 입장권 · 이용권 구입, 수목원 및 정원의 입장권 구입, 궤도시설의 이용권 구입

5 전통시장 · 지역사랑상품권 기업업무추진비 : 2028. 12. 31. 개정 이전에 전통시장에서 지출하거나 지역사랑상품권으로 지출한 개정 기업업무추진비로서 다음 요건을 모두 갖춘 금액을 말한다.

① 신용카드등 적격증명 사용금액에 해당할 것. 단, 지역사랑상품권으로 지출한 경우에는 지역사랑상품권 지출 증명자료*2에 기재된 금액을 포함한다. 개정

② 소비성서비스업*1을 경영하는 법인 또는 사업자에게 지출한 것이 아닐 것

*1 [세부사항] 호텔업 및 여관업(관광숙박업은 제외), 주점업(일반유흥주점업, 무도유흥주점업, 단란주점 영업만 해당하되, 외국인전용유흥음식점 및 관광유흥음식점은 제외한다) 등 법령으로 정하는 사업을 말한다.

*2 지역사랑상품권 지출 증명자료 : 판매대행점이 지역사랑상품권을 판매하고 발행한 자료로서 영수증, 입금확인증 등 그 명칭과 관계없이 지역사랑상품권을 현금으로 구입하였다는 증명자료를 말한다.

6 부동산임대업을 주업으로 하는 법인 등 법령으로 정한 내국법인

다음의 요건을 모두 갖춘 내국법인을 말한다. ⋯→ 〈Tip〉 다음 법인에 적용되는 각종 규정은 'p4-3. 3'으로 일괄 정리할 것

① 해당 사업연도 종료일 현재 내국법인의 지배주주등이 보유한 주식등의 합계가 해당 내국법인의 발행주식총수 또는 출자총액의 50%를 초과할 것

② 해당 사업연도에 부동산 임대업을 주된 사업*1으로 하거나 다음 금액 합계가 기업회계기준에 따라 계산한 매출액(㉠부터 ㉢까지의 금액이 포함되지 않은 경우에는 이를 포함하여 계산한다)의 50% 이상일 것

㉠ 부동산 또는 부동산상의 권리의 대여로 인하여 발생하는 수입금액(익금에 가산할 간주임대료 금액을 포함한다)

㉡ 「소득세법」상 이자소득

㉢ 「소득세법」상 배당소득

③ 해당 사업연도의 상시근로자*2 수가 5명 미만일 것

*1 주된 사업 : 둘 이상의 서로 다른 사업을 영위하는 경우에는 사업별 사업수입금액이 큰 사업을 주된 사업으로 본다.

*2 [세부사항] 상시근로자 : 「근로기준법」에 따라 근로계약을 체결한 내국인 근로자로 한다. 다만, 다음 중 어느 하나에 해당하는 사람은 제외한다.

① 해당 법인의 최대주주·최대출자자와 그와 「국세기본법 시행령」에 따른 친족관계인 근로자

② 근로소득원천징수부에 의하여 근로소득세를 원천징수한 사실이 확인되지 아니하는 근로자

③ 근로계약기간이 1년 미만인 근로자. 다만, 근로계약의 연속된 갱신으로 인하여 그 근로계약의 총 기간이 1년 이상인 근로자는 제외한다.

④ 「근로기준법」에 따른 단시간근로자

(3) 한도초과액 : 손금불산입(기타사외유출)*

* 한도미달액이 발생하는 경우 : 세무조정 없음

정리 기업업무추진비 세무조정 접근방법

〈1단계〉 직접적인 세무조정을 해 가면서 '1. 기업업무추진비'와 '2. 수입금액(일반과 특정으로 구분)'을 계산

〈2단계〉 '2. 수입금액'을 기준으로 기업업무추진비 한도계산

〈3단계〉 기업업무추진비 한도초과액 계산

사 례

다음 자료를 이용한 중소기업이 아닌 갑법인의 제26기(2026. 1. 1.~12. 31.)의 세무조정

〈자료〉

1. 손익계산서상 매출액
   ① 특수관계인에 대한 매출액 : 500,000,000원(매출할인 20,000,000원이 차감된 금액)
   ② 특수관계인 외의 자에 대한 매출액 : 9,800,000,000원*(중단사업부분 매출액 200,000,000원 포함)

   * 제26기에 인도한 제품의 외상매출액 100,000,000원이 계상누락된 금액이다.

2. 손익계산서상 기업업무추진비 내역

구 분	건당 3만원 이하분	건당 3만원 초과분	계
적격증명서류 수취분	5,000,000원*1	69,000,000원*2	
영수증 수취분	4,000,000원	2,000,000원	
계	9,000,000원	71,000,000원	80,000,000원

*1 5,000,000원 모두 임직원명의 신용카드사용액이다.

*2 69,000,000원 중 10,000,000원은 문화예술 공연 입장권 구입비이고, 6,000,000원은 지역사랑상품권으로 소매업자에게 지출한 것이다.

3. 손익계산서상 복리후생비 중 기업업무추진비 해당액은 6,000,000원(이 중 2,000,000원은 대표이사 개인용도 사용분임)이다.

〈해답〉

1. 기업업무추진비 : $80,000,000 - \underset{\text{손금불산입(기타사외유출)}}{\underline{2,000,000}} + (6,000,000 - \underset{\text{손금불산입(상여)}}{\underline{2,000,000}})$

   $= 82,000,000$*

   * 임직원명의 신용카드사용액 5,000,000은 건당 3만원 이하분이므로 기업업무추진비로 보아 한도계산하면 된다.

   〈Tip〉 위 '자료 2번' 표와 같이 기업업무추진비 내역이 제시되면 먼저 '건당 3만원 이하분'을 구성 항목별로 분석한 후, '건당 3만원 초과분'을 구성 항목별 분석하면서 세무조정하는 세로 접근법이 간편하다.

2. 수입금액
   ① 일반 : $9,800,000,000 + \underset{\text{익금산입(유보)}}{\underline{100,000,000}} = 9,900,000,000$
   ② 특정 : 500,000,000

3. 한도 : ① + ② + ③ = 56,172,000
   ① 일반 : $12,000,000 \times \frac{12}{12} + 9,900,000,000 \times 0.3\% + \left[\begin{array}{l} 100,000,000 \times 0.3\% \\ +400,000,000 \times 0.2\% \end{array}\right] \times 10\%$

   $= 41,810,000$

   ② 문화 : min(10,000,000, 41,810,000 × 20%) = 8,362,000
   ③ 지역사랑상품권 : min(6,000,000, 41,810,000 × 20%) = 6,000,000

4. 한도초과 : 82,000,000 − 56,172,000 = 25,828,000 손금불산입(기타사외유출)

(4) 자산계상 기업업무추진비가 있는 경우

① 한도초과액의 구성내역 확인

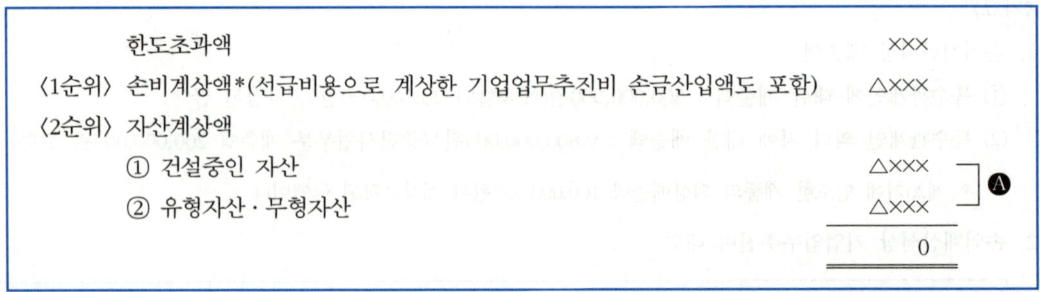

	한도초과액	×××
〈1순위〉	손비계상액*(선급비용으로 계상한 기업업무추진비 손금산입액도 포함)	△×××
〈2순위〉	자산계상액	
	① 건설중인 자산	△××× ┐ Ⓐ
	② 유형자산 · 무형자산	△××× ┘
		0

* 제조원가로 계상한 기업업무추진비는 매출원가 및 기말재고 배부율과 무관하게 모두 손비계상액으로 본다.

② 세무조정*

〈1단계〉 자산의 감액 : 손금산입(△유보)

과대계상된 자산을 감액하기 위하여 손금산입(△유보)한다.

〈2단계〉 자산감액분(△유보)에 대한 상각비 직부인 : 손금불산입(유보)

회사가 계상한 상각비에는 '〈1단계〉'에서 감액한 자산에 대한 상각비도 포함되어 있을 것이므로 다음 금액을 손금불산입한다.

$$\cdot \text{손금불산입액} = \text{회사계상 상각비} \times \frac{\text{'〈1단계〉'의 △유보금액}}{\text{회계상 자산가액}}$$

〈3단계〉 상각시부인 계산 : '〈1단계〉'와 '〈2단계〉'의 세무조정을 감안하여 다음과 같이 시부인계산한다.

① 회사상각비 : 총상각비 − '〈2단계〉'에서 직부인한 상각비

② 상각범위액 : 세법상 자산가액 × 상각률

* 〈Tip〉 풀이 방법

	기업업무추진비	한도	한도초과	〈1단계〉자산감액	〈2단계〉	〈3단계〉
손비계상액	300		〈1〉 300			
건설중인자산	500		〈2〉 500	손금산입(△유보)		
유형 · 무형자산	700		〈3〉 400	손금산입(△유보) →	직부인 →	시부인
	1,500	300	1,200			

사례 자산계상 기업업무추진비 세무조정 과정의 이해

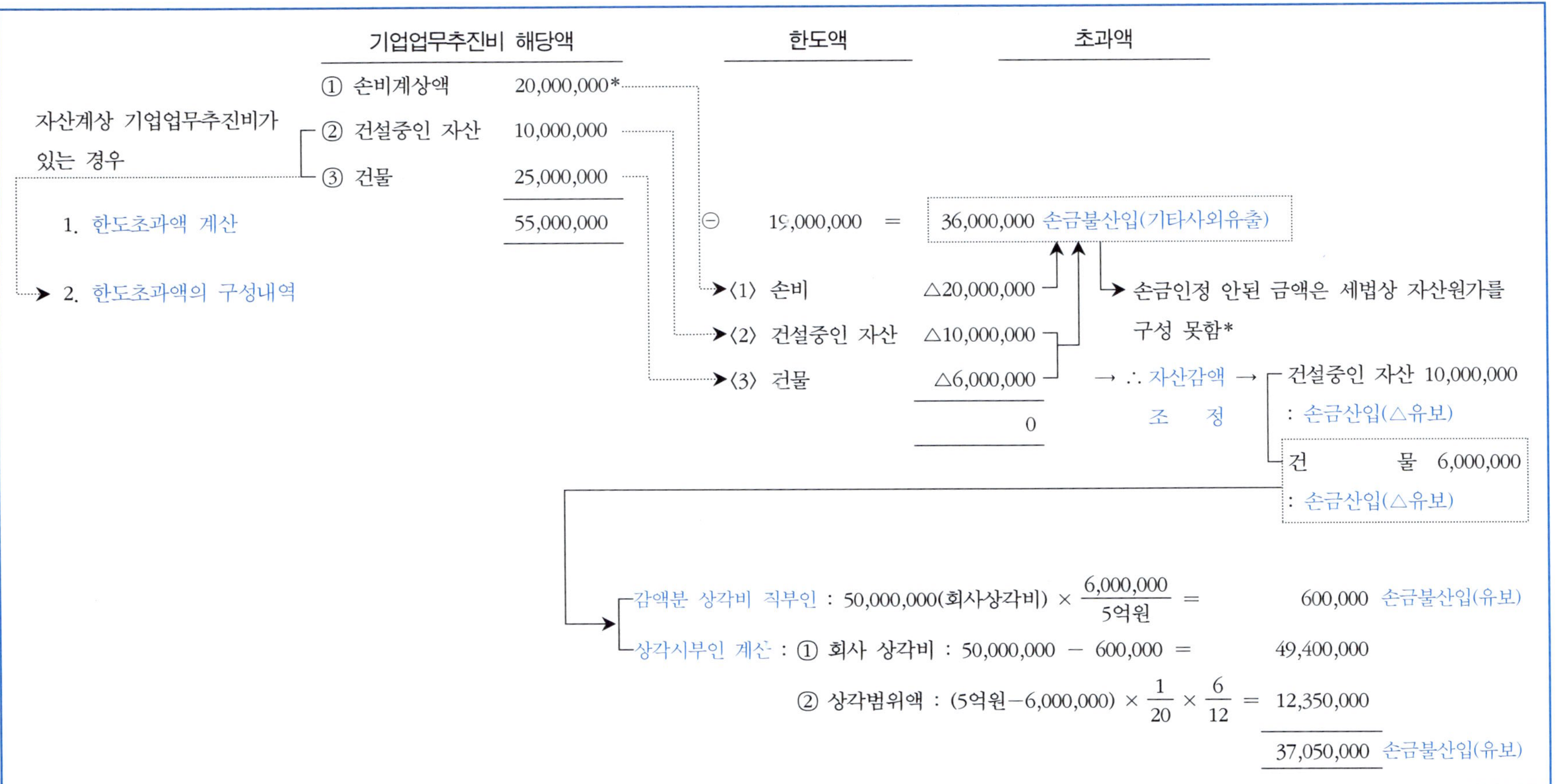

* 만약 선급비용으로 계상한 기업업무추진비를 손금산입(△유보)한 금액이 있으면 그 금액을 손비계상액에 포함한다.

2 기부금

1. 기부금 일반

(1) 범위

구 분	내 용
기본개념	'사업과 직접적인 관계없이' '특수관계인 외의 자'에게 무상지출하는 재산적 증여액 비교 ① 사업관련 × ➕ 특수관계인 × ➕ 무상지출 : 기부금 → 한도내 손금 ② 사업관련 × ➕ 특수관계인 ○ ➕ 무상지출 : 부당행위부인 → 손금불산입 ③ 사업관련 × ➕ 기부금열거대상 특수관계인 ○ ➕ 무상지출 → 기부금
의제기부금주	특수관계인 외의 자에게 정당한 사유없이 정상가액(시가±30%)보다 저가양도하거나 고가매입함으로써 그 차액 중 실질적으로 증여한 것으로 인정되는 다음 금액을 기부금으로 본다. ① 저가양도시 : 정상가액(시가×70%) − 양도가액 ② 고가매입시 : 매입가액 − 정상가액(시가×130%)

주 의제기부금 사례

① 특수관계인 외의 자에게 저가양도·고가매입시 세무조정 사례

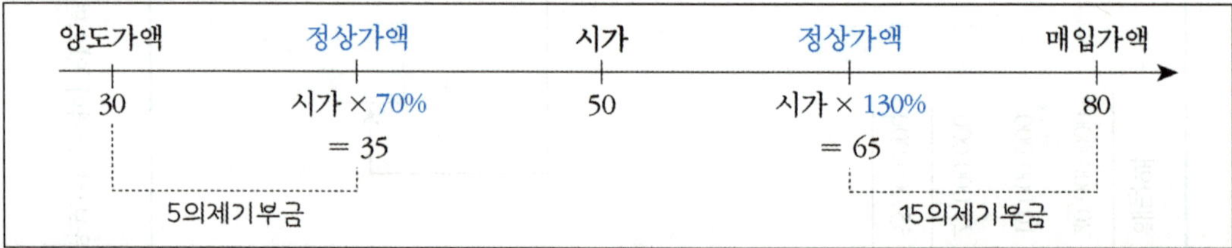

② 세무조정 사례

구 분	저가양도의 경우	고가매입의 경우
회 사	(차) 현 금 30 (대) 토 지 40 처 분 손 10 (장부가)	(차) 토 지 80 (대) 현 금 80
세 법	(차) 현 금 35 (대) 토 지 40 처 분 손 5 (차) 기 부 금 5 (대) 현 금 5	(차) 토 지 65 (대) 현 금 80 기 부 금 15

수　　정	(차) 기 부 금* 5 (대) 처분손 5 손익계정의 차이 : 조정×	(차) 기 부 금* 15 (대) 토　지 15 손금산입(△유보)
손익효과	〈1〉회사 / 〈2〉세법 수익: — / — 비용: △10(처분손) / △5(처분손), △5(기부금)* 손익: △10 → 조정 × △10	〈1〉회사 / 〈2〉세법 수익: ○ / — 비용: / △15(기부금)* 손익: ○ → 손금산입 △15
영　　향	의제기부금 5를 해당 기부금에 포함해 한도계산*	의제기부금 15를 해당 기부금에 포함해 한도계산*

* (if) 기부금이 비지정기부금인 경우 : 손금불산입(기타사외유출 등)

정 리 특수관계인 외의 자에 대한 저가양도 · 고가매입 세무조정의 단계적 접근방법

	저가양도의 경우	고가매입의 경우
〈1단계〉	양도자산에 대한 유보잔액 추인 (유보잔액 × 처분비율)	〈1〉 ① 고가매입인가? —No→ 조정× ↓Yes 의제기부금 계산 : 매입가액 − 시가 × 130%
〈2단계〉	저가양도인가? —No→ 조정× ↓Yes 의제기부금 계산 : 시가 × 70% − 양도가액	〈2〉 의제기부금만큼 자산 감액 손금산입(△유보)*
〈3단계〉	의제기부금 조정 • 비지정기부금인 경우 : 손금불산입(기타사외유출 등) • 위 외의 기부금인 경우 : 직접적 조정없이 해당 기부금에 포함해 한도계산	

* 감가상각자산인 경우 추가조정 : 감액분 상각비 직부인(손금불산입 · 유보) → 상각시부인 계산

■ 부동산을 무상 또는 저가임대시 기부금의제

법인이 특수관계인 외의 자에게 해당 법인의 사업과 직접 관계없이 부동산을 무상으로 임대하거나 정당한 사유없이 정상가액보다 낮은 가액으로 임대하는 경우에는 기부금 및 의제기부금 규정이 적용된다.

(2) 기부금 종류

기부대상에 따라 다음과 같이 구분하여 처리

① 특례기부금, 우리사주조합 기부금, 일반기부금 : 한도 내 손금인정

② 위 외의 기부금(비지정기부금) : 전액 손금불산입하고 기부받는 자에 따라 다음과 같이 처분한다.*

㉠ 주주(임원 · 직원인 주주는 제외) : 배당 ㉡ 직원(임원 포함) : 상여 ㉢ 법인 · 사업을 영위하는 개인 : 기타사외유출 ㉣ 그 밖의 자 : 기타소득

* 대표이사 동창회 기부금에 대한 소득처분 : 사실판단에 따라 실질 귀속자가 대표이사이면 상여로 처분(예 대표이사 동창회 회비 대납)하고, 동창회이면 기타사외유출 또는 기타소득으로 처분한다.

2. 기부금 귀속시기와 현물기부금 평가

구 분	내 용
귀속시기[1]	① 원칙 : 지출한 사업연도의 손금(현금주의) • 지출연도에 가지급금으로 이연계상시 : 지출연도의 기부금 • 미지급기부금 : 지출연도의 기부금 ⇢ 비교 기업업무추진비 : 접대한 날(기업업무추진행위가 발생한 날)의 기업업무추진비 • 어음(선일자수표 포함) : 실제로 결제된 날의 기부금*1 • 수표(선일자수표 제외) : 교부일의 기부금 ② 예외 : 인 · 허가 받기 전의 설립중인 공익법인 및 단체에 대한 기부금 : 인 · 허가 받은 날의 기부금
현물기부금[2]	① 특례기부금, 특수관계 없는 자에 대한 일반기부금 : 기부했을 때의 장부가액*2 ② 특수관계인에 대한 일반기부금, 비지정 기부금 : 기부했을 때의 max(시가, 장부가액)*2

*1 (if) 물품을 어음으로 구입하여 기부한 경우 : 물품을 기부한 날이 속하는 사업연도의 기부금(∵ 기부의 대상이 어음이 아닌 물품)

*2 〈Tip〉 현물 기업업업무추진비와 현물 기부금은 모두 'max(시가, 장부가액)'으로 평가하되, 가장 타당한 대상인 위 '①'의 특례기부금과 특수관계 없는 자에 대한 일반기부금만 한도초과액을 낮추기 위하여 장부가액으로 평가한다. ⇢ 비교 「소득세법」 : 특례기부금, 일반기부금, 비지정기부금 모두 'max(시가, 장부가액)'으로 평가

1 귀속시기 사례

① 가지급기부금 : 1기에 현금 기부하고 2기의 기부금으로 계상한 경우

구 분	1기	2기
회 사	(차) 가지급금 10 (대) 현 금 10	(차) 기 부 금 10 (대) 가지급금 10
세 법	(차) 기 부 금 10 (대) 현 금 10	–
조정 영향	• 손금산입 10(△유보) • 해당 기부금에 10 가산	• 손금불산입 10(유보) • 해당 기부금에서 10 차감

② 미지급기부금(어음지급기부금) : 1기에 어음 교부하고 2기에 결제한 경우

구 분	1기	2기
회 사	(차) 기 부 금 10 (대) 미지급기부금 10	(차) 미지급기부금 10 (대) 현 금 10
세 법	–	(차) 기 부 금 10 (대) 현 금 10
조정 영향	• 손금불산입 10(유보) • 해당 기부금에서 10 차감	• 손금산입 10(△유보) • 해당 기부금에 10 가산

③ 설립중인 단체 : 1기에 기부금 지출하고 2기에 인허가 받은 경우

구 분	1기	2기
회 사	(차) 기 부 금 10 (대) 현 금 10	–
세 법	(차) 선급기부금 10 (대) 현 금 10	(차) 기 부 금 10 (대) 선급기부금 10
조정영향	• 손금불산입 10(유보) • 해당 기부금에서 10 차감	• 손금산입 10(△유보) • 해당 기부금에 10 가산

2 현물기부금 사례

부가가치세 면세 대상 제품(시가 60, 장부가액 50)을 기부한 경우

구 분	특례기부금인 경우	특수관계인에 대한 일반기부금인 경우	비지정기부금인 경우
회 사	(차) 기 부 금 50 (대) 제 품 50		
세 법	(차) 기부금 50 (대) 제품 50	(차) 기부금 60 (대) 제 품 50 처분익 10	(차) 사외유출 60 (대) 제 품 50 (비지정) 처분익 10
수 정	–	(차) 기부금 10 (대) 처분익 10 손익계정의 차이 → 조정×	(차) 사외유출 60 (대) 기부금 50 처분익 10 기타사외유출 등 ←··· 익금산입·손금불산입*
영 향	– (기부금 해당액은 50)	해당 기부금에 10가산 (기부금 해당액은 60)	–

* 비지정기부금의 경우 손금불산입하는 금액이 회사가 기부금 비용처리한 50이 아닌 'max(시가 60, 장부가액 50)'인 60임에 유의할 것

정리 현물기부금 관련 세무조정방법

현물기부금 관련 문제의 접근방법은 다음과 같이 'p4-210. 정리'의 현물 기업업무추진비 관련 문제의 접근방법과 같다.

〈1단계〉 회사와 세법간의 손익차이에 대한 직접적 세무조정 : 자산 · 부채의 차이가 없는 한 세무조정 없다.

〈2단계〉 다음의 현물기부금 차이를 회계상 기부금계정에 가산

- 차액 : 세법상 현물기부금 – 기부금계정 계상액

〈3단계〉 만약 회사가 매출액으로 계상하였다면 그 금액을 손익계산서상 매출액에서 차감

다만, 계산문제 출제시 기부금은 기업업무추진비와 달리 법인으로부터 기부를 받는 상대방별 기부금이 제시되므로 위 '〈1단계〉'와 '〈2단계〉'를 통합하여 다음과 같이 접근하는 것이 간편하다.

① 특례기부금, 특수관계 없는 자에 대한 일반기부금 : 회사와 세법상 자산·부채의 차이 없는 한 직접적 조정 없이 장부가액을 기부금으로 보아 한도계산
② 특수관계인에 대한 일반기부금 : 자산·부채의 차이 없는 한 직접적 조정 없이 max(시가, 장부가액)을 기부금으로 보아 한도계산*
③ 비지정기부금 : max(시가, 장부가액)을 손금불산입

* 사례 특수관계인에 해당하는 사회복지법인의 고유목적사업비로 제품(장부가액 50, 시가 60)을 기부하고 50을 비용처리한 경우

① 한도 계산 대상이 되는 일반기부금 계산

기부대상	손익계산서상 기부금 계정		조정		일반기부금 해당액
사회복지법인(특수관계인)	50	+	10	=	60*

* 굳이 기부금계정 50에 조정액 10을 더할 필요없이 처음부터 'max(50, 60)'인 60을 일반기부금으로 아래 '②'에 적으면 간편함

② 한도초과액 계산

	기부금	한도액	한도초과액
특례	xxx	xxx	xxx
일반	60	xxx	xxx

3. 기부금의 구분 : 한도계산 순으로 정리

구 분	내 용
특례기부금 (50% 한도 기부금)	① 국가 · 지방자치단체에 무상으로 기증하는 금액(법인이 개인 또는 다른 법인에게 자산을 기증하고 이를 기증받은 자가 지체없이 다시 국가 또는 지방자치단체에 기증한 금품의 가액 포함). 단, 「기부금품의 모집 및 사용에 관한 법률」의 적용을 받는 경우 그 법에 따라 접수하는 것에 한함 ② 국방헌금과 국군장병 위문금품(예비군 포함) ③ 천재지변[특별재난지역으로 선포된 경우 그 선포의 사유가 된 재난을 포함함]으로 생기는 이재민의 구호금품의 가액(해외기부금도 포함) 비교 불우이웃을 돕기 위하여 지출하는 기부금의 처리방법 ① 특례기부금 또는 일반기부금으로 열거된 대상을 통한 것 : 특례기부금 또는 일반기부금(사례 사회복지공동모금회에 불우이웃돕기 성금을 기부하면 특례기부금, 사회복지법인의 고유목적사업비로 불우이웃돕기 성금을 기부하면 일반기부금) ② 위 외의 것 : 비지정기부금 ④ 특정 기관*에 시설비 · 교육비 · 장학금 · 연구비로 지출하는 기부금(병원에 대한 것을 제외함) * 특정 기관 : 사립학교 · 특정비영리교육재단 · 기능대학, 전공대학의 명칭을 사용할 수 있는 평생교육시설 및 원격대학 형태의 평생교육시설, 「경제자유구역지정 및 제주국제자유도시의 외국교육기관 설립 · 운영에 관한 특별법」에 따라 설립된 외국교육기관 및 「제주특별자치도 설치 및 국제자유도시 조성을 위한 특별법」에 따라 설립된 비영리법인이 운영하는 국제학교, 산학협력단, 한국과학기술원, 광주과학기술원, 대구경북과학기술원, 울산과학기술원, 한국에너지공과대학교, 서울대학교, 인천대학교 및 이와 유사한 대통령령으로 정하는 학교, 「재외국민의 교육지원등에 관한 법률」에 따른 학교(요건 충족한 경우에 한함)로서 재정경제부장관이 지정 · 고시하는 학교, 한국장학재단 ⑤ 특정 병원 등*에 시설비 · 교육비 · 연구비로 지출하는 기부금 * 특정 병원 등 ㉠ 국립대학병원, 국립대학치과병원, 서울대학교병원, 서울대학교치과병원, 사립학교가 운영하는 병원, 국립암센터, 지방의료원, 국립중앙의료원, 대한적십자사가 운영하는 병원, 한국보훈복지의료공단이 운영하는 병원, 한국원자력의학원, 국민건강보험공단이 운영하는 병원, 산업재해보상법에 따른 의료기관 ㉡ 특례기부금 단체에 해당하는 '㉠'의 병원이 설립한 의료기술협력단 ⑥ 사회복지사업, 그 밖의 사회복지활동의 지원에 필요한 재원을 모집 · 배분하는 것을 주된 목적으로 하는 비영리법인(법에 정하는 요건을 충족하는 법인만 해당한다)으로서 재정경제부장관이 지정 · 고시하는 법인에 지출하는 기부금(예 : 사회복지공동모금회, 재단법인 바보의 나눔)

우리사주조합기부금(30%한도기부금)	법인이 해당 법인의 우리사주조합에 출연하는 자사주의 장부가액 또는 금품은 전액 손금인정('p4-93. 5.6. ②' 내용)되므로, 여기서 우리사주조합기부금은 협력업체 등 다른 법인의 우리사주조합에 대한 기부금을 말한다.
일반기부금[10%(사회적기업은 30% 개정) 한도기부금]	• 다음의 비영리법인(단체 및 비영리외국법인을 포함하며, 이하 '공익법인등'이라 한다)에 대한 고유목적사업비로 지출하는 기부금 ① 사회복지법인 ② 「영유아보육법」에 따른 어린이집, 유치원, 학교, 기능대학, 전공대학 또는 원격대학 형태의 평생교육시설 ③ 종교단체 : 종교의 보급, 그 밖에 교화를 목적으로 「민법」에 따라 허가를 받아 설립한 비영리법인 및 국내에 있는 그 소속 단체 개정 (밑줄 부분, 외국에 있는 소속 단체를 제외함) ④ 의료법인 및 의료기술협력단(특례기부금에 해당하는 의료기술협력단은 제외한다) ⑤ 「민법」에 따라 주무관청의 허가를 받아 설립된 비영리법인, 비영리외국법인, 사회적협동조합, 공공기관(공기업 제외) 또는 법률에 따라 직접 설립 또는 등록된 기관 중 법령에 정한 요건을 모두 충족한 것으로서 국세청장(주사무소 및 본점소재지 관할세무서장 포함)의 추천을 받아 재정경제부장관이 지정하여 고시한 법인(사례 대한적십자사, 독립기념관, 한국과학기술연구원, 대한장애인체육회, 한국문화예술위원회, 한국과학창의재단 등)
	• 다음의 용도로 지출하는 기부금 ① 유치원, 학교, 기능대학, 평생교육시설의 장이 추천하는 개인에게 교육비 · 연구비 또는 장학금으로 지출하는 기부금 ② 「상속세 및 증여세법 시행령」 제14조 제1항의 요건을 갖춘 공익신탁으로 신탁하는 기부금 ③ 사회복지 · 문화 · 예술 · 교육 · 종교 · 자선 · 학술 등 공익목적으로 지출하는 기부금으로서 재정경제부장관이 지정하여 고시하는 기부금(사례 국민체육진흥기금, 근로복지진흥기금, 발명진흥기금, 과학기술진흥기금, 새마을금고에 「사랑의 좀도리운동」을 위하여 지출하는 기부금 등)
	• 사회복지시설 또는 기관 중 무료 · 실비로 이용할 수 있는 것으로서 법에 정한 시설 또는 기관(예 : 다함께 돌봄센터 및 아동복지시설, 노인복지시설, 장애인복지시설, 다문화 가족지원센터, 건강가정지원센터 및 가족센터, 청소년복지시설, 갱생보호시설 등 법령으로 정한 것으로서 요건을 갖춘 것)에 대한 기부금 개정 (밑줄 부분) → 장애인유료복지시설에 대한 것은 비지정기부금
	• 법령으로 정한 요건을 갖춘 국제기구로서 재정경제부장관이 지정하여 고시하는 국제기구에 지출하는 기부금
비지정기부금	위 외의 기부금[사례 향우회 · 동창회 · 종친회 기부금, 새마을금고 기부금(단, 새마을금고에 「사랑의 좀도리운동」을 위하여 지출하는 기부금은 일반기부금임) 등]

[정리] 학교 등에 대한 시설비 · 교육비 · 연구비 · 장학금 기부금의 구분

> ① 국 · 공립학교(국 · 공립학교는 국가 · 지자체에 해당함), 사립학교에 대한 것 : 특례기부금
> ② 국립대학병원, 사립학교 운영 병원 등에 대한 것 : 특례기부금(장학금 제외)
> ③ 학교의 장이 추천하는 개인에 대한 교육비 · 연구비 · 장학금 : 일반기부금

4. 한도액

계산구조	조정 내용
매출액 100 : : 특례기부금 △60 일반기부금 △10 비지정기부금 △5 : :	
당기순이익 25 익금산입 · 손금不 5 손금산입 · 익금不 –	• 기부금 한도초과와 관련된 세무조정을 제외한 다음의 기부금 관련 조정도 행한다. ① 비지정기부금 : 손금불산입 ② 선급기부금 · 미지급기부금 등 ③ 현물기부금 평가 ④ 의제기부금(고가매입 · 저가양도)
차가감소득금액 30 기부금한도초과액 15 기부금한도초과이월액 0 각사업연도소득금액 45	기준금액 = 차가감 소득금액*1 + (특례 기부금 + 우리사주 조합기부금 + 일반 기부금) – 이월결손금*2 ↳ 법 규정상 '기준소득금액' → 30 + (60 + 0 + 10) – 0 = 100 • 특례기부금 : 특례기부금 – 기준금액 × 50% = ×××㊟ 60 – 100 × 50% = 10 손금불산입 • 우리사주조합기부금 : 우리사주조합기부금 – (기준금액 – 특례기부금 인정액*3) × 30% = ××× 0 – (100–50) × 30% = △15 → 조정 × • 일반기부금 : 일반기부금 – (기준금액 – 특례기부금 인정액*3 – 우리사주조합 기부금 인정액*3) × 10%(사회적 기업은 30% 개정) = ×××㊟ 10 – (100–50–0) × 10% = 5 손금불산입

*1 합병 · 분할에 따른 양도차익은 제외한다.

*2 ① 이월결손금 : 각 사업연도 개시일 전 15년(2020. 1. 1. 전에 개시하는 사업연도에 발생한 결손금은 종전 규정에 따라 10년) 이내에 개시한 사업연도에서 발생한 세법상 결손금으로서 그 후의 각 사업연도의 과세표준에 있어서 공제되지 아니한 금액을 말한다. ⋯→ ∴ 사업연도가 제26기(2026. 1. 1.~12. 31.)인 경우 제26기에 공제가능한 이월결손금은 제16기(2016년)부터 제25기(2025년)에 발생한 결손금임

② 'p4−289. (2)'의 80% 한도 적용 법인은 기준소득금액의 80%를 한도로 이월결손금을 뺀다. ⋯→ ∴ 일반적인 비중소기업의 경우 위 산식의 이월결손금으로 'min(이월결손금, 기준소득금액×80%)'을 차감함

*3 아래 "㊟. *"에 따라 이월하여 손금산입한 금액을 포함한다.

㊟ 세무조정 : 특례기부금 → 우리사주조합기부금 → 일반기부금 순서로 다음과 같이 세무조정

① 한도초과액이 발생하는 경우 : 손금불산입(기타사외유출)*
② 한도미달액이 발생하는 경우 : 세무조정 없음

* 특례기부금 및 일반기부금 한도초과 손금불산입액의 처리방법

- 다음 사업연도 개시일부터 10년간 이월하여 그 이월된 사업연도의 특례기부금 및 일반기부금 각각의 손금산입한 도액의 범위에서 손금산입한다. ⋯→ ∴ 사업연도가 제26기(2026. 1. 1.~12. 31.)인 경우 제26기에 손금산입한 기부금 한도초과이월액은 10년이내분 즉, 제16기(2016년)부터 제25기(2025년)까지 발생분임

  비교 우리사주조합기부금 : 한도초과액 이월규정 없음

- 위와 같이 손금산입하는 경우에는 이월된 금액을 해당 사업연도에 지출한 기부금보다 먼저 손금에 산입한다. 이 경우 이월된 금액은 먼저 발생한 이월금액부터 손금에 산입한다.

  사례 당기 특례기부금 지출액은 60, 한도액은 70이고 2016년 사업연도에 발생하여 당기(2026년)로 이월된 특례기부금 한도초과액이 20 있는 경우 당기 특례기부금 세무조정

구분	기부금	한도		한도초과
특례기부금	60		70	10 손금불산입
		이월액	△20* 손금산입(기타)	(기타사외유출)
			50	

* 이월액을 당기 기부금보다 먼저 손금에 산입한다.

정리 기부금 계산문제의 풀이방법

차가감소득금액	기부금 해당액	한도	초과액
당기순이익 ×××	특례 : ×××(Ⓑ)	Ⓔ × 50% = ×××	
		이 월 액 △×××손. 산(기타)*2	
		×××	××× : 손금불산입(기타사외유출)*3
	우리사주조합 : ×××(Ⓒ)	(Ⓔ− 특례기부금 인정액) × 30% = ×××	××× : 손금불산입(기타사외유출)
⋮	일반 : ×××(Ⓓ)	(Ⓔ− 특례기부금 인정액 − 우리사주조합 기부금 인정액) × 10%(30%) = ×××	
		이 월 액 △×××손. 산(기타)*2	
		×××	××× : 손금불산입(기타사외유출)*3
차가감 소득금액 ×××Ⓐ			

• 기준금액 : Ⓐ + Ⓑ + Ⓒ + Ⓓ − 이월결손금*1 = ×××(Ⓔ)
(Ⓐ + Ⓑ + Ⓒ + Ⓓ : 기준소득금액)

*1 중소기업 등 'p4−289' 표 안 '(1)'에 해당하는 법인의 경우에는 공제가능한 결손금 전액을 공제하나, 일반적인 비중소기업 등 'p4−289' 표 안 '(2)'에 해당하는 법인의 경우에는 'min(공제가능한 이월결손금, 기준소득금액 × 80%)'을 공제한다.

*2 10년 이내의 사업연도에서 발생한 특례기부금 및 일반기부금 한도초과이월액을 각각의 한도액 범위에서 먼저 손금산입한다.

*3 특례기부금 및 일반기부금 한도초과액은 손금불산입하고 10년간 이월하여 손금산입한다.

사례

〈자료〉 (단위 : 1,000,000원)

(1) 당기순이익은 800, 전기에서 이월된 결손금은 700이다. 회사는 비중소기업이며, 사회적기업이 아니다.

(2) 기부금관련 조정

① 손익계산서상 기부금 내역

㉠ 특례기부금 계상액 : 200(현금 기부금) + 300[차기에 결제일이 도래하는 어음교부분. 회사의 회계처리 : (차) 기부금 300 (대) 미지급기부금 300] = 500 ⋯→ 현금이 지출되지 않은 어음교부분 300을 'p4−223. ②'에 따라 손금불산입한 후, 아래 '<풀이>'의 '차가감소득금액'란에 적는다. 300은 당기 기부금이 아니므로 '기부금 해당액'에는 적으면 안 된다.

ⓛ 일반기부금 계상액 : 400(현금 기부금) + 550(시가 600, 장부가 550의 제품을 특수관계인에게 기부) = 950 ⟶ 'p4—225. 상단 박스'의 접근방법에 따라 현물기부금에 대한 직접적 조정없이 'max(시가, 장부가)'인 600을 아래 '<풀이>'의 일반기부금에 적는다.

② 특수관계 없는 일반기부금 대상 단체에 시가 100인 토지를 정당한 사유 없이 50에 양도한 경우 ⟶ 'p4—221. **정리**'에 따라 저가양도로 인한 의제기부금은 '시가(100) × 70% — 양도가액(50) = 20'이다. 이 금액 20을 세무조정없이 아래 '<풀이>'의 일반기부금에 적는다.

③ 재무상태표상 자산에 현금 지급하고 가지급금으로 계상한 특례기부금 700 있음[회사의 회계처리 : (차) 가지급금 700 (대) 현금 700] ⟶ 'p4—223. ①'에 따라 700을 손금산입한 후 아래 '<풀이>'의 '차가감소득금액'란과 특례기부금에 적는다.

(3) 전기에서 이월된 특례기부금 한도초과액 100과 일반기부금 한도초과액 50이 있다.

〈풀이〉

차가감 소득금액	기부금 해당액	한도		초과액
		1,620 × 50% =	810	190 손금불산입(기타사외유출)
800	특례 : 200(현금) + 700(가지급금) = 900	이월액	△100	손금산입(기타)
			710(Ⓧ)	
(+) 300	일반 : 400(현금) + 600(현물) + 20(의제) = 1,020	(1,620—100—710)*3 × 10% =	81	
(—) 700		이월액	△50	손금산입(기타)
400 *1			31	989 손금불산입(기타사외유출)

• 기준금액 : 400 + 900 + 1,020 — 700*2 = 1,620*1

↳ 기준소득금액 : 2,320

*1 〈Tip〉 (if) 차가감소득금액이 △가 나오면 그 △금액을 기준금액계산시 그대로 적고, 이를 반영하여 계산한 기준금액이 △가 나오면 0으로 한다.

*2 비중소기업 : min[이월결손금 : 700, 기준소득금액(2,320)×80%=1,856] = 700

*3 〈Tip〉 '( )'의 금액 계산방법 : '[(기준금액—특례기부금 이월액 손금산입액—min(특례기부금 해당액, Ⓧ)]'로 계산한다.

특례기부금 손금인정액

제 11 절 충당금

1 개요

충당금을 비용계상한 경우 다음과 같이 처리한다.

구 분	내 용
① 원칙	손금으로 인정하지 않는다(∵ 미확정 채무).
② 예외	세법에 열거된 것*1에 한해 결산서에 계상하면 손금인정*2

*1 열거된 것 : 퇴직급여충당금 · 퇴직연금충당금, 대손충당금, 일시상각충당금(압축기장충당금), 구상채권상각충당금
→ ∴ 미열거된 판매보증충당금, 하자보수충당금 등은 손금불산입

*2 결산조정 원칙이나, 다음은 결산서에 비용처리 하지 않았더라도 신고조정에 의한 손금산입도 허용

① 퇴직연금충당금 : 강제신고조정(∵ 외부에 지출한 비용)
② 일시상각충당금(압축기장충당금) : 임의신고조정(∵ 기업회계에서 인정 안됨)
③ 구상채권상각충당금 : 한국채택국제회계기준 적용법인 중 대통령령으로 정하는 법인은 이익처분에 의한 신고조정 허용

2 퇴직급여충당금과 퇴직연금충당금

1. 개요

(1) 퇴직급여 적립방법

임직원이 퇴직할 때 지급하게 될 퇴직급여에 대비하여 비용 설정하는 방법(장래에 지급할 퇴직급여를 근로제공기간 동안 비용으로 배분하는 방법)에는 다음 두가지가 있다.

① 사내적립 : 회사 내부에 퇴직급여충당금을 설정한 후, 퇴직시 퇴직급여지급액을 퇴직급여충당금과 상계하는 방법

② 은행 등 외부운용기관에 퇴직연금을 납입한 후, 퇴직시 외부운용기관에서 연금 등의 형태로 지급하는 방법(성격에 따라 확정기여형과 확정급여형 퇴직연금으로 구분)

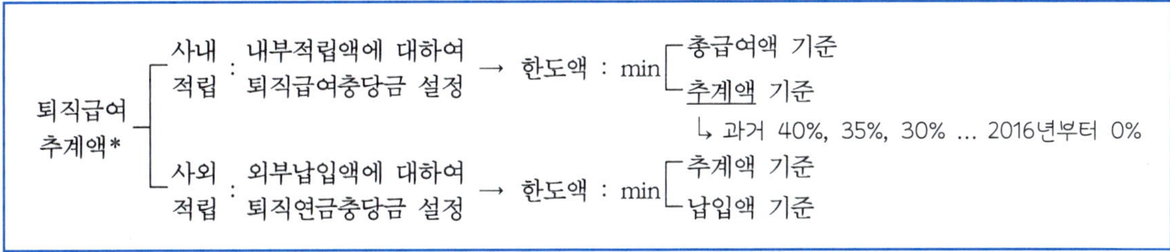

* 당기말 현재 재직하고 있는 임원·직원이 모두 퇴직할 경우 지급할 퇴직급여 총액을 말한다.

(2) 퇴직연금제도

- 의의 : 임직원 근무기간 동안 법인이 퇴직급여를 사외의 운용사업자에게 적립한 후, 퇴직시 임직원이 연금 등의 형태로 수령하는 제도
- 종류 :

① 확정기여형 퇴직연금(Defined Contribution) : 적립금 운용에 따른 손익을 근로자가 부담

- 회사가 부담할 연금부담액이 사전에 확정되며, 근로자가 퇴직시 받을 연금급여는 운용결과에 따라 변동되는 퇴직연금제도
- 퇴직시 회사의 추가적인 퇴직급여 지급의무 없다. → ∴ 퇴직급여충당금 설정 불필요

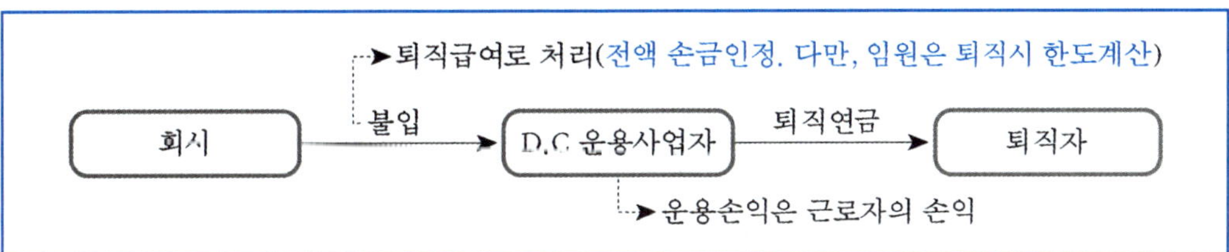

② 확정급여형 퇴직연금(Defined Benefit) : 적립금 운용에 따른 손익을 회사가 부담

- 근로자가 퇴직시 받는 연금급여액이 사전에 확정된 퇴직연금제도
- 퇴직시 퇴직연금이 법정 퇴직급여에 미달하면 회사가 그 미달액을 근로자에게 지급해야 한다. → ∴ 사내에 퇴직급여충당금을 설정 가능

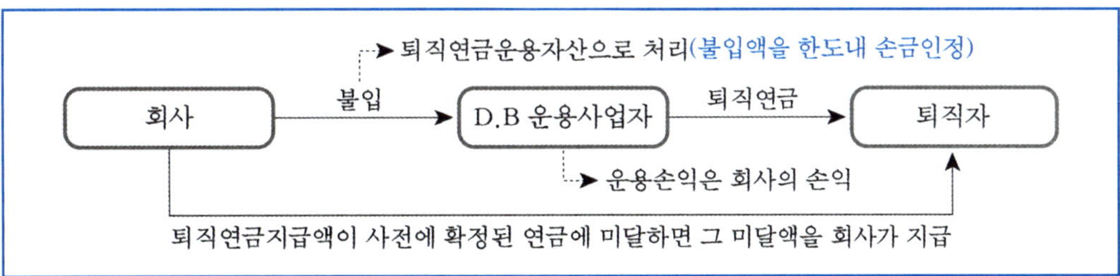

2. 퇴직급여충당금

(1) 2가지 정리 point

구 분	설정하는 과세기간 (설정의 적정성 확인)	퇴직급여를 지급하는 과세기간 (상계의 적정성 확인)
point	설정의 적정성 확인(한도 내에서 인정)	상계의 적정성 확인
회사	(차) 퇴직급여 120 (대) 퇴직급여충당금 120	(차) 퇴직급여충당금 120 (대) 현 금 120
세법	(차) 퇴직급여 100 (대) 퇴직급여충당금 100 (한도액)	(차) 퇴직급여충당금 100 (대) 현 금 120 퇴직급여 20
조정	〈손금불산입〉 퇴·충 한도초과 20(유보)	〈손금산입〉 전기 퇴직급여충당금 20(△유보)

퇴직급여충당금 부인액을 초과상계시 추인

(2) point 1 설정의 적정성 확인 : 한도계산

1) 한도액

- 한도액 : min(①, ②)

① 총급여액기준 : 총급여액[1] × 5%

② 추계액기준[4] : $\left[\text{퇴직급여추계액}^{[2]} \times 0\%^{*1} - \dfrac{\text{세법상 퇴직급여}}{\text{충당금 이월잔액}^{[3]}} + \dfrac{\text{퇴직금전환금}}{\text{기 말 잔 액}^{*3}}\right]^{*2}$

*1 2015년에는 5%였으나, 2016년 이후 개시하는 사업연도부터는 0%를 적용한다.

*2 '[ ]' 안의 금액이 △가 나오면 0으로 하여 계산한다. → △가 나온다고 과거에 손금산입한 퇴직급여충당금을 △가 나오는 사업연도에 환입(익금산입)하지 않는다.

*3 퇴직금전환금제도가 폐지되기 전인 1999. 3. 31. 이전에 납입한 금액의 당기말 잔액을 말한다. → 문제 자료에 퇴직금전환금이 제시되지 않았다면 위 '*2'에 따라 퇴직급여충당금 한도는 0이 됨

1 총급여액

구 분	내 용
대상 급여	퇴직급여 지급대상이 되는 임원 · 직원*1의 총급여액*2
범 위	「소득세법」상 근로소득의 범위 중 다음 금액을 제외한 금액을 말한다. ⤏ 'p4-87. *1'의 임원 퇴직급여 한도 계산상 총급여액의 범위와 동일함 ① 「소득세법」상 비과세 근로소득 ② 손금불산입되는 금액 ③ 인정상여 ④ 퇴직으로 인하여 받는 소득으로서 퇴직소득에 속하지 않는 소득 ⑤ 직무발명보상금 ⑥ 임원등 할인액

*1 지급대상이 되는 임원 · 직원

(1) 설정 대상에서 제외하는 자 : 일용근로자 및 다음의 자

① 퇴사자 : 당기 중 퇴사한 자는 기말 현재 재직하지 않으므로 차기 이후 퇴직급여 지급대상이 아니다.

② 확정기여형 퇴직연금 설정자 : 확정기여형 퇴직연금을 납입한 회사는 퇴직시 추가적인 퇴직급여 지급의무가 없으므로 설정대상이 아니다.

(2) 신입사원의 포함여부

① 퇴직급여지급규정에 1년 미만 근속자도 퇴직급여를 지급하도록 규정되어 있으면 1년 미만 근속자의 급여도 포함한다.

② 퇴직급여지급규정이 없으면 「근로자퇴직급여 보장법」에 따라 1년 이상 근속자 급여만 대상이 된다.

*2 총급여액의 범위

① 사업연도가 6개월인 경우 직전 1년간의 총급여액이 아닌 해당 사업연도의 총급여액을 기준으로 계산한다.

② [세부사항] 사규 등에 의하여 지급기준을 정하고 이에 따라 지급하는 연차수당의 손금 귀속시기는 근로자별로 그 지급이 확정된 날이 속하는 사업연도로 한다. 이와 같이 당기에 지급의무가 확정된 연차수당도 위의 총급여액에 포함한다.

2 퇴직급여추계액 : 퇴직급여충당금 한도계산시에는 퇴직급여추계액에 0%를 곱하므로 계산이 불필요하나, 'p4-246. 1'의 확정급여형 퇴직연금충당금 한도계산에 필요하므로 여기서 설명하기로 한다.

• 퇴직급여추계액 : max(①, ②)*1

① 일시퇴직기준 추계액*2

② 보험수리적기준 등 추계액*3

*1 '①', '②' 각각의 추계액 계산시 '손금불산입되는 퇴직급여' 및 혼합형 퇴직연금에 가입한 경우 '확정기여형 퇴직연금 등으로 손금에 산입하는 금액'은 제외한다.

*2 일시퇴직기준 추계액

① 의미 : 당기말 현재 재직하고 있는 임원·직원이 모두 퇴직할 경우 지급할 퇴직급여 총액

② 계산방법

〈1순위〉 정관 기타 퇴직급여지급규정에 따라 계산한 금액
〈2순위〉 규정이 없는 경우 : 「근로자퇴직급여 보장법」에 따라 계산한 금액

*3 보험수리적기준 등 퇴직급여추계액

• 보험수리적기준 등 퇴직급여추계액 : ① + ②
① 퇴직연금가입자의 보험수리적기준 추계액
② 퇴직연금미가입자의 일시퇴직기준 추계액 + 퇴직연금 가입자의 미가입기간 추계액

이해 위 '2' 산식의 이해

임직원이 100명(퇴직연금 가입자가 60명, 미가입자가 40명)인 경우 퇴직급여추계액을 다음과 같이 100명분 대 100명분 중 큰 금액으로 계산하기 위함

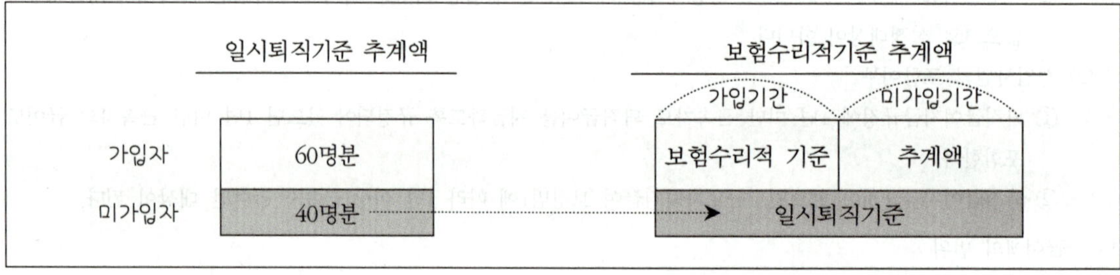

3 세법상 퇴직급여충당금 이월잔액 ⇢ 교재에서는 '<방법 1>'에 따름

〈방법1〉 개념적 방법 : tax상 퇴직급여충당금 기초잔액 − 당기중 tax상 퇴직급여충당금 감소액
〈방법2〉 실무적 방법 : 재무상태표상 퇴직급여충당금 기초잔액 − 퇴직급여충당금관련 유보금액 − 퇴직급여충당금 감소액

4 추계액기준 한도액 계산구조의 이해[33기(당기)말 현재 퇴직급여추계액은 1,000, 퇴직금전환금 기말잔액은 없다고 가정]

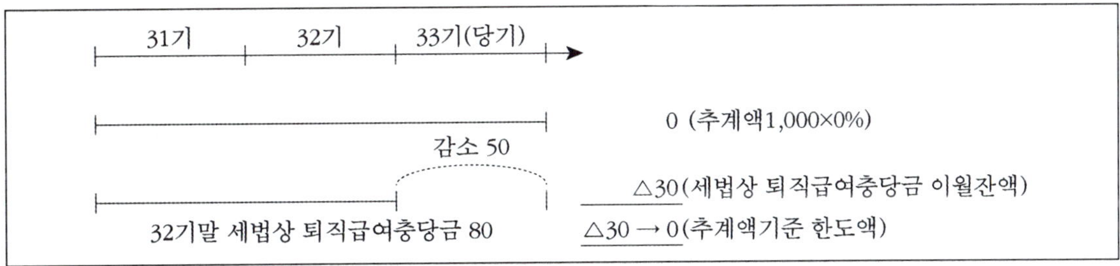

2) 세무조정

퇴직급여충당금 설정액 − 한도액 = ××× ┬ 한도초과액 : 손금불산입(유보)
└ 한도미달액 : 조정없음(∵ 결산조정사항)

(3) point 2 지급(상계)의 적정성 확인

1) 처리방법

퇴직급여충당금을 설정한 법인이 퇴직급여를 지급한 경우 다음과 같이 처리한다.

구 분	처 리
현실적 퇴직시*1	먼저 퇴직급여충당금과 상계*2 → 부족액은 퇴직급여(손비) 처리
비현실적 퇴직시	퇴직급여 지급액을 업무무관가지급금으로 본다. ⟶ ∴ 업무무관자산에 대한 지급이자 손금불산입, 인정이자 관련 세무조정 이행

*1 퇴직급여의 손금귀속시기 : 현실적으로 퇴직한 날
(if) 현실적 퇴직시 퇴직급여를 미지급한 경우 세법상 처리 : (차) 퇴직급여충당금 100 (대) 미지급비용 100

*2 개인별 퇴직급여충당금 설정액과 무관하게 퇴직급여충당금 총액기준 상계(인별관리가 아닌 총액관리)

사 례

기초 퇴직급여충당금이 100(이 중 A의 퇴직급여충당금은 20)인 상태에서 A에게 퇴직급여를 지급하고 아래 '회사'와 같이 처리한 경우 세무조정

구분	내용
회 사	(차) 퇴직급여충당금 20 (대) 현 금 60 퇴 직 급 여 40
세 법	(차) 퇴직급여충당금 60 (대) 현 금 60
세 무 조 정	〈손금불산입〉 퇴직급여충당금 40(유보)*

* 퇴직급여충당금계정의 증감분석

구 분	회 사		세 법	세무조정
기 초 잔 액	100	⊖ 부인액 0	100	
감 소 액	20	<	60	40손금불산입(유 보)

■ 한도액 계산상 'p4-236. 3'의 세법상 퇴직급여충당금 이월잔액의 계산
퇴직급여충당금 기초잔액 − 퇴직급여충당금 감소액 = 100 − 60 = 40

2) 초과상계의 경우

회사가 세법상 퇴직급여충당금을 초과하여 퇴직급여충당금을 상계한 경우에는 전기에서 이월된 퇴직급여충당금부인액(유보)을 손금산입한다(추인).

사 례

재무상태표상 퇴직급여충당금 기초잔액이 500(손금부인액 100 포함)이 있는 상태에서 퇴직급여 450을 지급하고 아래 '회사'와 같이 처리한 경우 세무조정

구분	내용
회 사	(차) 퇴직급여충당금 450 (대) 현 금 450
세 법	(차) 퇴직급여충당금 400 (대) 현 금 450 퇴 직 급 여 50
세 무 조 정	〈손금산입〉 퇴직급여충당금 50(△유보)*

* 퇴직급여충당금의 증감분석

구 분	회 사		세 법	세무조정
기 초 잔 액	500	⊖ 100	400	
감 소 액	450	>	400	50손금산입(△유보)

■ 세법상 퇴직급여충당금 이월잔액의 계산 : 400 − 400 = 0

(4) 세부사항

구 분	내 용
1) 환입순서	퇴직급여충당금을 환입한 경우에는 손금부인된 퇴직급여충당금을 먼저 환입한 것으로 본다.*1
2) 관계회사 전·출입의 경우	임원(지배주주 및 지배주주와 특수관계 있는 자 제외)·직원이 해당 법인과 특수관계 있는 법인(이하 '(4)'에서 '관계회사'라 한다)에 전출한 경우 세법상 처리방법 : 다음 방법을 모두 인정 〈방법1〉 전출을 현실적 퇴직으로 보아 임원·직원에게 직접 퇴직급여를 지급하는 방법 〈방법2〉 전출시 직접 퇴직급여를 지급하지 않고 추후 전입법인에서 퇴사할 때 두 회사 근무기간을 통산하여 퇴직급여를 지급하는 방법(다음 두 가지 경우가 있을 수 있다) ① 전입법인이 전출법인으로부터 퇴직급여를 전액 인수한 경우 : 전출법인은 퇴직급여를 전입법인에게 인계하며, 이를 인수한 전입법인에서 임원·직원이 퇴직하는 경우 퇴직급여는 전부 전입법인이 부담한다.*2 ② 위 외의 경우*3 : 추후 전입법인에서 퇴직시 퇴직급여를 다음과 같이 안분하여 전출법인과 전입법인의 부담액을 결정한다. $\text{전출(입)법인의 퇴직급여안분액} = \text{퇴직급여 전액} \times \dfrac{\text{전출(입)법인의 퇴직급여}}{\text{전출법인의 퇴직급여} + \text{전입법인의 퇴직급여}}$
3) 합병·분할의 경우	합병등기일(분할등기일) 현재의 퇴직급여충당금 중 합병법인(분할신설법인 또는 분할합병의 상대방법인)이 승계받은 금액은 그 합병법인 등이 합병등기일(분할등기일)에 가지고 있는 퇴직급여충당금으로 본다.*4
4) 퇴직급여 중간정산의 경우	현실적 퇴직에 해당되는 퇴직급여 중간정산이 퇴직급여충당금 설정에 미치는 영향 ① 1년 이상 근속자에게만 퇴직급여를 지급하도록 규정되어 있는 경우 1년 이상 근속여부의 판단 : 입사일~~(중간정산기준일의 다음날)~~부터 당기 종료일까지의 근속기간으로 판단 ② 한도계산상 '총급여액'에 포함되는 금액 : 중간정산기준일의 다음 날~~(당기 개시일)~~부터 당기 종료일까지의 총급여액 ③ 한도계산상 '퇴직급여추계액' : 퇴직급여지급규정에 따라 계산한 금액

*1 **사례** 기초 재무상태표상 퇴직급여충당금 30(이 중 손금부인액은 14) 중 3을 환입하고 영업외수익으로 계상한 경우 부인액부터 환입한 것으로 보므로 익금불산입(△유보)로 세무조정한다.

*2 관계회사 전 · 출입시 전입법인이 퇴직급여를 전액 인수한 경우 전출법인과 전입법인의 세무처리

인계법인(전출법인)	→	인수법인(전입법인)
(차) 퇴직급여충당금 100 (대) 현 금 100		(차) 현 금 100 (대) 퇴직급여충당금 100*

* 〈Tip〉 [2차 시험용] 세무조정에 미치는 영향 : 인수액을 전입법인의 퇴직급여충당금 기초잔액에 가산한다[단, 이 경우 퇴직급여충당금 부인액(유보)은 전입법인에게 승계되지 않는다. ⇢ ∵ 퇴직급여충당금은 인별관리가 아닌 총액관리].

*3 위 '②'의 사례(관계회사 전출입시 퇴직급여를 인수하지 않은 경우)

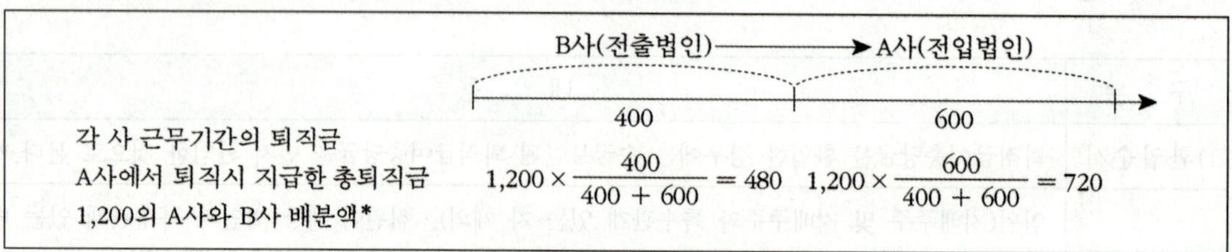

* (if) A사가 1,200 전부를 A사의 퇴직급여충당금에서 상계한 경우 세무조정

회사(A사)	세 법	세무조정
퇴직급여충당금 1,200 | 현금 1,200	퇴직급여충당금 720 | 현금 1,200 업무무관가지급금 480	〈손금산입〉 퇴직급여충당금 480(△유보) 〈익금산입〉 가 지 급 금 480(유 보)

*4 〈Tip〉 [2차 시험용] 세무조정에 미치는 영향 : 합병법인(분할신설법인)은 퇴직급여충당금 승계액을 기초 퇴직급여충당금에 가산한다. → 이 경우 퇴직급여충당금 부인액(유보)을 승계하면 그 승계액도 기초 퇴직급여충당금 부인액에 가산한다.

정 리 퇴직급여충당금 세무조정의 접근방법

〈1단계〉 인건비 관련 세무조정

인건비 관련 세무조정을 한 후, 그 손금불산입액을 퇴직급여충당금 한도계산상 총급여액에서 차감

〈2단계〉 퇴직급여충당금계정 분석을 통한 세무조정

문제 자료를 기초로 다음의 퇴직급여충당금 계정의 증감분석표를 작성한 후, 그 내역에 따라 세무조정을 이행

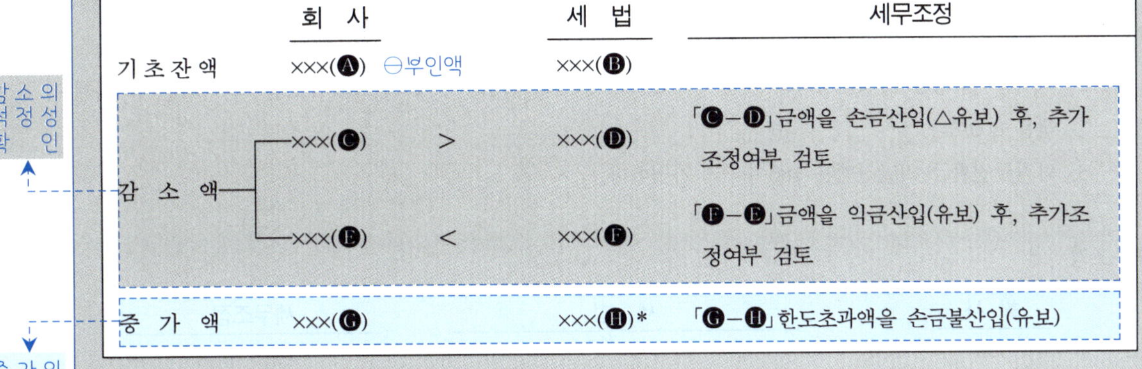

	회 사		세 법	세무조정
기초잔액	xxx(Ⓐ) ⊖부인액		xxx(Ⓑ)	
감 소 액	xxx(Ⓒ)	>	xxx(Ⓓ)	「Ⓒ−Ⓓ」금액을 손금산입(△유보) 후, 추가조정여부 검토
	xxx(Ⓔ)	<	xxx(Ⓕ)	「Ⓕ−Ⓔ」금액을 익금산입(유보) 후, 추가조정여부 검토
증 가 액	xxx(Ⓖ)		xxx(Ⓗ)*	「Ⓖ−Ⓗ」한도초과액을 손금불산입(유보)

* 한도액 : min(①, ②)

① 총급여 × 5%

② max(일시퇴직기준추계액, 보험수리적기준 등 추계액) × 0% − [Ⓑ−(Ⓓ+Ⓕ)] + 퇴직금전환금 기말잔액

사례1

〈자료〉 1. 퇴직급여충당금 계정의 내역은 다음과 같다.

퇴직급여충당금

상계	300*2	기초	500*1
기말	600	설정	400
	900		900

*1 전기까지 퇴직급여충당금 부인액 100이 포함된 금액

*2 임원A의 현실적 퇴직으로 지급한 퇴직급여 300(임원 퇴직급여 한도액은 250)이다.

2. 퇴직급여충당금 설정대상자의 총급여액 6,000, 일시퇴직기준 추계액은 860, 보험수리적기준 등 추계액은 800이다.
3. 퇴직금전환금 기말잔액은 180이라고 가정한다.

〈세무조정〉

	회 사	세 법	세무조정
기초	500 ⊖ 100	400	
감소	300	250(기초잔액의 범위에서 상계)	50손금산입(△유보)*2, 50손금불산입(상여)*2
증가	400	30(한도액)*1	370손금불산입(유보)

*1 min(①, ②) = 30

① 6,000 × 5% = 300

② max(860, 800) × 0% − (400−250) + 180 = 30

*2 세무조정 과정의 이해

회 사	세 법	세무조정
(차) 퇴직급여충당금 300 (대) 현금 300	(차) 퇴직급여충당금 250* (대) 현금 300 사 외 유 출 50	〈손금산입〉 퇴직급여충당금 50(△유보) 〈손금불산입〉 퇴직급여 한도초과 50(상여)

* 임원 퇴직급여 한도액의 범위에서 손금인정되는 금액을 먼저 퇴직급여충당금과 상계하고, 한도를 초과하는 금액은 사외유출(손금불산입)로 처리한다.

사 례 2 [2차 시험용]

〈자료〉 1. 회사는 당기 중 퇴직한 퇴직자A의 퇴직급여 확정액 5를 지급하지 않았으며, 이에 대한 회계처리도 하지 않았다.

2. 연임한 임원B에게 퇴직급여 8 지급하고 퇴직급여충당금과 상계하였다.

3. 퇴직급여충당금 계정의 내역은 다음과 같다.

퇴직급여충당금

차변		대변	
상계	15	기초	70*1
기말	66	설정	11
	81		81

* 퇴직급여충당금 한도초과 부인액 8이 포함된 금액이다.

4. 총급여액 200, 일시퇴직기준 추계액은 250, 보험수리적기준 등 추계액은 280이다.

〈세무조정〉

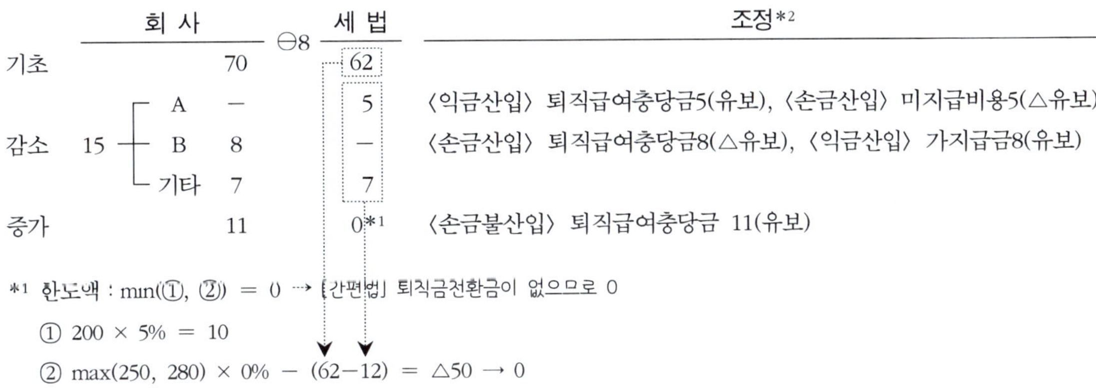

*1 한도액 : min(①, ②) = 0 → [간편법] 퇴직금전환금이 없으므로 0

① 200 × 5% = 10

② max(250, 280) × 0% − (62−12) = △50 → 0

*2 세무조정과정의 이해

구 분	A	B
회 사	–	(차) 퇴직급여충당금 8 (대) 현 금 8
세 법*	(차) 퇴직급여충당금 5 (대) 미지급비용 5	(차) 업무무관가지급금 8 (대) 현 금 8
조 정	〈익금산입〉 퇴직급여충당금 5(유 보) 〈손금산입〉 미 지 급 비 용 5(△유보)	〈손금산입〉 퇴직급여충당금 8(△유보) 〈익금산입〉 가 지 급 금 8(유 보)

* A : 퇴직급여의 손금귀속시기는 현실적으로 퇴직한 날 → ∴ 이에 대한 회계처리를 하지 않은 경우에는 퇴직급여충당금과 상계하고 미지급비용으로 처리함

B : 임원 연임은 비현실적 퇴직이므로 업무무관가지급금으로 처리함

3. 퇴직연금충당금

(1) 확정기여형 퇴직연금(D.C) 등(중소기업퇴직연금기금제도, 개인형 퇴직연금제도 포함)

회사의 연금부담금을 퇴직급여로 전액 손금산입하므로 한도계산은 불필요하다. 다만, 임원은 퇴직시까지 부담한 부담금의 합계액을 퇴직급여로 보아 퇴직일이 속하는 사업연도에 임원퇴직급여 한도초과 여부를 검토하여야 한다.*

* 검토 결과 한도초과액이 나오는 경우 처리방법

① 퇴직일이 속하는 사업연도의 부담금 중 한도초과액을 손금불산입함 ② 한도초과액이 퇴직일이 속하는 사업연도의 부담금을 초과하는 경우 : 그 초과액을 퇴직일이 속하는 사업연도의 익금에 산입함

사례 다음의 임원에 대한 확정기여형퇴직연금자료를 이용하여 제10기의 세무조정을 하시오.

① 1기 ~ 9기까지의 퇴직연금부담금은 1,000, 10기의 퇴직연금부담금은 150

② 임원퇴직급여 한도액은 900

- 10기에 퇴직시 한도계산 : (1,000+150) − 900 = 250 → ┌ 150 : 손금불산입(상여)* / └ 250 − 150 = 100 : 익금산입(상여)*

* 말 문제가 아닌 세무조정 문제에서는 구분하지 않고 총액 250을 손금불산입(상여)하면 간편함

(2) 확정급여형 퇴직연금제도(D.B)

1) 세무처리의 이해

〈공통자료〉

① 31기 : 퇴직급여추계액 1,000, 퇴직급여충당금 1,000 설정(한도액은 50이라고 가정), 퇴직연금납입액 950

② 32기 : 퇴직자가 발생하여 확정급여형 퇴직연금 운용사업자가 400, 회사가 50 지급

〈경우1〉 회사가 퇴직연금충당금을 결산서에 계상하는 경우

구 분	31기 설정시	32기 지급시*
회 사	(차) 퇴 직 급 여 1,000 (대) 퇴직급여충당금 1,000 (차) 퇴직연금운용자산 950 (대) 현 금 950 퇴직연금급여 950 퇴직연금충당금 950	(차) 퇴직연금충당금 400 (대) 퇴직연금운용자산 400 퇴직급여충당금 50 현 금 50
세 법	(차) 퇴 직 급 여 50 (대) 퇴직급여충당금 50 (차) 퇴직연금운용자산 950 (대) 현 금 950 퇴직연금급여 950 퇴직연금충당금 950	(차) 퇴직연금충당금 400 (대) 퇴직연금운용자산 400 퇴직급여충당금 50 현 금 50
조 정	〈손금불산입〉 퇴직급여충당금 950(유보)	−

* 32기의 증감분석

구 분	퇴직급여충당금 계정				퇴직연금충당금 계정		
	회사		세법	조정	회사	세법	조정
기초잔액	1,000	⊖950	50		950	950	
감소액	50		50	–	400	400	–

〈경우2〉 회사가 퇴직연금충당금을 결산서에 계상하지 않는 경우
(=사내 · 사외 적립 불문하고 퇴직급여충당금 하나로 관리하는 경우)

구 분	31기 설정시	32기 지급시*2
회 사	(차) 퇴 직 급 여 1,000 (대) 퇴직급여충당금 1,000 (차) 퇴직연금운용자산 950 (대) 현 금 950	(차) 퇴직급여충당금 450 (대) 퇴직연금운용자산 400 현 금 50
세 법*1	(차) 퇴 직 급 여 50 (대) 퇴직급여충당금 50 (차) 퇴직연금운용자산 950 (대) 현 금 950 퇴직연금급여 950 퇴직연금충당금 950	(차) 퇴직연금충당금 400 (대) 퇴직연금운용자산 400 퇴직급여충당금 50 현 금 50
수 정	(차) 퇴직급여충당금 950 (대) 퇴 직 급 여 950 익금산입 · 손금불산입 (유 보) (차) 퇴직연금급여 950 (대) 퇴직연금충당금 950 손금산입(△유보)	(차) 퇴직연금충당금 400 (대) 퇴직급여충당금 400 익금산입(유보) 손금산입(△유보)
조 정	〈손금불산입〉 퇴직급여충당금 950(유 보) 〈손 금 산 입〉 퇴직연금충당금 950(△유보)	〈손금산입〉 퇴직급여충당금 400(△유보) 〈익금산입〉 퇴직연금충당금 400(유 보)

*1 세법상 처리는 〈경우1〉, 〈경우2〉 모두 동일하다.

*2 32기의 증감분석

구 분	퇴직급여충당금 계정				퇴직연금충당금 계정			
	회사		세법	조정	회사		세법	조정
기초잔액	1,000	⊖950	50		0	⊕950	950	
감 소 액	450	>	50	400 손금산입	0	<	400	400 익금산입

2) 세무조정

회사 비용계상액 − 한도액 = ×××
- 한도초과액 : 손금불산입(유보)
- 한도미달액 : 손금산입(△유보)*

* 외부적립액이므로 한도미달액을 손금산입으로 강제신고조정한다. → 비교 퇴직급여충당금은 사내적립액이므로 결산조정사항

3) 한도액

• min(①, ②)*

① 추계액기준[2]

(추계액−사내적립분) − 세법상 퇴직연금충당금 이월잔액

= (추계액[1]−tax상 퇴직급여충당금 기말잔액) − (tax상 퇴직연금충당금 기초잔액−tax상 퇴직연금충당금 감소액)[2]

② 납입액기준

퇴직연금운용자산 기말잔액 − 세법상 퇴직연금충당금 이월잔액

= (퇴직연금운용자산 기초잔액−감소액+납입액) − (tax상 퇴직연금충당금 기초잔액−tax상 퇴직연금충당금 감소액)

* 위 산식의 의미를 설명하면 다음과 같다.

• min(①, ②)

① 추계액 중 사외적립 가능총액 − 전기까지 손금인정된 금액의 당기말 잔액
= 이론적으로 당기에 손금인정이 가능한 금액

② 당기말 현재 실제 납입액 잔액 − 전기까지 손금인정된 금액의 당기말 잔액
= 당기에 손금산입할 수 있는 실제 납입액

[1] 퇴직급여추계액 : 'p4−235. [2]' 참고

[2] 추계액기준 한도액 계산구조의 이해[33기(당기)말 현재 퇴직급여추계액을 1,000이라고 가정]

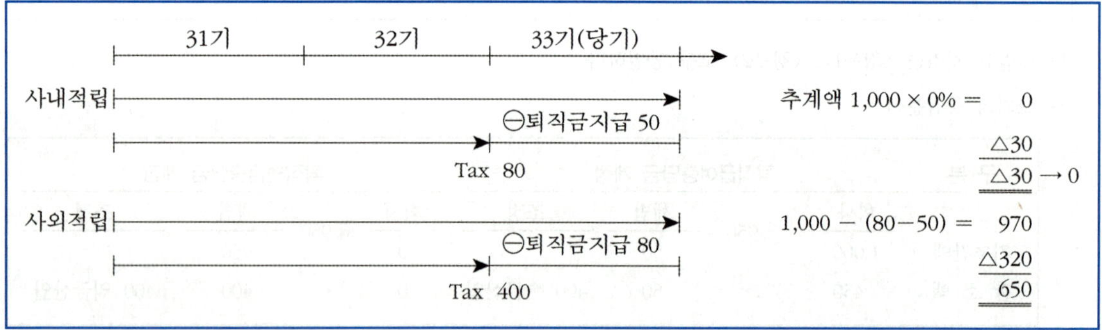

정리 확정급여형 퇴직연금 세무조정의 접근방법

먼저 퇴직금전환금 기말잔액이 있는지 확인한 후 퇴직급여충당금 계정과 퇴직연금충당금 계정의 증감분석표를 작성한 후 다음 순서로 세무조정한다.

〈1단계〉 자료 순서대로 세무조정하면서 증감분석표에 미치는 영향을 그때 그때 적어놓는다.

〈2단계〉 각 계정의 감소액(퇴직금 지급액) 관련 세무조정을 동시에 이행한다.

[상계순서 : 퇴직연금충당금(인별관리) → 퇴직급여충당금(총액관리) → 부족시 퇴직급여]

〈3단계〉 퇴직급여충당금 한도초과액 관련 세무조정을 한다.

〈4단계〉 퇴직연금충당금 한도초과액(또는 한도미달액) 관련 세무조정을 한다.

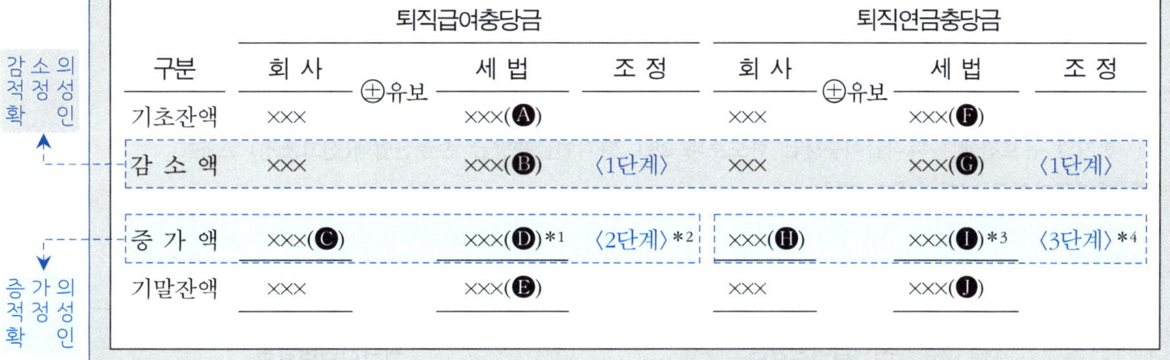

구분	퇴직급여충당금 회 사	⊕유보	퇴직급여충당금 세 법	퇴직급여충당금 조 정	퇴직연금충당금 회 사	⊕유보	퇴직연금충당금 세 법	퇴직연금충당금 조 정
기초잔액	×××		×××(Ⓐ)		×××		×××(Ⓕ)	
감 소 액	×××		×××(Ⓑ)	〈1단계〉	×××		×××(Ⓖ)	〈1단계〉
증 가 액	×××(Ⓒ)		×××(Ⓓ)*1	〈2단계〉*2	×××(Ⓗ)		×××(Ⓘ)*3	〈3단계〉*4
기말잔액	×××		×××(Ⓔ)		×××		×××(Ⓙ)	

*1 퇴직급여충당금 한도액 : min(①, ②)

① 총급여 × 5%

② max(일시퇴직기준 추계액, 보험수리적기준 등 추계액) × 0% − (Ⓐ−Ⓑ) + 퇴직금전환금 기말잔액

*2 세무조정 : Ⓒ − Ⓓ = ××× 손금불산입(유보)

*3 퇴직연금충당금 한도액 : min(①, ②) − (Ⓕ−Ⓖ)

① max(일시퇴직기준 추계액, 보험수리적기준 등 추계액) − Ⓔ

② 퇴직연금운용자산 기말잔액

*4 세무조정 : Ⓗ − Ⓘ = ××× : 손금불산입(유보)

△××× : 손금산입(△유보) → 강제신고조정

사 례

1. 자료

① 일시퇴직기준 퇴직급여추계액 500, 보험수리적기준 등 퇴직급여추계액 450, 총급여 800

② 퇴직급여충당금 계정의 내역

퇴직급여충당금

감소	130*2	기초	400
기말	500	증가	230
	630		630

* 근로자A에 대한 퇴직급여 지급시 회사의 회계처리

(차) 퇴직급여충당금	130	(대) 퇴직연금운용자산	60
		현 금	70

③ 퇴직연금운용자산 기말잔액은 410(퇴직연금충당금은 계상하지 않았다)

④ 전기말 유보잔액 : 퇴직급여충당금 한도초과 280, 퇴직연금충당금 손금산입액(신고조정) △280

⑤ 퇴직금전환금 기말잔액은 없다.

2. 세무조정

구분	퇴직급여충당금 회사		퇴직급여충당금 세법	퇴직급여충당금 조정	퇴직연금충당금 회사		퇴직연금충당금 세법	퇴직연금충당금 조정
기초	400	⊖280	120		0	⊕280	280	
감소	130	>	70	60 손금산입(△유보)*1	0	<	60	60 익금산입(유보)*1
증가	230		0*2	230 손금불산입(유보)	0		190*3	190 손금산입(△유보)
기말			50				410	

➤〈1〉 감소액(지급액)의 적정성 확인 ➤〈2〉 퇴직급여충당금 한도계산 ➤〈3〉 퇴직연금충당금 한도계산

*1 세무조정과정의 이해

회 사	세 법	조 정
(차) 퇴직급여충당금 130 (대) 퇴직연금운용자산 60	(차) 퇴직연금충당금 60 (대) 퇴직연금운용자산 60	〈손금산입〉 퇴직급여충당금 60(△유보)
현 금 70	(차) 퇴직급여충당금 70 (대) 현 금 70	〈익금산입〉 퇴직연금충당금 60(유 보)

*2 퇴직급여충당금 한도 : min(①, ②) = 0

① 800 × 5% = 40

② max(500, 450) × 0% − (120−70) = △50 → 0

*3 퇴직연금충당금 한도 : min(①, ②) − (280−60) = 190

① max(500, 450) − 50 = 450

② 410

3 대손충당금

1. 개요

(1) 대손충당금에서 정리해야 할 두 가지 주제

① 대손금 : 회수불능된 채권을 대손처리한 경우 손금인정 여부의 판단
→ 세법에 열거된 사유를 충족한 경우에만 손금인정하고, 그 외의 경우는 손금불산입

② 대손충당금 : 기말에 회수불능이라고 예상되는 채권에 대해 대손충당금을 설정한 경우 손금인정 여부의 판단
→ 세법상 한도액의 범위에서만 손금인정하고, 한도초과액은 손금불산입

(2) 회계처리 : 총액법에 따른다.

사 례 기본 세무조정 구조

1. 자료 : ① 당기 세법상 대손충당금 설정한도액은 20
② 대손충당금 계정

대손충당금

상계	2*2	기초	7*1
기말	22	설정	17

*1 전기 손금불산입액 1포함
*2 대손사유 충족한 매출채권과 상계한 금액

2. 회계처리와 세무조정

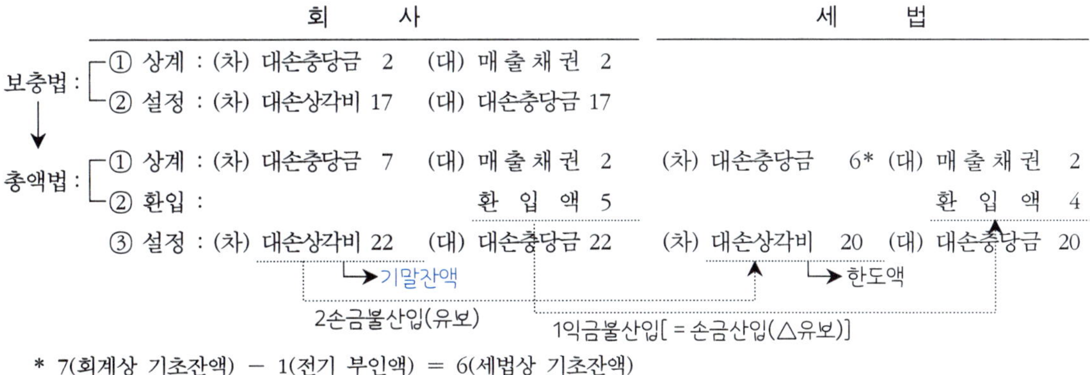

〈Tip〉 대손충당금 관련 세무조정을 빠르고 정확하게 하기 위해서는 아래 정리1 부터 정리3 까지 접근방법을 이해 후 숙지하여야 한다.

정리1 대손충당금 한도 관련 세무조정 방법

① 전기 대손충당금 한도초과액 : 무조건 손금산입(△유보) ⇢ 자동추인

② 당기 대손충당금 한도초과액 :

대손충당금 기말잔액*~~(설정액)~~ − 한도액 = 손금불산입(유보) ⇢ 다음연도에 자동추인

* [세부사항] 기말잔액에 채권조정액이 포함되어 있는 경우에는 그 금액을 차감한 후의 금액을 말한다.

정리2 대손금 관련 세무조정 방법(간편법)

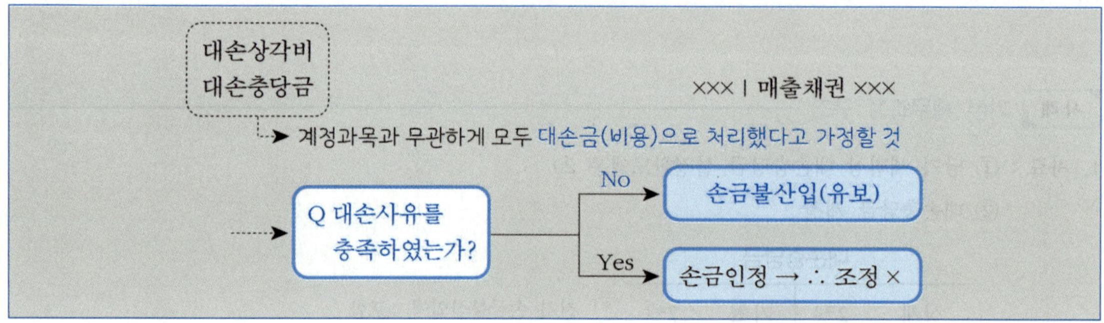

사례 대손사유를 충족하지 못한 매출채권을 대손처리한 경우

구 분	〈경우 1〉 대손상각비로 처리시	〈경우 2〉 대손충당금과 상계시
회 사	(차) 대손상각비 10 (대) 매출채권 10	(차) 대손충당금 10 (대) 매출채권 10
세 법	− (∵ 대손사유 미충족)	① 대손처리 : − ② 환 입 : (차) 대손충당금 10 (대) 대손충당금환입 10
조 정	손금불산입 10(유보)*	익금산입 10(유보)*

* 손금불산입과 익금산입은 구별의 실익이 없으므로 어느 경우든 위 '[정리]'와 같이 손금불산입하면 간단하다.

정리 3 전기에 대손처리한 채권을 당기에 회수하는 경우 세무조정(간편법)

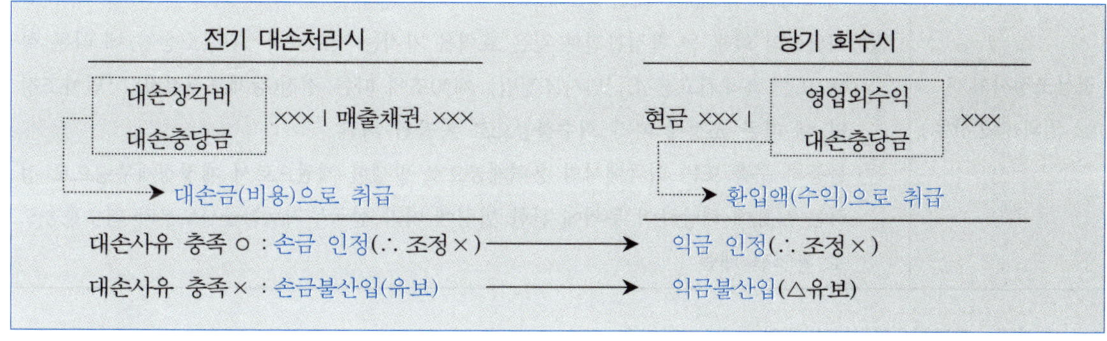

2. 대손금

(1) 대손사유 ⟶ 「부가가치세법」상 대손세액공제 사유와 동일

구 분	내 용
신고조정사항 ⟶ 강제 대손사유	• 다음과 같이 법에 따라 소멸되는 채권 ⟶ 사유가 발생한 날이 속하는 사업연도의 손금 ① 법에 따라 소멸시효가 완성된 채권(「상법」, 「어음법」, 「수표법」, 「민법」상 소멸시효가 완성된 외상매출금 · 미수금, 어음, 수표, 대여금 · 선급금) ② 회생계획인가결정 · 법원의 면책결정에 따른 회수불능채권 ③ 「서민의 금융생활 지원에 관한 법률」에 따른 채무조정을 받아 신용회복지원협약에 따라 면책으로 확정된 채권 ④ 「민사집행법」에 따라 채무자 재산에 대한 경매가 취소된 압류채권
결산조정사항*7 ⟶ 임의 대손사유	• 결산서에 대손처리한 경우에 한해 손금인정되는 다음의 채권 ⟶ 사유가 발생하여 손비로 계상한 날이 속하는 사업연도의 손금 ① 부도발생일*1부터 6개월 이상 지난*2 수표, 어음, 중소기업의 외상매출금(부도발생일 이전에 발생된 외상매출금에 한함)*3 • 채권가액에서 1,000원(수표 · 어음은 1매당 1,000원)을 뺀 금액을 손금 인정*4 • 채무자의 재산에 저당권을 설정한 경우에는 손금인정 ×*5 ② 중소기업의 외상매출금 및 미수금으로서 회수기일이 2년 이상 지난 것. 다만, 특수관계인과의 거래로 인하여 발생한 것은 제외한다. ③ 회수기일이 6개월 이상 지난 채권 중 채권가액이 30만원이하(채무자별 채권가액의 합계액을 기준으로 계산)*6인 채권 ④ 법에 정한 금융회사의 채권으로서 감독기관장이 대손을 인정한 채권

결산조정사항*7 → 임의 대손사유	⑤ 채무자의 파산 · 강제집행 · 형의 집행 · 사업의 폐지, 사망 · 실종 · 행방불명으로 인하여 회수할 수 없는 채권 ⑥ 재판상의 화해 등 확정판결과 같은 효력을 가지는 것으로서 「민사소송법」에 따른 화해 또는 화해권고결정, 「민사조정법」 제30조에 따른 결정(강제조정결정), 「민사조정법」에 따른 조정에 따라 회수불능으로 확정된 채권 ⑦ 물품의 수출 또는 외국에서의 용역제공으로 발생한 채권으로서 재정경제부령으로 정하는 사유에 해당하여 무역에 관한 법령에 따라 한국무역보험공사로부터 회수불능으로 확인된 채권

*1 부도수표 · 부도어음의 부도발생일 :
'① 부도수표 · 부도어음의 지급기일, ② 금융기관으로부터 부도확인을 받은 날' 중 빠른 날

*2 사례 26기(2026. 1. 1.~12. 31.), A사 부도발생일이 2026. 6. 30.인 경우 회사가 A사에 대한 외상매출금 100만원을 대손처리하면 전액 손금불산입한다(∵ 6개월 이상 지나지 않음).

부도발생일	기산일(초일불산입)		6개월이 된 날	6개월 이상 지난 날
6. 30.	7. 1.	→	12. 31.	1. 1.

*3 사례 2026. 6. 10.에 부도난 거래처에 2026. 6. 11.에 매출하면서 발생한 외상매출금은 2026. 12. 31. 현재 6개월 이상 지났어도 손금인정 ×

*4 세무조정 사례 : 25기(2025. 1. 1.~12. 31.) 7. 1.에 부도발생한 거래처 어음을 25기에 대손처리한 경우

구 분	25기 대손처리시	26기
회사	대손금 2,000,000 / 매출채권 2,000,000	별도의 회계처리 하지 않았다고 가정
세법	– (∵ 6개월 이상 지나지 않음)	대손금 1,999,000 / 매출채권 1,999,000 (∵ 6개월 지남, 1,000원은 제외)
조정	손금불산입 2,000,000(유보)	1,999,000 손금산입(△유보)

다음 기에 1,000 제외하고 자동추인

*5 채무자 재산에 저당권이 설정되어 있는 경우 결산서에 비용처리해도 인정하지 않는 경우는 위 '①' 밖에 없다.

*6 사례 회수기일이 6개월 이상 지난 A거래처에 대한 채권 350,000원(2026. 1. 1. 매출분 250,000원, 2026. 6. 1. 매출분 100,000원)을 대손처리한 경우 세무조정 : 350,000 손금불산입(유보) → ∵ 채무자별 채권합계액이 30만원 초과

*7 [세부사항] 합병 · 분할시 특례 : 법인이 다른 법인과 합병하거나 분할하는 경우로서 결산조정 대손사유에 해당하는 대손금을 합병등기일 · 분할등기일이 속하는 사업연도까지 손비로 계상하지 않은 경우 그 대손금은 해당 법인의 합병등기일 · 분할등기일이 속하는 사업연도의 손금으로 한다.

(2) 대손금 손금산입 대상 채권

- 원칙 : 매출채권 · 대여금 · 선급금 · 자산처분 미수금 등 별도 제한 없이 대손사유 충족하면 인정
- 예외 : 다음의 채권은 손금산입 불가능

> ① 채무보증(「독점거래 및 공정거래에 관한 법률」에 따른 채무보증, 금융회사 등 및 신용보증사업 영위법인이 행한 채무보증 등 법령으로 정한 채무보증은 제외)으로 인하여 발생한 구상채권 ⟶ 특수관계 여부와 무관하게 손금산입 불가능하며, 구상채권은 대여금에 해당하므로 상대방이 특수관계인인 경우 업무무관가지급금*1으로 본다.
>
> ② 특수관계인에 대한 업무무관가지급금.*1 이 경우 특수관계인에 대한 판단은 대여시점을 기준으로 한다.
>
> ③ 대손세액공제를 받은 부가가치세 매출세액미수금 ⟶ ∵ 이중혜택 방지*2

*1 〈Tip〉 [2차 시험용] 특수관계인에 대한 업무무관가지급금이 있는 경우에는 업무무관자산에 대한 지급이자 손금불산입과 인정이자 익금산입과 관련된 자료가 있는지 확인하여 있으면 관련 세무조정을 하여야 한다(p4-203. 3, p4-281. 4).

*2 **사례**

구 분	처리방법
① 매 출 시	(차) 매출채권 5,500 (대) 매출 5,000 부가가치세예수금 500
② 대손확정시	(차) 대손금 5,000 (대) 매출채권 5,500 부가가치세예수금 500 ⟶ 대손세액공제로 매출세액에서 공제했기 때문에 「법인세법」에서 다시 손금인정×
③ 대손이 확정된 사업연도의 부가가치세와 법인세의 세부담 감소액(법인세율 20% 가정) • 부가가치세 감소(대손세액공제로 매출세액이 감소됨) 500 • 법인세 감소 : 5,000(손금 인정액) × 20%(법인세율) = 1,000 1,500	

정리 대손금 관련 세무조정 요약

구 분		대손처리한 경우	대손처리하지 않은 경우
대손사유가 충족되지 않은 채권		손금불산입(유보) ⟶ 차기이후 대손사유 충족시 손금산입	조정 ×
대손사유 충족 채권	신고조정 사유 충족시	조정 ×	손금산입(△유보) ⟶ 차기이후 비용처리시 손금불산입
	결산조정 사유 충족시	조정 ×	조정 ×(∵ 선택사항)

사례 기출문제

① 어음의 지급기일로부터 6개월이 지난 부도어음 100만원 전액을 대손충당금과 상계한 경우 세무조정은 불필요하다. : 틀린 문장(∵ 1,000원은 손금불산입해야 함)

② 내국법인이 보유하고 있는 채권이 「상법」상 소멸시효의 완성으로 인하여 소멸한 경우에는 해당 대손금은 그 사유가 발생하여 손금으로 계상한 날이 속하는 사업연도의 손금에 산입한다. : 틀린 문장(∵ 신고조정사항은 손금계상여부와 무관하게 그 사유가 발생한 날이 속하는 사업연도의 손금에 산입함)

③ 대여시점에 특수관계인인 甲에게 업무와 무관하게 대여한 200만원을 甲이 파산결정을 받아 채권회수가 불가능하게 되어 대손충당금과 상계한 경우 세무조정은 불필요하다. : 틀린 문장(∵ 특수관계인에 대한 업무무관가지급금은 대손으로 인정되지 않으므로 손금불산입해야 함)

3. 대손충당금 한도초과

대손충당금 기말잔액* − 한도액[주] = [×××: 손금불산입(유보) / △×××: 조정 ×(∵ 결산조정)]

* 채권조정액이 포함되어 있는 경우에는 그 금액을 차감한 후의 기말잔액

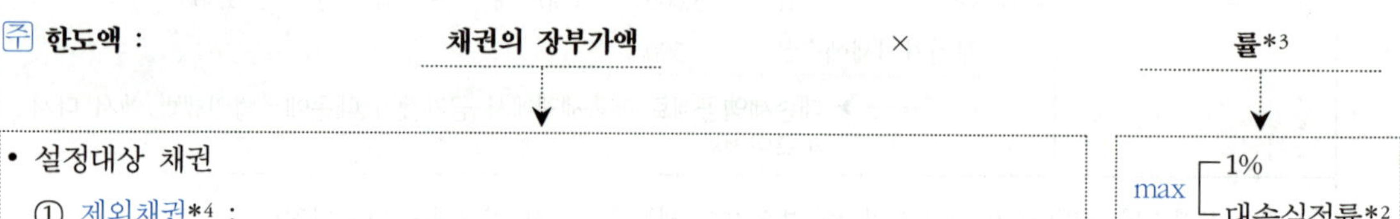

- 설정대상 채권
  - ① 제외채권*4 :
    - ㉠ 채무보증(법령으로 정한 채무보증은 제외)으로 인하여 발생한 구상채권
    - ㉡ 특수관계인에 대한 업무무관가지급금
    - ㉢ 매각거래성격의 할인어음 · 배서양도어음
    - ㉣ (상대방 입장에서)부당행위계산부인 대상인 시가초과액에 대응하는 (나의) 채권*1
  - ② 위 외에 기업회계기준에 따라 설정대상이 되는 채권 : 설정 대상(국가 등에 대한 채권, 100% 담보가 설정된 채권 등 대손발생가능성이 없는 채권도 포함)
- 동일인에 대한 채권 · 채무 상계여부 ⇢ 원칙이 납세자에게 유리한 방향

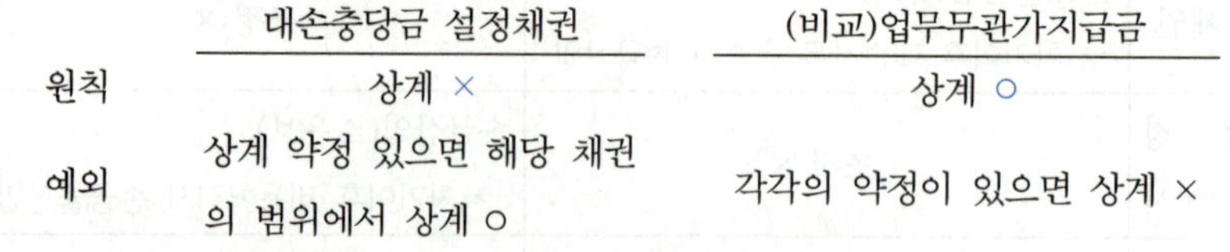

	대손충당금 설정채권	(비교)업무무관가지급금
원칙	상계 ×	상계 ○
예외	상계 약정 있으면 해당 채권의 범위에서 상계 ○	각각의 약정이 있으면 상계 ×

- 세법상 장부가액 : 회계상 채권 − 제외채권 ± 유보

*1 사례를 통한 내용이해

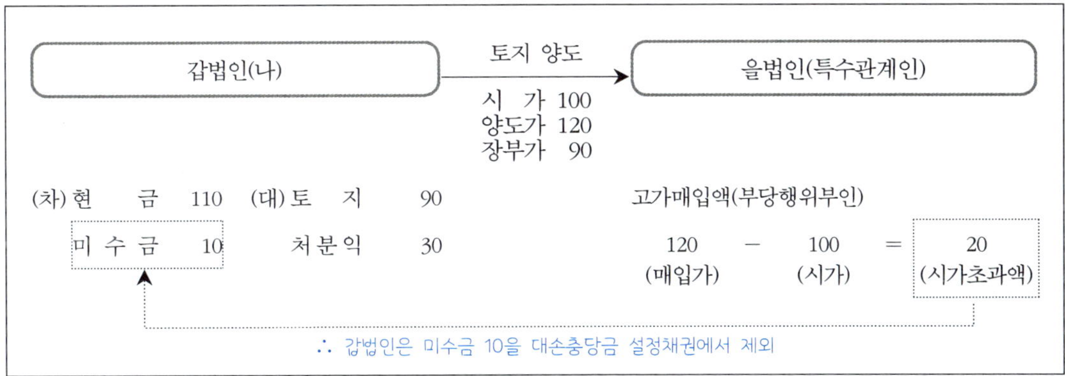

*2 대손실적률

$$\text{대손실적률} : \frac{\text{당기 세법상 대손금}}{\text{전기말 세법상 설정대상 채권가액*}}$$

* 전기 대손실적률이 제시된 경우 전기말 세법상 채권가액(x)의 계산방법

전기 B/S상 대손충당금 기말잔액 − x × max(1%, 전기 대손실적률) = 전기 한도초과액 (=당기 대손충당금 기초잔액) $x = \dfrac{\text{당기 B/S상 대손충당금 기초잔액} - \text{전기 한도초과액}}{\text{max(1\%, 전기 대손실적률)}}$ ⋯→ 당기 세법상 대손충당금 기초잔액

*3 은행 등 금융회사의 설정률 : max(1%, 대손실적률, 대손충당금 적립기준에 따른 금액)

*4 대손충당금 설정대상 채권에 포함되는지 여부 : 특수관계 없는 자에게 업무와 직접 관련하여 자금을 대여하고 이자를 받는 경우 그 대여금과 해당 대여금의 미수이자는 대손충당금을 설정할 수 있으나, 예금 · 적금의 미수이자는 대손충당금 설정대상이 아니다(법인 22601−1723).

사례 1 채권의 장부가액의 계산

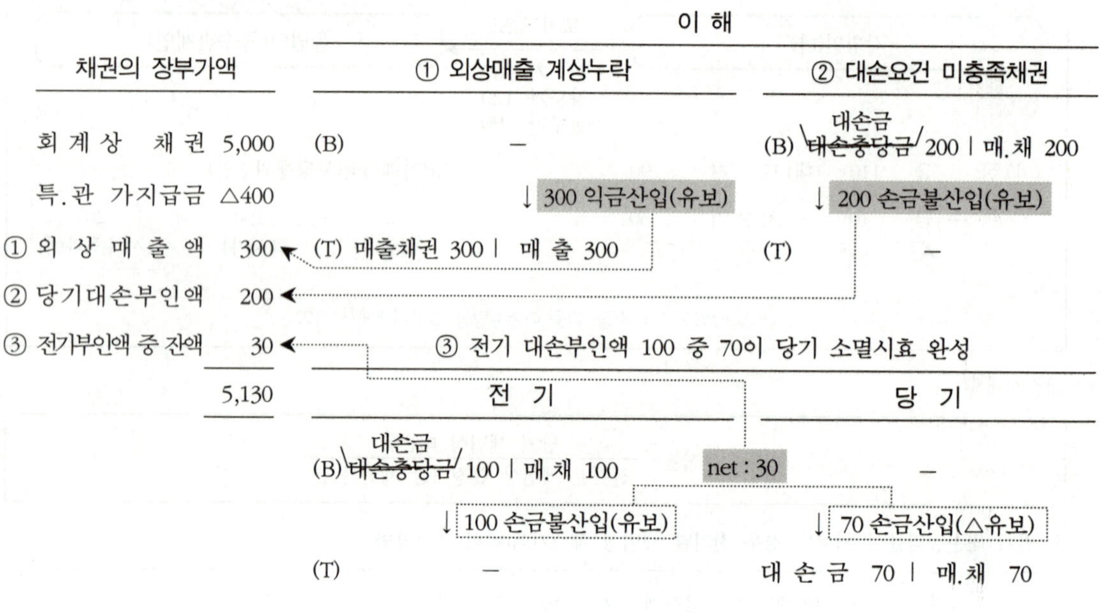

정리 대손충당금 세무조정문제의 접근방법

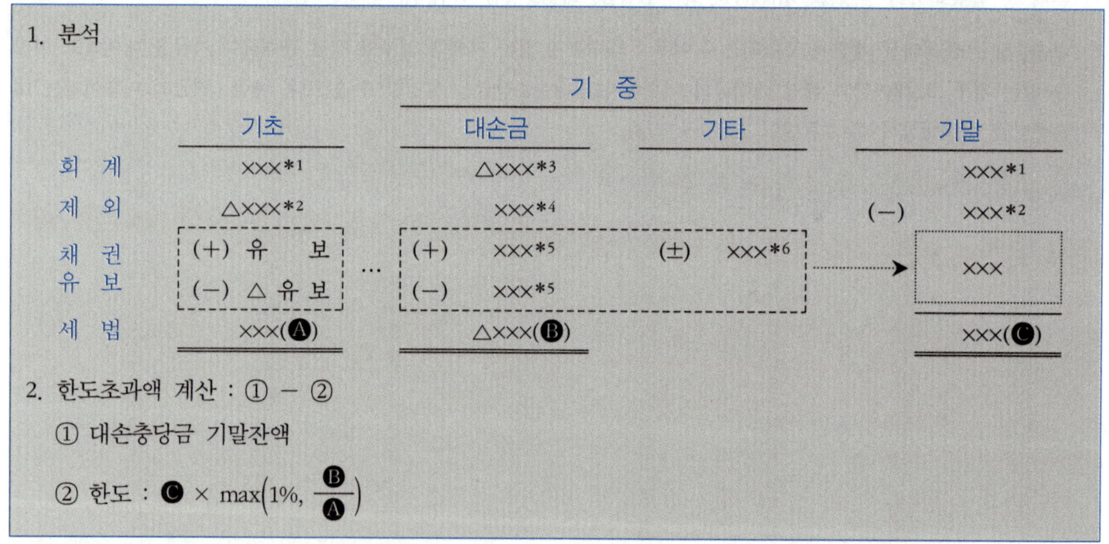

1. 분석

	기초		기중: 대손금	기중: 기타		기말
회 계	xxx*1		△xxx*3			xxx*1
제 외	△xxx*2		xxx*4		(–)	xxx*2
채 권 유 보	(+) 유 보 (–) △ 유 보	…	(+) xxx*5 (–) xxx*5	(±) xxx*6	→	xxx
세 법	xxx(Ⓐ)		△xxx(Ⓑ)			xxx(Ⓒ)

2. 한도초과액 계산 : ① – ②

① 대손충당금 기말잔액

② 한도 : Ⓒ × max$\left(1\%, \frac{Ⓑ}{Ⓐ}\right)$

*1 각각 재무상태표상 기초채권과 기말채권을 적는다.

*2 각각 대손충당금 설정대상 채권이 아닌 것을 적는다.

사례 특수관계인에 대한 업무무관가지급금, 채무보증 구상채권 등

*3 회사가 대손처리한 금액을 적는다.

*4 [세부사항] 회사가 대손처리하였으나 대손금에 해당되지 않는 것 중 채권 관련 유보 · △유보와는 무관한 금액을 적는다.

사례 ① 특수관계인에 대한 업무무관가지급금을 회사가 대손처리하여 손금불산입한 금액
② 거래처에 대한 채권포기액을 대손처리한 금액 ⋯➝ 대손금에서 제외하고, 기업업무추진비에 포함하여 한도 계산함
③ 대손세액공제를 받은 금액을 대손처리한 금액

*5 채권 관련 세무조정 중 유보 · △유보로 처분되는 것으로서 대손금과 관련된 것

사례 ① (+) 하는 것 : 회사가 대손처리한 금액 중 대손사유를 충족하지 못하여 손금불산입(유보)한 것
② (−) 하는 것 : 전기 대손부인액 중 당기 대손사유를 충족하여 손금산입(△유보)한 것,
회사가 당기 대손처리하지 않았으나 강제대손사유에 해당하여 손금산입(△유보)한 것

*6 [세부사항] 채권 관련 세무조정으로 유보 · △유보로 처분되나 대손금과는 무관한 것

사례 ① 전기 외상매출액을 당기 매출액으로 계상하여 익금불산입(△유보)한 것
② 전기 대손부인액을 당기 회수하고 수익계상하여 익금불산입(△유보)한 것
③ 전기 대손부인액을 수정회계처리로 수익계상하여 익금불산입(△유보)한 것

■ 대손관련 세무조정을 한 경우 처리방법

〈Tip〉 대손금 관련 세무조정을 행한 후에는 그 금액이 다음 Flow−chart 중 어디에 해당하는지 파악하여 'p4−256. 박스' 안의 어디에 적어야 할지 결정하여야 한다.

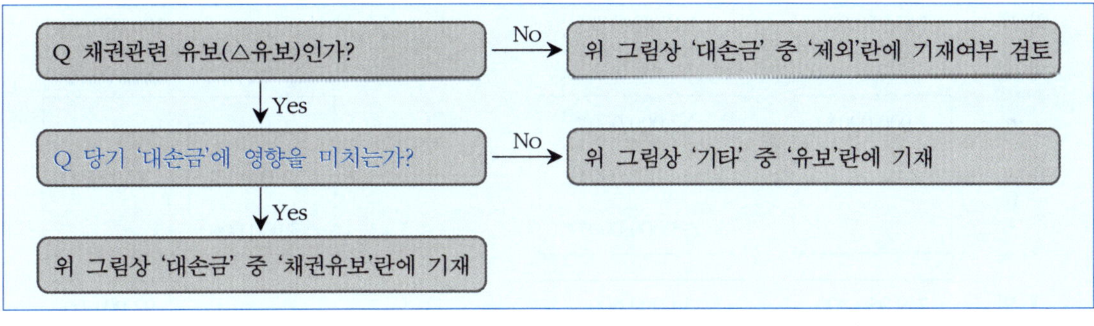

사례 2 대손충당금 관련 세무조정

甲법인의 제26기(2026. 1. 1.~12. 31.)의 다음 자료에 의하여 세무조정을 하시오.

1. 전기말 유보금 중에는 대손충당금한도초과액 8,000,000원과 제25기에 대손부인된 매출채권 2,000,000원(제26기에 소멸시효가 완성됨)이 있다.

2. 당기의 대손충당금 계정

(단위 : 원)

기초잔액	당기설정액	당기상계액	기말잔액
15,000,000	20,000,000	10,000,000*	25,000,000

* 부도 후 6개월이 지난 어음1매 총액을 상계한 것이다.

3. 당기말 재무상태표상 채권은 100,000,000원이다. 이 중 5,000,000원은 채무보증으로 인한 구상채권이며, 3,000,000원은 제26기에 관련 법에 의한 회생계획인가의 결정으로 회수불능으로 확정된 채권이다.
4. 전기말 현재 재무상태표상 대손충당금 설정대상 채권은 747,950,000원이다.

〈풀이〉

1. 전기말 유보금에 대한 세무조정

〈손금산입〉 전기 대손충당금 한도초과액 8,000,000(△유보) → 다른 조정에 미치는 영향 없음

〈손금산입〉 전기 매출채권 대손부인액 2,000,000(△유보)*1

2. 당기 대손금에 대한 세무조정

〈손금불산입〉 부도어음 1,000(유 보)*2

〈손금산입〉 회생계획인가 채권 3,000,000(△유보)*3

3. 대손충당금 한도초과액 : 〈손금불산입〉 대손충당금 한도초과액 23,159,980(유 보)

1. 분석

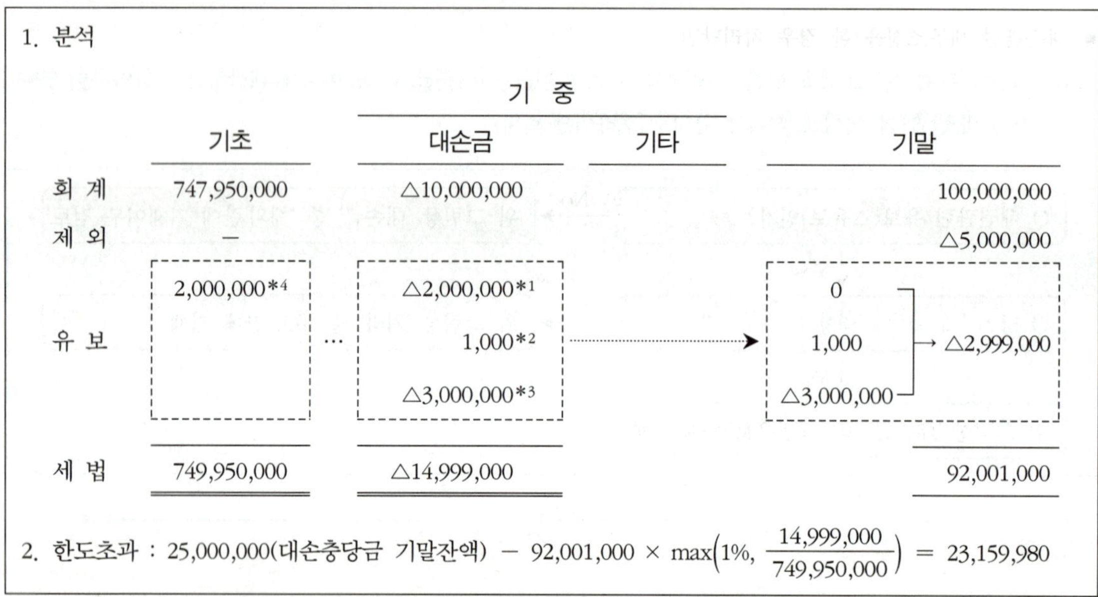

2. 한도초과 : 25,000,000(대손충당금 기말잔액) − 92,001,000 × $\max\left(1\%, \frac{14,999,000}{749,950,000}\right)$ = 23,159,980

*1 전기말 대손부인액 중 소멸시효가 완성된 금액을 신고조정으로 손금산입한다.

구 분	전 기	당 기
회 사	(차) 대손금 2,000,000 (대) 매출채권 2,000,000	–
세 법	–	(차) 대손금 2,000,000 (대) 매출채권 2,000,000
세무조정	〈손금불산입〉 매출채권 2,000,000(유보)	〈손금산입〉 전기 매출채권 2,000,000(△유보)*

* Q 채권 관련 유보(△유보)인가? Yes→ Q 당기 대손금에 영향을 미치는가? Yes→ 대손금란(위 그림의 '*1')에 적는다(∵ 당기 대손금인데 회사가 대손처리 하지 않았기 때문).

*2 부도 후 6개월이 지났으므로 1,000원을 제외한 금액을 대손으로 인정하는데, 회사가 총액을 대손처리하였으므로 1,000원을 손금불산입한다.

구 분	내 용
회 사	(차) 대손금 ~~대손충당금~~ 10,000,000 (대) 매출채권 10,000,000
세 법	(차) 대손금 9,999,000 (대) 매출채권 9,999,000
세무조정	〈손금불산입〉 매출채권 1,000(유보)*

* Q 채권 관련 유보(△유보)인가? —Yes→ Q 당기 대손금에 영향을 미치는가? —Yes→ 대손금란(위 그림의 '*2')에 적는다(∵ 1,000은 당기 대손금이 아닌데 회사가 대손처리했기 때문).

*3 회생계획인가 결정으로 인한 회수불능은 강제대손사유이나, 회사가 대손처리하지 않았으므로 신고조정으로 손금산입한다.

구 분	내 용
회 사	−
세 법	(차) 대손금 3,000,000 (대) 매출채권 3,000,000
세무조정	〈손금산입〉 매출채권 3,000,000(△유보)*

* Q 채권 관련 유보(△유보)인가? —Yes→ Q 당기 대손금에 영향을 미치는가? —Yes→ 대손금란(위 그림의 '*3')에 적는다(∵ 당기 대손금인데 회사가 대손처리 하지 않았기 때문).

*4 전기말 유보금 중 채권관련 유보금액 → 이 금액을 기초 회계상 채권에 더하여 기초 세법상 채권가액을 계산한다.

사례 3 전기 대손처리한 금액의 당기 회수액(상각채권추심이익) 세무조정

다음 자료에 따른 갑법인의 제26기(2026. 1. 1.~12. 31.)의 세무조정

1. 재무상태표상 전기말 채권은 590,000,000원, 당기말 채권은 800,000,000원이다.
2. 전기말 유보잔액에 있는 부도어음 대손부인액의 내역
   ① 부도어음 A : 6,000,000원 : 당기에 회수하고 영업외수익으로 회계처리하였다.
   ② 부도어음 B : 4,000,000원 : 당기에 회수하고 대손충당금으로 회계처리하였다.
3. 당기 대손충당금 명세

대손충당금

차변	금액	대변	금액
상 계 액	14,000,000*	기 초 잔 액	25,000,000
		상각채권추심	4,000,000
기 말 잔 액	30,000,000	설 정 액	15,000,000
	44,000,000		44,000,000

* 이 중 2,000,000원은 대손요건이 충족되지 않은 외상매출금 상계액이다.

〈해답〉

1. 당기 회수액 세무조정 ⋯→ 연계정리 : p4—251. **정리 3**

(1) 부도어음 A

구분	전기	당기
회사	(차) 대손금 6,000,000 (대) 부도어음 A 6,000,000 (or 대손충당금)	(차) 현금 6,000,000 (대) 영업외수익 6,000,000
세법	–	(차) 현금 6,000,000 (대) 부도어음 A 6,000,000
세무조정	〈손금불산입〉 부도어음 A 6,000,000(유보)	〈익금불산입〉 부도어음 A 6,000,000(△유보)

(2) 부도어음 B

구분	전기	당기
회사	(차) 대손금 4,000,000 (대) 부도어음 B 4,000,000 (or 대손충당금)	(차) 현금 4,000,000 (대) 대손충당금 4,000,000 (or 수익)
세법	–	(차) 현금 4,000,000 (대) 부도어음 B 4,000,000
세무조정	〈손금불산입〉 부도어음 B 4,000,000(유보)	〈익금불산입〉 부도어음 B 4,000,000(△유보)

2. 당기 대손부인액 : 〈손금불산입〉 외상매출금 2,000,000(유보)

3. 대손충당금 한도초과액 : 〈손금불산입〉 대손충당금 한도초과액 13,960,000(유보)

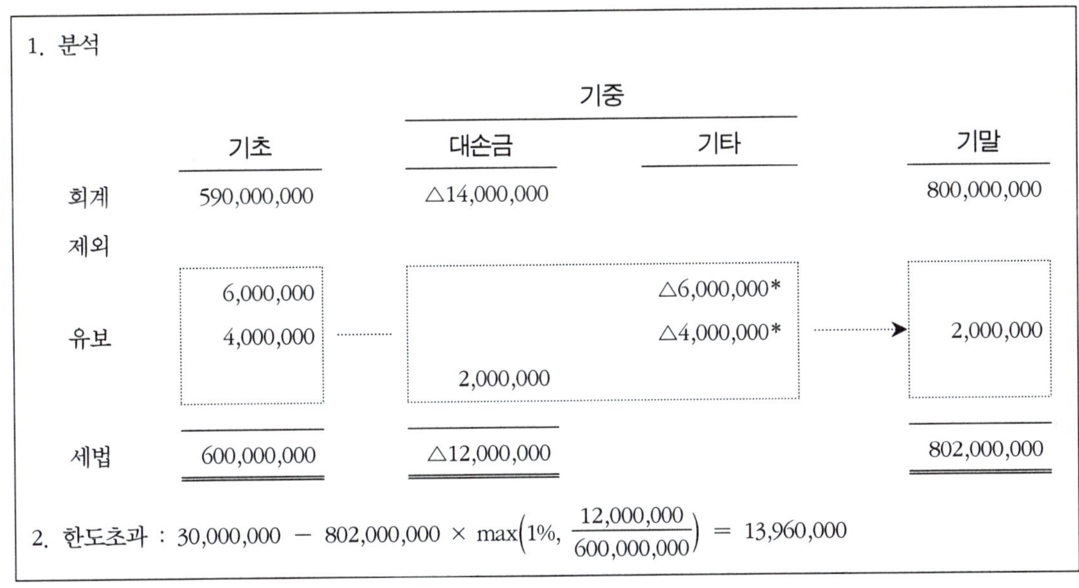

1. 분석

	기초	기중: 대손금	기중: 기타	기말
회계	590,000,000	△14,000,000		800,000,000
제외				
유보	6,000,000 4,000,000	2,000,000	△6,000,000* △4,000,000*	2,000,000
세법	600,000,000	△12,000,000		802,000,000

2. 한도초과 : $30,000,000 - 802,000,000 \times \max\left(1\%, \frac{12,000,000}{600,000,000}\right) = 13,960,000$

* Q 채권 관련 유보(△유보)인가? —Yes→ Q 당기 대손금에 영향을 미치는가? —No→ 기타란에 기재

4. 추가 정리사항

(1) 합병·분할의 경우 대손충당금 승계

합병등기일(분할등기일) 현재 대손충당금 중 합병법인(분할신설법인 또는 분할합병의 상대방법인)이 승계(해당 대손충당금에 대응하는 채권이 함께 승계되는 경우만 해당한다)한 금액은 그 합병법인 등이 합병등기일(분할등기일)에 가지고 있는 대손충당금으로 본다.* → 연계정리 : p4—239. 3). 합병·분할의 경우 퇴직급여충당금 승계

* 〈Tip〉 [2차 시험용] 세무조정에 미치는 영향 : 합병법인 등은 대손충당금 승계액을 기초대손충당금에 가산하며, 대손충당금부인액(유보)를 승계하면 그 승계액도 기초대손충당금부인액에 가산한다.

(2) 소멸시효가 완성된 채권의 대손금 처리

- 원칙 : 소멸시효가 완성된 날이 속하는 사업연도의 손금에 산입한다.
- 정당한 사유없이 채권회수를 위한 제반 법적조치 등을 취하지 아니함에 따라 소멸시효가 완성된 경우 : 소멸시효 완성일이 속하는 사업연도의 기업업무추진비 또는 기부금으로 본다.

(3) [세부사항] 채권 · 채무의 조정에 대한 세법상 처리방법

구 분	채 권 자	채 무 자
원금감면분	원금감면분은 약정에 의한 채권포기액으로 보아 'p4-207. (2). ②'와 같이 처리한다.	원금감면분은 채무조정이익(채무면제이익)으로 익금항목이다.
위 외의 이자율 완화, 발생이자 감면, 상환기간의 연장등 조건 변경분	① 채권의 조정시 : 조건변경에 따른 조정으로 계상하는 비용(손실)은 손금으로 인정한다.* ② 결산시 : 위 '①'에서 손금으로 인정한 금액은 기업회계기준에 따른 환입방법에 따라 익금으로 인정한다.	① 채무의 조정시 : 조건변경에 따른 조정으로 계상하는 이익(채무조정이익)은 익금불산입한다.* ② 결산시 : 위 '①'에서 익금불산입한 금액은 기업회계기준에 따른 상각방법에 따라 이자비용 계상시 손금불산입한다.

* ① 법령 규정 : 법인이 기업회계기준에 따른 채권의 재조정에 따라 채권의 장부가액과 현재가치의 차액을 대손금으로 계상한 경우에는 이를 손금에 산입하며, 이와 같이 손금에 산입한 금액은 기업회계기준의 환입방법에 따라 이를 익금에 산입한다. → 채권의 조정으로 인한 현재가치평가는 인정하나, 채무의 조정으로 인한 현재가치평가는 인정하지 않음 ('p4—134. 3' 내용)

② 사례 [2차 시험용]

〈회　사〉 (차) 대손상각비　10,000,000　(대) 대손충당금　10,000,000

〈세　법〉 (차) 손　금　10,000,000　(대) 채　권　10,000,000

〈세무조정〉 세법에서는 현재가치평가에 따라 계상한 채권의 조정액을 대손충당금 설정액이 아닌 채권의 감액으로 본다. 따라서 대손충당금 설정액을 손금불산입하며(이는 대손충당금이 아니므로 한도초과액 계산시 대손충당금 기말잔액에서 뺀다), 채권의 감액분을 손금산입한다(이는 대손충당금 설정대상 채권이 아니므로 한도액 계산시 회계상 채권가액에서 뺀다. 이 경우 행정해석(법인세제과—2015)에 따르면 그 금액은 대손요건을 충족한 대손금이 아니므로 대손실적률 계산시 대손금으로 보지 않는다).

〈요　약〉 현재가치평가에 따라 계상한 채권조정액이 세무처리에 미치는 영향

① 대손충당금 설정으로 회계처리한 경우 대손충당금 기말잔액에서 조정액을 뺀다.

② 한도액 계산시 회계상 채권가액에서 뺀다.*

③ 대손실적률 계산시에는 대손금으로 보지 않는다.*

* 위 '②'와 '③'은 해당 금액을 'p4-256' 박스 안의 '기타'와 '채권유보'가 만나는 란에 적으면 해결된다.

정리 세무회계 대손충당금 종합정리

〈1단계〉 전기말 유보금관련 세무조정

(1) 전기 대손충당금 한도초과액 : 손금산입(△유보) ⋯→ 다른 세무조정에 미치는 영향 ×

(2) 전기 대손금 부인액 중 다음의 사유로 당기에 추인되는 금액이 있는 경우 그 금액을 손금산입(△유보)한다.
① 전기말 현재 부도후 6개월이 지나지 않아 손금불산입한 어음 · 수표 · 중소기업의 외상매출금 : 당기에 1,000원을 제외한 금액을 손금산입(△유보)한다.
② 소멸시효완성 등 대손요건이 충족되는 경우
③ 영업외수익 등으로 수정회계처리하는 경우
④ 당기에 회수하는 경우

〈2단계〉 당기 대손금관련 세무조정

(1) 당기 대손충당금과 상계한 금액(또는 대손상각비로 계상한 금액)에 대한 자료가 제시된 경우
① 대손사유가 충족되지 아니한 것을 골라 이를 손금불산입(유보)한다.
② 대손사유는 충족하였으나 대손불능채권(특수관계자에 대한 업무무관가지급금 등)인 경우 손금불산입(기타사외유출 등)한다.

(2) 당기말 회계상 채권가액에 대한 내역이 제시된 경우
그 내역을 검토하여 그 중 강제대손사유에 해당되는 것을 손금산입(△유보)한다.

〈3단계〉 대손충당금 한도초과액에 대한 손금불산입(유보)

• 한도초과액 = 대손충당금계정의 기말잔액* − 한도액
기말 세법상 설정대상 채권가액 × 설정률

* 채권조정액이 포함되어 있는 경우에는 그 금액을 차감한 후의 기말잔액

(1) 설정대상 채권가액

기말 회계상 설정대상 채권가액	×××
설정제외채권(채무보증으로 인한 구상채권, 특수관계인에 대한 업무무관가지급금 등)	△×××
채권 관련 유보금액	×××
기말 세법상 설정대상 채권가액	×××

(2) 설정률 : $\max\left(1\%,\ \text{대손실적률} : \dfrac{\text{당기 세법상 대손금}}{\text{전기말 세법상 설정대상 채권잔액}}\right)$

4 일시상각충당금(비상각자산은 압축기장충당금)

1. 사례를 통한 계산구조의 이해

1. 1. 화재발생 건물(장부가액 200) 소실, 1. 1. 보험금 300 수령, 1. 1. 대체건물 700 취득(내용연수 : 10년), 감가상각비계상액 70

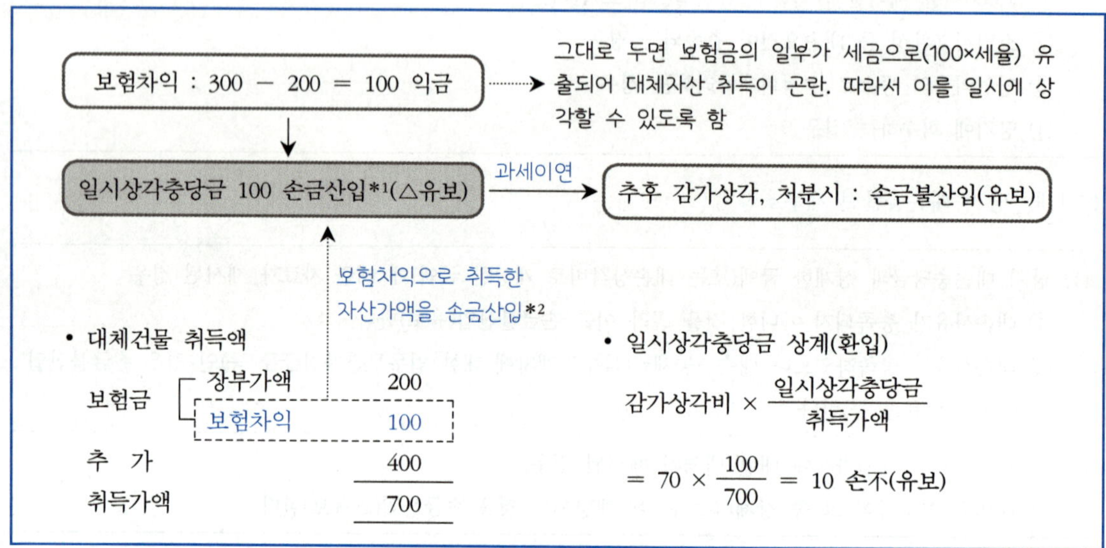

*1 손금산입 방법

- 결산조정 원칙(∵ 과세이연 여부는 선택사항)
- 신고조정에 의한 손금산입도 허용(∵ 기업회계에서는 일시상각충당금의 비용계상을 인정하지 않기 때문)

*2 (if) 대체건물 취득가액이 250이라면 일시상각충당금 설정으로 손금산입할 수 있는 금액은 50이 된다. → 일시상각충당금 설정액 : min(세법상 보험차익 : 100, 보험차익으로 취득한 자산가액 : 50)

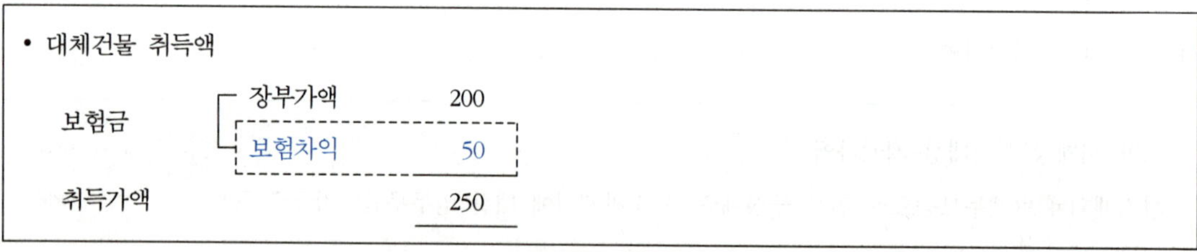

2. 공사부담금 · 국고보조금등 · 보험차익에 대한 일시상각충당금(비상각자산은 압축기장충당금)

구 분	내 용
설정대상 법인	① 공사부담금 : 열거된 업종(전기 · 가스 · 집단에너지 공급사업, 초고속정보통신구축사업, 수도사업)을 경영하는 법인 ② 국고보조금등 : 「보조금 관리에 관한 법률」, 「지방재정법」, 그 밖에 법령에 열거된 법률에 따라 국가 · 지방자치단체로부터 보조금을 받은 법인 ③ 보험차익 : 보험차익이 발생하는 법인
손금산입시기	공사부담금 · 국고보조금등 · 보험차익을 지급받는 사업연도*1
손금산입금액	공사부담금 · 국고보조금등 · 보험차익으로 취득(또는 개량)한 사업용자산*2가액*3
손금산입요건 (의무사용)	공사부담금 · 국고보조금등 · 보험차익을 지급받은 사업연도의 다음 사업연도 개시일부터 1년(보험차익은 2년)*4 이내에 관련 사업용자산을 취득해야 한다.*5
익금산입 (환입)시기	① 일반 환입 : 감가상각시 · 처분시 익금산입 ② 일시 환입 : 다음의 경우 해당 사유 발생일이 속하는 연도의 익금산입 • 의무사용 기간(1년, 보험차익은 2년) 내 사업용자산 미 취득시 • 사업용자산 취득 전에 폐업 또는 해산시. 단, 합병 · 분할의 경우 상대방 법인이 일시상각충당금을 승계한 경우 제외

*1 ① 지급받은 연도에 취득하지 못한 경우 사용계획서를 제출하면 지급받은 연도에 손금산입 가능하다.
② 공사부담금 · 국고보조금등은 사업용자산을 취득 · 개량하고 이에 대한 공사부담금 · 국고보조금등을 사후에 지급받은 경우에도 손금산입 가능하다.

*2 여기서 '사업용자산'이란 국고보조금등은 유형자산 · 무형자산과 석유류, 공사부담금은 유형자산 · 무형자산, 보험차익은 유형자산(보험대상자산)을 말한다(위 표에서 같다).

*3 사업용자산의 취득(또는 개량) 후 공사부담금 또는 국고보조금등을 지급받았을 때에는 지급일이 속한 사업연도 이전 사업연도에 이미 손금에 산입한 감가상각비는 손금에 산입하는 금액에서 제외한다.

*4 보험차익에 대한 충당금 설정요건 : 2년 이내에 보험대상자산(유형자산)과 같은 종류의 자산을 대체취득하거나 손괴된 보험대상자산을 개량(그 취득한 자산의 개량을 포함한다)에 사용해야 한다. → ∴ 건물에서 발생한 보험차익으로 기계취득시, 재고자산 취득시 충당금 설정 불가

*5 인허가 지연 등 부득이한 사유로 기한 내에 사용하지 못한 경우에는 그 사유 종료일이 속하는 사업연도 종료일을 기한으로 한다.

정리 보험차익에 대한 세무조정 방법

〈1단계〉 소실된 자산의 유보잔액 추인(∵ 소실 → 처분성격 → 처분시 추인)

〈2단계〉 보험차익에 대한 일시상각충당금 설정 : 손금산입(△유보)

- 손금산입액 : min(①, ②)
  - ① 세법상 보험차익 : 보험금 − 소실된 자산의 세법상 장부가액
  - ② 한도(보험차익으로 취득한 자산가액) : 대체자산 취득가액 − 소실된 자산의 세법상 장부가액

〈3단계〉 감가상각시부인계산

〈4단계〉 일시상각충당금의 상계(환입) : 손금불산입(유보)

- 손금불산입액 : 손금인정된 감가상각비 × $\frac{\text{일시상각충당금}}{\text{자산의 취득가액}}$

사례 보험금 수령액은 80(소실자산의 장부가액은 60), 대체자산 취득가액은 70인 경우 손금산입액

- min(① 보험차익 : 80−60=20, ② 한도 : 70−60=10*1) = 10

  *1 대체자산은 다음과 같이 보험금 중 소실된 자산의 장부가로 받은 60, 보험차익 10의 순서로 취득한 것으로 본다.

  - 보험금 수령액 80 :

구자산 장부가 60	보험차익 20
0 ~ 60	60 ~ 80

  - 대체자산 취득가 70 :

구자산 장부가 60	보험차익 10
0 ~ 60	60 ~ 70

정리 일반적인 자산감액 세무조정과 일시상각충당금 세무조정의 비교

단 계	일반적인 자산감액 조정	일시상각충당금 조정
〈1〉	자산감액 : 손금산입(△유보)	충당금 설정 : 손금산입(△유보)
〈2〉	감액분 상각비 직부인 : 손금불산입(유보) • 손금불산입(Ⓐ) = 회사 상각비 × $\frac{\text{감액분}}{\text{자산가액}}$	상각시부인 계산 회사상각비(Ⓑ) − 상각범위액(Ⓒ) = ×××

〈3〉	상각시부인 계산 (회사 상각비－Ⓐ) － 상각범위액 ＝ ×××	충당금 상계(환입) : 손금불산입(유보) • 손금불산입 $= 손금인정된\ 상각비 \times \frac{충당금설정액}{자산가액}$ $= min(Ⓑ, Ⓒ) \times \frac{충당금설정액}{자산가액}$

정 리 [2차 시험용] 사례를 통한 자산차감법으로 계상한 국고보조금에 대한 세무조정

25기 7. 1.에 국고보조금 10을 수령하고 동일자로 기계를 20에 취득하여 정액법(5년)을 적용하여 상각하고 다음과 같이 회계처리한 경우 25기와 26기의 세무조정

구분	회사	세법	수정
25기. 7. 1.	(차) 현금 10 (대) ~~국고보조금 10~~ (현금차감) (차) 기계장치 20 (대) 현금 20 (차) ~~국고보조금 10~~ (현금차감) (대) 국고보조금 10 (기계차감)	(차) 현금 10 (대) 익금 10 (차) 기계장치 20 (대) 현금 20 (차) 일시상각비 10 (대) 일시상각충당금 10*1	(차) 일시상각비 10 (대) 익금 10 손익계정 차이 → 조정 × (차) 국고보조금 10 (대) 일시상각충당금 10 10익금산입(유보) 10손금산입(△유보)
25기. 12. 31.	(차) 감가상각비 2 (대) 감가상각누계액 2 (차) 국고보조금 1 (대) 감가상각비 1	(차) 감가상각비 2*2 (대) 감가상각누계액 2 (차) 일시상각충당금 1 (대) 감가상각비 1*3	(차) 일시상각충당금 1 (대) 국고보조금 1 1익금산입(유보) 1손금산입(△유보)
26기. 12. 31.	(차) 감가상각비 4 (대) 감가상각누계액 4 (차) 국고보조금 2 (대) 감가상각비 2	(차) 감가상각비 4*4 (대) 감가상각누계액 4 (차) 일시상각충당금 2 (대) 감가상각비 2*5	(차) 일시상각충당금 2 (대) 국고보조금 2 2익금산입(유보) 2손금산입(△유보)

*1 min(국고보조금수령액 : 10, 취득등 사용액 : 20) ＝ 10

*2 $20 \times \frac{1}{5} \times \frac{6}{12} = 2$

*3 $손금인정\ 감가상각비 \times \frac{일시상각충당금}{취득가액} = \left(20 \times \frac{1}{5} \times \frac{6}{12}\right) \times \frac{10}{20} = 1$

*4 $20 \times \frac{1}{5} = 4$

*5 $\left(20 \times \frac{1}{5}\right) \times \frac{10}{20} = 2$

[간편법]

〈1단계〉 인식 · 설정	〈2단계〉 시부인계산	〈3단계〉 상계(환입) 25기	〈3단계〉 상계(환입) 26기
국고보조금(인식) : 10익금산입(유보)*1	위 사례의 경우 상각범위액*3만큼 감가상각비를 계상했으므로 조정 ×	국고보조금 : $10 \times \frac{1}{5} \times \frac{6}{12}$ = 1손금산입(△유보)	$10 \times \frac{1}{5}$ = 2손금산입(△유보)
일시상각충당금(설정) : 10손금산입(△유보)*2		일시상각충당금 : $\left(20 \times \frac{1}{5} \times \frac{6}{12}\right) \times \frac{\text{일시상각충당금 10}}{\text{취득가 20}}$ = 1익금산입(유보)	$\left(20 \times \frac{1}{5}\right) \times \frac{10}{20}$ = 2익금산입(유보)

*1 (if) 회사가 이익 계상한 경우에는 세무조정 불필요

*2 일시상각충당금 설정액 : min(국고보조금, 취득등 사용액)

*3 상각범위액 : 25기에는 '$20 \times \frac{1}{5} \times \frac{6}{12} = 2$', 26기에는 '$20 \times \frac{1}{5} = 4$'

5 구상채권상각충당금

- 신용보증사업을 하는 내국법인 중 신용보증기금 · 공제조합 등 법령으로 정한 법인만 설정 가능
- 손금산입 방법 : 결산조정을 원칙으로 하되, 한국채택국제회계기준 적용법인 중 대통령령으로 정하는 법인은 이익처분에 의한 신고조정으로 손금산입도 가능
- 한도 : 당기말 현재의 신용보증사업과 관련된 신용보증잔액 × min(1%, 구상채권발생률)
- 상계 및 환입 : 대손금이 발생하는 경우 대손금을 구상채권상각충당금과 먼저 상계 → 상계 후 잔액은 다음 사업연도에 익금산입

제12절 준비금

1 개 요

준비금을 비용계상한 경우 다음과 같이 처리한다.

구 분	내 용
① 원 칙	손금으로 인정하지 않음(∵ 미확정 채무)
② 예 외	세법에 열거된 것*1에 한해 결산서에 계상하면 손금인정*2

*1 세법에 열거된 것

① 법인세법 : 보험사업을 하는 내국법인(보험회사는 제외한다)의 책임준비금, 보험사업을 영위하는 내국법인의 비상위험준비금, 보험회사의 해약환급금준비금, 비영리법인의 고유목적사업준비금

② 조세특례제한법 : 신용회복목적회사의 손실보전준비금

*2 결산조정 원칙이나, 다음은 이익처분에 의한 신고조정으로 손금산입도 허용

① 「조세특례제한법」상 준비금

② 회계감사를 받는 비영리법인의 고유목적사업준비금

③ 한국채택국제회계기준 적용법인의 비상위험준비금

④ 보험회사의 해약환급금준비금

2 「법인세법」상 준비금

설정대상 법인	준 비 금
보험업 영위법인	• 종류 : 책임준비금(보험회사는 제외한다), 비상위험준비금, 보험회사의 해약환급금준비금 • 손금산입 방법 : 결산조정을 원칙으로 하되, 보험회사의 해약환급금준비금 및 한국채택국제회계기준 적용법인의 비상위험준비금에 대해서는 이익처분에 의한 신고조정으로 손금산입도 가능

<table>
<tr><td>비 영 리 법 인</td><td>

• 종류 : 고유목적사업준비금[고유목적사업이나 일반기부금(이하 '고유목적사업등'이라 한다)에 지출하기 위해 설정하는 준비금]
• 결산조정 원칙. 단, 회계감사를 받는 비영리법인은 이익처분에 의한 신고조정 가능
• 손금 한도
① 원칙
$$\text{한도} = \text{특정소득금액}^{*1} \times 100\% + \left(\text{특정소득금액 외의 수익사업소득금액}^{*2}(\text{Ⓐ}) - \text{이월결손금}^{*3} - \text{특례기부금}\right) \times 50\%^{*4}$$
② 특정소득금액 외의 수익사업소득금액(Ⓐ)에서 결손금이 발생하는 경우
한도 = 특정소득금액 × 100% − Ⓐ에서 발생한 결손금
• 사후관리
① 목적에 맞게 사용시 준비금을 먼저 사용한 것으로 보아 순차로 상계 → 상계 후 잔액(미사용액)은 5년이 되는 날이 속하는 사업연도에 일시 환입하며, 1일 $\frac{22}{100,000}$에 따른 이자를 추징한다.
② 승계 : 사업에 관한 모든 권리와 의무를 다른 비영리내국법인에게 포괄양도하고 해산하는 경우 해산등기일 현재의 고유목적사업준비금잔액은 승계 가능
③ 환입㈜

</td></tr>
</table>

*1 특정소득금액 : 다음 금액을 말한다.

이자소득금액(비영업대금의 이익은 제외) + 배당소득금액* + 법정 융자금에서 발생한 이자금액

* 상속세 과세가액 또는 증여세 과세가액에 산입되거나 증여세가 부과되는 주식 등으로부터 발생한 배당소득금액은 제외한다.

2 수익사업소득금액 : 해당 사업연도의 수익사업에서 발생한 소득금액(고유목적사업준비금과 특례기부금을 손금에 산입하기 전의 소득금액에서 경정으로 증가된 소득금액 중 해당 법인의 특수관계인에게 상여 및 기타소득으로 처분된 금액은 제외한다)을 말한다.

* 수익사업에서 발생하는 소득이란 다음의 소득을 말한다.

① 한국표준산업분류에 의한 각 사업 중 제조업 등 수익이 발생하는 사업소득
② 「소득세법」상 이자소득 및 배당소득
③ 주식 · 신주인수권 또는 출자지분의 양도로 인한 수입
④ 유형자산 · 무형자산의 처분 수입. 단, ㉠처분일 현재 3년 이상 계속하여 고유목적사업에 직접 사용한 경우 해당 자산의 처분으로 인한 수입 또는 ㉡10년 이상 고유목적사업에 직접 사용한 경우(처분일 현재 고유목적에 직접 사용하고 있지 않는 경우를 포함한다) 법령으로 정한 처분수입 (㉠과 ㉡에 모두 해당하는 경우에는 둘 중 큰 수입)은 과세대상에서 제외한다.
⑤ 양도소득세 과세대상인 부동산에 관한 권리 · 특정한 주식 · 기타 자산의 양도로 생기는 수입
⑥ 채권 · 증권(그 이자소득에 대하여 법인세가 비과세되는 것을 제외함)을 매도함에 따른 매매익(채권 등의 매각익에서 채권 등의 매각손을 차감한 금액)

*3 이월결손금 : 15년*이내분 이월결손금(각 사업연도소득의 80%를 이월결손금 공제한도로 적용받는 법인은 공제한도 적용으로 인해 공제받지 못하고 이월된 결손금을 차감한 금액을 말한다)

* 2020. 1. 1. 이후 개시하는 사업연도에 발생한 결손금부터 15년간 이월공제하며, 2020. 1. 1. 전에 개시하는 사업연도에 발생한 결손금은 종전 규정에 따라 10년간 이월공제한다.

〈Tip〉 법인세 계산상 사유별로 적용 가능한 이월결손금의 범위는 'p4-4, 4'으로 일괄 정리할 것

*4 ① 「공익법인의 설립 및 운영에 관한 법률」에 따라 설립된 법인으로서 고유목적사업등에 대한 지출액 중 50% 이상의 금액을 장학금으로 지출하는 법인의 경우에는 80%를 적용하되, 2028. 12. 31. 개정 이전에 끝나는 사업연도까지는 지출액 중 80%이상의 금액을 장학금으로 지출하는 법인의 경우에는 100%를 적용한다.

② 「사립학교법」에 따른 학교법인, 산학협력단, 평생교육시설을 운영하는 비영리법인, 사회복지법인, 학교법인·사회복지법인 등 법령으로 정한 법인이 설립한 의료기술협력단 등 법에 열거된 법인은 2028. 12. 31. 개정 이전에 끝나는 사업연도까지는 100%를 적용한다.

주 환 입

손금에 산입한 고유목적사업준비금의 잔액이 있는 비영리법인이 다음에 해당하게 된 경우 그 잔액('②'의 경우에는 고유목적사업등이 아닌 용도에 사용한 금액을 말한다)은 해당 사유가 발생한 날이 속하는 사업연도의 익금에 산입한다.

구 분	환 입 사 유
① 미 사 용 잔 액	손금에 산입한 사업연도의 종료일 이후 5년이 되는 날까지 고유목적사업등에 사용하지 아니한 경우*(5년 내에 사용하지 않은 잔액으로 한정한다)
② 용도 외 사용액	고유목적사업준비금을 고유목적사업등이 아닌 용도에 사용한 경우
③ 임 의 환 입	손금에 산입한 사업연도의 종료일 이후 5년 이내에 고유목적사업준비금의 잔액 중 일부를 감소시켜 익금에 산입할 수 있다*. 이 경우 먼저 손금에 산입한 사업연도의 잔액부터 차례로 감소시킨 것으로 본다.
④ 기 타	해산하는 경우(위 본문 표 '② 승계' 규정에 따라 고유목적사업준비금을 승계한 경우는 제외한다), 고유목적사업을 전부 폐지한 경우, 법인으로 보는 단체가 「국세기본법」에 따라 승인이 취소되거나 거주자로 변경된 경우

* '①' ~ '③'의 미사용잔액('②'는 용도 외 사용액)의 환입시에는 다음의 이자도 추징한다. → '④'의 경우에는 이자를 추징하지 않음

$$\text{이자상당액} = \text{법인세감소액}^{*1} \times \text{해당기간 일수}^{*2} \times \frac{22}{100{,}000}$$

*1 해당 미사용잔액('②'는 용도 외 사용액)을 당초에 손금에 산입함에 따라 발생한 법인세차액을 말한다.

*2 당초 손금에 산입한 사업연도의 다음 사업연도의 개시일부터 익금에 산입한 사업연도의 종료일까지의 일수를 말한다.

■ 중복적용 배제

비영리내국법인의 수익사업에서 발생한 소득에 대하여 「법인세법」 또는 「조세특례제한법」에 의한 비과세 · 면제, 준비금의 손금산입, 소득공제 또는 세액감면(세액공제를 제외한다)을 적용받는 경우에는 고유목적사업준비금을 손금산입할 수 없다. 다만, 고유목적사업준비금만을 적용받은 것으로 수정신고한 경우를 제외한다.

■ 비영리법인의 과세방법

구 분	과 세 방 법
원칙	수익사업소득에 대한 과세표준과 세액의 계산방법 및 신고 · 납부절차 등은 영리법인의 관련규정을 준용한다.
특례	원천징수된 '이자소득(비영업대금의 이익을 제외함)과 투자신탁의 이익'에 대하여는 분리과세를 선택할 수 있다(그 소득을 지급받을 때 원천징수된 것으로 납세관계를 종결할 수 있는 특례임). 이와 같이 분리과세를 선택한 경우에는 과세표준신고를 아니할 수 있다(법법 62 ①).

제 13 절

부당행위계산의 부인

1 의 의

구 분	내 용
적 용 요 건	다음 두 가지 요건을 모두 충족하는 경우 그 행위 또는 계산을 부인하고 소득금액을 다시 계산한다. ① 특수관계인과의 거래일 것[1] ② 그 거래로 인해 법인의 조세부담을 부당하게 감소시킬 것[2] → 간편 정의 : 나(법인)의 손해를 통한 특수관계인의 부당한 이익 (나) 익금산입 · 손금불산입 → 법인세 과세 —소득처분→ 배당 · 상여 등 → 귀속자에게 소득세 과세
취 지	실질과세원칙에 따라 부당한 조세회피행위 방지(공평과세 실현)
효 과	소득금액만 재계산하며, 거래자체의 사법상 법률효과가 부인되는 것은 아니다.

[1] 특수관계인

① 범위 : 해당 법인과 다음 관계에 있는 자(열거규정)

㉠ 임원의 임면권의 행사, 사업방침의 결정 등 법인의 경영에 대하여 사실상 영향력을 행사하고 있다고 인정되는 자와 그 친족

㉡ 소액주주* 등이 아닌 주주(이하 '비소액주주'라고 한다)와 그 친족

* 여기서 '소액주주'란 발행주식총수의 1%에 미달하는 주식을 소유한 주주를 말한다. 다만, 국가 · 지방자치단체가 아닌 지배주주와 특수관계에 있는 자는 소액주주로 보지 않는다.

㉢ 다음 중 어느 하나에 해당하는 자 및 이들과 생계를 함께하는 친족

- 법인의 임원 · 직원 또는 비소액주주의 직원(비소액주주가 영리법인인 경우에는 그 임원을, 비영리법인인 경우에는 그 이사 및 설립자를 말한다)
- 법인 또는 비소액주주의 금전이나 그 밖의 자산에 의하여 생계를 유지하는 자

㉣ 해당 법인에 30% 이상을 출자하고 있는 법인에 30% 이상을 출자하고 있는 법인이나 개인

㉤ 해당 법인이 「독점규제 및 공정거래에 관한 법률」에 따른 기업집단에 속하는 법인인 경우 그 소속집단에 소속된 다른 계열회사 및 그 계열회사의 임원

㉥ 그 밖에 법령으로 열거된 자

② 판정기준 : 본인도 특수관계인의 특수관계인으로 본다. 즉, 쌍방관계를 기준으로 판단한다(A입장에서 B가 특수관계인이면 B입장에서 A도 특수관계인).

③ 판정의 기준시점

- 원칙 : 행위당시를 기준(~~사업연도종료일 기준~~)으로 판정
- 불공정합병 규정을 적용함에 있어서 특수관계인인 법인간의 합병 여부를 판단할 때 특수관계인인 법인의 판정 : 합병등기일이 속하는 사업연도의 직전 사업연도의 개시일(그 개시일이 서로 다른 법인이 합병한 경우에는 먼저 개시한 날)부터 합병등기일까지의 기간에 의한다.

2 조세의 부담을 부당하게 감소시키는 것으로 인정되는 경우

① 유형(예시규정) → 나의 손해를 통한 특수관계인의 부당한 이익

구 분	부당행위계산의 유형
(1) 고가매입 · 저가양도	① 시가보다 고가로 매입 또는 현물출자 받았거나, 그 자산을 과대상각한 경우 ② 무상 또는 시가보다 저가로 양도 또는 현물출자한 경우. 단, 'p4-83. ㉒'에 해당하는 주식매수선택권등의 행사 또는 지급에 따라 주식을 양도하는 경우는 제외한다.
(2) 저리대여 · 고리차용	① 금전, 그 밖의 자산 또는 용역을 무상 또는 낮은 이율 · 요율 · 임대료로 대부 또는 제공한 경우. 단, 다음 중 어느 하나에 해당하는 경우는 제외한다. ㉠ 'p4-83. ㉒'에 해당하는 주식매수선택권 등의 행사 또는 지급에 따라 금전을 제공하는 경우 ㉡ 비출자임원(소액주주임원을 포함함) 및 직원에게 사택(임차사택 포함)을 제공하는 경우 ㉢ 연결납세방식을 적용받는 연결법인 간에 연결법인세액의 변동이 없는 등 재정경제부령으로 정하는 요건을 충족하여 용역을 제공하는 경우 ㉣ 장애인 표준사업장의 용도로 자산을 무상 또는 시가보다 낮은 임대료로 제공하는 경우 개정 (신설) ② 금전, 그 밖의 자산 또는 용역을 높은 이율 · 요율이나 임차료로 차용하거나 제공을 받은 경우. 단, 연결납세방식을 적용받는 연결법인 간에 연결법인세액의 변동이 없는 등 재정경제부령으로 정하는 요건을 충족하여 용역을 제공받은 경우는 제외한다.
(3) 불 공 정 자본거래	① 불공정합병, 불공정증자, 불공정감자로 인하여 주주 등(소액주주 등을 제외한다. 이하 이 표에서 같다)인 법인이 특수관계인에 해당하는 다른 주주 등에게 이익을 분여한 경우 ② 위 외의 경우로서 법인의 자본거래를 통해 법인의 이익을 분여하였다고 인정되는 경우. 다만, 법령으로 정한 주식매수선택권 등의 행사에 따라 주식을 발행하는 경우를 제외한다.

(4) 기 타	① 특수관계인에 해당하는 법인간 합병(분할합병을 포함함) · 분할에 있어서 불공정한 비율로 합병 · 분할하여 합병 · 분할에 따른 양도손익을 감소시킨 경우. 다만, 「자본시장과 금융투자업에 관한 법률」에 따라 합병(분할합병을 포함함) · 분할하는 경우는 제외한다. ② 무수익자산을 매입 또는 현물출자 받았거나 그 자산에 대한 비용을 부담한 경우[28)] ③ 불량자산을 차환하거나 불량채권을 양수한 경우[29)] ④ 출연금을 대신 부담한 경우 ⑤ 파생상품에 근거한 권리를 행사하지 아니하거나 그 행사기간을 조정하는 등의 방법으로 이익을 분여하는 경우 ⑥ 기타 위에 준하는 행위 또는 계산 및 그 외에 법인이 이익을 분여하였다고 인정되는 것이 있는 경우

② 중요성 판단여부

구 분		중요성 판단 여부	판단기준*1
(1) 고가매입 · 저가양도		○*2	min(3억원, 시가×5%) 이상
(2) 저리대여 · 고리차용(인정이자, 사택 · 상가임대, 상가 건설용역 등의 경우)		○	min(3억원, 시가×5%) 이상
(3) 불공정자본거래	①	○(예외 있음)	30% 이상이거나 3억원 이상
	②	「상속세 및 증여세법」에 따름	
(4) 기타	①~⑤	×	×
	⑥	○*3	min(3억원, 시가×5%) 이상

*1 시가와 거래가액과의 차액이 위의 판단기준 이상일 때만 부당거래로 본다.

*2 예외 : 상장주식을 거래한 경우에는 중요성 판단을 하지 않는다(∵ 시가가 명백).

*3 위 표의 (1)과 (2)에 준하는 계산 또는 행위에 한해서 중요성 판단한다.

28) 무수익자산의 개념과 위 본문 '(4). ②'의 사례
① 무수익자산의 개념 : 수익이 발생하지 않는 자산을 말한다.
② 사례 : 대주주 가족의 여가 선용을 위해 요트 · 골프회원권을 구입하고 그 유지비를 법인이 부담한 경우

29) '불량자산을 차환한다'의 의미 : 특수관계인이 가지고 있는 가치 없는 자산(불량자산)을 법인이 대신 떠안으면서, 그 대가로 법인이 가진 좋은 자산을 넘겨주거나 새로운 채무를 부담하는 행위를 말한다.

2 부당행위계산 해당여부의 판단기준(시가)

<table>
<tr><th>구 분</th><th>시 가</th></tr>
<tr><td rowspan="2">일 반 적 인 경 우 (매매거래 등)</td><td>• 특수관계인이 아닌 제3자 간에 일반적으로 거래된 가격을 시가로 본다.
• 단, 상장주식을 다음 중 어느 하나에 해당하는 방법으로 거래한 경우 해당 주식의 시가는 그 거래일의 거래소 최종시세가액(거래소가 휴장 중에 거래한 경우에는 그 거래일의 직전 최종시세가액)으로 하되, 사실상 경영권의 이전이 수반되는 경우(p4−289. (1). ①~③ 및 ⑥의 어느 하나에 해당하는 법인이 해당 항에 따른 회생계획, 기업개선계획, 경영정상화계획 또는 사업재편계획을 이행하기 위해 주식을 거래하는 경우는 제외)에는 그 가액의 20%를 가산한다.*1
① 증권시장 외에서 거래하는 방법
② 대량매매 등 재정경제부령으로 정하는 방법</td></tr>
<tr><td>• 시가가 불분명한 경우 : 다음을 시가로 본다.
① 주식·출자지분 및 가상자산
「상속세 및 증여세법」상 평가액 ⋯→ 주식 및 가상자산은 감정가액을 인정 ×
② 위 외의 자산
〈1순위〉 감정평가업자의 감정가액(2 이상 있으면 평균액) ⋯→ 감정평가법인은 물론 감정평가사의 감정가액도 인정함
〈2순위〉 「상속세 및 증여세법」상 보충적 평가액(토지는 개별공시지가, 건물은 국세청장 고시가액, 주택은 개별주택가격 및 공동주택가격)</td></tr>
<tr><td>금전의 대여·차용의 경우</td><td>가중평균차입이자율 적용을 원칙으로 하되, 당좌대출이자율을 적용하는 예외도 있다. ('p4−281. (3)'에서 설명)</td></tr>
<tr><td>특 례</td><td>금전 외의 자산·용역 제공시 위의 시가를 적용할 수 없는 경우 다음의 금액을 시가로 함
① 유형·무형의 자산을 제공하거나 제공받은 경우*2 ⋯→ 예 사택·상가 등 임대
$\left(\text{해당 자산의 시가} \times 50\% - \text{그 자산의 제공으로 받은 전세금·보증금}\right) \times \text{정기예금 이자율} \times \frac{\text{제공일수}}{365(366)}$
② 건설 기타 용역을 제공하거나 제공받는 경우*3 ⋯→ 예 상가 등 건설용역 제공
$\text{용역제공에 소요된 원가(직접비·간접비 포함)} \times \left(1+\frac{\text{매출액}-\text{원가}}{\text{원가}}\right)$*4</td></tr>
</table>

*1 • 상장주식 평가방법 요약 : 불특정다수인 간 장내거래시 해당 거래가격을 시가로 인정하고, 장외거래 · 대량매매 등의 경우 거래일 최종시세가액을 시가로 함. 경영권 이전을 수반하는 경우에는 20% 할증 적용

• [세부사항] 20% 할증 적용 대상에서 제외하는 주식 : 중소기업 또는 직전 3개 사업연도 평균매출액 5천억원 미만인 중견기업이 발행하는 주식, 직전 3년 동안 계속하여 결손이 발생한 법인의 주식 등 「상속세 및 증여세법 시행령」 제53조제8항 각 호의 어느 하나에 해당하는 주식

*2 **사례** 사택의 저가임대 ···▸ 사택 관련 불이익은 출자임원(소액주주는 제외)에만 적용

〈1〉 회사 수익	〈2〉 세법 익금(시가)	〈3〉 차이	중요성
1,200,000	(1억×50%−10,000,000) × 10% × $\frac{184}{365}$ = 2,016,438	816,438	○*

* Q '816,438 ≧ min(3억원, 2,016,438×5%)인가?' $\xrightarrow{\text{Yes}}$ 816,438 익금산입(상여)

*3 **사례** 상가를 1억원에 건설해 개인대주주에게 1억원에 판매(원가율 80%)

〈1〉 회사 수익	〈2〉 세법 익금(시가)	〈3〉 차이	중요성
100,000,000	100,000,000 × $\left(1+\frac{20}{80}\right)$ = 125,000,000	25,000,000	○*

* Q '25,000,000 ≧ min(3억원, 125,000,000×5%)인가?' $\xrightarrow{\text{Yes}}$ 25,000,000 익금산입(배당)

*4 수익률$\left(=\frac{\text{매출액}-\text{원가}}{\text{원가}}\right)$: 당기 중 특수관계인 외의 자에게 제공한 유사한 용역제공거래 또는 특수관계인이 아닌 제3자간의 일반적인 용역제공거래를 할 때의 수익률을 말함(기업회계기준에 따라 계산한 매출액, 원가를 기준으로 계산)

사례 수익률 계산문제에서 매출액과 매출원가 자료가 '특수관계인과의 거래', '특수관계인 외의 자와의 거래', '두 거래의 합계'로 제시된 경우 '특수관계인 외의 자와의 거래'를 기준으로 수익률을 계산해야 한다.

3 부당행위계산부인 관련 주요 세무조정

1. 매입거래

(1) 고가매입의 경우

1) 세법상 처리

거래상대방	세법상 처리
특수관계인인 경우	Q '매입가액 − 시가' ≧ 'min(3억원, 시가 × 5%)'인가? • 이상이면 부당행위계산의 부인 대상 • 이상 아니면 정상적인 거래로 인정한다.
특수관계인이 아닌 경우	'매입가액 − 정상가액'을 기부금으로 본다.

2) 세무조정(일부 미지급이 있는 경우 포함)

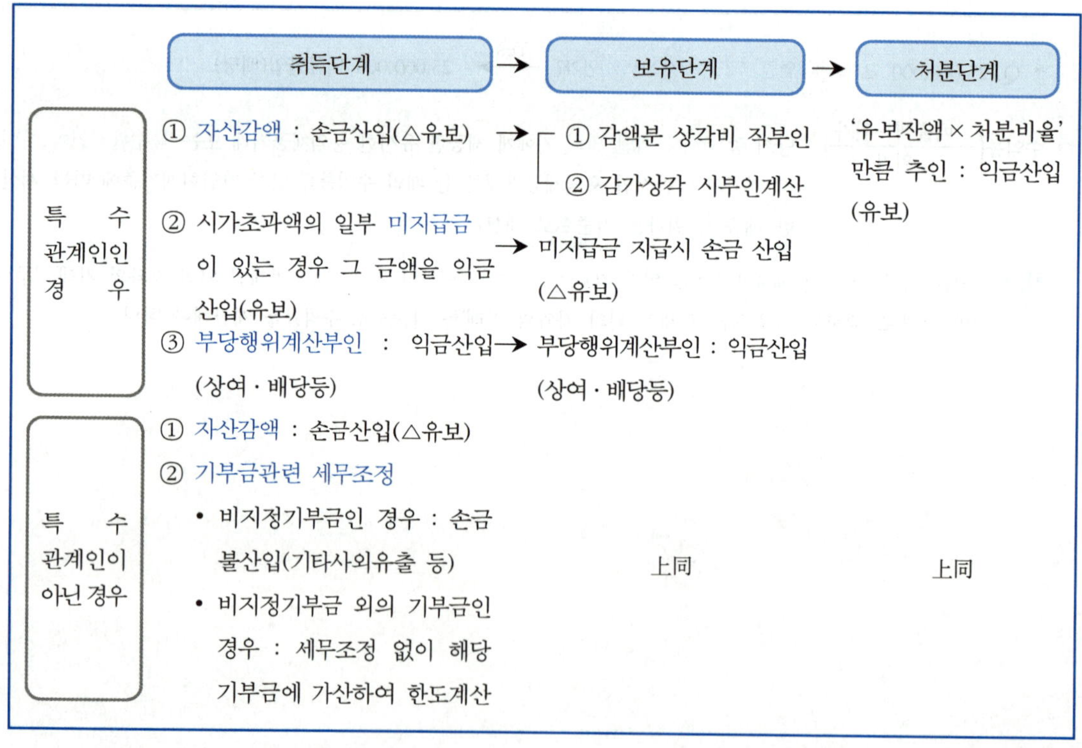

사 례

11기에 대표이사로부터 시가 1억원인 건물을 2억원에 매입하고 160,000,000원은 11기에 지급하고 40,000,000원은 12기에 지급하기로 한 경우 11기 취득단계의 세무조정

구분	차변	대변
회 사	(차) 건 물 200,000,000	(대) 현 금 160,000,000 (대) 미 지 급 금 40,000,000
세 법	(차) 건 물 100,000,000* 사 외 유 출 60,000,000* (부당행위부인)	(대) 현 금 160,000,000
수 정	(차) 미 지 급 금 40,000,000 익금산입(유 보) 사 외 유 출 60,000,000 익금산입(상 여)	(대) 건 물 100,000,000 손금산입(△유보)
세무조정	① 〈 손 금 산 입 〉건 물 100,000,000(△유보) 〈 익 금 산 입 〉미 지 급 금 40,000,000(유 보) 〈 익 금 산 입 〉부당행위계산부인 60,000,000(상 여)	

* ① 매입가액의 일부를 지급한 경우에는 자산 취득가액(시가)부분을 먼저 지급한 것으로 본다.
② 고가매입으로 인한 부당행위계산부인의 귀속시점은 현금지급시점이다. 따라서 당기에 미지급된 금액 40,000,000에 대한 부당행위계산부인의 귀속은 현금을 지급하는 12기에 된다.

(2) 저가매입의 경우

① 원칙 : 그대로 인정하므로 별도의 세무조정 불필요
② 유가증권을 특수관계 있는 개인으로부터 시가보다 저가로 매입한 경우 : 시가와 매입가액의 차액을 익금산입(유보)('p4-55. 3.6' 내용)

2. 양도거래

〈1단계〉 양도자산에 대한 유보잔액이 있는가? : 유보잔액×양도비율만큼 추인 → 〈2단계〉 저가 또는 고가양도인가?

* 추가 고려사항

① 감가상각자산을 일부 양도한 경우 남은 부분에 대한 상각시부인 계산 ② 수입배당금 이중과세조정시 주식적수 계산시 양도일자 고려

주 저가양도 또는 고가양도인 경우

(1) 저가양도의 경우

거래상대방	기본 처리방법	세 무 조 정
특수관계인인 경 우	Q '시가 − 처분가액' ≧ 'min (3억원, 시가 × 5%)'인가? • 이상이면 부당행위계산의 부인 대상 • 이상 아니면 정상거래	익금산입(귀속자에 따라 상여 · 배당 등)
특수관계인이 아 닌 경 우	'정상가액 − 처분가액'을 기부금으로 본다.	• 비지정기부금 : 손금불산입(기타사외유출) • 특례기부금 · 우리사주조합기부금 · 일반기부금 : 조정 없이 해당 기부금에 가산하여 한도계산

(2) 고가양도의 경우

그대로 인정하므로 세무조정은 불필요. 단, 매수자의 입장에서 고가매입으로 인한 부당행위계산부인의 적용을 받는 시가초과액 상당액을 매도자가 미수금으로 계상한 경우 그 금액을 대손충당금 설정채권에서 제외한다('p4−255. *1' 내용).

3. 임직원에게 사택을 임대한 경우

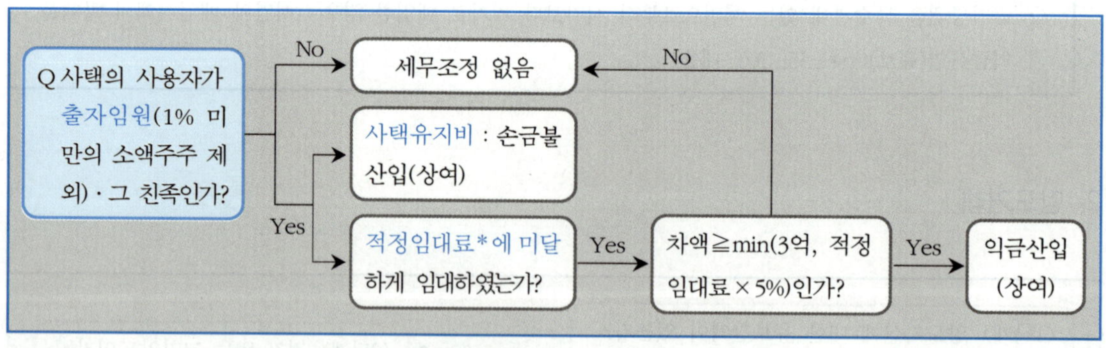

* 적정임대료(시가) : (시가 × 50% − 보증금) × 정기예금이자율 × $\frac{\text{제공일수}}{365(366)}$

4. 인정이자

(1) 세무조정 구조

〈1〉 회사수익	〈2〉 세법 익금(시가)	차이	중요성
×××	가지급금적수 × 이자율 × $\frac{1}{365}$*1 = ×××(Ⓐ)	×××(Ⓑ)	○*2

*1 윤년은 $\frac{1}{366}$

*2 Q. 'Ⓑ ≥ min(3억원, Ⓐ×5%)인가?' —Yes→ Ⓑ를 익금산입(상여 등)

(2) 가지급금의 범위

'p4−203. 3'의 업무무관자산에 대한 지급이자 손금불산입 대상이 되는 업무무관가지급금의 범위와 동일(동일인에 대한 가지급금과 가수금이 있으면 상계. 단, 각각의 약정이 있으면 상계불가)

㈜ 특수관계인에 대한 업무무관가지급금에 관한 세법상 제재 ⟶ 아래 '①~③'은 적정이자 수령여부와 무관하게 적용하며, '④'는 적정이자를 수령하면 차이가 발생하지 않으므로 적용하지 않는다.

> ① 업무무관자산에 대한 지급이자 손금불산입 : 지급이자 × $\frac{\text{업무무관가지급금적수}}{\text{차입금적수}}$
>
> ② 대손사유를 충족해도 대손금으로 인정하지 않으며, 대손충당금 설정도 불가
>
> ③ 처분손실을 손금으로 인정하지 않는다.
>
> ④ 인정이자 계산

(3) 적용 이자율

1) 원칙 : 다음과 같이 계산한 가중평균차입이자율을 적용한다.

> • 가중평균차입이자율 = 자금대여시점별 $\frac{\Sigma(\text{차입금잔액} \times \text{차입당시 이자율}^{*2})}{\Sigma\ \text{차입금잔액}^{*1}}$

*1 차입금에서 제외하는 것

① 특수관계인으로부터의 차입금

② 채권자불분명사채, 매입자가 불분명한 채권·증권(비실명 채권·증권) ⟶ 주의 : 건설차입금은 포함(∵ 채권자가 분명)

③ [행정해석] 장기할부조건 등으로 취득하여 발생한 채무 및 연지급수입의 경우는 차입금잔액에 포함하지 않는다[30](서면 2팀−1811, 2007.10.9).

[정리]

구 분	가중평균차입이자율 계산시	업무무관자산에 대한 지급이자 계산시
특수관계인 차입금	제외	포함
건설 차입금	포함	제외
기업구매자금 차입금*		

* 기업구매자금 차입금 관련 처리방법은 'p4-204. 각주'를 참고할 것

*2 [세부사항] 변동금리로 차입한 경우에는 차입당시의 이자율로 차입금을 상환하고 변동된 이자율로 다시 차입한 것으로 본다.

사례 7월 1일 차입시 이자율은 5%, 9월 1일 변동된 이자율은 7%이고, 8월 1일과 10월 1일이 자금 대여일인 경우 자금 대여 시점별 적용 이자율은?

① 8월 1일 대여분은 대여시점인 8월 1일 현재 적용되는 5%

② 10월 1일 대여분은 대여시점인 10월 1일 현재 적용되는 7%

사례 가중평균차입이자율

3. 1. 건설차입금 1억(10%), 5. 1. 특수관계인 차입금 3억(7%), 6. 1. 일반차입금 4억(5%), 8. 1. 일반차입금 5억(1%) 있는 경우, 7. 1. 대여한 가지급금에 대한 가중평균차입이자율은?

(1억×10%) + ~~(3억×7%)~~ + (4억×5%) + ~~(5억×1%)~~

(3. 1.) 1억 + ~~(5. 1.) 3억~~ + (6. 1.) 4억 + ~~(8. 1.) 5억~~

건설차입금은 포함 / 특수관계인 차입금은 제외 / 대여시점이 7. 1.

2) 예외 : 다음의 경우에는 당좌대출이자율 적용한다.

구 분	비 고
① 당좌대출이자율을 시가로 선택한 경우	당좌대출이자율을 시가로 선택한 사업연도와 이후 2개 사업연도는 당좌대출이자율을 시가로 한다.
② 가중평균차입이자율의 적용이 불가능한 경우*1	해당 대여금 또는 차입금에 한정하여 당좌대출이자율 적용

30) 위 '*1. ③'을 제외하는 이유

장기할부조건 등으로 취득하여 발생한 채무 및 연지급수입의 경우 차입금은 금전을 빌려 줄 수 있는 성격의 차입금이 아닌 자산을 매입하거나 수입과정에서 발생하는 상거래 채무이기 때문에 가중평균차입이자율이 왜곡되는 것을 방지하기 위해서다.

③ 대여기간이 5년을 초과하는 대여금이 있는 경우*2	해당 대여금 또는 차입금에 한정하여 당좌대출이자율을 시가로 한다.

*1 다음의 경우를 말한다.

① 특수관계인이 아닌 자로부터 차입한 금액이 없는 경우

② 차입금 전액이 채권자가 불분명한 사채 또는 매입자가 불분명한 채권 · 증권의 발행으로 조달된 경우

③ 대여한 법인의 가중평균차입이자율 또는 대여금리가 해당 대여시점 현재 자금을 차입한 법인의 가중평균차입이자율보다 높아 가중평균차입이자율이 없는 것으로 보는 경우[31)]

*2 대여한 날(계약을 갱신한 경우에는 그 갱신일)부터 당기 종료일(당기 중 상환한 경우에는 상환일)까지의 기간이 5년을 초과하는 대여금이 있는 경우를 말한다.

(4) [2차 시험용] 사전약정유무에 따른 미수이자계상액과 인정이자

상환기간 · 이자율 등 약정	미수이자계상액은 100이라고 가정 [(차) 미수이자 100 (대) 이자수익 100]	인정이자는 120이라고 가정
없는 경우	100 익금불산입(△유보) (∵ 약정없으므로 미수이자는 가공자산)	120 익금산입(상여 등)
있는 경우 (차기 수령 약정)	100 익금불산입(△유보) (∵ 귀속시기 미도래 → 원천징수대상 ○ → 미수이자 계상은 인정 ×)	120 − 100 = 20익금산입(상여 등) (∵ 100은 차기에 귀속시기 도래해 과세됨)

---

31) 위 '*1. ③'의 경우 가중평균차입이자율이 없는 경우로 보는 이유

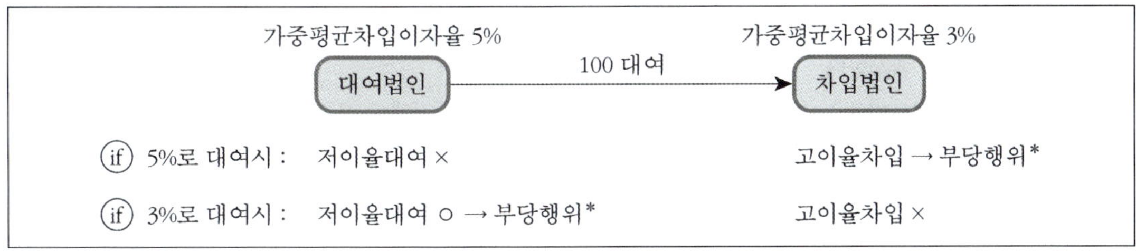

* 대여시 대여법인 이자율과 차입법인 이자율 중 어느 것을 적용하더라도 어느 한쪽이 부당행위계산의 부인규정을 적용되는 불합리가 발생한다. 따라서 대여법인의 가중평균차입이자율이 차입법인의 가중평균차입이자율보다 높은 경우에는 가중평균차입이자율이 없는 것으로 보아 당좌대출이자율을 적용한다.

(5) [2차 시험용] 회수하지 않은 가지급금 등

특수관계인에 대한 업무무관가지급금 및 그 이자로서 다음 중 하나에 해당하는 금액은 익금에 산입한다. 단, 채권·채무에 대한 쟁송으로 회수가 불가능한 경우 등 정당한 사유가 있는 경우는 제외한다.

구 분	귀속시기
① 특수관계가 소멸되는 날까지 회수하지 않은 가지급금 및 그 이자(아래 '②'에 따라 익금에 산입한 이자는 제외)	특수관계가 소멸한 날
② 특수관계가 소멸되지 않은 경우로서 가지급금의 이자를 이자발생일이 속하는 사업연도 종료일부터 1년이 되는 날까지 회수하지 아니한 경우 그 이자	발생일이 속하는 사업연도 종료일부터 1년이 되는 날

4 불공정자본거래

1. 세무조정구조

불공정한 합병·증자·감자 등으로 인하여 일정한 이익이 손실을 본 주주로부터 이익을 본 주주에게 무상 이전되는 경제적 효과가 발생하는 경우 다음과 같이 처리한다.

이익을 분여한 주주 →	이익을 분여받은 주주
① 개인·비영리법인 : 과세문제 없음	③ 개인·비영리법인 : 증여세 과세
② 영리법인 : 익금산입(기타사외유출)*1	④ 영리법인 : 익금산입(유보)*2

*1 ① 익금산입하는 이유 : 나의 손해를 통한 특수관계인의 이익이므로 부당행위계산의 부인에 해당한다.

② 기타사외유출로 처분하는 이유 : 분여받는 자가 개인·비영리법인이면 증여세가 과세되므로 이중과세방지를 위해, 분여받은 자가 영리법인이면 법인에게 귀속되므로 기타사외유출로 처분한다. 단, 분여받은 자가 개인·비영리법인인 경우로써 증여세 과세가 되지 않은 경우에는 귀속자에 따라 배당·상여·기타소득·기타사외유출로 처분한다.

*2 ① 익금산입하는 이유 : 영리법인이 증여받은 이익에 대하여는 증여세를 부과하지 않는 것이 원칙이므로 익금산입하여 법인세를 과세한다.

② 유보로 처분하는 이유 : 주식과 관련된 이익이므로 주식의 취득가액에 포함하기 위함

2. 불공정자본거래 적용요건

<table>
<tr><th colspan="3">구 분</th><th>당사자가 법인인 경우*3</th><th>분여받은 자가 개인인 경우*4</th></tr>
<tr><td colspan="3">합병*1</td><td rowspan="6">특수관계인과의 거래만 익금산입*7</td><td>특수관계인 불문(대주주*5만 과세)</td></tr>
<tr><td rowspan="4">증자</td><td rowspan="2">저가 발행</td><td>재배정 ○*2</td><td>특수관계인 불문</td></tr>
<tr><td>재배정×</td><td rowspan="3">특수관계인으로부터 받은 이익만 과세</td></tr>
<tr><td rowspan="2">고가 발행</td><td>재배정 ○*2</td></tr>
<tr><td>재배정×</td></tr>
<tr><td colspan="3">감자</td><td>특수관계인으로부터 받은 이익만 과세
(대주주*5 관련 이익만 과세)*6</td></tr>
</table>

*1 불공정합병에 관한 위 규정을 적용받으려면 합병법인과 피합병법인이 특수관계인이어야 한다.

2 저가발행 · 고가발행시 재배정한 경우에는 중요성 요건(또는 현저한 이익 요건) 충족여부와 무관하게 적용하며, 나머지 경우는 중요성 요건을 충족한 경우에만 적용

* 중요성 요건 : 시가와의 차이가 30% 이상이거나 손익이 3억원 이상인 경우에만 불공정자본거래로 보는 요건을 말하며, 세부적인 계산방법은 「상속세 및 증여세법 시행령」에 따른다.

*3 의미 : 분여한 주주가 법인인 경우 또는 분여받은 주주가 법인인 경우를 말한다.

*4 분여한 주주가 개인인 경우에는 과세되지 않으므로 고려 불필요

*5 대주주 : 1% 이상 소유하거나 보유주식 액면가액이 3억원 이상인 주주를 말한다.

*6 • 저가 감자 : 주식을 시가보다 낮은 대가로 소각한 경우에는 주식을 소각한 주주의 특수관계인에 해당하는 대주주가 얻은 이익에 과세한다.

• 고가 감자 : 주식을 시가보다 높은 대가로 소각한 경우에는 대주주의 특수관계인에 해당하는 주식을 소각한 주주가 얻은 이익에 대하여 과세한다.

• [세부사항] 고가감자의 경우 준용규정인 「상속세 및 증여세법 시행령」 제29조의2 제1항 제2호에 따르면 주식등의 1주당 평가액이 액면가액에 미달하는 경우에만 과세하므로 고가감자 계산문제가 출제되면 다음과 같이 접근한다.

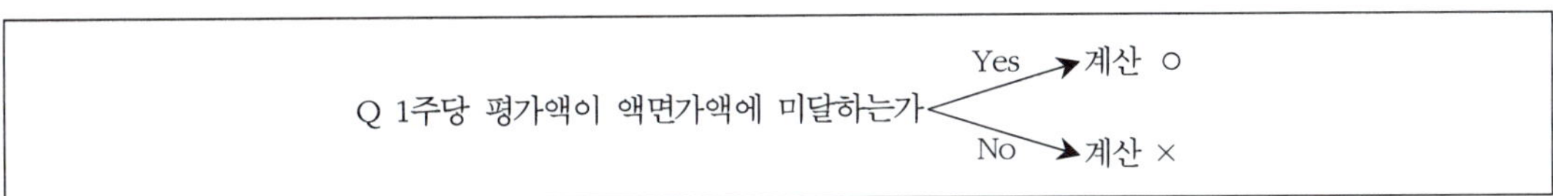

*7 소액주주인 법인이 특수관계인인 다른 주주에게 이익을 분여한 경우를 제외한다.

3. 중요성요건 판단기준이 되는 시가

구 분			판 단 기 준
합 병			합병 후 실제 시가
증 자	저가발행	재배정 ○	판단하지 않음
		재배정 ×	균등증자를 가정한 증자 후 시가
	고가발행	재배정 ○	판단하지 않음
		재배정 ×	증자 후 실제시가
감 자			감자 전 시가

정 리 불공정자본거래의 세무조정 방법

〈1단계〉 합병 · 증자 · 감자 후 1주당 실제 주가 계산

〈2단계〉 중요성판단

〈3단계〉 화살표 방향 결정. 즉, 주식수 변동 없는 주주를 기준으로 이익이 발생하였는지, 손해가 발생하였는지를 판단하여 '손해를 본 주주 → 이익을 본 주주'로 화살표 방향 결정

〈4단계〉 분여이익의 계산 ⋯→ 주식수 변동이 없는 주주를 기준으로 계산

> 주식수 변동 없는 주주의 손익 × 주식수 변동 있는 주주에 대한 분여비율
>
> = 보유주식수 × (합병 · 증자 · 감자 후 1주당 평가액 − 합병 · 증자 · 감자 전 1주당 평가액) × 분여비율*

〈5단계〉 분여이익을 특수관계 유무를 따져 각 주주별로 위 '1'과 같이 세무조정 이행

* 분여비율은 다음과 같이 계산한다. ⋯→ 주식수 변동이 있는 주주에 대한 분여비율

구 분		분 여 비 율
불공정합병		주식수 변동이 있는 주주의 합병 전 지분율
불공정증자	재배정한 경우	$\frac{\text{주식수 변동이 있는 주주가 재배정 받은 주식수}}{\text{총실권주수}}$
	재배정하지 않은 경우	$\frac{\text{주식수 변동이 있는 주주가 인수한 주식수}}{\text{총증자주식수}}$
불공정감자		$\frac{\text{주식수 변동이 있는 주주가 감자한 주식수}}{\text{총감자주식수}}$

4. [2차 시험용] 불공정합병으로 특수관계인으로부터 분여받은 이익과 의제배당

구 분	의제배당액 : 합병대가 – 구주식의 취득가액
비적격합병의 경우	(합병교부주식의 시가*1+합병교부금) – 구주식의 취득가액
적격합병의 경우	① 합병대가를 주식으로만 받는 경우 구주식의 장부가액 – 구주식의 취득가액 = 0
	② 합병대가로 합병교부금을 일부 받는 경우 (합병교부주식가액*2+합병교부금) – 구주식의 취득가액

1 합병교부주식의 시가 = 본래의 시가 – 불공정합병으로 특수관계인으로부터 분여받은 이익

* ① 차감하는 이유 : 분여받은 이익으로 과세된 소득이 다시 의제배당으로 이중과세되는 것 방지
  ② 세무조정 순서

〈1〉분여받은 이익 계산 → 〈2〉의제배당 계산

2 위 '②'의 경우 합병교부주식가액 : min(시가, 구주식의 장부가액)

* 적격합병의 경우에는 분여이익이 합병대가에 반영되어 있지 않으므로 시가 계산시 위 '*1' 규정을 적용하지 않는다.

제 14 절 과세표준의 계산

1 계산구조

구 조	비 고
각사업연도소득금액 Ⓐ (−) 이 월 결 손 금 Ⓑ (−) 비 과 세 소 득 Ⓒ (−) 소 득 공 제 Ⓓ	
과 세 표 준	Ⓐ에서 Ⓑ, Ⓒ, Ⓓ를 순차로 공제하여야 한다.

2 이월결손금

1. 결손금의 처리방법

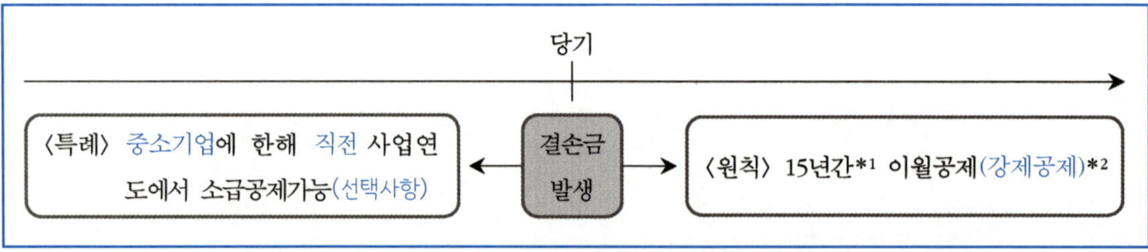

*1 2020. 1. 1. 이후 개시하는 사업연도에 발생한 결손금부터 15년간 이월공제하며, 2020. 1. 1. 전에 개시하는 사업연도에 발생한 결손금은 종전 규정에 따라 10년간 이월공제한다.

*2 의미 : 당기에 공제가능한 이월결손금이 있는 경우 당기 과세표준 계산시 공제하여야 하며, 당기에 공제하지 않고 차기 이후에 공제할 수 없다.

2. 결손금의 이월공제

구 분	내 용
당기에 공제가능한 이월결손금	• '각 사업연도 개시일 전 15년(2020. 1. 1. 전에 개시하는 사업연도에 발생한 결손금은 종전 규정에 따라 10년) 이내에 개시한 사업연도에 발생한 결손금'이면서 '신고하거나 결정·경정되거나 수정신고한 과세표준에 포함된 결손금'으로서 다음 사유로 소멸된 것을 제외한 금액*1 ① 결손금소급공제제도에 따라 소급공제받은 결손금 ② 당기 전에 과세표준계산시 이월결손금으로 이미 공제된 금액 ③ 자산수증이익 및 채무면제이익으로 충당된 이월결손금 ④ 'p4-64. *1'의 요건충족에 따라 익금불산입한 출자전환채무면제익으로 그 후 이월하여 충당된 이월결손금 ⟶ 연계정리 : p4—65. *2 • 먼저 발생한 결손금부터 순차로 공제
법인별 공제금액	(1) 중소기업과 다음의 법인 : 공제가능한 결손금 전액 ① 「채무자 회생 및 파산에 관한 법률」에 따라 법원이 인가결정한 회생계획을 이행중인 법인 ② 「기업구조조정 촉진법」에 따라 기업개선계획의 이행을 위한 약정을 체결하고 기업개선계획을 이행중인 법인 ③ 해당 법인의 채권을 보유하고 있는 금융회사등이나 한국해양진흥공사와 경영정상화계획의 이행을 위한 협약을 체결하고 경영정상화계획을 이행중인 법인 ④ 유동화자산을 기초로 「자본시장과 금융투자업에 관한 법률」에 따른 증권을 발행하거나 자금을 차입할 목적으로 설립된 법인으로서 2015. 12. 31.까지 유동화자산의 취득을 완료하였을 것 등 법령으로 정한 요건을 충족한 법인 ⑤ 유동화전문회사 등 'p4—293' 표 안 '①'의 어느 하나에 해당하는 법인이나 프로젝트금융투자회사 ⑥ 「기업 활력 제고를 위한 특별법」에 따른 사업재편계획 승인을 받은 법인 ⑦ 수익사업에서 발생한 소득을 전액 고유목적사업준비금으로 손금에 산입할 수 있는 비영리법인 중 학교법인·산학협력단, 사회복지법인, 국립대학병원 등 법령으로 정한 비영리법인
	(2) 위 외의 내국법인 : 각사업연도소득금액의 80%의 범위에서 공제 ⟶ ∴ min[당기에 공제가능한 이월결손금, 각사업연도소득금액×80%]을 공제 (3) 과세표준 신고의무가 있는 외국법인 : 각사업연도소득금액의 80% 범위에서 공제
추계시*2	• 추계하는 사업연도에는 이월결손금 공제 불가 • 단, 천재·지변 등으로 장부·증빙 멸실되어 불가피하게 추계시에는 공제 허용

*1 **사례** 중소기업을 가정하고 8기에 발생한 결손금 600의 10기 공제액

구분	각.사.소*	결손금의 처리	과세표준
10기(당기)	800	⊖120(익금불산입) ⊖ 180(이.결) =	500
9기	100	⊖100	
8기	△600	위① → 7기, 위② → 9기, 위③ → 10기	
7기	200	⊖200	

* 위 표 안 '③'의 자산수증이익 및 채무면제이익으로 충당된 이월결손금을 익금불산입하기 전 각사업연도소득금액이라고 가정한다.

*2 추계시 불이익

불 이 익	천재 · 지변 · 불가항력 사유로 추계시
① 이월결손금 공제 규정, 외국자회사 수입배당금의 익금불산입 규정, 외국납부세액공제 규정은 적용 불가능	적용 가능
② 추계과세표준 − 법인세 차감전 순이익 = 익금산입(대표자 상여로 처분)	기타사외유출로 처분
③ 감가상각의 의제 : 추계결정 · 경정하는 경우에는 감가상각자산에 대한 감가상각비를 손금에 산입한 것으로 본다.	

〈Tip〉 법인세 계산상 사유별로 적용 가능한 이월결손금의 범위는 'p4−4. 4'로 일괄 정리할 것

3. 결손금의 소급공제

<table>
<tr><th>구 분</th><th>내 용</th></tr>
<tr><td>적 용 요 건</td><td>다음 요건 충족시 직전 사업연도에서 소급공제할 수 있다.
① 법인요건 : 중소기업에 해당하는 내국법인일 것
→ 중소기업이 될 수 없는 소비성서비스업·부동산임대업·'p4—216. 6' 법인은 소급공제 불가능(다른 업종은 요건 충족하면 중소기업이 될 수 있음).
② 법인세 신고기한 내에 신청서를 제출할 것 → 허가 불필요
③ 법인세 신고기한 내에 당기와 전기의 법인세를 각각 신고할 것</td></tr>
<tr><td>환급세액의 계산</td><td>• 환급세액 : min(①, ②)
① 전기 산출세액*1 − (전기 과세표준−소급공제결손금) × 전기 세율
② 한도 : 전기 산출세액 − 전기 감면·공제세액 → 한도의 취지 : 전기에 실제로 부담한 세액을 한도로 환급</td></tr>
<tr><td>환급세액의 추징 및 추가환급</td><td>(1) 사유별 추징 및 추가 환급여부

| 사 유 | 내 용 |
• 당기 법인세에 대한 경정으로 당기 결손금이 감소된 경우
• 전기 법인세에 대한 경정으로 환급세액이 감소된 경우*2
• 중소기업이 아닌 법인이 환급받은 경우
→ 과다한 환급세액과 이자를 추징

(2) 환급취소세액과 추징 이자
① $\text{환급취소세액} = \text{결손금소급공제로 인한 당초 환급세액} \times \dfrac{(\text{경정으로 감소된 결손금액} - \text{소급공제받지 않은 결손금})^{*3}}{\text{소급공제결손금액}}$
② 이자상당액 = 환급취소세액 × 추징기간 일수*4 × 이자율*5</td></tr>
</table>

*1 토지 등 양도소득에 대한 법인세를 제외한 세액을 말한다. 법령에 규정은 없지만 시행규칙[별지 68호 서식]의 작성요령에 따르면 위의 산출세액을 과세표준에 세율을 곱한 세액으로 하고 있으므로 미환류소득에 대한 법인세(투자·배당 및 상생협력 촉진을 위한 과세특례를 적용하여 계산한 법인세)도 제외한 세액, 즉 각사업연도소득에 대한 산출세액을 말한다고 보면 된다.

*2 • 납세지관할세무서장은 당초 환급세액을 결정한 후 그 환급세액의 기초가 된 전기 과세표준 또는 법인세액이 달라진 경우에는 즉시 당초 환급세액을 경정하여 추가로 환급하거나 과다하게 환급한 세액을 징수해야 한다.

• 「법인세법 집행기준」에 따르면 결손금 소급공제에 의한 환급을 받은 법인이 경정으로 인하여 '직전 사업연도의 법인세 과세표준금액이 증가한 경우' 또는 '결손금이 발생한 사업연도의 결손금이 증가된 경우'에는 경정청구절차에 따라 추가로 환급 신청을 할 수 있다. 다만, 당초부터 환급 신청서를 제출하지 아니한 경우는 제외한다(집행기준 72−110−4).

*3 분자 금액은 다음과 같이 계산해도 된다. : 소급공제결손금액 − 경정된 결손금

*4 환급세액의 통지일의 다음 날부터 환급취소에 의하여 징수하는 법인세액의 고지일까지의 일수

*5 1일 $\frac{22}{100,000}$를 말한다. 단, 납세자가 법인세액을 과다하게 환급받은 데 정당한 사유가 있는 때에는 국세환급가산금 지급시 적용하는 이자율(시중은행의 정기예금 평균 수신금리를 고려하여 재정경제부령으로 정하는 기본이자율을 말한다)을 적용한다.

사 례

전기의 과세표준은 250,000,000, 전기의 산출세액은 27,500,000, 전기의 감면·공제세액은 7,500,000이고, 당기 발생 결손금 28,000,000 중 20,000,000을 소급공제 신청한 경우. 전기 세율은 과세표준 2억원 이하분은 9%, 2억원 초과 200억원 이하분은 19%이었다.

① 환급세액 : min(㉠, ㉡) = 3,800,000

㉠ 27,500,000 − (250,000,000−20,000,000) × 전기세율
= 27,500,000 − [200,000,000×9%+(230,000,000−200,000,000)×19%] = 3,800,000

㉡ 한도 : 27,500,000 − 7,500,000 = 20,000,000

② 추후 경정으로 당기 결손금이 28,000,000이 아닌 14,000,000으로 감소한 경우

- 추징세액 : 3,800,000(당초 환급세액) × $\frac{6,000,000^{*}}{20,000,000}$ = 1,140,000

* ① 결손금 감소액 14,000,000 중 소급공제 받지 않은 금액이 먼저 감소된 것으로 본다.
→ 취지 : 추징세액을 줄여 납세자의 부담감소

구분		
당초 결손금 :	소급공제× : 8,000,000	소급공제 ○ : 20,000,000
감소액의 구성 :	⟨1⟩소급공제× : 8,000,000	⟨2⟩소급공제 ○ : 6,000,000

② [별해] 분자의 6,000,000은 다음과 같이 계산해도 된다.

소급공제한 결손금 − 경정된 결손금 = 20,000,000 − 14,000,000 = 6,000,000

사 례

(1) 자료

중소기업인 A법인의 제26기 각사업연도소득금액은 6억원이며, 제25기에 결손금 3억원이 발생하였다. 제24기의 과세표준은 5억원, 산출세액은 90,000,000원(토지 등 양도소득에 대한 법인세 15,000,000원 포함), 공제·감면세액은 30,000,000원이다. 회사가 제25기에 발생한 결손금을 제24기에서 공제가능한도까지 소급공제하였을 경우 제26기의 과세표준을 계산하시오. 제24기와 제25기의 세율은 과세표준 2억원 이하분은 9%, 2억원 초과 20억원 이하분은 19%이었다.

(2) 제26기의 과세표준

각사업연도소득금액 :		600,000,000
이 월 결 손 금 :	300,000,000 − 236,842,105* =	△63,157,895
		536,842,105

* 제25기 발생 결손금 중 제24기에 최대한 소급공제한 결손금(x) : 다음과 같이 환급세액과 한도액이 같아지는 x를 계산한다.

~~전기 산출세액~~ − (전기 과세표준−x) × 전기 세율 = ~~전기 산출세액~~ − 전기 공제·감면세액
한도

$$(500,000,000 - x) \times \text{전기 세율} = 30,000,000$$

$$500,000,000 - x = \frac{18,000,000}{9\%} + \frac{12,000,000}{19\%}$$

$$x = 236,842,105$$

3 비과세 소득

- 종류 : 공익신탁재산에서 생긴 소득, 「조세특례제한법」상 비과세소득
- 성격 : 익금불산입항목과는 성격 다르다. → 일단 익금항목으로 각사업연도소득금액에 포함한 후 과세표준 계산시 비과세로 차감한다.
- 이월공제 ×
- 비과세소득이 있는 경우 신청과 무관하게 비과세를 적용한다.

4 소득공제

구 분	내 용
「법인세법」상 (배당)소득공제	• 명목회사의 배당소득공제 ① 대상 법인 : 유동화전문회사, 투자회사·투자목적회사·투자유한회사·투자합자회사(기관전용 사모집합투자기구는 제외)*1, 투자유한책임회사, 기업구조조정투자회사, 기업구조조정부동산투자회사 및 위탁관리부동산투자회사, 선박투자회사, 법령에 정한 특수목적법인, 문화산업전문회사, 해외자원개발투자회사[1], 벤처투자조합의 투자목적회사 개정 ② 공제요건 및 공제액 : 배당가능이익[2]의 90% 이상을 배당한 경우 그 금액(이하 이 표에서 '배당금액'이라 한다) ③ ㉠ 초과하는 금액의 이월공제 : 배당금액이 해당 사업연도의 소득금액에서 이월결손금*2을 뺀 금액을 최초로 초과하는 경우에는 그 초과하는 금액을 해당 사업연도의 다음 사업연도 개시일부터 5년 이내에 끝나는 각 사업연도로 이월하여 그 이월된 사업연도의 소득금액에서 공제할 수 있다*3. 다만, 이월된 사업연도에 배당가능이익의 90% 이상을 배당하지 아니하는 경우에는 그 이월된 금액을 공제하지 아니한다.

「법인세법」상 (배당)소득공제	㉡ '㉠' 본문에 따라 최초로 이월된 사업연도 이후 사업연도의 배당금액이 해당 사업연도의 소득금액에서 이월결손금과 해당 사업연도로 이월된 금액을 순서대로 뺀 금액(해당 금액이 0보다 작은 경우에는 0으로 한다)을 초과하는 경우에는 그 초과하는 금액을 해당 사업연도의 다음 사업연도 개시일부터 5년 이내에 끝나는 각 사업연도로 이월하여 그 이월된 사업연도의 소득금액에서 공제할 수 있다*3. 다만, 내국법인이 이월된 사업연도에 배당가능이익의 90% 이상을 배당하지 아니하는 경우에는 그 이월된 금액을 공제하지 아니한다. ④ 공제시기 : 배당을 결의한 잉여금 처분의 대상이 되는 사업연도 ⑤ 신청요건 : 소득공제를 받으려면 과세표준 신고와 함께 소득공제신청서에 배당소득의 실질귀속자별 명세를 첨부하여 제출해야 한다. ⑥ [세부사항] 적용배제 : 다음 중 어느 하나에 해당하는 경우에는 배당소득공제를 적용하지 않는다. ㉠ 배당을 받는 주주에 대하여 그 배당에 대한 소득세 또는 법인세가 비과세되는 경우. 단, 다음 중 어느 하나에 해당하는 경우는 제외한다. ⓐ 동업기업과세특례 적용기업으로서 동업자들에 대하여 배분받은 배당에 해당하는 소득에 대한 소득세 또는 법인세가 전부 과세되는 경우 ⓑ 「조세특례제한법」 제13조 제4항, 제5항 및 제14조 제2항에 따라 벤처투자회사 등이 받는 배당에 대하여 소득세 또는 법인세가 비과세되는 경우 개정 (신설) ㉡ 배당을 지급하는 법인이 법령으로 정한 기준에 해당하는 법인*4인 경우
• 「조세특례제한법」상 소득공제[고용유지기업 소득공제, 자기관리부동산투자회사 소득공제, 프로젝트금융투자회사(명목회사)에 대한 (배당)소득공제[1] 등]	

*1 [세부사항] 제외하는 이유 : 일반적인 사모집합투자기구에 대해서는 위의 (배당)소득공제를 적용하나, 기관전용 사모집합투자기구에 대해서는 (배당)소득공제를 적용하지 않고 동업기업과세 특례 규정을 적용하여 이중과세를 조정한다.

*2 이월결손금 : 각 사업연도 개시일 전 15년(2020. 1. 1. 전에 개시하는 사업연도에 발생한 결손금은 종전 규정에 따라 10년) 이내에 개시한 사업연도에서 발생한 세법상 결손금으로서 그 후의 각 사업연도의 과세표준에 있어서 공제되지 아니한 금액을 말한다.

*3 위 '③'의 '㉠' 및 '㉡'에 따라 이월된 금액(이하 '이월공제배당금액'이라 한다)을 해당 사업연도의 소득금액에서 공제하는 경우에는 다음 방법에 따라 공제한다.
① 이월공제배당금액을 해당 사업연도의 배당금액보다 먼저 공제할 것
② 이월공제배당금액이 둘 이상인 경우에는 먼저 발생한 초과배당금액부터 공제할 것

*4 [세부사항] 법령으로 정하는 기준에 해당하는 법인 : 다음 요건을 모두 갖춘 법인을 말한다.
① 사모방식으로 설립되었을 것
② 개인 2인 이하 또는 개인 1인 및 그 친족이 발행주식총수 또는 출자총액의 95% 이상을 소유할 것. 단, 개인 등에게 배당 및 잔여재산의 분배에 관한 청구권이 없는 경우를 제외한다.

1 위 규정에 따라 소득공제를 적용받는 명목회사[「법인세법」상 소득공제대상 명목회사 및 「조세특례제한법」상 소득공제대상 프로젝트금융투자회사(명목회사)]로부터 배당을 받는 주주에 대해서는 이중과세 조정 불필요

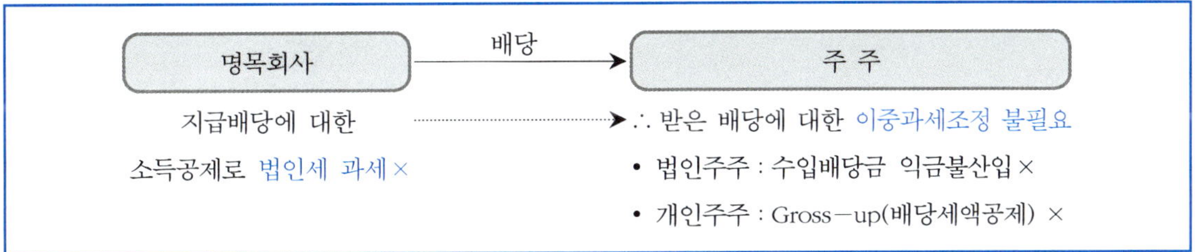

2 배당가능이익

배당가능이익*1 ＝ 당기순이익*2 ＋ 이월이익잉여금 － 이월결손금 － 「상법」에 따라 적립한 이익준비금

*1 다음 중 어느 하나에 해당하는 금액은 배당가능이익에서 제외한다.

① 「상법」(제461조의 2)에 따라 자본준비금을 감액하여 받는 배당('p4－166. 2. 예외'의 자본준비금을 감액하여 받는 배당은 제외)

② 당기순이익, 이월이익잉여금 및 이월결손금 중 다음 중 어느 하나에 해당하는 자산의 평가손익

㉠ 유가증권의 평가손익. 다만, 시가법으로 평가한 투자회사 등의 집합투자재산의 평가손익은 배당가능이익에 포함한다.

㉡ 위탁관리 부동산투자회사 및 기업구조조정 부동산투자회사가 보유한 자산의 평가손익

*2 당기순이익 : 기업회계기준에 따라 작성한 재무제표상의 법인세비용 차감 후 당기순이익을 말한다.

사 례

유동화전문회사(당기순이익 120,000,000원, 이월이익잉여금 60,000,000원, 이익준비금적립액 30,000,000원)가 100,000,000원의 배당을 할 경우 유동화전문회사의 소득공제액은? : 0(∵ 아래의 요건 충족×)

• 요건 판단 : 100,000,000(수입배당금)이 '(120,000,000(당기순이익)＋60,000,000(이월이익잉여금) －30,000,000(이익준비금)) × 90% ＝ 135' 이상 아님

제 15 절 산출세액의 계산

1 산출세액

다음과 같이 계산하되, 토지 등 양도소득에 대한 법인세, 미환류소득에 대한 법인세(투자·배당 및 상생협력 촉진을 위한 과세특례를 적용하여 계산한 법인세)가 있으면 이를 합한 금액으로 한다(이하 '산출세액'이라 한다).

사업연도	산 출 세 액
1년인 경우	과세표준 × 세율*1
1년 미만인 경우	$\left(\text{과세표준} \times \frac{12}{\text{사업연도 월수*2}}\right) \times \text{세율*1} \times \frac{\text{사업연도 월수*2}}{12}$

*1 세율 : 법인별로 다음의 초과누진세율 적용 개정 (밑줄 부분. 법인세 세율을 구간별로 1%씩 상향 조정함)

과세표준	세 율	
	일반법인	부동산임대업을 주업으로 하는 'p4-336. ①' 법인
2억원 이하	10%	20%
2억원 초과 200억원 이하	2,000만원 + 2억원 초과액 × 20%	
200억원 초과 3천억원 이하	39억 8천만원 + 200억원 초과액 × 22%	40억원 + 200억원 초과액 × 22%
3천억원 초과	655억 8천만원 + 3,000억원 초과액 × 25%	656억원 + 3,000억원 초과액 × 25%

*2 사업연도 월수 : 태양력에 따라 계산하되, 1개월 미만은 1개월로 한다. → 법인세 계산문제 출제시 사업연도를 반드시 확인하는 습관 필요

2 토지 등 양도소득이 있는 법인의 경우

구 분	내 용
산출세액	각 사업연도 소득에 대한 법인세 + 토지 등 양도소득에 대한 법인세 → 부동산 투기방지 목적으로 특정 토지 등의 양도소득에 대해 이중과세. 'p4—21. [별지 제3호 서식]'의 '⑤'에 기재함
과세법인	내국 · 외국 법인, 영리 · 비영리 법인 불문하고 과세
과세대상	• 다음 자산의 양도로 발생하는 소득 ① 국내에 소재하는 주택*1 및 별장. 단, 읍 · 면에 있는 법에 정하는 농어촌주택(부속토지 포함)은 제외 : 20%(미등기자산은 40%) 세율 적용 ② 비사업용토지 : 10%(미등기자산은 40%) 세율 적용 ③ 주택을 취득할 수 있는 권리로서 조합원입주권 및 분양권 : 20% 세율 적용 • [세부사항] 과세제외 : 2009. 3. 16.부터 2012. 12. 31.까지 취득한 ①, ② 자산을 양도함으로써 발생하는 소득은 토지 등 양도소득에 대한 법인세 과세 ×
비 과 세	다음의 양도소득은 비과세. 단, 미등기자산의 양도소득은 과세 ① 파산선고에 의한 처분으로 발생한 소득 ② 직접 경작한 농지의 교환 · 분합으로 발생한 소득 ③ 법에 정한 환지처분 등 법에 정한 사유로 발생한 소득
계산구조	**토지 등 양도소득에 대한 법인세*2** 양 도 가 액 (−) 장 부 가 액 … 세법상 장부가액 ~~(−) 양 도 비 용~~ 양 도 소 득*3 (×) 세 율 … 10%, 20%, 40% 산 출 세 액 **비교 양도소득세** 양 도 가 액 (−) 취 득 가 액 (−) 자 본 적 지 출 (−) 양 도 비 용 양 도 차 익
귀속시기	• 대금청산일 · 소유권이전등기일 · 인도일 · 사용수익일 중 빠른 날 (장기할부조건으로 양도한 경우에도 동일) → 장기할부라도 회수기일도래기준 인정 × • 예약매출에 의해 양도하는 경우 : 계약일에 양도한 것으로 본다.

*1 다음의 주택에 대하여는 토지 등 양도소득에 대한 법인세를 과세하지 아니한다.

① 주주등이나 출연자가 아닌 임원 및 직원에게 제공하는 사택 및 그 밖에 무상으로 제공하는 법인 소유의 주택으로서 사택제공기간 또는 무상제공기간이 10년 이상인 주택

② 저당권의 실행으로 인하여 취득하거나 채권변제를 대신하여 취득한 주택으로서 취득일부터 3년이 경과하지 아니한 주택

③ 그 밖에 법에 열거된 주택

*2 (1) 사례 양도가액 3억원, 장부가액 1억원, 양도비용 5,000,000원의 등기된 주택을 제조업 영위법인이 2026년에 양도한 경우 총법인세 부담액 : ① + ②

① 각사업연도소득에 대한 법인세 : (3억원−1억원−5,000,000) × 10%

② 토지 등 양도소득에 대한 법인세 : (3억원−1억원) × 20%

(2) 〈Tip〉 계산문제 풀이시 주의사항

① 양도소득을 계산할 때 양도비용은 차감하지 않지만, 취득세 등 취득부대비용과 자본적 지출액은 취득가액(장부가액)을 구성하므로 차감한다.

② 고가매입 · 저가양도시 부당행위계산부인 규정 적용여부 : 토지 등 양도소득에 대한 법인세는 세액계산 특례규정일 뿐이므로 각사업연도소득금액을 계산할 때 적용하는 부당행위계산부인 규정은 적용하는 것이 타당하다(예 시가 10억원의 비사업용토지를 8억원에 양도하는 경우 양도가액 : 10억원).

*3 2 이상의 과세대상 자산 양도시 그 중 하나의 자산에서 양도차손이 발생하는 경우 통산 순서

〈1순위〉 양도차손 발생자산과 같은 세율 적용자산에서 공제
〈2순위〉 다른 세율 적용자산에서 공제

사례 2026년에 등기된 주택 A, B, 미등기토지를 양도한 경우

구 분	주택(등기 : 20%)		토지(미등기 : 40%)
	A	B	
양도차익	100	△300	500
1차통산(같은 세율)	△100	100	−
통산후	−	△200	500
2차통산(다른 세율)	−	200	△200
양도소득	−	−	300

3 미환류소득에 대한 법인세(투자 · 배당 및 상생협력 촉진을 위한 과세특례를 적용하여 계산한 법인세, 조특법 100의32) 개정 (밑줄 부분)

→ 적용기한 : 2028. 12. 31.이 속하는 사업연도까지('p4-305. [8]. ②'를 적용할 때에는 2030. 12. 31.이 속하는 사업연도까지)

구 분	내 용
취 지	기업의 소득을 투자, 배당, 임금 등으로 활용하도록 하여 기업소득과 가계소득간 선순환 유도
개 요	적용대상법인의 기업소득 중 투자, 배당 및 임금 등으로 환류하지 아니한 소득이 있는 경우에는 그 미환류소득의 20%를 미환류소득에 대한 법인세로 하여 각사업연도소득에 대한 법인세액에 추가하여 납부하여야 한다.
적용대상법인	각 사업연도 종료일 현재 상호출자제한기업집단에 속하는 내국법인[1]
미환류소득 또는 초과환류액의 계산 및 적용	(1) 계산 : 다음 중 하나의 방법을 선택하여 계산 → 산정한 금액이 양수인 경우에는 '미환류소득'이라 하고, 산정한 금액이 음수인 경우에는 음의 부호를 뗀 금액을 '초과환류액'이라 한다. 〈방법1〉 기업소득[2] × 80%*1 (개정) − (투자액[3] +배당액[4] (개정) +임금증가액×100~200%[5]+특정출연금300%[6]) 〈방법2〉 기업소득[2] × 30%*2 (개정) − (배당액+임금증가액+특정출연금×3) (2) 적용 ① 위 방법 중 하나의 방법을 선택하여 신고한 경우 해당 사업연도의 개시일부터 다음의 기간까지는 그 선택한 방법을 계속 적용하여야 한다. 단, 합병을 하거나 사업을 양수하는 등 재정경제부령으로 정하는 경우에는 그 선택한 방법을 변경할 수 있다. ㉠ '〈방법 1〉'을 선택하여 신고한 경우 : 3년이 되는 날이 속하는 사업연도 ㉡ '〈방법 2〉'를 선택하여 신고한 경우 : 1년이 되는 날이 속하는 사업연도 ② 어느 하나의 방법을 선택하지 아니한 내국법인의 경우에는 해당 법인이 최초로 미환류소득에 대한 법인세 적용대상에 해당하게 되는 사업연도에 미환류소득이 적게 산정되거나 초과환류액이 많게 산정되는 방법을 선택하여 신고한 것으로 본다.
세 액 계 산	• 미환류소득에 대한 법인세의 구체적 계산방법 ① 직전 2개 사업연도에 적립한 차기환류적립금이 없는 경우 (당기 미환류소득−이월된 초과환류액[7]−차기환류적립금[8]) × 20% ② 직전 2개 사업연도에 적립한 차기환류적립금이 있는 경우 : ㉠ + ㉡ ㉠ (차기환류적립금[8]−당기 초과환류액) × 20% ㉡ (당기 미환류소득−이월된 초과환류액[7]−차기환류적립금[8]) × 20%

신 고 납 부	각 사업연도의 종료일이 속하는 달의 말일부터 3개월(연결 과세표준과 세액을 신고하는 경우에는 각 연결사업연도 종료일 속하는 달의 말일부터 4개월) 이내에 법인세 과세표준 신고를 할 때 각사업연도소득에 대한 법인세에 추가하여 납세지 관할 세무서장에게 신고납부하여야 한다. ⇢ 'p4—21. [별지 제3호 서식]'의 '⑥'에 기재함
사 후 관 리	미환류소득에 대한 법인세를 신고납부한 내국법인이 법에 정하는 추징사유[9]에 해당하는 경우에는 자산에 대한 투자액 공제로 인하여 납부하지 아니한 세액에 이자상당액[10]을 가산하여 납부하여야 한다.
기 타	• 해당 사업연도에 차기환류적립금을 적립하여 미환류소득에서 공제한 내국법인이 2개 사업연도 내에 상호출자제한기업집단에 속하는 내국법인에 해당하지 아니하게 되는 경우에도 미환류소득에 대한 법인세를 납부하여야 한다. • 합병 또는 분할의 경우[11]

*1 65%에서 85% 이내의 범위에서 대통령령으로 정한 비율

*2 20%에서 40% 이내의 범위에서 대통령령으로 정한 비율

1 「독점규제 및 공정거래에 관한 법률」 제31조 제1항에 따른 상호출자제한기업집단에 속하는 법인을 말한다.

2 기업소득

1. 일반법인의 경우

다음과 같이 계산한다.*1

각사업연도소득금액

(+)① 국세 · 지방세 환급금에 대한 이자

(+)② 기부금한도초과이월액 손금산입액

(+)③ '〈방법1〉'의 투자액을 적용받는 자산에 대한 감가상각비 손금산입액 ⇢ '<방법2>'에서는 적용×

(+)④ 내국법인의 수입배당금액의 익금불산입액 개정 (신설)

(+)⑤ 외국자회사 수입배당금액의 익금불산입액 개정 (신설) (2027. 1. 1. 이후 개시하는 사업연도의 미환류소득을 계산하는 경우부터 적용)

(+)⑥ 아래 '⑨'의 금액 중 해당 사업연도에 환입된 금액 개정 (신설)

(−)⑦ 법령으로 정하는 법인세액, 법인세 감면액에 대한 농어촌특별세, 법령으로 정하는 법인지방소득세액*2

(−)⑧ 「상법」에 따라 해당 사업연도에 의무적으로 적립하는 이익준비금*3

(−)⑨ 법령에 따른 의무적립금으로서 재정경제부령으로 정하는 금액

(−)⑩ 해당 사업연도에 과세표준계산시 공제한 이월결손금*4

(−)⑪ 특례기부금 및 일반기부금 한도초과 손금불산입액

(−)⑫ 피합병법인의 양도손익으로서 당기에 익금에 산입한 금액

(−)⑬ 분할법인의 양도손익으로서 당기에 익금에 산입한 금액

(−)⑭ 피합병법인의 주주인 법인의 합병으로 인한 의제배당소득*5으로서 당기에 익금에 산입한 금액*6

(−)⑮ 분할법인등의 주주인 법인의 분할로 인한 의제배당소득*5으로서 당기에 익금에 산입한 금액*6

(−)⑯ 유동화전문회사 등 명목회사 또는 프로젝트금융투자회사 (배당)소득공제 규정에 따른 배당금액

(−)⑰ 「공적자금관리 특별법」에 따른 공적자금의 상환과 관련하여 지출하는 법령으로 정한 금액

기 업 소 득*7

*1 기업소득 계산시 위 항목을 가감하는 취지 등 ⟶ 현금으로 투자·임금 등으로 지출가능한 소득을 계산하기 위함

① , ④, ⑤ : 현금으로 받은 것인데 익금불산입되었으므로 가산

② : 당기에 실제 지출한 것이 아닌데 손금산입되었으므로 가산

③ : 투자액 자산에 대한 감가상각비 손금산입 효과를 제거하기 위해 가산

⑥ : 기업소득 계산시 차감한 의무적립금의 환입액을 더함

⑦ ~ ⑩ : 소득금액 중 투자·임금 등으로 사외유출 할 수 없는 성격의 항목은 차감

⑪ : 기부금 지출을 정당한 지출로 보아 한도초과액도 차감 ⟶ 기업한도추진비 한도초과액 및 과다경비 손금불산입액은 차감 ×

⑫ ~ ⑮ : 합병·분할로 인한 익금산입액을 기업소득에서 제외하기 위함

⑯ : 유동화전문회사 등의 세부담 합리화

⑰ : 수협은행이 공적자금상환을 위해 경영정상화계획등에 관한 약정에 따라 신용사업특별회계에 배당하는 금액을 차감

*2 ① 미환류소득에 대한 법인세 계산대상 사업연도에 발생한 소득에 부과되는 법인세액만을 말하며, 다른 사업연도에 대한 법인세 환급세액이나 추가납부세액은 차감하거나 가산하지 않는다.

② 위 '⑦'의 법령으로 정하는 법인세액 및 법인지방소득세액 계산방법

- 법인세액 : 과세표준 × 세율 − 공제·감면세액 + 가산세
- 법인지방소득세액 : (과세표준×세율) × 10%

③ 외국납부세액공제 규정에 따라 내국법인이 직접 납부한 외국법인세액으로서 손금에 산입하지 않은 세액과 간접 외국납부세액 익금산입액을 포함한다.

*3 상법 제458조에 따르면 회사는 자본금의 1/2이 될 때까지 매 결산기 이익배당액(주식배당 제외)의 1/10 이상을 이익준비금으로 적립하여야 한다. 이 경우 미환류소득에 대한 법인세 계산상 기업소득계산시 차감하는 이익준비금을 얼마로 할 것인가에 대하여 행정해석에서는 1/10 이상 적립한 금액이 아닌 이익배당액(주식배당 제외)의 1/10에 해당하는 금액으로 해석하고 있다(서면−2017−법령해석법인−0213). ⟶ ∵ 이익준비금을 많이 적립하는 방법으로 기업소득을 줄이는 행위를 방지하기 위함

*4 '⑩'의 이월결손금 계산시 일반적인 비중소기업에게 적용하는 각 사업연도 소득의 80%한도 규정은 적용하지 않으며, 합병법인·분할법인의 경우에는 'p4−354. (1), (2)'와 'p4−360. (1)'의 공제제한규정은 적용하지 않는다.

*5 각각 합병대가(분할의 경우는 분할대가) 중 주식등으로 받은 부분만 해당한다.

*6 각각 수입배당금의 이중과세조정 익금불산입을 적용하기 전의 금액을 말한다.

*7 기업소득이 음수인 경우 0으로 보고, 3천억원을 초과하는 경우 3천억원으로 본다.

2. 연결납세방식을 적용받는 연결법인의 경우

연결납세방식을 적용받는 연결법인으로서 각 연결법인의 기업소득 합계액이 3천억원을 초과하는 경우에는 다음 금액을 기업소득으로 한다.

$$3\text{천억원} \times \frac{\text{해당 연결법인의 기업소득}}{\text{각 연결법인의 기업소득 합계액}}$$

3 투자액

1. 국내사업장에서 사용하기 위하여 새로이 취득하는 사업용 자산(중고품 및 금융리스 외의 리스자산은 제외하며, 「조세특례제한법」 제104조의 10에 따라 해운기업에 대한 법인세 과세표준 계산 특례를 적용받는 내국법인의 경우에는 재정경제부령으로 정하는 자산으로 한정한다)으로서 다음의 자산에 대한 투자액을 말하며, 투자가 2개 이상의 사업연도에 걸쳐서 이루어지는 경우에는 그 투자가 이루어지는 사업연도마다 해당 사업연도에 실제로 지출한 금액을 기준으로 투자 합계액을 계산한다.

   (1) 다음의 사업용 유형자산. 다만, 아래 '①' ~ '②'의 자산(해당 사업연도 이전에 취득한 자산을 포함한다)에 대한 자본적 지출을 포함하되, 취득단계의 즉시상각의제규정에 따라 해당 사업연도에 즉시상각된 분은 제외한다.

      ① 기계 및 장치, 공구, 기구 및 비품, 차량 및 운반구, 선박 및 항공기, 그 밖에 이와 유사한 사업용 유형고정자산

      ② 재정경제부령으로 정하는 신축 · 증축하는 업무용 건축물 ⟶ 토지에 대한 투자액은 대상 아님

   (2) 무형자산. 단, 영업권(합병 · 분할로 인하여 합병법인등이 계상한 영업권을 포함함), 사용수익기부자산가액, 주파수이용권, 공항시설관리권, 항만시설관리권은 제외한다.

2. 벤처기업에 다음 중 어느 하나에 해당하는 방법으로 출자(창업 · 벤처전문 사모집합투자기구 또는 창투조합 등을 통한 출자를 포함한다)하여 취득한 주식등

   ① 해당 기업의 설립시에 자본금으로 납입하는 방법

   ② 해당 기업이 설립된 후 유상증자하는 경우로서 증자대금을 납입하는 방법

4 배당액 개정 (신설)

배당액이란 이익의 배당으로서 해당 사업연도에 금전으로 지급한 총액을 말한다. 단, 자본준비금 또는 이익준비금을 감액하여 지급하는 배당은 제외한다.

5 임금증가액 × 100%~200%

임금증가액 × 100%~200% : (1) + (2) + (3)		
(1) 상시근로자[1]의 당기 임금이 증가한 경우	① 당기 상시근로자 수가 전기 상시근로자 수보다 증가하지 아니한 경우	상시근로자 임금증가액[2]
	② 당기 상시근로자 수가 전기 상시근로자 수보다 증가한 경우	기존 상시근로자 임금증가액[3] × 150% + 신규 상시근로자 임금증가액[4] × 200%
(2) 당기 청년정규직근로자[5] 수가 전기 청년정규직근로자 수보다 증가한 경우		당기 청년정규직근로자에 대한 임금증가액
(3) 당기에 정규직 전환 근로자[6]가 있는 경우		정규직 전환 근로자(청년정규직근로자는 제외한다)에 대한 임금증가액

1) 상시 근로자 : 다음의 자를 제외한 「근로기준법」에 따라 근로계약을 체결한 근로자의 임금증가액을 말한다.

① 임원

② 근로소득의 금액(비과세소득은 제외 개정)이 8천만원 이상인 근로자. 단, 해당 과세연도의 근로제공기간이 1년 미만인 근로자는 $\dfrac{\text{해당 근로자의 근로소득의 금액(비과세소득은 제외 개정)}}{\text{해당 과세연도 근무제공월수}} \times 12$ 로 산출한 금액을 기준으로 판단한다.

③ 해당 기업의 최대주주 또는 최대출자자(개인사업자의 경우에는 대표자) 및 그와 「국세기본법 시행령」에 따른 친족관계인 근로자

④ 근로소득원천징수부에 의하여 근로소득세를 원천징수한 사실이 확인되지 아니하는 근로자

⑤ 근로계약기간이 1년 미만인 근로자(단, 근로계약의 연속된 갱신으로 인하여 그 근로계약의 총 기간이 1년 이상인 근로자는 제외)

⑥ 「근로기준법」[제2조제1항(9)]에 따른 단시간근로자

2) 임금증가액 : 상시근로자의 임금증가액은 해당사업연도의 매월 말 기준 상시근로자에게 지급한 근로소득*1(우리사주조합에 출연하는 자사주 장부가액 또는 금품으로서 법령으로 정하는 바에 따라 계산한 금액을 포함하며, 해당 법인이 손금으로 산입한 금액에 한정한다. 단, 비과세소득은 제외한다 개정)의 합계액*2으로서 직전 사업연도 대비 증가한 금액으로 한다.

*1 근로소득 : 근로를 제공함으로써 받는 봉급 · 상여 · 수당 등과 이와 유사한 성질의 급여, 주주총회 등 의결기관의 결의에 따라 상여로 받는 소득을 말한다. → 「소득세법」상 근로소득의 범위 중 인정상여, 퇴직함으로써 받는 소득으로서 퇴직소득에 속하지 아니하는 소득, 직무발명보상금은 제외

*2 근로소득의 합계액을 계산할 때에는 다음에 따른다.

① 합병 · 분할 · 현물출자 또는 사업의 양수 등에 따라 종전의 사업부문에서 종사하던 근로자를 합병법인, 분할신설법인, 피출자법인 등이 승계하는 경우에는 해당 근로자는 종전부터 합병법인등에 근무한 것으로 본다.

② 법인이 새로 설립된 경우에는 직전 사업연도의 근로소득의 합계액은 영(0)으로 본다. 다만, '①'이 적용되는 경우는 제외한다.

3) 기존상시근로자 임금증가액의 계산방법

당기 상시근로자 임금증가액 – 아래 '4)'의 신규 상시근로자 임금증가액

4) 신규 상시근로자 임금증가액의 계산방법

• min(①, ②)
  ① (당기 상시근로자 수−전기 상시근로자 수) × 당기에 최초로 「근로기준법」에 따라 근로계약을 체결한 상시근로자(근로계약을 갱신하는 경우는 제외한다)에 대한 임금지급액의 평균액
  ② 당기 상시근로자 임금증가액

5) 청년정규직근로자 : 정규직 근로자로서 15세 이상 34세(병역을 이행한 사람의 경우에는 6년을 한도로 병역을 이행한 기간을 현재 연령에서 빼고 계산한 연령을 말한다) 이하인 사람을 말한다.

6) 정규직 전환 근로자 : 「근로기준법」에 따라 근로계약을 체결한 근로자로서 다음 요건을 모두 갖춘 자를 말한다.
  ① 직전 과세연도 개시일부터 해당 과세연도 종료일까지 계속하여 근무한 자로서 근로소득원천징수부에 따라 매월분의 근로소득세를 원천징수한 사실이 확인될 것
  ② 해당 과세연도 중에 비정규직 근로자(「기간제 및 단시간근로자 보호 등에 관한 법률」에 따른 기간제근로자 또는 단시간근로자를 말한다)에서 비정규직 근로자가 아닌 근로자로 전환하였을 것
  ③ 직전 과세연도 또는 해당 과세연도 중에 위 '1). ①부터 ③'까지의 어느 하나에 해당하는 자가 아닐 것

6 특정출연금 × 300%

특정출연금이란 해당 사업연도에 지출한 다음 중 어느 하나에 해당하는 출연금을 말한다. 다만, 해당 금액이 특수관계인을 지원하기 위하여 사용된 경우에는 제외한다.

① 「대·중소기업 상생협력 촉진에 관한 법률」에 따른 협력중소기업에 대한 보증 또는 대출지원을 목적으로 신용보증기금 또는 기술신용보증기금에 출연하는 경우
② 협력중소기업의 연구, 인력개발, 생산성 향상, 해외시장 진출, 온실가스 감축 및 에너지 절약을 지원하기 위한 것으로서 법에 정하는 목적으로 대·중소기업협력재단에 출연하는 경우
③ 협력중소기업의 사내근로복지기금에 출연하는 경우 그 출연금
④ 「근로복지기본법」에 따른 공동근로복지기금에 출연하는 경우 그 출연금
⑤ 은행 등 법령으로 정한 금융회사 등이 중소기업에 대한 보증 또는 대출지원을 목적으로 신용보증기금, 기술보증기금 또는 신용보증재단에 출연하는 경우 그 출연금
⑥ 무역보험기금에 출연하는 경우 그 출연료(협력중소기업에 대한 보증 또는 대출지원을 목적으로 출연한 금액으로 한정한다) 개정 (신설)
⑦ 그 밖에 상생협력을 위하여 지출하는 금액으로서 재정경제부령으로 정하는 금액

7 이월된 초과환류액

해당 사업연도에 초과환류액(아래 '8. ②'에 따라 초과환류액으로 차기환류적립금을 공제한 경우에는 그 공제 후 남은 초과환류액)이 있는 경우에는 그 초과환류액을 그 다음 2개 사업연도까지 이월하여 그 다음 2개 사업연도 동안 미환류소득에서 공제할 수 있다.

8 차기환류적립금

① 적용대상법인(미환류소득 계산방법을 신고하지 아니한 법인은 제외)은 해당 사업연도 미환류소득의 전부 또는 일부를 다음 2개사업연도의 투자, 배당 및 임금 등으로 환류하기 위한 금액(이하 '차기환류적립금'이라 함)으로 적립하여 해당 사업연도의 미환류소득에서 차기환류적립금을 공제할 수 있다.

② 직전 2개 사업연도에 위 규정에 따라 차기환류적립금을 적립한 경우 다음 계산식에 따라 계산한 금액[음수인 경우 영(0)으로 봄]을 그 다음다음 사업연도의 법인세액에 추가하여 납부하여야 한다.

(차기환류적립금－당기 초과환류액) × 20%

③ 해당 사업연도에 차기환류적립금을 적립하여 미환류소득에서 공제한 내국법인이 다음 사업연도에 자기자본의 감소 등으로 적용대상법인에 해당하지 않게 되는 경우에도 미환류소득에 대한 법인세를 납부하여야 한다.

9 추징사유

다음의 경우를 말한다.

(1) 위 '3. 1. (1). ①'의 자산의 투자완료일 또는 '3. 1. (2)' 자산(매입한 자산에 한함)의 매입일 또는 '3. 2' 자산의 취득일부터 2년이 지나기 전에 해당 자산을 양도하거나 대여하는 경우. 다만, 다음 중 어느 하나에 해당하는 경우는 제외한다.

1) 다음 중 어느 하나에 해당하는 경우

① 현물출자, 합병, 분할, 분할합병, 「법인세법」 제50조의 적용을 받는 교환, 통합, 사업전환 또는 사업의 승계로 인하여 당해 자산의 소유권이 이전되는 경우

② 내용연수가 경과된 자산을 처분하는 경우

③ 국가 · 지방자치단체 또는 학교 등에 기부하고 그 자산을 사용하는 경우

2) 위 '3. (1). ①'의 자산을 「대 · 중소기업 상생협력 촉진에 관한 법률」에 따른 수탁기업(특수관계인은 제외)에 무상양도 또는 무상대여하는 경우

3) 천재지변, 화재 등으로 멸실되거나 파손되어 사용이 불가능한 자산을 처분하는 경우

4) 그 밖에 업종 등의 특성을 감안하여 재정경제부령으로 정하는 경우

(2) 위 '3. (1). ②'에 따른 업무용 건축물에 해당하지 않게 되는 등 재정경제부령으로 정하는 경우

10 이자상당액

다음의 이자상당액을 추징사유가 발생하는 날이 속하는 사업연도의 과세표준 신고를 할 때(이하 "이자상당납부일"이라 함) 납부하여야 한다.

이자상당액 = 투자액의 공제로 인하여 납부하지 아니한 세액 × 일수*1 × 이자율*2

*1 일수 : 투자액을 공제받은 사업연도의 법인세 과세표준 신고일의 다음날부터 이자상당액납부일까지의 기간

*2 1일 $\frac{22}{100,000}$

11 합병 또는 분할의 경우

합병 또는 분할에 따라 피합병법인 또는 분할법인이 소멸하는 경우 합병법인 또는 분할신설법인은 미환류소득 및 초과환류액을 승계할 수 있다.

제 16 절 차감납부세액의 계산

[1] 계산구조

	산 출 세 액	
(−)	세 액 감 면	… 「조세특례제한법」상 세액감면
(−)	세 액 공 제	… 「법인세법」과 「조세특례제한법」상 세액공제
(+)	가 산 세	
(+)	감면분추가납부세액	… 미사용준비금으로 인한 이자상당액
	총 부 담 세 액	
(−)	기 납 부 세 액	… 원천징수세액 · 중간예납세액 · 수시부과세액
	차 감 납 부 할 세 액	

[2] 세액감면 및 세액공제

1 적용순위

「법인세법」 또는 다른 법률에 별도의 규정이 있는 경우를 제외하고 다음 순서에 따른다. ⟶ 납세자에게 유리한 방향으로 순서정함(이월공제가 인정되지 않는 것부터 적용)

① 세액감면*1 → ② 이월공제가 인정되지 않는 세액공제*1 → ③ 이월공제가 인정되는 세액공제*2 → ④ 사실과 다른 회계처리로 인한 경정에 따른 세액공제*3

*1 '①'과 '②'의 합계액이 법인이 납부할 법인세액[토지 등 양도소득에 대한 법인세와 미환류소득에 대한 법인세(투자 · 배당 및 상생협력 촉진을 위한 과세특례를 적용하여 계산한 법인세액) 및 가산세를 제외한다]을 초과하는 경우에는 그 초과하는 금액은 없는 것으로 본다.

*2 당기 중에 발생한 세액공제액과 이전 사업연도에서 이월된 미공제액이 함께 있는 때에는 이월된 미공제액을 먼저 공제한다.

*3 해당 세액공제액과 이월된 미공제액이 함께 있는 때에는 이월된 미공제액을 먼저 공제한다.

2 세액감면 : 이월공제 불가

구 분	내 용
감면세액의 계산	산출세액*1 × 감면대상 과세표준*2(~~소득금액~~) / 과세표준(~~각사업연도소득금액~~) × 감면율
세액감면의 내용	• 감면기간의 제한이 있는 세액감면 • 감면기간의 제한이 없는 세액감면(예 중소기업특별세액감면)

*1 토지 등 양도소득에 대한 법인세와 미환류소득에 대한 법인세(투자 · 배당 및 상생협력 촉진을 위한 과세특례를 적용하여 계산한 법인세액)를 제외한 세액을 말한다.

2 감면대상 과세표준 : 감면대상 소득금액 − 감면사업에서 발생한 이월결손금 · 비과세소득 · 소득공제

* 감면사업에서 발생하였는지의 구분이 불분명한 경우 계산방법

$$\text{총 이월결손금} \cdot \text{비과세소득} \cdot \text{소득공제액} \times \frac{\text{감면대상 소득금액}}{\text{각사업연도소득금액}}$$

사 례

제조업(6억원) · 도매업(4억원) 영위 중소기업, 이월결손금 1억원(귀속 불분명), 소득공제액 50,000,000원(제조업), 중소기업특별세액감면액은? (감면율 : 제조업 15%, 도매업 5%라고 가정)

1. 과세표준

구 분	제조업	도매업	계
각 . 사 . 소	6억원	4억원	10억원
이월결손금	$1억원 \times \frac{6억원}{10억원}$ = 60,000,000	$1억원 \times \frac{4억원}{10억원}$ = 40,000,000	△1억원 ⇢ 귀속불분명시 각.사.소로 안분
비과세소득	−	−	−
소 득 공 제	50,000,000	−	△50,000,000
과 세 표 준	490,000,000	360,000,000	850,000,000

2. 감면세액 : ① + ②(한도 있음)

① 제조업 : 산출세액 × $\frac{\text{감면대상 과세표준 : 490,000,000}}{\text{과세표준 : 850,000,000}}$ × 15%

② 도매업 : 산출세액 × $\frac{360,000,000}{850,000,000}$ × 5%

3 세액공제

1. 개요 ···→ 「법인세법」상 세액공제 종류는 기억 요망

<table>
<tr><th colspan="2">세액공제</th><th>최저한세</th><th>이월공제기간</th></tr>
<tr><td rowspan="3">「법인세법」상 세액공제</td><td>① 외국납부세액공제</td><td rowspan="3">적용대상 아님</td><td>10년</td></tr>
<tr><td>② 재해손실세액공제</td><td>이월공제안됨</td></tr>
<tr><td>③ 사실과 다른 회계처리로 인한 경정에 따른 세액공제</td><td>'p4-316. 2.3'에 따름</td></tr>
<tr><td colspan="2">「조세특례제한법」상 세액공제(법령으로 정한 것은 제외)</td><td>적용대상임</td><td>10년*</td></tr>
</table>

* 공제할 세액 중 당기에 납부할 세액이 없거나 최저한세액에 미달하여 공제받지 못한 금액은 당기의 다음 과세연도 개시일부터 10년간 이월하여 공제한다. → 경과규정 : 10년간 이월규정은 2021. 1. 1. 이후 과세표준을 신고하는 경우부터 적용하며, 2021. 1. 1. 전에 종전 규정에 따른 5년, 7년이 지나 이월하여 공제받지 못한 세액에 대해서는 종전 규정에 따른다.

2. 「법인세법」상 세액공제

2.1 외국납부세액공제

'p4-73. 2.5-2 외국자회사 수입배당금 익금불산입' 규정의 적용대상이 되는 수입배당금에 대해서는 아래 '2.1 외국납부세액공제' 규정을 적용하지 아니한다.

(1) 외국납부세액이 있는 경우 이중과세 조정방식 : 세액공제방법

내국법인의 각 사업연도의 소득에 대한 과세표준에 국외원천소득이 포함되어 있는 경우로서 그 국외원천소득에 대하여 외국법인세액을 납부하였거나 납부할 것이 있는 경우에는 한도 내에서 외국법인세액을 해당 사업연도의 산출세액에서 공제할 수 있다[32].

---

32) 산출세액에서 '공제할 수 있다'고 규정한 이유

- 직접외국납부세액이 있는 경우 손금산입하는 방법과 외국납부세액공제하는 방법 중 선택할 수 있기 때문이다.
  ···→ 이 내용은 'p4-90. 각주. ⓒ' 참고
- 일반적으로 외국납부세액공제를 선택하는 것이 세부담 최소화에 부합한다.

(2) 외국납부세액의 범위

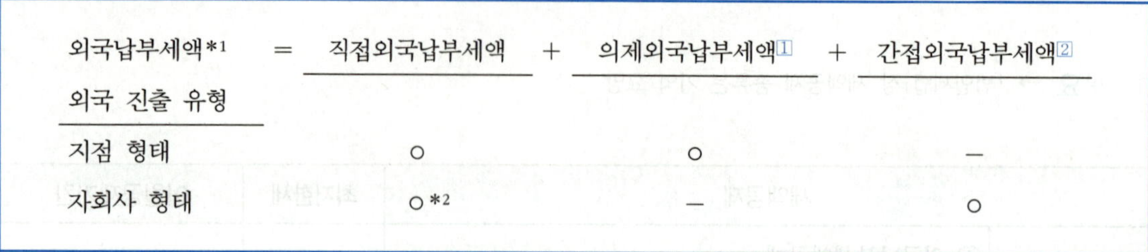

외국납부세액*1	=	직접외국납부세액	+	의제외국납부세액[1]	+	간접외국납부세액[2]
외국 진출 유형						
지점 형태		○		○		–
자회사 형태		○*2		–		○

*1 가산세를 제외한다.

*2 외국의 현지법인에 주식을 출자한 경우 그 자회사로부터 받은 배당금에 대하여 외국에서 원천징수당한 세액은 직접외국납부세액에 해당한다.

[1] 의제외국납부세액 ⟶ 조세조약이 정하는 범위에서만 적용한다.
조세조약의 상대국에서 감면받은 세액을 조세조약이 정하는 범위에서 외국에서 납부한 것으로 의제하여 공제하는 금액을 말한다.

이해

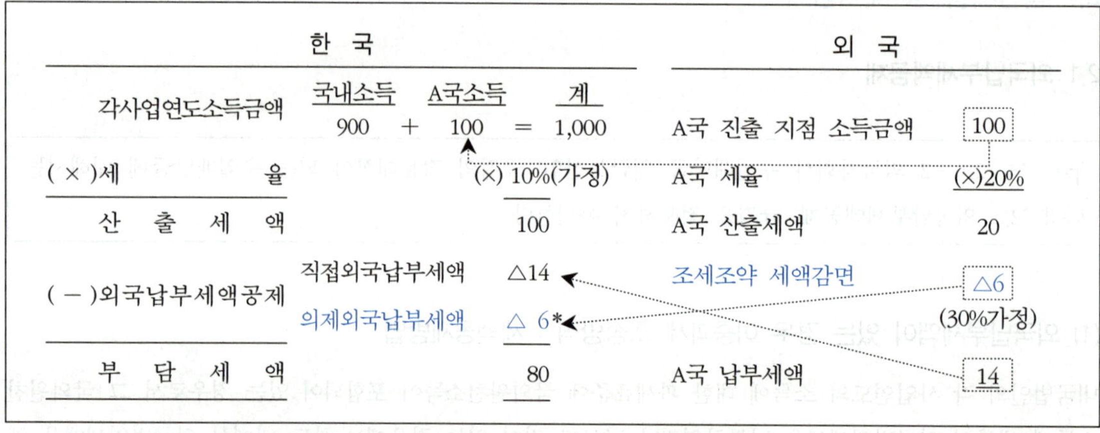

한 국			외 국	
각사업연도소득금액	국내소득 900 + A국소득 100 = 계 1,000		A국 진출 지점 소득금액	100
(×)세 율	(×) 10%(가정)		A국 세율	(×)20%
산 출 세 액	100		A국 산출세액	20
(−)외국납부세액공제	직접외국납부세액	△14	조세조약 세액감면	△6 (30%가정)
	의제외국납부세액	△ 6*		
부 담 세 액	80		A국 납부세액	14

* 의제외국납부세액을 공제하는 취지 : 외국에서 감면받은 효과를 그대로 유지하기 위함(만약 공제하지 않는다면 외국에서 감면받은 세액을 우리나라에서 납부하게 되므로 외국에서 감면받은 의미가 없어지게 됨)

2 간접외국납부세액

1) 외국자회사로부터 받은 수입배당금이 있는 경우 접근방법 ⇢ 'p4—73. 2.5—2'에서 정리한 그림임

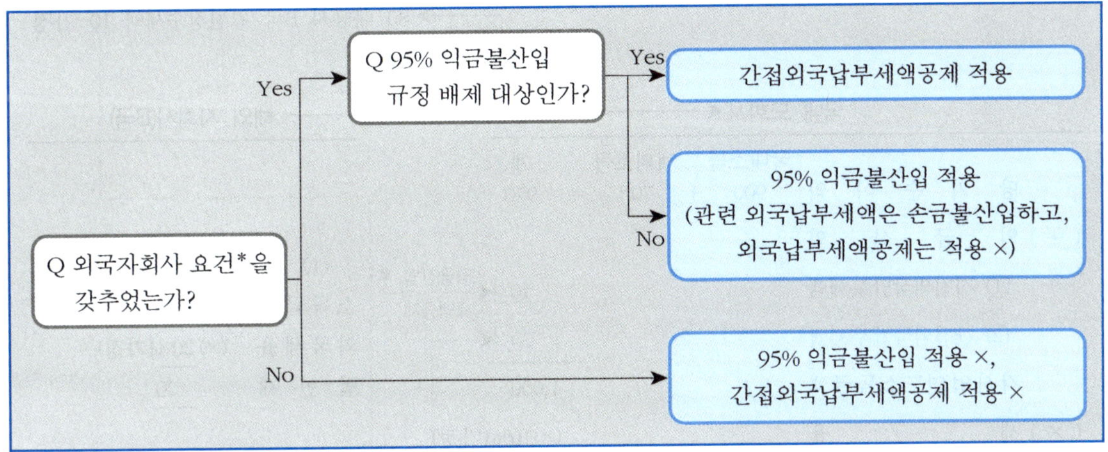

* 외국자회사 요건 : 배당기준일 현재 6개월 이상 계속하여 직접 의결권 있는 주식의 10%(해외자원개발사업은 5%) 이상 보유*1한 외국회사를 말한다.

*1 [세부사항] 내국법인이 적격합병, 적격분할, 적격물적분할, 적격현물출자에 따라 다른 내국법인이 보유하고 있던 외국자회사의 주식등을 승계받은 때에는 그 승계 전 다른 내국법인이 외국자회사의 주식을 취득한 때부터 해당 주식을 보유한 것으로 본다.

2) 간접외국납부세액의 의미 : 내국법인의 소득금액에 외국자회사로부터 받은 수입배당금이 포함되어 있는 경우 외국자회사가 납부한 법인세 중 일정액(간접외국납부세액)을 내국법인이 납부한 것으로 보아 공제하는 금액을 말한다.

3) 간접외국납부세액의 계산 ⇢ 조세조약 유무와 무관하게 적용한다.

$$\text{외국자회사의 해당 사업연도 법인세} \times \frac{\text{수입배당금}}{\text{외국자회사의 해당 사업연도 소득금액} - \text{외국자회사의 해당 사업연도 법인세}}$$

↳ 분모의 의미 : 배당가능한 이익

4) 간접외국납부세액에 대해서 외국납부세액공제 방식을 적용하는 경우 처리방법 ⇢ 「소득세법」상 Gross—up제도와 유사한 구조

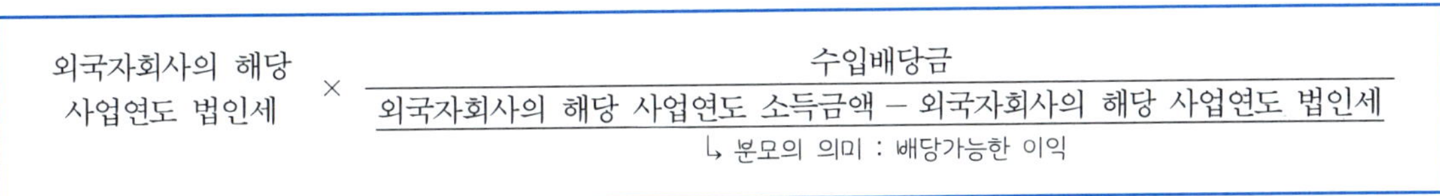

이해

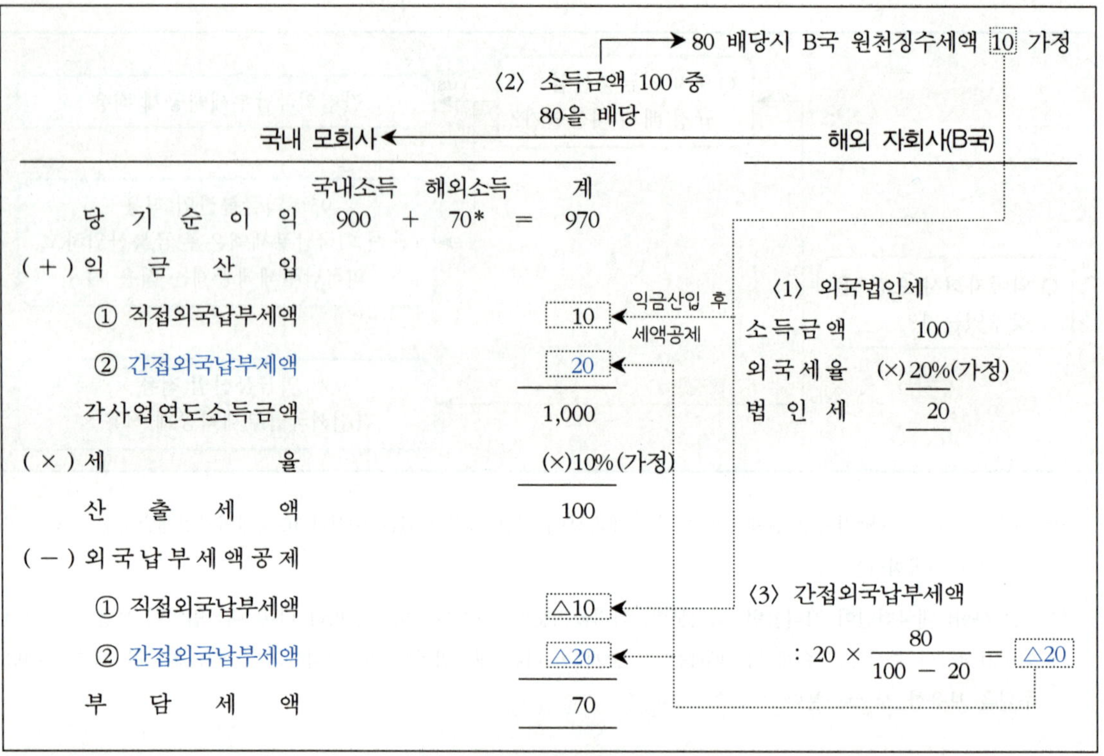

* 70의 도출근거(국내 모회사의 분개)

현 금 70	배당금수익 80
세금과공과 10*1	

- - - ➤ 당기순이익에 반영된 금액 : 80 − 10 = 70

*1 직접외국납부세액 (B국에서 원천징수당한 세액)

(3) 외국납부세액공제액의 계산

- 외국납부세액공제액 : min(①, ②)[1]

  ① 외국납부세액 : 직접외국납부세액 + 의제외국납부세액 + 간접외국납부세액

  ② 한도 : 산출세액* × $\frac{\text{국외원천소득}^{[2]}}{\text{과세표준}}$

* 토지 등 양도소득에 대한 법인세와 미환류소득에 대한 법인세(투자 · 배당 및 상생협력 촉진을 위한 과세특례를 적용하여 계산한 법인세)를 제외한 세액을 말한다.

[1] 적용방법

① 국외사업장이 2 이상의 국가에 있는 경우에는 국가별로 구분하여 한도 계산(국별한도방식)

② 한도초과액이 발생한 경우 10년간 이월하여 한도 내에서 공제받을 수 있다.*2 단, 이월공제기간 내에 공제받지 못한 경우 그 공제받지 못한 외국법인세액은 이월공제기간의 종료일 다음 날이 속하는 사업연도의 소득금액을 계산할 때 손금에 산입할 수 있다.*1

*1 [세부사항] 2021. 1. 1. 이후 개시하는 사업연도의 직전 사업연도까지 공제되지 않고 남아 있는 금액에 대해서는 종전의 5년간 이월공제 규정과 무관하게 위 '②'의 개정규정을 적용한다.

*2 [세부사항] 한도초과액의 이월공제 배제 : 공제한도금액을 초과하는 외국법인세액 중 국외원천소득 대응비용과 관련된 외국법인세액에 대해서는 10년간 이월공제 규정을 적용하지 않는다. 이 경우 해당 외국법인세액은 세액공제를 적용받지 못한 사업연도의 다음 사업연도 소득금액을 계산할 때 손금에 산입할 수 있다.

[2] 국외원천소득

① 국외에서 발생한 소득으로서 내국법인의 각 사업연도 소득의 과세표준 계산에 관한 규정을 준용하여 산출한 금액을 말하며, 「조세특례제한법」이나 그 밖의 법률에 따라 세액감면 또는 면제를 적용받는 경우에는 세액감면 또는 면제대상 국외원천소득에 세액감면 또는 면제비율을 곱한 금액은 제외한다.

② 한도를 계산할 때 과세표준 계산시 공제하는 이월결손금 · 비과세소득 · 소득공제액이 있는 경우 분자의 국외원천소득은 다음과 같이 계산한다. ⟶ 즉, 한도액 산식상 분자의 국외원천소득도 과세표준 개념임

국외원천소득 − 국외원천소득에서 발생한 이월결손금 · 비과세소득 · 소득공제*

* 국외원천소득에서 발생하였는지 구분이 불분명한 경우 계산방법

$$\text{총 이월결손금 · 비과세소득 · 소득공제액} \times \frac{\text{국외원천소득}^{33)}}{\text{각사업연도소득금액}}$$

33) [세부사항] 세액공제를 적용하는 경우 한도액 산식 분자의 국외원천소득은 다음 금액으로 한다.

국외원천소득 = 국외원천소득 − 국외원천소득 대응비용*

* ㉠ 국외원천소득에서 차감되는 국외원천소득 대응비용 : 해당 사업연도의 과세표준을 계산할 때 손금에 산입된 금액(국외원천소득이 발생한 국가에서 과세할 때 손금에 산입된 금액은 제외한다)으로서 국외원천소득에 대응하는 아래 '㉡'의 비용을 말한다.

㉡ 국외원천소득 대응비용의 개념

ⓐ 직접비용 : 국외원천소득에 직접적으로 관련되어 대응되는 비용. 이 경우 해당 국외원천소득과 그 밖의 소득에 공통적으로 관련된 비용은 제외한다.

ⓑ 배분비용 : 해당 국외원천소득과 그 밖의 소득에 공통적으로 관련된 비용 중 재정경제부령으로 정하는 배분방법에 따라 계산한 국외원천소득 관련 비용

사례 결손금이 있는 경우 국별한도방식의 적용방법

	국내	A국	B국	계	외국납부세액공제 한도액
소득금액	10억원	5억원	△3억원	12억원	(A국) 산출세액 × $\frac{\text{국외과.표 4억원}}{\text{과　.　표 12억원}}$
	△2억원*	△1억원	3억원	−	
소득금액	8억원	4억원	−	12억원	(B국) 결손으로 외국납부세액 없음 → 계산 불필요

$* \ 3억원 \times \frac{10억원}{10억원 + 5억원} = 2억원$

(4) 추계시 적용배제

- 법인세를 추계하는 사업연도에는 외국납부세액공제를 적용하지 않는다.
- 단, 천재지변 등의 사유로 장부 등이 멸실되어 추계하는 경우에는 적용한다.

(5) 절차규정

외국납부세액을 산출세액에서 공제하려는 법인은 법인세 과세표준신고와 함께 외국납부세액공제세액계산서를 납세지 관할세무서장에게 제출해야 한다. 외국정부의 국외원천소득에 대한 법인세의 결정·통지의 지연, 과세기간의 상이 등의 사유로 법인세 과세표준신고와 함께 외국납부세액공제세액계산서를 제출할 수 없는 경우에는 외국정부의 국외원천소득에 대한 법인세결정통지를 받은 날부터 3개월 이내에 외국납부세액공제세액계산서에 증빙서류를 첨부하여 제출할 수 있다.

정리 외국납부세액에 대한 세무처리

1. 해외자회사 수입배당금이 외국자회사 수입배당금 익금불산입 규정 적용대상인 경우
요건[배당기준일 현재 6개월 이상 10%(5%) 이상 보유] 충족 여부를 검토하여 충족하면 수입배당금의 95%를 익금불산입한다. 이 경우 외국납부세액은 다음과 같이 처리한다.

구 분	내 용
① 직접외국납부세액	㉠ 외국자회사 수입배당금에 대한 원천징수세액 : 손금불산입하되, 수입배당금 익금불산입 규정을 적용하였으므로 외국납부세액공제 대상이 아니다. ㉡ 해외지점 소득에 대한 법인세 : 손금불산입하고 세액공제한다(세부담 최소화 일반원칙).

② 간접외국납부세액	외국자회사 수입배당금 익금불산입 규정 적용대상이므로 외국납부세액공제 대상이 아니다.
③ 의제외국납부세액	해외지점에서 직접 사업을 하면서 감면받아 납부하지 않는 세액이므로 소득금액 계산시 차감되지 않은 금액이다. 따라서 별도의 세무조정 없이 세액공제한다.

2. 해외자회사 수입배당금이 외국자회사 수입배당금 익금불산입 규정 적용대상이 아닌 경우로서 외국납부세액공제를 적용하는 경우 처리방법

구 분	내 용
① 직접외국납부세액	손금불산입하고 세액공제한다(세부담 최소화 일반 원칙).
② 간접외국납부세액	요건 충족여부를 검토하여 충족하면 익금산입하고 세액공제한다.
③ 의제외국납부세액	해외지점에서 직접 사업을 하면서 감면받아 납부하지 않는 세액이므로 소득금액 계산시 차감되지 않은 금액이다. 따라서 별도의 세무조정 없이 세액공제한다.

2.2 재해손실세액공제

구 분	내 용
공 제 요 건	재해로 인하여 자산의 20% 이상이 상실한 경우
재 해 상 실 비 율	• 계산 : $\dfrac{\text{상실된 자산가액}}{\text{상실전 자산가액}}$ 상실된 자산가액 ⇢ 토지 제외, 보험금을 받더라도 차감 × 상실전 자산가액 ⇢ 토지 제외, 타인 소유자산으로 법인에게 변상책임이 있는 것 포함한다. • 재해발생일 현재의 장부가액으로 계산하되, 장부의 소실 · 분실로 장부가액을 알 수 없는 경우에는 납세지관할세무서장이 조사 · 확인한 재해발생일 현재의 가액으로 계산한다.
재 해 손 실 세 액 공 제 액	• min(①, ②) ① ㉠ + ㉡ ㉠ 재해발생일 현재 미부과 · 미납 법인세(가산세*1 포함) × 상실비율 ㉡ (재해발생 사업연도의 법인세 산출세액 − 「법인세법」 외의 법률에 의한 감면 · 공제세액*2 +가산세*1) × 상실비율 ② 한도 : 상실된 자산가액

절 차	다음의 기한까지 재해손실세액공제신청서를 납세지 관할세무서장에게 제출하여야 한다. ① 재해발생일 현재 과세표준신고기한이 지나지 않은 법인세의 경우 : 그 신고기한. 다만, 재해발생일부터 신고기한까지의 기간이 3개월 미만인 경우에는 재해발생일로부터 3개월 ② 재해발생일 현재 미납된 법인세와 납부해야 할 법인세의 경우 : 재해발생일로부터 3개월

*1 대상 가산세 : 해당 연도의 장부의 기록 · 보관 불성실가산세, 「국세기본법」상 가산세(무신고가산세, 과소신고 · 초과환급신고가산세, 납부지연가산세 및 원천징수등 납부지연가산세)에 한한다. → ∴ 증명서류 수취 불성실 가산세 등 미열거된 가산세는 대상 ×

*2 ∴ 「법인세법」상 공제세액인 외국납부세액공제 및 사실과 다른 회계처리(분식회계)로 인한 경정에 따른 세액공제는 산출세액에서 공제하지 않는다.

2.3 사실과 다른 회계처리(분식회계)로 인한 경정에 따른 세액공제

경정청구로 인하여 환급세액이 발생하는 경우에는 「국세기본법」에 따라 환급금의 결정을 한 날부터 30일 이내에 환급하는 것이 원칙이나, 「법인세법」에서는 분식회계로 인한 경정의 경우에는 다음과 같은 특례규정을 두고 있다.

구 분	내 용
20% 한도로 세액공제 후 이월공제	법에서 정하는 요건*을 모두 충족하는 사실과 다른 회계처리를 하여 과세표준 및 세액을 과다하게 계상함으로써 「국세기본법」에 따라 경정을 청구하여 경정을 받은 경우에는 과다 납부한 세액을 환급하지 아니하고 그 경정일이 속하는 사업연도부터 각 사업연도의 법인세액에서 과다 납부한 세액을 공제한다. 이 경우 각 사업연도별로 공제하는 금액은 과다 납부한 세액의 20%를 한도로 하고, 공제 후 남아 있는 과다 납부한 세액은 이후 사업연도에 이월하여 공제한다. → 이 경우 세액공제 순서 : 세액공제 중 가장 마지막에 공제함(제재조치)[34].
수정신고 납부세액이 있는 경우	위 규정을 적용할 때 내국법인이 해당 사실과 다른 회계처리와 관련하여 그 경정일이 속하는 사업연도 이전의 사업연도에 「국세기본법」에 따른 수정신고를 하여 납부할 세액이 있는 경우에는 그 납부할 세액에서 위 규정에 따른 과다 납부한 세액을 과다 납부한 세액의 20%를 한도로 먼저 공제하여야 한다.

34) [2차 시험 참고용] 'p4-21. [별지 제3호 서식]'에서 '사실과 다른 회계처리 경정세액공제'를 차감하는 방법 '[별지 제3호 서식]'의 '⑮ 차감납부할세액계(각사업연도소득에 대한 법인세, 토지 등 양도소득에 대한 법인세, 미환류소득에 대한 법인세 차감납부할 세액의 합계액)'에서 '⑯'으로 뺀다.

해 산 하 는 경 우	위와 같이 과다 납부한 세액을 공제받은 내국법인으로서 과다 납부한 세액이 남아있는 내국법인이 해산하는 경우에는 다음에 따른다. ① 합병 또는 분할에 따라 해산하는 경우 : 합병법인 또는 분할신설법인(분할합병의 상대방 법인 포함)이 남아 있는 과다 납부한 세액을 승계하여 세액공제한다. ② 위 외의 방법에 따라 해산하는 경우 : 납세지 관할 세무서장 또는 관할지방국세청장은 남아 있는 과다 납부한 세액에서 청산소득에 대한 법인세 납부세액을 빼고 남은 금액을 즉시 환급하여야 한다.
다른 경정 청구 사유가 있는 경우	동일한 사업연도에 사실과 다른 회계처리에 기인한 경정청구의 사유 외에 다른 경정청구의 사유가 있는 경우에는 다음 산식에 의하여 계산한 금액을 그 공제세액으로 한다. $$공제세액 = 과다납부한\ 세액 \times \frac{사실과\ 다른\ 회계처리로\ 인하여\ 과다계상한\ 과세표준}{과다계상한\ 과세표준의\ 합계액}$$
환급가산금	규정 없음(종전 규정 폐지)

* 법에서 정하는 요건 : 다음 요건을 말한다.

① 「자본시장과 금융투자업에 관한 법률」 제159조에 따른 사업보고서 및 「주식회사의 외부감사에 관한 법률」 제8조에 따른 감사보고서를 제출할 때 수익 또는 자산을 과다 계상하거나 손비 또는 부채를 과소 계상할 것

② 내국법인, 감사인 또는 그에 소속된 공인회계사가 다음 중 어느 하나에 해당하는 경고·주의 등의 조치를 받을 것

- 「자본시장과 금융투자업에 관한 법률」에 따른 임원해임권고 등 조치, 경고 또는 주의, 과징금의 부과, 징역 또는 벌금형의 선고
- 「주식회사의 외부감사에 관한 법률」에 따른 감사인 또는 그에 소속된 공인회계사의 등록취소 및 업무·직무의 정지건의, 특정 회사에 대한 감사업무의 제한, 주주총회에 대한 임원의 해임권고 또는 유가증권의 발행제한, 징역 또는 벌금형의 선고

3. 「조세특례제한법」상 세액공제

(1) 연구·인력개발비세액공제(조특법 10) → 최저한세 : 중소기업은 대상×, 비중소기업은 대상○, 농어촌특별세 : 과세×

- 세액공제액 : (1) + (2) + (3). 단, (1)과 (2)를 동시에 적용받을 수 있는 경우에는 그 중 하나만 적용

(1) 신성장·원천기술 연구개발비의 경우(2029. 12. 31.까지 발생분에 한함)

당기 신성장·원천기술 연구개발비 발생액*1 × 공제율*

* 공제율

① 중소기업 : 30% + min($\frac{\text{당기 신성장·원천기술 연구개발비}}{\text{당기 수입금액}^{*4}}$ ×3, 10%)

② 비중소기업 : 20%(25%)*2 + min($\frac{\text{당기 신성장·원천기술 연구개발비}}{\text{당기 수입금액}^{*4}}$ ×3, 10%)

(2) 국가전략기술연구개발비의 경우[2029. 12. 31.(반도체 분야 기술의 경우 2031. 12. 31.)까지 발생분에 한함]

당기 국가전략기술연구개발비 발생액*1 × 공제율*

* 공제율

① 중소기업 : 40% + min($\frac{\text{당기 국가전략기술연구개발비}}{\text{당기 수입금액}^{*4}}$ ×3, 10%)

② 비중소기업 : 30%(35%)*3 + min($\frac{\text{당기 국가전략기술연구개발비}}{\text{당기 수입금액}^{*4}}$ ×3, 10%)

(3) 일반연구·인력개발비*5 : max(①, ②)*6

① 초과발생액기준

(당기 일반연구·인력개발비 발생액*1 − 전기 일반연구·인력개발비 발생액) × { 중소기업 : 50% 중견기업 : 40% 위 외 기업 : 25%

② 당기발생액기준

당기 일반연구·인력개발비 발생액*1 × 공제율*

* 공제율*8

㉠ 중소기업 : 25%

㉡ 중소기업이 최초로 중소기업에 해당하지 않게 된 경우*7

ⓐ 최초로 중소기업에 해당하지 않게 된 과세연도 개시일부터 3년 이내에 끝나는 과세연도까지 : 20%

ⓑ 'ⓐ'기간 이후부터 2년 이내에 끝나는 과세연도까지 : 15%

㉢ 중견기업이 '㉡'에 해당하지 않게 된 경우 : 8%

㉣ 위 외의 비중소기업(대기업) : min(ⓐ, ⓑ)

ⓐ $\frac{\text{당기 일반연구·인력개발비}}{\text{당기 수입금액}^{*4}}$ × 50%

ⓑ 한도 : 2%

*1 발생액 : 현금주의가 아닌 발생주의에 따른 금액을 말한다. → ∴ 어음지급분 포함, 선급금 제외

*2 20%를 적용하되, 중소기업이 최초로 중소기업에 해당하지 않게 된 경우*7에는 최초로 중소기업에 해당하지 않게 된 과세연도의 개시일부터 3년 이내에 끝나는 과세연도까지는 25%를 적용한다.

*3 30%를 적용하되, 중소기업이 최초로 중소기업에 해당하지 않게 된 경우*7에는 최초로 중소기업에 해당하지 않게 된 과세연도 개시일부터 3년 이내에 끝나는 과세연도까지는 35%를 적용한다.

*4 수입금액이란 기업회계기준에 따라 계산한 매출액을 말한다.

*5 '일반연구 · 인력개발비'란 위 '(1)' 및 '(2)'에 해당하지 않거나 '(1) 및 (2)'를 선택하지 않은 내국인의 연구 · 인력개발비를 말한다. ⋯→ ∴ '(1)' 및 '(2)'에 해당하는 연구 · 인력개발비에 대하여 '(1)' 및 '(2)'를 적용하지 않고 해당 금액을 일반연구 · 인력개발비로 보아 '(3)'을 적용할 수 있음

*6 단, 다음의 경우에는 둘 중 큰 금액을 선택할 수 없고, 위 '(3). ② 당기발생액기준'을 공제액으로 한다.

① 당기 개시일부터 소급하여 4년간 일반연구 · 인력개발비가 발생하지 않은 경우

② 직전 과세연도에 발생한 일반연구 · 인력개발비가 당기 개시일부터 소급하여 4년간 발생한 일반연구 · 인력개발비의 연평균발생액*보다 적은 경우 ⋯→ 연계정리 : p4—320. 정리

* '당기 개시일부터 소급하여 4년간 발생한 일반연구 · 인력개발비의 연평균발생액'의 계산방법 :

$$\text{당기 개시일부터 소급하여 4년간 } \frac{\text{일반연구·인력개발비 발생액}}{\text{일반연구·인력개발비가 발생한 과세연도 수}} \times \frac{\text{당기 개월 수*}}{12}$$

* 초월산입 · 말월불산입(개시일이 속하는 달이 1개월 미만이면 1개월로 하고, 종료일이 속하는 달이 1월 미만이면 산입하지 아니함)에 따른다.

사례 발생액은 당기인 10기 300, 9기 150, 8기 100(8기 7월 1일 발생), 7기 이전 0이고, 사업연도가 1. 1. ~12. 31.인 경우 4년간 연평균발생액 : $\frac{150 + 100}{2} \times \frac{12}{12} = 125$

*7 '중소기업이 최초로 중소기업에 해당하지 아니하게 된 경우'란 아래 표 안 '(1)'과 '(2)'의 경우별로 'A'와 'B'의 각 구분에 따른 기간이 지난 경우를 말한다.

구 분	A. 중소기업이 규모의 확대 등 법령으로 정한 요건 위배 등의 사유로 중소기업에 해당하지 않게 된 경우	B. 「중소기업기본법 시행령」 개정으로 중소기업에 해당하지 않게 된 사유가 발생한 경우
(1) 일반연구 · 인력개발비의 경우	중소기업유예기간*	그 사유가 발생한 날이 속하는 과세연도와 그 다음 3개 과세연도
[세부사항] (2) 신성장 · 원천기술 연구개발비와 국가전략기술 연구개발비의 경우	① 2024. 12. 31.이 속하는 과세연도 직전 과세연도의 종료일 이전에 중소기업에 해당하지 않게 된 사유가 발생한 경우 : 최초로 사유가 발생한 날이 속하는 과세연도와 그 다음 3개 과세연도 ② 2024. 12. 31.이 속하는 과세연도의 개시일 이후에 중소기업에 해당하지 않게 된 사유가 발생한 경우 : 중소기업유예기간*	

* 중소기업 유예기간 : 중소기업이 규모의 확대 등 법령으로 정한 요건 위배 등의 사유로 중소기업에 해당하지 않게 되더라도 최초로 그 사유가 발생한 날이 속하는 과세연도와 그 다음 5개 과세연도(최초로 그 사유가 발생한 날이 속하는 과세연도 종료일부터 5년이 되는 날이 속하는 과세연도 종료일 현재 해당 기업이 유가증권시장 또는 코스닥시장에 상장되어 있는 경우에는 7개 과세연도)까지는 이를 중소기업으로 보는데, 이를 중소기업유예기간이라 한다.

*8 당기발생액기준 계산상 적용 공제율 요약

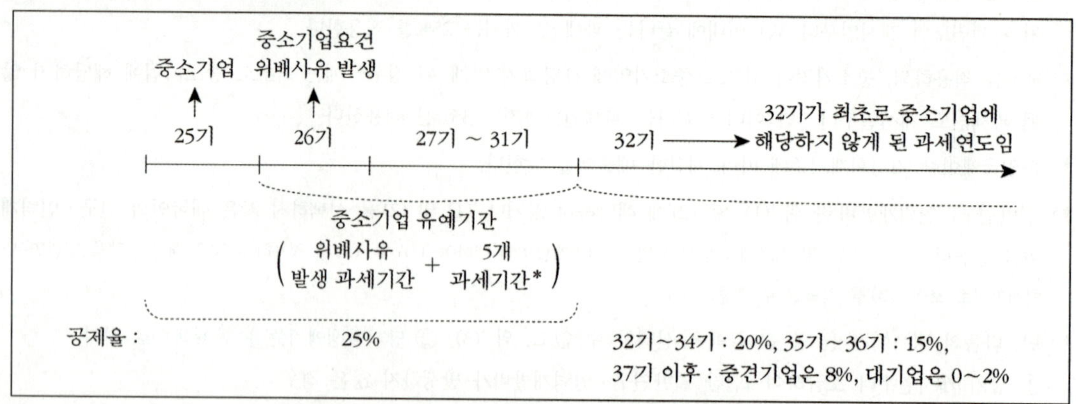

* 코스피 · 코스닥 상장기업은 7개 과세연도

정리 일반연구및인력개발비세액공제액의 계산절차

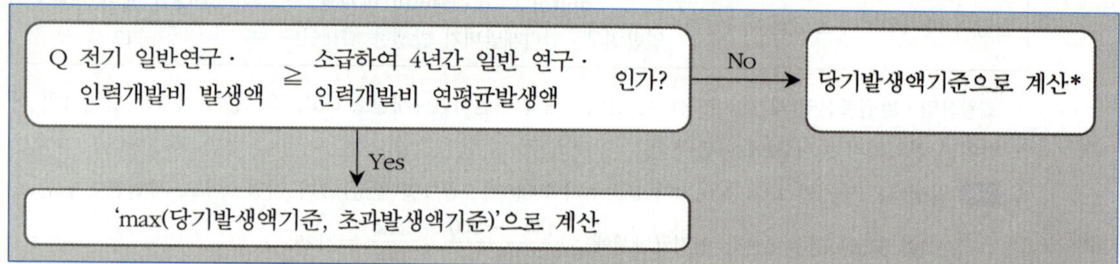

* 당기 개시일부터 소급하여 4년간 일반연구 · 인력개발비가 발생하지 않은 경우에도 당기발생액기준으로 계산한다.

(2) 그 밖의 「조세특례제한법」상 세액공제

- 통합투자세액공제(조특법 24) → 최저한세 대상 ○, 농어촌특별세 과세 ○
- 전자신고세액공제(조특법 104의 8) : 법인이 직접 전자신고방법으로 법인세 과세표준을 신고한 경우 1만원 개정 을 공제한다. → 최저한세 대상 ○, 농어촌특별세 과세 ×
- 통합고용세액공제(조특법 29의 8) 등 그 밖의 세액공제

[3] 기납부세액 : 원천징수세액, 중간예납세액, 수시부과세액

1. 원천징수세액

(1) 구조

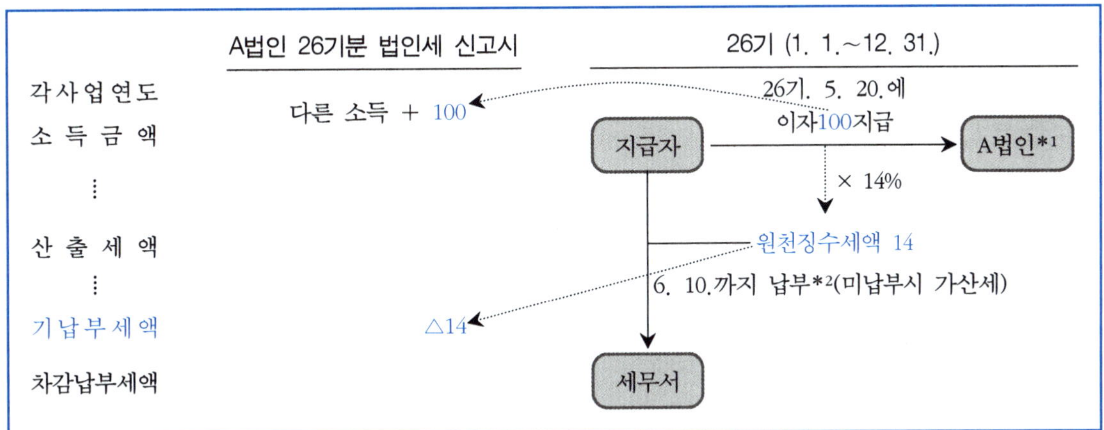

*1 받는 자가 법인이면 「법인세법」 적용, 개인이면 「소득세법」 적용하여 원천징수한다.

*2 원천징수세액(1,000원 이상인 경우에만 해당한다)을 다음 달 10일까지 납부. 단, 직전연도 1월~12월(신규로 사업을 개시한 사업자의 경우 신청일이 속하는 반기)의 매월말 상시 고용인원의 평균인원수가 20인 이하인 원천징수의무자(금융보험업 영위법인 제외)로서 원천징수 관할세무서장으로부터 승인을 얻은 자는 반기의 마지막 달의 다음달 10일까지 납부할 수 있다.

(2) 내국법인에게 지급하는 경우 원천징수 대상소득과 원천징수세율

구 분		원천징수여부		
		법인세법	소득세법	법인세 원천징수세율*2
이 자 소 득		○	○	14%[비영업대금이익 : 25%. 단, 온라인투자연계금융업자를 통하여 지급받는 이자(P2P이자)는 14%]
배 당 소 득*1	투자신탁이익	○	○	14%
	위 외	×	○	−
위 외 의 소 득		×	소득세법에 따름	−

*1 개인에게 지급하는 배당은 원천징수대상이나, 내국법인에게 지급하는 배당은 투자신탁이익만 원천징수대상이다[35].

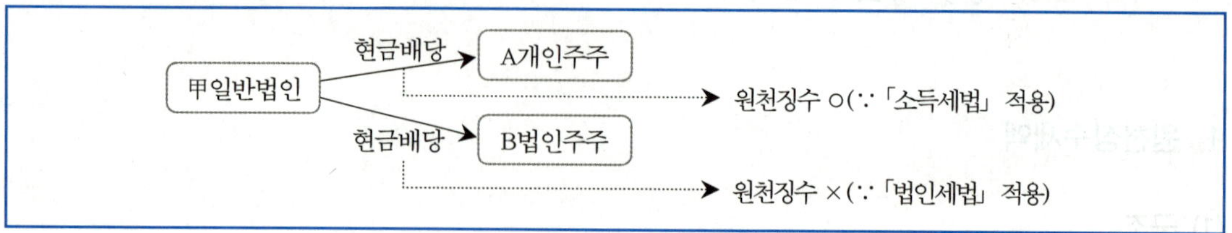

*2 외국법인이 발행한 채권·증권에서 발생하는 원천징수대상 소득을 내국법인에게 지급하는 경우에는 국내에서 그 지급을 대리하거나 그 지급권한을 위임·위탁받은 자가 그 소득에 대한 법인세를 원천징수해야 한다.

(3) 원천징수대상에서 제외되는 소득

① 법인세가 부과되지 아니하거나 면제되는 소득
② 신고한 과세표준에 이미 산입된 미지급소득
③ 은행 등 법령에서 정한 금융회사 등의 법령으로 정한 수입금액(예 : 은행이 받는 이자수입)[36]
④ 기타 법에 열거된 것

2. 중간예납세액

(1) 개요

구 분	내 용
의 의	사업연도의 기간이 6개월을 초과하는 법인은 중간예납기간(해당 사업연도 개시일부터 6개월이 되는 날까지를 말한다)에 대한 법인세를 납부해야 하는 의무

---

35) 법인에게 배당을 지급할 때 위 '*1'과 같이 규정한 이유
- 일반 배당 : 개인에 비해 법인은 장부기장을 하고, 법인세 신고시 수익을 보고하기 때문에 국가입장에서 굳이 지급단계에서 번거롭게 원천징수하지 않더라도 세금 탈루의 위험이 적기 때문이다.
- 투자신탁(펀드)의 이익 : 명목상으로는 배당이지만 그 실질이 이자와 유사하므로 이자소득과의 형평성 및 세원 포착목적으로 원천징수한다.

36) 은행이 법인에게 예금이자를 지급할 때에는 원천징수하지만 법인이 은행에게 차입금이자를 지급할 때에는 원천징수하지 않는 이유
일반법인에게 이자는 '사업 외 소득'이므로 세원을 조기에 포착하기 위하여 원천징수하나, 은행에겐 '사업 매출'이며 국가의 관리하에 수익을 투명하게 신고하므로 미리 원천징수할 필요가 없기 때문이다.

납부기한	중간예납기간이 지난 날부터 2개월 이내 (납부할 세액이 1,000만원 초과시 분납가능)
대 상 제 외	다음 법인은 중간예납의무 없음 ① 「고등교육법」에 따른 사립학교를 경영하는 학교법인, 서울대학교, 인천대학교, 산학협력단, 「초 · 중등교육법」에 따른 사립학교를 경영하는 학교법인 ② 직전 사업연도의 중소기업으로서 'p4-324. 〈방법1〉 직전 사업연도의 산출세액을 기준으로 하는 방법'으로 계산한 금액이 50만원 미만인 내국법인 ③ 신설법인의 최초사업연도. 단, 합병 · 분할로 신설하는 법인은 최초사업연도에도 중간예납세액을 납부할 의무가 있다. ④ 납세지관할세무서장이 중간예납기간 중 휴업 등의 사유로 수입금액이 없는 법인에 대하여 그 사실이 확인된 경우 ⑤ 청산법인, 국내사업장이 없는 외국법인

(2) 구조

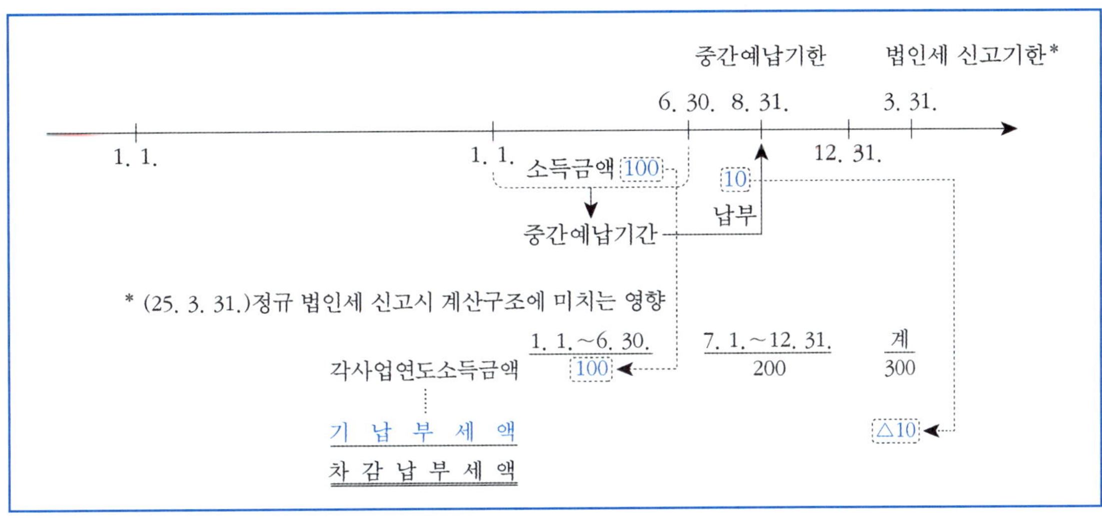

(3) 계산방법

1) 원칙 : 〈방법1〉과 〈방법2〉 중 선택

〈방법1〉 직전 사업연도의 산출세액을 기준으로 하는 방법

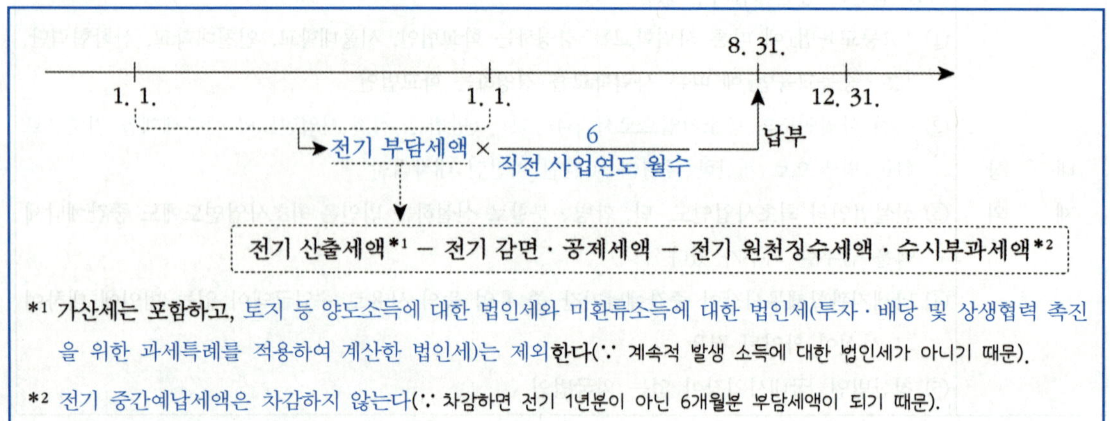

*1 가산세는 포함하고, 토지 등 양도소득에 대한 법인세와 미환류소득에 대한 법인세(투자 · 배당 및 상생협력 촉진을 위한 과세특례를 적용하여 계산한 법인세)는 제외한다(∵ 계속적 발생 소득에 대한 법인세가 아니기 때문).

*2 전기 중간예납세액은 차감하지 않는다(∵ 차감하면 전기 1년분이 아닌 6개월분 부담세액이 되기 때문).

〈방법2〉 당기 중간예납기간의 법인세액을 기준으로 하는 방법

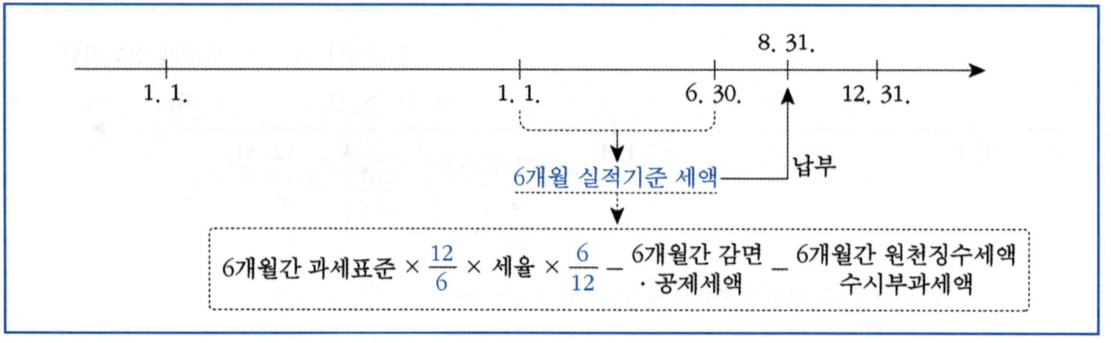

2) 예외

구 분	내 용
① 반드시 〈방법1〉에 의하는 경우	중간예납의 납부기한까지 중간예납세액을 납부하지 아니한 경우
② 반드시 〈방법2〉에 의하는 경우	㉠ 「독점규제 및 공정거래에 관한 법률」에 따른 공시대상기업집단에 속하는 내국법인(매출액이 업종별로 「중소기업기본법 시행령」 별표1에 따른 규모 기준 이내의 법인은 제외한다)의 경우 → 연결법인의 중간예납시에도 동일하게 당기 기준으로 계산함

② 반드시 〈방법2〉에 의하는 경우	㉡ '㉠' 외의 법인으로서 다음 중 어느 하나에 해당하는 경우 • 전기 확정된 법인세 산출세액(가산세는 제외)이 없는 경우(유동화전문회사 등 'p4-293' 표 안 '①'의 어느 하나에 해당하는 법인 또는 프로젝트금융투자회사의 경우는 제외) • 중간예납기간 만료일까지 전기 법인세액이 확정되지 않은 경우 • 분할신설법인 · 분할합병의 상대방법인의 분할 후 최초 사업연도인 경우 • 합병법인 또는 피합병법인이 합병 당시 공시대상기업집단에 속하는 내국법인에 해당하는 경우로서 해당 합병법인의 합병 후 최초 사업연도인 경우

정리 [2차 시험용] 세부담 최소화 가정이 있는 경우 중간예납세액의 계산방법

〈Tip〉 중간예납세액 계산문제에 'p4-327, 제17절'에서 설명할 최저한세 대상 조세감면이 하나라도 있으면 반드시 다음과 같이 계산하여야 한다.

〈1단계〉 전기 납부실적 기준에 따른 세액을 계산한다.

$$\text{전기 부담세액} \times \frac{6}{\text{직전 사업연도 월수}}$$

〈2단계〉 당기 중간예납기간 실적 기준에 따른 세액을 다음 순서로 계산한다.

① 최저한세 계산 : 최저한세 대상 조세감면이 있는지 파악한 후 있으면 최저한세를 계산한다.
② 차감납부세액을 계산한다.

〈3단계〉 '〈1단계〉'와 '〈2단계〉'에서 계산한 세액 중 적은 금액을 중간예납세액으로 한다.

3. 수시부과세액

- 조세포탈을 막기 위해 사유 발생시 관할세무서장 · 지방국세청장이 사업연도 중에 수시로 법인세를 부과하는 제도
- 법인은 수시부과세액을 납부한 후, 정규 법인세 신고시 그 수시부과세액을 기납부세액으로 공제한다.
- 사유별 수시부과세액의 계산

  ① 조세포탈사유의 경우

$$\bullet\ \text{수시부과세액} = \text{수시부과기간의 과세표준} \times \frac{12}{\text{월수}} \times \text{세율} \times \frac{\text{월수}}{12}$$

  ② 주한국제연합군 등으로부터 사업수입금액을 외환증서 · 원화로 영수하는 경우

$$\bullet\ \text{수시부과세액} = \text{사업수입금액} \times (1 - \text{기준경비율}) \times \text{세율}$$

제 17 절 최저한세 · 농어촌특별세

1 최저한세

1. 제도의 취지 : 「조세특례제한법」상 각종 감면을 적용받는 법인이라도 최소한의 세금을 납부하도록 함으로써 공평과세를 실현

2. 적용대상 법인

① 내국법인[9%(15%) 세율이 적용되는 조합법인 등을 제외함]
② 국내사업장이 있거나 부동산소득이 있어 종합과세하는 외국법인

3. 최저한세 적용대상이 되는 조세감면

「조세특례제한법」상	최저한세 적용대상
손금산입 · 익금불산입	① 법에 따라 2026. 12. 31.까지 받은 연구개발출연금 등의 익금불산입 특례(10조의 2) ② 2026. 1. 1.부터 2028. 12. 31.까지 취득하는 중소기업 스마트공장 사업용 유형자산의 감가상각비 손금산입 특례(28조의 5) 개정 (신설) ③ [세부사항] 2021. 12. 31.까지 취득한 설비투자자산의 감가상각비 손금산입 특례 등(28조, 28조의2, 28조의3) ⋯→ 비교 2024. 12. 31.까지 취득한 에너지절약시설에 적용하는 '제28조의4(에너지절약시설의 감가상각비 손금산입 특례)'는 최저한세 대상 아님 ④ 다음의 지방이전에 따른 양도차익의 익금불산입 • 공장의 대도시 밖 이전에 따른 양도차익의 익금불산입(60조 ②) • 본사를 수도권과밀억제권역 밖으로 이전하는데 따른 양도차익의 익금불산입(61조 ③) • 공공기관의 혁신도시 등으로 이전에 따른 양도차익의 익금불산입(62조 ①) • 공장이전법인이 공장을 수도권 밖으로 이전한 경우 수도권과밀억제권역에 있는 공장을 양도함에 따른 양도차익의 익금불산입(63조 ④) • 본사이전법인이 수도권과밀억제권역에 있는 본사를 양도함에 따른 양도차익의 익금불산입(63조의 2 ④)

비 과 세	원칙적으로 최저한세 적용대상이나, 아래 주의 조세감면은 최저한세 적용대상이 아니다.
소 득 공 제	
세 액 감 면	
세 액 공 제	

주 최저한세 적용대상이 아닌 조세감면

- 「법인세법」상 손금산입 · 익금불산입, 비과세, 소득공제, 세액공제
- 「조세특례제한법」상 조세감면 중 다음의 것

구 분	최저한세 적용대상이 아닌 것
소득공제 중	• 고용유지기업에 대한 소득공제 • 자기관리부동산투자회사에 대한 소득공제(55조의 2 규정 중 ⑤에 한함) • 프로젝트금융투자회사에 대한 소득공제(104의 31)
세액감면 중	① ㉠ 창업중소기업 등에 대한 세액감면(6)의 제1항 또는 6항, 연구개발특구에 입주하는 첨단기술기업 등에 대한 법인세감면(12의 2), 위기지역 창업기업에 대한 법인세감면(99의 9), 제주첨단과학기술단지 입주기업에 대한 법인세감면(121의 8), 제주투자진흥지구 · 제주자유무역지역 입주기업에 대한 법인세감면(121의 9), 기업도시개발구역 등의 창업기업 등에 대한 법인세감면(121의 17), 아시아문화중심도시 투자진흥지구 입주기업 등에 대한 법인세감면(121의 20), 금융중심지 창업기업 등에 대한 법인세감면(121의 21), 첨단의료복합단지 입주기업에 대한 법인세감면(121의 22) 규정에 따라 법인세의 100%를 감면받는 과세연도의 경우 ㉡ 창업중소기업 등에 대한 세액감면(6)의 제7항에 따라 추가로 감면받는 부분의 경우 ② 공공차관 도입에 대한 과세특례(20) ③ 해외자원개발투자 배당소득에 대한 법인세 면제(22) ④ 수도권 밖으로 공장을 이전하는 법인에 대한 세액감면 규정(63)에 따라 수도권 밖으로 이전하는 경우 ⑤ 수도권 밖으로 본사를 이전하는 법인에 대한 세액감면(63의 2) ⑥ 영농 · 영어조합에 대한 세액면제(66 ①, 61 ①) ⑦ 농업회사법인에 대한 세액면제(68) 규정에 따라 작물재배업에서 발생하는 소득의 경우

	⑧ 행정중심복합도시 등 공장의 지방이전에 대한 세액감면(85의 2 ③) ⑨ 사회적기업 및 장애인 표준사업장에 대한 법인세 감면(85의 6) ⑩ 해외진출기업의 국내복귀에 대한 세액감면(104의 24) ⑪ 외국인투자 등에 대한 감면(121의 2)
세액공제 중	• 중소기업의 연구및인력개발비세액공제(10) → 비중소기업의 연구및개발비세액공제는 전액 최저한세 대상이다. • 성실신고확인대상 내국법인의 성실신고확인비용에 대한 세액공제*(126의 6) • 상가임대료를 인하한 임대사업자에 대한 세액공제(96의 3) • 지급명세서등에 대한 세액공제(104의 5) (2027년부터 2028년까지 적용 개정)

* 성실신고확인비용에 대한 세액공제 : min(㉠, ㉡)
㉠ 성실신고확인에 직접 사용한 비용 × 60%
㉡ 한도 : 150만원

정리 세액공제 중 최저한세 적용대상이 아닌 것

(1) 「법인세법」상 세액공제 : 외국납부세액공제, 재해손실세액공제, 사실과 다른 회계처리로 인한 경정에 따른 세액공제
(2) 「조세특례제한법」상 세액공제 중 중소기업의 연구및인력개발비세액공제, 성실신고확인비용에 대한 세액공제, 상가임대료를 인하한 임대사업자에 대한 세액공제, 지급명세서등에 대한 세액공제(2027년부터 2028년까지 적용)

4. 최저한세의 계산

(1) 단계적 접근방법

〈1단계〉 최저한세 적용대상 조세감면을 적용받은 후의 세액 계산
〈2단계〉 최저한세 : 최저한세 적용대상 조세감면을 적용받기 전 과세표준 × 최저한세율*
〈3단계〉 차감세액 : max(〈1단계〉금액, 〈2단계〉금액)

* 최저한세율

구 분		최저한세율
중소기업		7%
중소기업이 최초로 중소기업에 해당하지 않게 된 경우*	최초로 중소기업에 해당하지 않게 된 과세연도부터 3년간	8%
	그 다음 2년간	9%
위 외의 비중소기업		① 과세표준 100억원 이하 부분 : 10% ② 과세표준 100억원 초과 1,000억원 이하 부분 : 12% ③ 과세표준 1,000억원 초과 부분 : 17%

* 중소기업이 최초로 중소기업에 해당하지 않게 된 경우란 'p4−319. *7' 표 안 '(1)'의 'A'와 'B'의 각 구분에 따른 기간이 지난 경우를 말한다.

(2) 계산구조

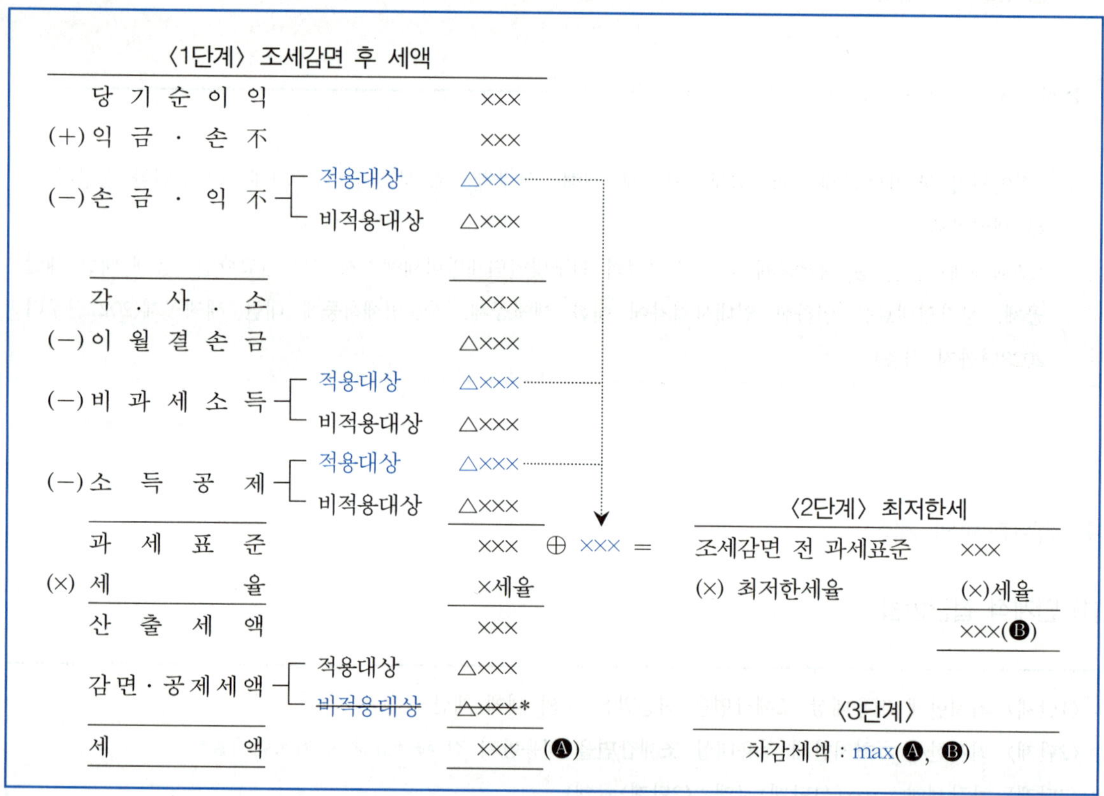

* 최저한세 적용대상이 아닌 감면 · 공제세액은 아래 '5'에서 차감한다.

(3) 최저한세 적용으로 인한 조세감면의 배제순서

- 위의 Ⓐ보다 Ⓑ가 크면 Ⓑ를 최소한 납부하여야 하므로 Ⓑ와 Ⓐ의 차액에 상당하는 세액을 적용배제해야 한다.
- 이 경우 배제순서는 다음에 따른다.
  ① 법인세를 신고하는 경우 : 임의로 선택하여 배제
  ② 경정하는 경우 : 다음 순서(동일항목 내에서는 법조문 순서에 의함)에 따라 순차로 배제 ⇢ 납세자에게 유리한 방향으로 순서를 정하고 있음

〈1〉 손금산입 및 익금불산입 → 〈2〉 세액공제* → 〈3〉 세액감면 → 〈4〉 소득공제 · 비과세

* 동일 조문에 의한 감면세액 중 이월된 공제세액이 있는 경우에는 나중에 발생한 것부터 적용배제한다.

5. 최저한세 적용 후 차감납부세액의 계산

	차감세액 : max(Ⓐ, Ⓑ)
(+)	토지 등 양도소득에 대한 법인세
(+)	미환류소득에 대한 법인세
(−)	최저한세 비적용대상 세액감면 · 세액공제
(+)	가산세
(+)	감면분추가납부세액
	총부담세액
(−)	기납부세액
	차감납부세액

6. 사례

(1) 최저한세 및 차감납부세액의 계산(중소기업 가정)

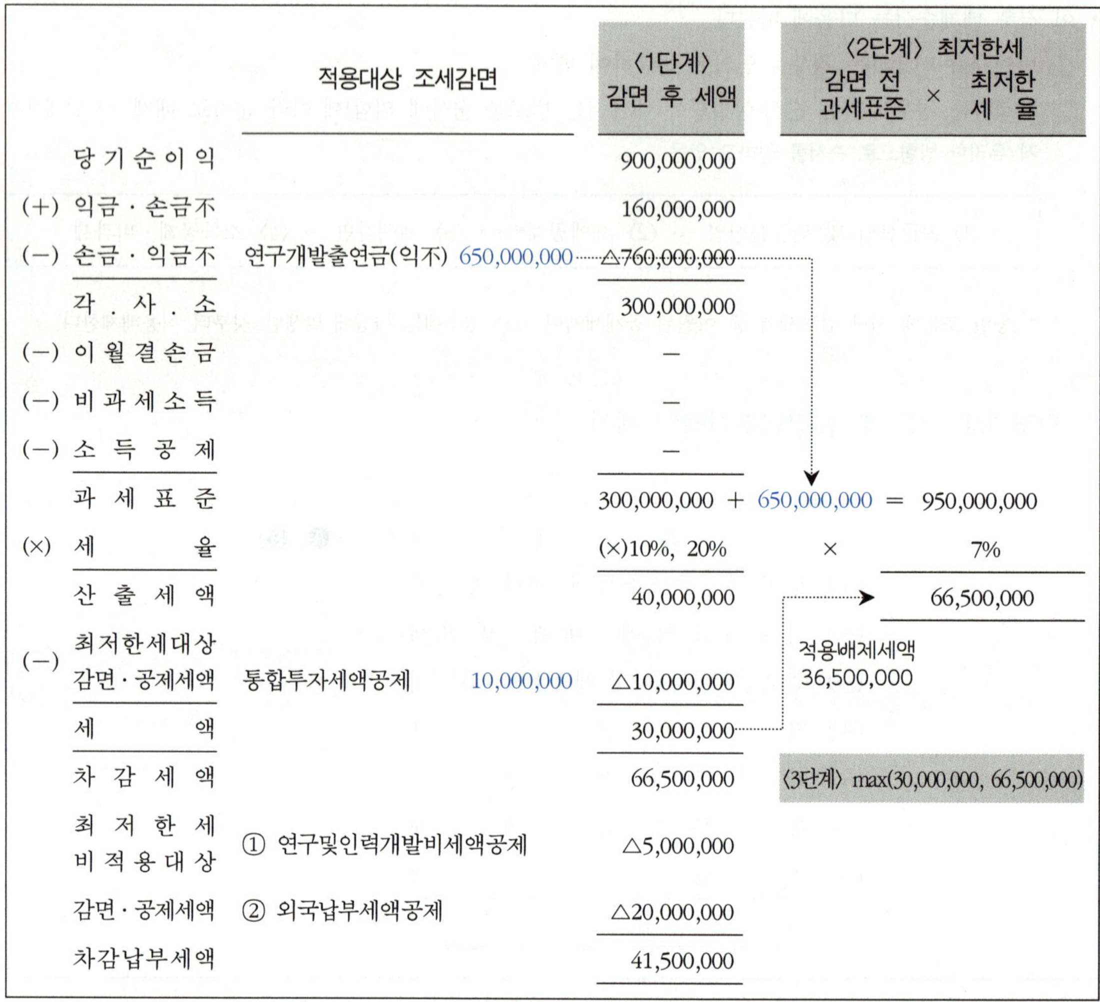

구분	적용대상 조세감면	금액	〈1단계〉 감면 후 세액	〈2단계〉 최저한세 (감면 전 과세표준 × 최저한 세율)
당기순이익			900,000,000	
(+) 익금·손금不			160,000,000	
(−) 손금·익금不	연구개발출연금(익不)	650,000,000	△760,000,000	
각.사.소			300,000,000	
(−) 이월결손금			−	
(−) 비과세소득			−	
(−) 소득공제			−	
과세표준			300,000,000	+ 650,000,000 = 950,000,000
(×) 세율			(×)10%, 20%	× 7%
산출세액			40,000,000	66,500,000
(−) 최저한세대상 감면·공제세액	통합투자세액공제	10,000,000	△10,000,000	적용배제세액 36,500,000
세액			30,000,000	
차감세액			66,500,000	〈3단계〉 max(30,000,000, 66,500,000)
최저한세 비적용대상 감면·공제세액	① 연구및인력개발비세액공제		△5,000,000	
	② 외국납부세액공제		△20,000,000	
차감납부세액			41,500,000	

(2) 최저한세로 인한 연구개발출연금 적용배제액

① 적용배제세액 : 66,500,000 − 30,000,000 = 36,500,000

② 적용배제금액 : 36,500,000 ÷ 한계세율(20%)* = 182,500,000

* 감면 후 과세표준이 300,000,000이므로 연구개발출연금 익금불산입액 중 일부를 감면배제하면 과세표준은 300,000,000보다 커지게 된다. 따라서 최저한세 적용으로 적용배제되는 금액은 과세표준 2억원 초과 200억원 이하 구간에 속하므로 한계세율은 20%이다.

(if) 감면 후 과세표준이 198,000,000인 경우 ⇢ 2억원까지는 10%, 초과분은 20% 적용

세 액	세 율	금 액
200,000④	10%③	2,000,000②
36,300,000⑤	20%⑥	181,500,000⑦
36,500,000①		183,500,000⑧

③ 최저한세로 인한 적용배제액을 감안한 연구개발출연금 손금인정액

650,000,000(최저한세 고려 전 손금산입액) − 182,500,000(위 '(2). ②'의 최저한세로 인한 배제액) = 467,500,000

2 농어촌특별세

1. 의의

① 성격 : 농어촌 발전 관련 재원을 확보하기 위한 목적세

② 납세의무자 : 소득세 · 법인세 · 관세 · 취득세 등의 감면을 받는 자

2. 법인세에 대한 농어촌특별세 : 법인세 신고납부기한 내에 신고납부

① 계산 : 농어촌특별세 = 「조세특례제한법」에 의한 법인세감면세액* × 20%

* 「조세특례제한법」상 비과세 · 소득공제 · 세액감면 · 세액공제로 인한 감면세액을 말한다. ⇢ 최저한세 대상이 되는 손금산입 · 익금불산입으로 인한 감면세액은 농어촌특별세 과세대상이 아니다(∵ 과세이연제도).

② 비과세 : 다음의 조세감면에 대해서는 농어촌특별세 과세 안함

취 지	주요 비과세대상*1
중소기업 지원목적	① 창업중소기업에 대한 세액감면(6조) ② 중소기업에 대한 특별세액감면(7조) ③ 중소기업창업투자회사 등의 주식양도차익 및 배당소득 비과세(13조)
연구및인력개발 지원목적	① 연구및인력개발비 세액공제(10조) ② 기술이전 등에 대한 세액감면(12조)*2
지방이전 지원목적	① 수도권 밖으로 공장을 이전하는 법인에 대한 세액감면(63조) ② 수도권 밖으로 본사를 이전하는 법인에 대한 세액감면(63조의 2) ③ 농공단지 입주기업에 대한 세액감면(64조)

농어촌 지원목적	① 영농조합법인에 대한 법인세면제(66조) ② 영어조합법인에 대한 법인세면제(67조) ③ 농업회사법인에 대한 법인세면제(68조)
기 타	① 전자신고에 대한 세액공제(104의 8) 등 ② 프로젝트금융투자회사에 대한 소득공제(104의 31) 등

*1 [비교정리] 통합투자세액공제 및 통합고용세액공제는 농어촌특별세 과세대상이다.

*2 중소기업 및 중견기업이 자체 연구·개발한 특허권 등을 2026. 12. 31.까지 이전(또는 대여)하면서 발생한 소득에 대하여 법에 정한 요건을 갖춘 경우 50%(대여시 25%)의 세액을 감면하는 제도를 말한다. 참고로 특허권 등 취득금액에 일정률을 곱하여 세액공제하는 제도는 2018년말로 적용이 종료되었다.

제 18 절 절차규정과 가산세

1 절차규정

구 분	내 용
신 고	• 신고기한 : 각 사업연도 종료일이 속하는 달의 말일부터 3개월 이내(성실신고확인서를 제출하는 경우에는 4개월)*1 • 각 사업연도의 소득금액이 없거나 결손금이 있는 법인도 신고는 해야 한다. • 신고시 다음의 필수첨부서류를 미제출하면 무신고로 보아 무신고가산세 적용 ① 기업회계기준을 준용하여 작성한 개별 내국법인의 재무상태표 · 포괄손익계산서 · 이익잉여금처분계산서(또는 결손금처리계산서) ② 세무조정계산서 • 외부세무조정 대상법인*2의 경우 세무조정계산서는 「세무사법」에 따른 세무등록부에 등록한 세무사 · 공인회계사 · 변호사, 세무업무대리등록부에 등록한 공인회계사 · 변호사 중 어느 하나의 자로서 법령으로 정한 조정반에 소속된 자가 작성하여야 한다.
납 부	• 납부기한 : 신고기한과 동일
분 납	• 납부할 세액(가산세와 감면분 추가납부세액 제외)이 1천만원을 초과하는 경우 분납가능(승인 불필요) • 분납기한 : 납부기한이 지난 날부터 1개월(중소기업은 2개월) 이내 • 분납가능금액*3 ① 납부할 세액이 2천만원 이하인 경우 : 1천만원 초과 금액 ② 납부할 세액이 2천만원 초과하는 경우 : 납부할 세액의 50% 이하의 금액
물 납	• 법인세 물납제도 없음

*1 외부감사인에 의한 감사를 받는 법인이 감사가 종결되지 않아 결산이 확정되지 않았다는 사유로 신고기한 종료일 3일 전까지 신고기한 연장을 신청한 경우에는 신고기한을 1개월의 범위에서 연장가능하다. 이 경우 다음의 이자를 추징한다.

• 이자 = 연장된 세액 × 기한연장일수* × 이자율**

* 신고기한의 다음 날부터 신고 · 납부가 이루어진 날 또는 연장된 날까지의 일수

** 국세환급가산금 지급시 적용하는 기본이자율(시중은행의 1년만기 정기예금 평균 수신금리를 고려하여 재정경제부령으로 정하는 기본이자율을 말한다)을 적용한다.

*2 외부세무조정 대상법인 : 전기 수입금액 70억원 이상인 법인, 「주식회사 등의 외부감사에 관한 법률」에 따라 외부의 감사인에게 회계감사를 받아야 하는 법인, 그 밖에 법에 정한 법인을 말한다. 다만, 「조세특례제한법」(제72조)에 따라 당기순이익과세를 적용받는 조합법인 등은 제외한다.

*3 사례 사업연도가 2026. 1. 1.~12. 31.인 경우 각 경우별 분납가능 금액

납부할 세액	분납가능금액	분납기한(중소기업)
15,000,000원	5,000,000원	2027. 4. 30.(2027. 5. 31.)
30,000,000원	15,000,000원	2027. 4. 30.(2027. 5. 31.)

■ 성실신고확인제도

구 분	내 용
성실신고확인대상사업자	다음 중 어느 하나에 해당하는 내국법인은 성실한 납세를 위하여 법인세의 과세표준과 세액을 신고할 때 법에 정한 첨부 서류에 더하여 비치·기록된 장부와 증명서류에 의하여 계산한 과세표준금액의 적정성을 세무사 등 성실신고확인서 작성자가 확인하고 작성한 성실신고확인서를 납세지 관할세무서장에게 제출하여야 한다.*1 ① 부동산임대업을 주된 사업으로 하는 등 'p4-216. 6'에 해당하는 내국법인(유동화전문회사 등 'p4-293' 표 안 '①'의 어느 하나에 해당하는 내국법인 및 프로젝트금융투자회사는 제외) ② 「소득세법」에 따른 성실신고확인대상사업자가 사업용 유형자산 및 무형자산의 현물출자 및 사업의 양도·양수 등의 방법에 따라 내국법인으로 전환한 경우 그 내국법인(사업연도 종료일 현재 법인으로 전환한 후 3년 이내의 내국법인으로 한정한다) ③ 위 '②'에 따라 전환한 내국법인이 그 전환에 따라 경영하던 사업을 위 '②'에서 정하는 방법으로 인수한 다른 내국법인(전환일부터 3년 이내인 경우로서 그 다른 내국법인의 사업연도 종료일 현재 인수한 사업을 계속 경영하고 있는 경우로 한정한다)
성실신고확인서작성자	세무사(「세무사법」에 따라 등록한 공인회계사 포함), 세무법인 또는 회계법인

적용 특례	① 성실신고확인대상 사업자가 성실신고확인서를 제출하는 경우 법인세의 과세표준과 세액을 각 사업연도의 종료일이 속하는 달의 말일부터 4개월 이내에 납세지 관할세무서장에게 신고하여야 한다. ② 성실신고 확인비용에 대한 세액공제 적용(조특법 126의6) ⋯→ 최저한세 대상 × • 세액공제액 : min(㉠, ㉡) ㉠ 성실신고확인에 직접 사용한 비용 × 60% ㉡ 한도 : 150만원 ③ 성실신고 확인대상 내국법인이 각 사업연도 종료일이 속하는 달의 말일부터 4개월 이내에 성실신고확인서를 제출하지 않은 경우 성실신고확인서미제출가산세 적용 • 가산세 : max(①, ②) → 산출세액 없는 경우에도 적용 ① 법인세 산출세액*2 × 5% ② 수입금액 × $\frac{2}{10,000}$

*1 ① 단, 「주식회사의 외부감사에 관한 법률」에 따라 감사인에 의한 감사를 받은 내국법인은 이를 제출하지 아니할 수 있다.

② 납세지 관할세무서장은 제출된 성실신고확인서에 미비한 사항 또는 오류가 있을 때에는 보정할 것을 요구할 수 있다.

*2 토지 등 양도소득에 대한 법인세와 미환류소득에 대한 법인세(투자 · 배당 및 상생협력 촉진을 위한 과세특례를 적용하여 계산한 법인세)는 제외한다.

2 가산세

1. 신고 및 납부와 관련된 가산세(「국세기본법」에 규정)

(1) 부정행위

- 부정행위에 의한 무신고가산세 · 과소신고가산세는 일반적인 방법에 의한 경우보다 무겁게 부과
- 다음 중 하나의 방법으로 신고의무를 위반한 경우를 말한다.
  ① 이중장부의 작성 등 장부의 거짓 기록
  ② 거짓 증빙 또는 거짓 문서의 작성 및 수취
  ③ 장부와 기록의 파기

④ 재산의 은닉, 소득 · 수익 · 행위 · 거래의 조작 또는 은폐

⑤ 고의적으로 장부를 작성하지 아니하거나 비치하지 아니하는 행위 또는 계산서, 세금계산서 또는 계산서합계표, 세금계산서합계표의 조작

⑥ 전사적 기업자원관리설비의 조작 또는 전자세금계산서의 조작

⑦ 그 밖에 위계(僞計)에 의한 행위 또는 부정한 행위

1) 무신고가산세, 과소신고 · 초과환급신고가산세

구 분		가 산 세 액
무 신 고 가 산 세	원 칙	• max(①, ②) ① 무신고납부세액*1 × 20% ② 수입금액 × $\frac{7}{10,000}$
	부정행위로 무신고한 경우	• max(①, ②) ① 무신고납부세액*1 × 40%*2 ② 수입금액 × $\frac{14}{10,000}$
과소신고 · 초과 환급신고 가산세	원 칙	• 과소신고납부세액등*3 × 10%
	부정행위로 인한 경우	• ① + ② ① 부정과소신고가산세 : max(㉠, ㉡) ㉠ 부정과소신고납부세액등*4 × 40%*2 ㉡ 부정과소신고수입금액 × $\frac{14}{10,000}$ ② 일반과소신고가산세 (과소신고납부세액등－부정과소신고납부세액등) × 10%

*1 무신고납부세액 : 법정신고기한까지 과세표준 신고를 하지 아니한 경우 그 신고로 납부하여야 할 세액(가산세와 세법에 따라 가산하여 납부하여야 할 이자상당가산액은 제외)을 말한다.

*2 역외거래에서 발생한 부정행위로 무신고하거나 과소신고 · 초과환급신고한 경우에는 60%

*3 과소신고납부세액등 : 납부할 세액을 신고하여야 할 세액보다 과소신고하거나 환급받을 세액을 신고하여야 할 금액보다 초과신고한 경우 과소신고한 납부세액과 초과신고한 환급세액을 합한 금액(가산세와 세법에 따라 가산하여 납부하여야 할 이자상당가산액은 제외)을 말한다.

*4 부정과소신고납부세액과 일반과소신고납부세액을 구분하기 곤란한 경우 부정과소신고납부세액의 계산방법

$$\text{부정과소신고납부세액} = \text{과소신고납부세액등} \times \frac{\text{부정행위로 인하여 과소신고한 과세표준}}{\text{과소신고한 과세표준}}$$

(2) 납부지연가산세

1) 2026. 6. 30. 이전에 지정납부기한*1이 경과한 경우

- 납부지연가산세 : ① + ② + ③

  ① 미납부세액 · 과소납부분 세액*5 × 일수*2 × $\frac{22}{100,000}$

  ② 초과환급세액*5 × 일수*3 × $\frac{22}{100,000}$

  ③ 법정납부기한까지 납부하여야 할 세액*5 중 납부고지서에 따른 납부기한까지 미납부세액 · 과소납부분 세액 × 3%(납부고지서에 따른 납부기한까지 완납하지 아니한 경우에 한정한다)*4

*1 지정납부기한 : 관할세무서장이 납부고지를 하면서 지정한 기한 및 「소득세법」에 따른 중간예납세액 · 「부가가치세법」상 예정고지 · 예정부과 규정에 따른 부가가치세액 · 「종합부동산세법」에 따른 종합부동산세액을 징수하여야 하는 기한을 말한다.

*2 법정납부기한의 다음 날부터 납부일까지의 일수(납부고지일부터 납부고지서에 따른 납부기한까지의 기간은 제외한다)를 말한다.

*3 환급받은 날의 다음 날부터 납부일까지의 일수(납부고지일부터 납부고지서에 따른 납부기한까지의 기간은 제외한다)를 말한다.

*4 '③'의 의미 : 납부고지 후 고지서에 적힌 납부기한까지 납부하지 않은 세액에 대해 기본적으로 3%를 가산세로 부과한다.

*5 세법에 따라 가산하여야 할 이자상당 가산액이 있는 경우에는 그 금액을 더한다('③'의 경우에도 적용).

- 납부지연가산세를 계산할 때 납부고지서에 따른 납부기한의 다음 날부터 납부일까지의 기간(「국세징수법」 제13조에 따라 지정납부기한과 독촉장에서 정하는 기한을 연장한 경우에는 그 연장기간은 제외한다)이 5년을 초과하는 경우에는 그 기간은 5년으로 한다.
- 체납된 국세의 납부고지서별 · 세목별 세액이 150만원 미만인 경우에는 위 납부지연가산세의 "① 및 ②"의 가산세를 적용하지 아니한다.

2) 2026. 6. 30. 이전에 지정납부기한이 경과하지 아니한 경우. 즉, 2026. 7. 1. 이후에 지정납부기한이 경과한 경우 개정 (납부고지서에 따른 지정납부기한까지 완납하지 않은 경우 납부지연가산세를 하루 단위로 산정하던 것을 1개월이 경과할 때마다 산정하도록 하고, 「국세징수법」에 따른 독촉비용도 납부지연가산세에 포함하도록 함)

- 납부지연가산세 : ① + ② + ③ + ④ + ⑤ + ⑥

  ① 미납부세액 · 과소납부분 세액*5 × 일수*1 × $\frac{22}{100,000}$

  ② 지정납부기한까지 미납부세액 · 과소납부분 세액*5 × 월수*3 × $\frac{67}{10,000}$

③ 초과환급세액*5 × 일수*2 × $\frac{22}{100,000}$

④ 지정납부기한까지 미납부한 초과환급받은 세액*5 × 월수*3 × $\frac{67}{10,000}$

⑤ 법정납부기한까지 납부하여야 할 세액 중 지정납부기한까지 미납부세액 · 과소납부분 세액*5 × 3%*4

⑥ 「국세징수법」에 따른 독촉에 드는 비용으로서 「우편법 시행령」에 따라 고시하는 등기우편에 관한 요금 및 수수료

*1 법정납부기한의 다음 날부터 납부고지일(납부고지일 전에 납부한 경우에는 그 납부일)의 전날까지의 일수를 말한다.

*2 환급받은 날의 다음 날부터 납부고지일(납부고지일 전에 납부한 경우에는 그 납부일)의 전날까지의 일수를 말한다.

*3 지정납부기한의 다음 날부터 납부일의 전날까지 경과한 개월 수

*4 '⑤'의 의미 : 지정납부기한까지 납부하지 않은 세액에 대해 기본적으로 3%를 가산세로 부과한다.

*5 세법에 따라 가산하여야 할 이자상당 가산액이 있는 경우에는 그 금액을 더한다.

- 납부지연가산세를 계산할 때 지정납부기한의 다음 날부터 납부일까지의 기간(「국세징수법」 제13조에 따라 지정납부기한과 독촉장에서 정하는 기한을 연장한 경우에는 그 연장기간은 제외한다)이 5년을 초과하는 경우에는 그 기간은 5년으로 한다.
- 체납된 국세의 납부고지서별 · 세목별 세액이 150만원 미만인 경우에는 위 납부지연가산세의 '②', '④' 및 '⑥'의 가산세를 적용하지 아니한다.

(3) 가산세의 감면(「국세기본법」 내용)

1) 무신고가산세의 감면

무신고가산세의 감면 : 과세표준신고서를 법정신고기한까지 제출하지 아니한 자가 법정신고기한이 지난 후 다음 기한 이내에 기한후신고시 다음과 같이 감면함(결정할 것을 미리 알고 기한후신고서를 제출한 경우는 제외) ⟶ 신고만 하고 납부하지 않는 경우에도 감면함

기한후신고 기간	감면율
1개월 이내	50%
1개월 초과 3개월 이내	30%
3개월 초과 6개월 이내	20%

2) 과소신고 · 초과환급신고가산세의 감면

과소신고 · 초과환급신고가산세의 감면 : 과세표준신고서를 법정신고기한까지 제출한 자가 법정신고기한이 지난 후 다음 기한 이내 수정신고시 다음과 같이 감면함(경정할 것을 미리 알고 수정신고서를 제출한 경우는 제외) ⋯→ 신고만 하고 납부하지 않는 경우에도 감면함

수정신고 기간	감면율
1개월 이내	90%
1개월 초과 3개월 이내	75%
3개월 초과 6개월 이내	50%
6개월 초과 1년 이내	30%
1년 초과 1년 6개월 이내	20%
1년 6개월 초과 2년 이내	10%

3) 납부지연가산세의 감면

과세전적부심사 결정 · 통지기간 내에 그 결과를 통지하지 아니한 경우 결정 · 통지가 지연됨으로써 해당 기간에 부과되는 납부지연가산세를 50% 감면한다.

2. 원천징수 등 납부지연가산세(「국세기본법」에 규정) ⋯→ 「부가가치세법」상 대리납부지연가산세와 「소득세법」상 납세조합납부지연가산세도 동일하게 계산

2026 세법강의 SUMMARY Ⅰ. ‘p1−176. (3)’의 대리납부지연가산세와 동일

■ 중복적용배제

원천징수 등 납부지연가산세가 부과되는 부분에 대해서는 납부지연가산세를 적용하지 않는다.

3. 「법인세법」상 가산세

구 분	적용요건	가산세액
업무용승용차 관련비용 명세서 제출 불성실 가산세*2	업무용승용차 관련비용 등을 손금에 산입한 내국법인이 업무용승용차 관련비용 등에 관한 명세서를 제출하지 아니하거나 사실과 다르게 제출한 경우	① 명세서를 제출하지 아니한 경우 : 업무용승용차 관련비용 등으로 손금에 산입한 금액 × 1% ② 명세서를 사실과 다르게 제출한 경우 : 업무용승용차 관련비용 등으로 손금에 산입한 금액 중 해당 명세서에 사실과 다르게 적은 금액 × 1%
장부의 기록·보관 불성실가산세*2	장부의 비치·기장의무를 이행하지 아니한 경우	• max(①, ②) ① 세무서장이 결정한 산출세액*1 × 20% ② 수입금액 × $\frac{7}{10,000}$
증명서류 수취 불성실가산세*2	사업과 관련하여 일정한 사업자로부터 건당 거래금액(부가가치세를 포함함)이 3만원을 초과하는 재화·용역을 공급받고 신용카드매출전표 등 법정증빙을 수취하지 아니한 경우. 단, 기업업무추진비로서 손금불산입된 경우에는 가산세를 적용하지 아니한다.	적격증명서류를 받지 않거나 사실과 다르게 받은 금액으로 손금에 산입하는 것이 인정되는 금액 × 2%
기 타	성실신고확인서 제출 불성실 가산세, 주주 등의 명세서 등 제출 불성실 가산세, 기부금영수증 발급·작성·보관 불성실가산세, 신용카드 및 현금영수증 발급 불성실 가산세, 지급명세서 제출 불성실 가산세, 계산서 등 제출 불성실 가산세, 특정외국법인의 유보소득 계산명세서 제출 불성실 가산세	

*1 토지 등 양도소득에 대한 법인세와 미환류소득에 대한 법인세(투자·배당 및 상생협력 촉진을 위한 과세특례를 적용하여 계산한 법인세)는 제외한다. ⟶ 산출세액을 기준으로 하는 법인세는 동일하게 적용

*2 산출세액이 없는 경우에도 가산세는 적용한다.

■ 가산세 감면(「국세기본법」 내용)

세법에 따른 제출, 신고, 가입, 등록, 개설의 기한이 지난 후 1개월 이내에 해당 세법에 따른 제출 등의 의무를 이행하는 경우 세법에 따른 제출등의 의무 위반에 대하여 부과되는 가산세를 50% 감면

제 19 절 합병 · 분할 등

[1] 합 병

1. 과세체계

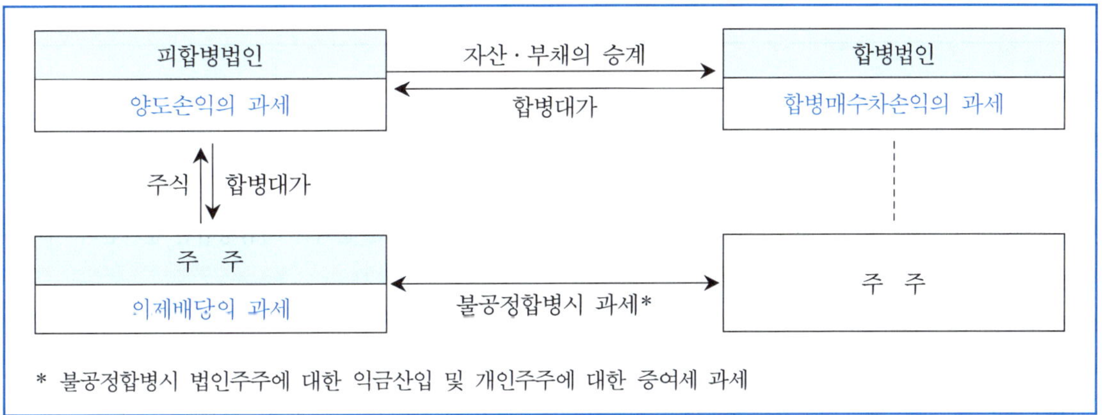

2. 사례를 통한 과세체계의 이해

1. A사(합병법인)가 B사(피합병법인)를 합병하였다.
2. B사(피합병법인)의 합병등기일 현재의 순자산가액

	장부가액	시가
자 산	200	240
부 채	△150	△150
순 자 산	50	90

3. A사(합병법인)가 B사(피합병법인)에게 지급한 양도가액

〈경우1〉 양도가액이 80인 경우

〈경우2〉 양도가액이 30인 경우

〈경우3〉 양도가액이 100인 경우

(1) 비적격합병인 경우

피합병법인(B사) ── 흡수 ──→						합병법인(A사)				
• A사에게 자산을 양도한 것으로 보아 양도손익을 익금 · 손금에 산입함						• B사로부터 자산을 시가로 양도받은 것으로 보아 합병매수차손익을 계산				
•	양도손익	=	B사가 받은 양도가액	−	B사의 순자산 장부가액	• 합병매수차손익	=	순자산시가	−	B사에게 지급한 양도가액
<경우1>	30(익금)	=	80	−	50	10(차익)*1	=	90	−	80
<경우2>	△20(손금)	=	30	−	50	60(차익)*1	=	90	−	30
<경우3>	50(익금)	=	100	−	50	△10(차손)*2	=	90	−	100

*1 합병법인의 매수차익은 5년간 균등 익금산입

*2 합병법인의 매수차손은 5년간 균등 손금산입

㈜ 과세체계의 이해 : 어느 경우든 양도손익과 합병매수차손익을 가감하면 순액은 피합병법인 순자산의 시가와 장부가액의 차액과 동일

피합병법인의 순자산의 (시가−장부가액) = 90 − 50 = 40	=	〈경우1〉	30 + 10 =	40*
		〈경우2〉	△20 + 60 =	40
		〈경우3〉	50 + △10 =	40

* 〈경우1〉을 그림으로 표현하면 다음과 같다.

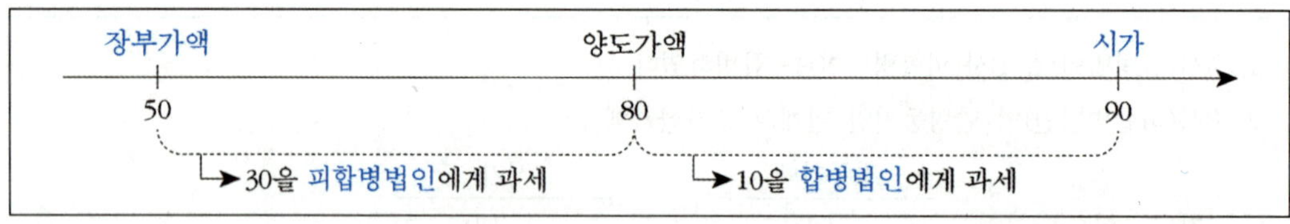

(2) 적격합병의 경우

피합병법인 —흡수→ 합병법인	
양도손익 = 양도가액 − 순자산가액 〈경우1〉 0 = 50 − 50 〈경우2〉 0 = 50 − 50 〈경우3〉 0 = 50 − 50	• 피합병법인의 자산을 장부가액으로 양도받은 것으로 본다. • 시가와 장부가액과의 차이(240−200=40)을 자산조정계정으로 계상한 후, 자산의 처분·상각시 과세한다(과세이연)*.

* 결국 과세시점의 차이만 있을 뿐 총과세액은 비적격합병인 경우와 적격합병인 경우 모두 40으로 동일하다. 적격합병의 경우는 40의 과세시점을 이연시킬 뿐이다.

3. 적격합병·분할의 요건 ⋯→ 비교목적으로 적격분할 요건도 같이 기재

• 다음 요건을 모두 갖출 것(단, 법령에 정한 부득이한 사유가 있는 경우에는 다음 요건을 갖추지 못해도 적격합병·분할이 될 수 있음)

구 분	합 병	분 할*7
사업목적성	합병등기일 현재 1년 이상 계속 사업하던 내국법인 간의 합병일 것. 단, 다른 법인과 합병하는 것을 유일한 목적으로 하는 법인으로서 기업인수목적회사의 경우에는 본문의 요건을 갖춘 것으로 본다.	분할등기일 현재 5년(분할합병시에는 1년) 이상 계속 사업하던 내국법인이 법에 정한 요건*1을 모두 갖추어 분할할 것
지분의 연속성	다음의 요건을 모두 갖출 것 ① 합병대가의 80% 이상이 주식일 것*2 ② 특정지배주주에게 다음 금액 이상의 주식을 각각 배정할 것 • 합병교부주식 × 특정지배주주의 피합병법인에 대한 지분비율*8	다음 요건을 모두 갖출 것 ① 분할대가의 전액이 주식일 것*3 ② 특정지배주주에게 다음 금액 이상의 주식을 각각 배정할 것 • 분할교부주식 × 특정지배주주의 분할법인등에 대한 지분비율*9
	③ 특정지배주주가 합병등기일(분할의 경우는 분할등기일)이 속하는 사업연도말까지 그 주식을 보유할 것*4	
사업의 계속성	합병등기일(분할의 경우는 분할등기일)이 속하는 사업연도말까지 승계받은 사업을 계속할 것.*5 단, 피합병법인이 다른 법인과 합병하는 것을 유일한 목적으로 하는 법인으로서 기업인수목적회사인 경우에는 본문의 요건을 갖춘 것으로 본다.	

고용의 승계 · 유지	합병등기일 1개월 전 당시 피합병법인에 종사하는 「근로기준법」에 따라 근로계약을 체결한 내국인 근로자*6 중 합병법인이 승계한 근로자의 비율이 80% 이상이고, 합병등기일이 속하는 사업연도의 종료일까지 그 비율을 유지할 것	분할등기일 1개월 전 당시 분할하는 사업부문에 종사하는 「근로기준법」에 따라 근로계약을 체결한 내국인 근로자*6 중 분할신설법인등이 승계한 근로자의 비율이 80% 이상이고, 분할등기일이 속하는 사업연도의 종료일까지 그 비율을 유지할 것

*1 법에 정한 요건

> ① 분리하여 사업이 가능한 독립된 사업부문을 분할하는 것일 것
> ② 분할하는 사업부문의 자산 및 부채가 포괄적으로 승계될 것. 다만 공동으로 사용하는 자산 등 대통령령으로 정하는 것은 제외한다.
> ③ 분할법인 등만의 출자에 의하여 분할하는 것일 것

*2 ① 합병대가 중 합병법인 주식가액이 80% 이상이거나 합병법인의 모회사(합병등기일 현재 합병법인의 발행주식총수 또는 출자총액을 소유하고 있는 내국법인을 말한다)의 주식가액이 80% 이상인 경우를 말한다.

② 80% 이상 여부 판단시 주식가액 비율의 계산방법 : $\dfrac{\text{주식수} \times \text{시가}}{\text{주식수} \times \text{시가} + \text{합병교부금 등}}$

*3 분할합병의 경우에는 분할대가의 80% 이상이 분할신설법인등의 주식인 경우 또는 분할대가의 80% 이상이 분할합병법인의 상대방 법인의 발행주식 총수 또는 출자총액을 소유하고 있는 내국법인의 주식일 것

*4 특정지배주주가 합병으로 교부받은 전체 주식의 1/2 미만을 처분한 경우에도 보유요건을 충족한 것으로 본다. 이 경우 주주가 합병으로 교부받은 주식을 서로 간에 처분하는 것은 처분한 것으로 보지 아니하고, 해당 주주 등이 합병법인 주식을 처분하는 경우에는 합병법인이 선택한 주식을 처분한 것으로 본다.

*5 등기일이 속하는 사업연도말까지 승계한 자산가액(유형자산, 무형자산 및 투자자산의 가액을 말한다. 이하 제19절에서 같다)의 1/2 이상을 처분하거나 사업에 사용하지 않으면 사업의 계속성 요건을 충족하지 않은 것으로 본다.

*6 임원, 합병등기일(또는 분할등기일)이 속하는 사업연도 종료일 이전에 정년이 도래하여 퇴직이 예정된 자 및 사망한 근로자 또는 질병·부상 등의 사유로 퇴직한 근로자, 일용근로자, 근로계약기간 6개월 미만 근로자(근로계약의 연속된 갱신으로 인하여 합병등기일 1개월 전 당시 그 근로계약의 총 기간이 1년 이상인 근로자는 제외), 금고이상의 형을 받는 등 재정경제부령으로 정하는 근로자의 중대한 귀책사유로 퇴직하는 근로자는 제외한다.

*7 적격분할 요건 규정에도 불구하고 다음에 해당하는 사업부문을 분할하는 경우에는 적격분할로 보지 아니한다.

① 부동산 임대업을 주업으로 하는 사업부문

② 분할법인으로부터 승계한 사업용 자산가액(재정경제부령으로 정하는 것의 가액은 제외한다) 중 「소득세법」상 양도소득세 과세대상인 토지·건축물 및 부동산에 관한 권리가 80% 이상인 사업부문

*8 지분비율 : 피합병법인의 자기주식 또는 자기출자지분에 대해 합병교부주식등을 배정하지 않는 경우에는 피합병법인의 자기주식 또는 자기출자지분을 제외하고 산정한 지분비율을 말한다.

*9 지분비율 : 분할법인등의 자기주식에 대해 분할신설법인등의 주식을 배정하지 않는 경우에는 분할법인등의 자기주식을 제외하고 산정한 지분비율을 말한다.

4. 비적격합병의 경우 과세체계

(1) 피합병법인에 대한 과세

구 분	내 용
양도손익에 대해 과세	다음의 양도손익을 익금 또는 손금에 산입 양도손익 = 합병법인으로부터 받은 양도가액(1) − 피합병법인의 순자산장부가액(2)
(1) 양도가액의 계산	• 양도가액 = 합병대가*1 + 합병법인이 대납하는 피합병법인의 법인세등*2
(2) 순자산장부가액의 계산	• 순자산장부가액 = (자산 장부가액−부채 장부가액)*3 + 환급법인세액*4

1 ① 합병대가 : 합병교부주식가액(시가) + 합병교부금 및 그 밖의 재산가액

* 합병교부주식 : 피합병법인의 주주가 지급받는 합병법인 또는 합병모회사(합병등기일 현재 합병법인의 발행주식총수 또는 출자총액을 소유하고 있는 법인을 말한다. **개정** (밑줄 부분, 종전 '내국법인'을 '법인'으로 변경하여 외국법인 주식을 포함하도록 함)의 주식을 말한다.

② [세부사항] 합병포합주식(의미 : 합병법인이 합병등기일 전 취득한 피합병법인의 주식)이 있는 경우 합병교부주식가액의 계산방법 : 합병포합주식이 있는 경우에는 합병포합주식에 대해 합병법인의 주식을 교부하지 않더라도 그 지분비율에 따라 합병법인의 주식을 교부한 것으로 보아 합병교부주식가액을 계산한다[취지 : 피합병법인의 주식을 합병 전에 미리 취득한 후 그에 대해 합병대가를 지급하지 않는 방법으로 합병대가를 줄이는 조세회피 목적의 악용방지].

*2 법인세 등 : 법인세 + 법인세(감면세액 포함)에 부과되는 국세 + 법인지방소득세

*3 합병등기일 현재의 세무상 장부가액(=회계상 장부가액±유보)을 말한다.

*4 「국세기본법」에 따라 환급되는 법인세액이 있는 경우에는 위 산식과 같이 그 금액을 순자산장부가액에 더한다.

(2) 합병법인에 대한 과세

구 분		내 용
합병매수차손익에 대한 과세	계산방법	피합병법인의 자산을 시가로 양도받은 것으로 보아 다음과 같이 계산 순자산시가*1 − 피합병법인에게 지급한 양도가액 = ┌ ××× : 합병매수차익 └ △××× : 합병매수차손*2
	처리방법	합병등기일이 속하는 사업연도부터 「합병등기일부터 5년이 되는 날 속하는 사업연도까지 다음 금액을 익금(또는 손금)에 산입」 익금(또는 손금)산입액 = 합병매수차익(또는 합병매수차손) × $\frac{\text{해당 사업연도의 월수}^{*3}}{\text{60개월}}$

이월결손금 등의 승계여부	피합병법인의 세무조정사항 및 이월결손금은 모두 합병법인에게 승계되지 않는다. 단, 세법규정에 따라 퇴직급여충당금 또는 대손충당금을 합병법인이 승계한 경우에는 그와 관련된 세무조정사항은 승계된다.

*1 순자산시가 = 피합병법인의 합병등기일 현재의(자산 총액−부채 총액)

*2 합병매수차손은 발생원인이 영업권(의미 : 합병법인이 피합병법인의 상호 · 거래관계, 그 밖의 영업상의 비밀 등에 대하여 사업상 가치가 있다고 보아 대가를 지급한 경우를 말함)인 경우에 한정하여 인정되며, 그 밖의 경우는 손금으로 인정되지 않는다.

*3 역에 따라 계산하되, 1개월 미만의 일수는 1개월로 함. 이에 따라 합병등기일이 속한 월을 1개월로 계산한 경우에는 합병등기일부터 5년이 되는 날이 속한 월은 계산에서 제외한다 ⟶ 초월을 산입하면 말월은 불산입

사 례

합병등기일은 5기 10월 10일이며, 합병법인에게 합병매수차익 60이 발생하여 이를 회사가 염가매수차익 60(당기 수익)으로 계상한 경우 각 기별 세무조정

5기	6기 ~ 9기	10기
① 합병매수차익 60 : 익금불산입(△유보)		
② 균등 익금산입액 : $60 \times \frac{3개월}{60개월} = 3$	$60 \times \frac{12개월}{60개월} = 12$	$60 \times \frac{9개월}{60개월} = 9$
[익금산입(유보)]	[각 기별로 익금산입(유보)]	[익금산입(유보)]

(3) 피합병법인 주주의 의제배당에 대한 과세 ⟶ 'p4—160. 2' 재정리

다음의 의제배당액에 대한 법인세(개인주주는 소득세) 납세의무를 진다.

> 의제배당액 = 합병대가 − 주식의 Tax상 취득가액
> = [합병교부주식가액* + 합병교부금 · 그 밖의 재산가액] − 주식의 Tax상 취득가액

* 주식의 평가 : 시가로 평가하되, 불공정합병으로 특수관계인으로부터 분여받은 이익이 있는 경우에는 그 금액을 차감한 금액을 시가로 한다(∵ 분여이익과 의제배당의 이중과세 방지).

5. 적격합병의 경우 과세체계

(1) 피합병법인에 대한 과세

(1) 원칙	비적격합병의 경우와 동일하게 과세
(2) 예외	적격합병의 경우에는 다음과 같이 양도손익이 없는 것으로 할 수 있다.*(취지 : 합병을 통한 원활한 기업구조조정을 위해 과세시점을 합병단계가 아닌 합병 후로 이연하기 위함) 양도손익 = 양도가액(= 피합병법인의 순자산 장부가액) − 피합병법인의 순자산 장부가액 = 0

* 특례

① 법에 정한 부득이한 사유가 있는 경우에는 적격합병 요건 중 '지분의 연속성'과 '사업의 계속성' 및 '고용의 승계 · 유지' 요건을 갖추지 못한 경우에도 양도손익이 없는 것으로 할 수 있다.

② 다음 중 어느 하나에 해당하는 경우에는 적격합병 요건을 갖추지 않더라도 양도손익이 없는 것으로 할 수 있다.

㉠ 내국법인이 발행주식총수 또는 출자총액을 소유하고 있는 다른 법인을 합병하거나 그 다른 법인에 합병되는 경우

㉡ 동일한 내국법인이 발행주식 총수 또는 출자총액을 소유하고 있는 서로 다른 법인 간에 합병하는 경우

(2) 합병법인에 대한 과세

• 적격합병을 한 합병법인은 다음과 같이 합병시점에는 합병매수차손익을 과세하지 않고 과세시점을 이연하여 자산의 처분 · 상각시에 과세한다.

[합병 연도] 자산조정계정의 계상(아래 '1)') —과세이연→ [합병 이후 연도] 자산조정계정의 익금(손금)산입(아래 '2)')

• 적격합병을 한 합병법인은 피합병법인의 이월결손금 및 세무조정사항을 승계하며, 합병 전에 피합병법인이 적용받던 감면 · 세액공제를 합병법인이 적용받을 수 있다(법률에 감면 · 세액공제 요건이 있으면 합병법인이 그 요건을 갖춘 경우에 한함).

1) 자산조정계정의 계상

• 적격합병을 한 합병법인은 피합병법인의 자산을 장부가액으로 양도받은 것으로 한다.
• 이 경우 양도받은 자산 및 부채의 가액을 합병등기일 현재의 시가로 계상하되, 다음 금액을 자산조정계정으로 계상해야 한다.

시가 − 장부가액*1 =
- ×××*2 : 차감자산조정계정(손금산입 · △유보)
- △×××*3 : 가산자산조정계정(익금산입 · 유보)

*1 장부가액 = 세무상 장부가액(=회계상 장부가액+유보−△유보) − 유보 + △유보

= 회계상 장부가액(∵ 적격합병시 피합병법인의 유보를 승계하므로 자산조정계정 계산시 유보를 고려하면 유보가 이중으로 사후관리되기 때문)

*2 구체적인 세무조정 방법 : 시가와 장부가액의 차액을 익금에 산입하고, 이에 상당하는 금액을 자산조정계정으로 손금에 산입한다. → 세무조정 순서를 바꾸어도 됨(아래 사례 참고)

*3 구체적인 세무조정 방법 : 시가와 장부가액의 차액을 손금에 산입하고 이에 상당하는 금액을 자산조정계정으로 익금에 산입한다. → 세무조정 순서를 바꾸어도 됨

사 례

적격합병시 합병법인의 자산·부채 승계 관련 세무조정('p4−343'의 사례를 기초로 하되, 합병대가로 지급한 주식의 액면가액은 50, 시가는 90이라고 가정)

구 분	내 용
회 사	(차) 자산 240 (대) 부채 150 자본금 50 주식발행초과금 40
세 법	(차) 자산 240 (대) 부채 150 └→ 시가 자산조정계정 40* 자본금 50
조 정	〈1〉회사손익 0 → ① 자산조정계정 40 : 손금산입(△유보) → ② 주식발행초과금 40 : 익금산입(기타) → 〈2〉세법손익 0

* 시가 − 장부가액 = 240 − 200 = 40

2) 자산조정계정의 사후관리

2)－1. 일반적인 경우 … 과세이연과정

위와 같이 계상한 자산조정계정은 다음의 구분에 따라 익금 또는 손금에 산입한다.

① 감가상각자산에 설정된 자산조정계정

구 분		처 리 방 법
보유하는 사업연도	차감자산 조정계정	다음 금액을 해당 자산의 감가상각비와 상계 감가상각비 × $\frac{\text{차감자산조정계정}}{\text{취득가액}}$
	가산자산 조정계정	가산자산조정계정에 대한 감가상각비를 해당 자산의 감가상각비에 가산
처분하는 사업연도의 사후관리		위와 같이 상계 또는 가산하고 남은 금액을 처분하는 사업연도에 전액 익금 또는 손금에 산입

② 비상각자산에 설정된 자산조정계정 : 자산을 처분하는 사업연도에 전액 익금 · 또는 손금에 산입한다(단, 자기주식을 소각하는 경우에는 익금 · 손금에 산입하지 않고 소멸한다).

2)－2. 사업의 폐지 등 적격요건 이탈사유가 발생한 경우 … 과세이연의 중단

- 합병등기일이 속하는 사업연도의 다음 사업연도 개시일부터 2년 (아래 '(a). ③'의 경우에는 3년)이내에 아래 '(a)'의 사유가 발생하는 경우에는 과세이연을 중단하고 그 사유가 발생하는 사업연도에 아래 '(b)'금액을 익금에 산입한다.

구 분	내 용
(a) 과세이연 중단사유*1	① 사업의 계속성 요건이탈 : 합병법인이 피합병법인으로부터 승계받은 사업을 폐지하는 경우*2 ② 지분의 연속성 요건이탈 : 피합병법인의 특정지배주주가 합병으로 교부받은 주식을 처분하는 경우*3 ③ 고용의 승계 · 유지요건 이탈 : 각 사업연도 종료일 현재 합병법인에 종사하는 「근로기준법」에 따라 근로계약을 체결한 내국인 근로자 수가 합병등기일 1개월 전 당시 피합병법인과 합병법인에 각각 종사하는 근로자 수의 합의 80% 미만으로 하락하는 경우

(b) 익금산입액	① 자산별 차감자산조정계정(△유보) 잔액과 가산자산조정계정(유보) 잔액의 총합계액을 익금에 산입한다. 다만, 총합계액이 0보다 큰 경우에 한정하며, 총합계액이 0보다 작은 경우에는 없는 것으로 한다. ② 피합병법인으로부터 승계받은 결손금 중 공제한 금액 전액을 익금에 산입한다.*4

*1 단, 사업의 계속성요건과 지분의 연속성요건 및 고용의 승계·유지요건에 대한 부득이한 사유가 발생한 경우에는 과세이연을 중단하지 않는다.

*2 2년 이내에 피합병법인으로부터 승계한 자산가액의 1/2 이상을 처분하거나 사업에 사용하지 않는 경우에는 승계받은 사업을 폐지한 것으로 본다.

*3 특정지배주주가 합병으로 교부받은 전체 주식의 1/2 미만을 처분한 경우에는 지분의 연속성요건을 이탈한 것으로 보지 않는다.

*4 또한 합병법인의 소득금액 및 과세표준을 계산할 때 승계한 세무조정사항 중 익금불산입액은 더하고 손금불산입액은 빼며, 피합병법인으로부터 승계하여 공제한 감면·세액공제액을 해당 사유가 발생한 사업연도의 법인세에 더하여 납부하고, 해당 사업연도부터 감면 또는 세액공제를 적용하지 않는다.

3) 과세이연 중단사유가 발생한 경우 합병매수차익(또는 차손)의 처리방법

과세이연 중단사유가 발생하여 자산조정계정 잔액의 총합계액을 익금에 산입한 합병법인은 합병매수차익(또는 차손)에 상당하는 금액을 다음과 같이 처리한다.

합병매수차익(차손)	내 용
계산방법	비적격합병시 합병매수차익(차손)의 계산방법과 동일하다.
처리방법	① 과세이연 중단사유가 발생한 날이 속하는 사업연도 : 다음 금액을 익금(또는 손금)에 산입한다. $$\text{합병매수차익(또는 차손)}^{*1} \times \frac{\text{합병등기일부터 과세이연 중단사유가 발생한 날이 속하는 사업연도 종료일까지의 월수}^{*2}}{\text{60개월}}$$ ② '①'의 사업연도 이후의 사업연도부터 「합병등기일부터 5년이 되는 날이 속하는 사업연도」: 다음 금액을 익금(또는 손금)에 산입한다. $$\text{합병매수차익(또는 차손)}^{*1} \times \frac{\text{해당사업연도의 월수}^{*3}}{\text{60개월}}$$

*1 합병매수차손은 발생원인이 영업권인 경우에 한정한다(위 '②'에서도 같다).

*2 월수는 역에 따라 계산하되, 1개월 미만의 일수는 1개월로 한다.

*3 합병등기일이 속하는 월의 일수가 1개월 미만인 경우 합병등기일부터 5년이 되는 날이 속하는 월은 없는 것으로 한다.

사 례

적격합병에 해당되는 합병의 등기일은 5기 10월 10일이며, 7기에 과세이연 중단사유가 발생한 경우 합병매수차익 상당액 60의 각 기별 익금산입액은?

① 중단 사유가 발생한 제7기 : $60 \times \frac{27개월*}{60개월} = 27$

② 제8기 : $60 \times \frac{12개월}{60개월} = 12$

③ 제9기 : $60 \times \frac{12개월}{60개월} = 12$

④ 제10기 : $60 \times \frac{9개월}{60개월} = 9$

* 5기 10월 10일 ~ 7기 12월 31일의 월수(1개월 미만은 1개월로 함)

(3) 피합병법인 주주의 의제배당에 대한 과세 ⋯▸ 'p4—160. 2' 재정리

다음의 의제배당액에 대하여 법인세(개인주주는 소득세) 납세의무를 진다.

의제배당액 = 합병대가 − 주식의 Tax상 취득가액
= [합병교부주식가액* + 합병교부금 · 그 밖의 재산가액] − 주식의 Tax상 취득가액

* 주식의 평가방법

구 분	평 가 방 법
적격합병의 경우*	① 합병대가를 주식으로만 받는 경우 : 주식의 종전의 장부가액[취지 : 처분시까지 과세이연] ② 합병대가 중 일부를 금전이나 그 밖의 재산으로 받은 경우 : min(시가, 종전의 장부가액)[취지 : 실현된 수익에 대한 과세]
위 외의 경우	시 가

* 여기서 '적격합병'이란 적격합병요건 중 '사업목적성'과 '지분의 연속성 중 ①과 ②의 요건'을 모두 갖춘 합병을 말한다('p4−162. *' 참고).

(4) 합병 후 합병차익의 자본전입으로 인한 무상주 의제배당

'p4−157. *4' 참고

6. 합병시 이월결손금 등 공제 제한

구　분	내　　용
(1) 합병법인의 이월결손금	합병법인의 합병등기일 현재 이월결손금 중 적격합병규정에 따라 합병법인이 승계한 결손금을 제외한 금액은 합병법인의 각 사업연도의 과세표준을 계산할 때 피합병법인으로부터 승계받은 사업에서 발생한 소득금액*1의 범위에서는 공제하지 않는다.*2
(2) 피합병법인의 이월결손금	① 원칙 : 피합병법인의 이월결손금은 합병법인에게 승계되지 않는다. ② 적격합병으로 자산을 장부가액으로 승계하는 경우에는 이월결손금을 승계하며, 승계한 피합병법인의 결손금은 피합병법인으로부터 승계받은 사업에서 발생한 소득금액*1의 범위에서 합병법인의 과세표준을 계산할 때 공제한다.*3
(3) 공제 한도	위 '(1)'과 '(2)'에 따른 합병법인의 합병등기일 현재 결손금과 합병법인이 승계한 피합병법인의 결손금에 대한 공제는 다음 항의 구분에 따른 소득금액의 80%('p4-289. (1)'의 법인인 경우는 100%)를 한도로 한다. ① 합병법인의 합병등기일 현재 결손금의 경우 : 합병법인의 소득금액에서 피합병법인으로부터 승계받은 사업에서 발생한 소득금액을 차감한 금액 ② 합병법인이 승계한 피합병법인의 결손금의 경우 : 피합병법인으로부터 승계받은 사업에서 발생한 소득금액
(4) 적격합병의 경우 자산의 처분손실에 대한 처리	• 적격합병을 한 합병법인은 '합병법인'과 '피합병법인'이 합병 전 보유하던 자산의 처분손실(합병등기일 현재 해당 자산의 시가가 장부가액보다 낮은 경우로서 그 차액을 한도로 하며, 합병등기일 이후 5년 이내에 끝나는 사업연도에 발생한 것만 해당한다)을 각각 합병 전 해당 법인의 사업에서 발생한 소득금액(해당 처분손실을 공제하기 전 소득금액을 말함)의 범위에서 해당 사업연도의 소득금액을 계산할 때 손금에 산입한다. • 이 경우 손금에 산입하지 않은 처분손실은 자산 처분시 각각 합병 전 해당 법인의 사업에서 발생한 결손금으로 본다.*4
(5) 합병법인의 기부금 한도초과이월액의 손금산입 방법	합병법인의 합병등기일 현재 특례기부금 및 일반기부금 한도초과이월액 중 적격합병규정에 따라 합병법인이 승계한 기부금한도초과이월액을 제외한 금액은 합병법인의 각 사업연도의 소득금액을 계산할 때 합병 전 합병법인의 사업에서 발생한 소득금액을 기준으로 기부금 각각의 손금산입한도액의 범위에서 손금에 산입한다.
(6) 피합병법인으로부터 승계한 기부금 한도초과이월액의 손금산입 방법	피합병법인의 합병등기일 현재 기부금한도초과이월액으로서 적격합병규정에 따라 합병법인이 승계한 금액은 합병법인의 각 사업연도의 소득금액을 계산할 때 피합병법인으로부터 승계받은 사업에서 발생한 소득금액을 기준으로 기부금 각각의 손금산입한도액의 범위에서 손금에 산입한다.

*1 구분경리

① 원칙 : 다른 내국법인을 합병하는 법인은 '승계받은 사업에서 발생한 소득금액'을 계산하기 위해서는 피합병법인으로부터 승계받은 사업에 속하는 것과 그 밖의 사업에 속하는 것을 구분경리해야 한다.

② 예외 : 중소기업간의 합병 또는 동일 사업을 하는 법인간의 합병의 경우에는 구분경리하지 않을 수 있다(이 경우 소득금액 계산방법 : 합병등기일 현재의 합병법인과 피합병법인의 사업용 자산가액의 비율로 안분한다).

*2 사례 합병법인(A사업 경영, 이월결손금 200)이 피합병법인(B사업 경영)을 합병하였다. 합병 후 당기의 각사업연도 소득금액은 A사업 : 100, B사업 : 500인 경우 합병법인의 과세표준은? 단, 합병법인은 중소기업이다.

구 분	A사업	B사업	계
각사업연도소득금액	100	500	600
이월결손금	△100**	−*	△100
과세표준	0	500	500

* 피합병법인으로부터 승계받은 소득금액에서는 공제하지 않는다.

** (if) 합병법인이 일반적 비중소기업이라면 위 표 안 '(3)'에 따라 'min(100, 100×80%=80)=80'을 공제한다.

*3 합병 후 승계받은 결손금을 공제한 후, 과세이연 중단사유가 발생한 경우에는 공제한 금액 전액을 그 사유발생일이 속하는 사업연도에 익금산입한다.

*4 사례 5기에 A법인이 B법인을 흡수합병하였다. A법인이 B법인으로부터 양도받은 자산(합병등기일 현재 자산의 시가는 110, 장부가액은 150이었음)을 6기에 처분하여 처분손실 50이 발생하였고, 6기에 B법인으로부터 승계받은 사업에서 발생한 소득금액이 30인 경우 처분손실 40[=min(① 처분손실 : 50, ② 한도 : 150−110=40)]은 소득금액 30의 범위에서만 인정되므로 10을 손금불산입한다. 이 경우 10은 합병 전 B법인 사업에서 발생한 결손금으로 보므로 7기 이후 B법인으로부터 승계받은 사업에서 발생한 소득금액의 범위에서 A법인의 과세표준 계산시 공제한다.

정리 합병시 과세문제 정리

구 분		비적격합병	적격합병
피합병법인의 양도손익에 대한 과세		• 양도손익 = 양도가액* − 순자산장부가액 * 양도가액 = 합병대가 + 법인세대납액	• 양도손익 = 양도가액* − 순자산장부가액 = 0 * 양도가액 : 순자산장부가액
합병법인	자산 승계가액	시가로 승계	• 피합병법인의 장부가액으로 승계 • 시가와 장부가액의 차액을 자산조정계정으로 계상한 후, 그 자산의 처분 · 상각 · 과세이연 중단사유 발생시까지 과세이연
	이월결손금과 세무조정사항의 승계여부	승계되지 않음* * 단, 세법규정에 따라 퇴직급여충당금 또는 대손충당금을 합병법인이 승계한 경우에는 그와 관련된 세무조정사항은 승계된다.	승계된다.
	합병매수차익 [또는 합병매수차손(영업권에 한정함)]	5년간 균등분할 익금산입 (또는 손금산입)	과세이연 중단사유 발생일부터 합병등기일 이후 5년이 되는 날까지 익금산입(또는 손금산입)
피합병법인 주주의 의제배당 과세		• 의제배당 = 합병대가* − 구주식취득가액 * 주식으로 받은 경우 : 시가로 평가	• 의제배당 = 합병대가* − 구주식취득가액 * 주식으로 받은 경우 평가방법 ① 원칙 : 종전의 장부가액 ② 금전을 일부 받은 경우 : min(시가, 종전의 장부가액)

7. [세부사항] 합병포합주식이 있는 경우

(1) 의의

합병포합주식이란 합병법인이 합병등기일 전에 취득한 피합병법인의 주식을 말한다.

(2) 세무처리에 미치는 영향

구 분	내 용
양도손익 계산시	• 양도손익 = 합병대가 − 순자산 장부가액 • 위 산식의 합병대가를 계산할 때 합병포합주식(취득시기 불문)에 대해서 합병교부주식을 교부하지 않더라도 그 지분비율에 따라 합병교부주식을 교부한 것으로 보아 합병대가를 계산한다.
의제배당 계산시	• 의제배당 = 합병대가 − 주식의 취득가액 • 위 산식의 합병대가를 계산할 때에는 합병포합주식에 대한 교부의제액을 고려하지 않는다.
적격요건 판정시	• 주식교부비율 80% 이상 여부 판정시 주식교부비율 계산방법 $\dfrac{\text{합병대가 중 주식가액} + \text{합병포합주식에 대한 교부의제액} - \text{2년 이내 취득한 합병포합주식에 대한 금전교부의제액}}{\text{합병대가} + \text{합병포합주식에 대한 교부의제액}}$

* 2년 이내 취득한 합병포합주식에 대한 금전교부의제액 : 합병법인이 합병등기일 전 2년 이내에 취득한 피합병법인의 주식이 있는 경우에는 다음 금액을 「금전」으로 교부한 것으로 본다.

① 지배주주인 경우 : 2년 이내 취득한 합병포합주식에 대하여 교부한 합병교부주식가액(교부의제액 포함)

② 지배주주가 아닌 경우 : 2년 이내 취득한 합병포합주식이 피합병법인의 발행주식총수의 20%를 초과하는 경우 그 초과하는 합병포합주식에 대하여 교부한 합병교부주식가액(교부의제액 포함)

〈Tip〉 법인세 계산상 주식 관련 제재로서 '2년' 요건을 적용하는 규정은 'p4−3. 2'로 일괄 정리할 것

[2] 분 할

1 분할의 유형

분할시 분할로 인하여 설립되는 법인의 주식을 누가 받는가에 따른 구분

- 인적분할 : 분할법인의 주주가 받는 분할 ⇢ ∴ 합병과 유사한 성격이므로 합병과 인적분할은 과세체계가 유사하다.
- 물적분할 : 분할법인 자신이 받는 분할 ⇢ ∴ 현물출자와 유사한 성격이므로 물적분할과 현물출자는 과세체계가 유사하다.

2 인적분할

[주] 인적분할은 분할법인의 주주가 대가를 받기 때문에 합병과 과세체계가 유사하다. 따라서 합병과 중복되는 내용이 대부분이므로 여기서는 합병과 인적분할의 차이 위주로 설명하고, 나머지는 관련 합병 내용의 페이지만 연결하기로 한다.

1. 과세체계

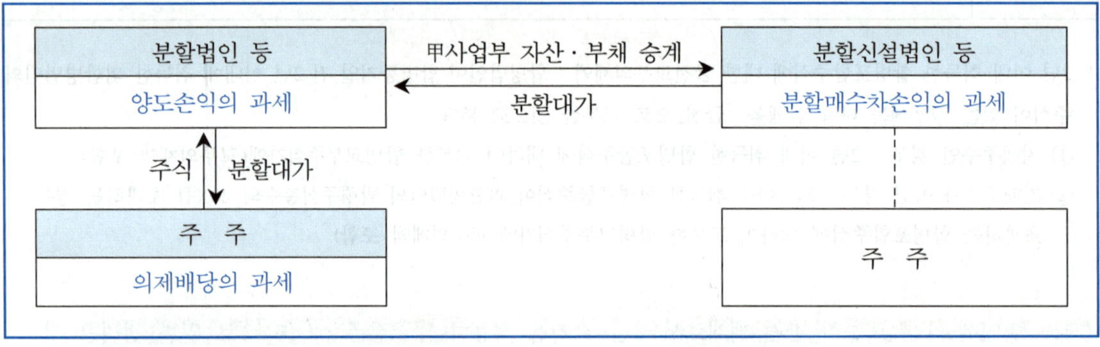

2. 적격분할요건 : 'p4-345. 3' 참고

3. 비적격분할의 경우 과세체계

구 분	내 용
분할법인 등에 대한 과세	• 분할법인이 소멸하는 완전분할의 경우 분할법인등의 양도손익 계산 및 처리방법 : 'p4—347. (1)'에서 설명한 피합병법인의 양도손익에 관한 내용을 참고할 것 • 분할법인이 존속하는 불완전분할의 경우(존속분할)에는 다음과 같이 양도손익을 계산한다. 양도손익 = 분할법인이 분할신설법인등으로부터 받은 양도가액 − 분할법인의 분할한 사업부문의 순자산장부가액
분할신설법인 등에 대한과세	• 분할법인 등의 자산을 시가로 승계한다. • 이 경우 발생한 분할매수차익(또는 차손)의 계산 및 처리방법은 'p4—347. (2)'에서 설명한 합병매수차익(또는 차손)에 관한 내용을 참고할 것
분할법인 등의 주주에 대한 과세	• 의제배당액의 계산방법은 'p4—348. (3)' 참고

4. 적격분할의 경우 과세체계

구 분	내 용
분할법인 등에 대한 과세	'p4—349. (1)'에서 설명한 피합병법인에 대한 과세방법 참고
분할신설법인 등에 대한 과세	• 자산의 승계가액 및 과세이연의 사후관리에 대한 규정은 'p4—349. (2)' 참고 • 이월결손금 승계규정도 준용하되, 분할 후 분할법인이 존속하는 경우에는 분할법인의 결손금은 승계하지 않는다.
분할법인 등의 주주에 대한 과세	의제배당액의 계산은 'p4—353. (3)' 참고

5. 인적분할시 이월결손금 등 공제제한

구 분	내 용
(1) 분할합병의 상대방법인의 이월결손금	분할합병의 상대방법인의 분할등기일 현재 이월결손금 중 적격분할규정에 따라 분할신설법인등이 승계한 결손금을 제외한 금액은 분할합병의 상대방법인의 각 사업연도의 과세표준을 계산할 때 '분할법인으로부터 승계받은 사업에서 발생한 소득금액'의 범위에서는 공제하지 않는다.
(2) 분할법인등의 이월결손금	① 원칙 : 분할 후 분할법인이 존속하는 경우에는 분할법인등의 이월결손금은 분할신설법인등에게 승계되지 않는다. ② 적격분할로 자산을 장부가액으로 승계하는 경우에는 이월결손금을 승계하며, 승계한 분할법인등의 결손금은 '분할법인등으로부터 승계받은 사업에서 발생한 소득금액'의 범위에서 분할신설법인등의 과세표준을 계산할 때 공제한다.
(3) 공제 한도	위 '(1)'과 '(2)'에 따른 분할합병의 상대방법인의 분할등기일 현재 결손금과 분할신설법인등이 승계한 분할법인등의 결손금에 대한 공제는 다음 각 항의 구분에 따른 소득금액의 80%('p4−289. (1)'의 법인인 경우는 100%)를 한도로 한다. ① 분할합병의 상대방법인의 분할등기일 현재 결손금의 경우 : 분할합병의 상대방법인의 소득금액에서 분할법인으로부터 승계받은 사업에서 발생한 소득금액을 차감한 금액 ② 분할신설법인등이 승계한 분할법인등의 결손금의 경우 : 분할법인등으로부터 승계받은 사업에서 발생한 소득금액
(4) 적격분할합병의 경우 자산의 처분손실에 대한 처리	• 적격분할합병을 한 분할신설법인등은 분할법인과 분할합병의 상대방법인이 분할합병 전 보유하던 자산의 처분손실(분할등기일 현재 해당 자산의 시가가 장부가액보다 낮은 경우로서 그 차액을 한도로 하며, 분할등기일 이후 5년 이내에 끝나는 사업연도에 발생한 것만 해당한다)을 각각 분할합병 전 해당 법인의 사업에서 발생한 소득금액(해당 처분손실을 공제하기 전 소득금액을 말함)의 범위에서 해당 사업연도의 소득금액을 계산할 때 손금에 산입한다. • 이 경우 손금에 산입하지 않은 처분손실은 자산 처분시 각각 분할합병 전 해당 법인의 사업에서 발생한 결손금으로 본다.
(5) 분할합병의 상대방법인의 기부금한도초과이월액의 손금산입 방법	분할합병의 상대방법인의 분할등기일 현재 특례기부금 및 일반기부금 한도초과이월액 중 적격분할규정에 따라 분할신설법인등이 승계한 기부금한도초과이월액을 제외한 금액은 분할신설법인등의 각 사업연도의 소득금액을 계산할 때 분할합병 전 분할합병의 상대방법인의 사업에서 발생한 소득금액을 기준으로 기부금 각각의 손금산입한도액의 범위에서 손금에 산입한다.

(6) 피합병법인으로부터 승계한 기부금한도초과이월액의 손금산입 방법	분할법인등의 분할등기일 현재 기부금한도초과이월액으로서 적격분할규정에 따라 분할신설법인등이 승계한 금액*은 분할신설법인등의 각 사업연도의 소득금액을 계산할 때 분할법인등으로부터 승계받은 사업에서 발생한 소득금액을 기준으로 기부금 각각의 손금산입한도액의 범위에서 손금에 산입한다.

* 분할법인등으로부터 승계받은 사업에 속하는 기부금 한도초과액

$$= \text{분할등기일 현재 분할법인등의 기부금한도초과액} \times \frac{\text{분할신설법인등이 각각 승계한 사업용 자산가액}}{\text{분할법인등의 사업용 자산가액}}$$

[주] 인적분할의 경우에도 합병에서 설명한 'p4−355. *1～*4' 내용을 준용한다.

정리 인적분할시 과세문제 정리

구 분		비적격분할	적격분할
분할법인등의 양도손익에 대한 과세		• 양도손익 = 양도가액* − 순자산장부가액 * 양도가액 = 분할대가 + 법인세대납액	• 양도손익 = 양도가액* − 순자산장부가액 = 0 * 양도가액 : 순자산장부가액
분할신설법인등	자산승계가액	시가로 승계	• 분할법인의 장부가액으로 승계 • 시가와 장부가액의 차액을 자산조정계정으로 계상한 후, 그 자산의 처분·상각·과세이연 중단사유 발생시까지 과세이연
	이월결손금과 세무조정사항의 승계여부	승계되지 않음* * 단, 세법규정에 따라 퇴직급여충당금 또는 대손충당금을 승계한 경우에는 그와 관련된 세무조정사항은 승계된다.	승계된다.
	분할매수차익[또는 분할매수차손(영업권에 한정함)]	5년간 균등분할 익금산입(또는 손금산입)	과세이연 중단사유 발생일부터 분할등기일 이후 5년이 되는 날까지 익금산입(또는 손금산입)

분할법인등의 주주의 의제배당 과세	• 의제배당 = 분할대가* − 구주식 취득가액 * 주식으로 받은 경우 : 시가로 평가	• 의제배당 = 분할대가* − 구주식 취득가액 * 주식으로 받은 경우 평가방법 ① 원칙 : 종전의 장부가액 ② 금전을 일부 받은 경우 : min(시가, 종전의 장부가액)

3 물적분할

1. 과세체계

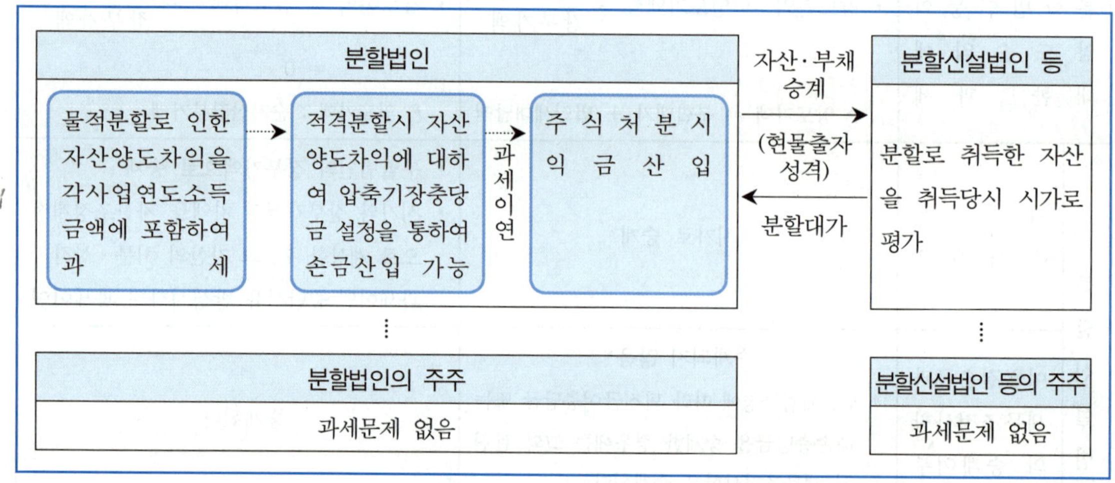

이해 물적분할시 분할법인과 분할신설법인의 세무처리의 이해

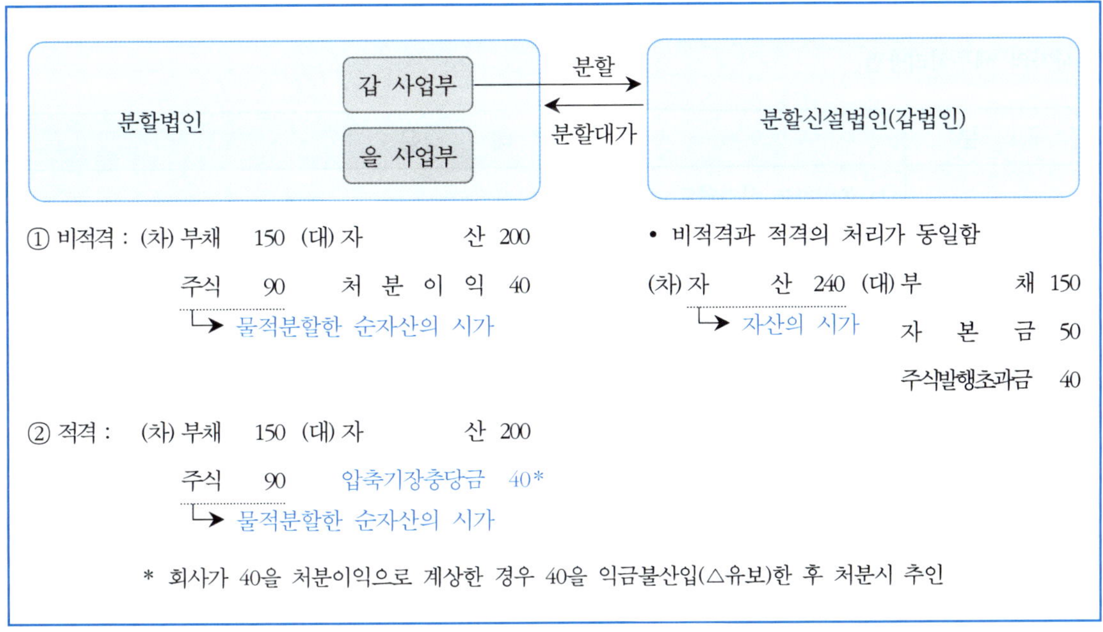

2. 비적격분할의 경우

- 물적분할은 사업부를 분할한 분할법인이 분할신설법인의 주식을 취득하므로 그 성격이 현물출자와 유사하다.
- 각 당사자의 세무처리방법

구 분	내 용
분할법인	분할대가로 취득한 주식을 물적분할한 순자산의 시가로 평가하여 발생한 자산의 양도차익(사업부처분이익)에 대하여 과세한다.
분할신설법인	• 분할로 취득한 자산을 취득당시 시가로 평가한다. • 현물출자를 받고 설립된 경우와 유사하므로, 취득한 자산의 시가와 대가로 발행한 주식의 액면가액과의 차이는 주식발행초과금에 해당된다. 따라서 분할매수차익(또는 차손)이 발생하지 않는다.
분할법인의 주주	주주가 분할대가를 받는 것이 아니므로 의제배당액이 발생하지 않는다.

3. 적격분할의 경우

- 적격분할요건을 갖춘 경우('지분의 연속성'의 경우 분할대가의 전액이 주식 등인 경우로 한정한다) 각 당사자의 세무처리방법

<table>
<tr><th>구 분</th><th>내 용</th></tr>
<tr><td>분 할 법 인</td><td>(1) 분할하는 사업연도
• 분할대가로 취득한 주식을 물적분할한 순자산의 시가로 평가하되, 자산의 양도차익에 대한 과세시점을 이연하기 위하여 압축기장충당금을 설정하여 손금산입 가능
• 분할법인은 위와 같이 손금에 산입한 경우 분할법인이 각사업연도소득금액 및 과세표준을 계산할 때 익금 · 손금에 산입하거나 산입하지 아니한 금액, 그 밖의 자산 · 부채 및 감면 · 공제세액 등을 분할신설법인에 승계한다. 이에 따라 분할신설법인이 승계한 분할법인의 감면 · 세액공제는 분할법인으로부터 승계받은 사업에서 발생한 소득금액 또는 이에 해당하는 법인세액의 범위에서 대통령령으로 정하는 바에 따라 이를 적용한다.
(2) 주식 또는 자산을 처분한 사업연도
1) 손금산입한 금액의 익금산입 : 다음 중 하나의 사유 발생 사업연도에 아래 '2)' 금액을 익금에 산입한다. 단, 분할신설법인이 적격합병되거나 적격분할하는 등 부득이한 사유가 있는 경우는 예외로 한다.
① 분할법인이 분할신설법인으로부터 받은 주식을 처분하는 경우
② 분할신설법인이 분할법인으로부터 승계받은 감가상각자산 · 토지 · 주식 등을 처분하는 경우*1
2) 익금산입액 : 압축기장충당금잔액 × 법령으로 정한 비율*2
(3) 과세이연 중단
분할등기일이 속하는 사업연도의 다음 사업연도 개시일부터 2년 (아래 '③'의 경우에는 3년)이내에 다음 중 하나의 사유가 발생하는 경우 위 '(1)'에서 '(2)'를 뺀 압축기장충당금 잔액을 익금에 산입한다(부득이한 사유 있으면 제외).
① 분할신설법인이 분할법인으로부터 승계받은 사업을 폐지하는 경우
② 분할법인이 분할신설법인의 발행주식총수 또는 출자총액의 50% 미만으로 주식 등을 보유하게 되는 경우
③ 각 사업연도 종료일 현재 분할신설법인에 종사하는 「근로기준법」에 따라 근로계약을 체결한 내국인 근로자 수가 분할등기일 1개월 전 당시 분할하는 사업부문에 종사하는 근로자 수의 80% 미만으로 하락하는 경우</td></tr>
<tr><td>분할신설법인</td><td>• 분할로 취득한 자산을 취득당시 시가로 평가한다.</td></tr>
</table>

*1 이 경우 분할신설법인은 그 자산의 처분 사실을 처분일부터 1개월 이내에 분할법인에게 알려야 한다.

*2 [세부사항] 법령으로 정한 비율 : (①＋②) － (①×②)

① 분할법인의 당기 주식처분비율	:	분할법인이 $\dfrac{\text{당기에 처분한 분할신설법인 주식의 장부가액}}{\text{전기말 현재 보유하고 있는 분할신설법인 주식의 장부가액}}$
② 분할신설법인의 당기 자산처분비율	:	분할신설법인이 $\dfrac{\text{당기에 처분한 승계자산*의 양도차익**}}{\text{전기말 현재 보유하고 있는 분할법인으로부터 승계받은 승계자산*의 양도차익**}}$

* 승계자산 : 감가상각자산[사업에 사용하지 않는 것(유휴설비 제외) 포함], 토지 및 주식등

** 승계자산의 양도차익 ＝ 분할등기일 현재의 승계자산의 시가 － 분할등기일 전날 분할법인이 보유한 승계자산의 장부가액

[3] 현물출자시 과세이연 과세특례

1. 적격현물출자의 요건

- 다른 법인에게 현물을 출자하고 그 대가로 주식을 받는 경우 발생하는 양도차익에 대하여는 법인세를 과세하는 것이 원칙이다.
- 단, 다음의 적격현물출자의 요건을 갖춘 경우에는 그 주식의 처분시까지 과세시점을 이연시킨다.

구 분	과 세 이 연 요 건*
① 사업목적성	출자법인이 현물출자일 현재 5년 이상 사업을 계속한 법인일 것
② 지분의 연속성	출자법인 및 '④'에 따라 출자법인과 공동으로 출자한 자가 현물출자일 다음 날 현재 피출자법인의 발행주식총수 또는 출자총액의 80% 이상의 주식 등을 보유하고, 현물출자일이 속하는 사업연도의 종료일까지 그 주식등을 보유할 것(1/2 미만을 처분한 경우에도 보유요건을 충족한 것으로 본다)
③ 사업의 계속성	피출자법인이 그 현물출자일이 속하는 사업연도의 종료일까지 출자법인이 현물출자한 자산으로 영위하던 사업을 계속할 것
④ 다른 내국인 또는 외국인과 공동으로 출자하는 경우 공동으로 출자한 자가 출자법인의 특수관계인이 아닐 것	

* 다만, 법에 정한 부득이한 사유가 있는 경우에는 지분의 연속성 또는 사업목적성 요건을 갖추지 못한 경우에도 과세이연이 가능하다.

2. 적격현물출자시 각 당사자의 세무처리방법

구 분	내 용
출자법인	(1) 현물출자하는 사업연도 : 자산의 양도차익에 대하여 압축기장충당금을 설정하여 손금산입 가능 (2) 주식 또는 자산을 처분한 사업연도 1) 손금에 산입한 금액의 익금산입 : 다음 중 하나의 사유 발생 사업연도에 아래 '2)' 금액을 익금에 산입한다. 단, 피출자법인이 적격합병되거나 적격분할하는 등 부득이한 사유가 있는 경우는 예외로 한다. ① 출자법인이 피출자법인으로부터 받은 주식을 처분하는 경우 ② 피출자법인이 출자법인으로부터 승계받은 감가상각자산 · 토지 · 주식 등을 처분하는 경우*1 2) 익금산입액 : 압축기장충당금 × 처분비율*2
출자법인	(3) 과세이연 중단 출자법인은 현물출자일이 속하는 사업연도의 다음 사업연도 개시일부터 2년 이내에 다음 중 하나의 사유가 발생하는 경우 위 '(1)'에서 '(2)'를 뺀 압축기장충당금잔액을 익금에 산입한다(부득이한 사유 있으면 제외). ① 피출자법인이 출자법인이 현물출자한 자산으로 영위하던 사업을 폐지하는 경우 ② 출자법인이 피출자법인의 발행주식총수 또는 출자총액의 50% 미만으로 주식을 보유하게 된 경우
피출자법인	현물출자로 취득한 자산을 취득 당시의 시가로 평가한다.

*1 이 경우 피출자법인은 그 자산의 처분 사실을 처분일부터 1개월 이내에 출자법인에게 알려야 한다.

*2 [2차 시험용] 처분비율 : (①+②) − (①×②)

① 출자법인의 당기 주식처분비율 : $\dfrac{\text{당기에 처분한 피출자법인 주식의 장부가액}}{\text{출자법인이 전기말 현재 보유하고 있는 피출자법인 주식의 장부가액}}$

② 피출자법인의 당기 자산처분비율 : $\dfrac{\text{당기에 처분한 승계자산의 양도차익*}}{\text{피출자법인이 전기말 현재 보유하고 있는 출자법인으로부터 승계받은 승계자산의 양도차익*}}$

* 승계자산의 양도차익 = 현물출자일 현재의 승계자산의 시가 − 현물출자일 전날 출자법인이 보유한 승계자산의 장부가

[4] 사업양수 시 이월결손금 공제 제한

구 분	내 용
(1) 적용대상 및 공제제한	내국법인이 다른 내국법인의 사업을 양수하는 경우로서 법령으로 정하는 경우*에는 사업양수일 현재 과세표준계산시 공제가능한 결손금은 사업을 양수한 내국법인의 각 사업연도의 과세표준을 계산할 때 양수한 사업부문에서 발생한 소득금액(아래 '(2)'와 같이 구분기장하지 아니한 경우에는 그 소득금액을 사업양수일 현재 양수법인의 사업용 자산가액과 양수한 사업부문의 사업용 자산가액 비율로 안분계산한 금액으로 한다)의 범위에서는 공제하지 아니한다.
(2) 구 분 기 장	위 규정에 해당하는 다른 내국법인의 사업을 양수하는 내국법인은 사업양수일 현재 과세표준계산시 공제가능한 결손금이 있는 경우 그 결손금을 공제받는 기간 동안 자산·부채 및 손익을 양도법인으로부터 양수한 사업에 속하는 것과 그 밖의 사업에 속하는 것을 각각 다른 회계로 구분하여 기록하여야 한다. 다만, 중소기업 간 또는 동일사업을 하는 법인 간에 사업을 양수하는 경우에는 회계를 구분하여 기록하지 아니할 수 있다.

* 법령으로 정하는 경우란 다음 각 항의 기준에 모두 해당하는 경우를 말한다.

① 양수자산이 사업양수일 현재 양도법인의 자산총액의 70% 이상이고, 양도법인의 자산총액에서 부채총액을 뺀 금액의 90% 이상인 경우

② 사업 양도·양수 계약일 현재 양도·양수인이 특수관계인인 법인인 경우

제 20 절 연결납세제도

- 다른 내국법인을 연결지배*하는 내국법인(비영리법인 등 법령으로 정한 법인은 제외)과 그 다른 내국법인(청산중인 법인 등 법령으로 정한 법인은 제외)은 납세지 관할지방국세청장의 승인을 받아 연결납세방식을 적용할 수 있다(선택사항). 이 경우 연결가능자법인 둘 이상일 때에는 해당 법인 모두가 연결납세방식 적용해야 한다.

  * 연결지배란 내국법인이 다른 내국법인의 발행주식총수 또는 출자총액의 90% 이상을 보유하고 있는 경우를 말한다. 이 경우 보유비율은 의결권 없는 주식을 포함하고, 「상법」 등에 따라 보유하는 자기주식은 제외하는 등 법령으로 정하는 바에 따라 계산한다.

- 연결모법인은 각 연결사업연도 종료일 속하는 달의 말일부터 4개월 이내에 연결사업연도소득에 대한 법인세 과세표준과 세액을 납세지 관할세무서장에게 신고·납부하여야 한다.
- 이하 summary에서는 연결납세방식 적용시 세액의 계산방식만 설명하기로 한다.

1. 연결소득금액 또는 결손금의 계산

각 연결법인별로 다음의 단계에 따라 계산한 소득금액 또는 결손금을 합하여 계산한다.

〈1단계〉 개별납세방식에 따라 각 연결법인별로 각 사업연도소득금액을 계산
〈2단계〉 연결법인간 거래손익을 조정
〈3단계〉 연결법인별 연결조정항목을 제거
〈4단계〉 연결조정항목을 연결집단 기준으로 재계산한 후 법에 정한 비율별로 각 연결법인별로 배분
〈5단계〉 각 연결법인별 소득금액을 합산하여 연결소득금액을 계산

2. 〈2단계〉 연결법인간 거래손익의 조정

(1) 세무조정

연결납세방식은 여러 연결법인을 하나의 법인으로 보고 세무조정하는 방식이므로 연결법인 사이에 이루어진 거래로 인한 손익을 제거하여야 한다. 「법인세법」에서는 다음의 연결법인간 거래손익만 조정하도록 규정하고 있다. [암기 Tip] 수업충양

연결법인간 거래손익	세 무 조 정
① 다른 연결법인으로부터 받은 수입배당금	익금불산입(기 타)
② 다른 연결법인에게 지급한 기업업무추진비	손금불산입(기 타)
③ 다른 연결법인에 대한 채권에 대하여 설정한 대손충당금	손금불산입(기 타)*
④ 자산양도손익의 조정(내부거래손익 조정) 양도손익이연자산을 다른 연결법인에게 양도함에 따라 발생하는 • 소 득 • 손 실	 익금불산입(△유보) 손금불산입(유 보)

* 대손충당금 한도초과액이 있는 경우에는 당초 손비로 계상한 채권별 대손충당금 크기에 비례하여 손금불산입액을 배분하고 다른 연결법인에 대한 채권에 대하여 계상한 대손충당금에서 배분된 손금불산입액을 뺀 금액을 손금불산입한다.

사 례 [2차 시험용] 대손충당금 손금불산입액 계산

〈자료〉

㈜A와 ㈜B는 연결납세법인이고, 개별납세방식에 따라 계산한 ㈜B의 각사업연도소득금액에 대손충당금 한도초과액 20이 있다. 연결납세방식에 따를 경우 위 표 안 '③'에 따라 손금불산입할 ㈜B의 대손충당금 한도초과액은? 단, 기말 현재 재무상태표상 채권 및 대손충당금의 내역은 다음과 같다. (단위 : 1,000,000원)

구 분	㈜A	㈜B	비고
매출채권 (대손충당금)	1,000 (20)	3,000 (40)	–
미수금 (대손충당금)	2,500 (35)	2,000 (10)	㈜B의 미수금 2,000 중 1,200은 ㈜A에 대한 미수금임

〈해답〉

• ㈜B의 대손충당금 거래손익 조정액 (단위 : 1,000,000원)

채 권	대손충당금			거래손익 조정액(손금불산입액)
	회사계상액	한도초과	손금인정액	
매출채권	40(80%)	16	계산불필요	–
미수금	10(20%)	4*1	6*2	$6 \times \frac{\text{㈜A에 대한 미수금 : 1,200}}{\text{㈜B의 미수금 총액 : 2,000}} = 3.6$*3
계	50	20		

*1 채권별 대손충당금 크기에 비례하여 손금불산입액을 배분한다. : 20[개별납세방식에 따른 ㈜B의 손금불산입액] × $\frac{10}{50}$(20%) = 4

*2 다른 연결법인인 ㈜A에 대한 채권이 있는 것만 손금인정액을 계산한다.

*3 미수금 손금인정액 6 중 3.6이 연결법인인 ㈜A에 대한 미수금 손금인정액이며, 이 금액이 ㈜B의 각사업연도소득금액 계산시 손금계상되어있으므로 내부거래손익을 제거하기 위하여 손금불산입한다.

(2) 자산양도손익조정의 범위와 사후관리

1) 양도손익조정의 의미

• 연결법인 사이에 이루어진 법에 정한 자산의 양도에 따라 발생한 손익은 내부거래 손익이다. 따라서 양도법인은 양도한 사업연도의 세무조정시 손금불산입(유보) 또는 익금불산입(△유보)하고, 그 후 양수법인에게 일정사유가 발생하는 시점에 양도법인이 익금산입(유보) 또는 손금산입(△유보)으로 추인하여야 한다.

• 부당행위계산부인이 적용된 거래에 대해서는 자산양도로 인한 내부거래손익을 이연하지 않고 전액을 즉시 과세한다.

2) 양도손익이연자산의 범위

양도시점에 국내에 소재하는 '①부터 '⑤'까지의 자산, '⑥'의 외국법인의 주식등을 말한다.

양도손익이연자산	금액 제한 여부
① 건축물을 제외한 감가상각대상 유형자산 ② 무형자산 ③ 매출채권, 대여금, 미수금 등의 채권	①～③의 자산으로서 거래 건별 장부가액이 1억원 이하인 자산은 양도손익이연자산에서 제외할 수 있다.
④ 금융투자상품* ⑤ 토지와 건축물 ⑥ 다른 연결법인에 전액 양도하는 외국법인의 주식등	금액 제한 없이 양도손익이연자산에 해당

* 「자본시장과 금융투자업에 관한 법률」 제3조 제1항에 따른 금융상품(증권과 파생상품)을 말한다.

3) 발생연도와 추인연도의 양도법인의 세무조정

<table>
<tr><th rowspan="2">발 생 연 도</th><th colspan="2">추 인 연 도</th></tr>
<tr><th>양수법인에게 다음 사유 발생시</th><th>양도법인이 익금산입·손금산입하는 금액</th></tr>
<tr><td rowspan="6">양도소득 : 익금불산입
(△유보)
양도손실 : 손금불산입
(유 보)</td><td>① 자산*1을 감가상각하는 경우*2</td><td>양도소득(손실) × $\frac{\text{감가상각비}}{\text{양수법인의 장부가액}}$</td></tr>
<tr><td>② 자산을 양도*3하는 경우</td><td>양도소득(손실) × 양도비율</td></tr>
<tr><td>③ 자산이 대손발생하거나 멸실된 경우</td><td>양도소득(손실) × $\frac{\text{대손금액 또는 멸실금액}}{\text{양수법인의 장부가액}}$</td></tr>
<tr><td>④ 양도한 채권의 지급기일이 도래하는 경우</td><td>양도법인의 양도가액 − 양도법인의 장부가액</td></tr>
<tr><td>⑤ 자산을 「상법」 제343조에 따라 소각하는 경우</td><td>양도소득(손실) × $\frac{\text{소각자산의 장부가액}}{\text{양수법인의 장부가액}}$</td></tr>
<tr><td colspan="2">⑥ 양도법인 또는 양수법인이 연결납세방식을 적용받지 않게 된 경우 위 '①~⑤'에 따라 추인하고 남은 유보(△유보) 잔액은 연결납세방식을 적용받지 않게 된 날이 속하는 사업연도에 추인한다.</td></tr>
</table>

*1 여기서 '자산'이란 양도손익이연자산을 말한다.

*2 자산을 감가상각하는 경우 위의 산식 대신 다음 산식을 적용한 금액을 추인할 수 있다.

$$\text{양도소득(손실)} \times \frac{\text{해당 사업연도월수*}}{\text{자산의 내용연수 중 경과하지 않은 기간의 월수*}}$$

* 월수는 역에 따라 계산하되 1개월 미만의 일수는 1개월로 한다.

*3 여기서 '양도'에는 양수법인이 다른 연결법인에 양도하는 경우는 제외한다.

3. 〈3단계〉 연결조정항목의 제거

연결납세방식은 여러 연결법인을 하나의 법인으로 보고 세무조정하는 방식이므로 〈3단계〉에서 각 연결법인별로 행한 다음의 세무조정사항을 제거한 후, 〈4단계〉에서 연결집단기준으로 재계산한다.

[암기 Tip] 〈3단계〉 수업기, 〈4단계〉 수업기

연결조정항목	제 거
① 각 연결법인의 수입배당금 이중과세조정에 따른 익금불산입액	익금산입(기타)
② 각 연결법인이 지급한 기업업무추진비 손금불산입액	손금산입(기타)
③ 각 연결법인이 지출한 기부금 손금불산입액	손금산입(기타)

4. 〈4단계〉 연결조정항목을 연결집단기준으로 재계산한 후 각 연결법인별로 배분

(1) 연결법인의 수입배당금 익금불산입

1) 익금불산입액의 계산

연결집단을 하나의 내국법인으로 보아 다음과 같이 이중과세조정액을 계산한다.

$$익금불산입액 = \left(수입배당금 - 지급이자^{*1} \times \frac{주식적수}{자산적수^{*2}}\right) \times 익금불산입률^{*3}$$

*1 지급이자는 각 연결법인의 지급이자를 더하여 계산하되, 연결법인간 지급이자(해당 차입거래에 대하여 부당행위계산의 부인이 적용되는 경우는 제외한다)를 뺀 금액으로 한다.

*2 자산은 각 연결법인의 재무상태표상의 자산총액의 합계액(연결법인에 대한 대여금 · 매출채권 및 연결법인의 주식 등 법에 정하는 자산을 제거한 후의 금액을 말한다)으로 한다.

*3 익금불산입률을 계산할 때 적용하는 출자비율은 각 연결법인이 수입배당금을 지급한 내국법인에 출자한 비율을 더하여 계산한다.

2) 익금불산입액의 배분

위에서 계산한 익금불산입액을 나음 산식에 따라 각 연결법인에게 배분하여 익금불산입한다.

$$연결법인별\ 배분액 = 위\ `1)'의\ 익금불산입액 \times \frac{각\ 연결법인의\ 출자비율}{각\ 연결법인의\ 출자비율\ 합계}$$

(2) 연결법인의 기업업무추진비 손금불산입

1) 손금불산입액의 계산

연결집단을 하나의 내국법인으로 보아 다음과 같이 손금불산입액을 계산한다.

$$손금불산입액 = 연결집단\ 기업업무추진비\ 지출액의\ 합계액 - 기업업무추진비\ 한도액$$

기업업무추진비 한도액*2 : ① + ② + ③ [부동산임대업을 주업으로 하는 법령으로 정한 내국법인의 경우에는 '((①+②+③) × 50%']

① 12,000,000원(중소기업은 36,000,000원) × $\frac{사업연도\ 월수}{12}$

② 일반수입금액*1 × 적용률

③ 특정수입금액 × 적용률 × 10%

*1 수입금액 : 각 연결법인별 수입금액 합계액 − 연결법인간 양도손익이연자산의 양도에 따른 수입금액

*2 문화기업업무추진비 및 전통시장 · 지역사랑상품권 지출 기업업무추진비가 있는 경우에는 한도액 가산

2) 손금불산입액의 배분

각 연결법인별 배분액 : ① + ②
① 위 '1)'의 손금불산입액 × $\frac{\text{각 연결법인의 기업업무추진비 지출액}}{\text{각 연결법인의 기업업무추진비 지출액의 합계}}$
② 한 차례에 3만원 초과 적격증빙 미수취 기업업무추진비 손금불산입액 중 각 연결법인이 지출한 금액

(3) 연결법인의 기부금 손금불산입

1) 손금불산입액의 계산

연결집단을 하나의 내국법인으로 보아 다음과 같이 손금불산입액을 계산한다.

기부금 종류별 손금불산입액 : 기부금 종류별 지출액의 합계액 − 기부금 종류별 한도액

기부금 종류별 한도액
① 특례기부금 : 기준금액 × 50%
② 우리사주조합기부금 : (기준금액−특례기부금 손금인정액) × 30%
③ 일반기부금 : (기준금액−특례기부금 손금인정액−우리사주조합기부금 손금인정액) × 10%(30% 개정)

2) 손금불산입액의 배분

각 연결법인별 배분액 : ① + ②
① 비지정기부금 중 각 연결법인이 지출한 기부금
② 위 '1)'의 손금불산입액 × $\frac{\text{각 연결법인의 기부금 종류별 지출액}}{\text{각 연결법인의 기부금 종류별 지출액의 합계}}$

■ 이월 손금산입액의 배분방법

위 규정에 따라 손금불산입한 특례기부금 및 일반기부금의 손금산입한도초과액을 다음연도 이후로 이월하여 손금에 산입하는 경우 그 이월하여 손금에 산입하는 금액 중 각 연결법인별 배분액은 다음과 같이 계산한다.

연결집단을 하나의 내국법인으로 보아 계산한 기부금 한도초과 이월액 중 손금산입액 × $\frac{\text{각 연결법인의 기부금 종류별 손금산입 한도초과액}}{\text{각 연결법인의 기부금 종류별 손금산입 한도초과액의 합계}}$

정 리 연결소득금액(또는 결손금)의 계산구조 요약

[암기 Tip] 수업충양 수업기 수업기

구 분	연결모법인	연결자법인
〈1단계〉 연결법인별 각사업연도소득금액 계산	×××	×××
〈2단계〉 연결법인간 거래손익 조정		
① 다른 연결법인으로부터 받은 수입배당금	△×××(기 타)	△×××(기 타)
② 다른 연결법인에게 지급한 기업업무추진비	×××(기 타)	×××(기 타)
③ 다른 연결법인 채권에 대한 대손충당금	×××(기 타)	×××(기 타)
④ • 양도손익조정자산 양도소득*	△×××(△유 보)	△×××(△유 보)
• 양도손익조정자산 양도손실*	×××(유 보)	×××(유 보)
〈3단계〉 연결조정항목의 제거		
① 수입배당금 익금불산입액	×××(기 타)	×××(기 타)
② 기업업무추진비 손금불산입액	△×××(기 타)	△×××(기 타)
③ 기부금 손금불산입액	△×××(기 타)	△×××(기 타)
〈4단계〉 연결조정항목의 연결법인별 배분		
① 수입배당금 익금불산입액의 배분액	△×××(기 타)	△×××(기 타)
② 기업업무추진비 손금불산입액의 배분액	×××(기 · 사 · 유)	×××(기 · 사 · 유)
③ 기부금 손금불산입액의 배분액	×××(기 · 사 · 유)	×××(기 · 사 · 유)
〈5단계〉 • 각 연결법인별 소득금액 계산	△×××(A)	△×××(B)
• 연결소득금액	A + B	

* 양수법인이 해당 자산을 감가상각하거나 양도하는 등 추인사유가 발생하는 연도에 양도법인이 양도소득 · 양도손실을 추인한다.

5. 연결과세표준의 계산

(1) 계산구조

	연 결 소 득 금 액
(−)	이 월 결 손 금
(−)	각 연결법인의 비과세소득의 합계액
(−)	각 연결법인의 소득공제액의 합계액
	연 결 과 세 표 준

(2) 이월결손금

- 당기에 공제가능한 이월결손금 : 각 연결사업연도의 개시일 전 15년* 이내에 개시한 연결사업연도의 결손금(연결법인의 연결납세방식의 적용 전에 발생한 결손금을 포함한다)으로서 그 후의 각 연결사업연도(사업연도를 포함한다)의 과세표준을 계산할 때 공제되지 아니한 금액을 말한다.

  * 2020. 1. 1. 이후 개시하는 사업연도에 발생한 결손금부터 15년간 이월공제하며, 2020. 1. 1. 전에 개시하는 사업연도에 발생한 결손금은 종전 규정에 따라 10년간 이월공제한다.

- 연결과세표준을 계산할 때 먼저 발생한 사업연도의 결손금부터 공제한다.
- 법인별 공제금액

  ① 'p4−289. (1)'의 법인 : 공제가능한 결손금 100%

  ② 위 외의 법인 : 연결소득 개별귀속액의 80% 범위에서 공제

6. 연결산출세액의 계산

(1) 연결산출세액

연결산출세액 = 연결과세표준 × 세율*1 + 토지 등 양도소득에 대한 법인세 등*2 + 미환류소득에 대한 법인세*2

*1 세율은 일반 법인세율과 동일하다.

*2 연결법인이 주택 · 별장이나 비사업용토지를 양도한 경우(토지 등을 다른 연결법인이 양수하여 연결법인간 거래손익이 조정된 경우 포함) 또는 미환류소득(연결법인간 거래손익의 조정 등을 하지 아니하고 계산한 소득으로서 연결납세방식을 적용하지 않고 계산한 미환류소득을 말함)이 있는 경우에는 토지 등 양도소득에 대한 법인세와 미환류소득에 대한 법인세를 합한 금액을 연결산출세액으로 한다.

(2) 연결법인별 산출세액

위에서 계산한 연결산출세액을 다음과 같이 연결법인별로 배분한다.

→ 연결법인별 산출세액 계산이 필요한 이유 : 차가감납부세액 계산시 세액공제, 세액감면, 최저한세 적용을 각 연결법인별로 계산한 후 합산하기 때문

연결법인별 산출세액 = 과세표준 개별귀속액*1 × 연결세율*2

*1 과세표준 개별귀속액

각 연결법인의 연결소득개별귀속액 − 각 연결법인의 이월결손금* · 비과세소득 · 소득공제액

* 각 연결법인의 과세표준 개별귀속액을 계산할 때 둘 이상의 연결법인의 연결소득개별귀속액에서 다른 연결법인의 결손금을 공제하는 경우에는 각 연결소득개별귀속액(해당 법인에서 발생한 결손금을 뺀 금액을 말한다)의 크기에 비례하여 공제한다.

*2 연결세율 : $\frac{\text{연결산출세액*}}{\text{연결과세표준}}$

* 토지 등 양도소득에 대한 법인세와 미환류소득에 대한 법인세를 제외한다.

7. 차감납부세액의 계산

	연결산출세액
(−)	각 연결법인의 감면·공제세액의 합계액*[1]
(+)	각 연결법인별 가산세의 합계액
	연결총부담세액*[2]
(−)	연결중간예납세액
(−)	각 연결법인의 원천징수세액 합계액
	차감납부세액

*[1] 각 연결법인별로 계산한 감면세액과 세액공제액의 합계액으로 한다.

*[2] 최저한세 계산 : 연결집단을 하나의 내국법인으로 보아 최저한세 규정을 적용한다.

제 21 절

법인과세 신탁재산의 각 사업연도의 소득에 대한 법인세 과세특례

1 통칙

1. 적용 관계

'p4-18. 2. (2)'에 따라 내국법인으로 보는 신탁재산(이하 '법인과세 신탁재산'이라 한다) 및 이에 귀속되는 소득에 대하여 법인세를 납부하는 신탁의 수탁자(이하 '법인과세 수탁자'라 한다)에 대해서는 이 교재 제21절의 규정을 「법인세법」 총칙 및 내국법인의 각사업연도소득에 대한 법인세 규정에 우선하여 적용한다(법법 75의 10).

2. 신탁재산에 대한 법인세 과세방식의 적용(법법 75의 11)

구 분	내 용
구분과세	법인과세 수탁자는 법인과세 신탁재산에 귀속되는 소득에 대하여 그 밖의 소득과 구분하여 법인세를 납부하여야 한다.
수익자의 2차납세의무	재산의 처분 등에 따라 법인과세 수탁자가 법인과세 신탁재산의 재산으로 그 법인과세 신탁재산에 부과되거나 그 법인과세 신탁재산이 납부할 법인세 및 강제징수비를 충당하여도 부족한 경우에는 그 신탁의 수익자(「신탁법」에 따라 신탁이 종료되어 신탁재산이 귀속되는 자를 포함한다)는 분배받은 재산가액 및 이익을 한도로 그 부족한 금액에 대하여 제2차 납세의무를 진다.
배당의제	법인과세 신탁재산이 그 이익을 수익자에게 분배하는 경우에는 배당으로 본다.
적용배제	신탁계약의 변경 등으로 법인과세 신탁재산이 법인과세신탁에 해당하지 아니하게 되는 경우에는 그 사유가 발생한 날이 속하는 사업연도 분부터 신탁재산 법인세 과세방식을 적용하지 아니한다.

3. 법인과세 신탁재산의 설립 및 해산 등(법법 75의 12)

구 분	내 용
설립일	법인과세 신탁재산은 「신탁법」에 따라 그 신탁이 설정된 날에 설립된 것으로 본다.
해산일	법인과세 신탁재산은 「신탁법」에 따라 그 신탁이 종료된 날(신탁이 종료된 날이 분명하지 아니한 경우에는 「부가가치세법」에 따른 폐업일)에 해산된 것으로 본다.
사업연도	법인과세 수탁자는 법인과세 신탁재산에 대한 사업연도를 따로 정하여 법인 설립신고 또는 사업자등록과 함께 납세지 관할 세무서장에게 사업연도*1를 신고하여야 한다. 이 경우 사업연도의 기간은 1년을 초과하지 못한다.
납세지	법인과세 신탁재산의 법인세 납세지는 그 법인과세 수탁자의 납세지로 한다*2.

*1 법인과세 신탁재산의 최초 사업연도의 개시일은 「신탁법」 제3조에 따라 그 신탁이 설정된 날로 한다(법령 120의2).

*2 법인과세 신탁재산의 납세지의 지정 : 관할지방국세청장이나 국세청장은 법인과세 신탁재산의 납세지가 그 법인과세 신탁재산의 납세지로 적당하지 않다고 인정되는 경우로서 다음 중 어느 하나에 해당하는 경우에는 그 납세지를 지정할 수 있다(법령 120의3).

① 법인과세 수탁자의 본점 등의 소재지가 등기된 주소와 동일하지 않은 경우

② 법인과세 수탁자의 본점 등의 소재지가 자산 또는 사업장과 분리되어 있어 조세포탈의 우려가 있다고 인정되는 경우

4. 공동수탁자가 있는 법인과세 신탁재산에 대한 적용(법법 75의 13)

- 하나의 법인과세 신탁재산에 「신탁법」에 따라 둘 이상의 수탁자가 있는 경우에는 수탁자 중 신탁사무를 주로 처리하는 수탁자(이하 '대표수탁자'라 한다)로 신고한 자가 법인과세 신탁재산에 귀속되는 소득에 대하여 법인세를 납부하여야 한다.
- 대표수탁자 외의 수탁자는 법인과세 신탁재산에 관계되는 법인세에 대하여 연대하여 납부할 의무가 있다.

2 과세표준과 그 계산

1. 법인과세 신탁재산에 대한 소득공제(법법 75의 14)

구 분	내 용
소득공제 및 시기	법인과세 신탁재산이 수익자에게 배당한 경우에는 그 금액을 해당 배당을 결의한 잉여금 처분의 대상이 되는 사업연도의 소득금액에서 공제한다*1. ⟶ 이러한 소득공제를 적용받는 법인과세 신탁재산으로부터 배당을 받는 경우 「법인세법」상 수입배당금 익금불산입 규정 및 「소득세법」상 Gross—up 규정을 적용하지 아니함(취지 : 배당에 대한 이중과세조정 규정 중복적용 배제)
수익자 비과세시 적용배제	• 배당을 받은 법인과세 신탁재산의 수익자에 대하여 「법인세법」 또는 「조세특례제한법」에 따라 그 배당에 대한 소득세 또는 법인세가 비과세되는 경우에는 법인과세 신탁재산에 대한 소득공제를 적용하지 아니한다. • 단, 배당을 받은 수익자가 동업기업과세특례를 적용받는 동업기업인 경우로서 그 동업자들(그 동업자들의 전부 또는 일부가 상위 동업기업에 해당하는 경우에는 그 상위 동업기업에 출자한 동업자들을 말한다)에 대하여 배분받은 배당에 해당하는 소득에 대한 소득세 또는 법인세가 전부 과세되는 경우는 법인과세 신탁재산에 대한 소득공제를 적용한다.
신청요건	법인과세 신탁재산에 대한 소득공제를 적용받으려는 법인과세 신탁재산의 수탁자는 소득공제 신청을 하여야 한다*2.

*1 이에 따라 공제하는 배당금액이 해당 배당을 결의한 잉여금 처분의 대상이 되는 사업연도의 소득금액을 초과하는 경우 그 초과금액은 없는 것으로 본다(법령 120의4.①).

*2 ① 소득공제를 적용받으려는 법인과세수탁자는 과세표준신고와 함께 소득공제신청서를 납세지 관할세무서장에게 제출하여 소득공제 신청을 해야 한다(법령 120의4.②).

② 위 표 '수익자 비과세시 적용배제' 규정의 '단서'에 따라 소득공제를 적용받으려는 법인과세수탁자는 소득공제신청서에 배당을 받은 동업기업(그 동업자들의 전부 또는 일부가 상위 동업기업에 해당하는 경우에는 그 상위 동업기업을 포함한다)으로부터 제출받은(동업기업의 소득의 계산 및 배분명세 신고기한까지 제출받은 것을 말한다) 동업기업과세특례적용 및 동업자과세여부 확인서를 첨부하여 소득공제를 신청해야 한다(법령 120의4.③).

2. 신탁의 합병 및 분할(법법 75의 15)

구 분	내 용
합병	법인과세 신탁재산에 대한 「신탁법」에 따른신탁의 합병은 법인의 합병으로 보아 「법인세법」을 적용한다. 이 경우 신탁이 합병되기 전의 법인과세 신탁재산은 피합병법인으로 보고, 신탁이 합병된 후의 법인과세 신탁재산은 합병법인으로 본다.
분할	법인과세 신탁재산에 대한 「신탁법」에 따른 신탁의 분할(분할합병을 포함한다)은 법인의 분할로 보아 이 법을 적용한다. 이 경우 신탁의 분할에 따라 새로운 신탁으로 이전하는 법인과세 신탁재산은 분할법인등으로 보고, 신탁의 분할에 따라 그 법인과세 신탁재산을 이전받은 법인과세 신탁재산은 분할신설법인등으로 본다.

3. 법인과세 신탁재산의 소득금액 계산(법법 75의 16)

- 수탁자의 변경에 따라 법인과세 신탁재산의 수탁자가 그 법인과세 신탁재산에 대한 자산과 부채를 변경되는 수탁자에게 이전하는 경우 그 자산과 부채의 이전가액을 수탁자 변경일 현재의 장부가액으로 보아 이전에 따른 손익은 없는 것으로 한다.

3 신고 · 납부 및 징수

구 분	내 용
법인과세 신탁재산의 신고 및 납부	법인과세 신탁재산에 대해서는 성실신고확인서 제출 규정 및 중간예납의무 규정을 적용하지 아니한다(법법 75의 17).
법인과세 신탁재산의 원천징수(법법 75의 18)	① 법인과세 신탁재산이 법령으로 정하는 소득*을 지급받고, 법인과세 신탁재산의 수탁자가 금융회사 등에 해당하는 경우에는 원천징수하지 아니한다. ② 채권등 보유기간에 이자에 대한 원천징수규정을 적용하는 경우에는 법인과세 신탁재산에 속한 원천징수대상채권등을 매도하는 경우 법인과세 수탁자를 원천징수의무자로 본다.

* 법령으로 정하는 소득이란 다음의 소득을 말한다(법령 120의5.①).

① 「소득세법」에 따른 이자소득의 금액(금융보험업을 하는 법인의 수입금액을 포함한다). 다만, 원천징수대상채권등(단기사채등 중 만기 1개월 이내의 것은 제외한다)의 이자등을 투자회사 및 자본확충목적회사가 아닌 법인에 지급하는 경우는 제외한다.

② 「소득세법」에 따른 집합투자기구로부터의 이익 중 투자신탁의 이익의 금액

4 그 밖의 규정

구 분	내 용
설립신고	내국법인은 설립등기일(사업의 실질적 관리장소를 두게 되는 경우에는 그 실질적 관리장소를 두게 된 날을 말하며, 법인과세 신탁재산의 경우에는 설립일을 말한다)부터 2개월 이내에 설립신고하여야 한다(법법 109).
수탁자 변경신고(법법 109의 2)	① 법인과세 신탁재산에 새로운 수탁자(이하 '신수탁자'라 한다)가 선임된 경우 신수탁자는 선임일 이후 2개월 이내에 법령에 정한 사항을 적은 신고서에 신수탁자로 선임된 사실을 증명하는 서류 등을 첨부하여 납세지 관할 세무서장에게 신고하여야 한다. ② 법인과세 신탁재산에 대하여 전수탁자의 임무가 종료된 경우 그 임무의 종료에 따라 신탁사무를 승계한 신수탁자는 승계일 이후 2개월 이내에 법령에 정한 사항을 적은 신고서에 전수탁자의 임무가 종료된 사실을 증명하는 서류 등을 첨부하여 납세지 관할 세무서장에게 신고하여야 한다. ③ 둘 이상의 수탁자가 있는 법인과세 신탁재산의 대표수탁자가 변경되는 경우 그 변경 전의 대표수탁자와 변경 후의 대표수탁자는 각각 변경일 이후 2개월 이내에 법령에 정한 사항을 적은 신고서에 변경사실을 증명하는 서류 등을 첨부하여 납세지 관할 세무서장에게 신고하여야 한다.
사업자등록 특례	「부가가치세법」에 따라 법인과세 수탁자로서 사업자등록을 한 경우에는 그 법인과세 신탁재산에 관하여 사업자등록을 한 것으로 본다(법법 111 ③).
구분경리	법인과세 수탁자는 법인과세 신탁재산별로 신탁재산에 귀속되는 소득을 각각 다른 회계로 구분하여 기록하여야 한다(법법 113 ⑥).
간접투자회사등에 대한 외국납부세액공제 적용	법인과세 신탁재산에 대해서도 간접투자회사등에 대한 외국납부세액공제 규정을 적용한다(법법 57의2).

제 3 장

청산소득에 대한 법인세

1. 개요

구 분	내 용
해산시 청산소득을 과세하는 이유	각 사업연도 중 발생한 미실현이익을 해산시 과세하기 위함('p4-7. *'참고)
납 세 의 무 자	해산으로 소멸하는 영리내국법인(~~외국법인 · 비영리법인~~). 단, 법에 따른 조직변경의 경우*는 납세의무 없다.

* 다음의 조직변경을 말한다.

① 「상법」 규정에 따라 조직변경하는 경우
② 「특별법」에 따라 설립된 법인이 그 특별법의 개정이나 폐지로 「상법」에 따른 회사로 조직변경하는 경우
③ 「변호사법」에 따라 법무법인이 법무법인(유한)으로 조직변경하는 경우
④ 「관세사법」에 따라 관세사법인이 관세법인으로 조직변경하는 경우
⑤ 「변리사법」에 따라 특허법인이 특허법인(유한)으로 조직변경하는 경우
⑥ 「협동조합 기본법」에 따라 법인 등이 협동조합으로 조직변경하는 경우
⑦ 「지방공기업법」에 따라 지방공사가 지방공단으로 조직변경하거나 지방공단이 지방공사로 조직변경하는 경우

2. 계산구조

청산소득금액(과세표준)	• 일반적인 해산의 경우 : 잔여재산가액[1] − 자기자본[3] • 사업계속의 경우 : 잔여재산분배액[2] − 자기자본[3]
(×) 세 율	각사업연도소득에 대한 법인세율과 동일세율 적용
청산소득에 대한 법인세*	

* 법인이 해산등기일 현재의 자산을 청산기간 중에 처분한 금액(환가를 위한 재고자산의 처분액을 포함한다)은 이를 청산소득에 포함한다. 단, 청산기간 중에 해산 전의 사업을 계속하여 영위하는 경우 당해 사업에서 발생한 사업수입이나 임대수입, 공사채 및 예금의 이자수입 등은 그러하지 아니한다. ⟶ 단서 규정의 의미 : 청산기간 중에 생기는 각 사업연도의 소득금액이 있는 경우에는 이를 해당 각 사업연도의 소득금액에 산입한다(청산소득금액에 가산하는 것이 아님에 유의할 것).

1 잔여재산가액 = 자산총액* − 부채총액

* 해산등기일 현재의 자산 합계액으로 하되, 추심할 채권과 환가처분할 자산에 대해서는 다음에 의한다.

① 추심할 채권과 환가처분할 자산 : 추심 또는 환가처분한 날 현재의 금액

② 추심 또는 환가처분 전에 분배한 경우 : 그 분배한 날 현재의 시가에 의한 평가액

2 잔여재산분배액 : 해산으로 인하여 청산중인 내국법인이 그 해산에 의한 잔여재산의 일부를 주주에게 분배한 후 상법규정에 의하여 사업을 계속하는 경우 그 해산등기일부터 계속등기일까지의 사이에 분배한 잔여재산의 분배액의 총합계액을 말한다.

3 자기자본 : 해산등기일 현재의 다음의 금액

> 자기자본 = 납입자본금 + 잉여금*1 − 이월결손금*2 + 법인세환급금*3

*1 ① 잉여금 = 회계상 잉여금 ± 유보

② 청산소득금액 계산시 해산등기일 전 2년 이내에 자본금에 전입한 잉여금이 있는 경우 해당 금액을 자본금에 전입하지 아니한 것으로 보고 계산한다. ⋯→ 취지 : 아래 '*2'에서 보듯이 이월결손금은 잉여금의 범위에서만 상계하며 자본금과 상계할 수 없다. 따라서 이월결손금이 많은 법인은 청산소득금액을 줄이기 위하여 잉여금을 자본금에 전입하여 위 '3 자기자본'을 늘리려고 할 것이므로 2년 이내 자본금에 전입한 잉여금은 자본전입을 인정하지 않고 있다.

사례 해산등기일(2026. 4. 1.) 현재 재무상태표상 자본금 50, 자본잉여금 20, 세법상 이월결손금은 35인 법인의 청산소득금액 계산시 차감하는 자기자본을 계산하면? 단, 법인은 2025. 3. 1.에 주식발행초과금 10을 자본에 전입하여 무상주를 발행하였다.

• 자기자본			(if) 위 '*1. ②' 규정을 적용하지 않는 경우	
① 자본금 :	50 − 10 =	40		50
② 잉여금 :	20 + 10 =	30		20
③ 이월결손금 :	min(35, 30) =	△30	min(35, 20) =	△20
④ 법인세환급금 :		0		0
		40		50 → 자기 자본이 커져 청산소득금액이 줄어듦

〈Tip〉 법인세 계산상 주식 관련 제재로서 '2년' 요건을 적용하는 규정은 'p4−3. 2'로 일괄 정리할 것

*2 이월결손금

① 발생연도 제한 없는 세법상 이월결손금. 단, 자기자본 총액에서 이미 상계되었거나 상계된 것으로 보는 이월결손금은 제외

② 이월결손금은 잉여금을 초과하지 않는 범위에서 상계 ⋯→ ∴ 'min(이월결손금, 잉여금)'을 상계

〈Tip〉 법인세 계산상 사유별로 적용 가능한 이월결손금의 범위는 'p4−4. 4'로 일괄 정리할 것

*3 청산기간 중 「국세기본법」의 규정에 의하여 환급되는 법인세액이 있는 경우에는 그 금액을 자기자본총액에 가산한다. → 법인세환급금은 세무상 잉여금에 포함하는 것이 타당하나, 「법인세법 시행규칙」 별지 제59호 서식부표1에 따르면 이를 잉여금과 구분하고 있다(입법적 보완이 필요한 부분이다).

사 례

1. 자료

(1) 제26기 해산등기일 현재 재무상태표

(단위 : 원)

자　　　산	80,000,000*	부　　　채	20,000,000
		자　본　금	40,000,000
		자본잉여금	15,000,000
		이익잉여금	5,000,000
	80,000,000		80,000,000

* 환가액 : 95,000,000

(2) 제18기 발생한 세무상 이월결손금 25,000,000원(자기자본 총액에서 상계된 금액 아님), 손금불산입(유보) 금액 2,000,000원이 있다.

2. 청산소득에 대한 법인세

(1) 잔여재산가액 : 95,000,000 － 20,000,000 ＝ 75,000,000

(2) 자기자본

① 자　본　금　　　40,000,000

② 잉　여　금 : 15,000,000 ＋ 5,000,000 ＋ 2,000,000(유보) ＝ 22,000,000

③ 이월결손금 : min(25,000,000, 22,000,000)* ＝ △22,000,000* ~~(△25,000,000)~~

④ 법인세환급금 : 0

합계 40,000,000

* 이월결손금은 잉여금 22,000,000의 범위에서 차감한다.

(3) 청산소득금액(과세표준) ＝ 75,000,000 － 40,000,000 ＝ 35,000,000

(4) 청산소득에 대한 법인세 : 35,000,000 × 10%(2억원 이하) ＝ 3,500,000

3. 신고 · 납부

구 분	신고 · 납부기한	
확정신고 · 납부*1	① 해산의 경우	잔여재산확정일이 속하는 달의 말일부터 3개월 이내
	② 사업계속의 경우	계속등기일이 속하는 달의 말일부터 3개월 이내
중간신고 · 납부*2	다음의 날이 속하는 달의 말일부터 1개월 이내 ① 잔여재산가액이 확정되기 전에 그 일부를 주주에게 분배한 경우 : 그 분배한 날 ② 해산등기일부터 1년 이내에 잔여재산 미확정시 : 그 1년이 되는 날	

*1 청산소득금액이 없어도 신고는 해야 한다.

*2 유동화전문회사 등 'p4-293' 표 안 '①'의 어느 하나에 해당하는 법인 또는 프로젝트금융투자회사는 중간신고 · 납부의무 없다.

4. 결정 · 경정 등

구 분	내 용
결정 · 경정	각 사업연도 소득에 대한 법인세 규정을 준용
징수	미납시 관할세무서장이 납부기한이 지난 날부터 2개월 이내에 징수
납부지연가산세의 적용 제외	(1) 2026. 6. 30.까지 적용되는 규정 청산소득에 대한 법인세를 징수할 때에는 다음 규정을 적용하지 아니한다. ① 납부지연가산세 중 납부고지서에 따른 납부기한의 다음 날부터 부과되는 분에 한정하여 1일 $\frac{22}{100,000}$씩 부과되는 가산세 ② 납부기한까지 완납하지 않는 경우 부과되는 3% 가산세 규정 ③ 납부고지서에 따른 납부기한의 다음 날부터 납부일까지의 기간이 5년을 초과하는 경우 5년으로 하는 규정 (2) 2026. 7. 1.부터 적용하는 규정 개정 청산소득에 대한 법인세를 징수할 때에는 다음 규정을 적용하지 아니한다. ① 지정납부기한까지 납부하지 아니한 세액에 대한 경과월수에 비례한 가산세와 3% 가산세 ② 지정납부기한의 다음 날부터 납부일까지의 기간이 5년을 초과하는 경우 5년으로 하는 규정 ③ 「국세징수법」에 따른 독촉에 드는 비용

PART 02

법인세법

▶ **국세기본법**

TAX LAW LECTURE SUMMARY

제 1 장 총 칙

1 통 칙

1. 「국세기본법」의 목적

「국세기본법」은 다음 사항을 규정함으로써 국세에 관한 법률관계를 명확하게 하고, 과세를 공정하게 하며, 국민의 납세의무의 원활한 이행에 이바지함을 목적으로 한다.

① 국세에 관한 기본적이고 공통적인 사항(성격 : 총칙법)

② 납세자의 권리 · 의무 및 권리구제에 관한 사항

2. 용어의 정의

구 분	내 용
국 세	국가가 부과하는 조세 중 소득세, 법인세, 상속세와 증여세, 종합부동산세, 부가가치세, 개별소비세, 교통 · 에너지 · 환경세, 주세, 인지세, 증권거래세, 교육세, 농어촌특별세 → 관세는 「국세기본법」상 국세가 아님
세 법	국세의 종목과 세율을 정하고 있는 법률과 「국세징수법」 · 「조세특례제한법」 · 「국제조세조정에 관한 법률」 · 「조세범처벌법」 및 「조세범처벌절차법」 → 「국세기본법」은 「국세기본법」상 세법의 범위에 포함되지 않음
원천징수	세법에 따라 원천징수의무자가 국세(이와 관계되는 가산세는 제외한다)를 징수하는 것
가산세	법에서 규정하는 의무의 성실한 이행을 확보하기 위하여 그 세법에 따라 산출된 세액에 가산하여 징수하는 금액
강제징수비	「국세징수법」 중 강제징수에 관한 규정에 따른 재산의 압류 · 보관 · 운반과 매각에 소요된 비용(매각을 대행시키는 경우 그 수수료를 포함한다)
공과금	「국세징수법」에서 규정하는 강제징수의 예에 따라 징수할 수 있는 채권 중 국세 · 관세 · 임시수입부가세 및 지방세와 이와 관계되는 강제징수비를 제외한 것 → (기출)「국세징수법」에서 규정하는 강제징수의 예에 따라 징수할 수 있는 채권 중 국세 · 관세 · 임시수입부가세 및 지방세를 제외한 것 : 틀린 문장

납세의무자	세법에 따라 국세를 납부할 의무(국세를 징수하여 납부할 의무는 제외한다)가 있는 자
납세자	납세의무자(연대납세의무자와 납세자를 갈음하여 납부할 의무가 생긴 경우의 제2차 납세의무자 및 보증인을 포함한다)와 세법에 따라 국세를 징수하여 납부할 의무를 지는 자 → 납세의무자보다 넓은 개념 : 납세의무자 + 징수의무자(원천징수의무자, 대리납부의무자)
제2차 납세의무자	납세자가 납세의무를 이행할 수 없는 경우에 납세자를 갈음하여 납세의무를 지는 자
보증인	납세자의 국세 또는 강제징수비의 납부를 보증한 자
과세기간	세법에 따라 국세의 과세표준 계산의 기초가 되는 기초가 되는 기간
과세표준	법에 따라 직접적으로 세액산출의 기초가 되는 과세대상의 수량 또는 가액
과세표준 신고서	국세의 과세표준과 국세의 납부 또는 환급에 필요한 사항을 적은 신고서
과세표준 수정신고서	당초에 제출한 과세표준신고서의 기재사항을 수정하는 신고서
법정신고 기한	세법에 따라 과세표준신고서를 제출할 기한
세무공무원	① 국세청장, 지방국세청장, 세무서장 또는 그 소속 공무원 ② 세법에 따라 국세에 관한 사무를 세관장이 관장하는 경우의 그 세관장 또는 그 소속 공무원
정보통신망	전기통신설비를 활용하거나 전기통신설비와 컴퓨터 및 컴퓨터의 이용기술을 활용하여 정보를 수집, 가공, 저장, 검색, 송신 또는 수신하는 정보통신체계
전자신고	과세표준신고서 등 이 법 또는 세법에 따른 신고 관련 서류를 국세청장이 정하여 고시하는 정보통신망(이하 '국세정보통신망'이라 한다)을 이용하여 신고하는 것
특수관계인	본인과 다음 중 어느 하나에 해당하는 관계에 있는 자를 말한다. 이 경우 「국세기본법」 및 세법을 적용할 때 본인도 그 특수관계인의 특수관계인으로 본다. → 즉, 쌍방관계에 따름 ① 혈족·인척 등 대통령령으로 정하는 친족관계[4촌 이내의 혈족, 3촌 이내의 인척, 배우자(사실혼 관계에 있는 자 포함), 친생자로서 다른 사람에게 친양자 입양된 자 및 그 배우자·직계비속, 본인이 「민법」에 따라 인지한 혼인 외 출생자의 생부나 생모(본인의 금전이나 그 밖의 재산으로 생계를 유지하는 사람 또는 생계를 함께하는 사람으로 한정한다)] ② 임원·사용인 등 대통령령으로 정하는 경제적 연관관계 ③ 주주·출자자 등 대통령령으로 정하는 경영지배관계
세무조사	국세의 과세표준과 세액을 결정 또는 경정하기 위하여 질문을 하거나 해당 장부·서류 또는 그 밖의 물건(이하 '장부등'이라 한다)을 검사·조사하거나 그 제출을 명하는 활동

3. 「국세기본법」과 다른 법률과의 관계

구 분	내 용
개별 세법과의 관계	국세에 관하여 세법에 별도의 규정이 있는 경우를 제외하고는 「국세기본법」에서 정하는 바에 따른다. → ∴ 「국세기본법」과 다른 세법의 별도 규정이 있으면 세법의 별도규정이 「국세기본법」규정에 우선함
「관세법」과의 관계	「관세법」과 「수출용 원재료에 대한 관세 등 환급에 관한 특례법」에 세관장이 부과 · 징수하는 국세에 관하여 「국세기본법」에 대한 특례규정이 있는 경우에는 「관세법」과 「수출용 원재료에 대한 관세 등 환급에 관한 특례법」에서 정하는 바에 따른다. → 「관세법」이 「국세기본법」에 우선
불복청구에 대한 우선관계	1) 「행정심판법」과의 관계 「국세기본법」이 「행정심판법」에 우선한다. 「국세기본법」에서는 불복청구에 관한 별도의 규정을 두고 이에 대하여는 「행정심판법」을 적용하지 않도록 규정(다만, 일정한 규정은 「행정심판법」 규정을 준용한다)하고 있다. 2) 「감사원법」과의 관계 납세자가 국세에 대한 위법 · 부당한 처분에 대하여 불복을 하고자 할 때에는 「국세기본법」에 의한 심사 · 심판규정과 「감사원법」에 의한 심사청구 중 한 가지 방식을 선택하여 적용할 수 있으며, 동일한 처분에 대하여 두 가지 불복절차를 중복하여 이중으로 진행할 수 없다(제8장 내용).

2 기간과 기한

1. 기간

「국세기본법」 또는 세법에서 규정하는 기간계산은 「국세기본법」 또는 세법에 특별한 규정이 있는 것을 제외하고는 「민법」에 따른다.

* 「민법」상 기간의 계산방법

구 분	내 용
기산일	초일불산입 원칙. 다만, 다음의 경우에는 초일을 산입한다. ① 오전 0시부터 시작하는 경우 ② 연령계산의 경우
만료일*	① 기간을 일·주·월·연으로 정한 때에는 기간말일의 종료로 기간이 만료한다. ② 기간의 말일이 공휴일에 해당하는 때에는 그 익일로 기간이 만료한다. ③ 주·월·연의 처음으로부터 기간을 기산하지 아니한 때에는 최후의 주·월·연에서 그 기산일에 해당하는 날의 전일로 기간이 만료한다. ④ 월 또는 연으로 기간을 정한 경우에 최종의 월에 해당일이 없는 때에는 그 월의 말일로 기간이 만료한다.

* 사례 ×1년 11월 20일에 증여한 경우 증여세 신고기한(증여받은 날이 속하는 달의 말일부터 3개월 이내) : 증여일이 ×1. 11. 20.인 경우에 증여세 신고기한의 기산일은 증여받은 날이 속하는 달의 말일의 다음 날인 ×1. 12. 1.이다. 따라서 3개월이 되는 날은 기산일의 전일인 ×2. 2. 31.이 되나, 해당일이 없으므로 그 월의 말일인 ×2. 2. 28.로 기간이 만료된다. 따라서 신고기한은 ×2. 2. 28.이다. 만일 ×2. 2. 28.이 공휴일에 해당하는 경우에는 그 신고기한은 ×2. 3. 2.이 된다(3. 1.도 공휴일이기 때문).

2. 기한의 특례

구 분	내 용
다음 날을 기한으로 하는 특례	(1) 기한이 토요일 및 일요일, 공휴일 및 대체공휴일, 노동절에 해당하는 때 「국세기본법」 또는 세법에서 규정하는 신고·신청·청구, 그 밖에 서류의 제출·통지·납부 또는 징수에 관한 기한이 토요일 및 일요일, 공휴일 및 대체공휴일, 노동절 개정 (종전의 근로자의 날을 노동절로 명칭 변경) 중 어느 하나에 해당하는 경우에는 그 다음 날을 기한으로 한다.
	(2) 정보처리장치의 장애로 전자신고·전자납부를 할 수 없게 된 때 「국세기본법」 또는 세법에서 규정하는 신고기한 만료일 또는 납부기한 만료일에 정전, 통신상의 장애, 프로그램의 오류, 그 밖의 부득이한 사유로 국세정보통신망의 가동이 정지되어 전자신고나 전자납부를 할 수 없는 경우에는 그 장애가 복구되어 신고 또는 납부할 수 있게 된 날의 다음 날을 기한으로 한다.
우편신고	(1) 우편에 의한 과세표준신고 우편으로 과세표준신고서·과세표준수정신고서·경정청구서 또는 이와 관련된 서류를 제출한 경우에는 우편법에 따른 우편날짜도장이 찍힌 날*1에 신고되거나 청구된 것으로 본다. → 납세자의 편의 및 권리보호를 위해 발신주의 채택(의제규정)
	(2) 우편에 의한 불복청구 「국세기본법」에 의한 이의신청·심사청구·심판청구시 불복청구기한 내에 우편으로 제출(통신날짜도장이 찍힌 날*2을 기준으로 한다)한 불복청구서가 청구기간을 경과하여 도달한 경우에는 그 청구기간 만료일에 적법한 청구가 있었던 것으로 본다.
전자신고	신고서 등을 국세정보통신망을 이용하여 제출하는 경우에는 해당 신고서 등이 국세청장에게 전송된 때에 신고되거나 청구된 것으로 본다*2.

*1 우편날짜도장이 찍히지 아니하였거나 분명하지 아니한 경우에는 통상 걸리는 배송일수를 기준으로 하여 발송한 날로 인정되는 날을 말한다.

*2 이 규정에 따라 전자신고 또는 전자청구된 경우 과세표준신고 또는 과세표준수정신고와 관련된 서류 중 수출대금입금증명서 등 국세청장이 지정하여 고시하는 서류에 대하여는 10일의 범위에서 제출기한을 연장할 수 있다.

3. 천재 등으로 인한 기한연장 특례

구 분	내 용
기한연장 사유	관할세무서장은 다음의 사유로 인하여 「국세기본법」 또는 세법에서 규정하는 신고, 신청, 청구, 그 밖에 서류의 제출 또는 통지를 정해진 기한까지 할 수 없다고 인정하는 경우나 납세자가 기한연장을 신청한 경우에는 그 기한을 연장할 수 있다. → 관할세무서장의 직권은 물론 납세자의 신청에 따른 연장도 가능함 ① 천재지변이 발생하는 경우 ② 납세자가 화재, 전화(戰禍), 그 밖의 재해를 입거나 도난을 당한 경우 ③ 납세자 또는 그 동거가족이 질병이나 중상해로 6개월 이상의 치료가 필요하거나 사망하여 상중인 경우 ④ 정전, 프로그램의 오류, 그 밖의 부득이한 사유로 한국은행(그 대리점을 포함한다) 및 체신관서의 정보통신망의 정상적인 가동이 불가능한 경우 ⑤ 금융회사 등(한국은행 국고대리점 및 국고수납대리점인 금융회사 등만 해당한다) 또는 체신관서의 휴무, 그 밖의 부득이한 사유로 정상적인 세금납부가 곤란하다고 국세청장이 인정하는 경우 ⑥ 권한있는 기관에 장부나 서류가 압수 또는 영치된 경우 ⑦ 납세자의 장부 작성을 대행하는 세무사(「세무사법」에 따라 등록한 세무법인 포함) 또는 공인회계사(「공인회계사법」에 따라 등록한 회계법인 포함)가 화재, 전화, 그 밖의 재해를 입거나 도난을 당한 경우 ⑧ 위의 '②', '③', '⑥'에 준하는 사유가 있는 경우 (기출) '납세자가 경영하는 사업에 현저한 손실이 발생하거나 부도 또는 도산의 우려가 있는 경우'는 신고기한 연장사유에 해당하지 않는다. : 옳은 문장(참고로 「국세징수법」에 따르면 해당 사유로 납부기한은 연장할 수 있다)
기한연장 신청	기한의 연장을 받으려는 자는 필요한 사항을 기재한 문서로 기한만료일 3일 전까지 해당 기관의 장에게 신청하여야 하며, 이 경우 해당 행정기관의 장은 기한연장을 신청하는 자가 기한만료일 3일 전까지 신청할 수 없다고 인정하는 경우에는 기한의 만료일까지 신청하게 할 수 있다.
기한연장 승인	행정기관의 장은 기한을 연장하였을 때에는 문서로 지체없이 관계인에게 통지하여야 하며, 기한만료일 3일 전까지 한 신청에 대해서는 기한 만료일 전에 그 승인여부를 통지하여야 한다.
기한연장의 기간	기한연장은 3개월 이내로 하되, 해당 기한연장의 사유가 소멸되지 않는 경우 관할세무서장은 1개월의 범위에서 그 기한을 다시 연장할 수 있다. 다만, 신고와 관련된 기한연장은 9개월을 넘지 않는 범위에서 관할세무서장이 이를 연장할 수 있다.

3 서류의 송달

1. 의의 및 송달장소

<table>
<tr><th colspan="2">구 분</th><th>내 용</th></tr>
<tr><td colspan="2">송달의 의의</td><td>과세관청이 국세처분의 내용이 담긴 서류를 납세자에게 보내어 도달하게 하는 것</td></tr>
<tr><td rowspan="2">송 달
장 소</td><td>원 칙</td><td>「국세기본법」 또는 세법에서 규정하는 서류는 그 서류의 수신인으로 지정되어 있는 자인 명의인의 주소 · 거소 · 영업소 · 사무소(정보통신망을 이용한 전자송달의 경우에는 명의인의 전자우편주소)에 송달한다.</td></tr>
<tr><td>특별한
경 우</td><td>① 연대납세의무자에게 서류를 송달할 때
그 대표자를 명의인으로 하며, 대표자가 없을 때에는 연대납세의무자 중 국세를 징수하기에 유리한 자를 명의인으로 한다. 다만, 납부의 고지와 독촉에 관한 서류는 연대납세의무자 모두에게 각각 송달하여야 한다.
② 상속이 개시된 경우
상속재산관리인이 있을 때에는 상속재산관리인의 주소 또는 영업소에 송달한다.
③ 납세관리인이 있을 경우
납부의 고지와 독촉에 관한 서류는 그 납세관리인의 주소 또는 영업소에 송달한다.
④ 유치장에 체포 · 구속 또는 유치된 경우
송달받아야 할 사람이 교정시설 또는 국가경찰관서의 유치장에 체포 · 구속 또는 유치(留置)된 사실이 확인된 경우에는 해당 교정시설의 장 또는 국가경찰관서의 장에게 송달한다.
⑤ 송달받을 장소를 신고한 경우
서류의 송달을 받아야 할 자가 주소 또는 영업소 중에서 송달받을 장소를 정부에 신고한 경우에는 그 신고된 장소에 송달하여야 하며, 신고한 장소를 변경하는 경우에는 그 변경된 장소에 송달하여야 한다.</td></tr>
</table>

2. 송달방법

<table>
<tr><th colspan="2">구 분</th><th>내 용</th></tr>
<tr><td rowspan="6">원
칙</td><td>우편송달*1</td><td>• 원칙 : 일반우편 또는 등기우편으로 송달 가능
• 예외(등기우편으로 송달하여야 하는 서류) : 납부의 고지·독촉·강제징수 또는 세법에 따른 정부의 명령과 관계되는 서류의 송달을 우편으로 할 때에는 등기우편으로 하여야 한다. 다만, 다음 중 어느 하나에 해당하는 납부고지서로서 100만원 개정 미만인 납부고지서는 일반우편으로 송달할 수 있다.
① 소득세 중간예납세액의 납부고지서, 부가가치세 예정고지에 따른 납부고지서
② 신고납세제도를 채택하고 있는 국세에 대한 과세표준신고서를 법정신고기한까지 제출하였으나 과세표준신고액에 상당하는 세액의 전부 또는 일부를 납부하지 아니하여 발급하는 납부고지서
③ 원천징수하는 소득세 또는 법인세에 대한 원천징수이행상황신고서를 법정납부기한까지 제출하였으나 신고액에 상당하는 세액의 전부 또는 일부를 납부하지 아니하여 발급하는 납부고지서 개정 (신설)</td></tr>
<tr><td>교부송달*1</td><td>해당 행정기관의 소속공무원이 서류를 송달할 장소에서 그 송달받아야 할 자에게 서류를 교부하는 방법으로 한다. 다만, 송달을 받아야 할 자가 송달받기를 거부하지 아니하면 다른 장소에서 교부할 수 있다.</td></tr>
<tr><td rowspan="4">전자송달</td><td>(1) 전자송달의 신청 : 전자송달은 서류를 송달받아야 할 자가 신청하는 경우에만 한다. 다만, 납부고지서가 송달되기 전에 납세자가 정보통신망을 통해 다음 중 어느 하나에 해당하는 세액을 「국세징수법 시행령」에 따른 계좌이체 또는 신용카드등으로 국세를 전액 납부하는 경우 납부한 세액에 대해서는 자진납부한 시점에 전자송달을 신청한 것으로 본다.
① 정부고지 따른 소득세 중간예납세액
② 일반과세자의 부가가치세 예정고지세액 및 간이과세자의 예정부과세액
③ 신고납세제도를 채택하고 있는 국세에 대한 과세표준신고서를 법정신고기한까지 제출했으나 과세표준신고액에 상당하는 세액의 전부 또는 일부를 납부하지 않아 고지하는 세액 개정 (신설)
④ 원천징수하는 소득세 또는 법인세에 대한 원천징수이행상황신고서를 법정납부기한까지 제출했으나 신고액에 상당하는 세액의 전부 또는 일부를 납부하지 않아 고지하는 세액 개정 (신설)</td></tr>
<tr><td>(2) 전자송달 신청의 경우라도 교부·우편 송달이 가능한 경우 : 다음의 경우에는 교부 또는 우편의 방법으로 송달할 수 있다.
① 국세정보통신망의 장애로 전자송달이 불가능한 경우
② 정보통신망의 장애로 전자송달이 불가능한 경우
③ 그 밖에 전자송달이 불가능한 경우로서 국세청장이 정하는 경우</td></tr>
<tr><td>(3) 전자송달서류의 범위 : 전자송달할 수 있는 서류는 납부고지서, 독촉장, 국세환급금통지서, 신고안내문, 그 밖에 국세청장이 정하는 서류로 한다.</td></tr>
<tr><td>(4) 전자송달의 철회 간주 : 국세청장이 국세정보통신망에 접속하여 서류를 열람할 수 있게 하였음에도 불구하고 해당 납세자가 3회 연속하여 전자송달된 서류를 법령으로 정한 기한*2까지 열람하지 않은 경우에는 세 번째로 열람하지 않은 서류에 대한 법령으로 정한 날*2의 다음 날에 전자송달 신청을 철회한 것으로 본다. 다만, 납세자가 전자송달된 납부고지서 또는 독촉장에 따른 세액을 그 납부기한까지 전액 납부한 경우에는 그러하지 아니하다.</td></tr>
</table>

예외 : 공시송달	(1) 의의 : 공시송달이란 일정한 사유로 인하여 우편송달 또는 교부송달이 불가능한 경우에 그 서류의 요지를 공고함으로써 송달의 효력을 발생하게 하는 제도
	(2) 공시송달 사유 : 서류를 송달받아야 할 자가 다음 중 어느 하나에 해당하는 경우에는 공시송달할 수 있다. ① 주소 또는 영업소가 국외에 있고 송달하기 곤란한 경우 ② 주소 또는 영업소가 분명하지 아니한 경우 ③ 수취인이 부재중인 것으로 확인되는 다음의 경우 ㉠ 서류를 등기우편으로 송달하였으나 수취인이 부재중인 것으로 확인되어 반송됨으로써 납부기한 내에 송달이 곤란하다고 인정되는 경우 ㉡ 세무공무원이 2회 이상 납세자를 방문[처음 방문한 날과 마지막 방문한 날 사이의 기간이 3일(기간을 계산할 때 공휴일, 대체공휴일, 토요일 및 일요일은 산입하지 않는다) 이상이어야 한다]하여 서류를 교부하려고 하였으나 수취인이 부재중인 것으로 확인되어 납부기한까지 송달이 곤란하다고 인정되는 경우
	(3) 공시송달방법 : 다음 중 어느 하나에 게시하거나 게재함으로써 공시송달이 이루어진다. ① 국세정보통신망*3 ② 세무서의 게시판이나 그 밖의 적절한 장소 ③ 해당 서류의 송달 장소를 관할하는 특별자치시 · 특별자치도 · 시 · 군 · 구(자치구를 말한다)의 홈페이지, 게시판이나 그 밖의 적절한 장소 ④ 관보 또는 일간신문

*1 등기우편송달 또는 교부송달의 경우 송달할 장소에서 송달받아야 할 자를 만나지 못한 경우

① 그 사용인이나 그 밖의 종업원 또는 동거인으로서 사리를 판별할 수 있는 사람에게 서류를 교부할 수 있다. 이를 '보충송달'이라고 한다.

② 유치송달 : 서류의 송달을 받아야 할 자 또는 그 사용인이나 그 밖의 종업원 또는 동거인으로서 사리를 판별할 수 있는 사람이 정당한 사유없이 서류 수령을 거부할 때에는 송달할 장소에 서류를 둘 수 있다. 이를 '유치송달(留置送達)'이라 한다. → 정당한 사유없이 서류 수령을 거부할 때에는 유치송달을 하는 것이지 공시송달을 하는 것이 아님 (비교 : 수취인 부재중인 경우에는 공시송달)

*2 법령으로 정한 기한 및 법령으로 정한 날 : 다음 각 항의 구분에 따른 날

① 해당 서류에 납부기한 등 기한이 정하여진 경우 : 정하여진 해당 기한

② 위 외의 경우 : 국세정보통신망에 해당 서류가 저장된 때부터 1개월이 되는 날

*3 국세정보통신망을 이용하여 공시송달을 할 때에는 다른 공시송달 방법과 함께 하여야 한다.

3. 송달의 효력발생시기

구 분	내 용
우편송달 · 교부송달	송달받아야 할 자에게 도달한 때부터 효력이 발생한다. → 도달주의
전자송달	송달받을 자가 지정한 전자우편주소에 입력된 때(국세정보통신망에 저장하는 경우에는 저장된 때)에 그 송달을 받아야 할 자에게 도달한 것으로 본다.
공시송달	서류의 요지를 공고한 날로부터 14일이 지나면 서류송달이 된 것으로 본다.

4 인격

자연인(태어나면서 자연스럽게 인격을 갖춘 사람)과 법인(법에 따라 인격을 부여받은 일정한 단체를 말하며, 법인이 되려면 설립등기를 하여야 한다)의 중간단계에 있는 법인 아닌 사단, 재단, 그 밖의 단체는 다음 구분에 따라 법인 또는 거주자 · 비거주자로 본다.

1. 법인으로 보는 법인 아닌 단체

<table>
<tr><th colspan="2">구 분</th><th>내 용</th></tr>
<tr><td rowspan="2">법인으로 보는 경우</td><td>당연히 법인으로 보는 경우</td><td>법인이 아닌 사단, 재단, 그 밖의 단체(이하 '법인 아닌 단체'라 한다) 중 다음 중 하나에 해당하는 것으로서 수익을 구성원에게 분배하지 아니하는 것은 법인(비영리법인)으로 보아 「국세기본법」 또는 세법을 적용한다.
① 주무관청의 허가 또는 인가를 받아 설립되거나 법령에 따라 주무관청에 등록한 '사단, 재단, 그 밖의 단체'로서 등기되지 아니한 것
② 공익을 목적으로 출연된 기본재산이 있는 '재단'으로서 등기되지 아니한 것</td></tr>
<tr><td>요건을 갖추어 승인을 받은 경우</td><td>당연의제법인이 아니더라도 다음의 요건을 모두 갖추어 그 대표자나 관리인이 관할세무서장에게 법인으로 신청하여 승인을 받은 경우에는 그 단체를 법인으로 보아 「국세기본법」 또는 세법을 적용한다*1. 이 경우 해당 사단, 재단, 그 밖의 단체의 계속성 및 동질성이 유지되는 것으로 본다.
① 사단, 재단, 그 밖의 단체의 조직과 운영에 관한 규칙을 가지고 대표자 또는 관리인을 선임하고 있을 것
② 사단, 재단, 그 밖의 단체 자신의 계산과 명의로 수익과 재산을 독립적으로 소유 · 관리할 것
③ 사단, 재단, 그 밖의 단체의 수익을 구성원에게 분배하지 아니할 것</td></tr>
<tr><td colspan="2">납세의무이행</td><td>• 법인으로 보는 법인 아닌 단체의 국세에 관한 의무는 그 대표자나 관리인이 이행하여야 한다.
• 그 단체가 국세에 관한 의무 이행을 위하여 대표자나 관리인을 선임하거나 변경한 경우에는 제반사항을 적은 문서로 관할세무서장에게 신고하여야 하며, 신고를 하지 아니한 경우에는 관할세무서장은 그 단체의 구성원 또는 관계인 중 1명을 국세에 관한 의무를 이행하는 사람으로 지정할 수 있다.</td></tr>
<tr><td colspan="2">전환국립대학법인에 대한 납세의무 적용특례</td><td>• 세법에서 규정하는 납세의무에도 불구하고 전환 국립대학 법인*2에 대한 국세의 납세의무(국세를 징수하여 납부할 의무는 제외한다)를 적용할 때에는 전환 국립대학 법인을 별도의 법인으로 보지 아니하고 국립대학 법인으로 전환되기 전의 국립학교 또는 공립학교로 본다(국기법 13 ⑧). → 즉, 국가로 보아 법인세를 과세하지 않음
• 다만, 전환 국립대학 법인이 해당 법인의 설립근거가 되는 법률에 따른 교육 · 연구 활동에 지장이 없는 범위 외의 수익사업을 하는 경우의 납세의무에 대해서는 그러하지 아니하다(국기법 13 ⑧). → 즉, 법인세를 과세함</td></tr>
</table>

세법상의 취급	• 「법인세법」 : 비영리법인으로 본다. 따라서 수익사업에서 발생한 소득에 대한 법인세의 납세의무를 진다. • 「부가가치세법」 : 부가가치세법상 납세의무자에 포함한다. • 「상속세 및 증여세법」 : 비영리법인으로 본다. 따라서 상속세 및 증여세의 납세의무를 진다.

*1 변경의 제한 : 위의 규정에 의하여 법인으로 신청한 법인 아닌 단체는 그 신청에 대하여 관할세무서장의 승인을 받은 날이 속하는 과세기간과 그 과세기간이 끝난 날부터 3년이 되는 날이 속하는 과세기간까지는 「소득세법」에 따른 거주자 또는 비거주자로 변경할 수 없다. 다만, 위의 요건을 갖추지 못하게 되어 승인취소를 받는 경우에는 그러하지 아니한다.

*2 전환 국립대학 법인 : 국립대학 법인 중 국립학교 또는 공립학교로 운영되다가 법인별 설립근거가 되는 법률에 따라 국립대학 법인으로 전환된 법인을 말한다.

2. 거주자 또는 비거주자로 보는 법인 아닌 단체

이에 대한 설명은 소득세 SUMMARY 'p2－11. 2' 참고

제 2 장 국세부과와 세법적용

1 국세부과의 원칙(국세에 관한 납세의무를 확정시킬 때 지켜야 할 원칙)

구 분	내 용
실질과세의 원칙	(1) 의의 : 과세를 함에 있어서 실질과 형식이 다른 경우에는 그 실질에 따라서 과세하여야 한다는 원칙 ① 소득귀속자에 따른 실질과세 과세의 대상이 되는 소득·수익·재산·행위 또는 거래의 귀속이 명의일 뿐이고 사실상 귀속되는 자가 따로 있을 때에는 경제적 실질에 의하여 사실상 귀속되는 자를 납세의무자로 하여 세법을 적용한다*1. ② 거래내용에 따른 실질과세 세법 중 과세표준의 계산에 관한 규정은 소득·수익·재산·행위 또는 거래의 명칭이나 형식과 관계 없이 그 실질내용에 따라 적용한다*2. ③ 우회거래에 대한 실질과세 제3자를 통한 간접적인 방법이나 둘 이상의 행위 또는 거래를 거치는 방법으로 「국세기본법」 또는 세법의 혜택을 부당하게 받기 위한 것으로 인정되는 경우에는 그 경제적 실질내용에 따라 당사자가 직접 거래한 것으로 보거나 연속된 하나의 행위 또는 거래를 한 것으로 보아 「국세기본법」 또는 세법을 적용한다. --→ 각각의 행위 또는 거래를 한 것으로 보는 것이 아님
	(2) 실질과세원칙과 조세법률주의와의 관계 실질과세원칙은 법적 형식이 아닌 경제적 실질에 따라 과세여부를 판단하도록 한 것이므로 납세자의 재산권을 침해할 소지가 있다. 따라서 조세평등주의를 실현하기 위한 실질과세원칙은 조세법률주의의 기본원리가 침해되지 아니하는 범위에서 허용되어야 한다.
	(1) 의의 : 권리 또는 의무를 행사함에 있어서 상대방의 신뢰에 어긋나지 않도록 신의에 따라 성실하게 이행하여야 한다는 원칙. 신의칙(信義則), 금반언(禁反言)의 법칙이라고도 한다.
	(2) 적용대상자 납세자가 그 의무를 이행할 때에는 신의에 따라 성실하게 하여야 한다. 세무공무원이 그 직무를 수행할 때에도 또한 같다. 이와 같이 신의성실원칙은 세무공무원(과세관청)뿐만 아니라 납세자에게도 적용되는 원칙이다.

신의성실의 원칙	(3) 신의성실원칙의 적용요건 판례와 학설에 따른 과세관청에 대한 신의성실원칙의 적용요건은 다음과 같다. ① 납세자에게 신뢰의 대상이 되는 과세관청의 공적인 견해표시가 있어야 한다. ② '①'의 과세관청의 견해표시가 정당하다고 납세자가 신뢰하고, 그 신뢰에 납세자의 귀책사유가 없어야 한다. ③ 납세자가 과세관청의 견해표시에 대한 신뢰를 기초로 하여 어떤 경제적 행위 및 세무처리 등을 하여야 한다. ④ 과세관청이 당초의 견해표시에 반하는 적법한 행정처분을 하여야 한다. → 위법한 행정처분을 한 경우에는 굳이 신의성실원칙을 주장할 필요조차 없음 ⑤ 과세관청이 행한 '④'와 같은 당초의 견해표시에 반하는 행정처분으로 인하여 납세자가 불이익을 받아야 한다.
	(4) 조세법률주의와의 관계 위의 요건에 충족하는 경우에는 과세관청이 납세자에게 행한 처분이 적법하더라도 신의성실의 원칙에 위배되었기 때문에 납세자의 호소로 취소될 수 있게 된다. 그런데 이는 조세법률주의와 상충되는 것이므로 신의성실원칙은 그보다 상위개념인 조세법률주의의 제약하에서 개별적으로 납세자의 신뢰를 보호할 가치가 큰 경우에 한하여 적용되는 하위개념으로 작용한다.
근거과세의 원칙	• 납세의무자가 세법에 따라 장부를 갖추어 기록하고 있는 경우에는 해당 국세 과세표준의 조사와 결정은 그 장부와 이와 관계되는 증거자료에 의하여야 한다는 원칙 → (기출) 근거과세의 원칙에 의하면 납세자가 세법에 따른 장부를 비치·기장하고 있지 아니하여 그에 의하여 수입금액 혹은 소득금액을 계산할 수 없는 경우에도 수입금액 혹은 소득금액을 추정하여 과세할 수 없다. : 틀린 문장(∵ 장부를 비치·기장하고 있지 아니하여 그에 의하여 수입금액 혹은 소득금액을 계산할 수 없는 경우에는 정부가 조사한 사실에 따라 결정할 수 있음) • 국세를 조사·결정할 때 장부의 기록 내용이 사실과 다르거나 장부의 기록에 누락된 것이 있을 때에는 그 부분에 대해서만 정부가 조사한 사실에 따라 결정할 수 있으며, 이때는 정부가 그 조사한 사실과 결정의 근거를 결정서에 적어야 한다.
조세감면의 사후관리	정부는 국세를 감면한 경우에 그 감면의 취지를 성취하거나 국가정책을 수행하기 위하여 필요하다고 인정하면 세법에서 정하는 바에 따라 감면한 세액에 상당하는 자금 또는 자산의 운용범위를 정할 수 있으며, 그 운용 범위를 벗어난 자금 또는 자산에 상당하는 감면세액은 세법에서 정하는 바에 따라 감면을 취소하고 징수할 수 있다*[3].

*[1] 소득귀속자에 따른 실질과세 사례

① 사업자명의등록자와는 별도로 사실상의 사업자가 있는 경우에는 사실상의 사업자를 납세의무자로 본다.

② 1인 명의로 사업자등록을 하고 2인 이상이 동업하여 그 수익을 분배하는 경우에는 외관상 사업명의인이 누구이냐에 불구하고 실질과세의 원칙에 따라 국세를 부과한다.

③ 회사의 주주로 명부상 등재되어 있더라도 회사의 대표자가 임의로 등재한 것일 뿐 회사의 주주로서 권리행사를 한 사실이 없는 경우에는 그 명의자인 주주를 세법상 주주로 보지 않는다.

④ 공부상 등기·등록 등이 타인의 명의로 되어 있더라도 사실상 당해 사업자가 취득하여 사업에 공하였음이 확인되는 경우에는 이를 그 사실상 사업자의 사업용 자산으로 본다.

⑤ 거래의 실질내용은 형식상 기록내용이나 거래명의에 불구하고 상거래관례, 구체적인 증빙, 거래당시의 정황 및 사회통념 등을 고려하여 판단한다.

⑥ 명의신탁부동산을 매각처분한 경우에는 양도의 주체 및 납세의무자는 명의수탁자가 아니고 명의신탁자이다.

*2 거래내용에 따른 실질과세 사례 : 거래의 실질내용은 형식상 기록내용이나 거래명의에 불구하고 상거래관례, 구체적인 증빙, 거래당시의 정황 및 사회통념 등을 고려하여 판단한다. → 예를 들어 거래의 형식은 매매이나 그 실질이 증여이면 증여로 보아 증여세를 과세함

*3 조세감면의 사후관리원칙 사례 : 「상속세 및 증여세법」상 공익법인 출연재산의 사후관리규정 등

2 세법적용의 원칙(세법의 적용과정에서 지켜야 할 원칙)

구 분	내 용
세법 해석의 기준(납세자 재산권의 부당한 침해 금지)	세법을 해석·적용할 때에는 과세의 형평과 해당 조항의 합목적성에 비추어 납세자의 재산권이 부당하게 침해되지 아니하도록 하여야 한다*1.
소급과세의 금지*2	① 입법에 의한 소급과세의 금지 국세를 납부할 의무(세법에 징수의무자가 따로 규정되어 있는 국세의 경우에는 이를 징수하여 납부할 의무)가 성립한 소득·수익·재산·행위 또는 거래에 대해서는 그 성립 후의 새로운 세법에 따라 소급하여 과세하지 아니한다. → 법적 안전성을 보장하기 위한 규정 ② 해석 또는 관행에 의한 소급과세의 금지 세법의 해석이나 국세행정의 관행이 일반적으로 납세자에게 받아들여진 후에는 그 해석 이나 관행에 의한 행위 또는 계산은 정당한 것으로 보며, 새로운 해석이나 관행에 의하여 소급하여 과세되지 아니한다. → 납세자의 신뢰를 보호하기 위한 신의성실원칙을 구체화한 규정
세무공무원의 재량의 한계	세무공무원이 재량으로 직무를 수행할 때에는 과세의 형평과 해당 세법의 목적에 비추어 일반적으로 적당하다고 인정되는 한계를 엄수하여야 한다.
기업회계의 존중	세무공무원이 국세의 과세표준을 조사·결정할 때에는 해당 납세의무자가 계속하여 적용하고 있는 기업회계의 기준 또는 관행으로서 일반적으로 공정·타당하다고 인정되는 것은 존중하여야 한다. 다만, 세법에 특별한 규정이 있는 경우에는 그러하지 아니한다.

*1 재정경제부장관 및 국세청장은 세법의 해석과 관련된 질의에 대하여 세법해석의 기준에 따라 해석하고 회신하여야 한다.

*2 소급과세금지의 기준시점과 진정소급·부진정소급

① 기준시점

새로운 세법 또는 해석·관행이 소급하여 적용되었는지 여부의 판정은 납세의무의 성립일을 기준으로 판정한다. 즉, 이미 납세의무가 성립된 경우에는 새로운 세법 등을 소급하여 적용되는 것이 금지되나, 아직 납세의무가 성립되지 않은 경우에는 새로운 세법 등을 적용할 수 있다.

② 진정소급과 부진정소급

납세의무성립일 전후로 개정된 세법 등의 소급적용 허용 여부에 따라 소급의 성격을 구분하면 다음과 같다.

구 분	개 념	소급적용 여부
진정소급	이미 납세의무가 성립된 소득 등에 대하여 납세의무의 성립일 이후에 개정된 세법 등을 소급하여 적용하는 것을 말한다.	허용하지 아니함
부진정소급	과세기간 중(납세의무의 성립일 전)에 개정된 세법 등을 그 과세기간 개시일로부터 소급하여 적용하는 것을 말한다(이러한 소급은 진정한 의미의 소급에 해당되지 아니한다).	허용함*

* 예를 들어 ×1년 9월 10일에 소득세가 개정된 경우 그 개정규정은 ×1. 1. 1.부터 소급하여 적용가능하다. 왜냐하면 소득세의 납세의무성립일은 과세기간종료일(×1. 12. 31.)이고 그 전에 개정된 것이므로 진정한 의미의 소급이 아니기 때문이다[부진정소급].

③ 유리한 소급효의 인정

소급적용하는 것이 납세자에게 유리한 경우에는 그 소급효를 인정한다.

■ 세법해석의 기준 및 소급과세의 금지 규정 관련 세부사항

(1) 세법 외의 법률 중 국세의 부과 · 징수 · 감면 또는 그 절차에 관하여 규정하고 있는 조항은 세법해석의 기준 및 소급과세의 금지 규정을 적용할 때에는 세법으로 본다.

(2) 다음 각 사항을 심의하기 위하여 재정경제부에 국세예규심사위원회를 둔다.

㉠ '세법해석의 기준 및 소급과세의 금지' 규정의 기준에 맞는 세법의 해석 및 이와 관련되는 「국세기본법」의 해석에 관한 사항

㉡ '「관세법」의 해석기준 및 소급과세금지'의 기준에 맞는 「관세법」의 해석 및 이와 관련되는 「자유무역협정의 이행을 위한 관세법의 특례에 관한 법률」 및 「수출용 원재료에 대한 관세 등 환급에 관한 특례법」의 해석에 관한 사항

3 중장기 조세정책운용계획

구 분	내 용
중장기 조세정책운용계획의 수립 및 보고	① 재정경제부장관은 효율적인 조세정책의 수립과 조세부담의 형평성 제고를 위하여 매년 해당 연도부터 5개 연도 이상의 기간에 대한 중장기 조세정책운용계획을 수립하여야 한다. 이 경우 중장기 조세정책운용계획은 「국가재정법」 제7조에 따른 국가재정운용계획과 연계되어야 한다. ② 재정경제부장관은 중장기 조세정책운용계획을 수립할 때에는 관계 중앙관서의 장과 협의하여야 한다. ⇢ (기출)중장기 조세정책운용계획을 수립할 때에는 관계 중앙관서의 장과의 협의를 거쳐 국무회의의 심의를 통해 확정된다. : 틀린 문장(국무회의 심의를 통해 확정되는 것은 아님) ③ 수립한 중장기 조세정책운용계획을 국회 소관 상임위원회에 보고하여야 한다.
중장기 조세정책운용계획에 포함되어야 할 내용	① 조세정책의 기본방향과 목표 ② 주요 세목별 조세정책 방향 ③ 비과세 · 감면 제도 운용 방향 ④ 조세부담 수준 ⑤ 그 밖에 법령으로 정하는 사항

제 3 장

납세의무의 성립 · 확정 · 소멸

1 개요

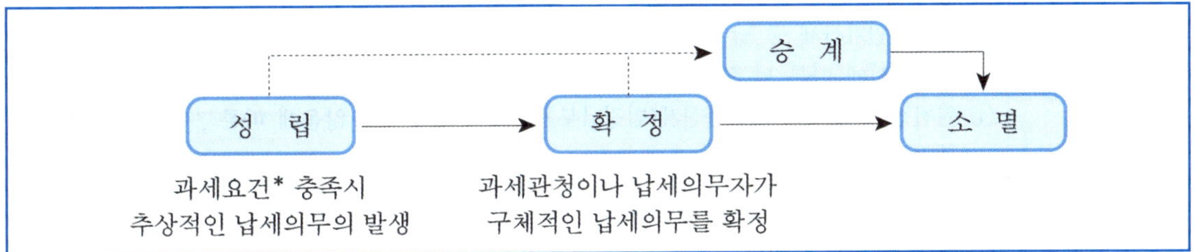

* 과세요건이란 납세의무의 성립에 필요한 법률상의 요건을 말하며, 그 구성요소는 다음과 같다.

① 납세의무자가 있어야 한다.
② 과세대상(조세부담을 지우는 대상)이 있어야 한다. 이러한 과세대상으로 소득 소비, 재산을 들 수 있다.
③ 과세표준(과세대상의 수량 또는 가액)을 계산할 수 있어야 한다.
④ 세율이 있어야 한다.

2 납세의무의 성립

국세를 납부할 의무는 「국세기본법」 및 세법에서 정하는 과세요건이 충족되면 성립한다.

구 분	세 목	납세의무 성립시기
과세기간이 정하여진 국세(기간과세 국세)의 경우	소득세, 법인세, 부가가치세	과세기간이 끝나는 때. 다만, 다음은 기간단위로 과세하는 것이 아니므로 다음 시기를 성립시기로 한다. ① 청산소득에 대한 법인세 : 법인이 해산을 하는 때 ② 수입재화에 대한 부가가치세 : 세관장에게 수입신고를 하는 때
특정행위 등에 대하여 과세하는 국세(수시부과 국세)의 경우	상속세	상속을 개시하는 때 --→ 상속등기일이 아님
	증여세	증여에 의하여 재산을 취득하는 때 --→ 증여의사가 있을 때가 아님
	개별소비세, 주세, 교통·에너지·환경세	과세물품을 제조장으로부터 반출하거나 판매장에서 판매하는 때, 과세장소에 입장하거나 과세유흥장소에서 유흥음식행위를 한 때 또는 과세영업장소에서 영업행위를 하는 때. 다만, 수입물품의 경우에는 세관장에게 수입신고를 하는 때
	인지세	과세문서를 작성한 때 --→ [비교] 「법인세법」상 인지세의 손금 귀속시기 : 과세문서에 종이문서용 전자수입인지를 첩용한 날
	증권거래세	해당 매매거래가 확정되는 때

구분		성립시기
종합부동산세		과세기준일(매년 6월 1일)
부가세의 경우	농어촌특별세, 교육세	해당 국세의 납세의무가 성립하는 때. 다만, 금융·보험업자의 수익금액에 부과되는 교육세는 과세기간단위로 과세하기 때문에 '과세기간이 끝나는 때' 성립한다.
가산세의 경우	① 무신고가산세 및 과소신고·초과환급신고가산세 : 법정신고기한이 경과하는 때 ② 납부지연가산세 및 원천징수 등 납부지연가산세 중 1일 $\frac{22}{100,000}$ 적용분 : 법정납부기한 경과 후 1일마다 그 날이 경과하는 때*1 ③ 납부지연가산세 중 납부고지서상 납부기한까지 납부하지 않음에 따른 3% 적용부분 : 납부고지서에 따른 납부기한이 경과하는 때*1 ④ 원천징수 등 납부지연가산세(법정납부기한까지 납부하지 않음에 따른 3%부분) : 법정납부기한이 경과하는 때 ⑤ 그 밖의 가산세 : 가산할 국세의 납세의무가 성립하는 때	
특례 규정 --> 과세기간 중에 징수·납부하는 국세에 대해서는 위의 원칙적인 성립시기를 적용할 수 없으므로 별도로 그 성립시기를 정함	① 원천징수하는 소득세·법인세	소득금액 또는 수입금액을 지급하는 때*2
	② 납세조합이 징수하는 소득세와 예정신고납부하는 소득세	그 과세표준이 되는 금액이 발생한 달의 말일
	③ 중간예납하는 소득세·법인세 또는 예정신고기간·예정부과기간에 대한 부가가치세	중간예납기간 또는 예정신고기간·예정부과기간이 끝나는 때
	④ 수시부과하여 징수하는 국세	수시부과할 사유가 발생한 때 --> 수시부과한 날이 아님

*1 단, 위 '가산세의 경우' 내용 중 '②'와 '③'의 경우 출자자의 제2차납세의무 규정을 적용할 때에는 법정납부기한이 경과하는 때로 한다.

*2 사례 소득세 과세대상이 되는 이자 100만원을 ×1. 7. 15.에 지급할 때 원칙적인 소득세의 납세의무성립시점인 ×1. 12. 31.이 도래하지 않았더라도 그 금액을 지급하는 시점인 ×1. 7. 15.에 납세의무가 성립되면서 동시에 확정되므로 이에 대한 소득세를 원천징수하여 ×1. 8. 10.까지 납부한다.

■ 위 표 안 '가산세의 경우' 중 '③' 규정 개정 내용

위 표 안의 '③' 규정은 2026. 6. 30. 이전에 지정납부기한이 경과한 경우에 적용되는 성립시기이며, 2026. 7. 1. 이후에 지정납부기한이 경과한 경우 적용되는 성립시기는 다음과 같다. 개정 (2026. 7. 1.부터 시행)

③ 납부지연가산세 및 원천징수 등 납부지연가산세 중 지정납부기한까지 납부하지 아니하여 경과한 개월수마다 월 $\frac{67}{10,000}$ 적용분 : 지정납부기한 경과 후 1개월이 경과하는 때*1

③-2 납부지연가산세 중 지정납부기한까지 납부하지 아니함에 따른 3% 적용분과 독촉비용분, 원천징수 등 납부지연가산세 중 독촉비용분 : 지정납부기한이 경과하는 때*1

*1 다만, '가산세의 경우' 내용 중 '②, ③, ③-2'의 경우 출자자의 제2차납세의무 규정을 적용할 때에는 법정납부기한이 경과하는 때로 한다.

3 납세의무의 확정

국세는 「국세기본법」 및 세법이 정하는 절차에 따라 세액이 확정된다.

1. 확정방법

(1) 신고납세제도와 부과과세제도

구 분	신고납세제도	부과과세제도
의의	납세의무자의 신고에 의하여 납부할 세액을 확정하는 제도	과세관청의 결정(처분)에 의하여 납부할 세액을 확정하는 제도
적용 세목	법인세, 소득세, 부가가치세, 개별소비세, 주세, 교통 · 에너지 · 환경세, 증권거래세, 교육세, 종합부동산세(납세의무자가 과세표준과 세액을 정부에 신고하는 경우에 한정함)*1	• 상속세, 증여세 • 종합부동산세(납세자가 신고하는 경우 제외)*1
확정절차	• 납세의무자가 과세표준과 세액을 정부에 신고했을 때에 확정된다. • 다만, 납세의무자가 과세표준과 세액의 신고를 하지 아니하거나 신고한 과세표준과 세액이 세법에서 정하는 바와 맞지 아니한 경우에는 정부가 과세표준과 세액을 결정하거나 경정하는 때에 그 결정 또는 경정에 따라 확정된다.	해당 국세의 과세표준과 세액을 정부가 결정하는 때 확정된다.*2
조세포탈범의 기수시기*3	신고 · 납부기한 경과시점	정부의 결정에 의한 납부기한 경과시점

*1 종합부동산세는 납세의무자가 신고하는 경우에는 신고납세세목, 그 외의 경우는 부과과세세목에 해당한다.

*2 부과과세제도를 채택하고 있는 세목이라도 납세의무자에게 신고의무가 부여되나, 상속세 및 증여세의 신고는 세액을 확정시키는 효력이 없고 단지 과세관청이 부과처분을 하는데 필요한 과세자료를 제출하는 일종의 협력 의무에 불과할 뿐이다. 예를 들면 증여세는 증여받은 날이 속하는 달의 말일부터 3개월 이내에 신고하여야 하나, 이러한 신고로 세액이 확정되는 것은 아니며, 신고내용을 과세관청이 6개월 이내에 결정함으로써 세액이 확정된다.

*3 조세포탈범의 기수시기(旣遂時期)란 조세포탈범에 대한 공소시효(公訴時效)의 기산점을 말한다.

(2) 납세의무 성립시 자동적으로 확정되는 경우

다음의 국세는 특별한 절차 없이 납세의무가 성립하는 때에 그 세액이 확정된다.

> ① 인지세
> ② 원천징수하는 소득세 · 법인세*
> ③ 납세조합이 징수하는 소득세
> ④ 중간예납하는 법인세(세법에 따라 정부가 조사 · 결정하는 경우는 제외한다)
> ⑤ 납부지연가산세 및 원천징수 등 납부지연가산세[납부고지서에 따른 납부기한(2026. 7. 1.부터는 지정납부기한 개정) 후의 가산세로 한정한다]

* 소득의 지급자가 그 소득에 대한 세금을 원천징수하기 위해서는 소득금액 또는 수입금액을 '지급하는 때'에 납세의무가 성립되면서 동시에 확정되어야 한다.

2. 수정신고의 효력*

> ① 신고납세제도 적용세목인 국세의 수정신고(과세표준신고서를 법정신고기한까지 제출한 자의 수정신고로 한정한다)는 당초의 신고에 따라 확정된 과세표준과 세액을 증액하여 확정하는 효력을 가진다.
> ② '①'에 따른 국세의 수정신고는 당초 신고에 따라 확정된 세액에 관한 「국세기본법」 또는 세법에서 규정하는 권리 · 의무관계에 영향을 미치지 아니한다.

* 내용 이해

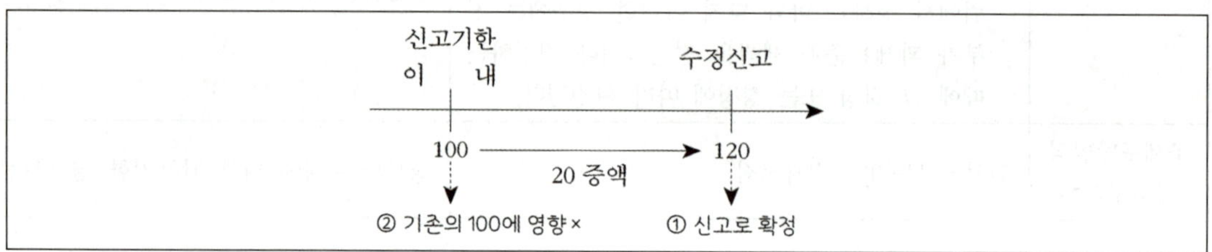

3. 경정*1 등의 효력*2

> ① 증액경정 : 세법에 따라 당초 확정된 세액을 증가시키는 경정은 당초 확정된 세액에 관한 「국세기본법」 또는 세법에서 규정하는 권리 · 의무관계에 영향을 미치지 아니한다.
> ② 감액경정 : 세법에 따라 당초 확정된 세액을 감소시키는 경정은 그 경정으로 감소되는 세액 외의 세액에 관한 「국세기본법」 또는 세법에서 규정하는 권리 · 의무관계에 영향을 미치지 아니한다.

*1 경정(또는 경정결정) : 이미 확정된 납세의무의 내용을 과세관청이 다시 고쳐 결정하는 처분

*2 내용 이해

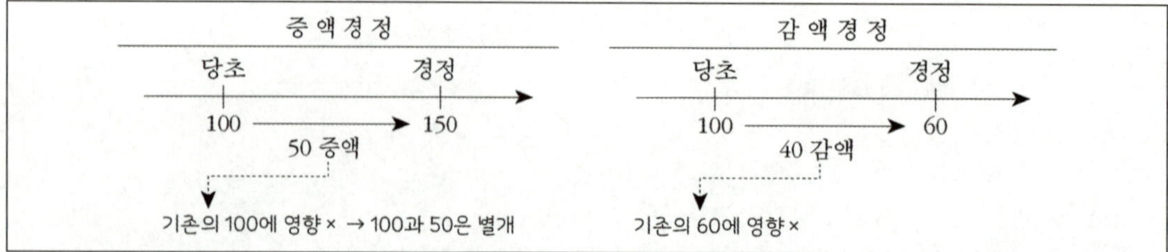

4 납세의무의 승계

납세의무의 승계는 당사자의 의사와는 무관하게 법에 의하여 강제승계(당연승계)되므로 별도의 지정절차가 불필요하며, 본래의 납세의무자(피합병법인 또는 피상속인)에 대하여 행한 처분 또는 절차는 승계인(합병법인 또는 상속인)에 대하여도 효력이 있다.

<table>
<tr><th>구 분</th><th>내 용</th></tr>
<tr><td>법인의 합병으로 인한 납세의무의 승계</td><td>법인이 합병한 경우 합병법인(합병 후 존속하는 법인 또는 합병으로 설립된 법인)은 피합병법인(합병으로 소멸된 법인)에게 부과되거나 그 법인이 납부할 국세 및 강제징수비*1를 납부할 의무를 진다(국기법 23). → 한도없이 전액 승계</td></tr>
<tr><td rowspan="3">상속으로 인한 납세의무의 승계</td><td>(1) 의 의
① 상속이 개시된 때에 그 상속인(「민법」에 따른 상속인을 말하며, 수유자를 포함한다)*2 또는 상속재산관리인은 피상속인에게 부과되거나 그 피상속인이 납부할 국세 및 강제징수비를 상속으로 받은 재산*3의 한도에서 납부할 의무를 진다. 이 경우 피상속인에게 한 처분 또는 절차는 상속으로 인한 납세의무를 승계하는 상속인이나 상속재산관리인에 대해서도 효력이 있다.
② 위 '①'에 따른 납세의무 승계를 피하면서 재산을 상속받기 위하여 피상속인이 상속인을 수익자로 하는 보험계약을 체결하고 피상속인의 사망으로 상속인이 상속재산으로 보는 보험금을 받은 경우에는 다음 각 항의 구분에 따른 금액을 상속인('㉠'에 따른 상속을 포기한 사람은 상속인으로 본다)이 상속받은 재산으로 보아 위 '①'을 적용한다. → 아래 '㉠'의 상속재산을 전부 또는 일부 포기한 경우는 물론 '㉡'의 국세 및 강제징수비를 체납한 피상속인이 보험료를 납입한 경우에도 피상속인의 사망으로 상속인이 수령하는 보험금을 상속재산에 포함하여 납세의무를 승계함
㉠ 「민법」에 따라 상속을 한정승인 또는 포기한 상속인이 보험금을 받은 경우 : 상속인이 받은 보험금 전액*4
㉡ 피상속인이 국세 또는 강제징수비를 체납한 상태에서 해당 보험의 보험료를 납입한 경우로서 상속인(「민법」에 따라 상속을 한정승인 또는 포기한 상속인은 제외한다)이 보험금을 받은 경우 : 다음의 계산식에 따라 계산한 금액

상속받은 재산으로 보는 보험금 $= A \times \frac{B}{C}$
A : 상속인이 받은 보험금
B : 피상속인이 최초로 보험료를 납입한 날부터 마지막으로 보험료를 납입한 날까지의 기간 중 국세를 체납한 일수
C : 피상속인이 최초로 보험료를 납입한 날부터 마지막으로 보험료를 납입한 날까지의 일수</td></tr>
<tr><td>(2) 상속인이 2명 이상인 경우
상속인이 2명 이상일 때에는 각 상속인은 피상속인에게 부과되거나 그 피상속인이 납부할 국세 및 강제징수비를 「민법」 규정에 의한 상속분*5에 따라 나누어 계산한 국세 및 강제징수비를 상속으로 인하여 얻은 재산을 한도로 연대하여 납부할 의무를 진다.</td></tr>
<tr><td>(3) 상속인이 있는지 분명하지 아니할 경우
이 경우에는 상속인에게 하여야 할 납부의 고지·독촉이나 그 밖에 필요한 사항은 상속재산관리인에게 하여야 한다. 상속인이 있는지 분명하지 아니하고 상속재산관리인도 없을 때에는 세무서장이 상속개시지를 관할하는 법원에 상속재산관리인의 선임을 청구할 수 있다.</td></tr>
</table>

*1 부과되거나 그 법인이 납부할 국세 등 : 합병으로 인하여 소멸된 법인에게 귀속되는 국세 등과 세법에 정한 납세의무의 확정절차에 따라 장차 부과되거나 납부하여야 할 국세 등을 말한다. 따라서, 이미 구체적으로 확정된 국세는 물론 추상적으로 성립되어 앞으로 확정될 국세 등도 승계된다.

*2 태아에게 상속이 개시된 경우에는 그 태아가 출생한 때에 상속으로 인한 납세의무가 승계된다(국기통 24-0…4).

*3 상속으로 받은 재산

상속으로 받은 재산 = 자산총액 − 부채총액 − 상속세

상속받은 자산총액과 부채총액을 말하며, 아래 '②'에 따라 상속재산으로 보는 보험금 및 그 보험금을 받은 자가 납부할 상속세를 포함하여 계산한다. 그 가액은 「상속세 및 증여세법」(제60조부터 제66조)의 재산평가규정을 준용하여 평가한다.

*4 위 '②. ㉠' 내용 이해

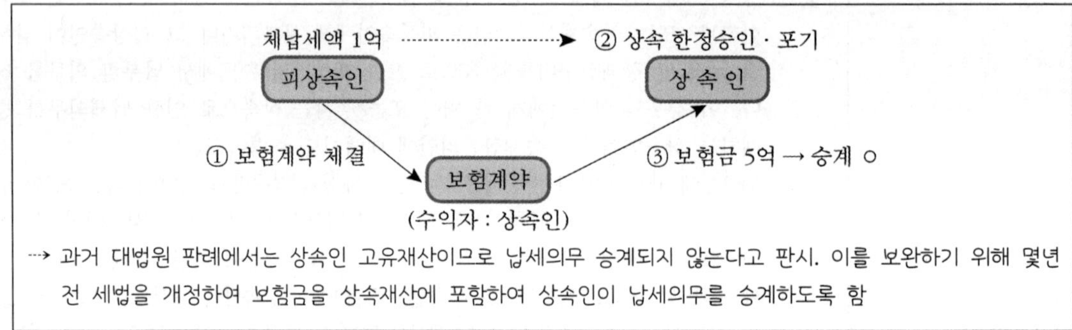

⇢ 과거 대법원 판례에서는 상속인 고유재산이므로 납세의무 승계되지 않는다고 판시. 이를 보완하기 위해 몇년 전 세법을 개정하여 보험금을 상속재산에 포함하여 상속인이 납세의무를 승계하도록 함

*5 「민법」 규정에 의한 상속분을 계산할 때 다음 '(1)'의 사유에 해당하는 경우에는 '(2)'의 법령으로 정한 비율로 한다.

(1) 사유 : 다음 중 어느 하나에 해당하는 경우
  ① 상속인 중 수유자가 있는 경우
  ② 상속인 중 「민법」에 따라 상속을 포기한 사람이 있는 경우
  ③ 상속인 중 「민법」에 따른 유류분을 받은 사람이 있는 경우
  ④ 상속으로 받은 재산에 보험금이 포함되어 있는 경우

(2) 법령으로 정한 비율

$$\text{법령으로 정한 비율} = \frac{\text{각각의 상속인(수유자와 상속포기자 포함)이 상속으로 받은 재산가액}}{\text{각각의 상속인이 상속으로 받은 재산가액의 합계액}}$$

5 납세의무의 소멸

1. 납세의무가 소멸되는 경우(5가지)

실현되면서 소멸되는 경우	납부, 충당*
미실현된 상태에서 소멸되는 경우	부과의 취소, 국세 부과제척기간의 만료, 국세징수권 소멸시효의 완성

* 충당 : 납세의무자가 환급받을 세액을 납세의무자가 납부할 다른 세액과 상계하는 것

2. 국세부과권과 국세징수권의 성격

〈그림〉 납세의무의 성립 · 확정 · 소멸과 부과권 · 징수권의 관계

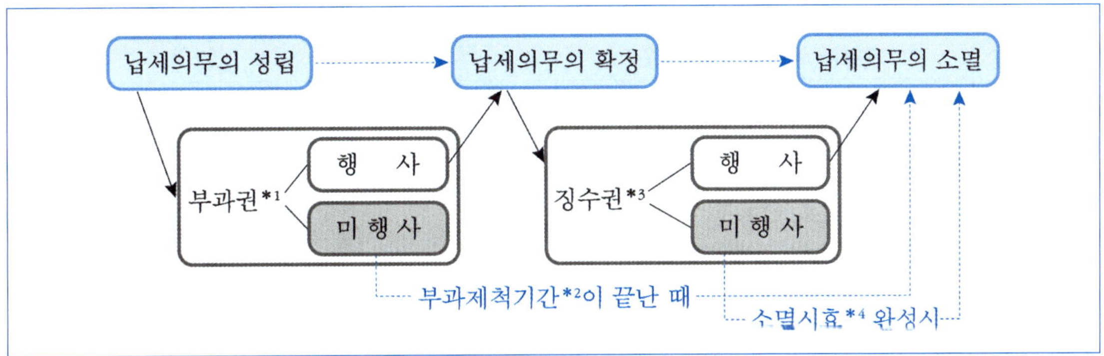

*1 부과권 : 성립된 납세의무(조세채권)의 내용을 구체적으로 확인하는 권리를 말하며, 납세의무자의 의사와 무관하게 국가(권리자)의 일방적인 확인행위로 확정되므로 형성권(形成權)[1]에 속한다.

*2 제척기간(除斥期間) : 법률관계의 안정성을 위하여 법에 정하는 권리의 존속기간을 말한다. 형성권은 제척기간의 적용을 받으므로 국세부과권도 제척기간이 끝나면 행사할 수 없게 된다. 따라서 납세의무는 소멸된다.

*3 징수권 : 부과에 의하여 구체적으로 확정된 세액의 납부를 납세의무자에게 청구하는 권리를 말하며, 청구권의 성격을 갖는다.

*4 소멸시효(消滅時效) : 권리자가 권리를 행사하지 않는 기간이 장기간 계속되는 경우 그 상태를 그대로 인정하는 제도로, 의무자의 권리부존재에 대한 입증책임의 곤란을 덜어주기 위한 제도이다. 청구권은 소멸시효의 적용을 받으므로 국세징수권도 소멸시효가 완성되면 국가가 청구권을 장기간 행사하지 않은 사실상태를 인정하여 소멸된다. 따라서 납세의무는 소멸된다.

---

1) '형성권'이란 상대방의 의사와 무관하게 권리자의 일방적 의사표시에 의하여 일정한 권리 또는 법률관계의 발생 · 변동 · 소멸을 가져오게 하는 권리를 말한다.

3. 국세 부과제척기간의 만료

3.1 국세 부과제척기간

국세 부과제척기간은 국세를 부과할 수 있는 날부터 다음 기간으로 한다.

(1) 상속세 및 증여세 외의 국세

<table>
<tr><th>구 분</th><th colspan="2">내 용</th></tr>
<tr><td>1) 원칙</td><td colspan="2">5년(역외거래*1의 경우 7년)</td></tr>
<tr><td rowspan="3">2) 예외</td><td>① 납세자가 법정신고기한까지 과세표준신고서를 제출하지 아니한 경우</td><td>7년(역외거래의 경우 10년)</td></tr>
<tr><td>② 납세자가 사기나 그 밖의 부정한 행위(이하 '부정행위*2'라 한다)로 국세를 포탈(逋脫)하거나 환급·공제를 받은 경우*3</td><td>10년(역외거래에서 발생한 부정행위로 국세를 포탈하거나 환급·공제받은 경우에는 15년)</td></tr>
<tr><td>③ 납세자가 부정행위를 하여 다음 각 목에 따른 가산세 부과대상이 되는 경우 :
㉠ 「소득세법」 및 「법인세법」에 따른 계산서 미발급, 가공 발급 및 수령, 허위 발급 및 수령 등에 대한 가산세
㉡ 「부가가치세법」에 따른 세금계산서 미발급, 가공발급 및 수령, 허위 발급 및 수령 등에 대한 가산세</td><td>해당 가산세를 부과할 수 있는 날부터 10년</td></tr>
</table>

*1 여기서 '역외거래'란 「국제조세조정에 관한 법률」에 따른 국제거래 및 거래 당사자 양쪽이 거주자(내국법인과 외국법인의 국내사업장을 포함한다)인 거래로서 국외에 있는 자산의 매매·임대차, 국외에서 제공하는 용역과 관련된 거래를 말한다. 이하 같다.

*2 여기서 '부정행위'란 다음 중 어느 하나에 해당하는 행위로서 조세의 부과와 징수를 불가능하게 하거나 현저히 곤란하게 하는 적극적인 행위를 말한다.

① 이중장부의 작성 등 장부의 거짓 기록
② 거짓 증빙 또는 거짓 문서의 작성 및 수취
③ 장부와 기록의 파기
④ 재산의 은닉, 소득·수익·행위·거래의 조작 또는 은폐
⑤ 고의적으로 장부를 작성하지 아니하거나 비치하지 아니하는 행위 또는 계산서, 세금계산서 또는 계산서합계표, 세금계산서합계표의 조작
⑥ 전사적 기업자원관리설비의 조작 또는 전자세금계산서의 조작
⑦ 그 밖의 위계(僞計)에 의한 행위 또는 부정한 행위

*3 이 경우 부정행위로 포탈하거나 환급·공제받은 국세가 법인세이면 이와 관련하여 「법인세법」에 따라 소득처분된 금액에 대한 소득세 또는 법인세에 대해서도 위 '2). ②'를 적용한다.

■ 일반적인 제척기간 끝난 후 이월결손금을 공제하는 경우

위 '1)' 및 '2). ①'의 기간[5년, 7년(10년)]이 끝난 날이 속하는 과세기간 이후의 과세기간에 다음 각 항의 금액('이월결손금등'이라 한다)을 공제하는 경우 해당 이월결손금등이 발생한 과세기간의 소득세 또는 법인세의 부과제척기간은 이월결손금등을 공제한 과세기간의 법정신고기한으로부터 1년으로 한다*.

① 「소득세법」, 「법인세법」에 따른 이월결손금*

② 「조세특례제한법」상 세액공제액의 이월공제 규정(조특법 144 ①)에 따라 이월된 세액공제액

* 위 '①' 내용 이해

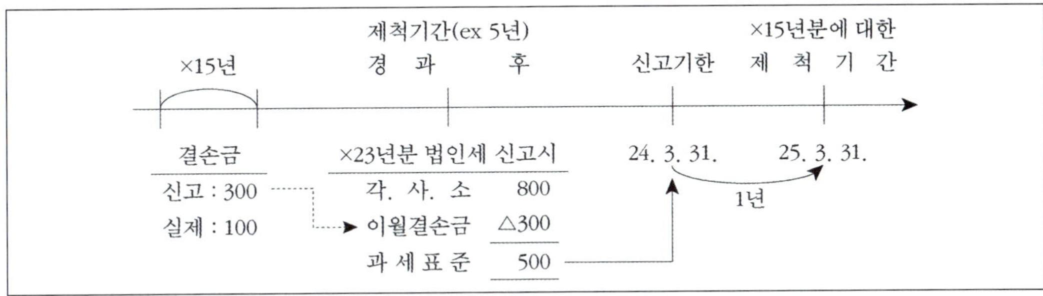

(2) 상속세 및 증여세

구 분	내 용
원칙	국세를 부과할 수 있는 날부터 10년
예외	다음 중 어느 하나에 해당하는 경우에는 15년 ① 납세자가 부정행위로 상속세·증여세를 포탈하거나 환급·공제받은 경우 ② 「상속세 및 증여세법」에 따른 신고서를 제출하지 아니한 경우 ③ 「상속세 및 증여세법」에 따라 신고서를 제출한 자가 거짓신고 또는 누락신고*를 한 경우(그 거짓신고 또는 누락신고를 한 부분만 해당한다)

* 거짓신고 또는 누락신고 : 다음의 경우를 말한다.

㉠ 상속재산가액 또는 증여재산가액에서 가공의 채무를 빼고 신고한 경우

㉡ 권리의 이전이나 그 행사에 등기·등록·명의개서 등이 필요한 재산을 상속인 또는 수증자의 명의로 등기 등을 하지 아니한 경우로서 그 재산을 상속·증여재산의 신고에서 누락한 경우

㉢ 예금, 주식, 채권, 보험금, 그 밖의 금융자산을 상속재산 또는 증여재산의 신고에서 누락한 경우

■ 부담부증여에 따라 증여세와 함께 양도소득세가 과세되는 경우

부담부증여에 따라 증여세와 함께 양도소득세가 과세되는 경우에 그 양도소득세의 부과제척기간도 위의 증여세 부과제척기간과 같다.

[내용 이해] 부담부증여

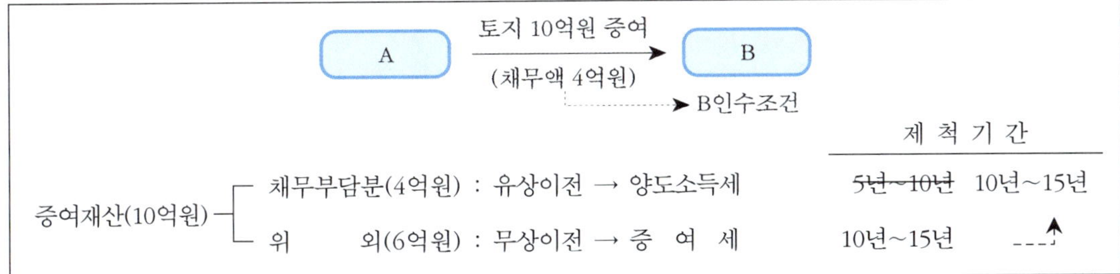

(3) 상속세 · 증여세를 포탈하는 경우 부과제척기간의 연장특례

구 분	내 용
1) 특례	납세자가 부정행위로 상속세 · 증여세(아래 '⑦'의 경우에는 해당 명의신탁과 관련한 국세를 포함한다)를 포탈하는 경우로서 다음 중 어느 하나에 해당하는 경우 과세관청은 위 '(2)'에도 불구하고 해당 재산의 상속 또는 증여가 있음을 안 날부터 1년 이내에 상속세 및 증여세를 부과할 수 있다. → 과세포착이 어려운 재산에 대해서는 평생 부과할 수 있도록 규정 ① 제3자명의재산 : 제3자의 명의로 되어 있는 피상속인 또는 증여자의 재산을 상속인이나 수증자가 취득한 경우 ② 계약이행기간 중의 재산 : 계약에 따라 피상속인이 취득할 재산이 계약이행기간에 상속이 개시됨으로써 등기 · 등록 또는 명의개서가 이루어지지 아니하고 상속인이 취득한 경우 ③ 국외소재재산 : 국외에 있는 상속재산이나 증여재산을 상속인이나 수증자가 취득한 경우 ④ 서화 · 골동품 등 : 등기 · 등록 또는 명의개서가 필요하지 아니한 유가증권 · 서화 · 골동품 등 상속재산 또는 증여재산을 상속인이나 수증자가 취득한 경우 ⑤ 수증자 명의로 되어 있는 증여자의 금융자산을 수증자가 보유하고 있거나 사용 · 수익한 경우 ⑥ 「상속세 및 증여세법」(제3조 제2호)에 따른 비거주자인 피상속인의 국내재산을 상속인이 취득하는 경우 ⑦ 「상속세 및 증여세법」(제45조의 2)에 따른 명의신탁재산의 증여의제의 경우 ⑧ 상속재산 또는 증여재산인 가상자산을 가상자산사업자(관련 법에 따라 신고가 수리된 자로 한정한다)를 통하지 아니하고 상속인이나 수증자가 취득한 경우
2) 특례의 배제	다음의 경우에는 위 '1)'에 해당되더라도 상속세 · 증여세의 부과제척기간을 연장하지 아니한다. ① 상속인(수유자 포함)이나 증여자 및 수증자가 사망한 경우 ② 포탈세액 산출의 기준이 되는 위 '1)'의 재산가액의 합계액이 50억원 이하인 경우

(4) 부과제척기간의 연장특례

다음의 경우에는 위 '(1)'부터 '(3)'까지의 제척기간이 지난 후에라도 그 결정 등의 실효성을 보장하기 위하여 다음 구분에 따른 기간이 지나기 전까지는 지방국세청장 또는 세무서장은 경정이나 그 밖에 필요한 처분을 할 수 있다.

〈정리 Tip〉
- 불복청구 결정, 소송 판결, 상호합의, 조세정보, 실효세율 관련 : 법에 정한 날부터 1년 연장
- 경정청구, 조정권고 관련 : 법에 정한 날부터 2개월 연장

구 분	내 용
1) 조세쟁송 및 소송에 대한 판결 등의 경우	① 「국세기본법」에 따른 이의신청 · 심사청구 · 심판청구, 「감사원법」에 따른 심사청구 또는 「행정소송법」에 따른 소송에 대한 결정 또는 판결이 확정된 경우* : 그 결정 또는 판결이 확정된 날부터 1년 ② 위 '①'의 결정이나 판결이 확정됨에 따라 그 결정 또는 판결의 대상이 된 과세표준 또는 세액과 연동된 다른 세목(같은 과세기간으로 한정한다)이나 연동된 다른 과세기간(같은 세목으로 한정한다)의 과세표준 또는 세액의 조정이 필요한 경우 : '①'의 결정 또는 판결이 확정된 날부터 1년 ③ 「형사소송법」에 따른 소송에 대한 판결이 확정되어 「소득세법」상 기타소득에 해당하는 뇌물 또는 알선수재 및 배임수재에 의하여 받는 금품이 발생한 것으로 확인된 경우 : 판결이 확정된 날부터 1년 ④ 최초의 신고 · 결정 또는 경정에서 과세표준 및 세액의 계산 근거가 된 거래 또는 행위 등이 그 거래 · 행위 등과 관련된 소송에 대한 판결(판결과 같은 효력을 가지는 화해나 그 밖의 행위를 포함한다)에 의하여 다른 것으로 확정된 경우 : 판결이 확정된 날부터 1년
2) 조세조약에 의한 상호합의의 경우	조세조약에 부합하지 아니하는 과세의 원인이 되는 조치가 있는 경우 그 조치가 있음을 안 날부터 3년 이내(조세조약에서 따로 규정하는 경우에는 그에 따름)에 그 조세조약의 규정에 따른 상호합의가 신청된 것으로서 그에 대하여 상호합의가 이루어진 경우 : 상호합의 절차의 종료일부터 1년
3) 경정청구 등의 경우	① 「국세기본법」에 따른 경정청구 또는 「국제조세조정에 관한 법률」에 따른 '국세의 정상가격과 관세의 과세가격간 조정을 위한 경정청구' 및 '간주배당금액에 대한 경정청구' 또는 '국제거래가격에 대한 과세의 조정에 따른 조정권고'가 있는 경우 : 경정청구일 또는 조정권고일부터 2개월 ② 위 '①'에 따른 경정청구 또는 조정권고가 있는 경우 그 경정청구 또는 조정권고의 대상이 된 과세표준 또는 세액과 연동된 다른 과세기간의 과세표준 또는 세액의 조정이 필요한 경우 : 경정청구일 또는 조정권고일부터 2개월
4) 역외거래 관련 조세정보를 받은 경우	역외거래와 관련하여 국세부과제척기간이 지나기 전에 「국세조세조정에 관한 법률」에 따라 조세의 부과와 징수에 필요한 조세정보(이하 이 호에서 '조세정보'라 한다)를 외국의 권한 있는 당국에 요청하여 조세정보를 요청한 날부터 2년이 지나기 전까지 조세정보를 받은 경우 : 조세정보를 받은 날부터 1년
5) 국가별 실효세율이 변경된 경우	「국제조세조정에 관한 법률」에 따른 국가별 실효세율이 변경된 경우 : 국가별 실효세율 변경이 있음을 안 날부터 1년

* 위 '①'의 결정 또는 판결에 의하여 다음 중 어느 하나에 해당하게 된 경우에는 당초의 부과처분을 취소하고 그 결정 또는 판결이 확정된 날부터 1년 이내에 다음의 구분에 따른 자에게 경정이나 그 밖에 필요한 처분을 할 수 있다.
㉠ 명의대여 사실이 확인된 경우 : 실제로 사업을 경영한 자
㉡ 과세의 대상이 되는 재산의 귀속이 명의일 뿐이고 사실상 귀속되는 자가 따로 있다는 사실이 확인된 경우 : 재산의 사실상 귀속자
㉢ 「소득세법」 및 「법인세법」에 따른 국내원천소득의 실질귀속자가 확인된 경우 : 국내원천소득의 실질귀속자 또는 「소득세법」 및 「법인세법」에 따른 원천징수의무자

사례

• 위 표 '1). ①'의 이해

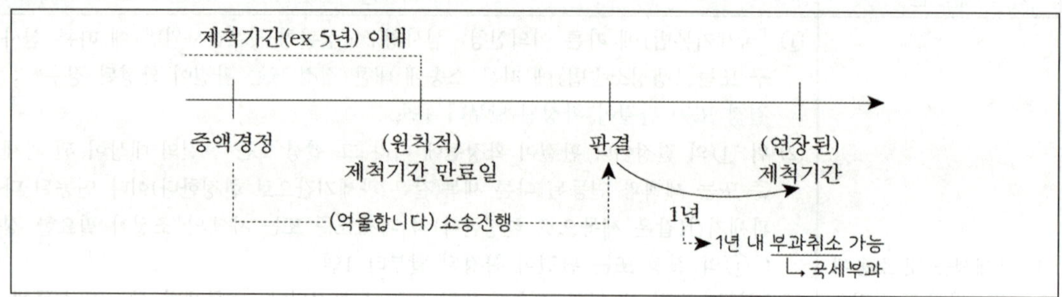

• 위 표 '1). ②'의 이해
제척기간 5년 이내에 제15기 매출누락액을 제14기 매출누락액으로 보고 제14기분을 증액경정한 경우

→ 소송진행→ 제척기간 지난 후 판결 → ┌ 제14기분 증액경정 : 취소
└ 제15기분 증액경정 가능? : Yes

(5) 조세조약에 따라 상호합의 절차가 진행 중인 경우 부과제척기간의 특례

국세의 부과제척기간에 관하여 조세의 이중과세를 방지하기 위하여 체결한 조약(이하 '조세조약'이라 한다)에 따라 상호합의 절차가 진행 중인 경우에는 「국제조세조정에 관한 법률」 제51조*에서 정하는 바에 따른다.

* 「국제조세조정에 관한 법률」 제51조(부과제척기간의 특례)
상호합의절차가 개시된 경우에 상호합의절차의 종료일의 다음날부터 1년의 기간과 「국세기본법」상 부과제척기간 중 나중에 도래하는 기간의 만료일 후에는 국세를 부과할 수 없다.

3.2 국세 부과제척기간의 기산일

구 분		부과제척기간의 기산일 (국세를 부과할 수 있는 날)
원 칙	① 과세표준과 세액을 신고하는 국세*1	과세표준신고기한의 다음 날*2
특 례	② 인지세, 종합부동산세	납세의무가 성립한 날
	③ 원천징수의무자 또는 납세조합에 대하여 부과하는 국세	해당 원천징수세액 또는 납세조합징수세액의 법정납부기한의 다음 날
	④ 과세표준신고기한이나 법정납부기한이 연장된 경우	그 연장된 기한의 다음 날
	⑤ 공제 · 면제 · 비과세 또는 낮은 세율의 적용 등에 따른 세액*3을 의무불이행 등의 사유로 인하여 징수하는 경우	해당 공제세액 등을 징수할 수 있는 사유가 발생한 날

*1 여기서 '과세표준과 세액을 신고하는 국세'란 신고납세제도를 채택하고 있는 국세만을 말하는 것이 아닌, 신고의무가 부여된 국세를 말한다. 다만, 납세자가 신고납부방식을 선택하여 신고하는 종합부동산세는 제외한다[제외 이유 : 위 '②'를 적용하기 때문]. → (기출)×24년 6월 30일이 신고기한인 증여세를 신고하지 않은 경우에는 ×39년 6월 30일에 증여세에 대한 제척기간이 만료된다. : 옳은 문장(∵ 무신고시 15년)

*2 이 경우 중간예납 · 예정신고기한과 수정신고기한은 과세표준신고기한에 포함되지 않으므로 해당 국세의 과세표준과 세액에 대한 정기분 또는 확정신고기한의 다음 날을 그 기산일로 본다. → 사례 : 예정신고하는 부가가치세의 국세부과제척기간의 기산일은 예정신고기한의 다음 날이 아닌 그 예정신고기간이 속하는 과세기간의 확정신고기한의 다음 날이 됨

*3 소득공제를 받은 경우에는 공제받은 소득금액에 상당하는 세액을 말하고, 낮은 세율을 적용받은 경우에는 일반세율과의 차이에 상당하는 세액을 말한다.

3.3 중단과 정지의 불인정 및 부과제척기간만료의 효과

- 중단과 정지 : 국세 부과제척기간에 대하여는 중단과 정지를 인정하지 않고 있다. 권리의 존속여부를 획일적으로 조속히 확정시키려는 것이 제척기간제도이기 때문이다.
- 부과제척기간만료의 효과 : 부과제척기간이 만료되면 장래를 향하여 부과권이 소멸되므로 그 후에는 국세부과에 관한 어떠한 행위도 할 수 없게 된다. 따라서 성립된 납세의무가 소멸하게 된다. → 소급효과 없음

4. 국세징수권 소멸시효의 완성

4.1 소멸시효

- 국세의 징수를 목적으로 하는 국가의 권리(이하 '국세징수권'이라 한다)는 세목을 불문하고 이를 행사할 수 있는 때부터 다음의 구분에 따른 기간 동안 행사하지 아니하면 소멸시효가 완성된다.

> ① 5억원 이상의 국세 : 10년
> ② 위 외의 국세 : 5년

- 위 국세의 금액은 가산세를 제외한 금액으로 한다.
- 소멸시효에 관하여는 「국세기본법」 또는 세법에 특별한 규정이 있는 것을 제외하고는 「민법」에 따른다.

4.2 소멸시효의 기산일

구 분		소멸시효의 기산일 (국세징수권을 행사할 수 있는 때)
원 칙	① 과세표준과 세액의 신고에 의하여 납세의무가 확정되는 국세의 경우 신고한 세액*	법정 신고납부기한의 다음 날
	② 과세표준과 세액을 정부가 결정 · 경정 또는 수시부과결정하는 경우 납부고지한 세액	고지에 따른 납부기한의 다음 날
특 례	③ 원천징수의무자 또는 납세조합으로부터 징수하는 국세	납부고지한 원천징수세액 또는 납세조합징수세액에 대해서는 그 고지에 따른 납부기한의 다음 날
	④ 인지세	납부고지한 인지세액에 대해서는 그 고지에 따른 납부기한의 다음 날
	⑤ 법정신고납부기한이 연장되는 경우	그 연장된 기한의 다음 날

* 신고납세제도를 채택하고 있는 세목의 소멸시효의 기산일은 다음과 같다.
㉠ 신고한 경우 : 위 '①'에 따라 신고납부기한의 다음 날
㉡ 신고하지 않은 경우 : 제척기간 내에 정부가 고지하였으면 위 '②'에 따라 납부고지에 따른 납부기한의 다음 날

4.3 시효의 중단과 정지

구 분	내 용
의의*1	• 중단 : 권리행사로 볼만한 사실이 있는 경우에 이미 경과한 시효기간의 효력을 상실시키는 것 • 정지 : 일정기간동안 시효의 완성을 유예하는 것을 말하며, 이 경우에는 정지사유가 종료된 후 이미 경과한 기간을 제외한 잔여기간이 경과하면 시효가 완성한다.
인정여부	청구권의 일종인 국세징수권의 소멸시효에는 중단과 정지가 인정되나, 형성권의 일종인 국세부과의 제척기간에는 중단과 정지가 인정되지 아니한다.
시효의 중단	(1) 중단사유 : 소멸시효는 ① 납부고지, ② 독촉 ③ 교부청구[2], ④ 압류(압류금지재산 또는 제3자의 재산을 압류한 경우로서 압류를 즉시 해제하는 경우는 제외한다)로 중단된다.
	(2) 재진행 : 중단된 소멸시효는 ① 고지한 납부기간이 지난 때, ② 독촉에 의한 납부기간이 지난 때, ③ 교부청구 중의 기간이 지난 때, ④ 압류해제까지의 기간이 지난 때부터 새로 진행한다
시효의 정지	소멸시효는 다음 기간에는 진행되지 아니한다. ① 세법에 따른 분납기간 · 연부연납기간[3], 세법에 따른 납부고지의 유예, 지정납부기한 · 독촉장에서 정하는 기한의 연장, 징수 유예기간 · 압류 · 매각의 유예기간 ② 세무공무원이 「국세징수법」(제25조)에 따른 사해행위(詐害行爲) 취소소송이나 「민법」에 따른 채권자대위 소송을 제기하여 그 소송이 진행중인 기간*2 ③ 체납자가 국외에 6개월 이상 계속 체류하는 경우 해당 국외 체류기간

*1 내용 이해

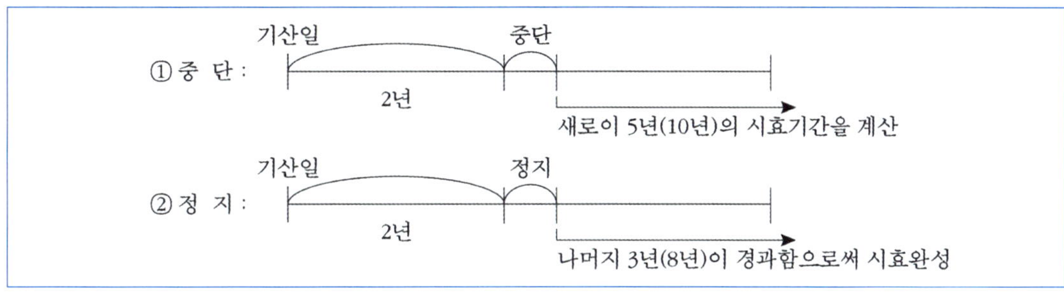

*2 다만, 사해행위취소 소송 또는 채권자대위 소송의 제기로 인한 시효정지의 효력은 소송이 각하 · 기각 또는 취하된 경우에는 효력이 없다.

---

2) '교부청구'란 체납자의 재산에 대하여 이미 강제징수 또는 강제집행 등과 같은 법적절차가 진행되고 있는 경우에 과세관청이 이미 진행되고 있는 법적절차에 참여하여 배당을 청구하는 것을 말한다.

3) '분납'과 '연부연납'은 둘다 세액이 많은 경우 일시납부에 어려움이 있는 점을 고려하여 세액을 분할납부하는 개념이나, 연부연납은 세액을 몇년동안 안분하여 납부한다는 점에서 단순한 분납과는 구별된다.

■ 사해행위 취소소송 관련 내용의 이해

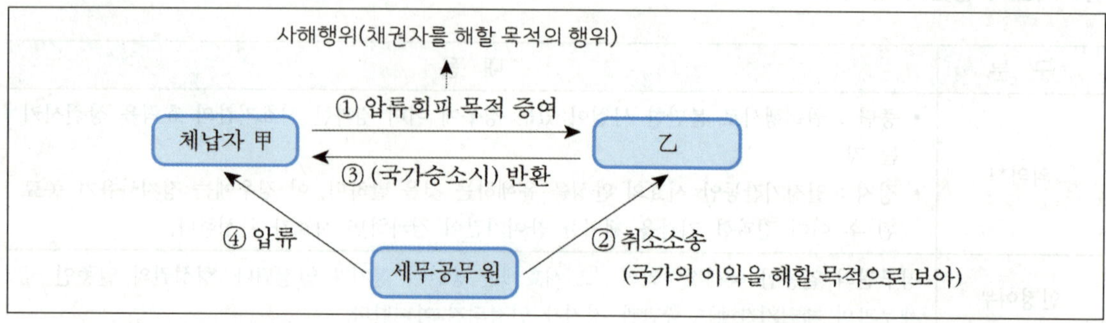

4.4 소멸시효완성의 효과

소멸시효가 완성되면 기산일에 소급하여 징수권이 소멸되므로 국세는 물론 강제징수비 및 이자상당세액도 소멸되며, 제2차 납세의무자 · 납세보증인 및 물적납세의무자에도 그 효력이 미친다. --> 소급효과 있음

정 리 제척기간과 소멸시효의 비교

구 분	국세 부과제척기간	국세징수권 소멸시효
① 의의	부과할 수 있는 권리의 존속기간	징수할 수 있는 권리의 불행사기간
② 권리의 성격	형성권	청구권
③ 기간	5년, 7년, 10년, 15년 등	5년(5억원 이상의 국세는 10년)
④ 기산일	국세를 부과할 수 있는 날 (신고의무의 유무에 따라 달라짐)	국세징수권을 행사할 수 있는 날 (납세의무가 언제 확정되는가에 따라 달라짐)
⑤ 중단과정지	없 음	있 음
⑥ 효과	소급효과 없음(장래를 향해 소멸)	소급효과 있음
⑦ 원용*의 필요성	불필요	불필요
⑧ 시효이익의 포기	포기할 수 없음	포기할 수 없음

* 납세자가 소송과정에서 제척기간 만료나 소멸시효 완성을 원용(주장)하지 않더라도 당연히 권리소멸 효과가 발생한다(원용하지 않더라도 법원에서 직권 조사).

제 4 장 납세의무의 확장제도

제 1 절 보충적 납세의무

1 제2차 납세의무

구 분	내 용
의의	주된 납세의무자가 세금을 체납하였을 때 주된 납세의무자의 재산에 대하여 강제징수를 집행하여도 그가 납부하여야 할 국세 및 강제징수비에 충당하기 부족한 경우 그 부족분에 대하여 주된 납세의무자와 법소정의 관계에 있는 자에게 보충적으로 납세의무를 지우는 제도
성격	제2차납세의무는 다음의 성격을 갖는다. ① 부종성(附従性) : 본래의 납세의무가 소멸하면 보충적 납세의무도 소멸하는 것과 같이 본래의 납세의무의 변경·소멸 등의 효력이 제2차 납세의무자에게 그대로 미치는 것을 말한다. ② 보충성(補充性) : 보충적 납세의무자는 본래의 납세의무가 이행되지 아니한 부분에 대해서만 보충적으로 납세의무를 지는 것을 말한다.
내용 (4가지)	청산인 등의 제2차 납세의무, 출자자의 제2차 납세의무, 법인의 제2차 납세의무, 사업양수인의 제2차 납세의무

1. 청산인 등의 제2차 납세의무

구 분	내 용
주된 납세의무자	해산법인
제2차 납세의무자	청산인 또는 잔여재산을 분배받거나 인도받은 자
성립요건	다음의 요건을 모두 갖춘 경우 ① 법인이 해산하여 청산하는 경우일 것 ② 청산인이 법인에 부과되거나 그 법인이 납부할 국세*1 및 강제징수비를 납부하지 아니하고 해산에 의한 잔여재산을 분배하거나 인도하였을 것 ③ 그 법인에 대하여 강제징수를 하여도 징수할 금액에 미치지 못할 것
한도	① 청산인 : 분배하거나 인도한 재산의 가액*2 ② 잔여재산을 분배받거나 인도받은 자 : 각자가 받은 재산의 가액*2

*1 여기서 '그 법인에게 부과되거나 그 법인이 납부할 국세'라 함은 해당 법인이 결과적으로 납부하여야 할 모든 국세를 말하며, 해산할 때나 청산 후 남은 재산을 분배 또는 인도하는 때에 이미 납세의무가 성립된 국세에 한하지 아니한다(국기통 38–0…3).

*2 이 경우 재산가액은 청산 후 남은 재산을 분배하거나 인도한 날 현재의 시가로 한다.

2. 출자자의 제2차 납세의무

구 분	내 용
주된 납세의무자	법인(유가증권시장 및 코스닥시장에 상장된 법인 제외)
제2차 납세의무자	① 무한책임사원, ② 과점주주, ③ 과점조합원
성립요건	다음의 요건을 모두 갖춘 경우 ① 주된 납세의무자가 유가증권시장 및 코스닥시장에 상장된 법인을 제외한 법인일 것 ② 주된 납세의무자인 법인에게 납세의무성립일 현재 무한책임사원*1이나 과점주주*2 또는 과점조합원*3이 있을 것 → 출자자의 제2차 납세의무의 회피가능성을 배제하기 위하여 납부기간만료일보다 빠른 날인 납세의무성립일을 기준으로 하고 있음 ③ 주된 납세의무자인 법인의 재산으로 그 법인에 부과되거나 그 법인이 납부할 국세 및 강제징수비에 충당하여도 징수할 금액에 부족한 경우일 것[징수부족 여부의 판정은 납부고지를 하는 때의 현황에 따른다]
한도	① 무 한 책 임 사 원 : 한도없이 제2차 납세의무를 진다. ② 과점주주 또는 과점조합원 : 다음 금액을 한도로 제2차 납세의무를 진다. 한도액*5 = 법인의 납부부족액 × (과점주주 또는 과점조합원이 실질적으로 권리를 행사하는 주식수*4(또는 출자액)) / (법인의 발행주식총수*(또는 출자총액))

*1 여기서 '무한책임사원'이란 무한책임사원으로서 다음 중 어느 하나에 해당하는 사원

① 합명회사의 사원

② 합자회사의 무한책임사원

*2 ① 여기서 '과점주주'란 주주 또는 다음 중 어느 하나에 해당하는 사원 1명과 그의 특수관계인 중 법령으로 정하는 자*로서 그들의 소유주식 합계 또는 출자액 합계가 해당 법인의 발행주식 총수 또는 출자총액의 50%를 초과하면서 그 법인의 경영에 대하여 지배적인 영향력을 행사하는 자들을 말한다.

㉠ 합자회사의 유한책임사원

㉡ 유한책임회사의 사원

㉢ 유한회사의 사원

* 법령으로 정하는 자 : 해당 주주 또는 위 '㉠' ~ '㉢' 중 어느 하나에 해당하는 사원과 「국세기본법 시행령」에 따른 친족관계, 경제적 연관관계, 법령으로 정한 경영지배관계 중 어느 하나에 해당하는 관계에 있는 자를 한다.

② 어느 특정주주와 그와 친족 · 기타 특수관계에 있는 주주들의 소유주식의 합계 또는 출자액의 합계가 해당 법인의 발행주식총수 또는 출자총액의 50%를 초과하게 되면, 특정주주를 제외한 여타의 주주들 사이에 친족 · 기타 특수관계가 없더라도 그 주주 전원을 과점주주로 본다(국기통 39—0…2. ②).

사례

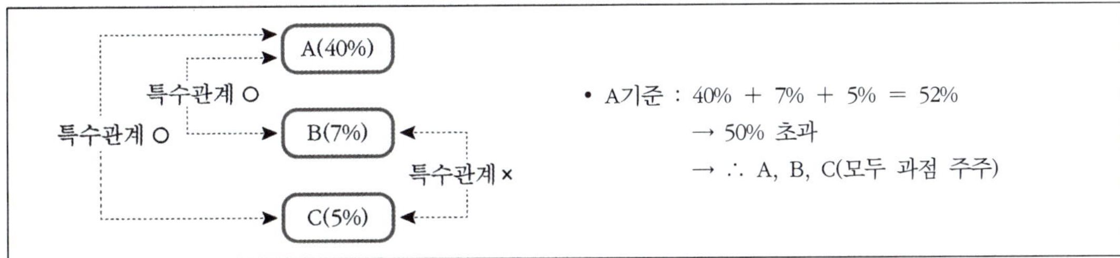

*3 과점조합원 : 영농조합법인 또는 영어조합법인의 조합원 1명과 그의 특수관계인 중 법령으로 정하는 자*로서 그들의 출자액의 합계가 해당 조합의 출자총액의 50%를 초과하는 자들을 말한다. 다만, 조합원 간에 손익분배비율을 정한 경우로서 그 손익분배비율이 출자액의 비율과 다른 경우에는 조합원 1명과 그의 특수관계인 중 법령으로 정하는 자*로서 그들의 손익분배비율의 합계가 50%를 초과하는 자들을 과점조합원으로 한다.

* 법령으로 정한 자 : 위 '*3'의 과점조합원과 「국세기본법 시행령」에 따른 친족관계, 경제적 연관관계, 법령으로 정한 경영지배관계 중 어느 하나에 해당하는 관계에 있는 자를 한다.

*4 의결권 없는 주식은 제외한다.

*5 위 '*3'의 단서와 같이 손익분배비율이 출자액 비율과 다른 경우 한도액

한도액 : 법인의 납부부족액 × 과점조합원 간에 정한 손익분배비율

■ 기출 사례

다음 자료는 비상장법인인 ㈜지성의 ×1년 주식이동상황 및 국세 등의 체납에 관한 내용이다. 아래 자료에 의하여 ㈜지성의 과점주주가 제2차 납세의무자로서 납부해야 할 금액을 계산하면 얼마인가?

(1) 주식이동상황

주주성명 (관계)	×1. 1. 1.	×1. 9. 15. 매매거래		×1. 12. 31.
	보유주식수	매도주식수	매수주식수	보유주식수
김한라(본　인)	400,000주	20,000주	–	380,000주
이백두(배우자)	200,000	70,000	–	130,000
박설악(타　인)	250,000	–	70,000주	320,000
조한강(타　인)	150,000	–	20,000	170,000

(2) ㈜지성의 발행주식총수 1,000,000주에는 의결권 없는 주식은 없으며 김한라씨는 설립시부터 계속하여 ㈜지성의 대표이사로 재직중이다.

(3) ㈜지성은 ×1년 제1기 부가가치세 ₩50,000,000과 ×1사업연도(1. 1.~12. 31.)의 법인세 ₩130,000,000을 체납한 상태이며 국세에 충당할 수 있는 ㈜지성의 재산은 없다고 가정한다.

(1) 계산 : 50,000,000 × 60% + 130,000,000 × 51% = 96,300,000

(2) 근거 : 출자자의 제2차 납세의무는 납세의무성립일을 기준으로 함

① 부가가치세 : 6. 30. 성립일 현재 김한라씨와 그 배우자의 지분율은 60%

② 법인세 : 12. 31. 성립일 현재 김한라씨와 그 배우자의 지분율은 51%

3. 법인의 제2차 납세의무

구 분	내 용
주된 납세의무자	① 무한책임사원, ② 과점주주 [기준일 : 국세의 납부기간만료일 현재]
제2차 납세의무자	법 인 --→ 유가증권시장에 상장한 법인도 포함
성립요건	다음의 요건을 모두 갖춘 경우 ① 주된 납세의무자가 국세(둘 이상의 국세의 경우에는 납부기한이 뒤에 오는 국세)의 납부기간만료일 현재 법인의 무한책임사원 또는 과점주주일 것 ② 주된 납세의무자인 무한책임사원과 과점주주의 소유주식 등에 다음 중 어느 하나에 해당하는 사유가 있을 것 ㉠ 정부가 출자자의 소유주식 또는 출자지분을 재공매(再共賣)하거나 수의계약으로 매각하려 하여도 매수희망자가 없는 경우 ㉡ 그 법인이 외국법인인 경우로서 출자자의 소유주식 또는 출자지분이 외국에 있는 재산에 해당하여 「국세징수법」에 따른 압류 등 강제징수가 제한되는 경우 ㉢ 법률 또는 그 법인의 정관에 의하여 출자자의 소유주식 또는 출자지분의 양도가 제한된 경우(「국세징수법」 제66조 제5항*1에 따라 공매할 수 없는 경우는 제외한다) ③ 주된 납세의무자인 출자자의 재산(해당 법인의 발행주식 또는 출자지분을 제외한다)으로 그 출자자가 납부할 국세 및 강제징수비에 충당하여도 부족한 경우일 것
한도	$\text{한도액} = (\text{자산총액} - \text{부채총액})^{*2} \times \dfrac{\text{출자자의 소유주식금액(또는 출자액)}}{\text{발행주식총액(또는 출자총액)}}$

*1 「국세징수법」 제66조 제5항 : 심판청구 등이 계속 중인 국세의 체납으로 압류한 재산은 그 신청 또는 청구에 대한 결정이나 소(訴)에 대한 판결이 확정되기 전에는 공매할 수 없다. 다만, 그 재산이 부패·변질 또는 감량되기 쉬운 재산으로서 속히 매각하지 아니하면 그 재산가액이 줄어들 우려가 있는 경우에는 그러하지 아니하다.

*2 자산총액과 부채총액의 평가는 해당 국세(해당 국세가 둘 이상이면 납부기한이 뒤에 도래하는 국세)의 납부기간 종료일 현재의 시가로 한다.

4. 사업양수인의 제2차 납세의무

구 분	내 용
주된 납세의무자	사업양도인
제2차 납세의무자	사업양수인
성립요건	다음의 요건을 모두 갖춘 경우 ① 사업장별로 그 사업에 관한 모든 권리(미수금에 관한 것은 제외한다)와 모든 의무(미지급금에 관한 것은 제외한다)를 포괄적으로 승계한 사업의 양도·양수가 있을 것[1] ② 사업양수인이 다음 중 어느 하나에 해당하는 자일 것 ㉠ 양도인과 특수관계 있는 자 ㉡ 양도인의 조세회피를 목적으로 사업을 양수한 자 ③ 주된 납세의무자인 사업양도인의 납세의무가 양도일 이전에 확정된 그 사업에 관한 국세일 것 → 양도일 전에 확정되지 아니한 국세와 사업에 관한 국세가 아닌 부동산을 양도함으로써 납부하여야 할 양도소득세에 대하여는 제2차 납세의무를 지지 않음 ④ 주된 납세의무자인 양도인의 재산으로 국세 및 강제징수비의 충당에 징수부족한 경우일 것
한도	양수한 재산가액*

* 양수한 재산의 가액 : 다음 금액을 말한다. 다만, 아래 '①'에 따른 금액과 시가의 차액이 3억원 이상이거나 시가의 30% 이상인 경우에는 '①'의 금액과 '②'의 금액 중 큰 금액으로 한다.

① 사업양수인이 양도인에게 지급하였거나 지급하여야 할 금액이 있는 경우 : 그 금액

② 지급할 금액이 없거나 불분명한 경우 : 양수한 자산총액에서 부채총액을 뺀 가액(이 경우 자산 및 부채는 「상속세 및 증여세법」의 재산평가 규정을 준용하여 평가한다)

■ 사업양도인의 둘 이상의 사업장 중 하나의 사업장을 양수한 자의 제2차 납세의무

이 경우에는 양수한 사업장과 관계되는 국세 및 강제징수비에 대해서만 제2차 납세의무를 지며, 만일 둘 이상의 사업장에 공통되는 국세 및 강제징수비가 있는 경우에는 양수한 사업장에 배분되는 금액에 대하여만 제2차 납세의무를 진다.

■ 기출 사례

甲은 제조업과 부동산임대업을 영위하던 중 ×1년 10월 1일 제조업을 특수관계인인 乙에게 포괄적 양도하였다. 甲의 자산으로 甲이 납부할 체납액에 충당하여도 부족한 경우 사업양수인인 乙이 제2차 납세의무자로서 납부해야 할 금액은?

① ×1년 1기 부가가치세 체납액 3억원(제조업 부문 2억원, 부동산임대업 부문 1억원)
② ×1년 10월 1일 乙에게 부동산 양도, 양도소득세 1억원
③ ×1년 2기 예정신고부가가치세체납액 2억(제조업 부문 1억원, 부동산임대업 부문 1억원)
④ 甲의 ×1년 10월 1일 제조업 부문의 총자산은 3억 6천만원, 부채는 1억원으로 평가됨

• 제2차 납세의무자로서 납부할 금액 : Min(①, ②) : 2억원
  ① 부가가치세체납액 중 양수한 사업인 제조업부문 체납액 : 2억원
  ② 한도액(양수한 재산가액) : 3억 6천만원(자산) − 1억원(부채) = 2억 6천만원

문제자료 '②'의 양도소득세는 사업에 관한 국세가 아니므로, '③'의 2기분 예정신고부가가치세체납액은 사업양도일 현재 납세의무가 확정되지 않았으므로 각각 제2차 납세의무대상이 되지 않는다.

---

4) 사업의 양도·양수에 관한 주요 기본통칙

① '사업의 양도·양수'란 계약의 명칭이나 형식에 관계없이 실질상 사업에 관한 권리와 의무 일체를 포괄적으로 양도·양수하는 것을 말하며, 개인간 및 법인간은 물론 개인과 법인 사이에도 사업의 양도·양수가 이루어질 수 있다. 이 경우 사업의 양도·양수계약이 그 사업장 내의 시설물, 비품 등 대상목적에 따라 부분별, 시차별로 별도로 이루어졌다 하더라도 결과적으로 사회통념상 사업 전부에 관하여 행하여진 것이라면 사업의 양도·양수에 해당한다(국기통 41-0…1).

② 다음에 해당하는 경우에는 사업의 양도·양수로 보지 아니한다(국기통 41-0…2).
㉠ 영업에 관한 일부의 권리와 의무만을 승계한 경우
㉡ 강제집행절차에 의하여 경락된 재산을 양수한 경우
㉢ 「보험업법」에 의한 자산 등의 강제이전의 경우

③ 사업을 재차 양도·양수한 경우 : 법인의 사업을 甲이 양수하고, 甲이 다시 그 사업을 乙에게 양도한 경우에 乙은 법인의 제2차 납세의무를 지지 않는다. 그러나 甲이 乙에게 사업을 양도할 당시에 법인에 대한 제2차 납세의무의 지정을 받았을 경우에는 그러하지 아니한다(국기통 41-0…5).

2 양도담보권자의 물적납세의무

구 분	내 용
양도담보의 의의	채권의 담보목적으로 채무자(양도담보설정자)의 재산의 법적 소유권을 채권자(양도담보권자)에게 이전시키되, 채무자가 담보로 제공한 자산을 계속 사용 · 수익하는 제도*
양도담보권자의 물적납세의무	납세자(양도담보설정자)가 국세 및 강제징수비를 체납한 경우에 그 납세자에게 양도담보재산이 있는 때에는 그 납세자의 다른 재산에 대하여 강제징수를 하여도 징수할 금액에 미치지 못하는 경우에만 「국세징수법」이 정하는 바에 따라 양도담보권자에게 제공된 양도담보재산으로써 납세자의 국세 및 강제징수비를 징수할 수 있다. 다만, 그 국세의 법정기일 전에 담보의 목적이 된 양도담보재산에 대해서는 그러하지 아니하다.
양도담보권자의 물적납세의무의 확장	「국세징수법」에 따라 양도담보권자에게 납부고지가 있은 후 납세자가 양도에 의하여 실질적으로 담보된 채무를 불이행하여 해당 재산이 양도담보권자에게 확정적으로 귀속되고 양도담보권이 소멸하는 경우에는 납부고지 당시의 양도담보재산이 계속하여 양도담보재산으로서 존속하는 것으로 본다.
기타	양도담보와 관련된 사항을 정리하면 다음과 같다. ① 거짓계약으로 추정 : 납세자가 법정기일 전 1년 내에 친족이나 그 밖의 특수관계인과 양도담보설정계약을 한 경우에는 이를 짜고 한 거짓계약으로 추정한다. ② 양도소득세 및 부가가치세 과세 제외 : 양도담보로서 자산을 양도한 경우에는 실질적인 양도가 아니므로 양도소득세 및 부가가치세를 과세하지 아니한다. 다만, 채무불이행 등으로 인하여 해당 자산을 변제에 충당한 때에는 양도한 것으로 보아 과세한다.

* 양도담보의 이해

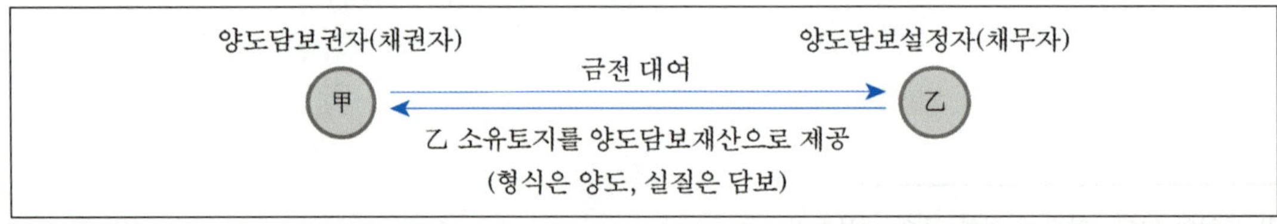

3 납세보증인

납세보증인이란 납세자의 국세 또는 강제징수비의 납부를 보증한 자를 말한다. 이러한 납세보증인제도는 본래의 납세자가 납세의무를 이행하지 않은 경우에 보증인으로 하여금 보충적으로 납세의무를 지도록 하는 제도이다.

제 2 절 연대납세의무

1. 국세기본법상 연대납세의무

연대납세의무란 여러 명의 납세의무자가 하나의 납세의무에 대하여 각각 독립적으로 납세의무 전액을 이행할 책임을 지고, 그 중 한명이 납세의무를 이행하면 다른 연대납세의무자의 납세의무도 소멸되는 의무를 말한다.

구 분	내 용
공유물 등에 관한 연대납세의무	공유물(供有物)·공동사업 또는 그 공동사업에 속하는 재산과 관계되는 국세 및 강제징수비는 그 공유자 또는 공동사업자가 연대하여 납부할 의무를 진다.
분할*시 연대납세의무	(1) 분할법인이 존속하는 경우 법인이 분할되거나 분할합병된 후 분할되는 법인(이하 '(2)'에서 '분할법인'이라 한다)이 존속하는 경우 다음 각 항의 법인은 분할등기일 이전에 분할법인에 부과되거나 납세의무가 성립한 국세 및 강제징수비에 대하여 분할로 승계된 재산가액을 한도로 연대하여 납부할 의무가 있다(국기법 25 ②). ① 분할법인 ② 분할 또는 분할합병으로 설립되는 법인(이하 '(2)'에서 '분할신설법인'이라 한다) ③ 분할법인의 일부가 다른 법인과 합병하는 경우 그 합병의 상대방인 다른 법인(이하 '(2)'에서 '분할합병의 상대방 법인'이라 한다)
	(2) 분할법인이 소멸하는 경우 법인이 분할 또는 분할합병한 후 소멸하는 경우 다음 항의 법인은 분할법인에 부과되거나 분할법인이 납부하여야 할 국세 및 강제징수비에 대하여 분할로 승계된 재산가액을 한도로 연대하여 납부할 의무가 있다(국기법 25 ③). ① 분할신설법인 ② 분할합병의 상대방 법인
신회사 설립시 연대납세의무	법인이 「채무자의 회생 및 파산에 관한 법률」에 의하여 신회사를 설립하는 경우 그 설립 전의 법인에 부과되거나 납세의무가 성립한 국세 및 강제징수비는 신회사 설립 전의 법인, 설립된 신회사가 연대하여 납부할 의무를 진다.

* 분할 관련 용어의 정리

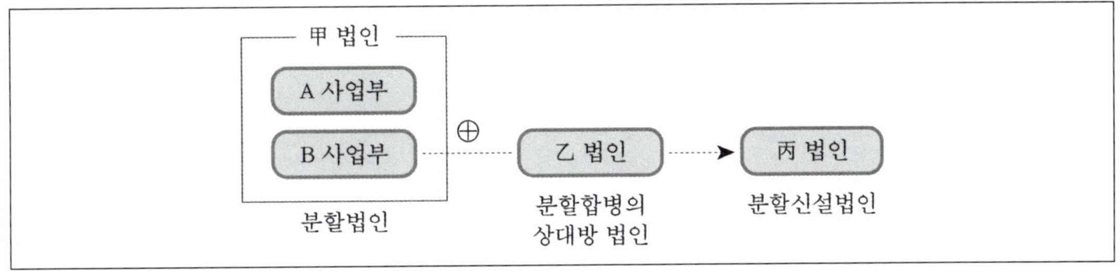

2. 「국세기본법」상 연대납세의무에 관한 「소득세법」의 예외규정

구 분	내 용
소득세법 규정	• 공동사업에 관한 소득금액을 계산하는 경우에는 해당 공동사업자별로 납세의무를 지는 것이 원칙이다(다만, 공동사업합산과세 특례 규정 있음). • 공동으로 소유한 자산에 대한 양도소득금액을 계산하는 경우에는 해당 자산을 공동으로 소유하는 각 거주자가 납세의무를 진다.
국세기본법과 소득세법의 우선관계	「국세기본법」과 다른 세법의 별도 규정이 있으면 세법의 별도 규정이 「국세기본법」 규정에 우선한다. 따라서 「소득세법」상 공동사업자는 연대납세의무가 아닌 각 거주자별 납세의무를 진다. 다만, 공동사업합산과세의 경우에는 연대납세의무를 지는 예외가 있다.

3. 연대납세의무에 관한 「민법」의 준용

「국세기본법」 또는 세법에 따라 국세 및 강제징수비를 연대하여 납부할 의무에 관하여는 「민법」 제413조부터 제416조까지, 제419조, 제421조, 제423조 및 제425조부터 제427조까지의 규정을 준용한다. 이 중 몇 가지를 살펴보면 다음과 같다.

① 제415조(채무자에 생긴 무효, 취소) : 어느 연대채무자에 대한 법률행위의 무효나 취소의 원인은 다른 연대채무자의 채무에 영향을 미치지 아니한다.

② 제421조(소멸시효의 절대적 효력) : 어느 연대채무자에 대하여 소멸시효가 완성한 때에는 그 부담부분에 한하여 다른 연대채무자도 의무를 면한다.

③ 제425조(출재채무자의 구상권) : 어느 연대채무자가 변제 기타 자기의 출재로 공동면책이 된 때에는 다른 연대채무자의 부담부분에 대하여 구상권을 행사할 수 있다. 이러한 구상권은 면책된 날 이후의 법정이자 및 피할 수 없는 비용 기타 손해배상을 포함한다.

MEMO

check list ☑

제 5 장 국세와 일반채권의 관계

1 국세우선원칙과 그 예외

1. 국세우선원칙의 예외

국세 및 강제징수비는 다른 공과금이나 그 밖의 채권에 우선하여 징수한다. 다만, 다음 중 어느 하나에 해당하는 공과금이나 그 밖의 채권에 대해서는 그러하지 아니하다. → 법규정상으로 아래 '(1)'과 '(2)'는 국세는 물론 국세의 강제징수비보다 우선하도록 규정하고 있고, '(3)'~'(5)'은 국세보다 우선하도록 규정하고 있음

구 분	내 용
(1) 선집행 지방세 · 공과금의 체납처분비 · 강제징수비	지방세나 공과금의 체납처분 또는 강제징수를 할 때 그 체납처분 또는 강제징수금액 중에서 국세 및 강제징수비를 징수하는 경우 그 지방세나 공과금의 체납처분비 또는 강제징수비는 국세 및 강제징수비에 우선한다.*1
(2) 공익비용	강제집행 · 경매 또는 파산절차에 따라 재산을 매각할 때 그 매각금액 중에서 국세 및 강제징수비를 징수하는 경우 그 공익비용(강제집행 · 경매 또는 파산절차에 든 비용)은 국세 및 강제징수비에 우선한다.*2
(3) 법정기일 전에 설정한 담보채권 등	법정기일*3 전에 다음 중 어느 하나에 해당하는 권리가 설정된 재산이 국세의 강제징수 또는 경매 절차 등을 통하여 매각(아래 '(3)－2'에 해당하는 재산의 매각은 제외한다)되어 그 매각금액에서 국세를 징수하는 경우 그 권리에 의하여 담보된 채권 또는 임대차보증금반환채권은 국세에 우선한다. ① 전세권, 질권 또는 저당권*4 ② 「주택임대차보호법」 또는 「상가건물 임대차보호법」에 따라 대항요건과 확정일자를 갖춘 임차권 ③ 납세의무자를 등기의무자로 하고 채무불이행을 정지조건으로 하는 대물변제(代物辨濟)의 예약에 따라 채권 담보의 목적으로 가등기(가등록을 포함한다. 이하 같다)를 마친 가등기 담보권*5
(3)－2 '(3)'의 권리가 설정된 재산이 양도 등이 된 경우 그 담보채권 등	• 위 '(3). ① ~ ③' 중 어느 하나에 해당하는 권리('전세권등')가 설정된 재산이 양도, 상속 또는 증여된 후 해당 재산이 국세의 강제징수 또는 경매 절차 등을 통하여 매각되어 그 매각금액에서 국세를 징수하는 경우 해당 재산에 설정된 전세권등에 의하여 담보된 채권 또는 임대차보증금반환채권은 국세에 우선한다.

(3)—2 '(3)'의 권리가 설정된 재산이 양도 등이 된 경우 그 담보채권 등	• 다만, 해당 재산의 직전 보유자가 전세권등의 설정 당시 체납하고 있었던 국세 등을 고려하여 법령으로 정하는 방법에 따라 계산한 금액*6의 범위에서는 국세(법정기일이 전세권등의 설정일보다 빠른 국세로 한정한다)를 우선하여 징수한다. ⇢ 의미 : 전세권등이 설정된 재산이 양도 등이 되었더라도 직전 보유자(종전 소유자)에 대한 설정권리가 국세보다 우선하는 것이 원칙이나, 예외적으로 단서 규정과 같이 직전 보유자에게도 각 권리보다 앞서는 국세체납이 있었던 경우 그 금액 한도 내에서는 국세가 권리보다 우선함. 또한 'p5—48. 2. (1)'의 후단 규정과 같이 보유자 변경 이후 발생한 종합부동산세는 권리보다 우선함
(4) 소액 주택 또는 상가임차 보증금	「주택임대차보호법」(제8조) 또는 「상가건물 임대차보호법」(제14조)이 적용되는 임대차관계에 있는 주택 또는 건물을 매각할 때 그 매각금액 중에서 국세를 징수하는 경우에 임차인의 임대차에 관한 보증금 중 소액보증금으로서 임차인이 우선하여 변제받을 수 있는 채권은 국세에 우선한다.
(5) 임금채권	• 사용자의 재산을 매각하거나 추심(推尋)할 때 그 매각금액 또는 추심금액 중에서 국세를 징수하는 경우에 「근로기준법」(제38조) 또는 「근로자퇴직급여 보장법」(제12조)에 따라 국세에 우선하여 변제되는 임금 · 퇴직금 · 재해보상금 · 그 밖에 근로관계로 인한 채권은 국세에 우선한다.
	• 근로기준법 : 임금채권 우선변제에 대한 내용은 다음과 같다(근로기준법 38 ①, ②). ① 일반적인 임금채권의 경우 : 근로관계로 인한 채권은 사용자의 총재산에 대하여 질권 · 저당권에 따라 담보된 채권을 제외하고는 조세 · 공과금 및 다른 채권에 우선하여 변제되어야 한다. 다만, 질권 · 저당권에 우선하는 조세 · 공과금에 대하여는 그러하지 아니하다. ⇢ 담보채권보다 항상 우선하지 못함 ② 최우선 임금채권의 경우 : 최우선 임금채권(최종 3개월분의 임금 · 최종 3년간의 퇴직금 · 재해보상금을 말한다)은 사용자의 총재산에 대하여 질권 · 저당권에 따라 담보된 채권, 조세 · 공과금 및 다른 채권에 우선하여 변제되어야 한다. ⇢ 담보채권보다 항상 우선함

*1 ① 주의할 점은 체납처분비 또는 강제징수비만 우선하는 것이지 지방세 · 공과금 자체가 국세보다 우선하는 것이 아니다. 공과금 자체는 국세보다 우선하지 못하며, 지방세 자체는 국세와 동 순위이므로 압류선착수주의에 의하여 국세와 지방세 중 먼저 압류한 것이 후에 교부청구하는 것보다 우선한다.

② 위 '(1)'의 사례

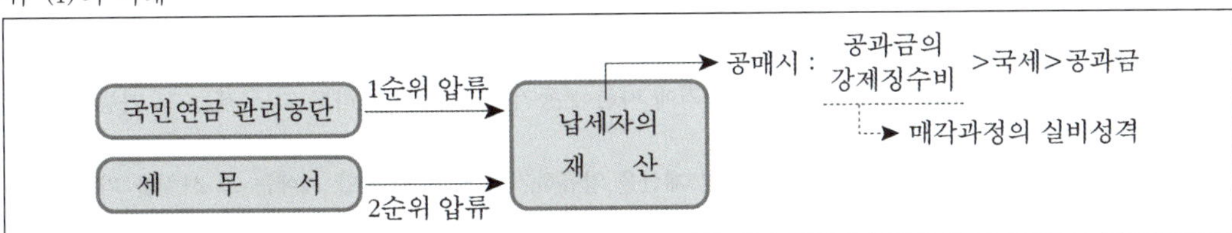

*2 위 '(2)'의 징수 순위

강제집행 · 경매 · 파산절차에 든 비용 > 강제징수비* > 국세*

* 국세 및 강제징수비의 징수에 있어서 체납자의 재산이 체납액에 부족한 경우에는 '강제징수비 → 국세(가산세는 제외한다) → 가산세'의 순서로 징수한다.

*3 법정기일

법정기일이란 다음 중 어느 하나의 기일을 말한다. 이는 담보권자가 피담보권자에게 조세채무가 있는지 여부를 확인할 수 있는 시점을 말하며, 담보권자가 이러한 법정기일 후에 담보권을 설정한 경우(즉, 조세채무가 있는지 알고도 담보권을 설정한 경우)에는 그 담보권에 의한 피담보채권이 국세보다 우선하지 못한다.

구 분		법 정 기 일
원 칙	① 신고에 따라 납세의무가 확정되는 국세*의 경우 신고한 해당 세액	신고일
	② 과세표준과 세액을 정부가 결정·경정 또는 수시부과결정을 하는 경우 고지한 해당 세액**	납부고지서의 발송일 → 도달일이 아님
특 례	③ 인지세와 원천징수의무자나 납세조합으로부터 징수하는 소득세·법인세 및 농어촌특별세	납세의무의 확정일
	④ 제2차납세의무자(보증인 포함)의 재산에서 국세를 징수하는 경우	납부고지서의 발송일
	⑤ 양도담보재산에서 국세를 징수하는 경우	납부고지서의 발송일
	⑥ 「국세징수법」(제31조 제2항)에 따라 납세자의 재산을 압류(확정전 보전압류)하는 경우에 그 압류와 관련하여 확정된 국세	압류등기일 또는 등록일
	⑦ 「부가가치세법」 제3조의 2(신탁관련 수탁자의 물적납세의무)에 따라 신탁재산에서 징수하는 부가가치세등	납부고지서의 발송일
	⑧ 「종합부동산세법」(제7조의2 및 제12조의2)에 따라 신탁재산에서 징수하는 종합부동산세등 납부고지서의 발송일	납부고지서의 발송일

* 중간예납하는 법인세와 예정신고납부하는 부가가치세 및 양도소득과세표준 예정신고하는 소득세를 포함한다.

** 납부지연가산세 중 납부고지서에 따른 납부기한(2026. 7. 1.부터는 지정납부기한 개정) 후의 납부지연가산세와 원천징수 등 납부지연가산세 중 납부고지서에 따른 납부기한(2026. 7. 1.부터는 지정납부기한 개정) 후의 원천징수 등 납부지연가산세를 포함한다.

*4 위 '(3). ①' 규정 내용 정리

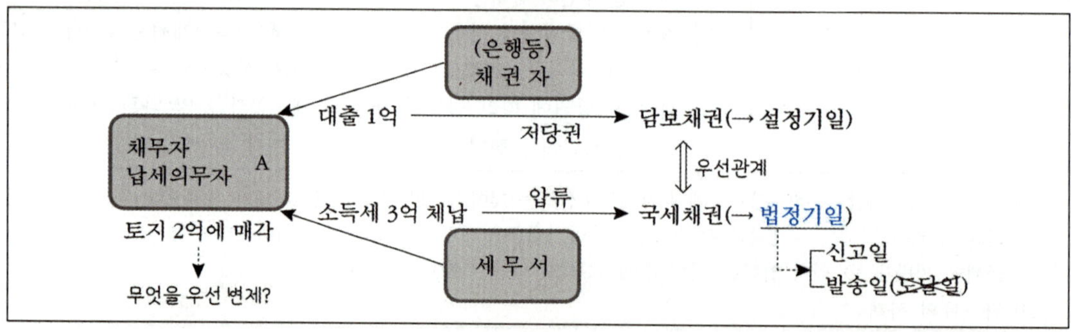

*5 ㉠ 법정기일 후에 위 '(3). ③'의 가등기를 마친 사실이 증명되는 재산을 매각하여 그 매각금액에서 국세를 징수하는 경우 그 재산을 압류한 날 이후에 그 가등기에 따른 본등기가 이루어지더라도 그 국세는 그 가등기에 의해 담보된 채권보다 우선한다.

㉡ 세무서장은 위 '(3). ③'의 가등기가 설정된 재산을 압류하거나 공매(公賣)할 때에는 그 사실을 가등기권리자에게 지체 없이 통지하여야 한다.

ⓒ 내용 정리

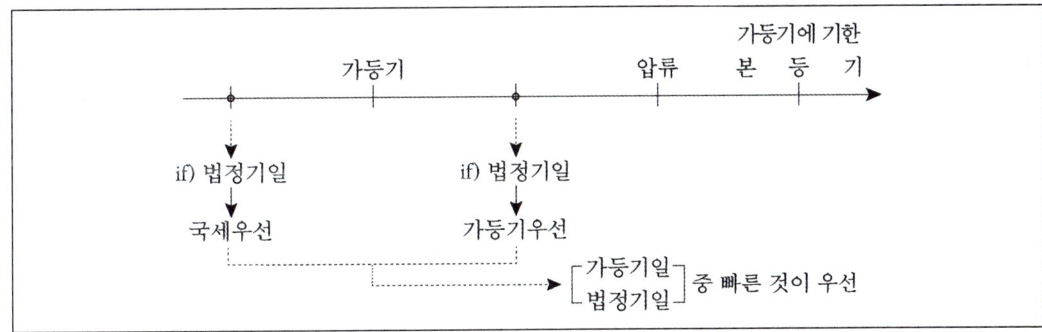

*6 법령으로 정하는 방법에 따라 계산한 금액 : 다음 각 구분에 따른 금액을 말한다.

① 직전 보유자가 해당 재산을 보유하기 전에 해당 재산에 설정된 위 '(3). 1). ① ~ ③' 중 어느 하나에 해당하는 권리('전세권등')가 없는 경우 : 직전 보유자 보유기간 중의 전세권등 설정일 중 가장 빠른 날보다 법정기일이 빠른 직전 보유자의 국세 체납액을 모두 더한 금액

② 직전 보유자가 해당 재산을 보유하기 전에 해당 재산에 설정된 전세권등이 있는 경우 : 0원

■ 임금채권과 기타채권의 우선순위(국기통 35—0…16 기반)

〈사례 1〉	기본순위 : 압류재산에 질권 · 저당권에 의하여 담보된 채권이 없는 경우 〈1순위〉 공익비용(강제집행 · 경매비용, 강제징수비 등) 〈2순위〉 임차인의 소액보증금 및 최우선 임금채권 〈3순위〉 일반적인 임금채권 〈4순위〉 국세 〈5순위〉 일반채권
〈사례 2〉	압류재산에 국세의 법정기일 전에 설정된 질권 · 저당권에 의하여 담보된 채권이 있는 경우 〈1순위〉 공익비용(강제집행 · 경매비용, 강제징수비 등) 〈2순위〉 임차인의 소액보증금 및 최우선 임금채권 〈3순위〉 질권 · 저당권에 의하여 담보된 채권 〈4순위〉 일반적인 임금채권* 〈5순위〉 국세 〈6순위〉 일반채권
〈사례 3〉	압류재산에 국세의 법정기일 이후에 설정된 질권 · 저당권에 의하여 담보된 채권이 있는 경우 〈1순위〉 공익비용(강제집행 · 경매비용, 강제징수비 등) 〈2순위〉 임차인의 소액보증금 및 최우선 임금채권 〈3순위〉 국세 〈4순위〉 질권 · 저당권에 의하여 담보된 채권 〈5순위〉 일반적인 임금채권* 〈6순위〉 일반채권

* 일반적인 임금채권은 질권 · 저당권의 설정시기와 관계없이 질권 · 저당권에 의하여 담보된 채권보다는 항상 우선하지 못한다는 사실을 기억하면 위의 순서는 쉽게 정리할 수 있다.

2. 해당 재산에 대하여 부과된 상속세, 증여세 및 종합부동산세의 우선과 예외

(1) 당해세 적용 우선 규정

'p5-44. (3)' 규정에도 불구하고 해당 재산에 대하여 부과된 상속세, 증여세 및 종합부동산세('당해세')는 'p5-44. (3)' 규정에 따른 채권 또는 임대차보증금반환채권보다 우선하며, 'p5-44. (3)-2' 규정에도 불구하고 해당 재산에 대하여 부과된 종합부동산세는 'p5-44. (3)-2' 규정에 따른 채권 또는 임대차보증금반환채권보다 우선한다. --> 후단의 의미 : 'p5-45. (3)-2' 내용 중 '-->' 이하 부분 참고

(2) 당해세 적용 예외 규정

- 위 '(1)' 규정에도 불구하고 「주택임대차보호법」에 따라 대항요건과 확정일자를 갖춘 임차권에 의하여 담보된 임대차보증금반환채권 또는 주거용 건물에 설정된 전세권에 의하여 담보된 채권(이하 '임대차보증금반환채권등')은 해당 임차권 또는 전세권이 설정된 재산이 국세의 강제징수 또는 경매 절차 등을 통하여 매각되어 그 매각금액에서 국세를 징수하는 경우 그 확정일자 또는 설정일보다 법정기일이 늦은 해당 재산에 대하여 부과된 상속세, 증여세 및 종합부동산세의 우선 징수 순서에 대신하여 변제될 수 있다. --> 의미 : 확정일자 등 보다 법정기일이 늦은 당해세 배분 한도만큼은 주택임차보증금 등을 우선 변제
- 이 경우 대신 변제되는 금액은 우선 징수할 수 있었던 해당 재산에 대하여 부과된 상속세, 증여세 및 종합부동산세의 징수액에 한정하며, 임대차보증금반환채권등보다 우선 변제되는 저당권 등의 변제액과 위 '(1)' 규정에 따라 해당 재산에 대하여 부과된 상속세, 증여세 및 종합부동산세를 우선 징수하는 경우에 배분받을 수 있었던 임대차보증금반환채권등의 변제액에는 영향을 미치지 아니한다.

3. 짜고 거짓으로 한 계약의 취소 청구

세무서장은 납세자가 제3자와 짜고 거짓으로 재산에 다음 중 어느 하나에 해당하는 계약을 하고 그 등기 또는 등록을 하거나 「주택임대차보호법」 또는 「상가건물 임대차보호법」에 따른 대항요건과 확정일자를 갖춘 임대차 계약을 체결함으로써 그 재산의 매각금액으로 국세를 징수하기가 곤란하다고 인정할 때에는 그 행위의 취소를 법원에 청구할 수 있다. 이 경우 납세자가 국세의 법정기일 전 1년 내에 특수관계인 중 대통령령으로 정하는 자와 전세권·질권 또는 저당권 설정계약, 임대차 계약, 가등기 설정계약 또는 양도담보 설정계약을 한 경우에는 짜고 한 거짓 계약으로 추정한다. --> 취지 : 납세자가 담보채권의 우선규정을 악용하여 법정기일 전에 특수관계인과 담합하여 담보를 설정하는 경우를 막기 위한 보완책(추정규정을 두어 조세회피를 위해 짜고 한 거짓계약이 아니라는 입증책임을 납세자가 부담하도록 하여 국세채권확보를 강화하기 위함)

① 전세권·질권 또는 저당권의 설정계약, 임대차 계약, 가등기 설정계약

② 양도담보 설정계약

2 조세채권상호간의 우선순위

구 분	내 용
압류에 의한 우선	국세와 국세, 국세와 지방세가 경합되는 경우는 다음과 같이 압류선착수주의에 따른다. ① 국세 강제징수에 따라 납세자의 재산을 압류한 경우에 다른 국세 또는 지방세의 교부청구(「국세징수법」 또는 「지방세징수법」에 따라 참가압류를 한 경우를 포함한다)가 있으면 압류에 관계되는 국세 및 강제징수비는 교부청구된 다른 국세 및 강제징수비 또는 지방세보다 우선하여 징수한다. ② 지방세 체납처분에 의하여 납세자의 재산을 압류한 경우에 국세 및 강제징수비의 교부청구가 있으면 교부청구된 국세 및 강제징수비는 압류에 관계되는 지방세의 다음 순위로 징수한다.
담보있는 국세 등의 우선	납세담보물을 매각하였을 때에는 담보에 관계된 국세 및 강제징수비는 다른 국세 및 강제징수비와 지방세에 우선하여 징수한다*.

* 즉, 담보에 관계된 조세를 압류에 관계된 국세보다 우선하여 징수한다.

담보에 관계된 조세 > 강제징수한 조세(압류에 관계된 조세) > 교부청구한 조세

■ 기출 사례

증여세 관할 세무서장이 갑의 토지(A)를 압류하여 ×3년 12월 10일 180,000,000원에 매각하고 강제징수비 10,000,000원이 발생한 경우 다음 자료를 이용하여 부가가치세로 징수할 수 있는 금액을 계산하면?

1. 증여세와 그 가산세 : 50,000,000원
   (갑은 토지(A)를 ×1년 6월 1일에 증여받고 증여세를 신고·납부하지 않았으며, 관할 세무서장은 갑에게 ×2년 6월 5일에 증여세 납부고지서를 발송하였으나 갑은 이를 체납함)
2. 대한은행 대출금 : 60,000,000원(×3년 7월 5일 토지(A)에 저당권이 설정됨)
3. 갑의 사업체에 종사하는 근로자들의 임금채권
   - 최종 3개월분 임금채권 : 10,000,000원
   - 일반 임금채권 : 20,000,000원
4. 부가가치세 : 100,000,000원(×3년 7월 15일에 신고하였으나 납부하지 못함)
5. 부가가치세 관할 세무서장은 토지(A) 매각대금에 대해 증여세 관할 세무서장에게 부가가치세의 교부를 청구함

• 압류재산 매각으로 부가가치세로 징수할 수 있는 금액 : 30,000,000원

(단위 : 원)

우선순위	재산배분액
① 강제징수비	10,000,000
② 최종 3개월분 임금채권	10,000,000
③ 증여세(법정기일 : 납부고지서 발송일 ×2. 6. 5.)	50,000,000
④ 저당권 설정 담보채권(담보설정일 : ×3. 7. 5.)	60,000,000
⑤ 일반 임금채권	20,000,000
⑥ 부가가치세(법정기일 : 신고일 ×3. 7. 15.)	30,000,000
	180,000,000

제 6 장
과 세

1 관할관청

구 분	내 용
과세표준 신고의 관할	• 과세표준신고서는 신고 당시 해당 국세의 납세지를 관할하는 세무서장에게 제출하여야 한다. 다만, 전자신고를 하는 경우에는 지방국세청장이나 국세청장에게 제출할 수 있다. • 관할을 위반하여 신고서를 제출한 경우에도 그 신고의 효력에는 영향이 없다.
결정 또는 경정결정의 관할	• 국세의 과세표준과 세액의 결정 또는 경정결정은 그 처분 당시 그 국세의 납세지를 관할하는 세무서장이 한다. • 국세의 납세지를 관할하는 세무서장 이외의 세무서장이 행한 결정 또는 경정결정처분은 그 효력이 없다. 다만, 세법 또는 다른 법령 등에 의하여 권한 있는 세무서장이 결정 또는 경정결정하는 경우에는 그러하지 아니하다.

2 수정신고와 경정청구

[의의]

- 수정신고 : 법정신고기한 내에 과세표준 및 세액을 과소하게 신고한 경우 법정신고기한 경과 후 납세의무자 스스로가 과세표준과 세액을 증액시키는 제도
- 경정청구 : 법정신고기한 내에 과세표준 및 세액을 과다하게 신고한 경우 법정신고기한 경과 후 납세의무자 스스로가 과세표준과 세액의 감액을 청구하는 제도
- 기한 후 신고 : 법정신고기한까지 신고서를 제출하지 않은 자가 법정신고기한 경과 후에 자진해서 신고서를 제출하는 제도

1. 수정신고

구 분	내 용
수정신고 대상자	• 과세표준신고서를 법정신고기한까지 제출한 자 및 기한후과세표준신고서를 제출한 자는 수정신고할 수 있다. → 신고납세제도 세목, 부과과세제도 세목 불문 • 근로소득, 퇴직소득, 공적연금소득, 연말정산대상 사업소득, 종교인소득이 있는 자로서 소득세 확정신고의무가 면제되는 자도 수정신고할 수 있다.
수정신고 사유	(1) 과소신고한 경우 ① 과세표준신고서 또는 기한후과세표준신고서에 기재된 과세표준 및 세액이 세법에 따라 신고하여야 할 과세표준 및 세액에 미치지 못할 때 ② 과세표준신고서 또는 기한후과세표준신고서에 기재된 결손금액 또는 환급세액이 세법에 따라 신고하여야 할 결손금액이나 환급세액을 초과할 때
	(2) 다음의 사유로 불완전한 신고를 하였을 때(경정청구를 할 수 있는 경우는 제외한다) ① 원천징수의무자가 정산 과정에서 근로소득, 퇴직소득, 공적연금소득, 연말정산대상 사업소득, 종교인소득이 있는 자로서 소득세 확정신고의무가 면제되는 자의 소득을 누락한 것*1 ② 세무조정 과정에서 「법인세법」에 따른 국고보조금 등과 공사부담금에 상당하는 금액을 익금과 손금에 동시에 산입하지 아니한 것*2 ③ 위 '②'과 유사한 사유로서 재정경제부령으로 정하는 것
수정신고기한	수정신고는 관할세무서장이 각 세법에 따라 해당 국세의 과세표준과 세액을 결정·경정하여 통지하기 전으로서 국세부과 제척기간이 끝나기 전까지 할 수 있다.
수정신고의 효력	① 신고납세제도를 채택하고 있는 국세를 수정신고(과세표준신고서를 법정신고기한까지 제출한 자의 수정신고로 한정한다)한 경우 : 당초 신고시 그 신고에 의하여 납세의무가 확정되듯이, 수정신고시에도 별도의 과세관청의 경정절차없이 수정신고에 의하여 그 수정신고세액은 확정된다. → (기출) 납세의무자 갑이 100만원의 소득세를 법에서 정한 기한까지 신고하였는데, 그 후 300만원으로 수정신고한 경우 세액이 300만원으로 확정된다. : 옳은 문장 ② 부과과세제도를 채택하고 있는 국세를 수정신고한 경우 : 당초 신고시 그 신고에 의하여 납세의무가 확정되지 않고 과세관청의 경정절차를 거쳐 확정되듯이, 수정신고시에도 과세관청의 경정을 거쳐 확정된다. 따라서 수정신고만으로는 세액이 확정되는 효력이 없다. ③ 기한후신고를 한 자가 수정신고한 경우 : 수정신고만으로는 세액이 확정되는 효력이 없다.
추가자진납부	과세표준 수정신고서를 제출하는 납세자는 이미 납부한 세액이 과세표준수정신고액에 상당하는 세액에 미치지 못할 때에는 그 부족액과 「국세기본법」 및 세법에서 정하는 가산세를 추가하여 납부하여야 한다.

	수정신고한 기간		감면율
과소신고 · 초과환급 신고가산세의 감면*3	법정신고기한이 지난 후	1개월 이내	90%
		1개월 초과 3개월 이내	75%
		3개월 초과 6개월 이내	50%
		6개월 초과 1년 이내	30%
		1년 초과 1년 6개월 이내	20%
		1년 6개월 초과 2년 이내	10%

*1 내용 이해

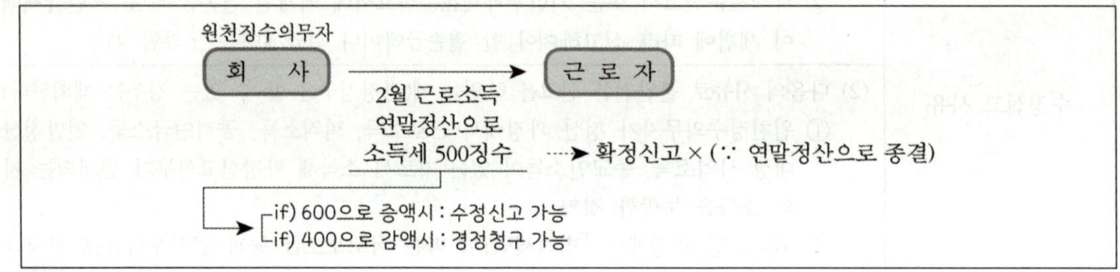

*2 사례 공사부담금의 익금산입과 공사부담금에 대한 일시상각충당금의 손금산입을 동시에 누락한 경우 당초에 과소신고한 경우는 아니더라도 불완전한 신고를 한 경우에 해당되므로 수정신고할 수 있다.

*3 (기출) 법정신고기한이 지난 후 1년 이내에 수정신고한 경우 과소신고가산세액의 100분의 50에 상당하는 금액을 감면한다. : 틀린 문장

2. 경정청구

(1) 일반적인 경정청구

구 분	내 용
경정청구 대상자	과세표준신고서를 법정신고기한까지 제출한 자 및 기한후과세표준신고서를 제출한 자는 경정청구할 수 있다.
경정청구 사유	다음과 같이 과다신고한 경우에 최초신고 및 수정신고한 국세의 과세표준 및 세액을 경정청구할 수 있다. ① 과세표준신고서 또는 기한후과세표준신고서에 기재된 과세표준 및 세액(결정 · 경정이 있는 경우에는 결정 · 경정된 과세표준 및 세액)이 세법에 따라 신고하여야 할 과세표준 및 세액을 초과할 때 ② 과세표준신고서 또는 기한후과세표준신고서에 기재된 결손금액, 세액공제액 또는 환급세액(결정 · 경정이 있는 경우에는 해당 결정 · 경정된 결손금액, 세액공제액 또는 환급세액)이 세법에 따라 신고하여야 할 결손금액, 세액공제액 또는 환급세액에 미치지 못할 때
경정청구 기한	법정신고기한이 지난 후 5년 이내에 관할 세무서장에게 경정청구할 수 있다. 다만, 결정 · 경정으로 인하여 증가된 과세표준 및 세액에 대하여는 해당 처분이 있음을 안 날(처분의 통지를 받은 때에는 그 받은 날)부터 3개월 이내(법정신고기한이 지난 후 5년 이내로 한정한다)에 경정청구할 수 있다*. → 단서의 의미 : 증액경정의 경우 불복청구기간인 3개월이 지나면 법정신고기한이 지난 후 5년 이내라도 경정청구할 수 없음

* 내용 이해

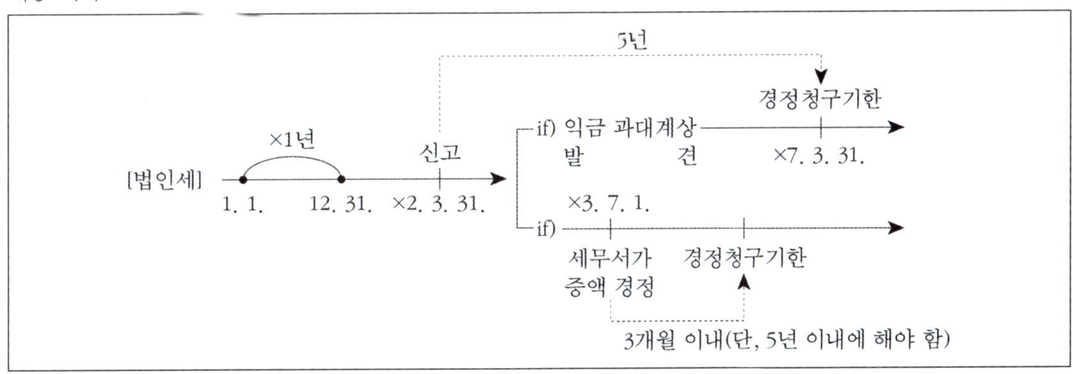

(2) 후발적 사유로 인한 경정청구

구 분	내 용
경정청구 대상자	법정신고기한까지 과세표준신고서를 제출한 납세의무자는 물론 법정신고기한 내에 과세표준신고서를 제출했는지 여부와 무관하게 국세의 과세표준 및 세액의 결정을 받은 자도 후발적 사유에 의한 경정청구를 할 수 있다.
경정청구 사유	① 최초의 신고·결정 또는 경정에서 과세표준 및 세액의 계산근거가 된 거래 또는 행위 등이 그에 관한 「국세기본법」에 따른 심사청구, 심판청구, 「감사원법」에 따른 심사청구에 대한 결정이나 소송에 대한 판결(판결과 같은 효력을 가지는 화해나 그 밖의 행위를 포함한다)에 의하여 다른 것으로 확정되었을 때 ② 소득이나 그 밖에 과세물건의 귀속을 제3자에게로 변경시키는 결정 또는 경정이 있을 때 ③ 조세조약에 따른 상호합의가 최초의 신고·결정 또는 경정의 내용과 다르게 이루어졌을 때 ④ 결정·경정으로 인하여 해당 결정·경정의 대상이 된 과세표준 및 세액과 연동된 다른 세목(같은 과세기간으로 한정한다)이나 연동된 다른 과세기간(같은 세목으로 한정한다)의 과세표준 또는 세액이 세법에 따라 신고하여야 할 과세표준 또는 세액을 초과할 때 ⑤ 위와 유사한 사유로서 특정사유*가 해당 국세의 법정신고기한이 지난 후에 발생하였을 때
경정청구 기한	후발적 사유가 발생한 것을 안 날로부터 3개월 이내에 경정청구할 수 있다. --> 후발적 사유가 발생한 날로부터 3개월 이내가 아님. (기출) 당초 법정신고기한까지 법인세 과세표준 및 세액신고서(납부세액 ₩1,200,000)를 제출하였으나, 법정신고기한이 지난 후 2년 11개월이 되는 날에 관련된 소송사건에 대한 법원의 판결로 정확한 납부세액이 ₩500,000인 것으로 밝혀져 법원의 판결을 안 날부터 4개월이 되는 날에 관할세무서장에게 경정청구를 하였다. : 틀린 문장

* 특정사유 : 다음 중 어느 하나에 해당하는 경우를 말한다.
  ① 최초의 신고·결정 또는 경정을 할 때 과세표준 및 세액의 계산근거가 된 거래 또는 행위 등의 효력과 관계되는 관청의 허가나 그 밖의 처분이 취소된 경우
  ② 최초의 신고·결정 또는 경정을 할 때 과세표준 및 세액의 계산근거가 된 거래 또는 행위 등의 효력과 관계되는 계약이 해제권의 행사에 의하여 해제되거나 해당 계약의 성립 후 발생한 부득이한 사유로 해제되거나 취소된 경우
  ③ 최초의 신고·결정 또는 경정을 할 때 장부 및 증거서류의 압수, 그 밖의 부득이한 사유로 과세표준 및 세액을 계산할 수 없었으나 그 후 해당 사유가 소멸한 경우
  ④ 위의 규정과 유사한 사유에 해당하는 경우

(3) 경정청구의 효력 및 세무서장의 통지

구 분	내 용
확정효력 유무	일반적인 경정청구와 후발적 사유로 인한 경정청구 모두 경정청구만으로는 당초 신고세액을 감액시키는 효력을 갖지 못하며, 그 청구에 따른 과세관청의 결정 또는 경정의 판단 결과에 따라 확정력을 갖게 된다.
신고납부세목의 조세불복 전단계 절차	신고납세제도를 채택하고 있는 세목의 경우 과다신고한 경우에는 경정청구를 거친 후에만 조세불복을 제기할 수 있다.
경정청구에 대한 세무서장의 통지	① 일반적인 경정청구와 후발적 사유로 인한 경정청구를 받은 세무서장은 그 청구를 받은 날부터 2개월 이내에 과세표준 및 세액 등을 결정·경정하거나 결정·경정하여야 할 이유가 없다는 뜻을 그 청구를 한 자에게 통지하여야 한다. 다만, 청구를 한 자가 2개월 이내에 아무런 통지(아래 '②'의 통지를 제외한다)를 받지 못한 경우에는 통지를 받기 전이라도 그 2개월이 되는 날의 다음 날부터 「국세기본법」에 따른 이의신청, 심사청구, 심판청구 또는 「감사원법」에 따른 심사청구를 할 수 있다. ② 일반적인 경정청구와 후발적 사유로 인한 경정청구를 받은 세무서장은 그 청구를 받은 날부터 2개월 이내에 과세표준 및 세액의 결정 또는 경정이 곤란한 경우에는 청구를 한 자에게 관련 진행상황 및 위 '①'의 단서에 따라 이의신청, 심사청구, 심판청구 또는 「감사원법」에 따른 심사청구를 할 수 있다는 사실을 통지하여야 한다.

(4) 원천징수의무자 및 원천징수대상자에 의한 경정청구 허용

구 분	내 용
개요	원천징수의무자 또는 원천징수대상자도 연말정산 및 원천징수로 납세절차가 종결되는 소득에 대해서 과다원천징수하거나 환급할 세액보다 미달하게 환급된 경우에는 경정청구할 수 있다.
적용대상자	① 근로소득, 퇴직소득, 공적연금소득, 연말정산대상 사업소득, 종교인소득, 분리과세 이자·배당·연금·기타 소득이 있는 자로서 소득세 확정신고의무가 면제되는 자 및 그 원천징수의무자는 경정청구할 수 있다. ② 비거주자의 국내원천소득 중 이자소득, 배당소득, 선박 등 임대소득, 사업소득, 인적용역소득, 근로소득, 퇴직소득, 사용료소득, 유가증권 양도소득, 기타의 소득에 해당하는 국내 원천소득이 있는 자(원천징수대상자) 및 그 원천징수의무자는 경정청구할 수 있다. ③ 외국법인의 국내원천소득 중 이자소득, 배당소득, 선박 등 임대소득, 사업소득, 인적용역소득, 사용료소득, 유가증권 양도소득, 기타의 소득에 해당하는 국내 원천소득이 있는 자(원천징수대상자) 및 그 원천징수의무자는 경정청구할 수 있다.
적용 요건 및 절차	• 요건 : 원천징수의무자가 연말정산 또는 원천징수하여 소득세 또는 법인세를 납부하고 지급명세서를 제출기한까지 제출한 경우에만 경정청구할 수 있다. • 절차 : 원천징수대상자가 경정을 청구하려는 경우에는 경정 청구서를 원천징수의무자의 납세지 관할 세무서장에게 제출해야 한다.

(5) 종합부동산세를 부과 · 고지받은 자에 대한 경정청구 허용

종합부동산세 납세의무자로서 종합부동산세를 부과 · 고지 받은 자의 경우에는 위 '(1)~(3)'의 규정을 준용한다. ⟶ 2023년부터 납세자의 권익제고를 위하여 납세자가 과다하게 신고한 경우는 물론 종합부동산세를 부과 · 고지받아 납부한 납세의무자도 경정청구할 수 있도록 경정청구대상을 확대함

3 기한 후 신고와 납부

<table>
<tr><th colspan="2">구 분</th><th colspan="3">내 용</th></tr>
<tr><td rowspan="9">기한
후 신고</td><td>대상자</td><td colspan="3">법정신고기한까지 신고서를 제출하지 않은 자</td></tr>
<tr><td>신고기한</td><td colspan="3">관할세무서장이 세법에 따라 해당 국세의 과세표준과 세액(「국세기본법」 및 세법에 따른 가산세를 포함한다)을 결정하여 통지하기 전까지 기한후과세표준신고서를 제출할 수 있다. ⟶ 납부할 세액이 있는 자는 물론이고, 환급받을 세액이 있는 자도 기한 후 신고를 통하여 세액을 환급받을 수 있음</td></tr>
<tr><td>자진납부</td><td colspan="3">기한후과세표준신고서를 제출한 자로서 세법에 따라 납부하여야 할 세액이 있는 자는 그 세액을 납부하여야 한다.</td></tr>
<tr><td>확정효력
유무</td><td colspan="3">기한 후 신고에는 과세표준과 세액을 확정하는 효력이 없다. ⟶ (기출) 납세의무자 을이 300만원의 소득세를 법에서 정한 기한이 지난 후 6개월 내에 신고한 경우 세액이 300만원으로 확정된다. : 틀린 문장</td></tr>
<tr><td rowspan="4">무신고가산
세의 감면</td><td colspan="2">기한 후 신고한 기간</td><td>감면율</td></tr>
<tr><td rowspan="3">법정신고기한이
지난 후</td><td>1개월 이내</td><td>50%</td></tr>
<tr><td>1개월 초과 3개월 이내</td><td>30%</td></tr>
<tr><td>3개월 초과 6개월 이내</td><td>20%</td></tr>
<tr><td>세무서장의
결정 · 경정
및 통지</td><td colspan="3">• 납세의무자가 기한후과세표준신고서를 제출하거나 기한후과세표준신고서를 제출한 자가 과세표준수정신고서를 제출한 경우 관할세무서장은 세법에 따라 신고일부터 3개월 이내에 해당 국세의 과세표준과 세액을 결정 또는 경정하여 신고인에게 통지하여야 한다.
• 다만, 그 과세표준과 세액을 조사할 때 조사 등에 장기간이 걸리는 등 부득이한 사유로 신고일부터 3개월 이내에 결정 또는 경정할 수 없는 경우에는 그 사유를 신고인에게 통지하여야 한다.</td></tr>
<tr><td colspan="2">기한 후 납부</td><td colspan="3">과세표준신고서를 법정신고기한까지 제출하였으나 과세표준신고액에 상당하는 세액의 전부 또는 일부를 납부하지 아니한 자는 해당 세액과 「국세기본법」 및 세법에서 정하는 가산세를 세무서장이 고지하기 전에 납부할 수 있다. ⟶ 취지 : 미납부일수에 따라 부과되는 납부지연가산세부담을 덜어주기 위함</td></tr>
</table>

4 가산세의 부과와 감면

[저자 주]
「국세기본법」상 가산세인 무신고가산세, 과소신고·초과환급신고가산세, 납부지연가산세, 원천징수 등 납부지연가산세의 계산방법은 부가가치세, 법인세 편에서 설명하는 부분이므로 Summary에서는 그 설명을 생략하고, 1차 시험 말 문제 목적으로 계산방법 외 부분에 대해서만 설명하기로 한다(계산방법은 세법개론서 또는 부가가치세 Summary 등을 참고할 것).

구 분	내 용
가산세의 부과	• 정부는 세법에서 규정한 의무를 위반한 자에게 「국세기본법」 또는 세법에서 정하는 바에 따라 가산세를 부과할 수 있다. • 이러한 가산세는 해당 의무가 규정된 세법의 해당 국세의 세목(稅目)으로 한다[예 : 법인세에 관한 가산세는 그 자체가 법인세의 일부이다]. 다만, 해당 국세를 감면하는 경우에는 가산세는 그 감면대상에 포함시키지 아니하는 것으로 한다. • 가산세는 납부할 세액에 가산하거나 환급받을 세액에서 공제한다.
「국세기본법」상 가산세의 종류	무신고가산세, 과소신고·초과환급신고가산세, 납부지연가산세, 원천징수 등 납부지연가산세
납부지연가산세 계산시 고려사항	① 납부지연가산세는 「부가가치세법」에 따른 사업자가 아닌 자가 부가가치세액을 환급받은 경우에도 적용한다. ② 국세(소득세, 법인세 및 부가가치세만 해당한다)를 과세기간을 잘못 적용하여 신고납부한 경우에는 납부지연가산세를 적용할 때 실제 신고납부한 날에 실제 신고납부한 금액의 범위에서 당초 신고납부하였어야 할 과세기간에 대한 국세를 자진납부한 것으로 본다*1. 다만, 해당 국세의 신고가 부정행위로 무신고한 경우 또는 부정행위로 과소신고·초과환급신고한 경우에는 그러하지 아니한다.
가산세 부과 배제*3	정부는 「국세기본법」 또는 세법에 따라 부과하였거나 부과할 가산세의 경우 그 부과의 원인이 되는 사유가 다음 중 어느 하나에 해당하는 경우에는 해당 가산세를 부과하지 아니한다. ① 천재 등으로 인한 기한연장사유에 해당하는 경우 ② 납세자가 의무를 이행하지 아니한데 대한 정당한 사유가 있는 경우 ③ 위와 유사한 경우로서 다음 중 어느 하나에 해당하는 경우 ㉠ 세법해석에 관한 질의·회신 등에 따라 신고·납부 하였으나 이후 다른 과세처분을 하는 경우 ㉡ 「공익사업을 위한 토지 등의 취득 및 보상에 관한 법률」에 따른 토지등의 수용 또는 사용, 「국토의 계획 및 이용에 관한 법률」에 따른 도시·군계획 또는 그 밖의 법령 등으로 인해 세법상 의무를 이행할 수 없게 된 경우

<table>
<tr><td></td><td colspan="4">㉢ 「소득세법 시행령」에 따라 실손의료보험금을 의료비세액공제 대상 의료비에서 제외할 때에 실손의료보험금 지급의 원인이 되는 의료비를 지출한 과세기간과 해당 보험금을 지급받은 과세기간이 달라 해당 보험금을 지급받은 후 의료비를 지출한 과세기간에 대한 소득세를 수정신고하는 경우(해당 보험금을 지급받은 과세기간에 대한 종합소득 과세표준 확정신고기한까지 수정신고하는 경우로 한정한다)</td></tr>
<tr><td rowspan="21">가산세의 감면*3</td><td rowspan="8">과소신고·초과환급신고가산세</td><td colspan="3">과세표준신고서를 법정신고기한까지 제출한 자가 법정신고기한이 지난 후 수정신고한 경우 다음과 같이 감면하되, 과세표준과 세액을 경정할 것을 미리 알고 과세표준수정신고서를 제출한 경우는 제외한다*2. → 수정신고만 하고 납부하지 않은 경우에도 가산세를 감면함</td></tr>
<tr><td colspan="2">수정신고한 기간</td><td>감면율</td></tr>
<tr><td rowspan="6">법정신고기한이 지난 후</td><td>1개월 이내</td><td>90%</td></tr>
<tr><td>1개월 초과 3개월 이내</td><td>75%</td></tr>
<tr><td>3개월 초과 6개월 이내</td><td>50%</td></tr>
<tr><td>6개월 초과 1년 이내</td><td>30%</td></tr>
<tr><td>1년 초과 1년 6개월 이내</td><td>20%</td></tr>
<tr><td>1년 6개월 초과 2년 이내</td><td>10%</td></tr>
<tr><td rowspan="5">무신고가산세</td><td colspan="3">과세표준신고서를 법정신고기한까지 제출하지 아니한 자가 법정신고기한이 지난 후 6개월 이내 기한후신고한 경우 다음과 같이 감면하되, 과세표준과 세액을 결정할 것을 미리 알고 기한후과세표준신고서를 제출한 경우는 제외한다. → 기한후신고만 하고 납부하지 않은 경우에도 가산세를 감면함</td></tr>
<tr><td colspan="2">기한 후 신고한 기간</td><td>감면율</td></tr>
<tr><td rowspan="3">법정신고기한이 지난 후</td><td>1개월 이내</td><td>50%</td></tr>
<tr><td>1개월 초과 3개월 이내</td><td>30%</td></tr>
<tr><td>3개월 초과 6개월 이내</td><td>20%</td></tr>
<tr><td>그 밖의 감면</td><td colspan="3">정부는 다음 중 어느 하나에 해당하는 경우에는 「국세기본법」 또는 세법에 따른 해당 가산세의 50%에 상당하는 금액을 감면한다.
① 과세전적부심사 결정·통지기간 내에 그 결과를 통지하지 아니한 경우(결정·통지가 지연됨으로써 해당 기간에 부과되는 납부지연가산세만 해당한다)*4
② 세법에 따른 제출, 신고, 가입, 등록, 개설(이하 이 항에서 '제출 등'이라 한다)의 기한이 지난 후 1개월 이내에 해당 세법에 따른 제출 등의 의무를 이행하는 경우(제출 등의 의무위반에 대하여 세법에 따라 부과되는 가산세만 해당한다)</td></tr>
</table>

	그 밖의 감면	③ 위 과소신고 · 초과환급신고가산세 감면규정 중 30%, 20%, 10% 감면규정에도 불구하고 세법에 따른 예정신고기한 및 중간신고기한까지 예정신고 및 중간신고를 하였으나 과소신고하거나 초과신고한 경우로서 확정신고기한까지 그 예정신고 및 중간신고한 과세표준 개정을 수정하여 신고한 경우(해당 기간에 부과되는 과소신고 · 초과환급신고가산세만 해당하며, 과세표준과 세액을 경정할 것을 미리 알고 수정하여 신고한 개정 경우는 제외한다)*5 ④ 위 '무신고가산세 감면규정에도 불구하고 세법에 따른 예정신고기한 및 중간신고기한까지 예정신고 및 중간신고를 하지 아니하였으나 확정신고기한까지 기한 후 신고 개정를 한 경우(해당 기간에 부과되는 무신고가산세만 해당하며, 과세표준과 세액을 경정할 것을 미리 알고 기한 후 신고 개정를 한 경우는 제외한다)*5
가산세의 한도		「소득세법」 · 「법인세법」, 「부가가치세법」, 「상속세 및 증여세법」, 「조세특례제한법」에서 정하는 세법상의 협력의무 위반에 대하여 부과되는 가산세*6에 대해서는 그 의무위반의 종류별로 각각 1억원(중소기업은 5천만원)을 한도로 한다. 다만, 해당 의무를 고의적으로 위반한 경우에는 그러하지 아니하다. → 고의적 위반의 경우에는 한도 없음

*1 내용 이해

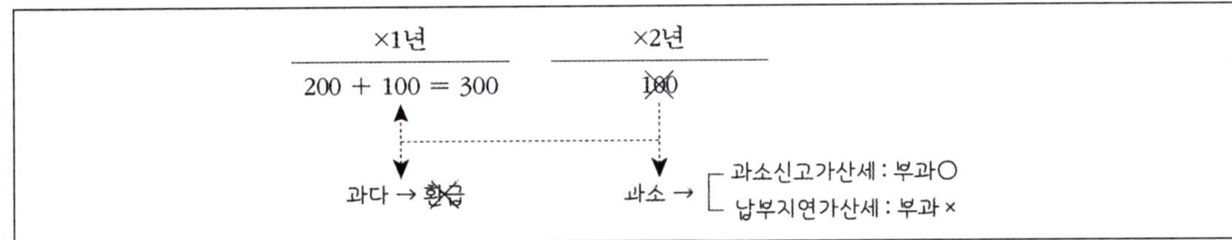

*2 당초 신고한 과세표준과 세액의 과소신고로 인하여 부과되는 가산세가 아니고 과세표준신고에 있어서 필수적인 첨부서류 등을 제출하지 아니하여 신고된 것으로 보지 않음으로써 부과되는 가산세(영세율과세표준신고불성실가산세는 제외한다)는 수정신고서를 제출하더라도 감면하지 아니한다(국기통 48-0…5).

*3 감면 등의 신청 : 가산세 부과 배제 또는 가산세의 감면을 받으려는 자는 신청서를 관할세무서장(세관장 또는 지방자치단체의 장을 포함한다)에게 제출하여야 하며, 관할세무서장은 신청서를 제출받은 때에는 그 승인여부를 통지하여야 한다.

*4 내용 이해

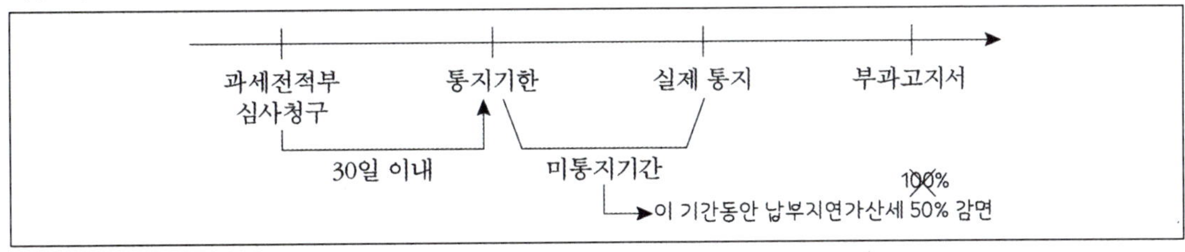

*5 내용 이해

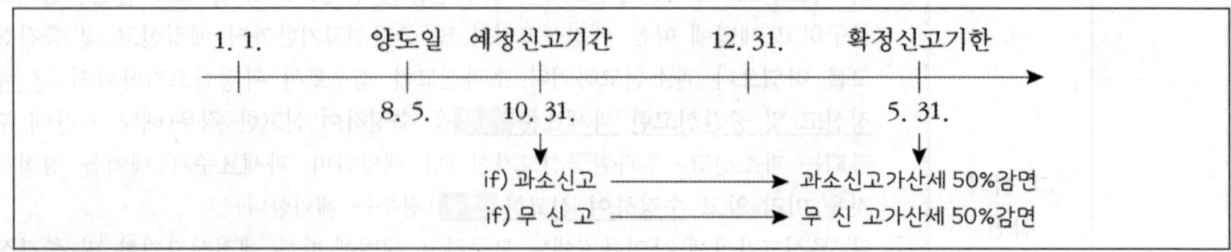

*6 영수증수취명세서 제출 · 작성 불성실 가산세(소법 81), 주주등의 명세서 등 제출 불성실가산세(법법 75의 2), 등록불성실가산세(부법 22 ①, 28 ③), 공익법인이 출연받은 재산의 사용에 대한 계획 및 진도에 관한 보고서 불성실가산세(상증법 78 ③), 창업자금사용내역제출불성실가산세(조특법 30의 5 ⑤) 등 법령으로 정하는 가산세를 말하며, 그 중 「소득세법」 · 「법인세법」 및 「부가가치세법」에 따른 가산세는 과세기간 단위로 위 한도를 적용한다.

제 7 장

국세환급금과 국세환급가산금

1 국세환급금

<table>
<tr><th colspan="2">구 분</th><th colspan="2">내 용</th></tr>
<tr><td colspan="2">(1) 국세환급금의 결정</td><td colspan="2">• 세무서장은 납세의무자가 국세 및 강제징수비로서 납부한 금액 중 잘못 납부하거나 초과하여 납부한 금액이 있거나 세법에 따라 환급하여야 할 환급세액(세법에 따라 환급세액에서 공제하여야 할 세액이 있을 때에는 공제한 후에 남은 금액을 말한다)이 있을 때에는 즉시 그 잘못 납부한 금액, 초과하여 납부한 금액 또는 환급세액*1을 국세환급금으로 결정하여야 한다.
• 다만, '국세(소득세, 법인세 및 부가가치세만 해당한다)를 과세기간을 잘못 적용하여 신고납부한 경우로서 납부지연가산세를 적용할 때 실제 신고납부한 날에 실제 신고납부한 금액의 범위에서 당초 신고납부하였어야 할 과세기간에 대한 국세를 자진납부한 것으로 보는 경우'에는 국세환급금에 관한 규정을 적용하지 아니한다.</td></tr>
<tr><td rowspan="6">(2) 충당</td><td rowspan="3">1) 세무서장의 충당</td><td colspan="2">세무서장은 국세환급금으로 결정한 금액을 다음의 국세 및 강제징수비에 충당하여야 한다.</td></tr>
<tr><td>① 납부고지에 의하여 납부하는 국세
② 세법에 따라 자진납부하는 국세</td><td>• 납세자가 그 충당에 동의하는 경우에만 충당하며, 세무서장이 임의로 충당할 수 없다.
• 다만, '① 납부고지에 의하여 납부하는 국세'로서 「국세징수법」에 의한 납부기한 전 징수사유에 해당하는 경우는 동의없이 충당할 수 있다.</td></tr>
<tr><td>③ 체납된 국세 및 강제징수비(다른 세무서에 체납된 국세 및 강제징수비를 포함한다)*2</td><td>납세자의 동의 없이도 세무서장이 직권으로 충당하여야 한다.</td></tr>
<tr><td>2) 납세자의 신청에 의한 충당</td><td colspan="2">납세자가 세법에 따라 환급받을 환급세액이 있는 경우에는 그 환급세액을 위 '1)'의 '①'과 '②'의 국세에 충당하기 위하여 청구를 할 수 있다. 이 경우 충당된 세액의 충당청구를 한 날에 해당 국세를 납부한 것으로 본다.</td></tr>
<tr><td>3) 충당의 순서</td><td colspan="2">• 국세환급금을 충당할 경우에는 체납된 국세 및 강제징수비에 우선 충당해야 한다. 다만, 납세자가 납부고지에 따라 납부하는 국세에 충당하는 것을 동의하거나 신청한 경우에는 납부고지에 따라 납부하는 국세에 우선 충당해야 한다.
• 충당할 국세환급금이 2건 이상인 경우에는 소멸시효가 먼저 도래하는 것부터 충당해야 한다.</td></tr>
<tr><td></td><td colspan="2"></td></tr>
</table>

(2) 충당	4) 원천징수 의무자에 대한 충당	• 원천징수의무자가 원천징수하여 납부한 세액에서 환급받을 환급세액이 있는 경우 그 환급액은 그 원천징수의무자가 원천징수하여 납부하여야 할 세액에 충당(다른 세목의 원천징수세액에의 충당은 「소득세법」에 따른 원천징수이행상황신고서에 그 충당 · 조정명세를 기재하여 신고한 경우에만 충당할 수 있다)하고, 남은 금액을 환급한다. • 다만, 그 원천징수의무자가 그 환급액을 즉시 환급해 줄 것을 요구하는 경우나 원천징수하여 납부하여야 할 세액이 없는 경우에는 즉시 환급한다.
(3) 환급		① 국세환급금 중 충당한 후 남은 금액은 국세환급금의 결정을 한 날부터 30일 내에 납세자에게 지급하여야 한다. ② 위 '①'의 규정에도 불구하고 국세환급금 중 충당한 후 남은 금액이 20만원이하이고, 지급결정을 한 날부터 1년 이내에 환급이 이루어지지 아니하는 경우에는 납부고지에 의하여 납부하는 국세에 충당할 수 있다*3. 이 경우 납세자의 충당에 대한 동의가 있는 것으로 본다.
(4) 기타		1) 이미 충당 또는 지급된 국세환급금의 반환청구 세무서장이 국세환급금의 결정이 취소됨에 따라 이미 충당 또는 지급된 금액의 반환을 청구함에 있어서는 「국세징수법」의 고지 · 독촉 및 강제징수의 규정을 준용한다.
		2) 실질귀속자에 대한 환급 과세의 대상이 되는 소득, 수익, 재산, 행위 또는 거래의 귀속이 명의일 뿐이고 사실상 귀속되는 자(이하 이 항에서 '실질귀속자'라 한다)가 따로 있어 명의대여자에 대한 과세를 취소하고 실질귀속자를 납세의무자로 하여 과세하는 경우 명의대여자 대신 실질귀속자가 납부한 것으로 확인된 금액은 실질귀속자의 기납부세액으로 먼저 공제하고 남은 금액이 있는 경우에는 실질귀속자에게 환급한다.
		3) 국세환급금에 관한 권리의 양도 • 납세자는 세무서장이 국세환급금통지서를 발급하기 전에 국세환급금에 관한 권리를 타인에게 양도할 수 있다. 이와 같이 국세환급금에 관한 권리를 양도하려는 납세자는 그 권리의 양도를 세무서장에게 문서로 요구하여야 한다. • 세무서장은 국세환급금에 관한 권리의 양도 요구가 있는 경우에 양도인 또는 양수인이 납부할 국세 및 강제징수비가 있으면 그 국세 및 강제징수비에 충당하고, 남은 금액에 대해서는 양도의 요구에 지체 없이 따라야 한다.
		4) 소멸시효 • 납세자의 국세환급금과 국세환급가산금에 관한 권리는 행사할 수 있는 때부터 5년간 행사하지 아니하면 소멸시효가 완성된다. • 소멸시효에 관하여는 「국세기본법」 또는 세법에 특별한 규정이 있는 것을 제외하고는 「민법」에 따른다. 이 경우 국세환급금과 국세환급가산금을 과세처분의 취소 또는 무효확인청구의 소 등 행정소송으로 청구한 경우 시효의 중단에 관하여 「민법」(제168조 제1호)에 따른 청구를 한 것으로 본다. • 소멸시효는 세무서장이 납세자의 환급청구를 촉구하기 위하여 납세자에게 하는 환급청구의 안내 · 통지 등으로 인하여 중단되지 아니한다.

*1 [세부사항] 잘못 납부한 금액 · 초과납부액, 환급받을 환급세액의 의의 및 확정시기

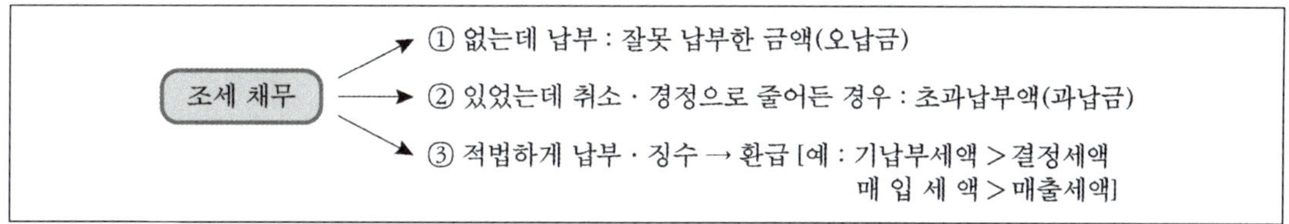

① 잘못 납부한 금액이라 함은 납부 또는 징수의 기초가 된 신고(신고납세의 경우) 또는 부과처분(부과과세의 경우)이 부존재하거나 당연무효임에도 불구하고 납부 또는 징수된 세액을 말한다.

② 초과납부액은 신고 또는 부과처분이 당연무효는 아니나 그 후 취소 또는 경정됨으로써 그 전부 또는 일부가 감소된 세액을 말한다.

③ 환급세액은 적법하게 납부 또는 징수되었으나 그 후 국가가 보유할 정당한 이유가 없게 되어 각 개별 세법에서 환급하기로 정한 세액을 말한다.

④ 위 '①', '②', '③'의 잘못 납부한 금액과 초과납부액 및 환급세액은 모두 조세채무가 처음부터 존재하지 않거나 그 후 소멸되었음에도 불구하고 국가가 법률상 원인 없이 수령하거나 보유하고 있는 부당이득에 해당한다.

⑤ 이러한 부당이득의 반환을 구하는 납세의무자의 국세환급청구권은 잘못 납부한 금액의 경우에는 처음부터 법률상 원인이 없으므로 납부 또는 징수시에 이미 확정되어 있고, 초과납부액의 경우에는 신고 또는 부과처분의 취소 또는 경정에 의하여 조세채무의 전부 또는 일부가 소멸한 때에 확정되며, 환급세액의 경우에는 각 개별 세법에서 규정한 환급 요건에 따라 확정되는 것이다(대법원97다26432, 1997. 10. 10.). → (기출) 국세환급금의 발생원인으로서 '초과하여 납부한 금액(과납금)'은 신고납세방식에 있어서 신고로 또는 부과과세방식에 있어서 부과결정으로 각각 확정된다. : 틀린 문장

*2 체납된 국세 및 강제징수비에의 충당이 있는 경우 체납된 국세 및 강제징수비와 국세환급금은 체납된 국세의 법정납부기한과 국세환급금 발생일[과오납금은 그 국세 납부일, 환급세액은 그 신고일(신고하지 않아 결정에 따라 환급하는 경우에는 그 결정일)] 중 늦은 때로 소급하여 대등액에 관하여 소멸한 것으로 본다. 즉, 소급하여 효력이 발생한다.

[내용 이해]

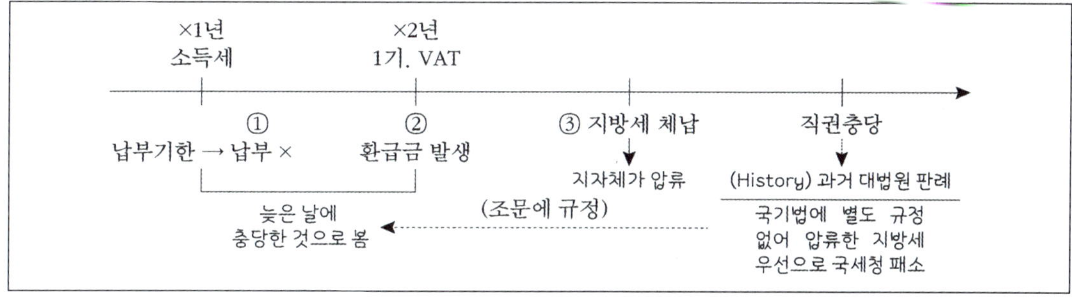

*3 이 규정에 따른 국세환급금은 국세환급금이 발생한 세목과 같은 세목이 있는 경우 같은 세목에 우선 충당하며, 충당할 국세환급금이 2건 이상인 경우에는 소멸시효가 먼저 도래하는 것부터 충당하여야 한다.

2 국세환급가산금

1. 계산방법

국세환급가산금이란 국세환급금에 대한 법정이자상당액을 말하며, 다음과 같이 계산한다.

국세환급가산금 = 국세환급금 × 이율*1 × 부리기간 일수*2

*1 이율

- 시중은행의 1년 만기 정기예금 평균 수신금리를 고려하여 재정경제부령으로 정하는 이자율(이하 '기본이자율'이라 한다)로 한다.
- 다만, 납세자가 이의신청, 심사청구, 심판청구, 「감사원법」에 따른 심사청구 또는 「행정소송법」에 따른 소송을 제기하여 그 결정 또는 판결에 따라 세무서장이 국세환급금을 지급하는 경우로서 그 결정 또는 판결이 확정된 날부터 40일 이후에 납세자에게 국세환급금을 지급하는 경우에는 기본이자율의 1.5배에 해당하는 이자율을 적용한다.

*2 부리기간 일수

국세환급가산금은 '다음의 구분에 따른 날의 다음 날'부터 '충당하는 날 또는 지급결정을 하는 날'까지의 기간에 대하여 계산한다. 다만, 국세환급금 중 충당한 후 남은 금액이 20만원 이하이고, 그 지급결정을 한 날부터 1년 이내에 환급이 이루어지지 아니하는 경우로서 납부고지에 의하여 납부하는 국세에 충당하는 경우의 국세환급가산금은 지급결정을 한 날까지의 기간에 대하여 계산한다.

구 분	내 용
① 착오납부·이중납부 또는 납부 후 그 납부의 기초가 된 신고나 부과를 경정하거나 취소함에 따라 발생한 국세환급금	• 국세 납부일 • 다만, 그 국세가 2회 이상 분할납부된 것인 경우에는 그 마지막 납부일로 하되, 국세환급금이 마지막에 납부된 금액을 초과하는 경우에는 그 금액이 될 때까지 납부일의 순서로 소급하여 계산한 국세의 각 납부일로 하며, 세법에 따른 중간예납세액 또는 원천징수에 의한 납부액은 해당 세목의 법정신고기한 만료일에 납부된 것으로 본다.
② 적법하게 납부된 국세의 감면으로 발생한 국세환급금	감면 결정일
③ 적법하게 납부된 후 법률이 개정되어 발생한 국세환급금	개정된 법률의 시행일
④ 「소득세법」, 「법인세법」, 「부가가치세법」, 「개별소비세법」·「주세법」, 「교통·에너지·환경세법」 또는 「조세특례제한법」에 따른 환급세액의 신고, 환급신청, 경정 또는 결정으로 인하여 환급하는 경우	• 신고를 한 날(신고한 날이 법정신고기일 전인 경우에는 해당 법정신고기일) 또는 신청을 한 날부터 30일이 지난 날(세법에서 환급기한을 정하고 있는 경우에는 그 환급기한의 다음 날) • 다만, 환급세액을 법정신고기한까지 신고하지 않음에 따른 결정으로 인하여 발생한 환급세액을 환급할 때에는 해당 결정일부터 30일이 지난 날로 한다.

2. 국세환급가산금을 가산하지 않는 경우

다음 중 어느 하나에 해당하는 사유 없이 고충민원*의 처리에 따라 국세환급금을 충당하거나 지급하는 경우에는 국세환급가산금을 가산하지 아니한다.

① 경정 등의 청구

② 이의신청, 심사청구, 심판청구, 「감사원법」에 따른 심사청구 또는 「행정소송법」에 따른 소송에 대한 결정이나 판결

* 고충민원 개정 (고충민원의 정의 규정 보완) : 국세와 관련하여 납세자가 경정청구, 이의신청, 심사청구, 심판청구, 「감사원법」에 따른 심사청구 또는 「행정소송법」에 따른 소송을 그 기한까지 신청, 청구 또는 제기하지 않은 사항에 대해 과세관청에 직권으로 「국세기본법」 또는 세법에 따른 처분의 취소, 변경이나 그 밖의 필요한 처분을 해 줄 것을 신청하는 민원을 말하며, 다음 중 어느 하나에 해당하는 사항에 대해 신청하는 민원은 고충민원에서 제외한다.

① 「국세기본법」 또는 세법에 따라 과태료 또는 벌금이 부과된 사항

② 「조세범 처벌절차법」에 따른 통고처분 또는 고발이 있는 사항

③ 이행강제금심의위원회, 그 밖에 「국세기본법」 또는 다른 법률에 따른 위원회의 심의를 거쳐 결정이 완료되었거나 심의 중인 사항

3 물납재산의 환급

구 분	내 용
물납재산으로 환급하는 경우	납세자가 상속세를 물납한 후 그 부과의 전부 또는 일부를 취소하거나 감액하는 경정결정에 따라 환급하는 경우에는 해당 물납재산으로 환급하여야 한다. 이 경우 국세환급가산금은 지급하지 아니한다. → (기출) 납세자가 법인세를 물납한 후 부과를 취소하거나 환급하는 경우에는 해당 물납재산과 국세환급가산금을 환급하여야 한다. : 틀린 문장
물납재산 환급의 순서	납세자의 신청이 있는 경우에는 그 신청에 따라 관할세무서장이 환급하고, 납세자의 신청이 없는 경우에는 「상속세 및 증여세법 시행령」에 따른 물납충당재산의 허가순서의 역순으로 환급한다.
물납재산 유지비용과 과실의 귀속	• 물납재산을 환급하는 경우에 국가가 물납재산을 유지 또는 관리하기 위하여 지출한 비용은 국가의 부담으로 한다. • 다만, 국가가 물납재산에 대하여 「법인세법 시행령」에 따른 자본적 지출을 한 경우에는 이를 납세자의 부담으로 한다. • 물납재산이 수납된 이후에 발생한 법정과실 및 천연과실은 납세자에게 환급하지 아니하고 국가에 귀속된다.
물납재산 환급의 제한	다음의 경우에는 물납재산으로 환급하지 않으며, 일반환급 규정에 따라 금전으로 환급하여야 한다. ① 물납재산이 매각된 경우 ② 해당 물납재산의 성질상 분할하여 환급하는 것이 곤란한 경우 ③ 해당 물납재산이 임대중에 있거나 다른 행정용도로 사용되고 있는 경우 ④ 사용계획이 수립되어 해당 물납재산으로 환급하는 것이 곤란하다고 인정되는 경우 등 국세청장이 정하는 경우

제 8 장

조세불복제도

1 조세구제제도의 개요

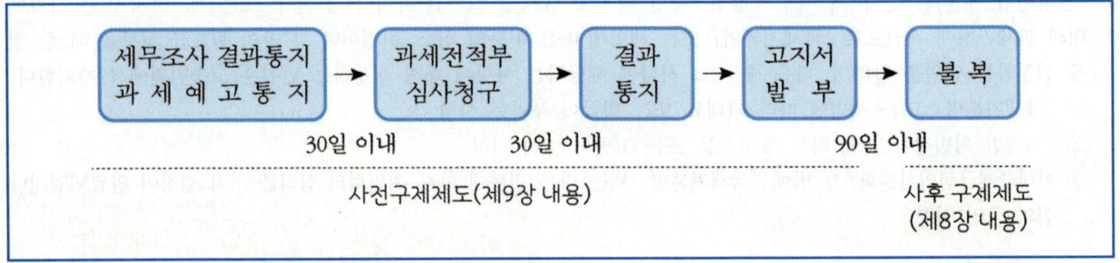

2 조세불복제도

1. 개요

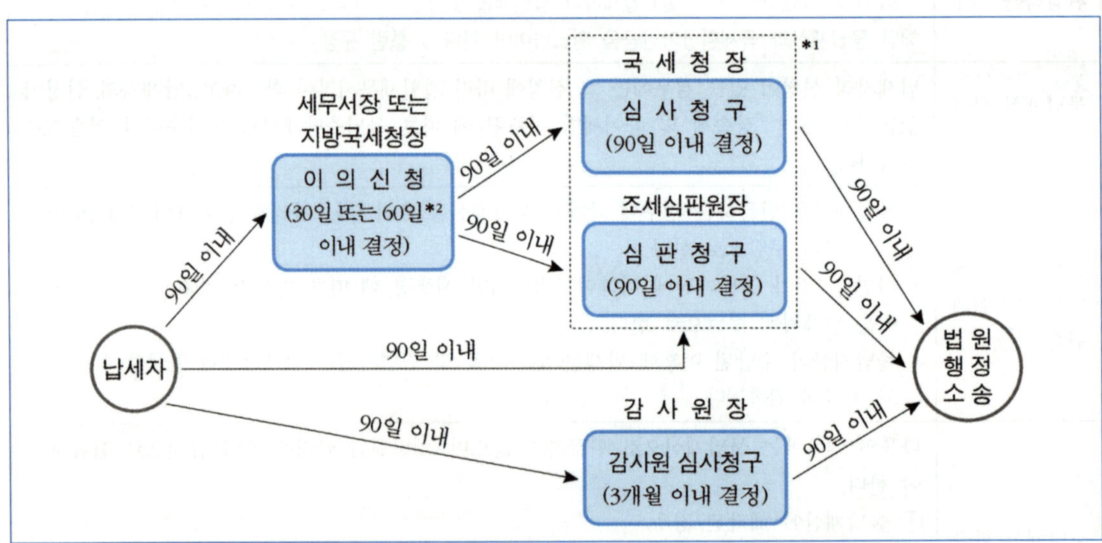

*1 동일한 처분에 대해서는 심사청구와 심판청구를 중복하여 제기할 수 없다.

*2 이의신청인이 송부받은 의견서에 대하여 결정기간 이내에 항변하는 경우에는 60일 이내 결정한다.

구 분	내 용
의의	• 불복청구(不服請求, appeal)란 「국세기본법」 또는 세법에 따른 처분으로서 위법 또는 부당한 처분을 받거나 필요한 처분을 받지 못함으로 인하여 권리나 이익을 침해당한 자가 그 처분의 취소 또는 변경이나 필요한 처분을 청구하는 것을 말한다. • 위법한 국세처분에 대한 행정소송은 「행정소송법」에도 불구하고 「국세기본법」 또는 「감사원법」에 따른 불복절차를 거치지 않으면 제기할 수 없다(행정심판전치주의). • 다만, 심사청구 또는 심판청구에 대한 재조사 결정에 따른 처분에 대한 행정소송은 그러하지 아니하다. → 즉, 바로 행정소송을 제기할 수 있음*
「국세기본법」상 불복절차와 「감사원법」에 의한 심사청구와의 관계	납세자는 「국세기본법」에 의한 불복절차(이의신청 → 심사청구 또는 심판청구)와 「감사원법」에 의한 심사청구 중 하나를 선택할 수 있으며, 중복적용은 불가능하다(선택적 지위관계).
불복절차	이의신청은 임의적인 절차에 해당된다. 따라서 「국세기본법」상 불복절차는 원칙적 1급심(심사청구 또는 심판청구), 선택적 2급심(이의신청 → 심사청구 또는 심판청구)이다. 다만, 다음 중 어느 하나에 해당하는 국세청장이 조사·결정 또는 처리하였거나 하였어야 할 것에 대하여는 이의신청이 배제된다. ① 국세청의 감사결과로서의 시정지시에 따른 처분 ② 세법에 따라 국세청장이 하여야 할 처분
행정소송 제기기간	① 원칙 : 「행정소송법」에도 불구하고 심사청구 또는 심판청구에 대한 결정의 통지를 받은 날부터 90일 이내에 제기하여야 한다. 다만, 심사청구 또는 심판청구의 결정기간에 결정의 통지를 받지 못한 경우에는 결정의 통지를 받기 전이라도 그 결정기간이 지난 날부터 행정소송을 제기할 수 있다. ② 심사청구 또는 심판청구에 대한 재조사 결정에 따른 처분청의 처분에 대한 행정소송의 경우 : 「행정소송법」에도 불구하고 다음의 기간 내에 제기하여야 한다*. ㉠ 심사청구 또는 심판청구를 거치지 아니하고 제기하는 경우 : 재조사 후 행한 처분청의 처분의 결과 통지를 받은 날부터 90일 이내. 다만, 재조사결정에 따른 처분기간(조사를 연기하거나 조사기간을 연장하거나 조사를 중지한 경우에는 해당 기간을 포함한다)에 처분청의 처분 결과 통지를 받지 못하는 경우에는 그 처분기간이 지난 날부터 행정소송을 제기할 수 있다. ㉡ 심사청구 또는 심판청구를 거쳐 제기하는 경우 : 재조사 후 행한 처분청의 처분에 대하여 제기한 심사청구 또는 심판청구에 대한 결정의 통지를 받은 날부터 90일 이내. 다만, 심사청구 또는 심판청구의 결정기간에 결정의 통지를 받지 못하는 경우에는 그 결정기간이 지난 날부터 행정소송을 제기할 수 있다.

* 내용의 이해

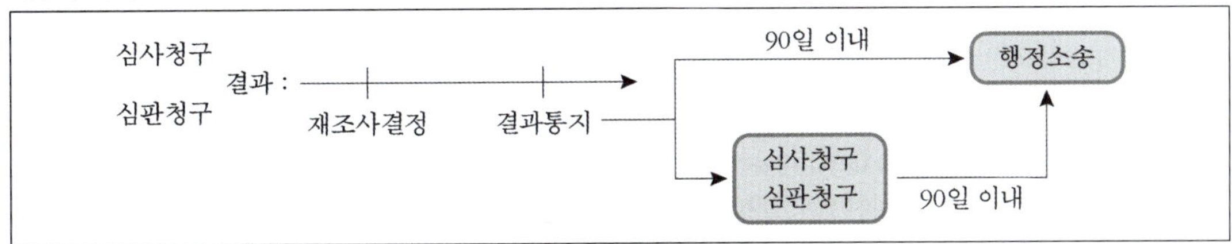

2. 불복절차의 담당기관 및 해당 기간 등

(1) 개요

구 분		이의신청 (임의적 절차)	심사청구 (필수절차)	심판청구 (필수절차)
① 청구기관		세무서장 또는 지방국세청장*1	국세청장	조세심판원장
② 불복청구서의 제출기관		관할세무서장 또는 관할지방국세청장에 제출하거나 관할세무서장을 거쳐 관할지방국세청장에게 제출	관할세무서장을 거쳐 국세청장에게 제출	관할세무서장이나 조세심판원장에게 제출
③ 청구기간		90일 이내	90일 이내	90일 이내
④ 보정기간		20일 이내	20일 이내	상당한 기간
⑤ 결정	기간	그 신청을 받은 날부터 30일(항변시 60일) 이내	그 청구를 받은 날부터 90일 이내	그 청구를 받은 날부터 90일 이내
	방법	국세심사위원회*2의 심의를 거쳐 세무서장 또는 지방국세청장이 결정	국세심사위원회*2의 의결에 따라 국세청장이 결정	조세심판관회의가 심리를 거쳐 결정

*1 이의신청은 세무서장에게 하거나 세무서장을 거쳐 관할 지방국세청장에게 하여야 한다. 다만, 다음의 경우에는 관할 지방국세청장에게 하여야 하며, 세무서장에게 한 이의신청은 관할 지방국세청장에게 한 것으로 본다.
① 지방국세청장의 조사에 따라 과세처분을 한 경우
② 세무서장에게 과세전적부심사를 청구한 경우

*2 ① 이의신청, 심사청구, 과세전적부심사 청구사항을 심의 및 의결(심사청구에 한정한다)하기 위하여 세무서, 지방국세청 및 국세청에 각각 국세심사위원회를 둔다.
② 국세심사위원회의 위원 중 공무원이 아닌 위원은 「형법」 제127조 및 제129로부터 제132조까지의 규정을 적용할 때에는 공무원으로 본다.
③ 국세심사위원회의 위원은 공정한 심의를 기대하기 어려운 사정이 있다고 인정될 때에는 위원회 회의에서 제척되거나 회피하여야 한다.

(2) 세부 내용

구 분	내 용
청구기간 및 연장	(1) 각 절차별 청구기간 ① 이의신청, 이의신청을 거치지 않는 심사청구 또는 심판청구는 해당 처분이 있음을 안 날(처분의 통지를 받은 때에는 그 받은 날)부터 90일 이내에 하여야 한다*1. ② 이의신청을 거친 후 심사청구 또는 심판청구를 하려면 이의신청에 대한 결정의 통지를 받은 날부터 90일 이내에 제기하여야 한다*1. 다만, 다음 각 항 어느 하나에 해당하는 경우에는 각 항에서 정하는 날부터 90일 이내에 심사청구 또는 심판청구를 할 수 있다. → (기출) 이의신청을 제기한 날부터 30일(항변시 60일)이 지났으나 이의신청결과를 통지받지 못하여 심사청구를 제기하였다. : 옳은 문장 ㉠ 이의신청의 결정기간[30일(항변시 60일)] 내에 결정의 통지를 받지 못한 경우 : 그 결정기간이 지난 날

	㉡ 이의신청에 대한 재조사 결정이 있은 후 처분기간(재조사 결정일로부터 60일)내에 처분결과의 통지를 받지 못한 경우 : 그 처분기간이 지난 날
	(2) 청구기간의 연장 ① 연장되는 경우 : 불복청구인이 기한연장사유로 위의 기간 내에 이의신청 · 심사청구 또는 심판청구를 할 수 없는 경우에는 그 사유가 소멸한 날부터 14일 이내에 이의신청 · 심사청구 또는 심판청구를 할 수 있다. ② 연장되는 않는 경우 : 심사청구 또는 심판청구를 거친 후 행정소송 제기기간은 불변기간이므로 기한연장사유가 있어도 연장되지 않는다.
청구서의 보정	• 세무서장 · 국세청장 또는 조세심판원장은 이의신청 · 심사청구 또는 심판청구의 내용이나 절차가 국세기본법 또는 세법에 적합하지 아니하나 보정(補正)할 수 있다고 인정되면 다음의 기간을 정하여 보정할 것을 요구할 수 있다. 다만, 보정할 사항이 경미한 경우에는 직권으로 보정할 수 있다. ① 이의신청 · 심사청구의 경우 : 20일 이내 ② 심판청구의 경우 : 상당한 기간 • 이와 같은 보정기간은 청구기간 또는 결정기간에 산입하지 아니한다. • 보정 요구를 받은 청구인은 보정할 사항을 서면으로 작성하여 세무서장 · 국세청장 또는 조세심판원장에게 제출하거나, 세무서 · 국세청 · 조세심판원에 출석하여 보정할 사항을 말하고 그 말한 내용을 국세청 소속공무원이 기록한 서면에 서명 또는 날인함으로써 보정할 수 있다.
결정기관 및 결정기간	각 절차별로 결정기관과 결정기간은 다음과 같다. ① 이의신청을 받은 세무서장과 지방국세청장은 국세심사위원회*2의 심의를 거쳐 그 이의신청을 받은 날부터 30일 이내에 결정하여야 한다. 다만, 이의신청인이 세무서장 또는 지방국세청장으로부터 송부받은 의견서에 대하여 30일의 결정기간 내에 항변하는 경우에는 이의신청을 받은 날부터 60일 이내에 하여야 한다. ② 국세청장은 심사청구를 받으면 국세심사위원회*2의 의결에 따라 그 심사청구를 받은 날부터 90일 이내에 결정하여야 한다. 국세청장은 국세심사위원회 의결이 법령에 명백히 위반된다고 판단하는 경우 구체적인 사유를 적어 서면으로 국세심사위원회로 하여금 한 차례에 한정하여 다시 심의할 것을 요청할 수 있다. ③ 조세심판원장이 심판청구를 받은 때에는 조세심판관회의*2가 그 심리를 거쳐 그 심판청구를 받은 날부터 90일 이내에 결정하여야 한다.
정보통신망을 이용한 불복청구	• 이의신청인, 심사청구인 또는 심판청구인은 국세청장 또는 조세심판원정이 운영하는 정보통신망을 이용하여 이의신청서, 심사청구서 또는 심판청구서를 제출할 수 있다. • 이에 따라 이의신청서, 심사청구서 또는 심판청구서를 제출하는 경우에는 국세청장 또는 조세심판원장에게 이의신청서, 심사청구서 또는 심판청구서가 전송된 때에 「국세기본법」에 따라 제출된 것으로 본다.

*1 불복청구는 관할세무서장 등에게 해당 불복청구서가 제출된 때에 한 것으로 한다. 해당 청구서가 관할세무서장 이외의 세무서장 · 지방국세청장 또는 국세청장에게 제출된 경우에도 또한 같다. 만약 각 절차별 청구기한까지 우편으로 제출한 불복청구서가 그 청구기간을 지나서 도달한 경우에는 그 기간의 만료일에 적법한 청구를 한 것으로 본다(발신주의 개념). → (기출) 불복 관련 청구서는 해당 처분을 하였거나 하였어야 할 세무서장 등에게 제출하여야 하며, 소관 세무서장 등 외의 세무서장 등에게 제출한 경우에는 심사청구의 효력이 발생하지 아니한다. : 틀린 문장

*2 국세심사위원회 또는 조세심판관회의는 공개하지 않는 것을 원칙으로 하되, 각 위원회의 위원장 또는 의장이 필요하다고 인정할 때에는 이를 공개할 수 있다.

3 불복대상 · 불복청구인 · 불복청구의 효력 및 결정

구 분	내 용
불복대상	(1) 개괄주의에 의한 불복청구 「국세기본법」 또는 세법에 의한 처분으로서 작위처분*1 또는 부작위처분*2으로써 권리 또는 이익의 침해를 당한 사항이면 그 처분의 내용에 관계없이 무엇이든 불복청구의 대상으로 하는 개괄주의(概括主義)방식을 채택하고 있다. --> 열거주의가 아님
	(2) 조세불복청구에서 제외되는 처분 다음의 처분에 대하여는 「국세기본법」상 불복청구를 할 수 없다. ① 「조세범처벌절차법」에 따른 통고처분(通告處分)*3 --> 통고처분을 이행하지 아니한 경우에는 사법심의 판결을 받게 되므로 「국세기본법」에 의한 불복청구를 제기할 수 없음 ② 「감사원법」에 따라 심사청구를 한 처분이나 그 심사청구에 대한 처분 --> 이에 대해서는 「국세기본법」상의 불복청구를 중복하여 제기할 수 없음 ③ 「국세기본법」 또는 세법에 따른 과태료 부과처분
	(3) 불복청구 간의 관계 • 심사청구 또는 심판청구에 대한 처분에 대해서는 이의신청, 심사청구 또는 심판청구를 제기할 수 없다. 다만, 심사청구 또는 심판청구의 재조사 결정에 따른 처분청의 처분에 대해서는 해당 재조사 결정을 한 재결청에 대하여 심사청구 또는 심판청구를 제기할 수 있으며, 이 경우에는 심사청구 · 심판청구를 거치지 않고도 행정소송을 제기할 수 있다. • 이의신청에 대한 처분과 이의신청의 재조사 결정에 따른 처분청의 처분에 대해서는 이의신청을 할 수 없다.
	(1) 당사자 및 그 이해관계인 위법 · 부당한 처분 또는 필요한 처분을 받지 못함으로 인하여 권리나 이익을 침해당한 직접적인 당사자는 물론이고, 「국세기본법」 또는 세법에 따른 처분에 의하여 권리나 이익을 침해당하게 될 이해관계인[제2차 납세의무자로서 납부고지서를 받은 자, 물적납세의무를 지는 자로서 납부고지서를 받은 자, 「부가가치세법」 제3조의 2(신탁 관련 수탁자의 물적납세의무)에 따라 물적납세의무를 지는 자로서 납부고지서를 받은 자, 「종합부동산세법」에 따라 물적납세의무를 지는 자로서 납부고지서를 받은 자, 보증인]도 위법 또는 부당한 처분을 받은 자의 처분에 대하여 불복청구할 수 있다. 다만, 단순히 반사적인 권리 또는 이익의 침해를 당한 자는 불복청구할 수 없다.

불복청구자	(2) 대리인 ① 이의신청인 · 심사청구인 또는 심판청구인과 처분청은 변호사 또는 세무사 또는 「세무사법」에 따른 세무사등록부 또는 공인회계사 세무대리업무등록부에 등록한 공인회계사를 대리인으로 선임할 수 있다. 이와 같은 대리인의 권한은 서면으로 증명하여야 하며, 대리인을 해임하였을 때에는 그 사실을 서면으로 해당 재결청에 신고하여야 한다. 대리인은 본인을 위하여 그 신청 또는 청구에 관한 모든 행위를 할 수 있으나, 그 신청 또는 청구의 취하는 반드시 특별한 위임을 받은 경우에만 할 수 있다. ② 이의신청인, 심사청구인 또는 심판청구인은 신청 또는 청구의 대상이 5천만원(지방세의 경우는 2천만원) 미만의 소액인 경우에는 그 배우자, 4촌 이내의 혈족 또는 그 배우자의 4촌 이내의 혈족을 대리인으로 선임할 수 있다.
	(3) 국선대리인 ① 이의신청인, 심사청구인, 심판청구인, 고충민원(의미 : 'p5−65. *' 참고)신청인 **개정** 및 과세전적부심사 청구인[이하 '(3)'에서 '이의신청인등'이라 한다]은 재결청(고충민원의 경우에는 해당 과세관청을 말하며 **개정**, 과세전적부심사의 경우에는 세무조사 결과에 대한 서면통지 및 과세예고통지를 한 세무서장이나 지방국세청장을 말한다. 이하 '(3)'에서 같다)에 다음의 요건을 모두 갖추어 변호사, 세무사 또는 「세무사법」에 따라 등록한 공인회계사를 국선대리인으로 선정하여 줄 것을 신청할 수 있다. ㉠ 이의신청인등이 다음 중 어느 하나에 해당할 것 ㉮ 개인인 경우 : 「소득세법」에 따른 종합소득금액과 소유 재산의 가액이 각각 다음의 금액 이하일 것 ⓐ 종합소득금액의 경우 : 5천만원*4 ⓑ 소유 재산의 가액의 경우 : 토지와 건물, 승용자동차, 전세금(임차보증금을 포함한다), 골프회원권 및 콘도미니엄회원권, 주식 또는 출자지분의 평가가액 합계액이 5억원 ㉯ 법인인 경우 : 수입금액과 자산가액(기업회계기준에 따라 계산한 매출액과 자산을 말한다)이 각각 다음 금액 이하일 것* ⓐ 수입금액의 경우 : 3억원 ⓑ 자산가액의 경우 : 5억원 * 이 경우 법인세 신고기한 이전에 국선대리인의 선정을 신청하는 경우에는 그 신청일이 속하는 사업연도의 전전 사업연도의 수입금액과 그 사업연도말의 자산가액을 대상으로 하고, 해당 신고기한 후에 신청하는 경우에는 그 신청일이 속하는 사업연도의 직전 사업연도의 수입금액과 그 사업연도말 자산가액을 대상으로 한다. ㉡ 5천만원 이하인 신청 또는 청구일 것 ㉢ 상속세, 증여세 및 종합부동산세가 아닌 세목에 대한 신청 또는 청구일 것 ② 재결청은 국선대리인의 신청이 위 '①'의 요건을 모두 충족하는 경우 지체 없이 국선대리인을 선정하고, 신청을 받은 날부터 5일 이내에 그 결과를 이의신청인등과 국선대리인에게 각각 통지하여야 한다. ③ 국선대리인은 본인을 위하여 그 신청 또는 청구에 관한 모든 행위를 할 수 있다. 다만, 그 신청 또는 청구의 취하는 특별한 위임을 받은 경우에만 할 수 있다.
	(1) 원 칙 : 집행부정지의 효력 이의신청 · 심사청구 또는 심판청구를 하더라도 세법에 특별한 규정이 있는 경우를 제외하고는 해당 처분의 집행에 효력을 미치지 아니한다. → 불복청구제도의 악용을 방지하기 위함

<table>
<tr><td>불복청구가 집행에 미치는 효력</td><td colspan="2">(2) 예 외 : 집행이 정지되는 경우
집행부정지의 원칙에 불구하고 다음의 경우에는 처분의 집행이 정지된다.
1) 재결청이 인정하는 경우
해당 재결청(裁決廳)이 처분의 집행 또는 절차의 속행 때문에 이의신청인, 심사청구인 또는 심판청구인에게 중대한 손해가 생기는 것을 예방할 필요성이 긴급하다고 인정할 때에는 처분의 집행 또는 절차속행의 전부 또는 일부의 정지(이하 '집행정지'라 한다)를 결정할 수 있다.
재결청은 집행정지 또는 집행정지의 취소에 관하여 심리 · 결정하면 지체 없이 당사자에게 통지하여야 한다.
2) 압류한 재산의 공매
심판청구등이 계속 중인 국세의 체납으로 압류한 재산은 그 신청 또는 청구에 대한 결정이나 소(訴)에 대한 판결이 확정되기 전에는 공매할 수 없다. 다만, 그 재산이 부패 · 변질 또는 감량되기 쉬운 재산으로서 속히 매각하지 아니하면 그 재산가액이 줄어들 우려가 있는 경우에는 공매할 수 있다.</td></tr>
<tr><td rowspan="4">불복청구에 대한 결정</td><td colspan="2">(1) 결정의 종류</td></tr>
<tr><td>각하(却下)결정</td><td>불복청구에 대하여 법이 요구하는 형식적 요건심리를 한 결과 그 청구에 대한 신청요건이 충족되지 아니한 경우에 내리는 결정이다. 각하결정을 한 경우에는 그 청구의 내용에 대하여는 심리하지 아니한다. 다음 중 어느 하나에 해당하는 경우에는 그 청구를 각하하는 결정을 한다
① 심판청구를 제기한 후 심사청구를 제기(같은 날 제기한 경우도 포함한다)한 경우
② 법에 정한 청구기간이 지난 후에 청구된 경우
③ 법에 정한 보정기간에 필요한 보정을 하지 아니한 경우
④ 심사청구가 적법하지 아니한 경우
⑤ 위의 경우와 유사한 경우로서 다음의 경우
㉠ 심사청구의 대상이 되는 처분이 존재하지 않는 경우
㉡ 심사청구의 대상이 되는 처분으로 권리나 이익을 침해당하지 않는 경우
㉢ 대리인이 아닌 자가 대리인으로서 불복을 청구하는 경우</td></tr>
<tr><td>기각(棄却)결정</td><td>결정기관이 청구의 내용을 심리한 결과 그 불복청구가 이유없다고 인정될 때 내리는 결정이다. → 즉, 청구인의 주장을 받아들이지 않는 결정</td></tr>
<tr><td>인용(認容)결정</td><td>• 불복청구가 이유 있다고 인정될 때에는 그 청구의 대상이 된 처분의 취소 · 경정 결정을 하거나 필요한 처분의 결정을 한다. 다만, 취소 · 경정 또는 필요한 처분을 하기 위하여 사실관계 확인 등 추가적으로 조사가 필요한 경우에는 처분청으로 하여금 이를 재조사하여 그 결과에 따라 취소 · 경정하거나 필요한 처분을 하도록 하는 재조사 결정을 할 수 있다.*
* 원처분을 유지하는 경우 : 위 단서규정에도 불구하고 처분청은 다음 중 어느 하나에 해당하는 경우에는 해당 청구의 대상이 된 당초 처분을 취소 · 결정하지 아니할 수 있다.
① 청구인의 주장과 재조사 과정에서 확인된 사실관계가 달라 당초의 처분을 유지할 필요가 있는 경우
② 청구인의 주장에 대한 사실관계를 확인할 수 없는 경우</td></tr>
</table>

		• 이에 따른 재조사 결정이 있는 경우 처분청은 재조사 결정일로부터 60일 이내에 결정서 주문에 기재된 범위에 한하여 조사하고, 그 결과에 따라 취소 · 경정하거나 필요한 처분을 하여야 한다. 이 경우 처분청은 세무조사의 사전통지와 연기신청 규정 및 세무조사기간 규정에 따라 조사를 연기하거나 조사기간을 연장하거나 조사를 중지할 수 있다.
	(2) 결정의 통지 1) 결정기간 내에 결정을 한 경우 이의신청 · 심사청구 또는 심판청구에 대한 결정을 한 때에는 결정기간 내에 그 이유를 기재한 결정서로 불복청구인에게 통지하여야 한다. 이 경우 이의신청 · 심사청구 또는 심판청구의 재결청은 결정서에 그 결정서를 받은 날부터 90일 이내에 이의신청인은 심사청구 또는 심판청구를, 심사청구인 또는 심판청구인은 행정소송제기를 할 수 있다는 내용을 적어야 한다. 2) 결정기간 내에 결정을 하지 못한 경우 이의신청 · 심사청구 또는 심판청구의 재결청은 해당 신청 또는 청구에 대한 결정기간이 지나도 그 결정을 하지 못하였을 때에는 이의신청인은 심사청구 또는 심판청구를, 심사청구인 또는 심판청구인은 행정소송제기를 결정의 통지를 받기 전이라도 그 결정기간이 지난 날부터 할 수 있다는 내용을 서면으로 지체없이 그 신청인 또는 청구인에게 통지하여야 한다.	
	(3) 결정내용의 경정 심사청구에 대한 결정에 잘못된 기재, 계산착오, 그 밖에 이와 비슷한 잘못이 있는 것이 명백할 때에는 국세청장은 직권으로 또는 심사청구인의 신청에 의하여 이를 경정할 수 있으며, 이 규정은 이의신청과 심판청구에도 준용한다. 국세청장은 이러한 결정의 경정을 한 경우에는 경정서를 작성하여 지체없이 심사청구인에게 통지하여야 한다.	
	(4) 결정의 효력 • 불복청구에 대한 재결청의 결정은 관계 행정청을 기속(羈束)한다. 따라서 해당 행정청은 청구를 인용하는 재결청의 결정에 어긋나는 처분을 할 수 없다 • 불복청구에 대한 재결청의 결정은 다음의 효력을 갖는다. ① 불가변력(不可變力) : 이는 기각결정이나 인용결정을 한 경우 그 결정한 재결청 자신도 그 결정을 취소하거나 변경할 수 없는 것이 원칙이다(각하결정은 요건심리만 하였을 뿐 내용심리를 하지 아니하였으므로 불가변력이라는 개념을 적용할 여지가 없음). ② 불가쟁력(不可爭力) : 이는 법이 정하는 불복청구기간이 경과되어 각하되면 그 이후에는 후심쟁송절차에서 이를 다툴 수 없다[예 : 이의신청에서 기각결정을 받은 후 심사청구기간 내에 심사청구를 하지 아니하여 각하되면 그 후에는 재결청의 결정의 효력을 다툴 수 없게 됨].	

*1 작위처분 : 위법 · 부당한 처분을 받는 것을 말한다.

*2 부작위처분 : 필요한 처분을 받지 못하는 것을 말한다. 여기서 필요한 처분을 받지 못한 경우라 함은 처분청이 공제 · 감면신청에 대한 결정, 국세의 환급, 사업자등록신청에 대한 등록증교부, 허가 · 승인, 압류해제, 경정 등의 청구에 대한 결정 또는 경정, 기타 위에 준하는 것을 명시적 또는 묵시적으로 거부하는 것을 말한다(국기통 55-0…3).

*3 통고처분 : 조세에 관한 범칙사건의 조사를 완료하여 범칙(犯則)의 심증을 얻은 경우에 과세관청이 범칙자에게 벌금 등을 지정한 장소에 납부할 것을 통지하는 행위를 말한다. 정해진 기간 이내에 범칙자가 통고내용을 이행하지 않으면 통고처분을 한 행정기관은 지체없이 고발하여야 한다.

*4 5천만원 이하인지 여부의 판정대상 종합소득금액 : 종합소득 과세표준 확정신고기한 이전에 국선대리인의 선정을 신청하는 경우 그 신청일이 속하는 과세기간의 전전 과세기간의 종합소득금액을 대상으로 하고, 그 신고기한 이후에 신청하는 경우 그 신청일이 속하는 과세기간의 직전 과세기간의 종합소득금액을 대상으로 한다.

4 심판청구의 결정절차 및 심리원칙

1. 결정절차

구 분	내 용
[원칙] 조세심판관회의에서 결정	조세심판원장이 심판청구를 받았을 때에는 조세심판관회의*1가 그 심리를 거쳐 결정한다. 다만, 다음의 경우에는 조세심판관회의의 심리를 거치지 아니하고 주심조세심판관이 심리하여 결정할 수 있다. ① 소액심판의 경우 : 심판청구금액이 5천만원(지방세의 경우는 2천만원) 미만의 것으로 다음 중 하나에 해당하는 것 ⋯→ 비교 이의신청 및 심사청구 중 국세심사위원회의 의결을 거치지 않는 소액사건의 금액기준 : 5천만원 ㉠ 청구사항이 법령의 해석에 관한 것이 아닌 것 ㉡ 청구사항이 법령의 해석에 관한 것이나 유사한 청구에 대하여 이미 조세심판관회의의 의결에 따라 결정된 사례가 있는 것 ㉢ 각하결정사유 중 어느 하나에 해당하는 경우 ② 심판청구가 과세표준 또는 세액의 결정에 관한 것 외의 것으로서 유사한 청구에 대하여 이미 조세심판관회의의 의결에 따라 결정된 사례가 있는 것 ③ 청구기간이 지난 후에 심판청구를 받은 때
[예외] 조세심판관합동회의에서 결정	조세심판원장과 상임조세심판관 모두로 구성된 회의가 조세심판관회의의 의결이 다음 중 어느 하나에 해당한다고 의결하는 경우에는 조세심판관합동회의*2가 심리를 거쳐 결정한다. ① 해당 심판청구사건에 관하여 세법의 해석이 쟁점이 되는 경우로서 이에 관하여 종전의 조세심판원 결정이 없는 경우 ② 종전에 조세심판원에서 한 세법의 해석·적용을 변경하는 경우 ③ 조세심판관회의 간에 결정의 일관성을 유지하기 위한 경우 ④ 해당 심판청구사건에 대한 결정이 다수의 납세자에게 동일하게 적용되는 등 국세행정에 중대한 영향을 미칠 것으로 예상되어 국세청장이 조세심판원장에게 조세심판관합동회의에서 심리하여 줄 것을 요청하는 경우. 국세청장은 이에 따른 요청을 한 경우에는 이를 철회할 수 없다(국기령 62의 2 ⑦). ⑤ 그밖에 해당 심판청구사건에 대한 결정이 국세행정이나 납세자의 권리·의무에 중대한 영향을 미칠 것으로 예상되는 경우

*1 조세심판관회의의 구성 및 의결방법 등의 요약

구 분	내 용
구성	심판청구에 대한 결정을 하기 위하여 국무총리 소속으로 조세심판원을 둔다. 조세심판원에는 원장(별정직)과 조세심판관을 두며, 조세심판원장은 심판청구를 받은 때에는 주심조세심판관 1명과 배석조세심판관 2명 이상을 지정하여 조세심판관회의를 구성하게 한다.
임기	상임조세심판관의 임기는 3년으로 하며, 한 차례만 중임할 수 있다. 비상임조세심판관의 임기는 3년으로 하며, 한 차례만 연임할 수 있다. 조세심판관이 심신쇠약 등으로 장기간 직무를 수행할 수 없게 된 경우 등 법령으로 정한 경우를 제외하고는 그 의사에 반하여 임명을 철회하거나 해촉할 수 없다.
공무원의제	조세심판관 중 공무원이 아닌 사람은 「형법」 제127조 및 제129조부터 제132조까지의 규정을 적용할 때에는 공무원으로 본다.
의결방법	조세심판관회의는 주심조세심판관이 그 의장이 되며, 담당조세심판관 3분의 2 이상의 출석으로 개의하고 출석조세심판관의 과반수의 찬성으로 의결한다. → [비교] 국세심사위원회 : 위원장을 포함한 재적위원 과반수출석으로 개의하고, 출석위원 과반수찬성으로 의결함
비공개원칙	조세심판관회의는 공개하지 아니한다. 다만, 조세심판관회의의장이 필요하다고 인정할 때에는 공개할 수 있다. → [비교] 국세심사위원회심의도 동일함
제 척[5)]	조세심판관은 다음 중 하나에 해당하는 경우에는 심판관여로부터 제척된다. ① 심판청구인 또는 대리인인 경우(대리인이었던 경우를 포함한다) ② '①'에 규정된 사람의 친족이거나 친족이었던 경우 ③ '①'에 규정된 사람의 사용인이거나 사용인이었던 경우(심판청구일을 기준으로 최근 5년 이내에 사용인이었던 경우로 한정한다) ④ 불복의 대상이 되는 처분, 처분에 대한 이의신청에 관하여 증언 또는 감정을 한 경우 ⑤ 심판청구일 전 최근 5년 이내에 세무공무원으로서 불복의 대상이 되는 처분, 처분에 대한 이의신청 또는 그 기초가 되는 세무조사(「조세범 처벌절차법」에 따른 조세범칙조사를 포함한다)에 관여하였던 경우 ⑥ 위 '④' 또는 '⑤'에 해당하는 법인 또는 단체에 속하거나 심판청구일 전 최근 5년 이내에 속하였던 경우 ⑦ 그 밖에 심판청구인 또는 그 대리인의 업무에 관여하거나 관여하였던 경우
회 피[6)]	조세심판관은 제척의 원인이 있을 때에는 주심조세심판관 또는 배석조세심판관의 지정에서 회피하여야 한다.
기 피[7)]	심판청구인은 담당조세심판관에게 공정한 심판을 기대하기 어려운 사정이 있다고 인정될 때에는 해당 조세심판관의 기피(忌避)를 담당조세심판관의 지정 또는 변경통지를 받은 날로부터 7일 이내에 문서로 조세심판원장에게 신청할 수 있다.

*2 조세심판관합동회의의 구성 및 의결방법 등

① 조세심판관합동회의는 조세심판원장과 조세심판원장이 회의마다 지정하는 12명 이상 20명 이내의 상임조세심판관 및 비상임조세심판관으로 구성하되, 상임조세심판관과 같은 수 이상의 비상임조세심판관이 포함되어야 한다.

② 조세심판관합동회의는 조세심판원장이 그 의장이 되며, 의결방법 및 비공개원칙은 위에서 설명한 조세심판관회의의 규정을 준용한다.

---

5) '제척'이란 조세심판관회의를 구성할 때 심판관여에서 제외되는 것을 말한다.

6) '회피'란 조세심판관 본인 스스로 회피하는 것을 말한다.

7) '기피'란 심판청구인이 일정한 조세심판관에 대한 기피신청을 하는 것을 말한다.

2. 심판청구에 대한 심리절차 및 심리원칙

구 분	내 용
사건의 병합과 분리	담당조세심판관은 필요하다고 인정하면 여러 개의 심리사항을 병합하거나 병합된 심리사항을 여러 개의 심리사항으로 분리할 수 있다.
질문검사권	담당조세심판관은 심판청구에 관한 조사와 심리를 위하여 필요하면 직권으로 또는 심판청구인의 신청에 의하여 심판청구인 · 처분청(심판청구사건의 쟁점 거래사실과 직접 관계있는 자를 관할하는 세무서장 또는 지방국세청장을 포함한다) · 관계인 또는 참고인에 대한 질문, 장부 · 서류 그 밖의 물건의 제출요구 및 조사 또는 감정기관에 대한 감정의뢰를 요구할 수 있다. 심판청구인이 이와 같은 요구를 정당한 사유없이 따르지 아니하여 해당 심판청구의 전부 또는 일부에 대하여 심판하는 것이 현저히 곤란하다고 인정할 때에는 그 부분에 관한 심판청구인의 주장을 인용(認容)하지 아니할 수 있다.
사실판단(자유심증주의)	조세심판관은 심판청구에 관한 조사 및 심리의 결과와 과세의 형평을 고려하여 자유심증으로 사실을 판단한다.
불고불리(不告不理)의 원칙	조세심판관회의 또는 조세심판관합동회의는 심판청구에 관한 결정을 할 때 심판청구를 한 처분 외의 처분에 대해서는 그 처분의 전부 또는 일부를 취소 또는 변경하거나 새로운 처분의 결정을 하지 못한다. 이는 이의신청 및 심사청구에서도 같다.
불이익변경의 금지	조세심판관회의 또는 조세심판관합동회의는 심판청구에 관한 결정을 할 때 심판청구를 한 처분보다 청구인에게 불리한 결정을 하지 못한다. 이는 이의신청 및 심사청구에서도 같다.

3. 항고소송 제기사건의 통지

국세청장, 지방국세청장, 세무서장은 심판청구를 거쳐 「행정소송법」에 따른 항고소송이 제기된 사건에 대하여 그 내용이나 결과 등 다음 각 사항을 반기마다 그 다음 달 15일까지 조세심판원장에게 알려야 한다.

① 항고소송이 제기된 사건 목록과 해당 사건의 처리 상황 및 결과

② 항고소송 결과 원고의 승소판결이 확정된 경우 그 판결문 사본

제 9 장 납세자의 권리, 보칙 및 벌칙

1 납세자의 권리

1. ~ 13.

구 분	내 용
1. 납세자권리헌장의 제정 및 교부	(1) 국세청장의 제정 국세청장은 아래 '2'부터 '15'까지, '17' 및 '18'에 규정된 사항과 그 밖에 납세자의 권리보호에 관한 사항을 포함하는 납세자권리헌장을 제정하여 고시하여야 한다.
	(2) 세무공무원의 교부 • 세무공무원은 다음에 해당하는 경우에는 납세자권리헌장의 내용이 수록된 문서를 납세자에게 내주어야 한다. ① 세무조사(「조세범 처벌절차법」에 따른 조세범칙조사를 포함한다. 이하 '(2)'에서 같다)를 하는 경우 ② 사업자등록증을 발급하는 경우 ③ 그 밖에 대통령령으로 정하는 경우 • 세무공무원은 세무조사를 시작할 때 조사원증을 납세자 또는 관련인에게 제시한 후 납세자권리헌장을 교부하고 그 요지를 직접 낭독해 주어야 하며, 조사사유, 조사기간, 납세자보호위원회에 대한 심의 요청사항·절차 및 권리구제 절차 등을 설명하여야 한다.
2. 납세자의 성실성 추정	세무공무원은 납세자가 다음 중 어느 하나에 해당하는 경우를 제외하고는 납세자가 성실하며, 납세자가 제출한 신고서 등이 진실한 것으로 추정하여야 한다. → 무조건 성실하다고 추정하는 것은 아님 ① 납세자가 세법이 정하는 신고, 성실신고확인서의 제출, 세금계산서·계산서의 작성·발급·제출, 지급명세서의 작성·제출 등의 납세협력의무를 이행하지 아니한 경우 ② 무자료거래, 위장·가공거래 등 거래내용이 사실과 다른 혐의가 있는 경우 ③ 납세자에 대한 구체적인 탈세제보가 있는 경우 ④ 신고내용에 탈루나 오류의 혐의를 인정할 만한 명백한 자료가 있는 경우 ⑤ 납세자가 세무공무원에게 직무와 관련하여 금품을 제공하거나 금품제공을 알선한 경우

3. 세무조사권 남용금지	(1) 세무조사의 남용금지 세무공무원은 적정하고 공평한 과세를 실현하기 위하여 필요한 최소한의 범위에서 세무조사(「조세범 처벌절차법」에 따른 조세범칙조사를 포함한다. 이하 '3'에서 같다)를 하여야 하며, 다른 목적 등을 위해 조사권을 남용해서는 아니된다.
	(2) 중복조사의 금지 세무공무원은 다음 중 어느 하나에 해당하는 경우가 아니면 같은 세목 및 같은 과세기간에 대하여 재조사를 할 수 없다. → (기출) 성실도를 분석한 결과 불성실 혐의가 있는 경우에는 같은 세목 및 같은 기간에 대하여 재조사를 할 수 있다. : 틀린 문장(정기적으로 성실도를 분석한 결과 불성실 혐의가 있는 경우는 아래 '5. (2)'의 정기선정 세무조사 사유임) ① 조세탈루의 혐의를 인정할 만한 명백한 자료가 있는 경우 ② 거래상대방에 대한 조사가 필요한 경우 ③ 2개 이상의 과세기간과 관련하여 잘못이 있는 경우 ④ 이의신청 · 심사청구 · 심판청구 또는 과세전적부심사 청구에 대한 재조사결정에 따라 조사를 하는 경우(결정서 주문에 기재된 범위의 조사에 한정한다) ⑤ 납세자가 세무공무원에게 직무와 관련하여 금품을 제공하거나 금품제공을 알선한 경우 ⑥ 부분조사를 실시한 후 해당 조사에 포함되지 아니한 부분에 대하여 조사하는 경우 ⑦ 부동산투기 · 매점매석 · 무자료거래 등 경제질서교란 등을 통한 세금탈루 혐의가 있는 자에 대하여 일제조사를 하는 경우 ⑧ 과세관청 외의 기관이 직무상 목적을 위해 작성하거나 취득해 과세관청에 제공한 자료의 처리를 위해 조사하는 경우 ⑨ 국세환급금의 결정을 위한 확인조사 등을 하는 경우 ⑩ 「조세범 처벌절차법」에 따른 조세범칙행위의 혐의를 인정할 만한 명백한 자료가 있는 경우. 다만, 해당 자료에 대하여 「조세범 처벌절차법」에 따라 조세범칙조사심의위원회가 조세범칙조사의 실시에 관한 심의를 한 결과 조세범칙행위의 혐의가 없다고 의결한 경우에는 조세범칙행위의 혐의를 인정할 만한 명백한 자료로 인정하지 아니한다.
	(3) 최소한의 범위에서 장부등 제출요구 세무공무원은 세무조사를 하기 위하여 필요한 최소한의 범위에서 장부등의 제출을 요구하여야 하며, 조사대상 세목 및 과세기간의 과세표준과 세액의 계산과 관련 없는 장부등의 제출을 요구해서는 아니된다.
	(4) 공정한 세무조사 저해행위 금지 누구든지 세무공무원으로 하여금 법령을 위반하게 하거나 지위 또는 권한을 남용하게 하는 등 공정한 세무조사를 저해하는 행위를 하여서는 아니된다.

4. 세무조사시 대리인의 조력을 받을 권리	납세자는 세무조사(「조세범 처벌절차법」에 따른 조세범칙조사를 포함한다)를 받는 경우에는 변호사 · 공인회계사 · 세무사로 하여금 조사에 참여하게 하거나 의견을 진술하게 할 수 있다.
5. 세무조사 관할 및 대상자 선정	(1) 세무조사 관할 세무조사는 납세지 관할세무서장 또는 지방국세청장이 수행한다. 다만, 다음의 사유에 해당하는 경우에는 국세청장(같은 지방국세청 소관 세무서 관할 조정의 경우에는 지방국세청장)이 그 관할을 조정할 수 있다. ① 납세자가 사업을 실질적으로 관리하는 장소의 소재지와 납세지가 관할을 달리하는 경우 ② 일정한 지역에서 주로 사업을 하는 납세자에 대하여 공정한 세무조사를 실시할 필요가 있는 경우 등 납세지 관할 세무서장 또는 지방국세청장이 세무조사를 수행하는 것이 부적절하다고 판단되는 경우 ③ 세무조사 대상 납세자와 출자관계에 있는 자, 거래가 있는 자 또는 특수관계인에 해당하는 자 등에 대한 세무조사가 필요한 경우 ④ 세무관서별 업무량과 세무조사 인력 등을 고려하여 관할을 조정할 필요가 있다고 판단되는 경우
	(2) 정기선정에 의한 세무조사 1) 원　칙 세무공무원은 다음 중 어느 하나에 해당하는 경우에 정기적으로 신고의 적정성을 검증하기 위하여 대상을 선정하여 세무조사를 할 수 있다. 이 경우 세무공무원은 객관적 기준에 따라 공정하게 그 대상을 선정하여야 한다. ① 국세청장이 납세자의 신고 내용에 대하여 과세자료, 세무정보 및 「주식회사의 외부감사에 관한 법률」에 따른 감사의견, 외부감사 실시내용 등 회계성실도 자료 등을 고려하여 정기적으로 성실도를 분석한 결과 불성실 혐의가 있다고 인정하는 경우 ② 최근 4과세기간 이상 같은 세목의 세무조사를 받지 아니한 납세자에 대하여 업종, 규모, 경제력 집중 등을 고려하여 신고내용이 적정한지를 검증할 필요가 있는 경우(이러한 장기 미조사자에 대한 세무조사는 납세자의 이력 또는 세무정보 등을 감안하여 국세청장이 정하는 기준에 의함) ③ 무작위추출방식으로 표본조사를 하려는 경우 2) 예　외 세무공무원은 다음 요건을 모두 충족하는 자에 대해서는 정기선정에 의한 세무조사를 하지 아니할 수 있다. 다만, 객관적인 증거자료에 의하여 과소신고한 것이 명백한 경우에는 그러하지 아니한다. ① 다음 중 어느 하나에 해당하는 자 ㉠ 개인 : 「소득세법」상 간편장부대상자 ㉡ 법인 : 법인세과세표준 및 세액신고서에 적어야 할 해당 법인의 수입금액(과세기간이 1년 미만인 경우에는 1년으로 환산한 수입금액을 말한다)이 3억원 이하인 자

	② 다음의 요건을 모두 갖춘 사업자. 단, 아래 'ㅈ' 요건은 최초 사업연도의 종료일 이후 1년 이상 경과한 법인으로서 법인세 과세표준 및 세액 신고서에 적어야 할 직전 사업연도의 수입금액이 1억원을 초과하는 법인의 경우에만 해당한다. ㉠ 모든 거래사실이 객관적으로 파악될 수 있도록 복식부기방식으로 장부를 기록·관리할 것 ㉡ 과세기간 개시 이전에 신용카드가맹점으로 가입하고 해당 과세기간에 발급거부 및 허위발급의 행위를 하지 아니할 것(「소득세법」 및 「법인세법」에 따라 현금영수증가맹점으로 가입하여야 하는 사업자만 해당한다) ㉢ 과세기간 개시 이전에 현금영수증가맹점으로 가입하고 해당 과세기간에 발급거부 및 허위발급의 행위를 하지 아니할 것(「소득세법」 및 「법인세법」에 따라 현금영수증가맹점으로 가입하여야 하는 사업자만 해당한다) ㉣ 「소득세법」에 따른 사업용계좌를 개설하여 사용할 것(개인인 경우만 해당한다) ㉤ 업종별 평균수입금액 증가율 등을 고려하여 국세청장이 정하여 고시하는 수입금액 등의 신고기준에 해당할 것 ㉥ 해당 과세기간의 법정신고납부기한 종료일 현재 최근 3년간 조세범으로 처벌받은 사실이 없을 것 ㉦ 해당 과세기간의 법정신고납부기한 종료일 현재 국세의 체납사실이 없을 것 ㉧ 재화나 용역을 공급하는 경우 「부가가치세법」에 따른 전자세금계산서 또는 「소득세법」에 따른 전자계산서를 발급하고, 「부가가치세법」 또는 「소득세법」에 따른 가산세(세금계산서 및 계산서 관련 가산세로 한정한다)의 부과 대상이 되는 행위를 하지 않을 것 ㉨ 「법인세법 시행령」에 따른 지출증명서류 합계표를 작성하여 보관할 것
	(3) 그 밖의 세무조사(수시선정) 세무공무원은 정기선정에 의한 조사 외에 위 '2'의 납세자의 성실성추정 배제사유에 해당하는 경우에는 세무조사를 할 수 있다.
	(4) 과세표준과 세액의 결정을 위한 세무조사 세무공무원은 과세관청의 조사결정에 의하여 과세표준과 세액이 확정되는 세목의 경우 과세표준과 세액을 결정하기 위하여 세무조사를 할 수 있다.
6. 세무조사의 통지와 연기신청 및 조사개시	(1) 사전통지 • 세무공무원은 세무조사를 하는 경우에는 조사를 받을 납세자(납세자가 납세관리인을 정하여 관할세무서장에게 신고한 경우에는 납세관리인)에게 조사를 시작하기 20일(이의신청·심사청구·심판청구시 재조사 결정 또는 과세전적부심사시 재조사 결정으로 조사를 하는 경우에는 7일) 전에 납세자 또는 납세관리인의 성명·주소·거소, 조사기간, 조사대상 세목, 과세기간 및 조사사유, 부분조사를 실시하는 경우에는 해당 부분조사의 범위를 적은 문서로 통지(이하 '사전통지'라 한다)해야 한다. 다만, 사전통지를 하면 증거인멸 등으로 조사목적을 달성할 수 없다고 인정되는 경우에는 사전통지하지 아니한다. • 세무공무원은 위 단서에 따라 사전통지를 하지 아니하고 조사를 개시하거나 조세채권을 확보하기 위하여 조사를 긴급히 개시할 필요가 있다고 인정되는 사유로 조사를 개시할 때 그 사유 등이 포함된 세무조사통지서를 세무조사를 받을 납세자에게 교부하여야 한다. 다만, 다음의 경우에는 그러하지 아니하다. ① 납세자가 세무조사 대상이 된 사업을 폐업한 경우 ② 납세자가 납세관리인을 정하지 아니하고 국내에 주소 또는 거소를 두지 아니한 경우 ③ 납세자 또는 납세관리인이 세무조사통지서의 수령을 거부하거나 회피하는 경우

	(2) 연기신청 • 세무조사의 사전통지를 받은 납세자가 다음과 같은 사유로 인하여 조사를 받기 곤란한 경우에는 조사를 연기해 줄 것을 문서로 관할세무서장에게 신청할 수 있다. ① 천재지변 ② 화재, 그 밖의 재해로 사업상 심각한 어려움이 있을 때 ③ 납세자 또는 납세관리인의 질병 · 장기출장 등으로 세무조사가 곤란하다고 판단될 때 ④ 권한 있는 기관에 장부, 증거서류가 압수되거나 영치되었을 때 ⑤ 위 '②' 내지 '④'에 준하는 사유가 있을 때 • 연기신청을 받은 세무공무원은 연기신청 승인여부를 결정하고 그 결과(연기 결정 시 연기한 기간 포함)를 조사 개시 전까지 통지하여야 한다.
	(3) 조사 개시 • 관할 세무관서의 장은 다음 중 어느 하나에 해당하는 사유가 있는 경우에는 위 '(2)'에 따라 연기한 기간이 만료되기 전에 조사를 개시할 수 있다. ① 연기 사유가 소멸한 경우 ② 조세채권을 확보하기 위하여 조사를 긴급히 개시할 필요가 있다고 인정되는 경우 • 관할 세무관서의 장은 위 '①'의 사유로 조사를 개시하려는 경우에는 조사를 개시하기 5일 전까지 조사를 받을 납세자에게 연기 사유가 소멸한 사실과 조사기간을 통지하여야 한다.
	(1) 세무조사기간 최소화 및 연장사유 • 세무공무원은 조사대상 세목 · 업종 · 규모, 조사 난이도 등을 고려하여 세무조사기간이 최소한이 되도록 하여야 한다. • 다만, 다음 중 어느 하나에 해당하는 경우에는 세무조사기간을 연장할 수 있다. ① 납세자가 장부 · 서류 등을 은닉하거나 제출을 지연하거나 거부하는 등 조사를 기피하는 행위가 명백한 경우 ② 거래처 조사, 거래처 현지확인 또는 금융거래 현지확인이 필요한 경우 ③ 세금탈루 혐의가 포착되거나 조사 과정에서 「조세범 처벌절차법」에 따른 조세범칙조사를 개시하는 경우 ④ 천재지변이나 노동쟁의로 조사가 중단되는 경우 ⑤ 납세자보호관 또는 담당관이 세금탈루혐의와 관련하여 추가적인 사실 확인이 필요하다고 인정하는 경우 ⑥ 세무조사 대상자가 세금탈루혐의에 대한 해명 등을 위하여 세무조사 기간의 연장을 신청한 경우로서 납세자보호관등이 이를 인정하는 경우 • 이와 같이 세무조사기간을 연장하는 경우에는 그 사유와 기간을 납세자에게 문서로 통지하여야 하고, 세무조사를 중지 또는 재개하는 경우에는 그 사유를 문서로 통지하여야 한다.

7. 세무조사 기간	(2) 세무조사기간 및 연장기간 • 세무공무원은 세무조사 기간을 정할 경우 조사대상 과세기간 중 연간 수입금액 또는 양도가액이 가장 큰 과세기간의 연간 수입금액 또는 양도가액이 100억원 미만인 납세자에 대한 세무조사 기간은 20일 이내로 한다. • 이와 같이 기간을 정한 세무조사를 위 '(1)'의 단서에 따라 연장하는 경우로서 최초로 연장하는 경우에는 관할 세무관서의 장의 승인을 받아야 하고, 2회 이후 연장의 경우에는 관할 상급 세무관서의 장의 승인을 받아 각각 20일 이내에서 연장할 수 있다. • 다만, 다음 중 어느 하나에 해당하는 경우에는 세무조사 기간의 제한 및 세무조사 연장기간의 제한을 받지 아니한다. ① 무자료거래, 위장·가공거래 등 거래 내용이 사실과 다른 혐의가 있어 실제 거래 내용에 대한 조사가 필요한 경우 ② 역외거래를 이용하여 세금을 탈루(脫漏)하거나 국내 탈루소득을 해외로 변칙유출한 혐의로 조사하는 경우 ③ 명의위장, 이중장부의 작성, 차명계좌의 이용, 현금거래의 누락 등의 방법을 통하여 세금을 탈루한 혐의로 조사하는 경우 ④ 거짓계약서 작성, 미등기양도 등을 이용한 부동산 투기 등을 통하여 세금을 탈루한 혐의로 조사하는 경우 ⑤ 상속세·증여세 조사, 주식변동 조사, 범칙사건 조사 및 출자·거래관계에 있는 관련자에 대하여 동시조사를 하는 경우
	(3) 세무조사의 중지 및 재개 • 세무공무원은 납세자가 자료의 제출을 지연하는 등 다음 중 어느 하나에 해당하는 경우에는 세무조사를 진행하기 어려운 경우에는 세무조사를 중지할 수 있다. 이 경우 그 중지기간은 세무조사 기간 및 세무조사 연장기간에 산입하지 아니한다. ① 세무조사 연기신청 사유에 해당하는 사유가 있어 납세자가 조사중지를 신청한 경우 ② 국외자료의 수집·제출 또는 상호합의절차 개시에 따라 외국 과세기관과의 협의가 필요한 경우 ③ 다음 중 어느 하나에 해당하여 세무조사를 정상적으로 진행하기 어려운 경우 ㉠ 납세자의 소재가 불명한 경우 ㉡ 납세자가 해외로 출국한 경우 ㉢ 납세자가 장부·서류 등을 은닉하거나 그 제출을 지연 또는 거부한 경우 ㉣ 노동쟁의가 발생한 경우 ㉤ 그 밖에 이와 유사한 사유가 있는 경우 ④ 납세자보호관 또는 담당관이 세무조사의 일시중지를 요청하는 경우 • 이에 따라 세무조사를 중지한 경우에는 그 중지사유가 소멸하게 되면 즉시 조사를 재개하여야 한다. 다만, 조세채권의 확보 등 긴급히 조사를 재개하여야 할 필요가 있는 경우에는 세무조사를 재개할 수 있다. • 세무공무원은 세무조사의 중지기간 중에는 납세자에 대하여 국세의 과세표준과 세액을 결정 또는 경정하기 위한 질문을 하거나 장부등의 검사·조사 또는 그 제출을 요구할 수 없다.

	(4) 세무조사기간 단축 세무공무원은 세무조사 기간을 단축하기 위하여 노력하여야 하며, 장부기록 및 회계처리의 투명성 등 납세성실도를 검토하여 더 이상 조사할 사항이 없다고 판단될 때에는 조사기간 종료 전이라도 조사를 조기에 종결할 수 있다.
8. 세무조사 범위 확대의 제한	• 세무공무원은 다음 중 어느 하나의 경우를 제외하고는 조사진행 중 세무조사의 범위를 확대할 수 없다. ① 다른 과세기간 · 세목 또는 항목에 대한 구체적인 세금탈루 증거자료가 확인되어 다른 과세기간 · 세목 또는 항목에 대한 조사가 필요한 경우 ② 명백한 세금탈루 혐의 또는 세법 적용의 착오 등이 있는 조사대상 과세기간의 특정 항목이 다른 과세기간에도 있어 동일하거나 유사한 세금탈루 혐의 또는 세법 적용 착오 등이 있을 것으로 의심되어 다른 과세기간의 그 항목에 대한 조사가 필요한 경우 • 세무공무원은 세무조사의 범위를 확대하는 경우에는 그 사유와 범위를 납세자에게 문서로 통지하여야 한다.
9. 장부등의 보관 금지	(1) 장부의 임의 보관 금지 및 예외 • 세무공무원은 세무조사(「조세범 처벌절차법」에 따른 조세범칙조사를 포함한다. 이하 '9'에서 같다)의 목적으로 납세자의 장부등을 세무관서에 임의로 보관할 수 없다. • 다만, 세무공무원은 위 '2'의 납세자의 성실성 추정 배제사유 중 어느 하나의 사유에 해당하는 경우에는 조사 목적에 필요한 최소한의 범위에서 납세자, 소지자 또는 보관자 등 정당한 권한이 있는 자가 임의로 제출한 장부등을 납세자의 동의를 받아 세무관서에 일시 보관할 수 있다. • 세무공무원은 납세자의 장부등을 세무관서에 일시 보관하려는 경우 납세자로부터 일시 보관 동의서를 받아야 하며, 일시 보관증을 교부하여야 한다.
	(2) 일시 보관 장부등의 반환 ① 세무공무원은 일시 보관하고 있는 장부등에 대하여 납세자가 반환을 요청한 경우에는 그 반환을 요청한 날부터 14일 이내에 장부등을 반환하여야 한다*. 다만, 조사 목적을 달성하기 위하여 필요한 경우에는 납세자보호위원회의 심의를 거쳐 한 차례만 14일 이내의 범위에서 보관 기간을 연장할 수 있다. ② '①' 규정에 불구하고 세무공무원은 납세자가 일시 보관하고 있는 장부등의 반환을 요청한 경우로서 세무조사에 지장이 없다고 판단될 때에는 요청한 장부등을 즉시 반환하여야 한다. ③ 납세자에게 장부등을 반환하는 경우 세무공무원은 장부등의 사본을 보관할 수 있고, 그 사본이 원본과 다름없다는 사실을 확인하는 납세자의 서명 또는 날인을 요구할 수 있다.

10. 통합조사의 원 칙	(1) 원칙 : 통합조사 • 세무조사는 납세자의 사업과 관련하여 세법에 따라 신고·납부의무가 있는 세목을 통합하여 실시하는 것을 원칙으로 한다. • 다만, 다음 중 어느 하나에 해당하는 경우에는 특정한 세목만을 조사할 수 있다. ① 세목의 특성, 납세자의 신고유형, 사업규모, 세금탈루 혐의 등을 고려하여 특정 세목만을 조사할 필요가 있는 경우 ② 조세채권의 확보 등을 위하여 긴급히 조사할 필요가 있거나 혐의 내용이 특정 사업장, 특정 항목 또는 특정 거래에만 한정되어 그와 관련된 특정 세목만을 조사할 필요가 있는 경우 ③ 그 밖에 세무조사의 효율성, 납세자의 편의 등을 고려하여 특정 세목만을 조사할 필요가 있는 경우로서 대통령령으로 정하는 경우
	(2) 부분조사를 실시할 수 있는 경우 • 위 규정에도 불구하고 다음 중 어느 하나에 해당하는 경우에는 해당 항의 사항에 대한 확인을 위하여 필요한 부분에 한정한 조사(이하 '부분조사'라 한다)를 실시할 수 있다. ① 경정 등의 청구에 대한 처리 또는 국세환급금의 결정을 위하여 확인이 필요한 경우 ② 심사청구시 재조사결정(이의신청시 재조사결정 및 심판청구시 준용규정에서 준용하는 경우를 포함한다) 또는 과세전적부심사시 재조사 결정에 따라 사실관계의 확인 등이 필요한 경우 ③ 거래상대방에 대한 세무조사 중에 거래 일부의 확인이 필요한 경우 ④ 납세자에 대한 구체적인 탈세 제보가 있는 경우로서 해당 탈세 혐의에 대한 확인이 필요한 경우 ⑤ 명의위장, 차명계좌의 이용을 통하여 세금을 탈루한 혐의에 대한 확인이 필요한 경우 ⑥ 그 밖에 세무조사의 효율성 및 납세자의 편의 등을 고려하여 특정 사업장, 특정 항목 또는 특정 거래에 대한 확인이 필요한 경우로서 다음 중 어느 하나에 해당하는 경우 ㉠ 법인이 주식 또는 출자지분을 시가보다 높거나 낮은 가액으로 거래하거나 「법인세법 시행령」 불공정 자본거래로 인하여 해당 법인의 특수관계인인 다른 주주 등에게 이익을 분여(分與)하거나 분여받은 구체적인 혐의가 있는 경우로서 해당 혐의에 대한 확인이 필요한 경우 ㉡ 무자료거래, 위장·가공 거래 등 특정 거래 내용이 사실과 다른 구체적인 혐의가 있는 경우로서 조세채권의 확보 등을 위하여 긴급한 조사가 필요한 경우 ㉢ 과세관청 외의 기관이 직무상 목적을 위해 작성하거나 취득하여 과세관청에 제공한 자료의 처리를 위해 조사하는 경우 ㉣ 「소득세법」 및 「법인세법」 규정에 따른 조세조약상의 비과세·면제 적용 신청의 내용을 확인할 필요가 있는 경우 ㉤ 「국제조세조정을 위한 법률」(제14조)에 따른 정상가격 산출방법에 대한 사전승인 신청을 취소·철회하거나 상호합의절차가 중단되어 과세관청이 해당 신청내용을 확인할 필요가 있는 경우 개정 (신설) • 위 '③'부터 '⑥'까지에 해당하는 사유로 인한 부분조사는 같은 세목 및 같은 과세기간에 대하여 2회를 초과하여 실시할 수 없다.

11. 세무조사의 결과통지	(1) 원칙 세무공무원은 세무조사를 마쳤을 때에는 그 조사를 마친 날부터 20일(공시송달 사유 중 어느 하나에 해당하는 경우에는 40일) 이내에 세무조사 내용, 경정 또는 결정할 과세표준, 세액 및 산출근거, 그 밖에 대통령령으로 정하는 사항이 포함된 조사결과를 납세자에게 설명하고, 이를 서면으로 납세자에게 통지하여야 한다. 다만, 다음의 경우에는 결과통지를 하지 않아도 된다. --→ 폐업은 다음 경우에 해당하지 않으므로 폐업한 경우에도 세무조사 결과통지를 해야 함 ① 납세관리인을 정하지 아니하고 국내에 주소 또는 거소를 두지 아니한 경우 ② 이의신청 · 심사청구 · 심판청구 및 과세전적부심사 청구의 재조사 결정에 의한 조사를 마친 경우 ③ 세무조사결과통지서 수령을 거부하거나 회피하는 경우
	(2) 세무조사에 대한 부분 결과통지 • 위 '(1)'에도 불구하고 세무공무원은 다음 중 어느 하나에 해당하는 사유로 '(1)'에 따른 기간 이내에 조사결과를 통지할 수 없는 부분이 있는 경우에는 납세자가 동의하는 경우에 한정하여 조사결과를 통지할 수 없는 부분을 제외한 조사결과를 납세자에게 설명하고, 이를 서면으로 통지할 수 있다. ① 「국제조세조정에 관한 법률」 및 조세조약에 따른 국외자료의 수집 · 제출 또는 상호합의절차 개시에 따라 외국 과세기관과의 협의가 진행 중인 경우 ② 해당 세무조사와 관련하여 세법의 해석 또는 사실관계 확정을 위하여 재정경제부장관 또는 국세청장에 대한 질의 절차가 진행 중인 경우 • 상호합의절차 종료, 세법의 해석 또는 사실관계 확정을 위한 질의에 대한 회신 등 위 '①', '②'에 해당하는 사유가 해소된 때에는 그 사유가 해소된 날부터 20일(공시송달사유 중 어느 하나에 해당하는 경우에는 40일) 이내에 통지한 부분 외에 대한 조사결과를 납세자에게 설명하고, 이를 서면으로 통지하여야 한다.
12. 비밀유지	• 세무공무원은 과세정보(납세자가 세법에서 정한 납세의무를 이행하기 위하여 제출한 자료나 국세의 부과 · 징수를 목적으로 업무상 취득한 자료를 말한다)를 타인에게 제공 또는 누설하거나 목적 외의 용도로 사용해서는 아니된다. 다만, 다음 중 어느 하나에 해당하는 경우에는 그 사용목적에 맞는 범위에서 납세자의 과세정보를 제공할 수 있다.* ① 국가행정기관, 지방자치단체 등이 법률에서 정하는 조세, 과징금의 부과 · 징수 등을 위하여 사용할 목적으로 과세정보를 요구하는 경우 ② 국가기관이 조세쟁송이나 조세범 소추(訴追)를 위하여 과세정보를 요구하는 경우 ③ 법원의 제출명령 또는 법관이 발부한 영장에 의하여 과세정보를 요구하는 경우 ④ 세무공무원 간에 국세의 부과 · 징수 또는 질문 · 검사에 필요한 과세정보를 요구하는 경우 ⑤ 국가데이터처장이 국가통계작성 목적으로 과세정보를 요구하는 경우 ⑥ 「사회보장기본법」에 따른 사회보험의 운영을 목적으로 설립된 기관이 관계 법률에 따른 소관 업무를 수행하기 위하여 과세정보를 요구하는 경우

	⑦ 국가행정기관, 지방자치단체 또는 「공공기관의 운영에 관한 법률」에 따른 공공기관이 급부 · 지원 등을 위한 자격의 조사 · 심사 등에 필요한 과세정보를 당사자의 동의를 받아 요구하는 경우 ⑧ 「국정감사 및 조사에 관한 법률」에 따른 조사위원회가 국정조사의 목적을 달성하기 위하여 조사위원회의 의결로 비공개회의에 과세정보의 제공을 요청하는 경우 → (기출) 국회 소관 상임위원회가 의결로 국정감사 그밖의 의정활동의 필요에서 요구하는 경우에는 납세자의 과세정보를 제공할 수 있다. : 틀린 문장 ⑨ 다른 법률의 규정에 따라 과세정보의 제공을 요구하는 경우 • 세무공무원은 위 규정에 위반하여 과세정보의 제공을 요구받으면 그 요구를 거부하여야 하며, 위 규정에 의하여 과세정보를 알게 된 사람은 이를 타인에게 제공 또는 누설하거나 그 목적 외의 용도로 사용해서는 아니된다.
13. 납세자 권리 행사에 필요한 정보의 제공	(1) 정보의 제공의무 • 납세자 본인의 권리 행사에 필요한 정보를 납세자(세무사 등 납세자로부터 세무업무를 위임받은 자를 포함한다)가 요구하는 경우 세무공무원은 신속하게 정보를 제공하여야 한다. • 세무공무원은 정보를 제공하는 경우에는 주민등록증 등 신분증명서에 의하여 정보를 요구하는 자가 납세자 본인 또는 납세자로부터 세무업무를 위임받은 자임을 확인하여야 한다. 다만, 세무공무원이 정보통신망을 통하여 정보를 제공하는 경우에는 전자서명 등을 통하여 그 신원을 확인하여야 한다.
	(2) 정보의 범위 세무공무원이 제공하는 정보의 범위는 다음의 구분에 따른다. ① 납세자 본인이 요구하는 경우 : 납세자 본인의 납세와 관련된 정보 ② 납세자로부터 세무업무를 위임받은 자가 요구하는 경우 : '①'에 따른 정보로서 「개인정보 보호법」에 따른 민감정보에 해당하지 아니하는 정보

* 위 '12'의 '①', '②', 및 '⑤' ~ '⑨'까지의 규정에 따라 과세정보의 제공을 요구하는 자는 납세자의 인적사항, 과세정보의 사용목적, 요구하는 과세정보의 내용 및 기간 등을 기재한 문서로 해당 세무관서의 장에게 요구하여야 한다. → '③' 및 '④'은 문서로 요구하지 않아도 됨

14. 과세전적부심사(課稅前適否審査)

구 분	내 용
(1) 개 념	세무관서가 과세처분을 하기 전에 과세할 내용을 미리 납세자에게 알려주고 이에 대해 이의가 있는 납세자로 하여금 그 과세에 대한 적부심을 청구하도록 하여 그 심사결과 납세자의 주장이 타당한 경우에는 이를 고지 전에 시정하는 제도를 말한다. 이러한 과세전적부심사는 고지전 구제제도라는 점에서 제8장에서 설명한 조세불복제도와는 차이가 있다.
(2) 과세예고통지	세무서장 또는 지방국세청장은 다음 중 어느 하나에 해당하는 경우에는 미리 납세자에게 그 내용을 서면으로 통지(이하 '14'에서 '과세예고통지'라 한다)하여야 한다. ① 세무서 · 지방국세청에 대한 지방국세청장 · 국세청장의 업무감사결과(현지에서 시정조치하는 경우를 포함한다)에 따라 세무서장 · 지방국세청장이 과세하는 경우 ② 세무조사에서 확인된 것으로 조세대상자 외의 자에 대한 과세자료 및 현지 확인조사에 따라 세무서장 또는 지방국세청장이 과세하는 경우 ③ 납부고지하려는 세액이 1백만원 이상인 경우. 다만, 다음 각 항의 경우는 제외한다. ㉠ 「감사원법」에 따른 시정요구에 따라 세무서장 또는 지방국세청장이 과세처분하는 경우로서 시정요구 전에 과세처분 대상자가 감사원의 지적사항에 대한 소명안내를 받은 경우 ㉡ 기한후과세표준신고서를 제출한 자가 납부하여야 할 세액을 납부하지 아니하거나 과소납부한 경우로서 세무서장 또는 지방국세청장이 해당 기한후과세표준신고서에 기재된 과세표준 및 세액과 동일하게 과세표준 및 세액을 결정하는 경우
(3) 청구절차	세무조사결과에 대한 서면통지 및 과세예고통지를 받은 자는 통지를 받은 날부터 30일 이내에 통지를 한 세무서장 또는 지방국세청장에게 과세전적부심사를 청구할 수 있다*. 다만, 다음의 것에 대해서는 국세청장에게 직접 청구할 수 있다. → (기출) 세무조사 결과에 대한 서면통지를 받은 자가 통지내용에 대한 적법성 여부에 관하여 심사를 청구하는 경우에는 국세청장에게 과세전적부심사청구를 할 수 있다. : 틀린 문장 ① 법령과 관련하여 국세청장의 유권해석을 변경하여야 하거나 새로운 해석이 필요한 것 ② 국세청장의 훈령 · 예규 · 고시 등과 관련하여 새로운 해석이 필요한 것 ③ 세무서 또는 지방국세청에 대한 국세청장의 업무감사결과(현지에서 시정조치하는 경우를 포함한다)에 따라 세무서장 또는 지방국세청장이 행하는 과세예고통지에 관한 것 ④ 위 규정에 해당하지 아니하는 사항 중 과세전적부심사청구금액이 5억원 이상인 것 ⑤ 「감사원법」 제33조에 따른 시정요구에 따라 세무서장 또는 지방국세청장이 과세처분하는 경우로서 시정 요구 전에 과세처분 대상자가 감사원의 지적사항에 대한 소명안내를 받지 못한 것

(4) 과세전적부심사를 청구할 수 없는 경우	다음의 경우에는 과세전적부심사를 청구할 수 없다. ① 「국세징수법」에 규정된 납부기한 전 징수의 사유가 있거나 세법에서 규정하는 수시부과의 사유가 있는 경우 ② 「조세범 처벌법」 위반으로 고발 또는 통고처분하는 경우. 다만, 고발 또는 통고처분과 관련없는 세목 또는 세액에 대해서는 그러하지 아니한다. ③ 세무조사의 결과 통지 및 과세예고 통지를 하는 날부터 국세부과 제척기간의 만료일까지의 기간이 3개월 이하인 경우 ④ 「국제조세조정에 관한 법률」에 따라 조세조약을 체결한 상대국이 상호합의절차의 개시를 요청한 경우 ⑤ 이의신청 · 심사청구 · 심판청구 및 과세전적부심사 청구의 재조사 결정에 의한 조사를 하는 경우
(5) 과세전적부심사에 대한 결정	과세전적부심사청구를 받은 세무서장 · 지방국세청장 또는 국세청장은 각각 국세심사위원회의 심사를 거쳐 결정을 하고 그 결과를 청구를 받은 날부터 30일 이내에 청구인에게 통지하여야 한다. 이 경우 과세전적부심사청구에 대한 결정은 다음에 의한다. → 아래 내용은 제8장 조세불복에 대한 결정과 유사한 것으로 '①'은 기각결정, '②'는 인용결정, '③'은 각하결정과 유사한 개념으로 이해하면 됨 ① 청구가 이유없다고 인정되는 경우 : 채택하지 아니한다는 결정 ② 청구가 이유있다고 인정되는 경우 : 채택하거나 일부 채택하는 결정. 다만, 구체적인 채택의 범위를 정하기 위하여 사실관계 확인 등 추가적으로 조사가 필요한 경우에는 통지를 한 세무서장이나 지방국세청장으로 하여금 이를 재조사하여 그 결과에 따라 당초 통지 내용을 수정하여 통지하도록 하는 재조사 결정을 할 수 있다. ③ 청구가 다음 중 어느 하나에 해당하는 경우 : 심사하지 아니한다는 결정 ㉠ 청구기간이 지난 후 청구된 경우 ㉡ 과세전적부심사 청구 후 보정기간에 필요한 보정을 하지 아니한 경우 ㉢ 그 밖에 청구가 적법하지 아니한 경우
(6) 결과통지를 하지 아니한 경우 가산세 감면	과세전적부심사 결정 · 통지기간 내에 그 결과를 통지하지 아니한 경우에는 결정 · 통지가 지연됨으로써 해당 기간에 부과되는 납부지연가산세의 50%를 감면한다.
(7) 준 용 규 정	청구인의 관련서류의 열람 및 의견진술권, 대리인에 관한 규정, 정보통신망을 이용한 불복청구 규정, 우편으로 제출한 청구서가 청구기간을 경과하여 도달한 경우 그 기간 만료일에 적법한 청구가 있었던 것으로 보는 규정, 청구기간의 계산방법, 청구서의 보정(20일 이내의 기간), 청구기간이 지난 후에 제기된 청구 등에 대한 결정의 예외 규정, 비공개원칙(필요시 공개)에 관한 규정 및 보정기간을 결정기간에 불산입하는 규정, 재조사 결정이 있는 경우 처분기간 및 재조사결과 원처분 유지 등의 규정은 앞서 '제8장 조세불복제도'에서 설명한 내용을 준용한다.

* 세무조사결과에 대한 서면통지 및 과세예고통지를 받은 자는 과세전적부심사를 청구하지 아니하고 통지를 한 세무서장이나 지방국세청장에게 통지받은 내용의 전부 또는 일부에 대하여 과세표준 및 세액을 조기에 결정하거나 경정결정해 줄 것을 신청할 수 있다. 이 경우 해당 세무서장이나 지방국세청장은 신청받은 내용대로 즉시 결정이나 경정결정을 하여야 한다.

15. ~ 18.

구 분	내 용
15. 국세청장의 납세자 권리보호	• 국세청장은 직무를 수행할 때에 납세자의 권리가 보호되고 실현될 수 있도록 성실하게 노력하여야 한다. • 납세자의 권리보호를 위하여 국세청에 납세자의 권리보호업무를 총괄하는 납세자보호관을 두고, 세무서 및 지방국세청에 납세자 권리보호업무를 수행하는 담당관을 각각 1인을 둔다. • 국세청장은 납세자보호관을 개방형직위로 운영하고 납세자보호관 및 담당관이 업무를 수행할 때에 독립성이 보장될 수 있도록 하여야 한다. 이 경우 납세자보호관은 조세·법률·회계 분야의 전문지식과 경험을 갖춘 사람으로서 다음 중 어느 하나에 해당하지 아니하는 사람을 대상으로 공개모집한다. ① 세무공무원 ② 세무공무원으로 퇴직한 지 3년이 지나지 아니한 사람 • 국세청장은 납세자 권리보호업무의 추진실적 등의 자료를 일반 국민에게 정기적으로 공개하여야 한다.
16. 납세자의 협력의무	납세자는 세무공무원의 적법한 질문·조사, 제출명령에 대하여 성실하게 협력하여야 한다.
17. 납세자보호위원회	납세자 권리보호에 관한 사항을 심의하기 위하여 세무서, 지방국세청 및 국세청에 납세자보호위원회를 둔다. (1) 세무서 납세자보호위원회 및 지방국세청 납세자보호위원회 심의사항 세무서에 두는 납세자보호위원회 및 지방국세청에 두는 납세자보호위원회는 다음 사항을 심의한다. ① 세무조사의 대상이 되는 과세기간 중 연간 수입금액 또는 양도가액이 가장 큰 과세기간의 연간 수입금액 또는 양도가액이 100억원 미만(부가가치세에 대한 세무조사의 경우 1과세기간 공급가액의 합계액이 50억원 미만)인 납세자(이하 '중소규모납세자'라 한다) 외의 납세자에 대한 세무조사(「조세범 처벌절차법」에 따른 조세범칙조사는 제외한다. 이하 같다) 기간의 연장. 다만, 조사대상자가 조세탈루혐의에 대한 해명 등을 위하여 연장을 신청한 경우는 제외한다. ② 중소규모납세자 이외의 납세자에 대한 세무조사 범위의 확대 ③ 세무조사 기간 연장 및 세무조사 범위 확대에 대한 중소규모납세자의 세무조사 일시중지 및 중지 요청 ④ 위법·부당한 세무조사 및 세무조사 중 세무공무원의 위법·부당한 행위에 대한 납세자의 세무조사 일시중지 및 중지 요청. 이에 따른 요청이 있는 경우 납세자보호위원회는 위원회의 의결로 세무조사의 일시중지 및 중지를 세무공무원에게 요구할 수 있다. 이 경우 납세자보호위원회는 정당한 사유 없이 위원회의 요구에 따르지 않는 세무공무원에 대하여 국세청장에게 징계를 건의할 수 있다. ⑤ 장부등의 일시 보관 기간 연장 ⑥ 그 밖에 납세자의 권리보호를 위하여 납세자보호담당관이 심의가 필요하다고 인정하는 안건

	(2) 국세청 납세자보호위원회 심의사항 국세청에 두는 납세자보호위원회는 다음 각 사항을 심의한다. ① 위 '(1)' '①'부터 '④'까지의 사항에 대하여 세무서 납세자보호위원회 또는 지방국세청 납세자보호위원회의 심의를 거친 세무서장 또는 지방국세청장의 결정에 대한 납세자의 취소 또는 변경 요청 ② 그밖에 납세자의 권리보호를 위한 국세행정의 제도 및 절차 개선 등으로서 납세자보호위원회의 위원장 또는 납세자보호관이 심의가 필요하다고 인정하는 사항
18. 납세자보호위원회에 대한 납세자의 심의 요청 및 결과 통지 등	① 납세자는 세무조사 기간이 끝나는 날까지 세무서장 또는 지방국세청장에게 다음에 해당하는 사항에 대한 심의를 서면으로 요청할 수 있다. ㉠ 세무조사 기간 연장 및 세무조사 범위 확대에 대한 중소규모납세자의 세무조사 일시중지 및 중지 요청 ㉡ 위법·부당한 세무조사 및 세무조사 중 세무공무원의 위법·부당한 행위에 대한 납세자의 세무조사 일시중지 및 중지 요청 ② 심의 요청을 받은 세무서장 또는 지방국세청장은 그 내용에 보완이 필요한 경우에는 보완하여야 할 내용을 명시하고 10일 이내의 기간을 정하여 보완을 요청할 수 있다. 다만, 보완하여야 할 내용이 경미한 경우에는 세무서장 또는 지방국세청장이 직권으로 보완할 수 있다. 개정 (신설) ③ 세무서장 또는 지방국세청장은 위 '17. (1)'의 '①'부터 '⑤'까지의 사항에 대하여 세무서 납세자보호위원회 또는 지방국세청 납세자보호위원회의 심의를 거쳐 결정을 하고, 납세자에게 그 결과를 통지하여야 한다. 이 경우 '위 '①'에 대한 결과는 요청을 받은 날부터 20일(위 '②' 본문에 따른 보완기간은 제외한다 개정) 이내에 서면으로 통지하여야 한다. ④ 세무서장 또는 지방국세청장은 부득이한 사유로 '③' 후단에 따른 기간에 통지할 수 없는 경우에는 그 기간을 5일의 범위에서 한 차례만 연장할 수 있다. 이 경우 연장하려는 사실과 그 사유를 납세자에게 미리 통지하여야 한다. 개정 (신설) ⑤ 납세자는 '③' 및 '④' 전단에 따라 통지를 받은 날부터 7일 이내에 위 '17. (1)'의 '①'부터 '④'까지의 사항으로서 세무서 납세자보호위원회 또는 지방국세청 납세자보호위원회의 심의를 거친 세무서장 또는 지방국세청장의 결정에 대하여 국세청장에게 취소 또는 변경을 서면으로 요청할 수 있다. 이러한 납세자의 요청을 받은 국세청장은 국세청 납세자보호위원회의 심의를 거쳐 세무서장 및 지방국세청장의 결정을 취소하거나 변경할 수 있다. 이 경우 국세청장은 요청받은 날부터 20일 이내에 그 결과를 납세자에게 서면으로 통지하여야 한다. ⑥ 납세자보호관 또는 담당관은 납세자가 위 '①' 또는 '⑤'에 따른 요청을 하는 경우에는 납세자보호위원회의 심의 전까지 세무공무원에게 세무조사의 일시중지 등을 요구할 수 있다. 다만, 다음의 경우에는 그러하지 아니한다(국기법 81의 19 ⑧, 국기령 63의 18 ③). ㉠ 납세자가 장부·서류 등을 은닉하거나 제출을 지연하거나 거부하는 등 조사를 기피하는 행위가 명백한 경우 ㉡ 납세자의 심의 요청 및 취소 또는 변경 요청이 세무조사를 기피하려는 행위임을 세무공무원이 자료·근거 등으로 명백하게 입증하는 경우

	⑦ 납세자보호위원회는 위 '17. (1)'의 '③' 또는 '④'에 따른 요청이 있는 경우 그 의결로 세무조사의 일시중지 및 중지를 세무공무원에게 요구할 수 있다. 이 경우 납세자보호위원회는 정당한 사유 없이 위원회의 요구에 따르지 아니하는 세무공무원에 대하여 국세청장에게 징계를 건의할 수 있다. ⑧ 위 '①' 및 '⑤'에 따른 요청을 한 납세자는 세무서장, 지방국세청장 또는 국세청장에게 의견을 진술할 수 있다.

2 보 칙

구 분	내 용
1. 납세관리인	① 납세자가 국내에 주소 또는 거소를 두지 아니하거나 국외로 주소 또는 거소를 이전할 때에는 국세에 관한 사항을 처리하기 위하여 납세관리인을 정하여야 한다. ② 납세자는 국내에 주소를 두고 있는 경우에도 국세에 관한 사항을 처리하기 위하여 변호사, 세무사 또는 「세무사법」에 따라 등록한 공인회계사를 납세관리인으로 둘 수 있다. ③ 납세관리인을 정한 납세자는 관할세무서장에게 신고하여야 하고, 납세관리인을 변경하거나 해임할 때에도 또한 같다. 관할세무서장은 납세자가 이러한 신고를 하지 아니할 때에는 납세자의 재산이나 사업의 관리인을 납세관리인으로 정할 수 있다. 세무서장은 납세관리인이 부적당하다고 인정될 때에는 기한을 정하여 납세자에게 그 변경을 요구할 수 있으며, 이와 같은 요구를 받은 납세자가 정해진 기한까지 납세관리인 변경의 신고를 하지 아니하면 납세관리인의 설정은 없는 것으로 본다. ④ 세무서장이나 지방국세청장은 「상속세 및 증여세법」에 따라 상속세를 부과할 때에 위 '①' 및 '③'의 경우를 제외하고 상속인이 확정되지 아니하였거나 상속인이 상속재산에 대하여 처분권한이 없는 경우에는 특별한 규정이 없으면 추정상속인·유언집행자 또는 상속재산관리인에 대하여 「상속세 및 증여세법」 중 상속인 또는 수유자에 관한 규정을 적용할 수 있다. ⑤ 비거주자인 상속인이 금융회사 등에 상속재산의 지급·명의개서 또는 명의변경을 청구하려면 위 '①'에 따라 납세관리인을 정하여 납세지 관할세무서장에게 신고하고, 그 사실에 관한 확인서를 발급받아 금융기관 등에 제출하여야 한다.
2. 고지금액의 최저한도	고지할 국세(인지세는 제외한다) 및 강제징수비를 합친 금액이 1만원 미만일때에는 그 금액은 없는 것으로 본다. 여기서 '고지할 국세'란 본세와 함께 고지하는 교육세·농어촌특별세를 본세와 합한 것을 말한다.
3. 국세행정에 대한 협조	세무공무원은 직무를 집행할 때 필요하면 국가기관·지방자치단체 또는 그 소속공무원에게 협조를 요청할 수 있으며, 이의 요청을 받은 자는 정당한 사유가 없으면 협조하여야 한다. 정부는 납세지도(納稅指導)를 담당하는 단체에 그 납세지도에 소요되는 경비의 일부를 발급금으로 지급할 수 있다.

4. 포상금의 지급	(1) 포상금 지급대상 및 금액 국세청장은 다음 중 어느 하나에 해당하는 자에게는 20억원(아래 '①'에 해당하는 자에게는 40억원으로 하고, '②'에 해당하는 자에게는 30억원으로 한다)의 범위에서 포상금을 지급할 수 있다. 이 경우 같은 사안에 대하여 중복신고가 있으면 최초로 신고한 자에게만 포상금을 지급한다. → (기출) 「국제조세조정에 관한 법률」에 따른 해외금융계좌 신고의무 위반행위를 적발하는데 중요한 자료를 제공한 자에게는 최대 30억원의 범위에서 포상금을 지급할 수 있다. : 틀린 문장(아래 '⑦'의 경우는 20억원의 범위에서 지급) ① 조세를 탈루한 자에 대한 탈루세액 또는 부당하게 환급·공제받은 세액을 산정하는데 중요한 자료를 제공한 자 ② 체납자의 은닉재산을 신고한 자 ③ 다음 중 어느 하나에 해당하는 경우로서 해당 행위를 한 신용카드가맹점을 신고한 자. 다만, 신용카드(직불카드와 선불카드를 포함한다. 이하 같다) 결제대상 거래금액이 5천원 미만인 경우는 제외한다. ㉠ 신용카드로 결제할 것을 요청하였으나 이를 거부하는 경우 ㉡ 신용카드매출전표(직불카드영수증과 선불카드영수증을 포함한다)를 사실과 다르게 발급한 경우로서 신용카드에 의한 거래를 이유로 재화나 용역의 대가를 현금에 의한 거래(현금영수증을 발급받은 경우는 제외한다)보다 재화나 용역을 공급받은 자에게 불리하게 기재하여 신용카드매출전표를 발급하는 경우 ④ 다음 중 어느 하나에 해당하는 경우로서 해당 행위를 한 현금영수증가맹점을 신고한 자. 다만, 현금영수증 발급대상 거래금액이 5천원 미만인 경우는 제외한다. ㉠ 현금영수증의 발급을 거부하는 경우. 이 경우 현금영수증을 발급한 후 재화나 용역을 공급받은 자의 의사에 반하여 그 발급을 취소하는 경우에는 현금영수증 발급을 거부하는 것으로 본다. ㉡ 현금영수증의 발급을 이유로 재화나 용역의 대가를 다르게 기재하여 현금영수증을 발급하는 경우 ⑤ 「소득세법」 또는 「법인세법」에 따른 현금영수증 발급의무를 위반한 자를 신고한 자 ⑥ 타인의 명의를 사용하여 사업을 경영하는 자를 신고한 자 ⑦ 「국제조세조정에 관한 법률」에 따른 해외금융계좌 신고의무 위반행위를 적발하는데 중요한 자료를 제공한 자 ⑧ 타인 명의로 되어 있는 법인 또는 복식부기의무자의 금융자산을 신고한 자 위의 자료 제공 또는 신고는 문서, 팩스, 전화자동응답시스템 또는 인터넷 홈페이지를 통하여 하여야 한다.
	(2) 포상금을 지급하지 않는 경우 다음에 해당하는 경우에는 포상금을 지급하지 아니한다. ① 탈루세액 등 또는 징수금액이 5천만원 미만인 경우 ② 해외금융계좌 신고의무 불이행에 따른 과태료금액이 2,000만원 미만인 경우 ③ 공무원이 그 직무와 관련하여 자료를 제공하거나 은닉재산을 신고한 경우

4−2. 세무공무원에 대한 포상금 지급	(1) 포상금 지급 : 국세청장은 국세의 부과·징수·송무에 특별한 공로가 인정되는 사람에 대하여 포상금을 지급할 수 있다. (2) 포상금 지급대상 ① 체납자의 은닉재산 발견, 납세자가 위법·부당하게 환급받거나 공제받은 세액의 확인 등을 통해 국세의 부과·징수에 특별한 공로가 인정되는 세무공무원 ② 국세에 관한 소송에서 국가 또는 처분청이 승소판결을 받는 데에 특별한 공로가 인정되는 세무공무원 (3) 포상금 지급액 : 다음 각 항의 구분에 따른 금액의 범위에서 국세청장이 정하는 금액으로 한다. 이 경우 같은 사람에게 지급할 수 있는 포상금은 연간 2천만원을 한도로 한다. ① '(2). ①'에 해당하는 세무공무원에게 지급하는 금액 : 부과·징수한 세액의 10%에 해당하는 금액 ② '(2). ②'에 해당하는 세무공무원에게 지급하는 금액 : 소송목적의 값의 10%에 해당하는 금액 (4) 지급액의 예외 : '(3)'의 전단에도 불구하고 다음 각 항에 해당하는 경우의 포상금 지급액은 300만원 이하의 범위에서 국세청장이 정하는 금액으로 한다. ① '(2). ①'에 따라 부과·징수한 세액이 3천만원 이하인 경우 ② '(2). ②'에 따른 소송목적의 값이 3천만원 이하인 경우 ③ '(2). ②'에 따른 소송의 내용이 「국세징수법」 제25조에 따른 사해행위(詐害行爲)의 취소 및 원상회복의 청구인 경우 등 소송의 성질상 소송목적의 값을 산정하기 곤란한 경우 (5) 지급 절차 : 국세청장은 특별한 사정이 없으면 분기마다 포상금 지급 대상자를 선정하여 포상금을 지급해야 한다.
5. 과세자료의 제출과 그 수집에 대한 협조	• 세법에 따라 과세자료를 제출할 의무가 있는 자는 과세자료를 성실하게 작성하여 정해진 기한까지 소관세무서장에게 제출하여야 한다. 다만, 국세정보통신망을 이용하여 제출하는 경우에는 지방국세청장이나 국세청장에게 제출할 수 있다. • 국가기관·지방자치단체·금융회사 등 또는 전자계산·정보처리시설을 보유한 자는 과세와 관계되는 자료 또는 통계를 수집하거나 작성하였을 때에는 국세청장에게 통보하여야 한다. • 과세자료를 제출할 의무가 있는 자와 과세와 관계되는 자료 또는 통계를 통보할 의무가 있는 자가 전자계산조직을 운영하고 있는 경우에 국세청장은 국세행정의 효율적인 집행을 위하여 해당 자료를 국세정보통신망을 활용하여 전송하거나 디스켓 또는 자기테이프 등 전자기록매체로 제출할 것을 요청할 수 있다. 이러한 요청을 받은 자는 정당한 사유가 없으면 이에 따라야 한다.
6. 지급명세서 자료의 활용	「금융실명거래 및 비밀보장에 관한 법률」에도 불구하고 세무서장(지방국세청장·국세청장을 포함한다)은 제출받은 이자소득 또는 배당소득에 대한 지급명세서 등 다음 중 어느 하나에 해당하는 용도에 이용할 수 있다. ① 상속·증여재산의 확인 ② 조세탈루의 혐의를 인정할만한 명백한 자료의 확인 ③ 「조세특례제한법」에 따른 근로장려금 신청자격의 확인

7. 장부 등의 비치 및 보존	• 납세자는 각 세법에서 규정하는 바에 따라 모든 거래에 관한 장부 및 증거서류를 성실하게 작성하여 갖춰 두어야 하며, 이와 같은 장부 및 증거서류는 그 거래사실이 속하는 과세기간에 대한 해당 국세의 법정신고기한이 지난 날부터 5년간(역외거래의 경우 7년간) 보존하여야 한다. 다만, 소득세 또는 법인세 이월결손금 공제와 관련하여 부과제척기간이 연장(이월결손금을 공제한 과세기간의 법정신고기한으로부터 1년)되는 경우에는 이월결손금을 공제한 과세기간의 법정신고기한으로부터 1년이 되는 날까지 보존하여야 한다. • 납세자는 장부와 증거서류의 전부 또는 일부를 전산조직을 이용하여 작성할 수 있다. 이 경우 그 처리과정 등을 자기테이프 · 디스켓 또는 그 밖의 정보보존장치에 의하여 보존하여야 한다. • 「전자거래기본법」에 따른 전자화문서로 변환하여 공인전자문서보관소에 보관한 경우에는 장부 및 증거서류를 갖춘 것으로 본다. 다만, 계약서 등 위조 · 변조하기 쉬운 장부 및 증거서류로서 법령으로 정한 것은 그러하지 아니한다.
8. 서류접수증 발급	(1) 서류접수증 발급원칙 세무공무원이 납세자 또는 세법에 따라 과세자료의 제출의무가 있는 자로부터 다음의 서류를 제출받은 경우에는 납세자 등에게 접수증을 발급하여야 한다. 다만, 납세자 등으로부터 아래의 신고서 등을 국세정보통신망을 통해 받은 경우에는 그 접수사실을 전자적 형태로 통보할 수 있다. ① 과세표준신고서, 과세표준수정신고서, 경정청구서 또는 과세표준신고 · 과세표준수정신고 · 경정청구와 관련된 서류 ② 이의신청서 · 심사청구서 · 심판청구서 ③ 세법상 제출기한이 정해진 서류 ④ 그 밖에 국세청장이 납세자의 권익보호에 필요하다고 인정하여 지정한 서류를 제출받는 경우
	(2) 서류접수증 발급의 면제 다음의 경우에는 접수증을 발급하지 아니할 수 있다. ① 납세자가 신고서 등의 서류를 우편이나 팩스로 제출하는 경우 ② 납세자가 신고서 등을 세무공무원을 거치지 아니하고 지정된 신고함에 직접 투입하는 경우
9. 불성실기부금수령단체 등의 명단 공개	(1) 명단공개 요건 국세청장은 「국세기본법」에 따른 비밀유지 규정과 「국제조세조정에 관한 법률」에 따른 해외금융계좌정보의 비밀유지 규정에도 불구하고 다음 중 어느 하나에 해당하는 자의 인적사항 등을 공개할 수 있다. ① 불성실기부금수령단체의 인적사항 · 국세추징명세 등 ② 「조세범 처벌법」에 따른 범죄로 유죄판결이 확정된 자로서 「조세범 처벌법」 포탈세액 등이 연간 2억원 이상인 자(이하 '조세포탈범'이라 한다)의 인적사항, 포탈세액 등 ③ 「국제조세조정에 관한 법률」에 따른 계좌신고의무자로서 신고기한 내에 신고하지 아니한 금액이나 과소 신고한 금액이 50억원을 초과하는 자(이하 '해외금융계좌신고의무위반자'라 한다)의 인적사항, 신고의무 위반금액 등

	④ 「특정범죄 가중처벌 등에 관한 법률」에 따른 범죄로 유죄판결이 확정된 사람(이하 '세금계산서발급의무등위반자'라 한다)의 인적사항, 부정 기재한 공급가액 등의 합계액 등
	(2) 명단을 공개하지 않는 경우 체납된 국세가 이의신청 · 심사청구 등 불복청구 중에 있거나 법령으로 정하는 사유*가 있는 경우에는 위 '(1)' 요건을 충족하였더라도 명단을 공개하지 아니한다.
	(3) 공개방법 및 공개사항 ① 공개방법 : 명단공개는 관보에 게재하거나, 국세정보통신망 또는 관할세무서 게시판에 게시하는 방법으로 한다. 국세청장이 국세정보통신망 또는 관할세무서 게시판에 게시하는 방법으로 공개하는 경우 그 공개기간은 게시일부터 법령으로 정한 기간(경우별로 3년, 5년, 10년)이 만료되는 날까지로 한다. 다만, 세법에 따라 납부해야 할 세액, 과태료 또는 벌금을 납부하지 않은 경우에는 그 세액 등을 완납하는 날, 형의 집행이 완료되지 않은 경우에는 그 형의 집행이 완료되는 날까지 계속하여 공개한다. ② 공개사항 : 체납자의 성명 · 상호(법인의 명칭 포함), 나이, 직업, 주소, 체납액의 세목 · 납부기한 및 체납요지 등으로 하고, 체납자가 법인인 경우에는 법인의 대표자를 함께 공개한다.
10. 통계자료의 작성 및 공개 등	(1) 통계자료의 작성 국세청장은 조세정책의 수립 및 평가 등에 활용하기 위하여 과세정보를 분석 · 가공한 통계자료를 작성 · 관리하여야 한다. 이 경우 통계자료는 납세자의 과세정보를 직접적인 방법 또는 간접적인 방법으로 확인 할 수 없도록 작성되어야 한다. (2) 통계자료의 공개 세원의 투명성, 국민의 알 권리 보장 및 국세행정의 신뢰증진을 위하여 국세청장은 통계자료를 국세정보위원회의 심의를 거쳐 일반 국민에게 정기적으로 공개하여야 한다. 이에 따라 국세정보를 공개하기 위하여 국세청장은 예산의 범위 안에서 국세정보시스템을 구축 · 운용할 수 있다. (3) 통계자료의 제공 • 국세청장은 다음의 경우에 그 목적의 범위에서 통계자료를 제공하여야 하고, 제공한 통계자료의 사본을 재정경제부장관에게 송부하여야 한다. ① 국회 소관 상임위원회가 의결로 세법의 제정법률안 · 개정법률안, 세입예산안의 심사 및 국정감사, 그 밖의 의정활동에 필요한 통계자료를 요구하는 경우 ② 국회예산정책처장이 의장의 허가를 받아 세법의 제정법률안 · 개정법률안에 대한 세수추계 또는 세입예산안의 분석을 위하여 필요한 통계자료를 요구하는 경우 • 국세청장은 「정부출연연구기관 등의 설립 · 운영에 관한 법률」에 따라 설립된 연구기관(정부출연연구기관)의 장이 조세정책의 연구를 목적으로 통계자료를 요구하는 경우 그 사용 목적에 맞는 범위안에서 제공할 수 있다.

(4) 기초자료의 제공

국세청장은 다음 중 어느 하나에 해당하는 자가 조세정책의 평가 및 연구 등에 활용하기 위하여 통계자료 작성에 사용된 기초자료(이하 '기초자료'라 한다)를 직접 분석하기를 원하는 경우 비밀유지 규정에도 불구하고 국세청 내에 설치된 시설(국세통계센터) 내에서 기초자료를 그 사용목적에 맞는 범위에서 제공할 수 있다. 이 경우 기초자료는 개별 납세자의 과세정보를 직접적 또는 간접적 방법으로 확인할 수 없는 상태로 제공하여야 한다.

① 국회의원
② 국회사무총장 · 국회도서관장 · 국회예산정책처장 · 국회입법조사처장 및 국회미래연구원장
③ 중앙행정기관의 장
④ 지방자치단체의 장
⑤ 정부출연연구기관의 장
⑥ 「고등교육법」에 따른 학교의 장
⑦ 「공공기관의 운영에 관한 법률」에 따른 공공기관의 장
⑧ 위 '⑤'에 준하는 민간 연구기관의 장
⑨ 조세정책의 평가 및 연구를 목적으로 기초자료의 적정성 점검 등을 수행하는 기관의 장

(5) 표본자료의 제공

국세청장은 조세정책의 평가 및 연구를 목적으로 기초자료를 이용하려는 자가 소득세 관련 기초자료의 일부의 제공을 요구하는 경우에는 소득세 관련 기초자료의 일부를 검증된 통계작성기법을 적용하여 표본 형태로 처리한 기초자료(이하 '표본자료'라 한다)를 전자매체에 수록하거나 정보통신망을 통해 제공하는 방법으로 제공할 수 있다. 이 경우 표본자료는 그 사용 목적에 맞는 범위에서 개별 납세자의 과세정보를 직접적 또는 간접적 방법으로 확인할 수 없는 상태로 가공하여 제공하여야 한다.

(6) 비밀유지 관련 규정

- 제공되거나 송부된 통계자료(공개된 것을 제외한다) 및 기초자료 및 표본자료를 알게 된 자는 그 통계자료, 기초자료 및 표본자료를 목적 외의 용도로 사용해서는 아니 된다.
- 국세청장은 비밀유지규정에도 불구하고 국회 소관 상임위원회가 의결로 국세의 부과 · 징수 · 감면 등에 관한 자료를 요구하는 경우에는 그 사용목적에 맞는 범위에서 과세정보를 납세자 개인정보를 직접적인 방법 또는 간접적인 방법으로 확인할 수 없도록 가공하여 제공하여야 한다.

11. 이행강제금	① 관할 지방국세청장은 납세자가 세무조사 과정에서 세법상 장부등의 제출 의무를 정당한 사유 없이 이행하지 아니하는 경우 해당 납세자에 대하여 이행강제금심의위원회의 심의를 거쳐 이행강제금을 부과할 수 있다. 다만, 동일한 사유에 대하여 이 법 및 세법에 따른 과태료와 중복하여 부과할 수 없다. ② 관할 지방국세청장은 이행강제금을 부과하기 전에 납세자의 장부등 제출에 필요한 상당한 이행기한을 정하고, 그 기한까지 장부등을 제출하지 아니하는 경우 이행강제금이 부과될 수 있음을 통지하여야 한다. 이 경우 이행기한은 통지하는 날부터 30일 이상 경과한 날로 정하여야 한다. ③ 관할 지방국세청장은 제2항에 따른 이행기한까지 장부등을 제출하지 아니한 납세자에게 이행기한이 지난 날부터 1일당 법령으로 정하는 1일 평균수입금액의 1천분의 3의 범위에서 이행강제금을 부과할 수 있다. 다만, 평균수입금액이 없거나 평균수입금액의 산정이 곤란한 경우에는 1일당 500만원의 범위에서 이행강제금을 부과할 수 있다. ④ 관할 지방국세청장은 장부등의 제출이행을 위한 노력과 불이행의 정도 · 사유 또는 세무조사 결과 등을 고려하여 이행강제금심의위원회의 심의를 거쳐 이행강제금 부과금액을 감경하거나 면제할 수 있다.
12. 이행강제금 심의위원회	① 이행강제금의 부과에 관한 사항을 심의하기 위하여 지방국세청에 이행강제금심의위원회를 둔다. ② 이행강제금심의위원회는 위원장 1명을 포함하여 20명 이내의 위원으로 구성한다. ③ 이행강제금심의위원회의 위원 중 공무원이 아닌 사람은 「형법」 제127조 및 제129조부터 제132조까지를 적용할 때에는 공무원으로 본다.
13. 가족관계등록 전산정보의 공동이용	국세청장, 지방국세청장, 세무서장 및 조세심판원장은 심사 · 심판 및 과세전적부심사 업무를 처리할 때 「행정심판법」에 따른 청구인 지위 승계의 신고 또는 허가 업무를 처리하기 위하여 「전자정부법」에 따라 「가족관계의 등록등에 관한 법률」에 따른 전산정보자료를 공동이용할 수 있다.
14. 금품 수수 및 공여에 대한 징계 등	① 세무공무원이 그 직무와 관련하여 금품을 수수(收受)하였을 때에는 「국가공무원법」에 따른 징계절차에서 그 금품 수수액의 5배 이내의 징계부가금 부과 의결을 징계위원회에 요구하여야 한다. ② 징계대상 세무공무원이 '①' 따른 징계부가금 부과 의결 전후에 금품 수수를 이유로 다른 법률에 따라 형사처벌을 받거나 변상책임 등을 이행한 경우(몰수나 추징을 당한 경우를 포함한다)에는 징계위원회에 감경된 징계부가금 부과 의결 또는 징계부가금 감면을 요구하여야 한다(국기법 87 ②). ③ '① 및 ②'에 따른 징계부가금 부과 의결의 요구(감면요구를 포함한다)는 5급 이상 공무원 및 고위공무원단에 속하는 일반직공무원은 국세청장(세법에 따라 국세에 관한 사무를 세관장이 관장하는 경우에는 관세청장)이, 6급 이하의 공무원은 소속 기관의 장 또는 소속 상급기관의 장이 한다. ④ '①'에 따라 징계부가금 부과처분을 받은 세무공무원이 납부기간 내에 그 부가금을 납부하지 아니한 때에는 징계권자는 국세강제징수의 예에 따라 징수할 수 있다.

* 법령으로 정하는 사유 : 다음 구분에 따른 사유가 있는 경우를 말한다. 이 경우에는 명단을 공개하지 않는다.

구 분	내 용
불성실기부금수령단체 명단공개	① 불성실기부금수령단체에 해당하는지에 대하여 이의신청 · 심사청구 · 심판청구, 「감사원법」에 따른 심사청구 또는 「행정소송법」에 따른 행정소송 중에 있는 경우 ② 국세정보위원회가 공개할 실익이 없거나 공개하는 것이 부적절하다고 인정하는 경우
조세포탈범 및 세금계산서발급의무등위반자 명단공개	국세정보공개심의위원회가 공개할 실익이 없거나 공개하는 것이 부적절하다고 인정하는 경우
해외금융계좌신고의무위반자 명단공개	① 국세정보공개심의위원회가 신고의무자의 신고의무 위반에 정당한 사유가 있다고 인정하는 경우 ② 「국제조세조정에 관한 법률」에 따라 수정신고 및 기한 후 신고를 한 경우(해당 해외금융계좌와 관련하여 세무공무원이 세무조사에 착수한 것을 알았거나 과세자료 해명 통지를 받고 수정신고 및 기한 후 신고를 한 경우는 제외한다)

3 벌 칙

구 분	내 용
1. 직무집행 거부 등에 대한 과태료	관할 세무서장은 세법의 질문 · 조사권 규정에 따른 세무공무원의 질문에 대하여 거짓으로 진술하거나 그 직무집행을 거부 또는 기피한 자에게 5천만원 이하의 과태료를 부과 · 징수한다.
2. 금품 수수 및 공여에 대한 과태료	관할 세무서장 또는 세관장은 세무공무원에게 금품을 공여한 자에게 그 금품 상당액의 2배 이상 5배 이하의 과태료를 부과 · 징수한다. 다만, 「형법」 등 다른 법률에 따라 형사처벌을 받은 경우에는 과태료를 부과하지 아니하고, 과태료를 부과한 후 형사처벌을 받은 경우에는 과태료 부과를 취소한다.
3. 비밀유지 의무 위반에 대한 과태료	국세청장은 비밀유지 규정에 따라 알게 된 과세정보를 타인에게 제공 또는 누설하거나 그 목적 외의 용도로 사용한 자에게 2천만원 이하의 과태료를 부과 · 징수한다. 다만, 「형법」 등 다른 법률에 따라 형사처벌을 받은 경우에는 과태료를 부과하지 아니하고, 과태료를 부과한 후 형사처벌을 받은 경우에는 과태료 부과를 취소한다.